Das große BLV Buch der Kräuter und Gewürze

Garten
Küche
Haushalt
Schönheit und
Gesundheit

Sarah Garland

Das große BLV Buch der Kräuter und Gewürze

Sonderausgabe

BLV Verlagsgesellschaft München Wien Zürich

CIP-Kurztitelaufnahme der Deutschen Bibliothek

Garland, Sarah:
Das große BLV Buch der Kräuter und Gewürze: Garten, Küche, Haushalt, Schönheit u. Gesundheit/ Sarah Garland. [Übers.: Inge v. Werden. Pflanzen-Ill. Liz Butler; Deborah King. Fotos: Rolph Gobits . . .]. – Sonderausg. – München; Wien; Zürich: BLV Verlagsgesellschaft, 1984.
Einheitssacht.: The herb and spice book ⟨dt.⟩
ISBN 3-405-12972-9

Übersetzung: Inge v. Werden

Wissenschaftliche Beratung bei der deutschen Ausgabe: Prof. Dr. Gerhard Richter

Pflanzen-Illustrationen: Liz Butler, Deborah King

Grafiken: Coral Mula

Fotos: Rolph Gobits, Christine Hanscomb, Alan Randall, Pamla Toler

Titelfoto: C.P. Fischer, Baldham

Titel der englischen Originalausgabe: *The Herb & Spice Book*

Satz: Brönner & Daentler KG, Eichstätt

Printed in Yugoslavia by Mladinska knjiga

ISBN 3-405-12972-9

Zum Gebrauch des Buches

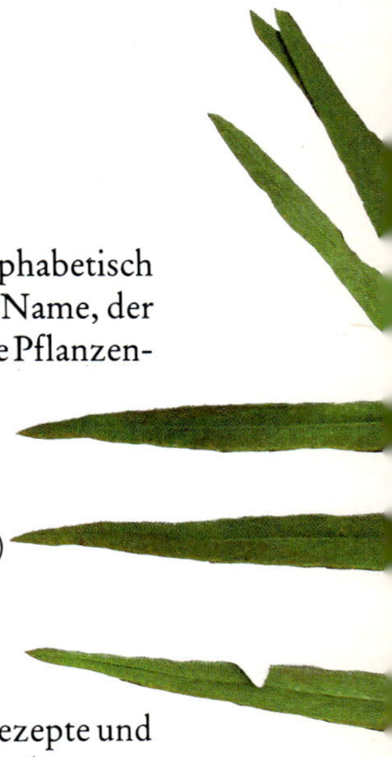

Pflanzennamen

Im Kapitel »Kräuter und Gewürzpflanzen von A–Z« sind die Pflanzen alphabetisch nach ihren botanischen Bezeichnungen aufgeführt, dann folgt der deutsche Name, der in der Regel im laufenden Text verwendet wird. Für botanische und deutsche Pflanzennamen gibt es am Ende des Buches je ein gesondertes Register.

Abkürzungen und Maße

EL	leicht gehäufter Eßlöffel	kg	Kilogramm (= 1000 g)
TL	gestrichener Teelöffel	ml	Milliliter (= 1 ccm)
g	Gramm	l	Liter (= 1000 ml)

Alkoholische Flüssigkeiten werden hier zur einfacheren Handhabung der Rezepte und Anleitungen durchweg statt in cl (Zentiliter = 10 ccm) ebenfalls in ml angegeben.

Temperaturen sind in Celsiusgraden, solche für den Gasherd mit »Stufe« angegeben.

Durchschnittliche Mengen pro Person

Fleisch		**Gemüse (netto)***		**Suppe**	
ohne Knochen	150 g	Beilage	200 g	Vorspeise	¼ l
mit Knochen	200 g	Vorspeise	100 g	Hauptgericht	½ l
Einlage	100 g	Suppe	100 g	Fertigwaren-	
Hackfleisch	100 g	Eintopf	250 g	einlage	10–20 g
Geflügel					
mit Knochen	250 g	**Obst (netto)***		**Saucen**	
ohne Knochen	175 g	Kompott	150 g	gesondert	
		zu Süßspeisen	75 g	gereicht	⅛–¼ l
Fisch		Fruchtsauce	75 g	Mayonnaise,	
ganz	250 g	Fleischbeilage	50 g	Remoulade	1–2 EL
filetiert	200 g				
Einlage	125 g				
Vorspeisen	125 g				

* nach Vorbereiten (Putzen, Schälen, Entsteinen etc.)

Inhalt

Kräuter und Gewürzpflanzen von A bis Z

Der Kräutergarten

Kräuter und Gewürze in der Küche

Kräuter und Gewürze im Haushalt

Körperpflege und Kosmetik mit Kräutern

Pflanzliche Heil- und Hausmittel

Geschichte und Überlieferung

Lange bevor Geschichte niedergeschrieben wurde, schufen die Menschen Regeln und Rituale, die mit den lebenswichtigen Aufgaben des Pflanzensammelns und der Jagd oder mit dem Gedenken an Geburt und Tod verbunden waren. Das Sammeln von Pflanzen und später auch Aussaat, Anpflanzung und Ernte von Feldfrüchten und Kräutern standen für sie in enger Beziehung zu Elementarkräften wie dem Lauf der Sonne, dem Wechsel des Mondes und dem Gang der Jahreszeiten. Die Magie der Pflanzen spiegelt sich in Sagen von Göttern und Dämonen wider. In diesen Sagen spielen heilkräftige und zaubermächtige Kräuter eine wichtige Rolle. Scharf schmeckende, aromatische oder bittere Pflanzen wurden ursprünglich wohl ganz instinktiv gesammelt, um leibliche Bedürfnisse zu befriedigen. Mit der Zeit jedoch erwuchsen aus dem einfachen Genuß von Kräutern als Bestandteil der normalen Kost reich ausgestaltete Zeremonien, deren Ausführung einem mächtigen Mitglied der Gemeinschaft unterstand.

Es ist verständlich, daß Pflanzen, die appetitanregend, schmackhaft oder zumindest harmlos sind, schon immer einen wesentlichen Bestandteil der menschlichen Kost darstellten, und daß im Umgang mit ihnen jeder Pflanze nach Aussehen, Aroma und Vorkommen ein ihr eigener, ausgeprägter Charakter zugesprochen wurde. So hat z. B. der eher unauffällige Wegerich zwar wenig Geschmack, trotzdem galt er allgemein als starkes Schutzmittel und Zauberkraut, wohl weil er unter den widrigsten Bedingungen noch gedieh. Ein vorchristlicher Zauberspruch beschreibt seine Lebenskraft:

Wagen rollen über dich und Königinnen ritten,
Bräute weinten Tränen über dir und Stiere stampften;
Allen widerstandest du und alle waren dir eins,
So widersteh nun du dem Gifte in der Luft.

Man wundert sich zunächst vielleicht, daß giftige und gefährliche Pflanzen – z. B. das übelriechende Bilsenkraut mit seinen klebrigen Blättern und seinem unangenehmen Geschmack – als Arzneien verwendet wurden. Doch da seit

Gewürze waren früher so teuer, daß sie auch bei den reichen Leuten in verschließbaren Schränken und Kisten aufbewahrt wurden.

Urzeiten Krankheiten dem Einfluß böser Geister zugeschrieben wurden, scheint der Versuch verständlich, Übles mit Üblem zu bekämpfen und etwa mit Hilfe einer ekelerregenden Arznei den Teufel auszutreiben. Eine Pflanze, die die Kraft hatte, Delirium und Wahnsinn, ja sogar den Tod zu bringen, mußte gleichermaßen auch zur Abwehr von Dämonen wirksam sein. Krankheit galt auch als Zeichen der Schuld, eine dem Menschen wegen seiner Verfehlung auferlegte Strafe der Götter. Eine übelschmeckende Arznei als Sühne mochte die Götter versöhnlich stimmen. Auch heute noch hat man vielfach das Gefühl, daß eine wirklich wirksame Arznei notwendigerweise unangenehm schmecken muß.

In dieser Frühzeit der Pflanzenheilkunde entwickelten sich zwei einfache Grundvorstellungen; sie wurden später erweitert zu den Prinzipien des »Gleichartigen« und des »Gegensätzlichen«. Nach der ersten Lehre bestimmen übertragbare Analogien die Verwendung einer Pflanze in der Heilkunst. So glaubt man, daß Beifuß aufgrund seines roten Blütensaftes ein gutes Wundkraut sei und Steinbrech, der häufig auf steinigem Untergrund vorkommt, ein ausgezeichnetes Mittel gegen Blasen- und Nierensteine. Im 16. und 17. Jahrhundert waren Anhänger dieser fragwürdigen Lehre so berühmte Botaniker wie der deutsche Arzt Theophrast Paracelsus, der Italiener Giambattista Porta und der Engländer William Cole. Porta ging sogar so weit zu behaupten, daß kurzlebige Pflanzen das Leben verkürzen oder gebogene und gegliederte Triebe Skorpionstiche kurieren könnten. Im 17. Jahrhundert waren Kernsätze dieser Lehre vom »Gleiches heilt Gleiches« diese: ›In der Klimazone, in der eine bestimmte Krankheit auftritt, findet man auch das Heilmittel für sie‹. Anklänge daran finden sich noch heute in manchen Zweigen der Naturheilkunde.

Die Gegensatzlehre dagegen, versuchte das natürliche Gleichgewicht im kranken Körper durch die Anwendung von Kräutern herzustellen, deren Merkmale im Gegensatz zu den Krankheitssymptomen standen. So verwendete man bei heißem, trockenem Fieber kalte, feuchte Kräuter. Diese Theorie

Das älteste illustrierte Kräuterbuch, das uns erhalten blieb, ist der Codex Vindobonensis *aus dem Jahre 512 n. Chr., eine Copie von Dioscorides'* De Materia Medica. *Die Exaktheit der Pflanzenbeschreibungen war jahrhundertelang nicht zu übertreffen. Meisterhaft in ihrer Verbindung von Genauigkeit und Schönheit sind auch die aquarellierten Pflanzenbilder, wie die* oben *dargestellte Hundsrose und die Brombeere* auf der gegenüberliegenden Seite.

stützte man später durch Bezug auf die klassische Unterteilung der Materie in die vier Elemente Luft, Wasser, Feuer und Erde mit den ihr entsprechenden Temperamenten (sanguinisch, phlegmatisch, cholerisch und melancholisch); sie beherrschte bis ins späte 17. Jahrhundert die Medizin des Abendlandes.
Das erste Kräuterbuch soll schon vor fast 5000 Jahren der sagenhafte chinesische Kaiser Shen Nung verfaßt haben. Nur Teile des Textes blieben erhalten, weil spätere Schriftsteller sich auf sie stützen. Es bildet die Grundlage für viele chinesische Kräuterbücher. Texte über Kräuter kennen wir auch von den Sumerern, die um 2200 v. Chr. Listen von tausend Pflanzen auf Tontafeln niederschrieben, oder von den Ägyptern. Ein Papyrus etwa aus dem Jahre 2800 v. Chr. beschreibt die medizinische Anwendung von Kräutern. Aufgeführt werden Majoran, Minze, Wacholder und andere heute noch bekannte Kräuter. Aromatische Harze wie Weihrauch, Gewürze wie z. B. Zimt und Kassia sowie Salben werden erwähnt; letztere stellte man her, indem man aus den Kräutern Öl herauspreßte oder sie in fettigen Ölen zerrieb (z. B. Rizinusöl). In Ägypten wurde zwischen medizinischen und kosmetischen Produkten nicht streng unterschieden. Priester überwachten Herstellung und Verkauf dieser Mittel und sorgten in den Tempeln für ein reichliches Angebot an Weihrauch, duftenden Ölen und wertvollen Salben, wie man sie zur Einbalsamierung der Leichen hochgestellter Persönlichkeiten benötigte.
Gewürze und Duftkräuter wurden nachweislich ab etwa 2000 v. Chr. auch nach Ägypten eingeführt. Aus Südarabien und aus dem fernen Osten gelangten sie zu den Handelszentren des östlichen Mittelmeerraums und von dort mit Kamelen und Maultieren an den Nil. Von den Häfen des östlichen Mittelmeers verschifften die Phönizier Gewürze und Tuchwaren nicht nur bis nach Spanien, sondern sogar an die Atlantikküste.
Auch während der Blütezeit Griechenlands im 5. Jahrhundert v. Chr. waren die Phönizier im Mittelmeerraum noch beherrschend im Seehandel und belieferten die Stadtstaaten mit Gewürzen und Duftkräutern. Zu dieser Zeit machte sich der berühmte griechische Arzt Hippokrates über den herrschenden Aberglauben in der Medizin lustig. In klarer, einfacher Sprache schildert er Diät und Hygiene als die Grundlagen der Gesundheit und empfiehlt etwa 400 einfache Kräuterheilmittel. Als erster stellte er die Theorie auf, daß Krankheit auf ein gestörtes Gleichgewicht zwischen den vier Temperamenten zurückzuführen sei. Galen, der wohl berühmteste Arzt der Antike, der im 2. Jahrhundert n. Chr. lebte, baute diese Theorie später in sein System der Heilkunst ein.
Theophrastos (geboren 371 v. Chr.), ein Schüler von Plato und Aristoteles, verfaßte seine *Historia* und *Causa Plantarum.* Ausgehend vom Bau der Pflanzen machte er einen ersten Versuch zu ihrer Klassifizierung. Aus dieser ›aristotelischen‹ Botanik entwickelten sich zwar einige wichtige Theorien, einen eigentlichen Fortschritt jedoch brachten eher die medizinischen als die botanischen Werke dieser Zeit. Als wichtigste medizinische Abhandlung gilt das Werk *De Materia Medica,* welches im ersten Jahrhundert n. Chr. von Dioscorides, einem in Rom lebenden griechischen Naturwissenschaftler, verfaßt wurde. Darin beschreibt er 600 Kräuter mit ihrem Namen und ihren Heileigenschaften. Im Jahre 512 n. Chr. wurde eine Kopie des Manuskripts mit naturgetreuen, kolorierten Zeichnungen ausgestattet. Für mindestens 1600 Jahre galt dieses Werk als Grundlage aller anderen Kräuterbücher. Ein Zeitgenosse von Dioscorides war Plinius der Ältere, ein römischer Beamter. Er verfaßte eine Naturgeschichte der medizinischen Botanik, *Naturalis Historia*, in mehreren Bänden. Seine wissenschaftlichen Beobachtungen sind zwar mit reichlich viel Aberglauben durchsetzt, jedoch allein sein Umfang machte das Werk zu einem wertvollen Handbuch für Botaniker.

βάτος

πάντων ἐστὶ μ... στύφει, ξηραίνει, βάπτει τὰς τρίχας. βάτου τὸ
ἀφέψημα τῶν ἀκρεμόνων αὐτῆς. κοιλίαν ἵστησι
ποθὲν πινόμενον. ῥοῦν ἐπέχει γυναικεῖον.
πρηστηρος δηγματι ἁρμόζει. κραδαινώδη
ἄφθας ὑγιάζει. διαμασσώμενον τὸ φύλλον.
καὶ ἐπιπλασσόμενον χωρῶς τοῖς ἐν κεφαλῇ
ἀρμόζει. καὶ ὀφθαλμῶν προπτώσεις, καὶ κονδυ-
λώματα, καὶ αἱμορροΐδας. καταπλασσόμενα
τὰ φύλλα, καὶ ἐπιτιθέμενα κεφαλῇ, διάκαον-
τα, ἰᾶται. ἁρμόζει. ὁ δὲ χυλὸς αὐτῆς ἐκθλι-
βεὶς τῶν καυλῶν καὶ τῶν φύλλων, συνεψηθεὶς ἐν ἡλίῳ,
βέλτιον ποιεῖ. τοῦ δὲ καρποῦ αὐτῆς ὁ χυλὸς
πεπείρου, ὄντος, δεῖται στοματικοῖς ἁρμόζει. ἵστησι
καὶ κοιλίαν, συμμέτρως. ὡς πεπειρωμένον.
τὸ δὲ ἄνθος δὲ αὐτῆς, ποθὲν ἐν οἴνῳ, κοιλίαν
ἵστησιν. γαληνὸς

† βάτου τὸ ἄνθος, καὶ ὁ καρπὸς καὶ ἡ ῥίζα συ-
πτικὴ μετέχουσι ποιότητος. ἡ μὲν ῥίζα δὲ καὶ τὰ
φύλλα, καὶ οἱ βλαστοί. μάλιστα μὲν πλεῖστον
τοῦ ὕδατος ὄντος μετέχοντα. ὥστε καὶ διαμασσώ-
μενοι, ἄφθας τε, καὶ τὰ ἄλλα στόματι, θε-
ραπεύουσι ἕλκη. καὶ τὰ ἄλλα θαύματα, δὲ καὶ
κοιλίαν. ὁ μὲν δὲ καρπὸς ὁ πέπειρος, μετέχει
ὕδατος, συμμέτρου θερμοῦ χυμοῦ
μετρίως στύφει, ξηραίνει καὶ θεραπεύει
ξηραντικὸς τε ὢν
τοῦ πέρας φάτου, δύο
τρίας καὶ ῥεύματα
γαστρός, καὶ ἄλλα, καὶ τὰς τῶν
αἱματος πτύσεις,
ἐπιτήδειον φάρ-
μακον. ὧδε ῥίζα
πέρας τῷ στύφειν
ἔλκει καὶ λι-
θοῦ
οὕτως μα-
τέχουσα, καὶ
τοὺς ἐν νεφροῖς
διαθρύπτει λίθους +

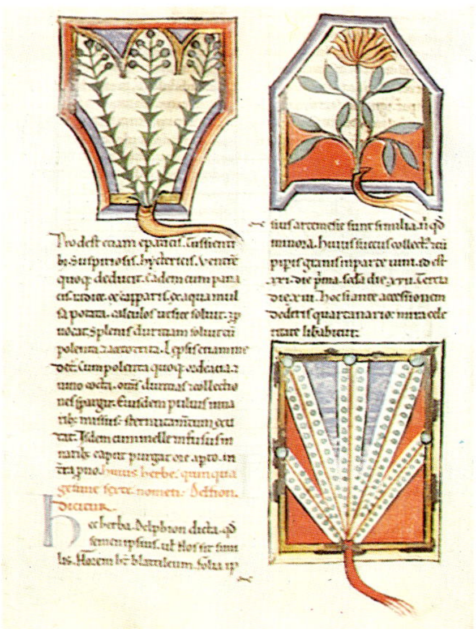

Dies sind zwei Seiten aus einem englischen Kräuterbuch des 12. Jahrhunderts, das auf dem damals allgemein anerkannten lateinischen Herbarium *des Apuleius Platonicus aufbaut. Die oben dargestellte Brombeere ist in ihrer naturalistischen Wiedergabe typisch für diese Zeit.*

Die Ausdehnung des römischen Imperiums brachte viele Kräuter des Mittelmeerraums nach Mitteleuropa. Römische Siedler pflanzten sie in ihren Gärten als Küchenkräuter und als Heilmittel an. Widerstandsfähigere Pflanzen wie z. B. Fenchel und Gartenmelde wurden hier schnell heimisch und waren bald um die menschlichen Siedlungen herum auch verwildert anzutreffen. Dill, Bohnenkraut, Petersilie, Knoblauch, Senfkraut, Minze, Thymian, Ysop, Salbei und viele andere kamen wahrscheinlich zu dieser Zeit in unsere Gärten. Vergleichbares wiederholte sich 1500 Jahre später während der Kolonialisierung Nordamerikas durch die Europäer. Neben Kräutern brachten die Römer ihre Gewürze mit, sowohl zum Abschmecken von Speisen wie auch als Arznei. Die wichtigsten davon waren Pfeffer und Ingwer.

Auch nach dem Niedergang des Römischen Reiches und im frühen Mittelalter wurden weiterhin Gewürze zu Wasser und zu Lande, mit Schiffen und mit Karawanen aus dem Orient nach Südeuropa gebracht. Dank seiner Lage war nun Venedig 1000 Jahre lang Handelszentrum auch für Gewürze. Gewürznelken, Zimt, Ingwer, Kardamom und Pfeffer kamen über die alten Gewürzstraßen nach Konstantinopel und von dort auf venezianischen Galeeren in alle Mittelmeerländer. Im Austausch dafür handelten die Levantiner Salz und Pökelfleisch ein.

Nach dem Abzug der Römer ging der Handel in Europa stark zurück. Unsichere Straßen und das Seeräuberunwesen im Mittelmeer erschwerten den Transport, Kriege und Zerstörung schwächten die Kaufkraft. So wurden Gewürze sehr teuer. Das Versiegen neuer Hilfsmittel brachte den Rückgriff auf alte. Vor allem in den Klöstern sammelte man die im Volk bekannten Kräuterrezepte und zeichnete sie auf. Gleichen sie in ihrem Wortlaut oft auch alten Zauberformeln, so bewahrten sie doch sehr viel brauchbares Wissen. In vielem läßt sich ein starker Einfluß südeuropäischer Kräuterbücher nachweisen, die auf *De Materia Medica* aufbaute. Das wichtigste Werk aus dem 10. Jahrhundert ist das berühmte englische *Leech Book of Bald,* das Kräuterrezepte enthält, die der Patriarch von Jerusalem Alfred dem Großen nach England geschickt hatte.

Im späten 8. Jahrhundert nahm der Gewürzhandel wieder zu. Damals eroberte der Islam weite Teile des Mittelmeerraums wie Spanien, Nordafrika und Ägypten; im Osten drang er bis Persien vor; die Piraten des Mittelmeers bekämpfte er entschieden. Arabische Gelehrte übersetzten die Schriften des Aristoteles und anderer klassischer Philosophen. Arabische Ärzte schufen eine auf Beobachtung und Studium gegründete praktische Medizin, während in anderen Teilen Europas noch die allbeherrschende Theologie die Medizin vielfach zum Gespött machte. Einer der bekanntesten Ärzte dieser Zeit war der Perser Avicenna (geboren 980 n. Chr.). Sein *Canon* wurde zum Standardwerk für die arabischen Ärzte und revolutionierte auch die Medizin der westlichen Welt. Er untersuchte die Eigenschaften der Kräuter und entdeckte dabei, daß man die flüchtigen Pflanzenöle durch Destillieren herausziehen und konservieren kann.

Vier legendäre ›Meister‹, ein Araber, ein Römer, ein Jude und ein Grieche, gründeten in Salerno (Italien) eine berühmte medizinische Schule. Im 13. Jahrhundert stand sie im Zenit ihres Ruhms. Man lehrte hier die von Hippokrates und Galen entwickelte Theorie von den Temperamenten und zog bei der Diagnose die Ernährungsweise, das Temperament und die Lebensumstände des Patienten in Betracht. Im *Regimen Sanitatis Salerno* wurden sowohl für die Therapie wie zum Vorbeugen von Krankheiten feste Regeln aufgestellt.

Dieses Werk wurde in den nächsten 100 Jahren in viele Sprachen übersetzt. Während der Kreuzzüge war Salerno ein wichtiger Sammelpunkt der Kreuzfahrer. Ab dem 11. Jahrhundert wurden wohl viele von ihnen im dortigen Krankenhaus behandelt. Mit ihrer Rückkehr verbreitete sich der Ruf der medizinischen Schule von Salerno in ganz Europa. Als eine andere Folge der Kreuzzüge fanden neue Vorstellungen vom Kochen Eingang in die Haushalte Europas. Nicht nur lebhafte Handelsbeziehungen, sondern auch Besatzungstruppen können neue Sitten, neue Moden und neue Speisen einführen. Als 1066 die Normannen England eroberten, bewirkten sie dort ganz nebenbei eine Revolution der Kochkunst. In den einfachsten Bauernhäusern wurde jetzt Pfeffer zu einem wichtigen Gewürz. Die Reichen würzten ihre Speisen üppig mit Ingwer, Langem Zypergras, Nelken, Paradieskörnern, Kubebenpfeffer und vielen anderen exotischen Gewürzen. Gewürzimport wurde ein gutes Geschäft und Gewürze, die auch im kühleren Klima gedeihen wie z. B. Koriander, Fenchel, Kümmel und Senfkörner wurden überall angepflanzt. Es entstand geradezu eine Gewürzmode. In mittelalterlichen Kochbüchern z. B. spielte die Farbe der Speisen eine große Rolle. Für den Winter empfahl man rote oder gelbe Kost, die mit rotem Sandelholz, Alkannawurzel, Zimt, Safran, Ingwer und den Blütenblättern von Ringelblumen gefärbt wurde. Im Sommer dagegen bevorzugte man grüne Farben; man mischte deshalb dem Essen reichlich grüne Kräuter bei, vor allem Petersiliensaft. Weitere bekannte Färbemittel waren ferner Indigo und Lackmuskraut *(Chrozophora tinctoria)* für purpurne Kost, getrocknetes Blut für schwarze, und Mandelmilch und Sahne für weiße Speisen.

Man vermutet, daß man damals so überreich würzte, um durch die stark duftenden Gewürze den Geruch von überlagertem Fleisch und Fisch zu überdecken. Da das Fleisch durch Salzen oder Trocknen konserviert wurde, wollte man durch starkes Würzen die Verdauung unterstützen. Auch glaubte man, dadurch Krankheiten abzuwehren. Dies alles erklärt jedoch nicht, warum man für ein Rezept mit frischen Erdbeeren Pfeffer, Ingwer, Langes Zypergras, Safran und Essig brauchte und dann das Ganze mit Alkannawurzeln färbte. Offenbar bestand zu dieser Zeit ein fast zwanghaftes Verlangen nach stark gewürzten Speisen. Dabei waren Gewürze so teuer, daß sie selbst in den Küchen der Reichen in besonderen Schränken oder Kisten hinter Schloß und Riegel gehalten wurden. Ärmere Leute, die sich exotische Gewürze nicht leisten konnten, würzten ihre Speisen kräftig mit Pfeffer, Knoblauch, Senf, Fenchel und sogar dem Samen von Pfingstrosen. Duftende Kräuter wuchsen

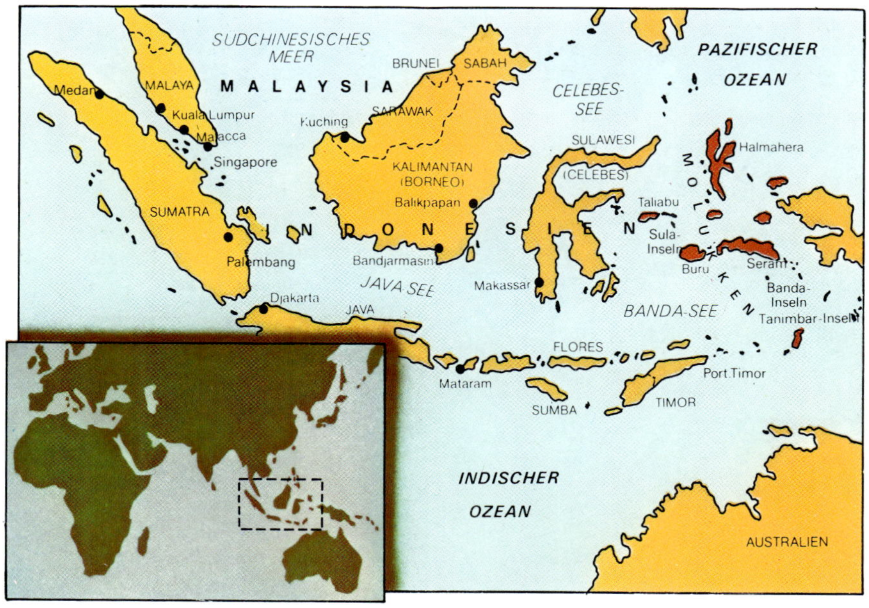

Die Molukken oder Gewürzinseln
Im Jahre 1498 erschlossen die Portugiesen den Seeweg von Europa nach dem Fernen Osten. Jetzt konnten sie mit Ostindien ungestört Handel treiben. Die alten, von Arabern kontrollierten Handelswege verloren an Bedeutung, und Venedigs Monopolstellung im Gewürzhandel schwand.
Die Gewürzinseln, die von altersher die Hauptlieferanten für Muskat und Gewürznelken waren, standen nun etwa hundert Jahre lang unter portugiesischer Herrschaft. Zu Beginn des 17. Jahrhunderts wurden die Portugiesen von den Holländern verdrängt, die aus preispolitischen Gründen den Gewürzanbau auf nur wenige Inseln beschränkten. Ihr Monopol wurde erst Ende des 18. Jahrhunderts gebrochen, als es gelang, Setzlinge von Gewürzplanzen herauszuschmuggeln und in Westindien anzubauen. Endlich wurden Gewürze billiger.

wild oder im Garten und wurden als Gemüse gekocht oder zum Würzen verwendet. Die Küche des Nahen Ostens mit ihren feurig gewürzten Fleischspeisen, mit Früchten, Getreide und Hülsenfrüchten gleicht in etwa der Kochkunst, die im Mittelalter in Europa praktiziert wurde.

Das Monopol, das die seefahrenden Araber und Venezianer im Gewürzhandel besaßen, wurde mit der Zeit immer drückender. Dann sperrten die Türkenkriege auch die Landwege, und so suchte man einen direkten Seeweg zu den Gewürzinseln. Kolumbus glaubte ihn im Westen finden zu können und landete in Amerika. Vasco da Gama dann entdeckte ihn, als er um das Kap der Guten Hoffnung segelte und in Kalkutta an Land ging. Um 1520 fand Magellan schließlich doch noch die Westroute zu den Gewürzinseln. An die Stelle des mühsamen Karawanentransports zu Lande traten jetzt die Segelschiffe, an Stelle Dutzender von Zwischenhändlern der Direktimport durch die Portugiesen; sie kontrollierten für die nächsten hundert Jahre den Gewürzhandel Europas.

Zu Beginn der Renaissance drangen die Heilkunst arabischer Ärzte und der Einfluß der Medizinischen Schule von Salerno auch nach Mittel- und Nordeuropa vor. Mancher Aberglaube wurde verdrängt. Man hatte in den immer wieder auftretenden Pestepidemien bisher eine Strafe Gottes gesehen; jetzt suchte man nach ihren natürlichen Ursachen. Weit verbreitet war die Auffassung, daß Miasmen, d.h. Verunreinigungen der Luft, durch schlechte Ausdünstungen gebildete Stoffe, die Seuche verbreiten. Deshalb verbrannte man auf Straßen und Plätzen wie auch in Privathaushalten Gewürze und Kräuter,

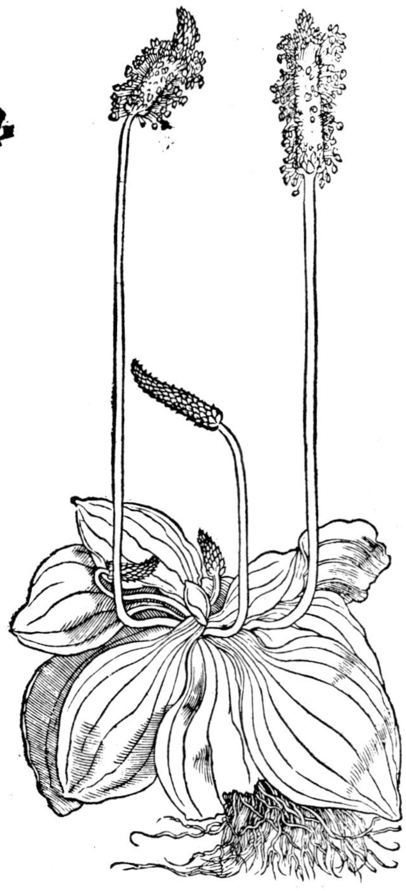

Diese alten Holzschnitte zeigen die Alraune oben, *deren Wurzeln oft als menschliche Figur gedeutet wurden, und das Eisenkraut in der* Mitte. *Die Abbildungen stammen aus dem* Ortus Sanitatis *von 1497.*

Naturalistischer wirkt der Wegerich oben *im* Herbarium Via Eicones *von Otto Brunfels (1530) oder*

Titelbild des Herbarium Vivae Eicones *von Otto Brunfels (1530).*

der Borretsch in der 1542 erschienenen De Historia Stirpium *von Leonhart Fuchs.*

z.B. Wacholder, an deren reinigende Wirkung man glaubte. Außerdem achtete man mehr auf Diät und allgemeine Hygiene, besonders in den Städten. Immer mehr Ärzte wandten sich gegen den alten Aberglauben, der immer noch durch die Medizin geisterte. Dazu gehörte z.B. daß man Schlüssellöcher mit Kräutern verstopfte, Schuhe mit Kräutern füllte, sich Kräuteramulette umhing und dazu Beschwörungen murmelte. Jetzt schrieb Andrew Boorde, ein Arzt der frühen Renaissance, »meine geliebte Heilkunst . . . ersteht nun nach 1200 Jahren des Niedergangs glorreich wieder«. Allerdings hielten sich Einflüsse der Astrologie und die Lehre von der heilenden Wirkung des Gleichartigen in Europa bis ins 16. und 17. Jahrhundert. Die magischen Urformen der Kräuterheilkunde standen schon immer im Gegensatz zur nüchternen Heilpraxis. Schon im 3. Jahrhundert notierte Ko Hung, ein chinesischer Arzt, resignierend: »wenn ich den Leuten sage, . . . daß Huflattich und Astern gut gegen dauernden Husten, . . . Engelwurz und Pfingstrose gegen Koliken seien, . . . so wird mir kein Glauben geschenkt. Lieber vertraut man der Zauberei.«

Die Erfindung der Buchdruckerkunst brachte eine weitere Verbreitung der Kräuterbücher mit sich, die meist auf *De Materia Medica* zurückgingen und bis dahin von fleißigen Mönchen immer wieder abgeschrieben worden waren. Als eines der ersten wurde das *Herbarium* von Apuleius Platonicus um 1480 in Italien gedruckt. Nach griechischen Vorlagen war etwa um das Jahr 400 n. Chr. der lateinische Text abgefaßt worden. Die Abbildungen der Kräuter in stilisierten, grün und braun kolorierten Holzschnitten halten sich an die überlieferten Formen illustrierter Handschriften. Ende des 15. Jahrhunderts folgen dann in Deutschland drei wichtige Kräuterfibeln, das *Lateinische Herbarium* und das *Deutsche Herbarium* von Peter Schöffer; das dritte *Ortus Sanitatis* von Jakob Meydenbach, behandelt auch Tiere, z.B. Vögel und Fische sowie Mineralien. Die Bücher enthalten hübsche einfache Holzschnitte. Im wesentlichen dürften diese Darstellungen wohl alle aus früheren Manuskripten hergeleitet sein. Ganz anders dagegen das *Herbarium Vivae Eicones* von Otto Brunfels. Diese Kräuterfibel wurde 1530 in Straßburg veröffentlicht und enthielt graphisch sehr lebendige Holzschnitte mit genau beobachteten Einzelheiten, die ein Künstler namens Hans Weiditz im Stil seines großen Zeitgenossen Dürer angefertigt hatte. Auch bei Brunfels stammt noch vieles von seinen Vorgängern. Doch durch ihn ermutigt veröffentlichte 1539 Hieronymus Bock sein auf eigenen Forschungen beruhendes Kräuterbuch, das die Pflanzen vorbildlich beschreibt und eine erste Systematisierung versucht. Neben Brunfels und Bock gehört auch Leonhart Fuchs zu den »Vätern der Botanik« in Deutschland. Sein Werk, *De Historia Stirpium*, erschien 1542. Fuchs war Arzt, aber wie so viele seiner zeitgenössischen Kollegen bespöttelte er die Heilkunde seiner Zeit und die Unwissenheit der Ärzte, die kaum eine Pflanze kannten. Sehr genau beschrieb er etwa 500 Kräuter; seine hübschen Darstellungen wurden später vielfach kopiert.

Kräuterbücher späterer Zeit zeigen diesselbe Genauigkeit in der Beobachtung. Der englische Arzt und Dekan von Wells, William Turner, z.B. machte weite Reisen, um die Kräuter aus eigener Anschauung kennen zu lernen. Neben vielen Gegenden seiner Heimat hatte er auch Italien und Deutschland besucht, ehe er Mitte des 16. Jahrhunderts sein in drei Fortsetzungen erscheinendes *New Herball* veröffentlichte. In den Niederlanden stellten die Kräuterfibeln von Rembert Dodoens, Charles de l'Ecluse und Mathias de l'Obel aus Lille neue Maßstäbe für Pflanzenbeschreibung und -klassifizierung auf. Ihre Werke wurden alle von dem berühmten Drucker Christophe Plantin in Antwerpen herausgebracht, bei dem auch viele andere botanische Bücher mit Illustrationen erschienen.

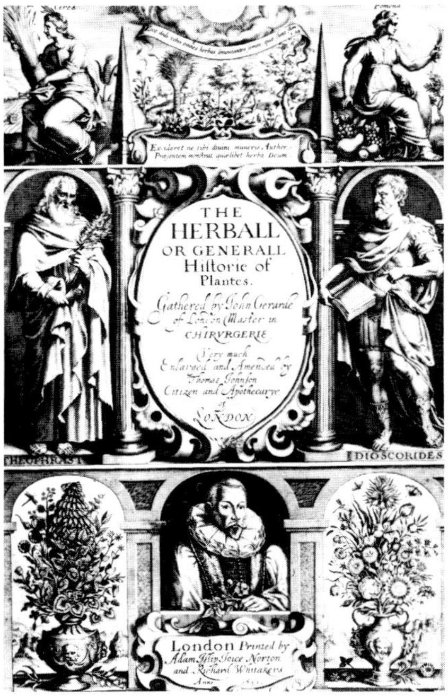

Titelbild des berühmten englischen Kräuterbuchs von John Gerard The Herball or Generell Historie of Plantes, *das im Jahre 1597 erschien. Das Blatt stammt aus einer 1633 gedruckten Ausgabe. Die Abbildungen von Theophrastos und Dioscorides zeigen, daß der Autor sich auf klassische Vorbilder bezieht.*

In Hausgärten, Klöstern und Schlössern gab es Kräuterbeete und Kräutergärten. Die Rezepte für ihre Aufbereitung und Verwendung in Küche und Hausapotheke, als Duftkräuter und Räucherwerk vererbten sich von Generation zu Generation weiter. Allerdings hielt man wildwachsende Kräuter für noch wirkkräftiger als die angebauten. So fanden Kräuterweiblein und »Wurzelmänner« sehr wohl ihr Auskommen durch Sammeln in Wald und Flur und den Verkauf auf Märkten oder an Apotheken. Aus den sogenannten »Arzneipflanzen« mischten die Apotheker ihre Heilmittel zusammen. Viele Apotheker und Ärzte legten auch eigene Kräutergärten an, wie dies z.B. das 1576 erschienene *Book of Compounds* für Apotheker empfahl. Der Verfasser, ein englischer Arzt, verlangte, daß der »Garten mit vielen Kräutern, Samen und Wurzeln zum Säen, Pflanzen, Sammeln und Aufbewahren ganz in der Nähe sein muß«.

Einer der berühmtesten Heilkräutergärten war der von John Gerard in Holborn, einem Stadtteil von London; von ihm gibt es eine genaue Beschreibung. In diesem Garten wuchsen viele neue Arten, die von Seefahrern und Entdeckern vor allem aus Amerika nach England gebracht worden waren. Gerards Buch, *Herball or Generall Historie of Plantes,* erschien 1597. Zwar stammte sein Inhalt größtenteils aus einem unveröffentlichten Werk von Dodoens, doch sein reizvoller und direkter Stil macht das Werk auch heute noch lesenswert.

Im 16. und 17. Jahrhundert wurden immer mehr Pflanzensamen und -wurzeln aus Nordamerika nach Europa verschickt. Französische Siedler in Kanada sandten sie an den *Jardin des Plantes* in Paris, puritanische Siedler an den *Chelsea Physic Garden* oder an die Botanischen Gärten von Oxford, andere gingen nach Florenz, Padua und Ferrara. Ein gewisser John Josselyn veröffentlichte nach einem Amerikabesuch 1672 ein Buch mit dem Titel *New England Rarities,* in dem er eine Beschreibung der amerikanischen Flora gab und der Heilmittel, »mit denen die Eingeborenen ihr Unwohlsein, ihre Wunden und Gebrechen zu kurieren pflegen«. In einem späteren Werk beschreibt Josselyn weitere Arten, die kurioserweise »männlichere Eigenschaften haben als dieselben Spezies in England, jedoch nicht in einem so schrecklichen Ausmaß, daß sie für unsere englischen Körper schädlich oder unwirksam sind«.

Gleichzeitig gingen Kräuter auch in umgekehrter Richtung über den Atlantik.

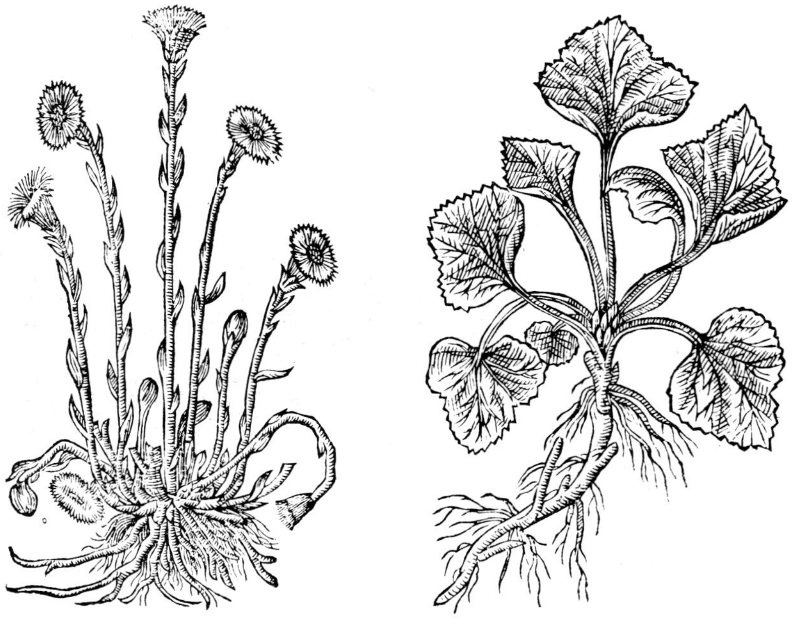

Diese Abbildung eines blühenden Huflattichs stammt ursprünglich aus dem Eicones Plantarum *von J. T. Tabernaemontanus; später griff Gerard in seinem, 1597 erschienenen* Herball *darauf zurück.*

Nicholas Culpeper verband in seinem berühmten Kräuterbuch die Kräutermedizin mit der Astrologie.

Die Siedler stellten Listen von Kräutern auf, die sie in der neuen Heimat brauchten und erbaten die Samen. Diese Listen sind heute für uns recht interessant. 1631 z.B. gab der jüngere John Winthrop eine typische Bestellung auf, die 48 Kräuter umfaßte, darunter so bekannte wie Rosmarin, Petersilie, Bohnenkraut und Thymian, aber auch weniger verbreitete wie Muskatellersalbei, Malve und Eisenhut. Gegen Krankheiten bei der Überquerung des Atlantik empfahl Josselyn eingelegte Rosen, Gewürznelken, Levkojen, Wermut, grünen Ingwer, Muskatnuß, Muskatblüte, Zimt und Pfeffer, besonders aber Zitronensaft, um dem Skorbut vorzubeugen. Religiöse Gemeinschaften legten später in Amerika große Heilkräutergärten an. Die Shaker-Sekte z.B. besaß im Jahre 1820 in New York einen berühmten Garten und verdiente mit ihren getrockneten und vermischten Kräutern eine Menge Geld.

Viele der frühen Einwanderer nahmen die drei damals in England bekanntesten Kräuterfibeln mit: das von dem Apotheker und Botaniker Thomas Johnson erweiterte Werk von Gerard, das 1640 erschienene *Theatrum Botanicum*, ein großes Kräuterbuch von John Parkinson, der Botaniker am Hofe Karls I. von England war, und Culpepers Kräuterbuch *The English Physitian*, von 1652. Das letztgenannte Werk enthielt eine vom Ärztekolleg herausgegebene nicht autorisierte Übersetzung der lateinischen *Pharmacopoeia*. Außerdem beschimpfte Culpeper darin seine Kollegen als eine Gesellschaft von dünkelhaften und herrschsüchtigen Doktoren, »ihr Geist sei 500 Jahre vor ihnen selbst auf die Welt gekommen« und statt ihnen sollten die Patienten doch lieber »Dr. Vernunft« und »Dr. Erfahrung« vertrauen. Leider mengte Culpeper eine Fülle astrologischer Hinweise unter seine Beschreibungen. Zum Beispiel sei der Ackermennig »ein Kraut, das unter dem Einfluß von Jupiter und im Zeichen des Krebses steht. Ackermennig wirkt daher sympathetisch, d.h. durch Verstärkung gleichartiger Tendenzen heilend auf die von Jupiter beherrschten Körperregionen, die dem Zeichen Krebs zugeordnet werden. Antipathetisch, d.h. als Gegenmittel wirkt das Kraut bei Erkrankungen jener Körperregionen, die – auch regiert von Jupiter – dem Zeichen Schütze oder Fische entsprechen. Folglich muß Ackermennig gut gegen Gicht sein«. Hier schlägt noch das späte Mittelalter durch, ebenso wenn eine in Frankreich verfaßte Schrift mit den Worten begann: »Im Namen des Herrn, Amen! Hier beginnt eine kurze Abhandlung als Handreichung für Ärzte in der Kunst der Medizin mit gebührender Berücksichtigung des Einflusses des

Astrologische Himmelskarte aus Arati solensis Phaenomena *von 1499.*

Der Jardin des Plantes *(früher* Jardin du Roi*) bot einen umfassenden Überblick auch über neue Kräuter; ihre Wurzeln und Samen hatten französische Siedler im 16. und 17. Jahrhundert aus Kanada in die Heimat geschickt.*

Auf diesem Hügel in Nepal wird Kardamom angebaut. Die Früchte werden vor der Reife geerntet und dann langsam getrocknet. So bleibt das kostbare Öl der Samen weitgehend erhalten.

In Indien trocknet man die Chillies in der Sonne. Vor nicht zu langer Zeit erst dort eingeführt, wurden sie rasch zu einer beliebten und wichtigen Zutat der indischen Küche.

Himmels.« Culpepers Kräuterbuch stieß bei seinem Erscheinen auf heftige Kritik, und dies nicht nur seitens der von ihm geschmähten Ärzte; trotzdem wird es auch heute immer noch gedruckt.

Im 17. Jahrhundert änderten sich in Europa die Eßgewohnheiten. Gewürze und Zucker wurden billiger, teils durch vermehrte Einfuhren, teils durch vermehrten Anbau. Die Westindischen Inseln lieferten immer mehr Zucker nach Europa, dessen Beliebtheit rasch wuchs und die anderen Gewürze etwas verdrängte. Zwar verwendete man weiterhin die verschiedensten Gewürze, gab sie aber nicht mehr wahllos jeder Speise bei. Typische Rezepte dieser neuen Küche enthalten drei, zwischen 1650 und 1660 in Frankreich erschienene Kochbücher von François Pierre de la Varenne. Statt eines üppig gewürzten Durcheinanders von Fleisch, getrockneten Früchten und Nüssen, empfiehlt er junges, nur leicht gewürztes Gemüse, gebratenes Fleisch in Scheiben mit einer Sauce aus dem Bratensaft, Zitrone und Kräutern. Ferner Eiergerichte, gefüllte Pilze, Blätterteiggebäck (damals ganz neu!) und frisches Obst.

Gegen Ende des Jahrhunderts trennten sich die Wege von Kräuterheilkunde und Botanik. Heilmittel fand man ab jetzt nur noch in Arzneibüchern. Zuerst legten sich Universitäten und andere akademische Institute Listen von Heilmitteln an, auf denen Anmerkungen über Herstellung und Dosierung zu finden waren. Später dann erschienen richtige Arzneibücher, wie sie in etwa heute noch verwendet werden. In den Heilmittellisten wurde lediglich notiert, welche Heilmittel für spezifische Krankheiten zu nehmen waren; wie oder warum sie heilend wirken wurde nicht untersucht. Ein erster Schritt in diese Richtung war im 17. Jahrhundert eine Abhandlung über die Wirkung von Fingerhut (Digitalis), *Account of the Foxglove,* von Dr. William Withering. Erst im 19. Jahrhundert führten die Fortschritte von Chemie und Biologie zu einer modernen und systematischen Arzneimittelkunde, der Pharmakologie.

Bis dahin konnten Kräuterheilmittel nie ganz exakt dosiert werden, waren doch die Wirkstoffe in den einzelnen Exemplaren einer Pflanze ganz unterschiedlich ausgebildet. Zwar wußte man schon immer, daß Klima und Wetter, Standort und Boden, ebenso wie der Zeitpunkt der Ernte und die Art der Aufbewahrung sich auf die Eigenschaften einer Pflanze auswirkten. Aberglaube und alte Bräuche, die sich um Pflanzung und Ernte der Kräuter ranken, scheinen uns heute zwar wunderlich, im Grunde aber zielten sie darauf ab, die Wirkstoffe der Pflanzen möglichst weitgehend zu erhalten. So schreibt vor fast 2000 Jahren Dioscorides in seinem Kräuterbuch, »man muß sorgfältig darauf bedacht sein . . ., daß man jedes Kraut zur richtigen Jahreszeit sammelt, denn dies entscheidet, ob es wirksam ist oder nicht«. Heute ermöglicht die Chemie das Extrahieren der pflanzlichen Wirkstoffe und damit eine genaue Dosierung. Überdies gelang es, viele dieser Wirkstoffe chemisch »nachzubilden«, d.h. zu synthetisieren. Seither werden tausende von Heilmitteln auf chemischem Weg hergestellt. Viele dieser Medikamente sind für uns heute unentbehrlich, aber leider weiß man oft noch nicht genug über ihre unerwünschten Nebenwirkungen.

Von den wirksamen Stoffen, die aus Kräutern gewonnen werden, braucht die Medizin vor allem wertvolle Öle (z.B. Thymol), Alkaloide (z.B. das Morphin, das aus dem Schlafmohn gewonnen wird) und Glycoside (z.B, Digitalis aus Fingerhut). Amerikanische Biologen sind heute der Ansicht, daß man noch nicht einmal die Hälfte der pflanzlichen Wirkstoffe kennt, die dem Menschen zugute kommen könnten. Ein genaues Studium alter medizinischer Kräuterbücher und die Erforschung der Heilkunst primitiver Stämme könnten zur Entdeckung weiterer wertvoller Heilmittel führen. Anhalts-

Der Lavendel aus dem steinigen Hügelland der Provence wird vor allem in der französischen Parfümindustrie verwendet.

Pfefferfarm im feuchttropischen Klima Nord-Borneos. Bei schwarzem Pfeffer werden die unreif geernteten Körner in der Sonne getrocknet. Bei weißem Pfeffer reifen die Körner auf der Pflanze aus, werden eingeweicht, abgerieben und anschließend das helle innere Korn getrocknet.

punkte dafür finden sich in alten Legenden, historischen, archäologischen und völkerkundlichen Abhandlungen, vor allem aber auch in Herbarien. Herbarien sind Sammlungen von gepreßten und getrockneten Pflanzen. Sie waren vor etwa zweihundert Jahren große Mode und enthielten Pflanzen aus aller Welt, jeweils mit Anmerkungen über ihren Standort und ihre überlieferte Bedeutung. Neben vielen privaten Herbarien gibt es weltweit etwa 1800 öffentliche Sammlungen mit 175 Millionen systematisch erfaßten Pflanzen.
In den beiden Weltkriegen kamen sowohl die industrielle Produktion wie auch die Importe aus dem Ausland zum Erliegen, und Selbstversorgung wurde groß geschrieben. Dabei wurden fast vergessene Kenntnisse und Fertigkeiten in ihrer lebenserhaltenden Bedeutung wiederentdeckt. Mit Würzkräutern bereicherte und belebte man die armselige Kriegskost. Hagebutten lieferten das wertvolle Vitamin C. Und überall griff man wieder auf pflanzliche Heilmittel zurück. Vor allem im ersten Weltkrieg verwendete man wieder Thymol zum Desinfizieren, Sphagnum-Moos bei der Wundbehandlung und Maiglöckchen bei Giftgaserkrankungen.
Jetzt erschien wieder eine Vielzahl von Büchern, die sich mit der Bestimmung der Kräuter und ihrer Verwendung befaßten. Heute werden sogar in größeren Betrieben wieder Kräuter für den Verkauf angebaut. Eine allgemeine Rückbesinnung auf das Natürliche hat eingesetzt; einerseits als Reaktion auf vorfabrizierte Nahrungsmittel, andererseits aus einem gewissen Mißtrauen gegen chemisch konservierte Kosmetika oder synthetisch hergestellte Arzneien mit ihren oft unangenehmen Nebenwirkungen.
Dieses Buch der Kräuter und Gewürze versucht, überliefertes Wissen mit neuzeitlichen wissenschaftlichen Erkenntnissen zu verbinden und sie für die Praxis in Garten und Haus und auch zur Pflege von Schönheit und Gesundheit nutzbar zu machen.

Anbau von Gewürzen

Die Karte zeigt die für die Gewürzproduktion wichtigsten Anbauländer jeweils mit ihren Hauptprodukten. Oft hat sich der Schwerpunkt der Produktion von der alten in die neue Welt verlagert und umgekehrt. Muskat kam z. B. von den Gewürzinseln auf die Westindischen Inseln, Vanille aus Mexiko nach Südostasien.

Auf der ganzen Welt blüht heute der Handel mit Gewürzen. Oben links *zeigt eine Indiofrau in Bolivien, die Chillies auf der Straße verkauft.* Oben rechts *wird die frisch geerntete Rinde des Zimtbaumes in der Sonne getrocknet. Das Bild stammt von den Seychellen; dort wurde der Zimtbaum Ende des 18. Jahrhunderts aus Ostindien von den Franzosen eingeführt. Der Chiliepfeffer wird überall zum Würzen verwendet. Auf dem Bild* oben *wird er auf einem schwimmenden Markt in Kaschmir angeboten. In Marokko trifft man überall Händler, die Minze verkaufen* (links). *Man verwendet sie dort sowohl in der Küche wie auch für den in der ganzen arabischen Welt beliebten Minztee.*

Im Bild links *bietet ein Marokkaner in der prallen Sonne gemahlenen Kreuzkümmel und Paprika an. In einer schattigen Straße Brasiliens verkauft ein kleiner Junge Heilkräuter* (oben).

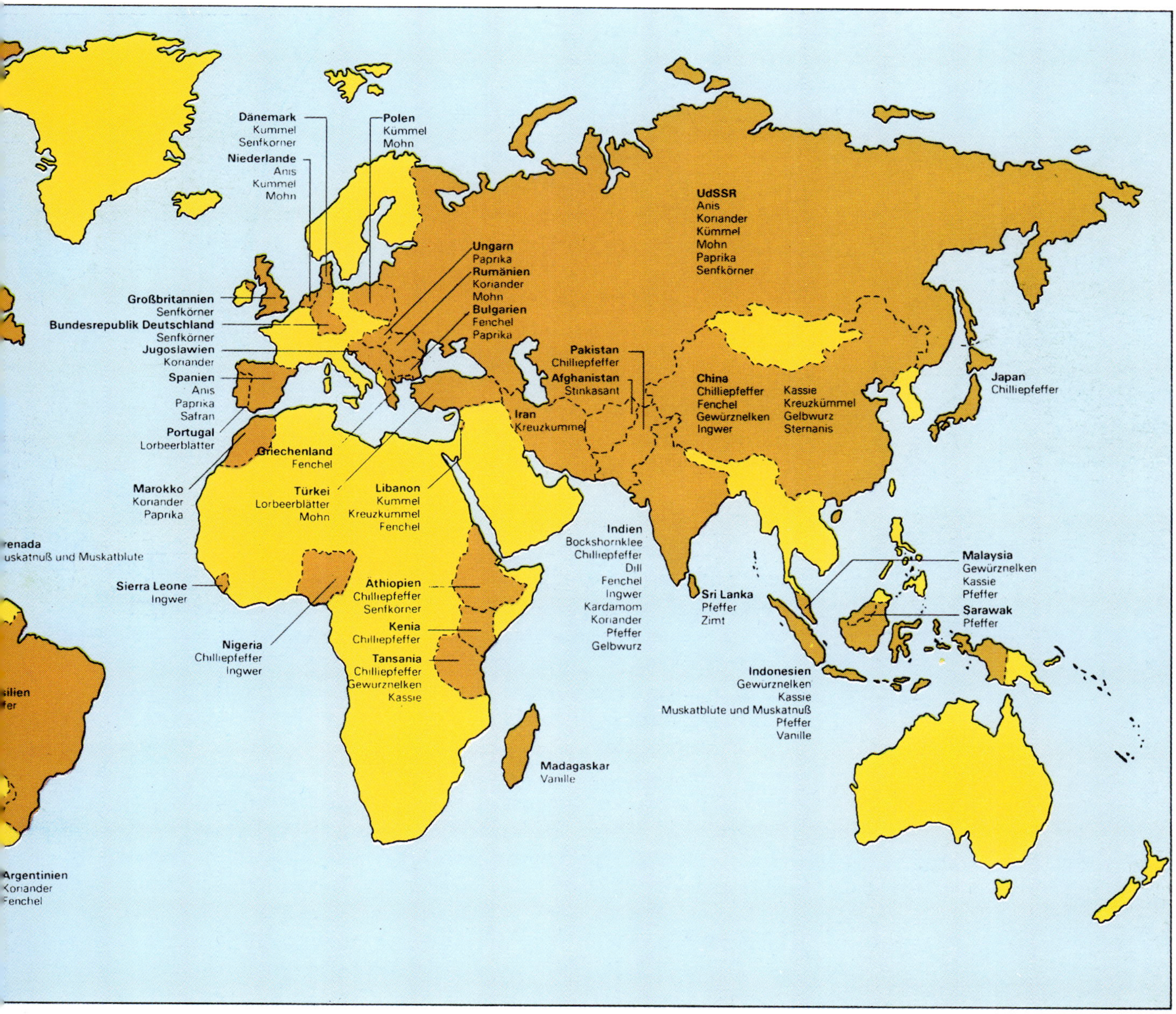

Kräuter und Gewürzpflanzen von A bis Z

Von fast 300 Kräutern und Gewürzen, die in diesem Buch behandelt werden, sind die meisten abgebildet und genau beschrieben. Sie sind nach ihren botanischen Namen alphabetisch angeordnet. Auch die deutschen Namen und die Namen von verwandten Pflanzen sind aufgeführt. Jede Beschreibung enthält Hinweise auf Standort, falls erforderlich auf Anbau, Ernte, Aufbewahrung, Verwendung, Geschichte, Legenden und sagenhafte Kräfte einer Pflanze. Das Register am Ende des Buches weist darauf hin, an welcher Stelle die Pflanze sonst noch genannt wird.
Früher teilte man die Pflanzen in drei Kategorien ein: aromatische Kräuter, Küchenkräuter und Arzneikräuter. Die Grenze zwischen den einzelnen Kategorien zu ziehen, ist jedoch oft nicht möglich, und manche Kräuter passen in jede Abteilung. Die Skala der Kräuter reicht von den wildwachsenden wie Klebkraut, Brennessel und Schafgarbe, über Geißfuß und Wiesenknöterich, die man früher anbaute, bis zu vielen mehr oder weniger bekannten Arten, die heute immer noch angebaut – kultiviert – werden.
Nicht alle Kräuter und Gewürze sind im Lexikonteil dieses Buches beschrieben, viele findet man an anderer Stelle als Färbemittel, Kosmetika, Arzneien und dergleichen.
Gewürze wachsen meist nur in den Tropen und kommen als getrocknete, aromatische Pflanzenteile zu uns.
Viele wichtige Kräuter rechnet man zu drei großen Familien, den Korbblütlern *Compositae*, zu denen z. B. das Gänseblümchen gehört, den Lippenblütlern *Labiatae* mit dem Thymian, und der Familie der Doldenblütler *Umbelliferae*, zu der z. B. die Petersilie gehört. Die Mitglieder der Familie *Compositae* erkennt man meist an den winzigen Röhrenblüten, die dicht beisammen stehen und den äußeren Zungenblütenblättern. Typisch für diese Pflanzen ist ihre bittere, adstringierende und antiseptische Eigenschaft. Die Kräuter der Familie *Labiatae*, z. B. Thymian und Minze, besitzen süß duftende Blüten, sind oft stark aromatisch und beruhigen. Die Vertreter der Familie *Umbelliferae* erkennt man leicht an den aus kleinen Blütchen bestehenden Dolden,

In den alten Herbarien ordnete man die Kräuter nach drei Kategorien: Duftkräuter, Küchenkräuter und Heilkräuter; allerdings waren diese drei Bereiche oft nicht klar gegeneinander abgegrenzt.

deren Blütenstiele schirmartig angeordnet sind. Ihre Samen enthalten häufig Öle, die gut gegen Magen- und Verdauungsstörungen sind.

Der Artname (der zweite lateinische Name) einer Pflanze gibt oft schon Hinweise auf ihre Verwendung. Am häufigsten findet man bei den Kräutern die Bezeichnung *officinalis* oder *officinale*, was soviel bedeutet wie ›aus dem Laden‹, denn das Kraut wurde früher von Apothekern verkauft. *Sativus* zeigt, daß die Pflanze angebaut, *tinctoria*, daß sie zum Färben verwendet wurde und *fragrans* oder *odorata* weist auf den süßen Duft der Pflanze hin.

Mehr als die Hälfte der besprochenen Pflanzen wächst in Europa und Nordamerika wild. Wildwachsende Pflanzen sollte man nie mit der Wurzel ausreißen oder in großen Mengen ernten. Man sollte sich mit ein paar Blättern oder Blüten zufrieden geben, die man abseits der schmutzigen Straße oder weit entfernt von mit Insektiziden besprühten Feldern erntet. Vor der Verwendung müssen sie genauestens bestimmt werden. Von Gewürzen, die man dauernd braucht, sammelt man am besten Samen und sät sie in den Garten aus, wobei allerdings die Standortbedingungen beachtet werden müssen. Bei den *Umbelliferae* ist allerdings Vorsicht geboten, denn einige wildwachsende Vertreter wie Schierling und Hundspetersilie sind sehr giftig.

Die Früchte der Doldenblütler (*Umbelliferae*) erscheinen dem Laien aufgrund botanischer Besonderheiten wie Samen; sie werden hier deshalb der Einfachheit halber immer Samen genannt. Ein Glossar der wichtigsten botanischen Begriffe findet man im Anhang.

Wird darauf hingewiesen, daß man mit einem bestimmten Kraut einen Aufguß zubereitet, so bedeutet dies auf 600 ml kochendes Wasser 15 g getrocknete oder 25 g frische Käuter. Gelegentlich sind auch andere Maße angegeben. Genaue Hinweise für Anzucht (oder Kultur), Trocknen und Aufbewahrung, sowie zahlreiche Rezepte findet man in den letzten Kapiteln des Buches. Bevor man die medizinischen Anwendungen, die im Kapitel Herbarium beschrieben sind, durchführt, ist es angebracht, das Kapitel über medizinische Kräuter und Gewürze genau zu lesen.

Achillea millefolium
Schafgarbe
Familie: Compositae
Die kräftige und anpassungsfähige Schafgarbe wächst als ausdauernde Pflanze in den meisten Klimabereichen. Die Blätter sind lang, schmal und fein gefiedert. Die behaarten Stengel werden 60 cm hoch. Im Sommer entwickeln sich kleine, grauweiße oder gelegentlich rosa Blüten in Doldenrispen.

Schafgarbe ist einfach aus Samen bzw. Wurzeln zu ziehen. Blätter und Blüten können frisch verwendet werden. Zum Trocknen erntet man die ganze Pflanze zu Beginn der Blütezeit. Junge Blätter besitzen einen angenehmen, frischen Geschmack, ältere Blätter schmecken pfeffrig. Man gibt etwas Schafgarbe fein gehackt an Salate oder kocht sie als Spinat.

Schafgarbe ist ein Wundkraut mit adstringierender und heilender Wirkung; sie ist außerdem reich an Vitaminen und Mineralien. Zerquetschte, frische Blätter bindet man auf Wunden oder stellt aus pulverisierten Blüten, Hautcreme und Bienenwachs eine Salbe her. Wunden kann man auch mit einem Tee aus Schafgarbe waschen. Der Tee wirkt stärkend, ist gut gegen Appetitlosigkeit und wirkt bei Erkältungen und Fieber schweißtreibend. Bei Zahnschmerzen hilft das Kauen von frischen Blättern. Im Garten sorgt die Schafgarbe für die Gesundheit der daneben wachsenden Pflanzen. Im Komposthaufen trägt sie zur Fermentierung bei, und ein starker Aufguß ist besonders bei kupferarmem Boden ein guter Dünger.

Schafgarbe wurde schon immer als eine Pflanze mit ganz besonderer Kraft betrachtet; sie diente zum Schutz gegen das Böse und zur Beschwörung von Geistern. Bei den Druiden und Angelsachsen wurde sie ebenso wie im alten China zum Wahrsagen gebraucht. So trägt das Buch von *I Ching* auch den Namen ›*Das Schafgarbenstengel-Orakel*‹. In Europa verwendete man getrocknete und pulverisierte Schafgarbenblätter genau so wie die Blätter der Bertramsgarbe, *A. ptarmica*, als wirksames Schnupfpulver, das den Nasen- und Rachenraum von Schleim befreit.

Achillea millefolium

Acorus calamus

Acorus calamus
Kalmus
Familie: Araceae
Ursprünglich stammt der ausdauernde Kalmus aus Ostasien, man findet ihn jedoch heute auch in den gemäßigten Zonen in sumpfigem Gelände. Die schwertlilienartigen Blätter sind am Rande gekräuselt und werden etwa 1 m hoch. Die winzigen, grünen Blüten öffnen sich mitten im Sommer. Sie stehen dicht in einem gebogenen Kolben, der sich am Übergang vom Stengel zum Blatt entwickelt. Blüten zeigen sich im allgemeinen nur bei Pflanzen, die im Wasser stehen und reifen bei uns nur selten aus.

Man pflanzt die knorrigen Rhizome an einem sonnigen Platz in fruchtbare, feuchte Erde. Zweijährige Rhizome erntet und trocknet man im Spätherbst, während man die Blätter bereits im Sommer trocknet.

Die ganze Pflanze duftet würzig süß und hat einen scharfen Beigeschmack. Man verwendet sie in der Küche und als Duftkraut. Gekautes Kalmusrhizom hilft bei Übersäuerung, Verdauungsstörungen, Blähungen und Magenverstimmungen. Man kann auch ein Infus aus 15 g pulverisierter Wurzel und einem halben Liter Wasser herstellen.

Aegopodium podagraria
Geißfuß, Giersch
Familie: Umbelliferae

Die bekannte, weitverbreitete und ausdauernde Pflanze wächst als Unkraut in Europa, Nordasien und in den USA. Sie ist leicht anzubauen. Sie wird etwa 50 cm hoch, hat breite, weiche und gezähnte Fiederblättchen, unterirdische Ausläufer und blüht im Hochsommer in weißen Dolden.

Im Herbst trocknet man den hellen Wurzelstock, während man die jungen Blätter bereits im späten Frühjahr trocknet.

Die aromatischen Blätter läßt man in etwas Wasser bei schwacher Hitze kochen und serviert sie als Frühjahrsgemüse mit Butter und Zitronensaft. Mit gekochten Wurzeln und Blättern fertigt man einen warmen Umschlag an, der gut gegen schmerzende Glieder, Rheumatismus und Gicht ist. Mit einer Handvoll frischer oder einem Eßlöffel getrockneter Blätter stellt man aus 300 ml Wasser einen milden, beruhigenden Tee her, den man zweimal täglich trinkt.

Im Mittelalter wuchs Geißfuß vor allem in den Gärten von Klöstern und Burgen, wo man ihn heute noch zwischen den Ruinen findet.

Agrimonia eupatoria
Odermennig
Familie: Rosaceae

In Europa wächst der Odermennig häufig an Straßenrändern. Die ausdauernde Pflanze wird bis zu 60 cm hoch, hat grob behaarte Stengel und gezähnte Blattfiedern. Im Hochsommer erscheinen viele kleine, gelbe Blüten in langgestreckten Trauben. Aus ihnen entwickeln sich kleine glockige Früchte. Die ganze Pflanze duftet zart und süß.

Odermennig ist ganz leicht aus Samen oder durch Wurzelteilung in trockener Erde zu vermehren. Man erntet und trocknet die Blätter unmittelbar bevor die Blüten sich öffnen.

Besonders in Frankreich stellt man aus einem Infus aus den Blättern einen schmackhaften und duftenden Tee her. Er wirkt adstringierend, reinigt die Haut, hilft bei Leberschmerzen, wird bei Heiserkeit zum Gurgeln und schließlich zum Auswaschen von Wunden verwendet. Er ist eines der ältesten Wundheilmittel, die wir kennen; bereits Dioscorides und Plinius der Ältere erwähnen ihn.

Versetzt man den Odermenning mit Chrom, so erhält man einen hellbraunen Farbstoff.

Agropyron repens
Quecke
Familie: Gramineae

Die ausdauernde Quecke ist vor allem in den gemäßigten Breiten heimisch und gilt im Garten als ein rasch wucherndes Unkraut. Sie wird etwa 1 m hoch, hat lange, flache Blätter mit scharfer Spitze, schlanke Blütenähren und einen kriechenden, sich stark verzweigenden Wurzelstock.

Man gräbt die hellen Rhizome im Frühjahr im Garten aus, wäscht und trocknet sie und schneidet sie in kurze Stücke. Sie sind besonders reich an Kalium und Silicium, Vitamin A und B.

Ein Tee oder Dekokt kann als Tonikum bei Blasenschmerzen und Cystitis getrunken werden. Für das Dekokt kocht man 100 g Wurzeln in 1 Liter Wasser, bis das Wasser zur Hälfte verkocht ist und läßt das Ganze zehn Minuten ziehen. Zitronensaft verleiht dem etwas faden Getränk Geschmack. Zweimal täglich trinkt man eine Tasse davon.

Starker Tee kann als flüssiger Dünger auch im Garten verwendet werden. Die in ihm enthaltenen Mineralien sind für den Komposthaufen wertvoll. (Die Pflanze selbst darf nicht auf den Kompost!)

Alchemilla vulgaris

Alkanna tinctoria

Alchemilla vulgaris
Frauenmantel
Familie: Rosaceae

Die handförmigen Blätter des Frauenmantels sind weich behaart, blaßgrün und fein gezähnt. Oft erkennt man an den Blatträndern Wassertropfen. Vom Frühsommer an zeigen sich die unansehnlichen, gelbgrünen Blüten in gebündelten Rispen. Sie besitzen keine Blütenblätter, aber hervortretende, gelbe Staubfäden.

Seinen Namen hat der Frauenmantel von der Gestalt seiner Blätter bekommen; in ihrer geschweiften Form erinnern sie an Frauenumhänge früherer Zeiten.

Frauenmantel ist eine ausdauernde Pflanze, die in Europa, Nordamerika und Nordasien 30 cm hoch wird und meist in höheren Lagen an schattigen Plätzen vorkommt. Man kann sie aus Samen oder Wurzeln ziehen. Die gezüchtete Varietät ist größer, leicht aus Samen zu ziehen und gedeiht auch im Schatten.

Die etwas bitteren Blätter kann man frisch im Salat genießen. Wenn die Blütezeit beginnt, sammelt man die Blätter zum Trocknen. Wurzeln gräbt man im Herbst aus und trocknet sie.

Die Pflanze wirkt adstringierend und blutstillend; dies gilt in besonderem Maße für die Wurzel. Ein Infus von Blättern oder eine Abkochung von Wurzeln gilt als stärkendes Tonikum (zweimal täglich eine Tasse) oder hilft bei zu starken Menstruationsblutungen. Man kann auch damit blutende Wunden auswaschen und die Blutung zum Stillstand bringen; aus Furunkeln und anderen Entzündungen »zieht die Flüssigkeit die Giftstoffe«.

Als Tonikum für fettende Haut gilt der Saft, der direkt auf die Haut gegeben wird; bei trockener Haut mischt man ihn mit Hautcreme.

Der Gattungsname *Alchemilla* deutet auf die Verbindung des Krautes mit der Alchemie und der Zauberkunst hin. Es galt als heidnischer Schutz gegen Elfen und Dämonen; später betrachtete man den Frauenmantel als von der Jungfrau Maria gesegnetes Heilkraut, das besonders gut bei Frauenkrankheiten half: er galt als Konzeptionsmittel, verhinderte Fehlgeburten und war ein Schutz für das ungeborene Kind. Manche Kräuterkundige behaupteten sogar, daß getrockneter Frauenmantel zu große Brüste schrumpfen ließe und schlaffe Busen wieder in gute Form bringen könne. Das Kraut wurde auch als Aphrodisiakum verwendet.

Alkanna tinctoria
Schminkwurz, Alkannawurzel
Familie: Boraginaceae

Die sehr ausdauernde Schminkwurz stammt aus Südeuropa und gehört zur selben Familie wie der Borretsch. Die Blätter sind ähnlich groß und rauh; die Wurzeln sind zwar klein, aber dick; die hellblauen Blütchen erscheinen im Frühsommer. Schminkwurz ist im Herbst leicht aus Samen oder durch Wurzelteilung zu ziehen. Sie gedeiht auch im Schatten.

Vor der Entwicklung moderner Antiseptika stellte man aus der zerstoßenen Wurzel, Olivenöl und Regenwürmern eine Wundsalbe her. Versetzt mit Alaun erhält man aus den Wurzeln ein graugrünes Färbemittel. Wurzeln, die man mit Alkohol oder Öl vermischt, ergeben eine rote Farbe zum Färben von Stoffen, Flüssigkeiten und Salben, Holz und Steinen. Schon bei den alten Ägyptern wurde der rote Farbstoff als Rouge verwendet.

Es gibt mehrere, nah verwandte Arten, aus deren Wurzeln man ebenfalls einen roten Farbstoff gewinnt, so z. B. die im Garten wachsende *Anchusa azurea*, die bei uns heimisch gewordene *A. officinalis* und die immergrüne *Pentaglottis sempervirens.*

Allium cepa var. *proliferum*

Allium fistulosum

Allium-Arten
Zwiebel-Arten
Familie: Liliaceae
Ausdauernde Gartenzwiebeln werden bei uns schon so lange angebaut, daß man gar nicht mehr weiß, woher sie stammen. Sie sind aus unserer Küche nicht mehr wegzudenken, sind ungeheuer anpassungsfähig und enthalten im hohen Maße Vitamin C, Mineralstoffe, Schwefel und andere Spurenelemente.

Zu uns kam die Zwiebel erst durch die Römer und mit ihr der Ruf, eine Pflanze von magischer Heilkraft zu sein.

Als Medizin wirken Zwiebeln antiseptisch und anregend. Rohe Zwiebeln reinigen den Körper, sind gut für die Verdauung, regen die Arbeit der Niere an und reinigen das Blut. Sie können allerdings auch Blähungen erzeugen. Aus warmen, gerösteten Zwiebeln läßt sich ein beruhigender und wirksamer Umschlag bei Verstauchungen, Furunkeln oder Ohrenschmerzen herstellen. Frischer Zwiebelsaft wird auf Insektenstiche oder Hundebisse gerieben, Sportler geben ihn zwischen die Zehen, und mit Salz vermischt hilft er bei Frostbeulen. Gelbe getrocknete Zwiebelschalen ergeben ein gutes, hellgelbes Färbemittel.

Die Catawissazwiebel, *A. cepa* var. *proliferum*, wurde wahrscheinlich im 19. Jahrhundert in Kanada gezüchtet. Die Blätter sind hohlröhrig, der gedrungene, dicke Stengel wird über 1 m hoch; auf einem Blütenkopf aus kleinen Zwiebelchen entwickeln sich nur ein bis zwei Blüten. Im Spätsommer fallen die Zwiebelchen ab und wurzeln von selbst an. Man kann sie auch in einem Abstand von 25 cm in nährstoffreichen Boden pflanzen. Die großen Mutterzwiebeln vermehren sich durch Brutzwiebelchen; sie können abgenommen und eingepflanzt werden. Verwendet werden die Blätter, die Zwiebel und die kleinen Zwiebelchen zum Würzen und Einlegen.

Die Winterzwiebel, *A. fistulosum*, stammt wahrscheinlich aus Ostasien und kam im Mittelalter nach Europa. Sie sieht aus wie grober, großer Schnittlauch, bleibt aber das ganze Jahr hindurch grün und ist als Zwiebel und Kraut sehr beliebt. Sie ist äußerst widerstandsfähig und leicht aus Samen zu ziehen. Alle paar Jahre muß man die Zwiebeln aussortieren und teilen.

Porree und die milde Schalotte sind nahe Verwandte der Zwiebel und besitzen ähnliche Eigenschaften und Bedürfnisse.

Allium sativum
Knoblauch
Familie: Liliaceae
Wahrscheinlich stammt der Knoblauch ursprünglich aus Zentralasien. Er ist eine der ältesten Kulturpflanzen. Er ist ausdauernd und besitzt eine Zwiebel, die aus vielen, dicken Knoblauchzehen besteht, von denen jede einzelne mit einer papierartigen, weißen Haut umgeben ist. Die Blätter sind flach und werden etwa 30 cm hoch. Im Spätsommer erscheinen rosa oder weißliche Blüten, die zwischen kleinen Brutzwiebelchen in einem runden Blütenkopf angeordnet sind.

Gegen Ende des Winters gibt man die Knoblauchzehen in einem Abstand von 15 cm 3 cm tief an einer sonnigen Stelle in leichten, nährstoffreichen Boden. Die Zehe vielfältigt sich und bildet Blätter aus. Die Blätter färben sich im Spätsommer gelb. Dann erntet man die Zwiebel und verwahrt sie an einem trockenen Platz. Erntet man die Zwiebeln nicht, so kann man im nächsten Jahr die Blätter als grüne Knoblauchwürze verwenden.

Die Verwendung von Knoblauchzehen in der Küche ist sehr vielfältig. Mit dem ausgepreßten Saft einer Knoblauchzehe würzt man Salatsaucen, und ganze Zehen läßt man in einem Eintopf mitkochen, in dem sie sich mit dem Saft des Gerichts ganz vollsaugen. Eine geringe Menge an Knoblauch unterstreicht schon vorhandene Würze. Frisch und in großen Mengen verursacht er ein prickelndes Gefühl auf der Zunge. Bei stark nach Knoblauch riechendem Atem empfiehlt es sich, etwas Petersilie oder Pfefferminze zu kauen. Knoblauch wirkt stark desinfizierend und antiseptisch. Verdünnter Saft wird äußerlich mit einem Baumwolltupfer auf die Wunde gebracht. Bei wunden Stellen kann man auch mit zerquetschten Zehen einen Umschlag bereiten. Innerlich angewandt wirkt Knoblauch entzündungshemmend und hemmt die Entwicklung schädlicher Bakterien im Darm und im Magen; er hilft bei Husten, Erkältung und Bronchitis. Als allgemeines Tonikum genießt man ihn regelmäßig in der Kost. Stillende Mütter allerdings sollten vom Genuß von Knoblauch Abstand nehmen, da sonst

die Milch einen Beigeschmack bekommt.
Knoblauch enthält viel Schwefel und ist deshalb für den Garten sehr wertvoll. Bestimmte Stoffe, die seine Wurzeln ausscheiden, tragen zum Wachstum anderer Pflanzen, besonders von Rosen bei. Nur Erbsen und Bohnen bilden eine Ausnahme und gedeihen in seiner Nachbarschaft nicht so recht. Um Setzlinge kann man getrockneten, zerkleinerten Knoblauch als Schutz gegen Vögel, Maulwürfe und Insekten streuen. Ein starker, frischer Aufguß aus Knoblauch kann auch sehr gut als Insektenvertilgungsmittel verwendet werden.
Schon vor 5000 Jahren verwendeten die Sumerer den Knoblauch. In Indien, Babylonien und Ägypten wurde er allgemein angebaut. Seither taucht er immer wieder in der Literatur auf: Plinius der Ältere lobte ihn als gesunde Speise und gutes Heilmittel. Auch Vergil zollte ihm Anerkennung, aber Horaz und Shakespeare ekelte es vor Knoblauchatem. Oft betrachtete man ihn als ausgesprochene Nahrung der Arbeiter und Bauern. So bekamen z. B. die beim Bau der Pyramiden Beschäftigten, griechische und römische Soldaten und Matrosen, täglich ihre Ration Knoblauch. Vornehme Griechen und Römer lehnten ihn ab; sein Geruch galt als vulgär. Immer galt Knoblauch jedoch als kräftigende Medizin und wird heute noch in der Naturheilkunde als blutdrucksenkendes Mittel verordnet. Von der Medizin wurde seine Kraft auf die Zauberkunst übertragen. In vielen Ländern hängte man den Kindern und dem Vieh Knoblauchzehen um den Hals, um auf diese Weise böse Geister abzuschrecken.
Es gibt mehrere wilde Zwiebel- und Knoblaucharten. Alle sind leicht an ihrem scharfen Geruch zu erkennen. Sehr nützlich und weitverbreitet ist der Bärlauch, *A. ursinum,* der in feuchten Wäldern in Europa wächst. Er hat breite, maiglöckchenartige Blätter und hübsche weiße Blütensterne. Seine Eigenschaften sind ähnlich wie die der kultivierten Laucharten.
Nicht mit dem Knoblauch verwandt ist das Knoblauchkraut, *Alliaria petiolata,* das hier auch erwähnt sei. Es gehört zur selben Familie wie der Kohl (Kreuzblütler, *Brassiacaceae)* und ist in den meisten Gebieten der gemäßigten Zonen heimisch oder ist heimisch geworden. Seine eßbaren Blätter schmecken und riechen nach Knoblauch.

Allium schoenoprasum
Schnittlauch
Familie: Liliaceae
Der ausdauernde, wildwachsende Schnittlauch ist in den gemäßigten Breiten häufig zu finden. Er hat schmale, hohle Blätter, die 30 cm lang aus den kleinen Zwiebeln herauswachsen. Im Frühsommer entwickeln sich die purpurrosa Blüten. Zwischen papierartigen Tragblättern stehen im Herbst die kleinen, schwarzen Samen.
Man kann Schnittlauch aus Samen ziehen, meist vermehrt man ihn jedoch durch Teilung der Zwiebeln. Man gibt die Zwiebeln zu je 4 oder 5 Stück in 25 cm Abstand in nährstoffreichen, feuchten Boden. Alle drei Jahre werden die Stöcke wieder geteilt. Schnittlauch braucht etwas Sonne, aber vor allem Feuchtigkeit. Er ist zwar leicht zu ziehen, aber oft werden die Blätter schon frühzeitig gelb. Dies ist ein Zeichen, daß der Boden nicht mehr genug Nährstoffe enthält und daß man düngen muß, oder daß der Boden zu trocken ist. Blüten entfernt man, um einen verstärkten Blattwuchs anzuregen. Frischer Schnittlauch kann den ganzen Sommer über geschnitten und im Winter gut in Töpfen gezogen werden; er hat ein zartes Zwiebelaroma.

Alpinia officinarum

Althaea officinalis

Alpinia officinarum
Galgant
Familie: Zingiberaceae
Galgant ist in China heimisch; er heißt dort liang-tiang, was »milder feiner Ingwer« bedeutet. Galgant hat schlanke, bis 1,50 m hohe Blätter und eine Ähre mit weißen, rotgeäderten Blüten. Er hat große Ähnlichkeit mit dem verwandten Ingwer und ebensolche dicke, knorrige Rhizome.
Rhizome wurden von den Kreuzfahrern schon im 13. Jahrhundert zu uns nach Europa gebracht. Der starke, brennende Geschmack und der Duft nach Rosen machte Galgant bald zu einem beliebten Gewürz. In mittelalterlichen Rezepten wird er oft erwähnt, im 18. Jahrhundert war er aber als Gewürz bereits in Vergessenheit geraten und wurde nur noch als Medizin gebraucht. Er ist anregend und hilft bei Blähungen und Verdauungsstörungen. 25 g zerkleinerte Wurzeln auf 600 ml kochenden Wassers ergeben ein Infus, von dem man von Zeit zu Zeit einen Eßlöffel voll zu sich nimmt. Eine ähnliche Verwendung in der Medizin hat *Cyperus longus.* Die aus Java stammende *A. galanga* wird häufig mit dem Galgant verwechselt, besitzt aber weniger Geschmack.

Althaea officinalis
Eibisch, Samtpappel
Familie: Malvaceae
Man findet ihn in Europa und in den USA meist an der Küste, an Flußmündungen und im Marschland. Eibisch ist eine stark wuchernde Pflanze von etwa 1 m Höhe. Die Stengel und die großen, gebuchteten Blätter sind mit weichen, samtigen Haaren bedeckt. Im Spätsommer zeigen sich hellrosa Blüten, aus denen sich runde, abgeflachte Früchte entwickeln. Die langen Rhizome sind cremefarben.
Man pflanzt Abschnitte von frischen, mit einer Knospe versehenen Rhizomen in einem Abstand von etwa 60 cm in leichten, feuchten Boden, oder sät die Samen im Frühjahr aus. Bevor die Blüten sich öffnen, erntet und trocknet man die Blätter. Rhizome gräbt man im Herbst zum Trocknen aus.
Es gibt viele Eibischarten auf der Erde. Oft werden sie verzehrt oder als Medikament gebraucht. Sie haben alle ähnliche Eigenschaften. Junge Blätter der europäischen Eibischarten kann man Salaten beimischen, ältere gibt man in Suppen, Rhizome kocht oder brät man, und Samen werden frisch gekaut. Die Pflanze ist gesund und besitzt einen feinen und delikaten Geschmack.
Alle Eibischarten, auch die Rosenmalve in unseren Gärten, enthalten Pflanzenschleim. Besonders *A. officinalis* ist ein linderndes Heilkraut, das bei Bronchitis, inneren Entzündungen, zur Anregung der Nierentätigkeit und als mildes Abführmittel verwendet werden kann. Den meisten Schleim enthalten die Rhizome. Aus ihnen bereitet man ein Dekokt, von dem man täglich dreimal einen Löffel einnimmt. Dabei weicht man 100 g getrocknete Rhizome über Nacht in 3 Liter Wasser ein, läßt dann das Ganze bis auf die Hälfte einkochen und ziehen. Bei Stirnhöhlenkatarrh inhaliert man den Dampf. Man kann auch aus den Blättern einen Tee herstellen, von dem man zweimal täglich eine Tasse trinkt. Er ist auch für Augenbäder geeignet. Frische Blätter oder frische, zermahlene Rhizome eignen sich ausgezeichnet für warme Umschläge bei Entzündungen, Verstauchungen, und schmerzender Muskulatur. Die Süßigkeiten, die als »Marshmallows« im Handel sind, wurden ursprünglich bei Halsschmerzen gelutscht und aus einer Mischung von pulverisierten Eibischrhizomen, Zukker und Wasser hergestellt, die man so lange einweichte, bis die Mischung geleeartig war.

Anethum graveolens

Anethum graveolens
Dill
Familie: Umbelliferae

Dill ist im südlichen Europa und Rußland heimisch und wächst heute überall in Europa in Gärten und in der freien Naur. Man findet ihn auch in Nordamerika und Australien. Die zarten, fadenartigen Blätter wachsen meist an einem einzelnen Stengel; mitten im Sommer erscheinen die winzigen, gelben Blüten in relativ großen Dolden. Aus ihnen entwickeln sich leichte, flache, beflügelte Samen mit schmalen Kanten. Die Pflanze wird gewöhnlich bis zu 1,50 m hoch.

Dill ist einjährig. Man sät die Samen an einem sonnigen, aber geschützten Platz im Frühjahr aus, wenn man Samen erhalten will. Zur Ernte von Blättern sät man ebenfalls im Frühjahr oder auch mitten im Sommer aus. Die Sämlinge werden vereinzelt und in 20 cm Abstand eingepflanzt. Das Versetzen ist schwierig, denn die Wurzeln sind klein und zart; außerdem neigt die Pflanze zu frühzeitiger Blüte, wenn sie in ihrem Wachstum gestört wird. Sie braucht viel Wasser und muß von Unkraut frei gehalten werden. Mit den anderen Vertretern der Familie *Umbelliferae* (Doldenblütler) hat der Dill gemeinsam, daß es oft lange dauert, bis man für ihn den geeigneten Standort im Garten entdeckt hat. Wenn dies der Fall ist, so blüht er und sät sich selbst reichlich aus. Die Nachbarschaft von Fenchel verträgt er nicht.

Dillblätter kann man jederzeit frisch ernten. Das Trocknen ist allerdings nicht ganz so einfach. Zum Würzen von eingemachten Früchten pflückt man die Blütenköpfe ab, wenn sie gleichzeitig Blüten und unausgereifte Samen tragen. Die Samen erntet man, wenn sie braun werden. Man hängt die Dolden umgekehrt an einen luftigen, trockenen Platz. Darunter legt man ein Tuch für die reifen Samen, die herunterfallen.

Dillsamen sind im Geschmack scharf und aromatisch, erinnern entfernt an Kümmelsamen und enthalten ein ätherisches Öl ähnlich dem des Kümmels. Man würzt damit Wurzelgemüse, Kuchen und Süßspeisen. Die Blätter haben einen weniger intensiven und nicht so bitteren Geschmack. Man gibt sie roh oder erst gegen Ende der Garzeit an die Speisen, damit das Aroma nicht beeinträchtigt wird. In der skandinavischen Küche sind besonders die frischen Blätter zu Fischgerichten, sauren Rahmsaucen, Kartoffelsalat und verschiedenen Gemüsearten beliebt. Seit vielen hundert Jahren gibt man unreife Dillsamen und -blüten an Essig und eingelegte Früchte, besonders an Essiggurken. Einen Dillessig stellt man her indem man die Dolden in 600 ml Essig ein oder zwei Wochen ziehen läßt.

Der alte norwegische Name für Dill war *dilla*, welches soviel wie »einlullen« heißt. Das in den Blättern und vor allem in den Samen enthaltene Öl wirkt als mildes Beruhigungsmittel. Auch bei Verdauungsbeschwerden und Blähungen ist es zu empfehlen. Seit altersher verwendet wird Dillwasser in der Säuglingspflege gegen Koliken. Man gibt einen Kaffeelöffel voll zerstoßener Dillsamen in ein Glas heißes Wasser und läßt sie mehrere Stunden ziehen; dann gießt man die Flüssigkeit ab und süßt mit Honig. Erwachsene nehmen einen Eßlöffel, Kinder einen Teelöffel voll. Das Mittel wirkt auch appetitanregend und wird für stillende Mütter zur Steigerung der Milchproduktion eingenommen. Die Samen wirken gekaut verdauungsfördernd.

Dill enthält viele Mineralstoffe, so z. B. Kalium, Schwefel und Natrium. Oft wird er zusammen mit Kohl angebaut, er verträgt sich jedoch nicht gut mit Karotten.

Schon in einer über 5000 Jahre alten medizinischen Abhandlung aus Ägypten wird der Dill erwähnt. Ärzte der Antike wie Dioscorides und Theophrastos rühmen ihn als Heilpflanze, und im Kochbuch des Anicius findet er sich als Gewürz. Karl der Große empfiehlt seinen Anbau im *Capitulare de villis;* und auch in den Destillierbüchern des 15. und 16. Jahrhunderts fehlt er nicht. Seither hat er in der Heilkunst stets einen Platz gehabt. In allen alten Kräuterbüchern wird er kurioserweise als besonders wirksam gegen Schluckauf bezeichnet. Er galt zudem auch immer als ein besonderer Glücksbringer.

Angelica archangelica

Angelica archangelica
Engelwurz
Familie: Umbelliferae

Ursprünglich stammt die Pflanze aus Nordeuropa, Island und Zentralrußland. Heute gedeiht sie in vielen anderen Teilen Europas und Nordamerikas.

Die Pflanze wird bis zu 2 m hoch, hat große, hellgrüne Blätter mit gezähnten Blattfiedern, die weich und glänzend sind, und einen dicken, kantigen, hohlen Stengel. Die Blattstiele sind breit und an der Basis scheidig ausgebildet. Im Frühsommer erscheinen die kleinen gelbgrünen Blüten in großen Dolden; sie duften üppig und süß und sind voll glänzenden Nektars.

Engelwurz ist eine zweijährige Pflanze. Schneidet man die Blütenköpfe vor der Samenbildung ab oder die Stengel im Herbst stark zurück, so bilden sich neue Seitentriebe.

Die Samen sind nicht lange keimfähig. Im Spätsommer sät man frisch aus. Man gibt die Samen in nicht zu tiefe Rillen, denn bei Licht keimen sie rascher. Manchmal gelingt es auch, die Triebe, die sich an der Basis des Stengels entwickeln, zu verpflanzen; sie werden mindestens in einem Abstand von 1 m an feuchtem, halbschattigem

Standort in nährstoffreiche Erde gegeben.
Blätter werden vor der Blüte geerntet. Sie müssen frisch und grün sein und werden sorgfältig im Schatten getrocknet, damit Farbe und Aroma erhalten bleiben. Stengel und stärkere Blattrippen werden im Frühsommer geerntet. Im Herbst des ersten Jahres gräbt man die Wurzeln aus, bevor sie von Insekten angefressen werden. Die Samen sammelt man, sobald sie reif werden.
Engelwurz ist stark aromatisch und scharf. Beißt man in den frischen Stengel, so hat man das Gefühl, daß der Mund ganz warm wird. Meist wird Engelwurz kandiert als süße Verzierung für Kuchen und Puddings verwendet. Blätter und Wurzeln würzen Fischgerichte und süßen gedämpfte Früchte. Die Blattrippen schält und blanchiert man; so verlieren sie den bitteren Geschmack. Dann bereitet man sie als Gemüse zu. Als Tee aufgegossen haben getrocknete Blätter fast den Geschmack von chinesischem Tee. Mit den Samen würzt man Liköre, Wermut, Chartreuse und vor allem Gin. Kleine Mengen von geschälten, kleingeschnittenen, frischen Stengeln erhöhen das Aroma von Konserven und Konfitüren. Zuckerkranke sollten mit dem Genuß von Engelwurz wegen des Zuckergehalts vorsichtig sein.
Alle Pflanzenteile enthalten ein starkes ätherisches Öl, das besonders in der Wurzel vorhanden ist. Engelwurz wirkt als Tonikum, anregend, verdauungsfördernd und ist gut gegen Husten. Man nimmt sie bei Anämie, Blähungen, Bronchitis und Brustschmerzen ein. Engelwurz wirkt harn- und schweißtreibend. Mit 15 g Samen oder getrockneter Wurzel stellt man mit 1 Liter kochendem Wasser einen Tee her, von dem man aber nur zweimal täglich eine Tasse nach dem Essen trinken sollte; das Getränk wirkt nämlich sonst zu anregend. Der Tee soll auch Ekel gegen Alkohol erregen und wird daher gelegentlich bei Entziehungskuren angewendet. Gekaut wirkt der Stengel zwar verdauungsfördernd, ist aber im Geschmack zu streng.
Durchgeseihten, kühlen Tee verwendet man als Bad bei müden Augen oder zum Waschen und Säubern der Haut.

Angelica sylvestris

Die angenehm duftenden Blätter werden in Duftkissen und Duftkugeln gesteckt. Der üppige Nektar der Blüten zieht besonders Bienen und Wespen stark an. Engelwurz wird heute in der Medizin wenig gebraucht, wurde aber früher zu den besonders kräftigen Kräutern gerechnet. Man verlieh ihr den Namen wie z. B. »Wurzel des Heiligen Geistes«. Als Sinnbild des heiligen Geistes oder als »Dreifaltigkeitsblume« wurde Engelwurz sehr oft in künstlerischen Darstellungen als Symbolpflanze abgebildet. Sie sollte Geister abwehren und Hexen bannen. Bei uns wurde Engelwurz im 14. Jahrhundert eingeführt und zunächst als Gewürzpflanze verwendet. Doch schon bald gewann die Pflanze höchstes Ansehen, als sie in den Zeiten der großen Pestepidemien als Schutzkraut gegen Ansteckung empfohlen wurde; und man trug damals häufig Engelwurz bei sich. Sie wurde überhaupt als ein Allheilmittel betrachtet, hilfreich gegen »alle Verseuchungen durch üble und faule Luft . . . ja, wenn auch jene üble Luft schon bis zum Herz gedrungen ist, so treibt sie sie durch den Urin und Schweiß wieder aus«. So liest man es in einem englischen Kräuterbuch aus dem Jahre 1597.

Angelica sylvestris
Waldengelwurz, Wilde Brustwurz
Familie: Umbelliferae
Waldengelwurz gedeiht an feuchten, schattigen Stellen am Waldrand, im Moor und an Flußufern. Sie wird ebenso hoch wie die Engelwurz, hat aber schlankere Stengel und Blütenstände mit weißen, rosagetönten Blüten. Sie unterscheidet sich von anderen Vertretern der Familie Umbelliferae durch ihren aromatischen Duft, ferner durch die an der Basis verdickten Blattstiele und ihre verzweigten Stengel. Nur wenn man sie eindeutig und zweifelsfrei bestimmen kann, darf man sie verwenden, denn es gibt ähnliche Doldenblütler, die äußerst giftig sind. Waldengelwurz wird in gleicher Weise wie die gezüchteten Arten in der Heilkunst verwendet, ist aber in ihrer Wirkung schwächer und hat einen beißenderen Geschmack, wie ja wildwachsende Kräuter in der Regel meist intensiver riechen und schmecken.
In Nordamerika wächst eine große Engelwurzart, *A. atropurpurea,* auf feuchten Böden. Sie gleicht der europäischen Art, hat aber rote Wurzeln. Auch bei ihr ist Vorsicht geboten. Ihre Eigenschaften sind etwa dieselben wie bei *A. archangelica.*

Anthriscus cerefolium
Gartenkerbel
Familie: Umbelliferae

Kerbel ist in Osteuropa und Westasien heimisch, wächst aber heute auch in anderen Teilen der Erde, besonders in Frankreich, wo man ihn als unentbehrliches Küchenkraut betrachtet. Wahrscheinlich haben ihn die Römer nach Mittel- und Nordeuropa gebracht.

Die feinen Fiederblättchen sind glänzend hellgrün und werden, wenn die Pflanze reif wird, rosarot. Die Stengel sind fein gerippt und an den Knoten leicht behaart. Die Wurzeln sind lang, hell und verjüngen sich. Vom Frühsommer an blühen die weißen, kleinen Blüten in Dolden. Aus den Blüten entwickeln sich dunkle, unbehaarte und spitz zulaufende, kümmelähnliche Samen. Kerbel ist einjährig und wird etwa 60 cm hoch.

Anthriscus cerefolium

Bei Kerbel ist besonders die Wahl des Standorts ausschlaggebend. Oft muß man probeweise mehrmals aussäen bevor man den richtigen Platz findet. Dann blüht er und sät sich reichlich jedes Jahr selbst aus. Er stellt geringe Ansprüche an die Bodenbeschaffenheit; der Boden sollte durchlässig und nicht zu schwer sein. Man schützt die Pflanze vor direktem Wind und Sonne; Halbschatten ist ideal. Am besten pflanzt man Kerbel in die Nähe eines kleinen Baumes oder einer hohen, krautigen Pflanze, deren Blätter abfallen. Der Kerbel muß feucht gehalten werden, sonst werden die Blätter rasch rot, und die Pflanze beginnt zu blühen, bevor die Blätter geerntet werden können.

Samen sät man im Spätsommer in feingerechten Boden aus und bedeckt sie mit nur wenig Erde. Man kann auch einen Strauß reifen Kerbels umgekehrt über das Beet hängen, so daß er sich selbst aussät. Die Samen keimen schnell. Die Sämlinge vereinzelt (pikiert) man in einem Abstand von 20 cm. Sie überstehen den Winter gut und entwickeln im Frühjahr ein üppiges Blattwerk – unter einer Folienhaube sogar noch früher. Sät man Kerbel im Gewächshaus aus, so hat man den ganzen Winter über frische Blätter.

Man sollte möglichst die Pflanze nicht umpflanzen, sonst entwickeln sich die Blüten zu rasch. Alte Blütenstengel entfernt man sofort. Es ist jedoch immer schwer, das Blühen zu verhindern und die Blätter im Sommer üppig grün zu halten. Ideal ist es, wenn man immer wieder neu aussät, so daß man das ganze Jahr über Kerbel zur Verfügung hat. Kerbelblätter sind so zart und leicht, daß man in der Küche stets große Mengen benötigt. Deshalb legt man am besten ein richtiges Kerbelbeet von etwa 1 m^2 Fläche an oder pflanzt das Kraut in einen großen Kübel, neben der Küchentüre. So kann man zu jeder Zeit frischen Kerbel ernten. Das Trocknen des Kerbels ist nämlich etwas schwierig und er verliert dabei sein herrliches Aroma.

Kerbel hat einen frischen, feinen, etwas süßen anisartigen Geschmack. In geringen Mengen verwendet, unterstreicht er das Aroma anderer Kräuter; er gehört zu der Kräutermischung, die unter dem Namen »fines herbes« bekannt ist. Man kann ihn aber auch alleine reichlich verwenden. Als leichtes, köstliches Kraut verfeinert er Fisch, Eier, Kräuterkäse, Saucen und Suppen, frische Salate und Frühjahrsgemüse. Die Blätter gibt man gegen Ende der Kochzeit bei; langes Kochen zerstört den feinen Geschmack. Frischer Kerbel wird auch gehackt oder in kleinen Zweigen zum Garnieren von kalten Platten, Salaten und Suppen verwendet.

Kerbel gehört zu den Gewürzpflanzen mit einer langen Tradition. Im Mittelalter kam er aus Italien in unsere Gärten. Besonders in der Fastenzeit benutzt man Kerbel gern; er wächst nämlich schon früh im Jahr und hat außerdem eine blutreinigende Wirkung. Wie viele andere Umbelliferae (Doldengewächse) ist er verdauungsfördernd, wirkt bei Fieber und Erkältung schweißtreibend und senkt den Blutdruck. Man übergießt einen Eßlöffel voll frischen Kerbel mit einer Tasse kochendem Wasser und stellt so einen Infus her; aber auch der Genuß der gut schmeckenden, rohen Pflanze hat dieselbe Wirkung.

Plinius empfiehlt Kerbelessig, den man aus einer Handvoll zermahlener Samen und 1 l Wasser herstellt. Der Kerbelessig soll auch bei Schluckauf helfen.

Frischer Kerbelsaft oder das Infus gelten als gute, bewährte Hautreinigungsmittel.

Vorsicht aber vor Verwechslung mit anderen ähnlich aussehenden Doldenblütlern!

Aphanes arvensis

Apium graveolens var. *dulce*

Aphanes arvensis
Acker-Sinau, Acker-Frauenmantel
Familie: Rosaceae

Die einjährige Pflanze ist nah mit dem Frauenmantel verwandt; sie ist ihm ähnlich, aber etwas kleiner. Man findet sie in Europa und in Nordafrika in niedrigen Lagen an trockenem, steinigem Standort. Auch in Nordamerika ist sie heimisch geworden. Die winzigen, behaarten und gebuchteten Blätter sind blaßgrün, die Stengel kriechend oder aufrecht. Die Pflanze wird zwischen 1 cm und 20 cm hoch. Die gelblichen Blüten stehen in winzigen Büscheln und erscheinen im Frühsommer.

Junge Pflanzen lassen sich an einen trockenen, sonnigen Platz im Garten verpflanzen; sie säen sich selbst aus.

Die Blätter können als Salat genossen werden; sie sind leicht adstringierend, angenehm im Geschmack und erzeugen im Mund ein kühlendes Gefühl. Regelmäßig dreimal täglich trinkt man ein Weinglas voll Infus bei Blasen- und Nierenschmerzen und fördert damit das Harnlassen. Das Kraut soll auch gegen Blasensteine gut sein. Diese Verwendung entsprang wohl ursprünglich der Lehre vom Gleichartigen und weist auf seinen steinigen Standort zurück.

Apium graveoles var. *dulce*
Bleichsellerie, Stangensellerie
Familie: Umbelliferae

Dabei handelt es sich um den im Garten kultivierten Sellerie, der sich im 17. Jahrhundert von Italien aus verbreitete und damit den etwas scharfen, kleinen, wilden Sellerie verdrängte, der im salzigen Marschland und an Flußmündungen in ganz Europa zu finden ist.

Die Blätter sind weich, glänzend, gelbgrün und gefiedert, der Stengel ist leuchtend grün und wird durch Bleichen weißlich; dabei geht aber leider z. T. der Gehalt an Vitamin A und C verloren. Die Pflanze ist zweijährig; im zweiten Jahr erscheinen im Spätsommer Dolden mit weißen Blüten, aus denen sich dunkle, kantige Samen entwickeln.

Die Samen sät man im Frühjahr im Zimmer in Kästen mit feiner Erde aus oder etwas später im Freien. Sie brauchen lange zum Keimen. Die Sämlinge pflanzt man in 40 cm Abstand in nährstoffreiche Erde und gießt reichlich. Nach dem ersten Frost im Herbst kann man die Stengel ernten. Frische Blätter kann man jederzeit zum täglichen Gebrauch pflücken, oder man trocknet sie sorgfältig im Schatten, damit Farbe und Geschmack erhalten bleiben.

Im Herbst des ersten Jahres erntet und trocknet man die Wurzeln bis auf ein paar Pflanzen, die sich im nächsten Jahr dann wieder aussäen.

Bleichsellerie hat einen typischen, frischen Geschmack und schön knackige Stengel. Die Blattstiele verzehrt man roh, geschmort oder gekocht. Die frischen Blätter werden zerkleinert an Salate gegeben oder gegen Ende der Kochzeit einem Gericht beigemischt. Die Samen haben eine wärmende Wirkung und sind aromatisch; man verwendet sie ebenso wie die Wurzeln zu Eintopf und Aufläufen.

Sellerie enthält viele Vitamine und Mineralsalze. Er ist verdauungsfördernd, senkt den Blutdruck und wurde als Heilmittel bei Rheumatismus verwendet. Vielfach hält man ihn für ein Aphrodisiakum.

Bei den Römern dagegen war der Bleichsellerie dem Gott der Unterwelt geweiht und galt als Symbol der Trauer.

Arctium lappa

Arctium lappa
Große Klette
Familie: Compositae

Die große, zweijährige Pflanze findet man an Wegrändern und auf Ödland. Die eiförmigen Blätter sind an der Oberseite mattgrün und unten flaumig behaart. Im zweiten Jahr wird die Klette über 1 m hoch und zeigt im Sommer kleine, purpurne Blütenköpfchen, aus denen sich später die Klette entwickelt. Im Herbst gibt man die Samen in leichten, trockenen Boden, im nächsten Jahr gräbt man die Wurzeln aus und trocknet sie. Auch junge Blätter eignen sich zum Trocknen. Die zarten Blattstiele werden geschält und geschmort oder an Suppen gegeben. Aus mit Löwenzahn vermischten Blättern kann man Bier herstellen.

Die Wurzeln sind sehr adstringierend und enthalten Inulin, Zucker, Pflanzenschleim und ätherische Öle. Ein kleines Glas voll mit einem Infus aus Blättern oder einem Dekokt aus Wurzeln vor der Mahlzeit getrunken, beruhigt den Magen und reinigt das Blut. Als Gesichtswasser reinigt und erfrischt diese Flüssigkeit die Haut. Wunden werden mit Umschlägen aus gekochten oder zermahlenen Blättern behandelt.

Armoracia rusticana
Meerrettich
Familie: Cruciferae

Das Wort Meerrettich stammt aus dem Althochdeutschen mer ratik; es bedeutet einfach »mehr« oder »größerer Rettich«. Die im bayerischen Sprachraum oft verwendete Bezeichnung »Kren« stammt aus dem Slawischen, denn ursprünglich stammt der Meerrettich wohl aus Osteuropa. In vielen Teilen unserer Erde wurde er aber schon seit tausenden von Jahren gezogen und wächst an Wegrändern und trockenen Ufern auch wild.

Meerrettich ist mehrjährig; hat große, schmale Blätter und eine dicke, sich verjüngende, fleischige Wurzel. Mitte des Sommers können sich im gemäßigten Klima lange, lockere Trauben mit zahlreichen weißen Blüten entwikkeln. Samen werden jedoch in diesen Breiten nur selten reif.

Früh im Jahr pflanzt man Wurzelstükke 30 cm tief in einem Abstand von 25 cm in gut gedüngten Boden. Da Meerrettich stark wuchert, gräbt man die Wurzeln im Herbst aus und überwintert sie in feuchtem Sand bis zum nächsten Frühjahr.

Die Wurzeln enthalten ähnliche Öle wie Senfsamen und können einen so beißenden und brennenden Geschmack haben, daß es förmlich weh tut. Dies trifft besonders auf die äußeren Teile der Wurzel zu. Man verwendet Meerrettich stets roh und kocht ihn nie mit, da er dabei, ebenso wie übrigens an der Sonne, seinen Geschmack verliert. Man gibt ihn frisch gerieben oder aus dem Glas oder der Tube zu Saucen, warmem oder kaltem Fleisch und Fisch, zu Würstchen und Gemüse. Auch in Essig zerdrückte Scheiben werden so gebraucht. Die brennenden, jungen Blätter gehören zu den bitteren Kräutern, die die Juden am Passahfest verwenden.

Tees oder Dekokte von Meerrettich wirken antiseptisch, anregend, abführend und stark harntreibend. Äußerlich angewendet gibt man geriebene, frische Wurzeln auf schmerzende Glieder und Frostbeulen. Ein Infus aus Milch ist ein gutes Hauttonikum. Früher verwendete man Meerrettich vorwiegend als Mittel gegen Würmer.

Armoracia rusticana

Artemisia-Arten
Familie: Compositae
Es gibt fast 200 *Artemisia*-Arten; viele von ihnen sind widerstandsfähige, ausdauernde und buschige Unkräuter, die in den trockenen, staubigen Grasländern Nordamerikas, in der sibirischen Steppe und der Wüste Turkestans heimisch sind. Die europäischen Arten findet man meist an Wegrändern, auf Ödland und kahlen Meeresstränden. Sie blühen im Hochsommer. Viele Arten sind auch angebaut worden. Man verwendete sie als Mittel gegen Würmer, als bitteres Tonikum, als verdauungsförderndes und antiseptisches Heilkraut und als Insektenvertilgungsmittel. Manche Arten werden zum Würzen gebraucht, so z. B. der Römische Wermut, *Artemisia pontica*, der dem Getränk Wermut seine Würze verleiht; andere sind besonders dekorativ als Beeteinfassungen und in Steingärten, wie z. B. *A. stelleriana* mit ihren silbernen, gebuchteten Blättern und die kleine *A. granatensis*.

Artemisia abrotanum
Eberraute
Familie: Compositae
Eberraute ist ursprünglich in Südeuropa heimisch und wurde dort Ebreiß genannt. Sie kam etwa in der Mitte des 16. Jahrhunderts nach Mitteleuropa. Siedler führten sie schon früh in Nordamerika ein. Eberraute ist mehrjährig und wird bis zu 1,20 m hoch. Die zarten, gefiederten Blätter sind weich und graugrün; die gelben Blütenstände bestehen nur aus winzigen Röhrenblüten und zeigen keine Blütenblätter. Im Norden blüht die Pflanze nur selten. Die Blätter haben einen starken, süßlichen und durchdringenden Geruch.
Stecklinge gewinnt man im Frühjahr oder Herbst. Man pflanzt sie an einen sonnigen Platz in trockene leichte Erde. Um das Emporschießen der Pflanze zu verhindern, muß sie ständig zurückgeschnitten werden. Sie ist zwar winterhart, sollte aber nach dem Hochsommer nicht mehr abgeerntet werden; frisch beschnittene Pflanzen gehen im kalten Wind und bei Frost häufig ein. Geerntete Blätter hängt man an luftigem Platz vor Licht und Sonne geschützt zum Trocknen auf.

Artemisia abrotanum

Artemisia absinthium

Junge Triebe können in der Küche verwendet werden, sie haben aber einen scharfen Geruch und einen bitteren Geschmack. Eberraute enthält wie andere Wermutpflanzen ein stark antiseptisches und desinfizierendes Öl, Absinthol, das Würmer bekämpft. Man stellt aus den jungen Trieben der Eberraute einen leichten Tee her und nimmt ihn eßlöffelweiße bei Menstruationsbeschwerden und als allgemeines Tonikum ein.
Früher glaubte man, daß eine Salbe aus verbrannter Eberraute Haar- und Bartwuchs fördere.
Eberraute trug man als Schutz gegen Ansteckung bei sich. Sie sollte z. B. vor Typhus schützen. Im Kleiderschrank halten Sträuße getrockneter Eberraute Motten ab, und im Hühnerhof angepflanzte Eberraute schützt vor Hühnerläusen. Neben Rosen gepflanzt vertreibt sie Blattläuse, neben Obstbäumen Motten und neben Kohl den Kohlweißling. Eberraute ist gut als Schutzhecke geeignet. Wer sich dem biologischen Gartenbau verschrieben hat und auf chemisch hergestellte Pflanzenschutz- und Schädlingsbekämpfungsmittel verzichten will, sollte einen Versuch mit Eberraute machen.

Artemisia absinthium
Wermut, Absinth
Familie: Compositae
Die Heimat dieser Pflanze ist Europa; in den USA wurde sie eingeführt. Sie ist ausdauernd und gedeiht an Wegrändern und auf Ödland. Die Blätter sind aromatisch, tief eingeschnitten und behaart wie die Stengel, die einen silbernen Schimmer haben. Die Blüten sind klein und grünlich gelb.
Man gibt Samen, Stecklinge oder Rhizomabschnitte im Halbschatten in 60 cm Abstand in den Boden. Da die Pflanze in Spuren giftige Stoffe enthält, darf sie nicht zu nahe bei zarten Kräutern gepflanzt werden.
Der bittere Wermut, der in der Küche nicht verwendet werden darf, wurde früher zum Würzen von Absinth verwendet. Auch brauchte man ihn gegen Würmer und als Tonikum; starke Dosen rufen Krämpfe hervor, daher sollte man ihn besser nicht einnehmen.
Als Insektenvertilgungsmittel streute man früher Wermut auf den Boden, hängte ihn in den Kleiderschrank und in die Kornkammer. Auch heute noch verwendet man ein schwaches Infus gegen Insekten, darf es jedoch nicht direkt auf andere Pflanzen sprühen.

Artemisia dracunculus

Artemisa dracunculus
var. *inodora*

Artemisa vulgaris

Artemisia dracunculus
Estragon, Dragon
Familie: Compositae
Im Gegensatz zu anderen Vertretern der Gattung *Artemisia* hat Estragon ungefiederte und ungezähnte, schmale und glatte Blätter. Er wird 1 m hoch, ist dunkelgrün und stammt aus Südeuropa. Im kühleren Klima erblühen die kleinen, grünlichen Blüten nur selten, die Vermehrung erfolgt deshalb dort mit Stecklingen oder durch Wurzelstockteilung. Spät im Frühjahr pflanzt man die Stecklinge in einem Abstand von 60 cm ein, wobei man den Wurzeln viel Platz zum Entfalten läßt. Die Pflanzen bevorzugen einen sonnigen Standort und gut durchlässigen Boden. Sonst sind sie, was den Boden anbelangt, anspruchslos. Die Wurzeln dürfen nicht zu rasch und zu üppig wachsen; denn sie müssen stark und widerstandsfähig sein, um den Winter zu überstehen. Ein zu nasser Boden schwächt sie. Am besten schneidet man Estragon im Herbst zurück und bedeckt die Wurzeln mit Stroh. Man deckt sie erst wieder nach dem letzten Frost auf. Etwa alle zwei Jahre teilt und verpflanzt man die Estragonstöcke, sonst verliert die Pflanze das feine Aroma.

Frische Blätter werden während des ganzen Sommers gepflückt; man kann sie schlecht trocknen; in Essig und Öl bleibt ihr Aroma jedoch erhalten. Wenn man Estragon im Spätsommer ins Gewächshaus stellt, so wird die Wachstumszeit verlängert.

Estragon hat ein feines Aroma und einen scharfen, bitteren Biß. Er gehört zu den wichtigsten Küchenkräutern. Estragon unterstreicht den Geschmack anderer Kräuter. Sparsam verwendet verleiht er Saucen, Salaten, Eier- und Fischgerichten einen charakteristischen Geschmack.

Ebenso wie Basilikum paßt er recht gut zu Tomaten. Man verwende jeweils nur ein paar Blättchen, denn sie enthalten ein intensives ätherisches Öl, das ein Gericht leicht übertönen kann. Das Kraut wirkt erwärmend, ist aber kaum jemals in der Heilkunde verwendet worden.

Der kräftige Russische Estragon wächst meist wesentlich höher als der Französische; seine Blätter sind etwas heller und haben ein weniger zartes Aroma. Die beiden Pflanzen sind schwer zu unterscheiden; bei abgepackten Samen handelt es sich in der Regel um die Russische Varietät, *A. dracunculus* var. *inodora.*

Artemisia vulgaris
Beifuß
Familie: Compositae
Der mehrjährige Beifuß wächst in Europa, Asien und in Nordamerika wild. Die breiten, tief eingeschnittenen Blätter sind dunkelgrün und mit silbernem Flaum bedeckt. Die Stengel sind oft rötlich; vom Frühsommer an zeigen sich kleine, gelbe Blütchen. Beifuß kann man leicht aus Samen oder durch Teilung der Wurzeln vermehren.

Unmittelbar vor der Blüte sammelt man die Blätter und die Stengelspitzen und trocknet sie. Im Herbst gräbt man die Wurzeln aus und trocknet sie im Ganzen. Die Blätter dienten zum Würzen und Konservieren von Bier, ehe man dafür Hopfen verwendete. Beifuß ist nicht so bitter wie Wermut, aber wie dieser fördert er die Verdauung nach Genuß von fettem Fleisch. Die Blütenspitzen werden gerne für die Füllung von Gänsebraten benutzt. Die Wurzeln und Blätter besitzen ähnliche Eigenschaften wie der Wermut; sie sollten ebenfalls nur in kleinen Dosen eingenommen werden. Ein schwacher Aufguß aus Blättern, Spitzen und Wurzeln gilt als antiseptisches Tonikum. Kräftigend wirkt ein starkes Infus aus Beifuß als Badezusatz.

Balsamita major

Balsamita major, Chrysanthemum balsamita, Chrysanthemum majus
Marienblatt, Balsamkraut
Familie: Compositae

Vor hunderten von Jahren kam das ausdauernde Marienblatt aus dem Orient zu uns nach Europa und wurde in späterer Zeit schon von den ersten Siedlern auch nach Nordamerika gebracht.

Die langen, anmutigen und eiförmigen Blätter sind fein gezähnt und von einem weichen Grün. Im Hochsommer erscheinen lockere Büschel mit kleinen, gelben Blüten. Im Norden entwickeln sich meist keine Samen, und auch im Schatten bringt man die Pflanze selten zum Blühen; sie entwickelt dann nur kräftige Blätter. Sie wird etwa 1 m hoch, ist dann hoch aufgeschossen und benötigt eine Stütze.

Die Vermehrung erfolgt im Frühjahr aus Samen oder häufiger – entweder im Frühjahr oder im Herbst – durch Wurzelteilung. Die Pflanzen setzt man in 60 cm Abstand in gut durchlässiges Erdreich. Wie beim nah verwandten Rainfarn breiten sich die Wurzeln rasch aus und sollten in einem Topf oder Eimer ohne Boden eingefangen werden.

Unmittelbar vor der Blüte erntet und trocknet man die Blätter, denn dann sind die darin enthaltenen Öle am konzentriertesten. Die Blätter duften süß und zart wie Balsam und Zitrone. Ihr Aroma ist etwas bitter und erinnert an Minze und Rainfarn. Zum Würzen nimmt man nur geringe Mengen, da das Kraut andere Gewürze leicht übertönt. Salaten und Füllungen gibt man ein gehacktes Blatt bei. Man kann Marienblatt auch unter zerlassene Butter mischen und mit neuen Kartoffeln servieren. Früher verwendete man das Marienblatt auch zum Würzen von Bier.

Die Blätter haben eine adstringierende und antiseptische Wirkung. Man verwendete sie in einer Wundsalbe, zerstoßen mit Natternzunge (einem Farn) und Olivenöl.

Aus den Blättern stellt man ein Infus her und trinkt zweimal täglich davon ein Glas gegen Erkältungen, Magenverstimmungen, als Tonikum und bei Menstruationsbeschwerden. Zerkleinerte, frische Blätter schaffen bei Insektenstichen Linderung.

Durch seinen süßen, lang anhaltenden Duft und seine Eigenschaft, Insekten zu vertreiben, war das Kraut sehr beliebt und wurde gerne im Haus ausgestreut. Die getrockneten Zweige hing man in Schränke und legte sie zur Abschreckung von Motten und Insekten zwischen die Wäsche. In einem alten Ratgeber steht z. B., daß »man die Blumen mit Lavendelspitzen zu kleinen Bündeln zusammenbinden soll und sie auf Betten, Wäsche usw. legt, weil sie einen süßen Duft und Geschmack haben«. Er erzählt, daß das Kraut »zusammen mit anderen süßen Kräutern zur Herstellung von süßem Waschwasser verwendet wird«. Dies war damals der Hauptverwendungszweck des Marienblatts. Ein Infus aus frischen und getrockneten Blättern ergibt ein fein duftendes Spülwasser für Haare und Wäsche und einen Zusatz für das Badewasser. Getrocknete Blätter gibt man auch in Duftkissen, um den Duft anderer Kräuter zu verstärken. Der Name »Marienblatt« weist darauf hin, daß das Kraut schon in früher Zeit vor allem von Frauen verwendet wurde; man benutzte es für Unterleibsleiden und zur Linderung der Geburtsschmerzen. Culpeper erwähnt, daß es während der Wehen »die Schmerzen der Mutter erträglich« mache.

Stark aromatisch wie das Marienblatt ist auch der berühmte Balsam.

Balsam ist eine Mischung von stark duftenden Harzen und ätherischen Ölen. Er wird aus den Stämmen bestimmter Bäume gewonnen; dazu wird entweder der Baum eingeschnitten und die austretende Flüssigkeit aufgefangen, oder man sammelt die Zweigspitzen und preßt oder kocht sie aus. Im Altertum war Balsam einer der kostspieligsten Bestandteile bei der Herstellung von Parfum und Salben. Da Balsam durch seinen hohen Gehalt an ätherischen Ölen stark konservierend wirkt, wurde er zur »Einbalsamierung« der Toten verwendet und zusätzlich den Verstorbenen als Opfergabe beigegeben. Die Redensart »Balsam auf die Wunde legen« weist auf seine medizinische Bedeutung. Da Balsam aus den verschiedensten Pflanzenarten gewonnen werden kann, herrscht über seine Herkunft oft Unklarheit. Sicher ist, daß die Araber im Mittelalter bereits Balsam anpflanzten und kultivierten, doch in Europa war er damals sehr selten und teuer.

Borago officinalis
Borretsch
Familie: Boraginaceae

Die Heimat des Borretsch war wohl ursprünglich Syrien. Heute wird er fast überall in Europa und Nordamerika angebaut und gedeiht oft auch wild an Hecken und Wegrändern. Bei gutem Boden wird er 1 m hoch; er hat dicke, mit steifen Haaren besetzte Stengel und breite, rauhe, runzelige Blätter, die ebenfalls mit steifen Härchen bedeckt sind. Borretsch blüht vom Hochsommer an. Wenn die Blüten sich öffnen, sind sie zunächst rosa und werden dann leuchtend blau; sie werden gerne von Bienen besucht.

Borretsch ist einjährig, kann aber den Winter im Hause oder im Gewächshaus überdauern. Samen sät man im Frühjahr. Bald keimen sie und entwikkeln zwei große Keimblätter. In 50 cm Abstand verpflanzt man sie dann an einen sonnigen Platz. Borretsch sät sich selbst aus, gedeiht auf den meisten Böden und kommt vor allem auf lockerem, nährstoffreichem und kalkigem Untergrund zu reicher Blüte.

Blätter und Blüten verwendet man frisch. Getrocknet verlieren sie an Aroma und Güte. Wenn man die Blüten jedoch mit einem Zuckerüberzug versieht, kann man sie aufbewahren.

Junge, noch zarte Blätter kann man als Salat genießen. Sie schmecken erfrischend und kühl und erinnern mit ihrem etwas bitteren Geschmack an Gurken. Die größeren Blätter bereitet man wie Spinat zu; für Füllungen schneidet man sie in Stücke oder man bäckt sie unzerteilt in Teig aus. Die Blüten ißt man roh in Salaten oder präpariert sie durch überzuckern als Dekoration für Süßspeisen und Kuchen. Im Sommer verleihen Borretschblüten Getränken eine kühlende Wirkung; dabei gibt man sie mit ein paar jungen Blättern in Fruchtsaftgetränke, Apfelwein, Bier oder Wein. Man gefriert sie in Eiswürfeln ein und läßt sie als dekorative Überraschung in den Getränken auftauen.

Borretsch wurde immer als ein Kraut betrachtet, das Mut und Fröhlichkeit erweckt und alle Traurigkeit vertreibt. In alten Zeiten glaubte man, daß das Kraut »die Tugend besitzt, den Hypochonder zu beleben und den eifrig Studierenden aufzuheitern«. Neuere Forschungen ergaben, daß Borretsch in der Tat die Adrenalindrüsen anregt.

Blätter und Blüten enthalten reichlich Kalium, Kalzium und verschiedene Salze; sie sind ein ausgezeichnetes Tonikum und reinigen das Blut. Borretsch ist auch ein gutes Mittel mit kühlender Wirkung bei Fieber. Der in ihm enthaltene Pflanzenschleim ist bei Husten und Bronchitis zu empfehlen. Man stellt aus Blättern und Blüten ein Infus her, von dem man eine Tasse voll trinkt, oder man inhaliert es. Ein Blattbrei ergibt einen guten Umschlag bei Schwellungen und Wunden.

Die Römer brachten den Borretsch nach Mittel- und Nordeuropa, und Berichte beweisen, daß er bereits im 13. Jahrhundert in England bekannt war. In einer Liste von Samen, die für die Neuenglandstaaten im Jahre 1631 aufgestellt wurde, wurden »zehn Unzen Borretschsamen zu 4 Pence« als besonders notwendig aufgeführt.

Ein naher Verwandter, der Natternkopf *(Echium vulgare)*, besitzt ganz ähnliche Eigenschaften. Er ist zweijährig und wächst wild an trockenen Stellen. Man kann das Kraut im Garten aus Samen ziehen.

Brassica nigra

Calendula officinalis

Brassica nigra
Schwarzer Senf
Familie: Cruciferae
Der einjährige Schwarze Senf wird bis zu 2 m hoch und hat mit Borsten besetzte, gebuchtete Blätter. Aus den gelben Blüten entwickeln sich glatte, aufrechte Schoten. Der Schwarze Senf stammt aus dem Nahen Osten, ist aber heute bei uns weit verbreitet. Die dunklen, runden Samen sät man an sonnigem Platz im Frühjahr in guten Boden und erntet im Spätsommer, bevor die Schoten sich öffnen. Die Samen werden in den Schoten getrocknet.
Die Samen sind schärfer und beißender als die Samen des Weißen Senfs; sie enthalten ein scharfes ätherisches Öl und Schwefel, welcher z. B. Silberlöffel verfärbt. Sie wirken als Reizstoff und Brechmittel. Ein in lauwarmem Wasser aufgelöster Eßlöffel voll Senfmehl führt unverzüglich zum Erbrechen. In einem Umschlag verwendet wirkt Senf durchblutungsfördernd. Den Umschlag stellt man aus einer Mischung von 25 g Senfmehl und 25 g Kleie mit heißem Wasser her. Auf der Brust hilft er bei Bronchitis. Ein empfehlenswertes Bad für müde Füße sind zerquetschte, mit heißem Wasser übergossene Samen.

Calendula officinalis
Gartenringelblume
Familie: Compositae
Die Gartenringelblume stammt aus Südeuropa, gedeiht aber auch gut im nördlicheren Klima und stellt an den Boden keine Ansprüche. Sie blüht vom Frühsommer an bis in den Spätherbst hinein und sät sich von selbst aus. Besonders wertvoll ist die leuchtend orangefarbige Varietät; es gibt aber auch viele andere. Sie alle haben runde, gänseblümchenartige Blütenköpfe, deren Blütenblätter blaßgelb bis tief orangerot sein können. Die rundlichen Blätter sind blaßgrün und umgeben den beflaumten Stengel, der bis zu 50 cm hoch wird.
Samen sät man im Frühjahr; die Sämlinge verzieht man in einem Abstand von etwa 25 cm. Die Ringelblume ist einjährig, obwohl die Pflanze gelegentlich an geschützter Stelle auch überwintert. Die Blätter verwendet man frisch; die Blütenblätter werden geerntet sobald sich die Blüten öffnen; man trocknet sie rasch im Schatten, damit die Farbe erhalten bleibt.
Die Blätter sind zwar eßbar, haben aber einen sehr starken und scharfen Geschmack. Blütenblätter verleihen Salaten, Käse, Suppen und Eintöpfen ein pikantes Aroma. In Wasser oder Milch eingeweicht verwendet man sie häufig anstelle von Safran. Man gibt sie in Reis, Kuchen und Pudding und verleiht diesen so eine gelbe Färbung. Gerard beschreibt, wie Fässer mit getrockneten Blütenblättern »in ganz Holland für den Winter aufbewahrt werden, um damit Brühen und heilende Getränke herzustellen«.
Die Blütenblätter wirken anregend und schweißtreibend. Viele Kräuterbücher vergangener Zeit empfahlen ein Infus, von dem man jeweils einen Eßlöffel zu sich nehmen sollte und der für Herz und Geist gut sein sollte. »Der Pflanzenschleim in Blüten und Blättern ist gut für die Haut und heilt Wunden!« Man gibt einen Teil zerquetschte Blütenblätter auf zwei Teile Hautcreme oder stellt einen Aufguß aus Blütenblättern und Babyöl her. Bei Wunden und Frostbeulen kocht man 120 g frische Blütenblätter in 400 g Schweineschmalz und 150 ml Wasser bis das Wasser verdampft ist. Das Ganze gießt man ab und preßt die restliche Feuchtigkeit heraus. Dann bewahrt man die Mischung fest verschlossen auf.
Aus den Blütenblättern der Gartenringelblume gewinnt man auch ein cremegelbes Färbemittel.

Capparis spinosa

Capsicum annuum

Capsicum frutescens

Capparis spinosa
Echter Kapernstrauch
Familie: Capparidaceae

Der kleine, kriechende und ausdauernde Kapernstrauch wächst auf steinigem Untergrund im Mittelmeergebiet wild. Die dicken, glänzenden Blätter können die heiße Sonne ertragen. Vom Frühsommer an zeigen sich am Kapernstrauch die großen, kurzlebigen Blüten mit ihren herausragenden, purpurnen Staubfäden und den weißen, gekräuselten und hellrosa getönten Blütenblättern.

Kapern werden sehr oft auch durch Blütenknospen von Kapuzinerkresse, Sumpfdotterblumen, Besenginster oder Scharbockskraut ersetzt.

Bereits in altägyptischen Papyri wurden die Kapern erwähnt.

Der charakteristische Geschmack der bitteren Kapern entwickelt sich erst beim Einlegen. Man gibt sie salzigen oder öligen Speisen, Oliven, gesalzenem Fleisch und Fisch zur Abrundung bei. Kapern verleihen Aufläufen einen erfrischenden und außergewöhnlichen Geschmack; mit Petersilie streut man Kapern auch auf geschmortes Rindfleisch. Echte Kapern wirken kräftigend, appetitanregend und verdauungsfördernd.

Capsicum annuum
Spanischer Pfeffer, Paprika
Familie: Solanaceae

Die Pflanze stammt aus dem tropischen Amerika; heute werden viele Varietäten in warmen Klimazonen der Erde angebaut. Der kleine, kräftige und einjährige Strauch wird 1 m hoch, hat große, glänzende Blätter und trägt im Hochsommer kleine, weiße Blüten. Unreife Früchte sind grün und werden, wenn sie reifen, allmählich rot, glänzend, fleischig und bis zu 25 cm lang.

Bei uns sät man die winterharten Varietäten früh im Jahr im Hause aus und pflanzt sie nach dem letzten Frost in 60 cm Abstand ins Gewächshaus oder an einen sonnigen Platz.

Die Früchte enthalten viel Vitamin C. Man entfernt die bitteren Samen und ißt die Früchte roh, gebacken oder gedämpft. Das getrocknete und gemahlene Fleisch wird als Paprika verwendet, von dem es verschiedene Arten, vom milden Rosenpaprika bis zum scharfen Paprika, gibt und der in der Küche viele Verwendungsmöglichkeiten bietet. Besonders in der spanischen und ungarischen Küche ist er beliebt. Man sollte immer nur kleine Mengen auf Vorrat halten, da er durch längeres Lagern an Aroma verliert.

Capsicum frutescens
Chillipfeffer, Cayennepfeffer, Kolumbianischer Paprika
Familie: Solanaceae

Spanische Entdecker brachten den Chillipfeffer aus Südamerika mit nach Europa. Heute wird er in den meisten tropischen Gebieten angebaut. Er ist ausdauernd, wird 2 m hoch und hat kleinere Blätter als der spanische Pfeffer und schmalere Früchte. Bei uns braucht er künstliche Wärme.

Die Frucht wird frisch verwendet, auf dem warmen Ofen getrocknet, an schattigem, luftigem Platz aufbewahrt. Frischer Chillipfeffer wird in Gerichten von Indien bis Mexiko verwendet. Getrocknete Chillies braucht man zum Einlegen und Würzen. Der Cayennepfeffer besteht aus getrockneten, gemahlenen Früchten und ist die Grundlage für Tabascosauce; Chillipulver ist Cayennepfeffer gemischt mit Kümmel, Knoblauch und Majoran.

Chillies wirken anregend, verdauungsfördernd, kräftigend und desinfizierend. Cayennepfeffer wirkt bei Erkältungen, Fieber und Verdauungsschwierigkeiten erwärmend. Man streute ihn früher auf nicht mehr ganz frische Nahrungsmittel oder verbrannte ihn als Räucherwerk.

Carthamus tinctorius

Carthamus tinctorius
Saflor, Färberdistel
Familie: Compositae

Der Saflor wurde in Indien, China, Ägypten und Südeuropa schon seit alters angebaut. Über seine eigentliche Herkunft wissen wir nichts. Die Pflanze wird 1 m hoch und zeigt im Hochsommer struppige, orange Blüten; die Blätter sind spitz und stachelig. Es gibt verschiedene Arten, die auch im kühleren Klima auf nährstoffarmen, trockenen Böden in der Sonne gedeihen. Saflor ist einjährig; die Samen sät man im Frühjahr aus. Sämlinge sind schwer zu verpflanzen.

Den großen, weißen Samen entzieht man das Öl und verwendet es zum Kochen; es enthält einen geringen Anteil an Cholesterol. Blütenblätter werden bisweilen anstelle von Safran gebraucht und färben die Speisen gelb; sie sind im Geschmack etwas bitter.

Auch im medizinischen Bereich hat Saflor eine gewisse Ähnlichkeit mit Safran. Ein Infus aus getrockneten Blütenblättern wirkt abführend, schweißtreibend und fiebersenkend.

Mit Wasser bilden die Blütenköpfe ein gutes, gelbes Färbemittel. Mit Alkohol vermischt färben sie rot; allerdings ist die Färbemethode schwierig.

Carum carvi
Kümmel
Familie: Umbelliferae

In Europa und den asiatischen Ländern mit kühlerem Klima wächst der Kümmel wild; teilweise ist er auch in den USA eingebürgert. Besonders in Holland und in der UdSSR wird er auf großen Flächen angebaut.

Die langen, leuchtend grünen Blätter sind fein gefiedert; sie sehen aus wie die Blätter der Karotte; der Stengel ist glatt. In Dolden entwickeln sich die weißen oder rosaroten Blüten.

Die dunklen, rundlichen Samen zeigen 5 hellere Kanten. Kümmel ist zweijährig, sät sich aber Jahr für Jahr selbst aus. Reife Samen sät man im Herbst oder im Frühjahr in nährstoffreichen Boden. Danach verzieht man die Sämlinge in einem Abstand von 20 cm.

Schon im ersten Sommer bildet sich ein üppiges und dickes Blattwerk. Die Blätter werden etwa 20 cm hoch und können jederzeit frisch geschnitten werden. Im Herbst sterben die oberirdischen Pflanzenteile ab oder werden zurückgeschnitten. Im nächsten Jahr treibt die Pflanze früh aus und blüht schon im Frühsommer. Verhindert man das Blühen, so gedeiht die Pflanze oft noch ein weiteres Jahr hindurch und bildet ein üppiges Blattwerk und viele dicke Wurzeln aus. Kurz bevor die Samen reif sind, schneidet man die oberen Pflanzenteile ab und hängt sie mit dem Kopf nach unten über ein Tuch, in dem die herabfallenden Samen eingefangen werden.

Der kräftige, scharfe Geschmack von Kümmelsamen verbindet sich mit der Vorstellung von Brot, Kuchen, Gebäck, Äpfeln, Käse und Kohl. Besonders in der deutschen, österreichischen und skandinavischen Küche ist er beliebt. Der Geschmack der Stengel und Blätter ist ebenfalls etwas scharf, aber milder und gleicht eher der Petersilie. Blätter werden frisch, entweder gehackt in Salaten oder vermischt mit cremigem Käse oder mit frisch gekochtem Gemüse gegessen. Man kann sie auch in Suppen oder Eintöpfen mitkochen. Auch die karottenartigen Pfahlwurzeln sind zum Verzehr geeignet. Im Geschmack ähneln sie Pastinak. Die Samen verliehen früher Kümmelkonfekt ein besonderes Aroma. Das Öl gebraucht man für Liköre, wie z. B. für Kümmellikör.

Die Samen sind reich an Protein und besitzen verdauungsfördernde Eigenschaften. Man verzehrt sie oft zu schweren, fettreichen Mahlzeiten. Kaut man sie vor der Mahlzeit, so regen sie außerdem den Appetit an. Bei Koliken kann man Kindern einen halben Teelöffel voll Tee verabreichen, den man aus einem halben Teelöffel gequetschter Samen auf eine Tasse herstellt. Für frischen Atem sorgen frisch gekaute Samen oder Blätter. Auch bei Knoblauchatem schaffen sie Abhilfe.

Schon frühzeitig hat man Kümmel und seine Varietäten an Speisen gegeben und als Medizin gebraucht. An prähistorischen Fundstellen in Südeuropa hat man Kümmelsamen zwischen allerlei Hausrat entdeckt. In England waren sie besonders im 15. Jahrhundert sehr beliebt. Bei Shakespeare wird Falstaff z. B. »zu einem Pippinapfel und einem Gericht mit Kümmel« eingeladen und Gerard schreibt, daß Kümmel »die Winde vertreibt« und »für Magen und Geschmack gar köstlich« sei. Später war der Kümmel nicht mehr so begehrt. Erst zu Zeiten der Königin Victoria gewann er wieder an Beliebtheit; denn jetzt war alles Deutsche in England modern; denn Königin Victoria war mit dem deutschen Prinzen Albert von Sachsen-Coburg verheiratet.

Um eine so altbekannte Pflanze ranken sich natürlich allerlei Sagen. So sagt man dem Kümmel magische Kräfte nach. Gegen Böses und gegen Hexerei bildet er einen starken Schutz. Als Zutat zu einem Liebestrank vermittelt er die Zuneigung der geliebten Person. Die Samen werden auch der Hühnernahrung beigemengt; sie sollen die kleinen Hühner vom Umherwandern abhalten. Aus demselben Grund füttert man sie heute noch Brieftauben.

Carum carvi

Cassia marilandica

Cassia marilandica
Kassie
Familie: Caesalpiniaceae
In Nordamerika findet man die winterharte Abart aus der ursprünglich tropischen Pflanzengattung. Der Strauch wird dort bis zu 2 m hoch und hat gelbe Blüten, aus denen sich lange, dunkle Schoten entwickeln, und gefiederte Blätter mit schmalen Blattfiedern. Im Herbst sät man frische Samen in lockeren Boden an einen sonnigen Platz und vereinzelt die Pflänzchen dann auf 60 cm Abstand. Wenn die Pflanze im Hochsommer blüht, erntet man die Blätter.
Die Pflanze wirkt abführend. Man verabreicht sie zusammen mit geschmacksmildernden Substanzen zur Linderung von Leibschmerzen. Blätter und Früchte sind unter dem Namen Sennesblätter bzw. Sennesmark im Handel. Schoten sind unterschiedlich scharf; daher beschränkt man sich besser auf den Genuß der Blätter. Man gießt etwa ½ Liter kochendes Wasser auf 25 g Blätter und einen Teelöffel voll Koriandersamen oder Ingwer und läßt das Ganze 15 Minuten ziehen. Dreimal täglich trinkt man ein Glas davon.
Cassia senna wächst in Nordafrika und hat eine stärkere abführende Wirkung.

Chamaemelum nobile

Chamomilla- und *Chamaemelum-*Arten

Kamille

Familie: Compositae

In den gemäßigten Breiten gibt es vielerlei Arten von Kamille; sie alle besitzen zart gefiederte Blätter und gänseblümchenartige Blüten mit kegelförmigem, gelbem Zentrum. Die Römische und die Echte Kamille sind wichtige Bestandteile des Kräutergartens, sie unterscheiden sich in ihren Eigenschaften jedoch erheblich voneinander. Beide besitzen zwar Blüten, die Heilzwecken dienen können. Jedoch wird die Echte Kamille, *Chamomilla recutica,* häufiger als Heilkraut angebaut. Sie ist kräftiger und enthält nicht so viel scharfes Öl. Die Römische Kamille hingegen bildet im Garten Polster und wird wegen ihres angenehmen Duftes gezüchtet.

Die Römische Kamille, *Chamaemelum nobile/Anthemis nobilis,* ist ausdauernd und hat kräftige niedrigwüchsige oder am Boden kriechende, gegliederte Stengel und stark duftende, zart gefiederte Blätter. Schon früh im Sommer erscheinen die Blüten. Der Blütenboden ist gewölbt und besteht aus gelben Scheibenblüten, die von weißen Randblüten umgeben sind. Die Echte Kamille, *Chamomilla recutica,* dagegen hat einen hohlen Blütenboden.

Um ein dichtes, schönes Polster zu erhalten, entfernt man die Blüten, sonst schießt die Pflanze in die Höhe. Bei einer neuen Varietät, *Chamaemelum nobile* 'Treneague' ist dies nicht erforderlich, sie blüht nämlich nicht und wird im Frühjahr oder Spätsommer durch Ausläufer vermehrt. Die Samen der anderen einfachen oder gefüllten Varietäten sät man im späten Frühjahr ins Kräuterbeet aus oder dort, wo man den Boden schon für einen Rasen oder einen Weg aus Kamille präpariert hat. Am besten geeignet ist ein leicht kompostierter Boden. Die Setzlinge pflanzt man, will man ein Polster erhalten, in 10 cm Abstand ein. Zunächst darf man die Polster nicht betreten. Erst wenn die Pflanzen richtig angewurzelt und ineinander verwachsen sind, sollte man regelmäßig darübergehen. Das verhindert das Wuchern und das Blühen der Pflanzen. Unkraut jäten ist besonders im ersten Jahr sehr unangenehm.

Die erste niedergeschriebene Aufzeichnung in England über einen Rasen aus Gras stammt aus dem 17. Jahrhundert. Früher legte man Rasen oft aus Kamille an. Sie bildet einen dicken, süß duftenden Teppich. John Evelyn beschreibt den Oktober als den Monat, in dem »es Zeit ist, Teppichwege aus Kamille zu stampfen, zu walzen und zu mähen«.

Die einjährige Echte oder Wilde Kamille, *Chamomilla recutica,* wächst in Europa wild und tritt besonders als Unkraut in Getreidefeldern auf. Sie hat Ähnlichkeit mit der Römischen Kamille, besitzt aber aufrechte, bis zu 1 m hohe Stengel. Die Blüten zeigen einen einfachen Kranz aus weißen Blütenblättern; sie stehen um den hohlen Blütenboden und sind, wenn die Blüte reif ist, nach unten geneigt.

Die Samen sät man im Herbst oder Frühjahr aus, bedeckt sie leicht mit einer dünnen Schicht aus Erde und gießt reichlich, bis die Pflanze richtig angewachsen ist. Die jungen Blüten pflückt man an einem sonnigen Morgen sobald sich der Tau verflüchtigt hat und trocknet sie möglichst rasch an einem luftigen Platz, wo es kühl ist.

Kamille wird zum Kochen selten verwendet. Nur in Spanien benutzt man die bitter schmeckenden Blüten zum Würzen des Sherrys. Dort heißt die Pflanze *manzanilla,* d. h. »kleiner Apfel«; denn sie duftet leicht nach Äpfeln. Auch in anderen Sprachen deutet der

Chamomilla recutita

Name auf dieses Merkmal hin. In beiden Kamillearten ist ein starkes, aromatisches Öl enthalten; besonders reich an Öl sind die Blüten. Dieses Öl wirkt heilend, erwärmend und verdauungsfördernd.

Kamillenöl gebraucht man in nur kleinen Mengen in der Parfumindustrie, da es stark färbend ist und sich deshalb nicht so gut eignet, häufiger jedoch benutzt man es bei kosmetischen Präparaten.

Meist stellt man aus der Pflanze, oder besser aus den getrockneten Blüten, einen Tee her, der beruhigend auf die Nerven wirkt, Alpträumen vorbeugt und die Menstruation in Gang bringt. Man stellt ein Infus (50g getrocknete Blüten auf 600 ml kochendes Wasser) her und inhaliert den Dampf. Dabei bedeckt man den Kopf mit einem Handtuch. Dies wirkt beruhigend und ist ein Reinigungsmittel für die Haut. Außerdem hat es eine antiseptische Wirkung. Man kann auch ein starkes Infus oder Dekokt dem Badewasser zusetzen. bei Entzündungen, Abszessen und Rheumatismus wickelt man die Blüten in ein Tuch, legt das Ganze 10 Minuten lang in kochendes Wasser und stellt damit einen warmen Umschlag her.

Wenn man frische Blüten zerquetscht und mehrere Wochen lang an einem warmen Platz oder auf dem sonnigen Fensterbrett in einem milden, geschmacklosen Öl einweicht, gewinnt man ein Öl, das ebenfalls beruhigend wirkt. Man setzt es dem Badewasser oder dem Waschwasser zu, reibt es auf die schmerzenden Glieder oder benutzt es zur Kräftigung des Kopfhaares. Für blondes Haar verwendet man ein starkes Infus aus Blüten. Das frisch gewaschene Haar wird mehrmals gespült, wobei man das Infus immer wieder in einer untergestellten Schüssel auffängt.

Schon im Altertum und im Mittelalter verwendete man die Kamille volkstümlich als Haarpflege- und Heilmittel besonders bei Frauenleiden.

Beide Kamillenarten sind im Garten besonders geschätzt; manchmal kräftigen sie auch benachbarte, kränkelnde Pflanzen. Kamillentee wird auch über Setzlinge gesprüht, um zu verhindern, daß sie vor Nässe in Fäulnis übergehen. Ein kräftiges Infus regt im Komposthaufen die Kompostierung an, ebenso wie die verwandte Schafgarbe.

In allen Kräuterbüchern wird die Kamille als eines der ältesten Heilkräuter gepriesen. Der angelsächsische Zauberspruch der neun Kräuter vergißt auch die Kamille nicht. »Gedenke . . . daß er niemals sein Leben wegen einer Erkältung hingab / Nachdem die Kamille ihm als Nahrung diente«. Bei den Ägyptern war sie der Sonne geweiht und bei Tusser gehört sie zu den 21 Duftkräutern die zum Streuen verwendet werden.

Eine weitere Kamillenart ist die Färber-Hundskamille, *Anthemis tinctoria.* Die leuchtenden, gelben Blüten sind ein gutes, orangebraunes Färbemittel. Außerdem ist sie eine dekorative, krautige Pflanze für den Garten. Das silberne Blattwerk wird 50 cm hoch. Die Acker-Hundskamille, *A. arvensis,* und die Stinkende Hundskamille, *A. cotula,* wachsen auf den Feldern und auf Brachland. Sie besitzen allerdings weder den zarten Apfelduft, noch die anderen guten Eigenschaften ihrer geschätzteren Namensvettern.

Chelidonium majus

Chenopodium album

Chelidonium majus
Großes Schöllkraut
Familie: Papaveraceae

Die Pflanze gehört zu derselben Familie wie der Mohn und ist in ganz Europa verbreitet. Siedler brachten das Schöllkraut schon frühzeitig nach Amerika. Heute wird es nur selten angepflanzt und gedeiht an Hecken und in der Nähe von Dörfern und Ruinen.

Der hohle Stengel wird bis zu 1 m hoch. Die Blätter sind eiförmig gefiedert, an der Oberseite blaßgrün und unterseits silbern. Vom späten Frühjahr an erscheinen die Blüten mit ihren vier dünnen, gelben Blütenblättern. Später entwickeln sich lange Samenkapseln. Die Pflanze ist einjährig und kann aus Samen gezogen werden. Die Blattstiele enthalten einen sehr beißenden, giftigen gelben bis orangefarbenen Milchsaft, den man früher allgemein als ein gutes Augenheilmittel betrachtete. Man stellte mit ihm zusammen ein Gemisch aus Fenchel und Wermut her, setzte etwas Muttermilch zu und tropfte es in die Augen, um Flecken und »schleimige Dinge« aus ihnen zu entfernen. Dieses Hausmittel ist allerdings nicht zu empfehlen, der Saft hilft aber, äußerlich angewendet, zum Entfernen von Warzen.

Chenopodium-Arten
Gänsefuß
Familie: Chenopodiaceae

Zu dieser großen Familie gehören sehr viele eßbare Pflanzen, so z. B. der Spinat und alle Rüben, die man im Garten zieht, der wuchernde Gänsefuß und der kleine, saftige Queller, der sogar noch auf salzigem Boden an der Küste zu überleben vermag. Andere Arten wie das Mexikanische Teekraut, *Chenopodium ambrosioides,* können giftig sein. Heute wird deshalb anstelle von *Ch. ambrosioides,* die Varietät *Ch. anthelminthicum* (Wurmsamen) verwendet. Im Aussehen gleicht das Mexikanische Teekraut dem weißen Gänsefuß. Aus den Samen gewinnt man ein Öl, das zur Herstellung eines Wurmmittels dient; man sollte es allerdings nur in guten Drogerien und Apotheken erwerben.

Die Blüten der meisten Arten sind unscheinbar. Die Blätter sind häufig dreieckig und gebuchtet oder gezähnt.

Die jungen Triebe einiger heimischer Arten sind als Gemüse sehr gut.

Der Name *Chenopodium* kommt aus dem Griechischen und bedeutet »Gänsefuß«. Er ist auf die Blätter zurückzuführen, die einem breiten Schwimmfuß gleichen.

Chenopodium album
Weißer Gänsefuß
Familie: Chenopodiaceae

Der einjährige Weiße Gänsefuß ist ein wucherndes Unkraut. In den gemäßigten Breiten findet man ihn an Straßenböschungen oder auf Misthaufen. Er wird über 1 m hoch und besitzt hohe, aufrechte und häufig etwas rötliche Stengel. Die Blätter sind fast rautenförmig und haben einen weißen, mehligen Überzug, der besonders unterseits ganz dick ist. Die Blüten sind unscheinbar und bilden sich im Hochsommer in grünlichen Trauben. Aus ihnen entwickeln sich winzige grüne oder rötliche Früchte.

Schon in prähistorischer Zeit hat man nachweislich die Blätter als Küchenkraut verwendet. Sie enthalten besonders viel Eisen, andere Minerale, Proteine und Vitamine. Die fett- und eiweißreichen Samen können zu Mehl oder Haferschleim gemahlen werden; sie sind ein besonders gutes Futter für Geflügel. Man fand Überreste der Blätter im Magen der Moorleiche von Tollund; sie stammt aus der Eisenzeit und wurde 1950 in Dänemark gefunden. Auch bei Siedlungen in der Nähe der Pfahlbauten wurden Reste des Krauts entdeckt.

Chenopodium bonus-henricus

Chenopodium bonus-henricus
Guter Heinrich
Familie: Chenopodiaceae

Der Gute Heinrich ist eine einjährige Pflanze, die langsamer wächst als der Weiße Gänsefuß. Man findet ihn im gemäßigten Klima auf Bauernhöfen, in der Nähe alter Gebäude und oft auch als letzten Überrest eines früheren Gemüsegartens. Die Blätter sind eher groß, in der Form gleichen sie fast Hellebarden, sie sind dreieckig und glänzend. Im Hochsommer zeigt die Pflanze kleine, grünliche Blüten in Ähren.

Bis der Spinat zu uns kam, betrachtete man den Guten Heinrich als ein besonders nahrhaftes Gemüse. Man sät ihn im Frühjahr aus oder gibt die Wurzeln im Frühjahr oder Herbst in guten, gedüngten Boden und gießt reichlich. Der Anbau der Pflanze lohnt sich noch heute.

Im Geschmack ist der Gute Heinrich etwas süßlicher als unser Spinat. Die Blätter verwendet man wie beim Spinat – gekocht, püriert oder zu Füllungen. Wunde Hautstellen kann man mit einem Umschlag aus zerquetschten Blättern behandeln.

Im Gegensatz zum giftigen »Heinrich« verlieh der Volksmund dem Küchenkraut den Namen »Guter Heinrich«.

Cichorium intybus
Wegwarte, Zichorie
Familie: Compositae

Wegwarte wird häufig angebaut, sie wächst aber in Europa auch wild auf kalkigem Boden. Es handelt sich um eine große ausdauernde Pflanze, die gut über 1 m hoch wird und lange, zugespitzte, löwenzahnartige Blätter hat. Auch die Blüten zeigen eine Ähnlichkeit mit dem Löwenzahn, sie sind aber himmelblau und öffnen sich nur am Morgen. Die Pfahlwurzel wird dick, lang und fleischig.

Im Frühjahr sät man die Samen 3 cm tief in den Boden. Junge Pflanzen vereinzelt man in einem Abstand von 30 cm und gießt reichlich. Während des Sommers bilden sich große Blätter. Im Herbst nimmt man die Wurzeln aus dem Boden und entfernt die Blätter, denn diese sind ein gutes Futter für Geflügel. Die Wurzeln legt man dann in eine hohe Kiste oder in einen Kübel mit feuchter Erde. Man stellt die Kiste oder den Kübel an einen warmen Platz und bedeckt sie mit einer mindestens 20 cm dicken Sand- oder Ascheschicht oder gibt einen Deckel darüber; denn die Wurzeln dürfen kein Licht bekommen. Die jungen, fetten, bleichen Blätter schneidet man ab, sobald sich die Spitzen zeigen, damit die Wurzeln zum zweitenmal Blätter bilden. Alle zwei Wochen pflanzt man ein paar Wurzeln ein und erhält so den ganzen Winter hindurch Blätter. Im Frühjahr deckt man alle noch vorhandenen Pflanzen im Garten mit Erde zu, um nochmals Kraut zu erhalten, bevor die Stengel zu dick und zäh werden. Dann wirft man sie auf den Komposthaufen. Die saftigen, bleichen Blätter ergeben einen knackigen Salat. Man kann sie auch in Butter oder Öl schmoren. Die dicken Wurzeln gräbt man im Herbst des ersten Jahres aus, trocknet und zermahlt sie als Kaffee-Ersatz.

Wegwarte ist kräftigend und verdauungsfördernd; bei Anämie und Verdauungschwierigkeiten trinkt man einen Tee aus Blättern. Er hilft auch zur Reinigung der Haut und des Blutes. Man kann auch 15 g getrocknete Wurzeln 5 Minuten lang in einem Liter Wasser aufkochen und 10 Minuten ziehen lassen.

Cichorium intybus

Cinnamomum aromaticum

Cinnamomom verum

Cinnamomum aromaticum
Zimtkassie
Familie: Lauraceae
Der immergrüne Baum ist in China (Kwangsi) und Burma heimisch. In vielen subtropischen Ländern wird er angebaut. Er hat lange, glänzende Blätter, kleine, blaßgrüne Blüten und eine dünne, sich schälende Rinde.

Zimtkassie wird in Plantagen angebaut und ständig zurückgeschnitten, denn die jungen, langen Triebe liefern die aromatische Rinde. Die abgeschälte Rinde rollt sich beim Trocknen zusammen. In Bündeln kommt sie zum Export. Die getrockneten, unreifen Früchte sind unter der Bezeichnung Zimt- oder Cassiablumen (cassia buds) im Handel.

Die Rinde hat ein Aroma, das nicht so fein ist wie das Aroma des Echten Zimts; es ist strenger und beißender, wird aber oft als Ersatz verwendet. Die Knospen sind ähnlich im Geschmack und werden gerne in Getränken und Süßigkeiten oder auch zum Füllen von Duftkissen benutzt.

Bereits im Mittelalter hat man in Europa Zimtkassie als Gewürz gebraucht. Man behandelte mit ihr Verdauungsschwierigkeiten und versuchte, mit ihrer Hilfe den Milchfluß zu steigern.

Cinnamomum zeylanicum
(Cinnamomum verum)
Echter Zimtbaum, Ceylon Zimtbaum
Familie: Lauraceae
Der Echte Zimtbaum ist kleiner als die Zimtkassie, hat ähnlich kräftige, glänzende Blätter, kleine gelblich-weiße Blüten und eine dunkle, blaue Beere. Seine Heimat ist Sri Lanka, er wird aber auch auf den Westindischen Inseln und in ostasiatischen Ländern angebaut.

Man erntet die Rinde junger Triebe, wobei die hellsten Rinden die beste Qualität liefern. Die Röllchen sind dünner und zerbrechlicher als bei der Zimtkassie. Gemahlenen Zimt kauft man besser in kleinen Mengen, da er bald das Aroma verliert.

Süße Cremes, Kuchen und Schokoladespeisen werden mit fein- und süßduftendem Zimt gewürzt. Zimtkassie eignet sich besser für Fleisch- und Reisgerichte. Zimt wirkt anregend, verdauungsfördernd und keimtötend. Als Mundspülmittel mischt man einen Teelöffel voll gemahlenen Zimt in ein Glas warmes Wasser. Bei Durchfall und Magenschmerzen empfiehlt es sich, einer Tasse Tee ½ Teelöffel Zimt zuzusetzen. Ein Teelöffel Zimt in Cognac mit heißer Milch vertreibt Erkältungen und Grippe.

Coriandrum sativum
Koriander
Familie: Umbelliferae
Koriander ist eines der ältesten Kräuter, die in der Küche gebraucht werden. Er wächst in Südeuropa wild und wird schon seit mehreren Jahrtausenden in Indien, Ägypten und China angebaut. Heute findet man ihn in vielen Ländern der gemäßigten Zone. Die winterharte, einjährige Pflanze wird 60 cm hoch, hat einen aufrechten Stengel und im unteren Bereich glänzende Blätter mit breiten Blattfiedern; die oberen Blätter sind fadenartig. Blüten erscheinen im Hochsommer. Sie stehen in kleinen rosagetönten Dolden. Aus ihnen entwickeln sich die großen, runden Früchte, die fälschlich als Samen bezeichnet werden. Die Blätter und unreifen Samen riechen fast unangenehm stark.

Koriander wird im Frühjahr oder im Herbst ausgesät. Er braucht leichten, trockenen Boden und einen sonnigen Standort. Ebenso wie bei anderen Vertretern der Familie Umbelliferae, z. B. Dill und Kerbel, lassen sich Setzlinge schlecht verpflanzen, denn durch das Verpflanzen entwickeln sie zu rasch Blüten. Vom Frühsommer an kann man ständig Blätter ernten; sie eignen sich nicht zum Trocknen. Sobald die grünlichen Samen hellbraun werden erntet man sie mit den Stengeln; man hängt sie über ein Tuch an einem luftigen Platz zum Trocknen auf.

Die reifen Samen sind stark aromatisch, süß, angenehm im Geschmack und leicht bitter. Man kann mit ihnen Süßspeisen und pikante Gerichte würzen, Liköre und Süßigkeiten, Eintopfgerichte, Eingelegtes, Marinaden und besonders mit Curry gewürzte Speisen verfeinern. Samen kauft man ganz, denn sie lassen sich leicht zermahlen. Zu Curryspeisen kann man reichlich frische Korianderblätter geben. Allein schmecken sie nicht jedem, denn sie haben einen starken, fast fauligen Geschmack. Zusammen mit Chillipfeffer und in anderen scharfen Speisen verleihen sie dem Gericht einen kühlenden, beißenden und einzigartigen Geschmack. Ein beliebtes und köstliches indisches Chutney wird aus zerquetschten Korianderblättern mit

Chillies, Knoblauch, Senföl und Salz hergestellt. In Thailand verwendet man zerkleinerte Korianderwurzeln mit Knoblauch zum Würzen.
Schon in früher Zeit zählten die Mönche den Koriander zu den Heilkräutern. Heute benutzt man in der Pharmazie Koriandersamen nur noch gelegentlich, um den unangenehmen Geschmack einer Arznei zu übertönen. Das aromatische Öl der Samen wirkt anregend und verdauungsfördernd. Man kaut sie oder ißt sie in Bonbons. Man kann auch auf dieselbe Weise wie bei Dill ein Korianderwasser herstellen. Zerkleinerte Samen helfen, mit Honig vermischt, bei Husten. In großen Mengen genossen wirken sie manchmal narkotisierend.
Der Name »Koriander« stammt aus dem Griechischen. »Koriannon« heißt »Wanze«. Der Name ist wohl auf den Geruch der Blätter und der unreifen Samen zurückzuführen. Sie dienten schon den alten Griechen als Heilmittel und wurden von Hippokrates besonders empfohlen. Plinius schreibt, daß in Ägypten besonders guter Koriander angebaut wurde. In der späten Bronzezeit brachten eindringende Horden den Koriander auf die Britischen Inseln. Sie würzten damit ihre Hafergrütze. Im Mittelalter und während der Renaissance wurde er als Heilmittel, in der Küche und in Liebestränken gebraucht. Gerard beschreibt ihn als »stinkendes Kraut«, gibt aber zu, daß die getrockneten Samen für »allerlei Zwecke« dienlich sind. Die ersten Siedler nahmen den Koriander mit in ihre neue Heimat, wo er weit verbreitet ist. Die spanischen Conquistadoren führten ihn in Mexico und Peru ein; dort wurde er zu einem Gewürz, das heute stets mit dem Chillipfeffer zusammen verwendet wird. Die Spirituosenhersteller benutzen den Koriander zur Herstellung von Trinkbranntweinen wie z. B. Kümmel, Gin oder Kräuterliköre. Selbst zur Bier- und Korianderwein-Herstellung wurde er verwendet. Im 19. Jahrhundert verlor er etwas an Beliebtheit. Da heute viel mehr mit Gewürzen gekocht wird und Gerichte aus aller Welt Eingang in unsere europäische Küche gefunden haben, wird er jetzt öfters verwendet.

Coriandrum sativum

Crocus sativus

Crocus sativus
Safran
Familie Iridaceae
Safranblüten ähneln den Blüten einer Gartenkrokusart, die im Herbst blüht. Die Blätter sind lang, zart und entsprießen einer Zwiebel, die Blüten sind blau oder blaßviolett und werden bis 15 cm hoch. Wild kommen mehrere Varietäten in den gebirgigen Gegenden Italiens, Griechenlands, des Irans und in den von Kurden bewohnten Bergländern vor. Die gezüchtete Form ist leicht an der Narbe und am Griffel zu erkennen, die oft lose aus der Blüte heraushängen. Safran darf nicht mit der Herbstzeitlosen, *Colchicum autumnale*, verwechselt werden, denn diese ist giftig und gehört zu den Liliengewächsen. Sie hat aber ähnliche Blüten.

Safran bevorzugt nährstoffreiche, sandige, durchlässige Böden und einen geschützten Standort. Man kann zwar Samen aussäen, da es aber drei Jahre dauert, bis die Knollen Blüten ansetzen, geschieht die Vermehrung besser durch Teilung der Knollen im Herbst. Im Frühherbst, wenn die Blüten voll entfaltet sind, erntet man die drei hellorangen Narben und den Teil des Griffels, der sich beim Herausziehen mit ihnen löst. Safran kann nur mit der Hand geerntet werden. Um ein knappes Pfund Safran zu erhalten benötigt man 70 000 bis 80 000 Pflanzen. Daher ist es nicht verwunderlich, daß Safran so teuer ist.

Die beste Qualität hat der Safran aus Valencia. Es ist billiger, wenn man die kleinen, getrockneten Staubfäden ganz kauft und nicht gemahlen. Man bewahrt sie am besten an einem dunklen Ort auf. Guter Safran hat eine frische, hellorange Farbe und riecht kräftig süß und scharf. Alter Safran bekommt einen moderigen Geschmack. Die getrockneten Fäden gibt man in warmes Wasser, Milch oder Kochbrühe und wartet ein paar Minuten, bis die Flüssigkeit gefärbt und gewürzt ist. Dann gibt man die Flüssigkeit mit oder ohne Fäden an die Speisen. Man kann auch die Fäden ein paar Minuten bei niedriger Temperatur im Ofen lassen und sie knusprig und zerkrümelt in die Speisen geben. Eine kleine Prise reicht für ein knappes Pfund Reis. Verwendet man Safran zu üppig, so wird das feine Aroma von einem bitteren Geschmack überdeckt. In vielen traditionellen europäischen Gerichten wird er verwendet, so z. B. in der französischen Bouillabaisse, der spanischen Paella, im Risotto Milanese und in Backwaren; »Safran macht den Kuchen gel« lautet ein alter Kinderreim. Besonders im Nahen Osten ist das Gewürz sehr beliebt. Saflor, Blütenblätter von Ringelblumen und gemahlener Kurkuma werden mit Safran vermischt oder als Safranersatz gebraucht. Sie ändern aber den Geschmack eines Gerichts völlig.

In der Heilkunst gilt Safrantee als ein wärmendes Herzmittel, das auch bei Verdauungsschwierigkeiten, zum Ingangbringen der Menstruation oder als schweißtreibendes Mittel verwendet wird. Gerard meint, daß Safran in bescheidenem Umfang gut »für den Kopf sei und die Sinne rascher und lebendiger macht, schweren und trägen Schlaf verscheucht und den Menschen lustig macht«.

Aus den Narben kann man ein hellgelbes Färbemittel erhalten, das jedoch in Wasser löslich ist.

Bereits 1552 v. Chr. wurde der Safran auf einem medizinischen Papyrus aus Theben erwähnt. In der Klassik priesen die Dichter Aroma, Farbe und Geschmack der Pflanze. Es ist anzunehmen, daß die Römer den Safran nach Mittel- und Nordeuropa mitbrachten. Im 8. Jahrhundert führten ihn die Mohammedaner in Spanien ein. Auch Kreuzfahrer lernten ihn kennen und brachten ihn mit. Obwohl das teuerste Gewürz der Welt schon im 13. Jahrhundert keineswegs billig war, wird er in mittelalterlichen Rezepten häufig angeführt. Man würzte und färbte mit ihm Fisch- und Fleischgerichte, Pudding, Pasteten und Wein. Ab dem 15. Jahrhundert wurde er richtig angebaut und zwar in Fruchtwechsel mit Koriander oder Kardendistel. Der Preis blieb jedoch immer hoch, da das Ernten einen so großen Arbeitsaufwand erfordert. In England verwendete man Ende des 17. Jahrhunderts Safran nur noch in Pudding und Kuchen. Auf dem europäischen Festland wurde er aber auch weiter zum Würzen von allerlei Speisen verwendet.

Cuminum cyminum
Kreuzkümmel
Familie: Umbelliferae

Kreuzkümmel ist eine kleine, einjährige Pflanze, die selten höher als 30 cm wird. Sie hat schlanke Stengel und fadenartige Blattfiedern. In jedem Teil der Dolde entwickeln sich nur ein paar weiße oder blaßrosa Blüten. Sie entfalten sich im Frühsommer und entwikkeln sich zu schmalen, kantigen Samen, die eine große Ähnlichkeit mit dem Kümmel haben.

Kreuzkümmel ist in Ägypten heimisch, wurde aber schon immer im Osten und in Europa angebaut. Da die Pflanze etwa vier Monate bis zum Reifen braucht, sollte man schon früh im Jahr aussähen. Am besten gibt man die Samen ins Frühbeet oder unter Glas. Die Setzlinge werden dann an einem sonnigen Platz mit durchlässigem, nährstoffreichem Boden eingepflanzt. Die Samenköpfe werden abgeschnitten, wenn ihre Farbe sich zu ändern beginnt. Man hängt sie zum Reifen und Trocknen an einen luftigen Platz und fängt die Samen in einem darunterliegenden Tuch auf.

Es gibt verschiedene Arten von Kreuzkümmel, deren Samen oft unterschiedliche Farbe und Würzstärke haben. Kreuzkümmelsamen sind kräftig, aromatisch, anregend und fördern den Appetit. Sie sind in der Küche unentbehrlich. Sie bilden eine wichtige Zutat für indische Currygerichte und sind in der Küche des Nahen Osten und Marokkos besonders beliebt. Man verwendet sie dort zu Hammel- und Hühnerfleisch, zu Joghurt und Auberginen. Rindfleischeintopf wird mit ½ Teelöffel erwärmter Samen, eine Hühnerfüllung mit ein paar zerstoßenen Samen gewürzt. In Indien stellt man einen traditionellen, appetitanregenden und verdauungsfördernden Trank aus gemahlenem Kreuzkümmel, Minze, Ingwer, Salz, Zucker und Zitronensaft mit Tamarindenwasser her. Ganzer und auch gemahlener Kreuzkümmel werden auf Vorrat gekauft, denn es ist nicht so einfach, die Samen mit dem Mörser selbst zu zerstampfen. Gemahlenen Kreuzkümmel kauft man nur in kleinen Mengen, damit man ihn stets frisch zur Hand hat.

Dill ist, ebenso wie Kümmel und andere Vertreter der Familie Umbelliferae, gut gegen Blähungen und wirkt erwärmend, wenn man ihn, wie Gerard empfiehlt »in einer Suppenbrühe . . . für Brust und kalte Lungen« einnimmt. Er rät auch, die Samen in einen kleinen Sack mit Meersalz einzunähen, sie in einer Bettpfanne zu erwärmen und mit Essig zu besprühen. So, meint er, helfen sie gegen Stechen in Brust und Lunge.

Kreuzkümmel wird schon in der Bibel erwähnt. Plinius empfahl das Rauchen von Samen, um eine beeindruckende, akademische Blässe zu erzielen. Auch andere Dichter der Klassik erwähnten die Pflanze. An der atlantischen Küste Frankreichs verwendete man ihn im 1. Jahrhundert v. Chr. zu gebackenem Fisch. Im Mittelalter zog man Kreuzkümmel sehr gern im Garten.

Cuminum cyminum

Curcuma longa

Cytisus scoparius

Curcuma longa
Gelbwurz, Kurkuma
Familie: Zingiberaceae

Kurkuma ist nahe verwandt mit dem Ingwer und hat ähnlich knorrige Wurzeln, die unter der Rinde leuchtend orange sind. Die großen Blätter werden 50 cm lang, sie sind breit, glatt und glänzend. Im Frühsommer entfalten sich die gelbgrünen Blütenähren. Ebenso wie der Ingwer ist Kurkuma eine tropische Pflanze, die in China, Java und Peru angebaut wird. Durch Teilung der Rhizome kann man die Pflanze vermehren. Die reifen Wurzelstöcke werden gekocht, geschält, getrocknet und zermahlen.

Das dunkelgelbe Mehl riecht ganz charakteristisch beißend, hat ein mildes, warmes Aroma und färbt die Speisen golden. In der Küche wird es besonders für Currygerichte und zum Färben von Senf und eingelegten Früchten verwendet. Kurkuma bewahrt seine Eigenschaften als Mittel zum Färben lange Zeit, jedoch geht das Aroma rasch verloren. Daher kauft man ihn nur in kleinen Mengen. In Indien findet er auch als verdauungsförderndes Mittel Verwendung. Mit Chrom versetzt, gewinnt man aus den Wurzeln ein starkes, gelbes oder oranges Färbemittel.

Cytisus scoparius
Besenginster
Familie: Leguminosae

Der Besenginster gedeiht in Europa, Nordasien und an der Küste Nordamerikas im sandigen Heidegelände. Junge Pflanzen haben oft kleine Blätter, von denen die meisten wieder abfallen. Dann übernehmen die langen, grünen Stengel ihre Rolle. Die süß duftenden, hellgelben Blüten erscheinen im Frühsommer; später werden aus ihnen lange Hülsen, die mit der Reife schwarz werden und beim Aufplatzen die dunklen Samen verstreuen.

Besenginster sät man entweder aus oder vermehrt ihn durch Ableger oder Stecklinge. Ideal ist ein offener, sonniger Standort an einer trockenen Böschung. Der Boden darf aber keinen Kalk enthalten.

Früher verwendete man junge Knospen und Blütenspitzen zum Kochen und als Arznei, sie enthalten jedoch Spartein, das eine narkotisierende und gefährliche Wirkung hat. Man darf aus diesem Grund Besenginster nicht innerlich anwenden.

Die bitteren Knospen verzehrte man, frisch oder eingelegt, als Salat. Gerard meint, daß sie »den Appetit auf Fleisch wecken«. Er erwähnt auch, daß Heinrich VIII. bei Völlegefühl gern ein aus den Blüten destilliertes Getränk zu sich nahm. Alle alten Kräuterbücher empfehlen einen Tee aus den Blütenspitzen bei Wassersucht und Schüttelfrost. Er galt allgemein als ausgezeichnetes Tonikum.

Die Zweige des Besenginsters verwendet man zur Herstellung von Besen, Flechtwerk und Körben. In der Textilindustrie benutzt man die Ginsterfaser als Juteersatz. Schließlich verwendet man Ginster auch zur Befestigung von Dünen und lockeren Sandböden.

Die Verbindung zwischen Hexen und Besenstiel ist wohl auf die Verwendung des Ginsters als Besen und auf die narkotisierende Wirkung der Pflanze zurückzuführen. Schon immer rankten sich um die Pflanze Geschichten über Hexerei und daher betrachtete man sie gleichzeitig als guten Schutz gegen Verzauberung. So trug der Graf von Anjou, der Vater des ersten Plantagenet, Heinrich II., Besenginster unter seiner Mütze. In früheren Kräuterbüchern trägt er die Bezeichnung *Planta genista*.

Die Blütenspitze des Färberginsters, *Genista tinctoria*, ergeben mit Chrom versetzt ein gutes Mittel zum Gelbfärben.

Dianthus caryophyllus

Dianthus caryophyllus
Gartennelke
Familie: Caryophyllaceae
Die Gartennelke ist in Europa und Nordamerika überall beliebt. Sie ist ausdauernd, hat schmale, blaugraue Blätter und etwa 60 cm hohe Stengel. Im Hochsommer erscheinen die tief purpurroten oder intensiv rosaroten Blüten mit ihrem zarten, würzigen Duft. Im Frühjahr gewinnt man Stecklinge oder sät Samen aus; im Spätsommer vermehrt man die Pflanze mit Ablegern oder durch Wurzelteilung. Man pflanzt die Gartennelke an eine sonnige Stelle im Garten in gut durchlässigen Boden.

Die Gartennelke ist auch als Zierpflanze bei uns sehr beliebt, sie zeichnet sich durch besonderen Wohlgeruch und die stark gefüllten Blüten aus, die es in vielen schönen Farben gibt.

Die Blütenblätter ohne die bitteren, weißen Kelchenden verleihen Speisen und vor allem Getränken Würze und Aroma. Die Blütenblätter konservierte man früher mit Zucker, Sirup oder Essig und trank sie zur Stärkung des Herzens. Man tauchte die Blütenblätter in Wein und wand die Blüten bei Hochzeiten, Festlichkeiten und Krönungen zu Kränzen.

Elettaria cardamomum
Malabarkardamom
Familie: Zingiberaceae
Es gibt verschiedene Varietäten von Kardamom, die alle etwas verschieden im Aroma sind. Die Kardamomart, die in Europa besonders beliebt ist, stammt aus Südindien. Sie hat lange, lanzettliche Blätter, die von dem bis zu 3 m hohen Stamm ausgehen. Die Blüten sind gelb und blau und entwickeln sich zu runden Kapseln mit kleinen, dunklen Samen. Damit das wertvolle und wichtige Öl, das in den Samen enthalten ist, erhalten bleibt, erntet man die Früchte bevor sie reif sind. Dann läßt man sie langsam trocknen, bevor man sie weiter verarbeitet.

Das hellgelbe, sehr angenehm duftende Kardamomöl gebraucht man in der Parfumindustrie und auch zur Herstellung von wohlschmeckenden Likören. V. Cordus destillierte schon um 1540 ätherisches Kardamomöl.

Die getrockneten Früchte sind von unterschiedlicher Farbe, blaßgrün bis braun. Man bewahrt sie ganz in einem dunklen Schrank auf und entnimmt die Samen erst kurz vor der Verwendung. Die Samen lassen sich leicht zermahlen und haben einen kräftigen, beißenden, stark duftenden und warmen Geschmack.

Man verwendet sie zu Süßspeisen, pikanten Gerichten, als Back- und Wurstgewürz. In der indischen Küche sind sie besonders in Currygerichten sehr beliebt. Die Araber zermahlen sie mit Kaffee und auch in Getränken und Süßigkeiten verwendet man die Samen gern. In Skandinavien z. B. benutzt man Kardamom als Gewürz in Glühwein, man gibt ihn an eingekochte Früchte, Pfannkuchenteig, Pudding und an einige Fleischgerichte. Gekaute Samen machen den Atem angenehm, sie sind verdauungsfördernd und regen den Appetit an.

Im 11. Jahrhundert brachten die Normannen das Gewürz mit nach England. Zur selben Zeit wurde auch die Paradieskörnerpflanze, *Aframomum melegueta*, eingeführt. Sie besitzt einen kräftigen Geschmack und taucht oft in alten Rezepten auf. Sie stammt von der westafrikanischen Küste. Heute ist sie allerdings nur noch selten zu erhalten.

Elettaria cardamomum

Equisetum arvense

Equisetum arvense
Ackerschachtelhalm
Familie: Equisetaceae

Die Familie der Ackerschachtelhalme ist ein Relikt aus dem Karbon. Andere Pflanzen dieser Zeit sind längst ausgestorben. Das ausdauernde Unkraut ist sehr widerstandsfähig und äußerst schwer auszurotten. Er breitet sich mit seinen rasch kriechenden Rhizomen und seinen Sporen sehr schnell aus. In den meisten Gebieten der mittleren Breiten ist er vertreten. Einige Arten gedeihen auch in Sumpfgebieten. *E. arvense* ist am häufigsten und wächst an trockenem und steinigem Standort. Früh im Jahr erscheinen fruchtbare Stengel; an ihrer Spize tragen sie einen Zapfen mit Sporangien. Später entwickelt sich ein aufrechter, 30 cm hoher Stengel mit Wirteln aus steifen, kleinen, grünen Ästen. Diese unfruchtbaren Stengel erntet und trocknet man im Hochsommer. Die frischen Stengel haben einen scharfen, salzigen Geschmack und enthalten Kieselerde, andere Mineralien und Vitamine. Daher werden sie in vielen Ländern bei Anämie verzehrt und gelten als gut für das Blut oder als ausgezeichnetes Tonikum. Man trinkt zweimal täglich ein kleines Glas Tee oder Dekokt. Für das Dekokt weicht man 25 g getrocknete Blätter in 600 ml kaltem Wasser ein und läßt das Ganze zwei Stunden stehen, kocht es dann 30 Minuten lang, gießt es ab und läßt es erkalten. Ackerschachtelhalm hilft auch bei Blasenleiden, wie z. B. Zystitis und entfernt auf den Fingernägeln weiße Flecken. Er wirkt adstringierend. Ein Umschlag aus zerquetschten, frischen Kräutern stillt Blutungen. Dieselbe Wirkung hat ein Bad mit einem starken Dekokt (50 g getrocknete Ackerschachtelhalme auf 600 ml Wasser). Gerard glaubte, daß das Kraut auch Wunden heilt und durchgeschnittene Sehnen.

Manche Arten können zum Abscheuern von Metall und Holz verwendet werden, da sie einen so hohen Anteil an Kieselsäure haben. Ein starkes Dekokt, das man im Garten versprüht, verhindert Schimmel, Rost und andere Pilzkrankheiten. Mit Chrom oder Alaun versetzt ergibt die Pflanze ein helles, ockergelbes Färbemittel.

Eryngium maritimum

Eryngium maritimum
Strandmannstreu, fälschlich auch Stranddistel
Familie: Umbelliferae

Das steife, stachelige Strandmannstreu war früher an den Küsten Europas weit verbreitet. Heute findet man es nur noch gelegentlich auf Dünen. Eine Varietät wird im Garten gezüchtet. Die Pflanze hat ein stacheliges Aussehen, hell geäderte, silberne Blätter und weiche, blaue Blütenköpfe, die von stacheligen Brakteen umgeben sind. Die ausdauernden Wurzeln sind sehr lang und kriechen meterweise durch Sand und Kies zum Wasser. Im Herbst gräbt man sie aus und gibt sie frisch an Marmeladen und Gelees. Man kann Strandmannstreu auch schälen, kochen und kandieren.

Die Wurzeln enthalten Eisen und Kieselsäure und andere wertvolle Mineralien. Deshalb sammelt man Strandmannstreu gerne und kandiert es als Mittel gegen Husten, zur Anregung und als Nervenheilmittel. Strandmannstreu vermittelt Gesundheit, Kraft und regt den Geschlechtstrieb an. Besonders im 18. Jahrhundert war kandiertes Strandmannstreu sehr begehrt. Bei Husten und Erbrechen hilft *E. aquaticum.*

Eucalyptus globulus

Eugenia caryophyllata

Eucalyptus globulus
Blaugummibaum
Familie: Myrtaceae

Der in Australien heimische Eukalyptusbaum ist auf der ganzen Erde verbreitet. Die Blätter der jungen Bäume sind rundlich, blaugrün und silbern bereift. Ältere Bäume haben längere, spitz zulaufende, harte und glänzend grüne Blätter. Sie enthalten ein starkes, aromatisches Öl in kleinen, durchscheinenden Drüsen. Die verholzten Blütenknospen sind mit einem Deckel ausgestattet; wenn er aufgestoßen wird, entfalten sich aus den Knospen eine Unzahl an Staubfäden. Charakteristisch für die Pflanze ist, daß sich die Rinde immer wieder in Streifen schält. Das Öl wirkt besonders stark keimtötend. Bei Bronchitis und Brustschmerzen reibt man es auf die Brust; bei Husten, Erkältungen und Asthma sprüht man es aufs Kissen. Bei Halsschmerzen gibt man ein paar Tropfen in warmes Wasser zum Gurgeln. Um die Atemwege frei zu bekommen, kocht man 25 g frische Blätter in 1 Liter Wasser und inhaliert den Dampf, den Kopf mit einem Handtuch bedeckt.

Aus der Rinde gewinnt man ein beiges Färbemittel. Kocht man frische Blätter 2 Stunden lang, so erhält man ein Rot.

Eugenia caryophyllata
(Syzygium aromaticum)
Gewürz-Nelkenbaum
Familie: Myrtaceae

Gewürznelken werden heute vor allem in Plantagen auf Sansibar angebaut. Ihre ursprüngliche Heimat sind jedoch die Molukken. Der Baum gedeiht nur im tropischen Klima in Meeresnähe. Er erreicht eine Höhe von etwa 9 m. Die immergrünen Blätter sind lorbeerähnlich, die Blütenknospen leuchten rosarot. Beim Aufblühen zeigen sich die gelben Blütenblätter und eine Menge von Staubfäden. Allerdings hindert man gewöhnlich die Pflanze am Blühen, denn schon die Knospen werden geerntet und in der Sonne getrocknet, bis sie braun werden.

Gewürznelken enthalten ein stark aromatisches Öl und sollten sparsam verwendet werden. Eine einzige Nelke in einer Apfelpastete genügt zum Würzen des ganzen Gerichts, ebenso wird ein Gericht aus Rindfleisch mit nur einer Nelke, die man in eine Zwiebel steckt, hinreichend gewürzt. Nelken sind in vielen Gewürzmischungen enthalten und sind wichtige Zutat für Süßigkeiten. Für gute Qualität spricht, wenn der Stiel der Nelke beim Zusammenpressen mit den Fingernägeln ein glänzendes Öl zeigt. Nelken kauft man ganz und gemahlen.

Gewürznelken sind anregend, erwärmend und verdauungsfördernd. Sie sind auch keimtötend und leicht schmerzstillend; darum werden Nelken auch gerne bei Zahnschmerzen gekaut. Im 16. Jahrhundert verwendete man sie in Körperpudern und Duftkissen. In Orangen gepreßte Nelken können als süßduftende, antiseptische Duftkugeln verwendet werden. Man kann auch gemahlene Nelken in Duftkissen verwenden. Gewürznelken, die in einer Pfanne erwärmt werden, entfalten einen Duft, der den Raum mit Wohlgeruch durchzieht.

Gewürznelken werden bereits in den alten chinesischen Kräuterbüchern genannt. In Europa waren sie in der Klassik wohl bekannt. Sie kamen aber erst mit den Normannen nach England und blieben so lange teuer, bis die Portugiesen das Monopol Venedigs im Gewürzhandel sprengten. Um die Mitte des 17. Jahrhunderts hatten die Holländer die Molukken in Besitz genommen und verboten bis ins 18. Jahrhundert hinein den Export von Nelkensamen oder Setzlingen. Erst dann konnte sich der Anbau von Gewürznelken ausdehnen.

Eupatorium perfoliatum

Euphrasia officinalis

Feruala assa-foetida

Eupatorium perfoliatum
Wasserdost
Familie: Compositae

Die Pflanze wird über 1 m hoch und kommt im östlichen Nordamerika in sumpfigem Gelände vor. Das ausdauernde Unkraut besitzt rauhe, behaarte Stengel und paarweise angeordnete spitze Blätter, die an der Basis miteinander verwachsen sind und Drüsen zeigen. Die grauweißen Blüten entwickeln sich im Spätsommer in Doldenrispen.

Sobald sich die Blüten öffnen, sammelt man Blätter und Spitzen zum Trocknen. Sie enthalten ein starkes Öl und bittere Bestandstoffe. Ein Tee aus getrockneten Pflanzenteilen wirkt in kleinen Dosierungen als Tonikum bei Verdauungsstörungen und besonders bei Fieber, denn er hat eine schweißtreibende Wirkung. Größere Dosen verursachen Brechreiz.

In Nordamerika und in Südamerika sind mehrere *Eupatorium*-Arten verbreitet, die in der Heilkunst begehrt sind. In Europa wächst der Wasserdost, *E. canabinum;* auch Kunigundenkraut genannt; er hat dicke, etwas blaß purpurne Blüten. Früher verwendete man ihn als Arznei, heute jedoch betrachtet man ihn als giftig.

Euphrasia officinalis
Augentrost
Familie: Scrophulariaceae

Augentrost mit mehreren Unterarten ist ein Halbparasit, der sich zum Teil aus Graswurzeln ernährt. Man findet ihn in Europa und Nordamerika auf Wiesen und Weiden. Er ist eine widerstandsfähige, buschige, kleine und einjährige Pflanze, die 5 bis 20 cm hoch wird und gezähnte, leicht behaarte Blätter und drahtige Ästchen hat. Die weißen oder rosaroten Blüten zeigen auf der unteren gebuchteten Lippe einen gelben Flecken. Die zarten roten Adern auf den Blüten sollen Insekten zum Nektar im Kelch locken. Im Hochsommer erntet man die ganze, blühende Pflanze zum Trocknen.

Vielleicht betrachtete man den Augentrost als gutes Augenheilkraut, weil seine Blüten aussehen wie ein blutunterlaufenes Auge. Er wirkt adstringierend und beruhigend; man taucht ein sauberes Baumwolltuch in ein Infus und legt es warm auf die Augen und Schläfen. Dies hilft bei müden oder entzündeten Augen und Kopfschmerzen. Man kann auch frischen Saft auf die Kompresse geben. Der Name *Euphrasia* stammt aus dem Griechischen und bedeutet »Frohsinn«.

Ferula assa-foetida
Stinkasant, Teufelsdreck
Familie: Umbelliferae

Es gibt mehrere *Ferula*-Arten, die sich sehr gleichen, aber aus dieser Pflanze gewinnt man in erster Linie die Droge Asafoetida. Stinkasant ist eine ausdauernde Staude und wird in Afghanistan und Ost-Iran 2,50 m hoch. Im Sommer zeigen sich blasse, gelbgrüne Blütenköpfe; die Blätter sind gefiedert und die Wurzeln lang und fleischig. Schneidet man die Stengel und Wurzeln ab, wenn die Pflanze im Frühsommer reif wird, so zeigt sich ein dicker, harziger Saft, der an der Luft hart wird. Er wird in Klumpen verkauft oder zu Mehl zermahlen.

Das getrocknete Gummiharz ist ein starkes Gewürz, das nur in kleinen Dosen verwendet werden darf. Schon die Römer kannten das Gewürz und ganz besonders ist es in der östlichen Küche beliebt. In Indien würzt man damit vegetarische Gerichte und Fisch. Blätter, Stengel und auch die unreifen Blütenköpfe können frisch verzehrt werden.

Stinkasant wirkt beruhigend, schleimlösend, verdauungsfördernd und abführend. Die im Garten angebaute *Ferula*-Art ist allerdings giftig.

Filipendula ulmaria
Mädesüß
Familie: Rosaceae

Auf sumpfigen Wiesen, in feuchten Wäldern und an Wasserläufen bildet Mädesüß in Europa, Asien und im östlichen Nordamerika große Kolonien. Der Stengel wird 1 m hoch; er ist steif und rötlich. Die gezähnten Blätter sind dunkelgrün, oberseits runzelig und unterseits mit weißem Flaum bedeckt. Die cremfarbenen Blüten stehen in dichten Büscheln und blühen im Hochsommer.

Die Vermehrung erfolgt im Frühjahr oder Herbst durch Wurzelteilung. Die Blüten duften fast zu süß und schwer nach Mandeln und Honig. Die Blätter haben eher einen frischen Geruch, der sich beim Trocknen ändert, denn sie enthalten Kumarin, das auch Bestandteil von Waldmeister, Honigklee und einigen Grasarten ist, die wie Mädesüß beim Trocknen einen typischen Duft nach Heu entwickeln, der sich lange hält. Dieser Duft überträgt sich leicht auf Flüssigkeiten und so benutzte man Mädesüß zum Würzen von Met. Gerard schreibt, daß die »in Wein gekochten und dann getrunkenen Blüten das Herz fröhlich machen!« Heute verwendet man Mädesüß noch zum Brauen von Kräuterbier.

Man erntet und trocknet die ganze Pflanze, wenn sie zu blühen beginnt, wobei man auch die Wurzeln sammelt. Alle Pflanzenteile haben eine adstringierende Wirkung. Ein Infus aus den Blättern ist ein mildes Mittel, das bei Durchfall hilft. Die Blüten enthalten Salicylsäure, die z. B. in Aspirin (der Name ist auf den alten Gattungsnamen *Spiraea* zurückzuführen) verwendet wird und bei Fieber und Grippe, Rheumatismus und Gicht, als Beruhigungs- und Schlafmittel unentbehrlich ist. Man stellt ein starkes Dekokt aus 50 g getrockneten Wurzeln und 600 ml kochendem Wasser her. Es wirkt adstringierend und heilend, wenn man Wunden damit auswäscht.

Ein Gesichtswasser erhält man, wenn man die Blüten mehrere Stunden in weichem Wasser einweicht und dann abgießt.

Früher verstreute man Mädesüß gern als Duftkraut im Hause, denn beim Trocknen entwickelt sich ein starker Heuduft. Man zog die Pflanze sogar – wie Gerard berichtet – allen anderen Duftkräutern vor. Aus den Blütenköpfen gewinnt man ein gelbgrünes Färbemittel.

Ähnliche, aber größere Blätter hat *F. vulgaris;* die Pflanze ist jedoch kleiner und wächst in trockenen Niederungen, sie wird bis zu 0,80 m hoch und hat weiße bis rosafarbene Blüten. Die Wurzelknollen sind stärkereich und schmecken nach bitteren Mandeln und Orangen. Früher galt sie als Volksheilmittel und man verwendete sie besonders gegen Wassersucht.

Eine in Nordamerika vorkommende *Filipendula*-Art trägt den stolzen Namen »Königin der Prärie« (»queen of the prairies«).

Filipendula ulmaria

Foeniculum vulgare
Fenchel
Familie: Umbelliferae
Fenchel stammt aus den Mittelmeerländern und wurde von den Römern nach Mittel- und Nordeuropa gebracht. Europäische Siedler führten ihn in Nordamerika ein. Man findet ihn heute fast überall in den gemäßigten Zonen wild. Er bevorzugt kalkhaltige Böden in Meeresnähe.
Die ein- bis zweijährige und auch ausdauernde Pflanze wird über 1,50 m hoch und ist leicht an den langen, tief eingeschnittenen, gefiederten Blättern, den steifen, glatten Stengeln und den großen, gelbblütigen Dolden, die im Hochsommer blühen, zu erkennen. Die aromatischen Samen sind breit, etwas gebogen und mit Kanten versehen.
Es gibt mehrere Varietäten mit ähnlichem Aroma und fast gleichen Eigenschaften. Der Gemüsefenchel, *F. vulgare azoricum,* zeigt am Grunde der Stengel eine Schwellung; eine andere Varietät wird in Italien wegen der zarten Stengel angebaut; eine große, ausdauernde Art besitzt besonders reizvolle, bronzene Blätter. Der einfache Fenchel ist winterhart und besitzt zart schmeckende Blätter und Samen. Im kühleren Klima ist er im Kräutergarten fast unentbehrlich.
Im Frühjahr sät man die Samen an einem sonnigen Platz aus. Die Setzlinge vereinzelt man in einem Abstand von 50 cm. Im Herbst teilt man die Wurzeln der gut entwickelten Pflanzen. Fenchel kann sich mit Dill kreuzen, wenn sie nahe genug beisammen wachsen. Außerdem soll er das Wachstum von Koriander, Tomaten und Bohnen beeinträchtigen. Ebenso wie bei Liebstöckel sollte man gleich mehrere Pflanzen züchten, so daß ein paar sich selbst aussäen können, während man von den anderen nur die Blätter erntet.
Den ganzen Sommer über können Stengel und Blätter frisch gepflückt werden. Die Samen erntet man, wenn sie die Farbe wechseln und hängt die Samenköpfe an einen luftigen Platz zum Trocknen auf. Ein darunter gelegtes Tuch fängt die reifen Samen auf. Im Spätsommer schneidet man die Stengel ab und läßt sie im Ofen bei niedriger Temperatur langsam trocknen. Die Blätter lassen sich nicht trocknen. Getrocknete Stengel und Samen verleihen im Winter den Speisen das Aroma von Fenchel.
Fenchelsamen besitzen ein feines, etwas bitteres, an Anis erinnerndes Aroma. Sie haben einen wärmenden Effekt und sind appetitanregend. Die frischen Blätter schmecken süßer und gehaltvoller. Schon immer würzte man fettes Fleisch, z. B. Schweinefleisch und öligen Fisch mit Fenchel; er paßt aber auch gut zu Lamm, Huhn und Hammelfleisch, zu frischem Gemüse und Rahmsaucen. Anstelle von Minze gibt man frische, kleingehackte Blätter an Gerichte aus Hülsenfrüchten oder an Joghurt. Aus den Blättern und geschälten Stengeln bereitet man einen erfrischenden Salat. Die Samen würzen Brot und Kuchen. Man kann auch zur Abwechslung Brot auf einer Schicht getrockneter Fenchelstengel backen. Einen besonders köstlichen und feinen Geschmack erhält man, wenn man ein paar getrocknete Stengel in ein fettes, mit Butter eingeriebenes Brathähnchen oder unter gebratenes Fleisch oder Fisch gibt. Man übergießt das Gericht mit Weinbrand, entzündet es und erhält so das provençalische Gericht – *»grillade au fenouil«.*
Der einjährige Gemüsefenchel entwickelt in Mittel- und Nordeuropa auch in warmen Sommern meist nur dicke Blattansätze, man kann jedoch die saftigen »Zwiebeln« kaufen und sie als Salat oder geschmort als Gemüse zubereiten.
Die Samen mit ihrem reichhaltigen Öl wirken anregend und verdauungsfördernd, wie so viele andere Vertreter der Familie Umbelliferae. Man kaut sie oder stellt einen Tee aus einem Teelöffel zermahlener Samen her, die man in 300 ml Wasser kocht. Bei müden oder entzündeten Augen läßt man eine Handvoll Fenchelblätter 15 Minuten in Wasser kochen, dann leert man das Dekokt auf ein Baumwolltuch und legt es lauwarm 10 Minuten auf die Augen.
Fenchel wurde schon immer als gutes Heilmittel bei Augenleiden betrachtet. Plinius erzählt, daß Schlangen Fenchel essen oder an ihm reiben, um so ihre Sehkraft nach der Schuppung wieder zu erhalten oder zu schärfen. Gerard erwähnt ein altes Rezept, nach dem man aus Fenchel, Rosen, Eisenkraut, Raute (*Ruta graveolens*) und Schöllkraut ein destilliertes Wasser zur Erhaltung des Augenlichts herstellte. Culpeper empfiehlt, den frischen Saft in die Augen zu tropfen. Das befreie sie von Trübungen und Schleiern, die die Sicht behindern.
Die Griechen betrachteten den Fenchel als Schlankheitskraut und nannten ihn *marathron.* Das kommt von *maraino,* welches »dünn werden« heißt. Viele hundert Jahre später schrieb in England im 17. Jahrhundert der englische Botaniker und Gärtner William Cole, daß Fenchel vor allem von Leuten verzehrt werde, die dick geworden seien und wieder rank und schlank werden wollten. Häufig wurde Fenchel auch zur Steigerung der Milchproduktion gegessen und sowohl die Römer, als auch die Chinesen und Hindus betrachteten ihn als gutes Mittel bei Schlangenbissen und Vergiftungen.
Bei den Römern genoß der Fenchel als Gemüse und Arznei hohes Ansehen. Plinius empfahl ihn allein bei 22 Gebrechen. Er steigerte Kraft und Mut und verlängerte die Jugend. Im frühen Mittealter glaubte man außerdem, daß er ein starkes Mittel gegen alles Böse sei. In dem alten Neun-Kräuter-Zauberspruch wird Fenchel als besonders kräftig beschrieben. »Er hilft bei Schmerzen und widersteht dem Gifte. Er ist mächtig gegen Feindeshand und plötzliche, unerwartete List und gegen Hexerei seitens übler Kreaturen.«
Im Mittelalter stopfte man Fenchel in Schlüssellöcher oder hängte ihn über die Tür. Das sollte besonders in der Walpurgisnacht einen Schutz gegen Hexen darstellen. Samen verzehrte man in großen Mengen zu Fisch und harten Früchten, denn sie sind verdauungsfördernd. So brauchte im 11. Jahrhundert ein großer Haushalt im Monat etwa 8 Pfund Fenchelsamen.

Foeniculum vulgare

Galium-Arten und verwandte Kräuter
Labkraut
Familie: Rubiaceae
Alle Labkrautarten sind nahe miteinander verwandt und leicht an ihren charakteristischen, langen, wuchernden und meist dünnen Stengeln zu erkennen. Die Blätter stehen in einem deutlichen Abstand in Wirteln um den Stengel und die Blüten erscheinen in kleinen Doldenrispen. Viele Arten sind für uns nützlich; sie duften süß oder sind eßbar; andere sind in der Medizin besonders als Wundkräuter zu gebrauchen, sie bringen die Milch zum Gerinnen, ihre Wurzeln verwendet man zum Rotfärben.
Das früher so sehr gepriesene Heilkraut *Asperula cynanchica* wird heute kaum noch verwendet. Früher behandelte man damit Angina oder Halsschmerzen allgemein. In Europa findet man die Pflanze gelegentlich in trockenen Hügelländern. Sehr verbreitet in langem Gras ist das Kreuz-Labkraut, *Cruciata laevipes;* es besitzt 4 mit Flaum bedeckte Blätter und Wirtel mit gelben Blüten. Es ist ein Wundkraut, das auch bei Gliederschmerzen Linderung verschafft. In Europa findet man es auf Kalkboden.
Bei den meisten Arten kann man aus den Wurzeln ein rotes Färbemittel herstellen. Am bekanntesten ist jedoch die Färberröte, *Rubia tinctorum.* Sie ist außerdem das größte Labkraut. Sie ist ausdauernd, hat stachelige, kantige, 1 m lange Stengel, die in Südeuropa über Felsbrocken klettern und zwischen niederem Buschwerk wuchern. Die stacheligen, immergrünen Blätter sind dunkel, glänzend und in Wirteln angeordnet; gelbe Blüten erscheinen im Hochsommer in Doldenrispen und werden zu relativ großen Beeren. Die Pflanze wird wegen ihrer dicken, fleischigen Wurzeln kultiviert, die eine dunkle Rinde und ein rötliches Fleisch haben. Mit Zinn versetzt erhält man aus dem Fleisch ein leuchtend oranges, mit Alaun ein hellrotes und mit Chrom ein rotbraunes Färbemittel. Die Levantinische Krappwurzel, *R. peregrina,* kommt in Frankreich und Südwestengland vor; sie hat Ähnlichkeit mit *R. tinctorum;* ihr rotes Färbemittel ist aber nicht so kräftig.

Galium aparine
Klebkraut, Klettenlabkraut
Familie: Rubiaceae
Klebkraut ist das bekannteste Labkraut. Das einjährige Unkraut findet man überall in Europa und Nordamerika auf bestelltem und ungenutztem Land, an Abhängen und in Hecken. Der dünne Stengel wird über 1 m hoch. Jedes Blatt hat eine scharfe Spitze und ist mit winzigen Borsten bedeckt, mit denen sich die Pflanze an ihre Nachbarn oder Vorbeigehende anheftet. Im Frühsommer erscheinen die kleinen, weißen Blüten in Doldenrispen; sie entwickeln sich zu stachelnden, runden Samen, die auf Tierfellen und Kleidern kleben bleiben und weggetragen werden.
Sobald die Pflanze zu blühen beginnt, trocknet man sie ganz.
Die frischen Blätter und jungen Triebe sind sehr nahrhaft und können wie Spinat gekocht werden.
John Evelyn empfiehlt, die Spitzen kleingehackt der Suppe beizugeben.
Getrocknete Samen kann man rösten und mahlen und sie dann als Kaffee-Ersatz verwenden.
Klebkraut ist ein Tonikum, das Kieselerde und andere Mineralien enthält; es stärkt Blut, Zähne und Knochen und reinigt den Teint. Außerdem ist es ein mildes Abführmittel und wirkt harntreibend, erhöht jedoch den Blutzuckerspiegel und darf deshalb auf keinen Fall von Diabetikern genommen werden.
Ein Tee aus Klebkraut hilft bei Schlaflosigkeit und schafft, äußerlich angewendet, Linderung bei Sonnenbrand und wunder Haut. Als Spülmittel für die Haare hilft der Tee auch gegen Kopfschuppen.
Culpeper behauptet, daß es »ein gutes Heilmittel im Frühling ist . . . mit dem man den Körper gesund hält und auf den bevorstehenden Wechsel der Jahreszeit vorbereitet«.

Galium aparine

Galium odoratum

Galium verum

Gaultheria procumbens

Galium odoratum
Waldmeister
Familie: Rubiaceae

Waldmeister wird etwa 30 cm hoch und hat dunkelgrüne, weiche Blätter, die etwas breiter als beim Klebkraut sind. Im späten Frühsommer bilden sich lockere Köpfe mit sternförmigen Blüten; sie sind größer als die Blüten der anderen Labkräuter und leuchtend weiß. Waldmeister wächst aufrecht im Wald und ist in Europa und Asien verbreitet. In den USA wird er angebaut. Man sät die borstigen, runden Samen sobald sie im Sommer heranreifen an einen feuchten, halbschattigen Platz oder pflanzt im Herbst Teile der ausdauernden Kriechwurzeln ein. Man erntet und trocknet die Pflanze, wenn sie zu blühen beginnt.

Eine Mazeration von Waldmeister in Weißwein ergibt den berühmten deutschen Maiwein. In Form von Tee wirkt Waldmeister anregend und herzkräftigend. Gequetschte, frische Blätter legt man auf Wunden. Wegen seines süßen Duftes, der durch das Kumarin, das die Pflanze enthält, beim Trocknen noch verstärkt wird, benutzte man ihn früher als Duftkraut für Wäsche, Matratzenfüllungen und in Duftkissen oder verstreute ihn im Haus.

Galium verum
Echtes Labkraut
Familie: Rubiaceae

Das Echte Labkraut blüht im Hochsommer. Überall in Europa und Nordamerika zeigen sich auf trockenen, sonnigen Abhängen und an Wegrändern viele winzige, gelbe Blüten zwischen den Gräsern. Die drahtigen Stengel werden 1 m hoch und zeigen in Wirteln angeordnete, schmale und glänzende Blätter. Aus der widerstandsfähigen, ausdauernden Wurzel erhält man ein rostrotes Mittel zum Färben. Wenn die Knospen aufblühen, erntet und trocknet man die ganze Pflanze; die Wurzel gräbt man im Herbst aus.

Viele, in Europa vorkommende Bezeichnungen für diese Pflanze deuten darauf hin, daß die Pflanze die Milch gerinnen läßt (englisch: cheese rennet = Käselab). Heute verwendet man die Pflanze weniger zur Milchgerinnung als zum Gelbfärben von Käse. Ebenso wie Klebkraut gilt sie als Wundkraut, wirkt harntreibend und beruhigt und reinigt die Haut. Sie enthält Kumarin und wurde wegen ihres süßen Dufts in Kissen gestopft. Wie die Legende sagt, soll Echtes Labkraut dem Jesuskind in die Krippe gelegt worden sein.

Gaultheria procumbens
Scheinbeere
Familie: Ericaceae

Die ausdauernde, immergrüne Pflanze gehört zur Familie der Heidekräuter und wird 15 cm hoch. Sie kommt in den Wäldern Nordamerikas vor und wurde dort von den Indianern als besonders gutes Heilmittel betrachtet. Sie hat gezähnte, dunkle Blätter und zeigt im Hochsommer einzelne, weiße, glockige Blüten, aus denen sich scharlachrote Scheinbeeren entwickeln. Die Vermehrung geschieht durch Samen, Ableger oder Stecklinge im Frühjahr oder Herbst, die man an einen schattigen Platz in durchlässigen Boden gibt.

Man würzt damit Süßspeisen. Die Blätter sind adstringierend und anregend. Furunkel, Schwellungen und Rheumatismus behandelt man mit einem warmen Umschlag aus zerstampften Blättern. Bei Halsschmerzen gurgelt man mit einem Tee. Ein aus den Blättern gewonnenes Öl wurde früher zum Einreiben bei Rheumatismus und Muskelschmerzen gebraucht; heute greift man zu synthetischen Mitteln.

Die Scheinbeere, im Englischen »wintergreen« genannt, hat jedoch nichts mit Wintergrüngewächsen *(Pyrolaceae)* zu tun.

Gentiana lutea
Gelber Enzian, Bitterwurz
Familie: Gentianaceae

Enzian ist auf der ganzen Erde verbreitet; alle Arten schmecken äußerst bitter. In der Medizin wird in der Hauptsache der ausdauernde Gelbe Enzian gebraucht. Er ist in den Hochgebirgen Europas und Kleinasiens heimisch, wird über 1 m hoch und hat lange, meist eiförmige, mit heraustretenden Adern versehene Blätter und blüht im Hochsommer tief gelb in großen Blüten. Die Wurzel wird 0,60 bis 1 m lang. Besonders hübsch macht der Gelbe Enzian sich im Garten. Man kann ihn aus Samen züchten, es dauert aber viele Jahre, bis er blüht. Deshalb vermehrt man ihn besser durch Wurzelstecklinge, die man an einem geschützten sonnigen Platz in nährstoffreiche, feuchte Erde pflanzt. Rhizome und Wurzeln werden im Herbst geerntet.

Enzianwurzeln schmecken sehr bitter und werden zum Würzen von Apéritifs und gelegentlich von Bier gebraucht. Aus den Wurzeln wird auch der bekannte Enzianschnaps hergestellt. Seit mehr als 2000 Jahren nimmt man Gelben Enzian als Tonikum und kräftigende Arznei bei Fieber und Verdauungsbeschwerden ein und verwendet ihn als keimtötendes Wundkraut. Er darf nur in kleinen Dosen verabreicht werden. Man weicht einen Teelöffel voll getrockneter Wurzeln in einem Glas Wein oder Wasser ein und nimmt zur Förderung der Verdauung eine halbe Stunde vor jeder Mahlzeit einen Teelöffel davon ein. Rekonvaleszenten gibt man dreimal täglich einen Teelöffel zur Kräftigung des Magens und Reinigung des Bluts. Um den bitteren Geschmack zu übertönen, süßt man mit Honig. Zerquetschte, frische Blätter werden als kühlender, keimtötender Umschlag auf Wunden und Entzündungen gelegt.

Zu den blauen Enzianen gehört auch die amerikanische Enzianart *G. catesbaei,* und der kleine Bittere Enzian, *Gentianella amarella.* Wertvolle europäische Gentiana-Arten sind: *G. purpurea, G. punctata, G. germanica* und *G. panonica.* Zur Enzianfamilie gehören auch die in Europa vorkommenden Tausendgüldenkrautarten.

Geum urbanum
Nelkenwurz
Familie: Rosaceae

Nelkenwurz hat mit Flaum bedeckte, gezähnte Fiederblätter, die mit großen Nebenblättern versehen sind. Im Blütenbereich sind die Blätter stark reduziert. Der Stengel ist behaart, oft rötlich und wird gelegentlich 60 cm hoch. Im Hochsommer zeigen sich an seiner Spitze zarte, symmetrische, goldgelbe Blüten mit langen Kelchblättern. Sie entwickeln sich zu mit Haken versehenen Früchten, die sich beim Vorbeigehen an die Kleidung heften. Die Wurzel ist ausdauernd, dunkel und faserig und hat einen aromatischen Geruch. Nelkenwurz gedeiht in Europa, Rußland und Zentralasien an schattigen, feuchten Stellen, im Wald und in Hekken. Auch eine andere, ähnliche Art, *G. rivale*, kommt bei uns in Europa vor.

Die Blätter kann man trocknen, man gebraucht aber in erster Linie die Wurzel. Man erntet sie im Frühjahr und trocknet sie langsam im Ganzen. Dann schneidet man sie je nach Bedarf in Scheiben oder zermahlt sie.

Im 16. Jahrhundert war Nelkenwurz in Europa ein weitverbreitetes Küchenkraut und wurde häufig in den Gärten angebaut; frische Blätter geben Suppen und Eintöpfen einen angenehmen Geschmack. Blätter und Wurzeln enthalten Tannin und ein adstringierendes Öl und wirken keimtötend. Aus getrockneten Blättern oder gemahlenen Wurzeln stellt man einen Tee her, läßt ihn abkühlen und trinkt dreimal täglich davon ein kleines Gläschen als Tonikum, gegen Durchfall, Halsschmerzen, Erkältungen und Fieber. Benutzt man den Tee zum Waschen, so wirkt er adstringierend und erfrischend; außerdem reinigt er den Teint. Man läßt eine abgeschabte Wurzel ein paar Tage lang in Wein ziehen, der dann einen trockenen, etwas wermutartigen Geschmack annimmt. Er hilft bei verdorbenem Magen und Culpeper meint, das er »das Herz erfreue und beruhige und . . . ein kaltes Gemüt kräftige«. Eine getrocknete Wurzel vertreibt die Motten.

Im Mittelalter gab man der Pflanze den lateinischen Namen *»herba benedicta«*, gesegnetes Kraut, denn man glaubte, daß die duftende Wurzel vor Ansteckung schütze und auch den Teufel vertreibe. Die Wurzel riecht und schmeckt wie Gewürznelken. Dies verlieh der Pflanze ihren deutschen Namen »Nelkenwurz«.

Glechoma hederaceum
Gundermann
Familie: Labiatae

Das ausdauernde, niedrige Kraut ist in den gemäßigten Gebieten Europas und Asiens heimisch und wurde in den USA eingeführt. Es wächst an schattigen Stellen und verbreitet sich durch lange Ausläufer. Die Blätter sind mit Flaum bedeckt, dunkelgrün und nierenförmig. Es besitzt Drüsen mit einem aromatischen, bitteren Öl. Die Blüten mit ihren tiefen Kelchen sind purpurn oder blau.

Wurzelteile, die man im Garten einpflanzt, breiten sich rasch aus. Im späten Frühjahr pflückt und trocknet man das Kraut, wenn sich die Blüten öffnen.

Der Tee gilt als vielseitiges Heilmittel. Dreimal täglich eine kleine Tasse Tee gilt im Frühjahr als wirkungsvolles Tonikum, hilft bei Husten, Erkältung, Nierenschmerzen, Menstruationsbeschwerden und, äußerlich angewendet, als Augenbad bei müden Augen. Furunkel und Schwellungen behandelt man mit einem Breiumschlag aus frischen Pflanzen.

Bevor der Hopfen bei uns eingeführt wurde, benutzte man Gundermann zum Bierbrauen.

Glycyrrhiza glabra
Süßholz, Lakritze
Familie: Leguminosae
Das ausdauernde Süßholz ist in Südwestasien und Südeuropa heimisch. Ähnliche Arten kommen in Südeuropa und in den USA vor. Die buschige Pflanze wird bis zu 1 m hoch und hat Blätter, die sich abends zusammenklappen und herunterhängen. Im Spätsommer entwickeln sich in den Blattachseln erbsenähnliche Blüten von heller, cremiger oder blaulila Farbe. Sie entwickeln sich zu glatten, manchmal auch behaarten Samenhülsen. Aus dem tiefreichenden Wurzelstock wachsen viele lange, waagrechte Rhizome, die alle Wurzelschößlinge bilden.

Besonders im 16. und 17. Jahrhundert baute man in England Süßholz an. Bekannt war damals als Anbauort Pontefract in Yorkshire. Süßholz braucht jedoch lange, heiße Sommer und die Wurzeln müssen vor Frost geschützt werden, sonst verholzen sie. Im Frühjahr pflanzt man Rhizomteile mit je einer Knospe und von 15 cm Länge in lockeren, humosen Boden. Man setzt sie 10 cm tief und im Abstand von 1 m. Die jungen Pflanzen brauchen viel Feuchtigkeit. Im dritten oder vierten Jahr sammelt man Wurzeln und Ausläufer ein und legt ein paar zum Auspflanzen im nächsten Frühjahr beiseite. In Spanien und Italien wird Süßholz noch heute in großen Plantagen angebaut. Die Wurzeln werden zermahlen, der Saft herausgepreßt und verfestigt. Aus ihm stellt man Lakritzstangen her. Süßholz wird als Süßigkeit, zum Würzen von Getränken, bei Husten, Erkältung, Halsschmerzen und Bronchitis verwendet. Es ist außerdem ein mildes Abführmittel. Einen Beruhigungstee stellt man aus einer 8 cm langen Lakritzstange her, die man in gut ¼ Liter heißem Wasser auflöst. Zu einem Aufguß benötigt man 25 g zerquetschte, geschälte Wurzeln, die man in 600 ml Wasser 5 Minuten aufkochen läßt. Dreimal täglich vor den Mahlzeiten ein kleines Glas trinken. Es ist auch gut für Diabetiker geeignet.

Im 3. Jahrhundert v. Chr. entdeckte Theophrast, daß es gegen Durst hilft, wenn man ein Stück Süßholzwurzel kaut.

Glycyrrhiza glabra

Hamamelis virginiana

Hamamelis virginiana
Zaubernuß
Familie: Hamamelidaceae
Die Zaubernuß ist ein Solitärstrauch der nur selten über 4 m hoch wird. Sie hat sich verzweigende, gebogene Äste und eine glatte, graue Rinde. Die Blätter sind dekorativ, ähnlich wie bei der Haselnuß, aber kleiner und behaart mit hervorstehenden Blattadern. Die duftenden Blüten erscheinen meist im Herbst, wenn die Blätter abgefallen sind; sie haben schmale, gelbe, streifenartige Blütenblätter. Samen sind selten; nur in Nordamerika, wo die Pflanze heimisch ist, entwickeln sich aus den Blüten dunkle Nüsse, die aufplatzen und weiße, eßbare Samen auswerfen. *H. mollis* stammt aus China; sie ist ein Solidärstrauch für den Garten. *H. japonica* blüht schon ab Januar. Zaubernuß erweist sich auch im kühlen Klima als winterhart und bevorzugt gute, feuchte Erde. Alle Pflanzenteile sind stark adstringierend. Man verwendet sie zum Blutstillen und bei Furunkeln, Schwellungen und Zerrungen. Ein Extrakt ist im Handel erhältlich und wird als Hauttonikum, zum Lindern und Kühlen schmerzender Schwellungen und, verdünnt, bei entzündeten Augen angewandt.

Helianthus annuus

Helianthus annuus
Sonnenblume
Familie: Compositae

Unsere bekannte, große Sonnenblume ist in Mexiko und Peru heimisch. Spanische Eroberer brachten sie mit nach Europa. An den dicken Stengeln sind die rauhen, herzförmigen Blätter wechselständig angeordnet. Die großen Blütenköpfe können mehr als 30 cm Durchmesser erreichen und bestehen aus hunderten von kleinen Blütchen, die dicht stehen und voll Nektar sind. Die äußeren langen Strahlenblätter sind gelb, rotbraun und geflammt. Die Samen werden etwa 2 cm lang; sie sind weiß, dunkelbraun oder unregelmäßig gestreift. Im Frühling sät man sie unter Glas aus und pflanzt die Setzlinge nach dem letzten Frost in 60 cm Abstand voneinander oder sät sie auch an Ort und Stelle aus. Bei gutem Boden werden sie über 4 m hoch und müssen gestützt werden. Im Herbst schneidet man die Samenköpfe ab und bewahrt sie an einem trockenen, luftigen Platz auf.

Das in den Samen enthaltene Öl hat nur wenig Geschmack oder Geruch, ist aber reich an Vitaminen und Mineralien, besonders an Eisen, und enthält wenig Cholesterol. Die Samenkerne schmecken angenehm nach Nuß und bestehen zu 25 % aus Protein. Roh, in Öl oder bei mittlerer Hitze im Ofen langsam goldgelb gebacken, schmekken sie köstlich. Manchmal bilden sich im unteren Teil des Hauptstengels Blütenknospen; sie können wie Artischocken verzehrt werden.

Sonnenblumen entziehen dem Boden große Mengen Kali. Nachdem man die Samen eingebracht hat, verbrennt man daher die trockenen Stengel und verwendet die Asche als Düngemittel im Garten. Sonnenblumen werden auch zur Entwässerung bei feuchtem Boden gepflanzt, denn sie entziehen ihm viel Wasser. Wegen des hohen Gehalts an Nektar sind sie eine ausgezeichnete Bienenweide. Die grünen Blätter und Samen gelten als Futtermittel für Geflügel.

Die Sonnenblume taucht in vielen indianischen Zeichnungen und Schnitzereien auf. Die Indianer betrachteten sie als Verkörperung der Sonne.

Humulus lupulus
Gemeiner Hopfen
Familie: Moraceae

Die dicken, faserigen Stengel des Hopfens können 7 m lang werden. Sie entwickeln sich jedes Jahr neu aus der mehrjährigen Wurzel und ranken sich im Uhrzeigersinn um buschige Bäume und Hecken. Hopfen gedeiht fast überall im gemäßigten Klima. Die rauhen Blätter sind blaßgrün und gleichen in ihrer Form den Blättern des Weins. Im Spätsommer entwickeln sich auf verschiedenen Pflanzen weibliche, beziehungsweise männliche Blüten. Die männlichen Blüten stehen in lockeren Rispen, die weiblichen bilden kürzere, rundere Köpfe, die sich zu dickblütigen Scheinähren entwickeln, die wertvolle Eigenschaften haben.

In vielen Ländern wird Hopfen auf großen Flächen angebaut. Im Garten bevorzugt er tiefgründigen Boden und einen luftigen, sonnigen Standort. Man pflanzt nur weibliche Pflanzen, die man aus Stecklingen oder Schößlingen gewinnt. Im dritten Jahr blühen sie reichlich. Jedes Jahr im Herbst schneidet man die Pflanze ganz zurück. Die Fruchtzapfen trocknet man an einem warmen, luftigen Platz. Man muß sie innerhalb kurzer Zeit aufbrauchen, denn sie entwickeln einen unangenehmen Geruch.

Knospen und junge Blätter sind eßbar; zuvor blanchiert man sie, denn so verlieren sie etwas von ihrem bitteren Geschmack. Junge, zarte Seitentriebe werden wie Spargel gekocht oder gedämpft. Die weiblichen Blüten bestehen aus vielen, sich überlappenden, papierenen Deckblättchen (Brakteen); am Grunde eines jeden Deckblatts befindet sich eine kleine Frucht. Die Deckblätter enthalten Tannin und zwischen ihnen liegen kleine, gelbe Drüsen, die den öligen Bitterstoff Lupulin enthalten. Getrocknete Blütenzapfen werden ganz zum Würzen von Bier verwendet. Sie machen das Bier haltbarer als jede andere, natürliche Beimengung. Man kann sie auch zum Säuern von Brot benutzen. Gerard empfiehlt z. B., dem Brotteig Wasser zuzustetzen, in welchem Hopfenzapfen gekocht wurden, um das Ganze rascher und leichter zu säuern. Man

Humulus lupulus

Hydrastis canadensis

kann auch ein paar Hopfenzapfen in Kartoffelwasser kochen, etwas Hefe dazugeben und gären lassen.
Hopfentee ist ein gutes Tonikum und wirkt beruhigend; er ist verdauungsfördernd und appetitanregend. Man kann auch einfach normalem Schwarztee ein paar getrocknete Hopfenzapfen beimischen oder aus einem Aufguß aus getrockneten Hopfenzapfen und Sherry einen wohltuenden Apéritif herstellen. Mit Hopfen ausgestopfte Kissen sollen die Nerven beruhigen, erwärmt lindert es Ohrenschmerzen.
Die Blätter und Blüten erzeugen ein braunes Färbemittel.
Der Name »Hopfen« stammt sehr wahrscheinlich von alemannisch »Hupp(en)« ab, was buschige Quaste bedeutet. Seit dem 8. Jahrhundert verwendete man in Europa den Hopfen zum Bierbrauen. In England war man allerdings bis ins 16. Jahrhundert mißtrauisch und braute das Bier lieber mit anderen Kräutern wie Gundermann, Bitterklee (*Menyanthes trifoliata*) und Besenginster. Noch im 17. Jahrhundert schreibt Evelyn, daß der Hopfen zwar »in der Tat das Getränk haltbar macht, aber diese Freude durch qualvolle Krankheiten und ein kürzeres Leben wieder vergällt«.

Hydrastis canadensis

Orangenwurzel

Familie: Ranunculaceae

Die Pflanze wächst im Wald und hat dicke, ausdauernde und leuchtend gelbe Wurzeln. In ihrer Heimat, den östlichen USA, wird sie an feuchtem Standort bis zu 30 cm hoch. Sie ist fast ausgerottet und nur schwer zu züchten.
Mit ihrer Gestalt erinnert die Orangenwurzel, auch Goldsiegel genannt, an unser Buschwindröschen. Alle Blätter sind tief eingeschnitten, behaart und runzlig. Die einzeln stehenden Blüten erscheinen im späten Frühjahr; sie haben grünliche Kelchblätter, die beim Entfalten der Blüten abfallen. Man teilt die Wurzeln und pflanzt sie in gute, feuchte Erde in den Schatten. Im Herbst werden die Wurzeln und Rhizome aus dem Boden genommen und getrocknet.
Die Cherokee-Indianer und auch die europäischen Siedler verwendeten die Wurzeln als Arznei. In großen Dosen sind sie aber sehr giftig. Ein flüssiger Extrakt hilft bei Magenstörungen, Schnupfen und allgemeiner Schwäche. Mit den Wurzeln färbten die Indianer ihre Haut und Kleider leuchtend gelb. Die Wurzel gilt auch als Insektenbekämpfungsmittel.

Hypericum perforatum

Hyssopus officinalis

Hypericum perforatum
Johanniskraut, Tüpfel-Johanniskraut
Familie: Guttiferae

Das Johanniskraut trägt seinen Namen nach Johannes dem Täufer. Man erkennt es an den vielen, winzigen, durchsichtigen Drüsen in den Blättern. Es ist eine ausdauernde Pflanze, die an schattigen Stellen in Europa, Asien und in den USA gedeiht. Sie wird 1 m hoch, hat einen aufrechten Stengel und paarweise angeordnete Blätter. Die sternförmigen Blüten sind gelb und besitzen sehr viele Staubfäden. Vom Hochsommer an sammelt man die Spitzen und Blätter. Bei uns in Gärten angebaute *Hypericum*-Arten sind: *H. calycinum, H. patulum.*

Läßt man einen Glaskrug mit Blättern, Blüten und einem Öl guter Qualität einen Monat lang auf der sonnigen Fensterbank ziehen und siebt die Flüssigkeit dann ab, so erhält man ein adstringierendes Öl, das die Schmerzen von Wunden, Schnitten und Zerrungen lindert. Man kann es auch auf schmerzende Glieder und Muskeln einreiben. Bei Schlaflosigkei und Husten hilft ein Tee aus getrockneten Blättern. Mit Chrom versetzt ergeben die Spitzen ein orangefarbiges Mittel zum Färben.

Hyssopus officinalis
Ysop
Familie: Labiatae

Die buschige Pflanze wird 1 m hoch, hat schmale, ganze Blätter und Blüten, die in Scheinähren stehen. Sie sind in der Regel blau, es gibt aber auch rosarote und weiße Varietäten. Ysop ist zwar in Südeuropa heimisch, an sonnigem Standort und bei lockerem und gut durchlässigem Boden gedeiht er auch im kühleren Norden. Europäische Siedler brachten ihn nach Nordamerika. Früh im Jahr sät man aus, denn die Samen haben eine lange Keimzeit. Man kann auch Stecklinge nehmen oder im Frühjahr oder Herbst die Wurzeln teilen. Die Pflanzen setzt man auf 1 m Abstand. Im Hochsommer erntet und trocknet man Blätter und Blütenspitzen, sobald die Pflanze zu blühen beginnt.

Der aromatische, leicht bittere Geschmack des Ysop erleichtert das Verdauen von fettem Fleisch und Fisch, man sollte aber vorsichtig dosieren, da er im Geschmack sehr dominierend ist. Ein paar gehackte Blätter werden in Füllungen oder in Wurst gegeben; man gibt sie frisch an Salat, gekochte Früchte oder Obstpasteten. Ysop ähnelt im Geschmack sehr dem Thymian und sollte deshalb nicht mit ihm zusammen zum Würzen verwendet werden. Die Spitzen werden zum Würzen von manchen Likören, wie z. B. Chartreuse, genommen.

Der Ysop enthält ein heilsames Öl, das bei Husten, Asthma und Schnupfen Linderung verschafft, einen schwachen Magen stärkt und die Verdauung fördert. Aus frischem oder getrocknetem Kraut bereitet man einen Tee, den man mehrmals täglich warm trinkt oder zum Gurgeln benutzt. Bei Rheumatismus nimmt man ein Bad oder trinkt Tee aus Ysop. Bei Wunden und Schnitten empfiehlt sich ein Umschlag aus zerquetschten grünen Blättern. Das Öl wirkt keimtötend und reinigend. Während der Klassik wurde die ganze Pflanze beim rituellen Reinigen der Tempel als Duftkraut verstreut. So heißt es im Alten Testament: »Reinige mich mit Ysop und ich werde sauber sein.«

Das Öl ist auch eine Zutat von Eau de Cologne.

Ysop verträgt das Zurückschneiden gut und entwickelt sich zu einer kräftigen, dicken, etwa 1 m hohen sommerlichen Hecke. Im Winter wirft er allerdings die meisten Blätter ab. Die Blüten sind eine gute Bienenweide.

Illicium verum

Illicium verum
Sternanis
Familie: Illiciaceae
Der kleine immergrüne Strauch stammt aus dem südwestlichen China. Er hat große, glänzende und magnolienartige Blätter und kleine, gelbe Blüten. Sie entwickeln sich zu großen, schönen Früchten, die, wenn sie reif sind, die Form eines Sterns zeigen. Jeder Sternzipfel birgt einen harten, glänzenden Samen. Man erntet die Früchte kurz vor der Reife und läßt sie in der Sonne trocknen. Sie verlieren durch das Aufbewahren keineswegs ihr Aroma, so daß man sie mehrere Jahre hindurch verwenden und sie auch in großen Mengen kaufen und in einem luftdicht verschlossenen Gefäß aufheben kann.
Das stark aromatische Öl, das im Sternanis enthalten ist, gleicht dem Öl von Anissamen, schmeckt aber nicht so fein und etwas bitterer.
Sternanis ist ein typisches chinesisches Gewürz und hat einen köstlichen, durchdringenden Geruch. Mit einem Stern kann man einen großen Rinderbraten, unter den man in der Bratpfanne den Sternanis legt, würzen. Ein Samen ist auch für einen großen Fisch ausreichend.

Indigofera tinctoria

Indigofera tinctoria
Indigostrauch, Indigo
Familie: Leguminosae
Indigo ist berühmt als Färbemittel. Seine Heimat ist Ostindien, er wird jedoch in vielen warmen Ländern angebaut. Er gehört zur Familie Leguminosae und ist klein und buschig mit purpurnen Blüten. In den gemäßigten Breiten gedeiht die Pflanze nur im Gewächshaus.
Man kann das leuchtend blaue Färbemittel der Pflanze auf mehrere Arten gewinnen; alle sind aber schwierig und sie erfordern einen Gärungsprozeß. Schon vor mindestens 3000 Jahren hat man Indigo benutzt, denn in alten ägyptischen Gräbern hat man auf Stoff Spuren von Indigo gefunden. Die Babylonier, Ägypter und Inder bezogen ihn bereits durch Tauschhandel aus Indien. Ab dem 16. Jahrhundert kam der Indigo über die Handelsstraßen von Ostindien nach Europa und verdrängte das einheimische Färberwaid.
Im 18. Jahrhundert gelangten Indigosamen in die USA. Von zwei anderen Vertretern der Familie Leguminosae, von *Baptisia tinctoria* und *B. australis*, gewinnt man ein ähnliches, aber helleres Färbemittel. Sie wachsen beide in Nordamerika.

Inula helenium
Echter Alant
Familie: Compositae
Die große, ausdauernde Pflanze kommt in den milderen Gebieten Europas und Asiens vor und wurde schon früh von Siedlern in Nordamerika eingeführt. Alant wird über 2 m hoch und wächst wild auf feuchten Wiesen und Wegrändern. Die Blätter an der Basis werden 30 cm lang und sind rosettenförmig angeordnet; die oberen Blätter sind breiter und umhüllen den Stamm. Die Blätter sind oberseits glatt und unterseits mit Flaum bedeckt. Im Hochsommer beginnt der Alant mit gelben Blütenköpfchen zu blühen. Jede Blüte erreicht einen Durchmesser von 5 cm und hat einen Kranz aus Blütenblättern, die abfallen, wenn die Blüte heranreift. Die Wurzeln sind groß, fleischig und aromatisch. Samen sät man im Frühjahr aus; ganz früh im Jahr oder im Herbst teilt man die Wurzeln oder nimmt im Frühjahr Ableger mit Knospen. Alant bevorzugt feuchten, nährstoffreichen Boden und erträgt bedingt Schatten.
Im Herbst des zweiten Jahres erntet und trocknet man die Wurzeln. Gekaut vermitteln sie einen kräftigen, wärmenden und bitteren Geschmack. Die Römer benutzten Alantwurzeln in Saucen und verzehrten sie gesalzen als Vorspeise oder am Ende der Mahlzeit als verdauungsförderndes Mittel. Die bitteren, aromatischen Blätter wurden als Gemüse verwendet. In mittelalterlichen Rezepten wird er oft erwähnt. Bis zu Beginn unseres Jahrhunderts kandierte man ihn und verarbeitete ihn zu Zuckerwerk.
Das beißende Öl der Wurzeln wirkt adstringierend, schleimlösend und stark keimtötend. Man benutzt es bei Husten, Bronchitis und Asthma, als verdauungsförderndes Mittel und als Tonikum. Über Nacht weicht man 7 g getrocknete Wurzeln in 1 Liter Wasser ein, kocht das Ganze 30 Minuten lang, läßt es abkühlen und trinkt dreimal täglich ein kleines Glas oder benutzt es als Mundwasser und zum Gurgeln. Die Wurzeln können roh oder kandiert als Hustenbonbons verzehrt werden. Taucht man die Wurzeln in Wein, so erhält man ein herzkräftigendes und

Inulla helenium

Iris florentina

aufheiterndes Getränk. Schon Plinius schreibt, daß das Mittel die Verdauung fördere und für Frohsinn sorge. Man benutzt es auch als Arznei bei Vergiftungen und Seuchen. Bei Reisen durch von Fieber und Pest verseuchtes Gebiet kaute man die Alantwurzel. Ein starkes Infus oder Dekokt aus den Wurzeln, mit dem man das Gesicht wäscht, hilft bei Akne. Man benutzte den Alant auch bei Hauterkrankungen der Tiere auf dem Land. Er gehörte zu den wichtigsten Arzneien, die in Europa von Bauern gebraucht wurden. So verwendet in den alten Possen der Doktor für seine wundersame Heilung fast stets Alant. In einem mittelalterlichen Lehrbuch liest man den Rat, daß man Alant mit Wein trinken soll, denn dies sei denen »eine große Hilfe, die sich den Magen verdorben haben«.
Der Gattungsname *Inula* weist auf das in den Wurzeln enthaltene Inulin hin, das stärkeartig ist. Ein anderer Vertreter der Gattung ist *I. conyza*, Dürrwurz-Alant, mit aromatischen Blättern und Wurzeln. Er gilt als Wundkraut und Insektenbekämpfungsmittel. Man verwendet frische oder getrocknete Blätter und Stengel. Ähnlich wirkt auch *Pulicaria dysenterica*, das Große Flohkraut.

Iris florentina
Schwertlilie
Familie: Iridaceae
Diese weißblütige Iris wird 1 m hoch und ist im östlichen Mittelmeergebiet heimisch. Unter den Irisarten besitzen die Wurzeln dieser Pflanze den stärksten Geruch. Die Vermehrung geschieht durch Teilung der Wurzelknollen im Frühjahr. Die Florentiner Schwertlilie bevorzugt keine besonderen Böden. Im Herbst erntet und trocknet man die Wurzelknollen. Ihr süßer Veilchenduft ist stark und hält sich jahrelang.
Früher wurde die Pflanze in der Medizin verwendet; die Wurzeln sollten aber nicht eingenommen werden, denn sie sind stark abführend. Die Pflanze wird vor allem in der Parfumindustrie verwendet. In Puderform setzt man Wurzeln dem Wasser zu, mit dem man z. B. die Wäsche spült.
Die hellgelb blühende, mehrjährige Wasser-Schwertlilie, *I. pseudacorus*, ist in Europa an Bächen und Seen heimisch und in Nordamerika eingeführt worden. Mit Eisen versetzt erhält man aus den Wurzeln ein adstringierendes, graues oder schwarzes Färbemittel. Aus den Blüten gewinnt man dagegen ein gelbes Mittel zum Färben.

Isatis tinctoria

Juniperus communis

Isatis tinctoria
Waid, Färberwaid
Familie: Cruciferae

Als Relikte einer ausgestorbenen Pflanzenwelt findet man die Pflanze noch gelegentlich in Nordeuropa. Ihre eigentliche Heimat ist Südeuropa und Westasien. Waid ist zweijährig und zeigt im ersten Jahr eine Rosette aus langen, breiten Blättern und im Hochsommer des folgenden Jahres Rispen mit kleinen, gelben Blüten. Der Blütenstengel wird mindestens 1,5 m hoch. Die dunklen Früchte (Schoten) hängen herunter wie Ohrringe.

Im Sommer gibt man die Samen in nährstoffreiche, gut durchlässige Erde, wo es sonnig ist. Die Setzlinge pflanzt man in einem Abstand von 1 m. Fast in jedem Klima kommt die Pflanze zum Blühen und sät sich selbst aus. Im Hochsommer des ersten Jahres erntet man die Blätter zum Färben. Sie sind adstringierend und wirken blutstillend; deshalb verwendet man sie als Wundkraut. Die alten Briten gebrauchten Waid auch zum Färben des Körpers. Das Färben von Tuch mit Waid war allerdings höchstkompliziert und mit wiederholtem, unangenehm riechendem Gärungsprozeß verbunden.

Juniperus communis
Wacholder
Familie: Cupressaceae

Der buschige, ausdauernde Wacholder mit seinen kleinen, spitzigen, graugrünen Nadelblättern und seinem würzigen Duft ist in Europa, Nordafrika, Asien und Nordamerika auf kalkhaltigem Untergrund weitverbreitet. Seine Wuchshöhe hängt ganz von seinem Standort ab. Im Hoch- und Mittelgebirge, wo er dem Wind ausgesetzt ist, kriecht er fast am Boden, während er in geschützteren Lagen und auf Sandboden bis zu 3 m hoch wird.

Im Frühsommer entwickeln sich an der Basis der Blätter kleine Zapfen, wobei männliche und weibliche Blütenorgane auf einer Pflanze getrennt stehen, Wacholder ist also einhäusig. Die männlichen Zapfen sind gelb, die weiblichen blaugrün. Aus letzteren entwickeln sich fleischige Beeren, die drei Jahre zum Reifen brauchen, zunächst grün und schließlich blau sind. Die winterharte Pflanze bevorzugt im Garten einen trockenen, durchlässigen Boden und einen freien Standort. Samen haben eine lange Keimzeit; man vermehrt Wacholder durch Stecklinge. Die Beeren sammelt man erst ein, wenn sie ganz reif sind. Man trocknet sie in der Sonne oder an einem luftigen Platz. Ihr harziger, aromatischer Geschmack paßt gut zu Marinaden und Wild wie Reh und Hase oder Rebhuhn. Sie unterstreichen den Geschmack von Rind- und Schweinefleisch, Füllungen, Pasteten, Sauerkraut und Kartoffeleintopf. Da die Beeren einen starken Geschmack haben, muß man sparsam würzen. Am besten zermahlt man sie vor der Verwendung. Auch die Blätter können frisch und getrocknet verwendet werden. Besonders gut passen sie zu gegrilltem Fisch am Spieß. Verbrennt man dabei noch Holz und Blätter von Wacholder, so duftet das besonders fein. Im Gin ist ein Öl enthalten, das aus den Beeren destilliert wird. Man stellt ein Infus aus 25 g zerstoßenen Beeren auf 1 Liter kochendes Wasser her und trinkt davon täglich eine Tasse. Dies hilft bei Blähungen und Verdauungsbeschwerden oder wirkt harntreibend. Zum Räuchern kann man Wacholderzweige verwenden. Bei Pest z. B. verbrannte man sie auf öffentlichen Plätzen und bei der 1870 in Frankreich aufgetretenen Pockenepidemie in Krankenhäusern.

Mit Alaun oder Chrom versetzt ergeben die Beeren ein helles, cremig-braunes Mittel zum Färben.

Laurus nobilis
Lorbeerbaum
Familie: Lauraceae
Der echte Lorbeer darf nicht mit dem giftigen Kirschlorbeer, der in den Gärten angepflanzt wird, verwechselt werden. Am geschützten Standort und in seiner Heimat, den warmen Mittelmeerländern, kann er bis zu 9 m hoch werden. Oft jedoch bleibt er klein und buschig. Die Blätter sind hart, glänzend und immergrün; sie werden 8 cm lang. Im späten Frühjahr zeigen sich kleine, grünliche Blüten, aus denen glänzende, schwarze Beeren werden. Die Rinde ist glatt und graugrün.

Lorbeer ist schwer aus Samen zu ziehen; Stecklinge, die man im Frühsommer gewinnt, gedeihen meist gut, besonders dort, wo sie geschützt stehen. Junge Sträucher setzt man an einen sonnigen, geschützten Platz in durchlässige, leicht kompostierte Erde. In Mittel- und Nordeuropa pflanzt man Lorbeer am besten in einen Kübel, den man den Winter über ins Gewächshaus stellt. Auch wo es wärmer ist, brauchen junge Bäume Schutz vor Frost. Lorbeer ist langsamwüchsig und verträgt den Zuschnitt gut.

Die Blätter können jederzeit geerntet werden; man trocknet sie an einem trockenen und dunklen Platz, damit die starken Öle und die Farbe erhalten bleiben. Die Beeren trocknet man, wenn sie reifen. Frische Blätter haben einen leicht bitteren Geschmack, er wird jedoch beim Trocknen gemildert, wobei die Blätter auch ein starkes Aroma entwickeln. Lorbeerblätter werden in der Küche vielfach gebraucht; sie sind Bestandteil des »*bouquet garni*«, werden in Marinaden, Eintöpfen, zu Gerichten mit gekochten Tomaten, Fisch und, in Milch aufgekocht, zu süßem oder pikantem Pudding und Saucen verwendet. Der Geschmack ist kräftig; deshalb benutzt man nur ein halbes Blatt oder sogar weniger. Pasteten und eingelegten Früchten, Lakritzen und getrockneten Feigen ist meist zum Würzen, als Konservierungsmittel und wegen der keimtötenden Eigenschaft ein Lorbeerblatt beigepackt. Aus den Früchten preßt man ein Öl aus, das eingerieben bei Quetschungen und Verstauchungen Linderung verschafft. Es darf aber nicht innerlich angewendet werden, denn es verursacht Brechreiz und kann bei Schwangeren eine Fehlgeburt zur Folge haben. Früher nahm man die Beeren bei Blähungen ein, jedoch wirkt die ganze Pflanze narkotisierend. Das Orakel von Delphi sprach seine Prophezeiungen mit einem Lorbeerblatt zwischen den Lippen aus und es ist möglich, daß der Trancezustand durch ihn hervorgerufen wurde.

Der Geruch frischer oder verbrannter Blätter wurde früher als Schutz vor Ansteckung betrachtet. In Pestzeiten verbrannte man daher auch auf öffentlichen Plätzen Lorbeerzweige. Das Mittel vertreibt außerdem Insekten; Rüsselkäfer und Mücken meiden Mehl und Körnerfrüchte, wenn man ein paar Lorbeerblätter beimengt.

Der Lorbeer wurde schon immer als schutzspendende Pflanze betrachtet. Er half gegen Blitzschlag, Hexerei und allerlei Böses. In der Klassik war er dem Apoll geweiht, dem Schutzheiligen der Musik und der Dichtung. Die Griechen und Römer bekränzten ihre Helden mit Lorbeer. Der Titel »Poeta Laureatus« und das französische *baccalauréat* gehen auf den Namen »Lorbeer« zurück.

Laurus nobilis

Lavandula-Arten
Familie: Labiatae
Das wertvolle Lavendelöl wird aus *L. angustifolia* gewonnen, der wild auf trockenen, steinigen Hügeln im Mittelmeergebiet vorkommt. Lavendel paßt sich im milderen Klima gut an. Die dichten Büsche werden bis zu 1 m hoch und halten sich viele Jahre hindurch. Ihre Stengel verzweigen sich dann und verholzen. Die langen, schmalen, lanzettlichen Blätter sind in der Jugend flaumig. An hohen, steifen Stengeln entfalten sich vom Hochsommer an die Blüten. Jeder Blütenstand in unterbrochenen Scheinähren besitzt viele lilablaue Blüten. Blüten und Blätter sind mit glänzenden Öldrüsen bedeckt.
Lavendel wird im Frühjahr oder Herbst durch Stecklinge vermehrt. Dabei nimmt man kräftige kurze Triebe von 15 cm Länge. Wenn sie angewurzelt sind, pflanzt man sie in nährstoffarme, sandige, kalkige Erde an einen sonnigen Standort. Der Boden sollte gut durchlässig sein. Ideal ist ein leicht nach Süden geneigtes Beet. Im ersten Jahr entfernt man alle Blütenknospen; so erhält man einen buschigen Wuchs. Lavendelbüsche müssen jedes Jahr nach der Ernte der Blüten zurückgeschnitten werden. Nur so bleibt der buschige Wuchs weiterhin erhalten.
Man erntet die Blüten sobald sich die Knospen öffnen. Am besten wählt man dazu einen sonnigen Morgen, kurz nachdem sich der morgendliche Tau verflüchtigt hat. Man hängt die locker gebundenen Sträuße an einem schattigen, luftigen Platz zum Trocknen auf oder legt sie einzeln auf ein Tablett; nach dem Trocknen bewahrt man die Blüten mit oder ohne Stengel auf.
Lavendel wird im allgemeinen nicht als Küchenkraut betrachtet, die Blätter kann man aber zum Würzen von Eintöpfen, ganz besonders von Wildbret, z. B. Hasenfleisch, und in Marinaden verwenden. Früher wurden die Blüten in Konserven verwendet, man kann sie kandieren oder statt Minze einem pikanten Gelee beigeben.
Das Öl aus den Stielen ist nicht von so feiner Qualität wie das Öl aus den Blüten. Beide sind aber stark antiseptisch und wurden früher als Mittel gegen Lähmungen betrachtet. Verdünntes Öl kann zum Auswaschen von Wunden, bei Bissen und Stichen und zum Einreiben von schmerzenden und gequetschten Gliedern oder steifen Gelenken benutzt werden. Am bekanntesten ist es jedoch als Mittel gegen Kopfschmerzen. Alle alten Botaniker erwähnen die erfrischende Wirkung von Lavendel bei leichter Migräne und Schwindelgefühl. An dem Öl schnuppert man wie an Riechsalz oder reibt sich Lavendelöl, -wasser oder -essig auf die Schläfen. Ein paar Tropfen Öl auf einem Stück Zucker beruhigt Kopf und Nerven und erleichtert die Verdauung. Man kann in diesen Fällen auch ein Gläschen eines dünnen Infus aus 7 g getrockneten Blüten auf 1 Liter kochendes Wasser trinken. Große Dosen haben unter Umständen eine narkotisierende Wirkung und sollten mit Vorsicht genossen werden.
Da Lavendel desinfizierend und insektenvertreibend wirkt und außerdem noch süß duftet, benutzt man ihn mit Vorliebe zum Ausräuchern von Krankenzimmern. Dabei läßt man einen Strauß aus getrockneten Zweigen wie Räucherstäbchen schwelen. Man benutzt Lavendel außerdem gegen Motten und andere Insekten, die Wäsche angreifen. Verdünntes Öl, das man in die Haut einreibt, vertreibt Mücken und Fliegen; reibt man es in die Kopfhaut ein, so wird der Haarwuchs angeregt. Schon die Römer benutzten Lavendelwasser als duftendes Waschwasser; auch der Name »Lavendel« stammt ursprünglich vom lateinischen *lavare* = waschen. Die Blüten werden ganz besonders in Duftkissen und zur Herstellung von Parfums in der Industrie verwendet.
Den winterharten Echten Lavendel, *L. angustifolia,* gibt es in vielen Formen; dabei ist die Nomenklatur nicht immer eindeutig. Synonyme sind *L. officinalis, L. vera* und *L. spica.* Der schon früher in der Heilkunst verwendete Lavendel war unter der Bezeichnung »sticadore« (*L. spica*) bekannt. Er enthält reichlich Öl von minderwertiger Qualität.
L. stoechas, Schopflavendel, ist nicht so winterhart und bildet kleinere, dichtere Büsche. Er blüht früh im Jahr und hat purpurne Blüten. Jede Blütenähre hat an der Spitze lange purpurne Brakteen. Die zarte, weiße Varietät *L. angustifolia* »alba« braucht sorgfältige Pflege. Eine Zwergform von »Alba« wird nur 15 cm hoch und macht sich zusammen mit der kleinen, purpurblütigen »Dwarf Munstead« gut an Mauern, in Steingärten und als kleine Hekke am Rand eines Beetes. Für eine 60 cm hohe Hecke nimmt man halbhohe Zwergsträucher wie z. B. *L. angustifolia* »Hidcote« oder den stark duftenden »Twickel Purple«; der Echte Lavendel bildet eine 1 m hohe Hecke. *L. dentata* züchtet man im Zimmer oder im Gewächshaus. Er hat zarte, runde, gezähnte Blätter, riecht nach Balsam und wird 1 m hoch.

Lavandula angustifolia ›Hidcote‹

Lavandula angustifolia

Lawsonia inermis

Lawsonia inermis
Hennastrauch
Familie: Lythraceae

Im trockenen Hügelland des Orients wächst diese buschige, ausdauernde Pflanze. Sie kann bei uns nur bei künstlicher Wärme gezüchtet werden. Henna wird bis zu 3 m hoch und hat schmale, graugrüne Blätter und kleine, süß duftende, rosarote oder cremefarbene Blüten, aus denen sich blauschwarze Früchte entwickeln.

Die getrockneten, pulverisierten Blätter wirken kühlend und adstringierend. Mit Wasser vermischt man sie zu einer Paste und legt sie als Kompresse bei Kopfschmerzen und Fieber auf die Stirne oder schmerzende Körperstellen, Bisse oder Stiche.

Aus Henna gewinnt man eine kräftige, rote Farbe, die vor allem als Haarfärbemittel bekannt ist und mit Vorsicht verwendet werden sollte. Vor dem Gebrauch macht man mit einer dünnen Haarsträhne eine Probe und stellt fest, ob die Farbe nicht zu leuchtend ist. Dann muß man andere Kräuter oder Kamille zusetzen. Nach dem Färben reibt man Öl in das Haar, um die adstringierende Wirkung des Mittels aufzuheben. Schon die alten Ägypter benutzten Henna zum Färben.

Levisticum officinale
Liebstöckel, Maggikraut
Familie: Umbelliferae
Liebstöckel gehört zu den vielen Kräutern, die wahrscheinlich schon die Römer aus dem Mittelmeerraum zu uns gebracht haben. In Südeuropa findet man Liebstöckel wild in Küstennähe und auf Abhängen von Mittelgebirgen. Besonders weit verbreitet war die Pflanze in Ligurien (Italien); der alte Gattungsname *Ligusticum* deutet auf das Vorkommen von Liebstöckel in dieser Provinz hin. Die Pflanze ist winterhart und ausdauernd, erreicht nach mehreren Jahren eine Wuchshöhe von 2 m, hat dicke, hohle Stämme und große Blätter, die in breite, gezähnte Blattfiedern gegliedert sind. Oberseits sind sie glänzend und unterseits zeigen sie ein stumpfes Graugrün. Im Hochsommer erscheinen Dolden mit gelben Blüten, die voll Nektar sind; die Samen sind gebogen, eiförmig und gleichen einem Boot, das einen Kiel aus drei Rippen besitzt. Die Ausläufer treibende Wurzel ist dick und fleischig; sie wird bei älteren Pflanzen zäh und verholzt und vermehrt sich alljährlich, so daß die Basis der Pflanze 50 cm Durchmesser haben kann.

Liebstöckel gedeiht am besten in gutem, durchlässigem Lehmboden an einem sonnigen oder etwas beschatteten Standort. Die Vermehrung kann durch Aussaat oder durch Wurzelteilung erfolgen. Die Samen sät man im Spätsommer aus, sobald sie reif sind; die Setzlinge vereinzelt man dann in einem Abstand von 60 cm. Nach 1 bis 2 Jahren vergrößert man den Abstand noch einmal, denn die ausgewachsenen Pflanzen brauchen mindestens 1,50 m Platz. Die Wurzeln teilt man erst spät im Herbst oder im Frühjahr. Jedes Wurzelstück muß eine Knospe oder ein Auge haben. Man setzt die Stücke gleich an ihren endgültigen Standort. Bei Trockenheit gießt man. Die Pflanze sollte auch von Unkraut frei gehalten und jedes Jahr einmal gedüngt werden. Im Herbst stirbt die oberirdische Pflanze ganz ab. Zähe Wurzeln überstehen auch bittere Kälte, es sei denn, der Boden ist sumpfig. Im Frühjahr zeigen sich bronzefarbene, starke Triebe.

Für einen Haushalt reichen die Blätter und Samen von zwei Pflanzen. Bei einer entfernt man alle Blüten, damit sich üppige Blätter entwickeln; die andere läßt man blühen und Früchte entwikkeln. Frische Blätter können zu jeder Zeit geerntet werden. Man kann auch die Pflanze 2 bis 3 mal im Jahr bis auf 30 cm zurückschneiden und sie an einem warmen, luftigen, schattigen Platz trocknen. Die Blätter bewahrt man in einem luftigen Gefäß auf. Die Samenköpfe erntet man, wenn sie braun werden und hängt sie über ein Tuch, in dem die reifen Samen aufgefangen werden.
Samen, Blätter und Blattstiele haben einen kräftigen, erdigen, sellerieartigen Geschmack, der Suppen und Eintopfgerichte verfeinert und besonders für vegetarische Gerichte, Reisgerichte und Gemüsefüllungen brauchbar ist. Die Blätter behalten auch bei langer Kochzeit im Gegensatz zu Sellerie, der mit der Zeit säuerlich wird, ihren Geschmack. Mit den frischen Blättern würzt man Salate und Gemüse, mit den Samen Brot und Gebäck, deftige Eintöpfe, Gemüsesuppen und Käsegerichte. Das scharfe Aroma paßt gut zu kräftigen Gerichten, weniger zu Fisch und Eiern. Die Wurzeln kann man kochen, sie schmecken aber sehr kräftig und müssen erst geschält werden, denn sie haben eine bittere Haut. Junge Stämme können wie bei Engelwurz kandiert werden, haben aber nicht dessen süßen Anisgeschmack.
Im Mittelalter pflanzten die Mönche Liebstöckel schon in ihren Kräutergärten an. Die Pflanze hilft bei Verdauungsstörungen, Blähungen, wirkt desodorierend und antiseptisch, wärmt, lindert und reinigt gleichzeitig. Ein Infus aus getrockneten Blättern hilft bei Halsschmerzen und Fieber; man kann es auch als antiseptisches Mundwasser und zum Gurgeln verwenden. Man setzt dem Badewasser ein starkes Infus oder einen Aufguß aus Wurzeln zu. Das reinigt die Haut und duftet angenehm.
Ligusticum scoticum wurde früher ebenfalls als Gemüse verzehrt. Er wächst wild und ist untersetzter und zäher als die im Garten gezüchtete Art. Er hat weiße Blütendolden sowie einen bitteren, aromatischen Geschmack.

Levisticum officinale

Pferdeeppich, *Smyrnium olusatrum*, der auch »Schwarzer Liebstöckel« genannt wird, ist dem echten nahe verwandt. Er stammt aus dem Mittelmeerraum und wurde von den Römern nach Norden gebracht. Im 16. Jahrhundert wurde er in Nordamerika eingeführt. Er wird bis zu 1,50 m hoch und gedeiht an den Küsten Nordeuropas. Die Blätter zeigen eine Ähnlichkeit mit dem Engelwurz, sind jedoch glänzend und aromatisch. Die gelben Blüten sind so voll Nektar, daß sie glänzen. Die Samen sind dunkelbraun. Die Wurzel kocht oder kandiert man; junge Stengel werden gekocht oder geschmort. Die Blätter kann man als Salat oder auch als Gemüse verwenden. Für die Zubereitung eines Salates verwendet man die Knospen. Zum Würzen nimmt man dagegen die Samen.
Pferdeeppich paßt gut zu Fisch und wurde früher in der Fastenzeit zu vielen Fischgerichten verwendet. Ein beliebtes Rezept aus der Zeit der Königin Elisabeth I. beginnt mit »Pferdeeppichknospen, die der Länge nach geschnitten und mit Wellhornschnecken garniert« werden. Pferdeeppich ist ein Gemüse, dessen Anbau im Garten sich lohnt. Im Spätsommer sät man dazu frische Samen aus.

Linum usitatissimum
Dreschlein, Klenglein, Flachs
Familie: Linaceae

Die anmutige, einjährige Pflanze hat blaue Blüten, die sich im Hochsommer entfalten, schmale, graugrüne Blätter und 50 cm hohe, drahtige Stengel. Flachs wird bei uns schon so lange angebaut, daß man nicht mehr feststellen kann, wo er ursprünglich herstammt. Im Frühjahr gibt man die Samen in humosen Boden. Sämlinge müssen von Unkraut frei gehalten werden. Für Flachsleinwand schneidet man die Pflanze nach der Blüte ab, weicht den Stengel ein, so daß das Gewebe verfault und sich von den zähen Fasern entfernen läßt. Samen erntet man, wenn sie reifen. Ihr Öl wirkt wärmend und wurde früher bei Husten, Erkältungen und als Abführmittel eingenommen. Heute wird es nicht mehr innerlich angewandt, da es für den Verdauungsapparat gefährlich ist und zu Fehlgeburten führen kann. Bei Entzündungen oder Verbrennungen ist ein lauwarm aufgelegter Umschlag gut. Dazu vermischt man zerquetschte, zermahlene Samen mit kochendem Wasser. Ein Aufguß aus den Samen, den man dem Badewasser zusetzt, macht die Haut weich und glatt.

Lippia citriodora

Marrubium vulgare

Lippia citriodora (Aloysia triphylla)
Zitronenstrauch
Familie: Verbenaceae
Im gemäßigten Klima wird die Pflanze selten höher als 2 m. In ihrer Heimat, Süd- und Zentralamerika, kann sie bis zu 8 m hoch werden. Der ausdauernde, laubwerfende Busch ist hübsch anzusehen und hat blaßgrüne, lange, spitze Blätter und blasse, purpurne Blüten, die sich im Spätsommer in endständigen Büscheln entfalten und hübsche Farbtupfer abgeben.
Der Zitronenstrauch bevorzugt einen sonnigen Standort. Der Boden sollte eher nährstoffarm und trocken sein; denn so bleiben die Wurzeln winterhart. Ist der Boden zu weich und üppig, so wächst der Busch zu stark, die Pflanze wird dabei ausgelaugt und übersteht den Winter nicht. Im Sommer vermehrt man die Pflanze mit Stecklingen, die nicht verholzt sind. Im Herbst müssen sie angewachsen sein. Dann schneidet man die Pflanze entweder ab und deckt die Wurzeln mit Stroh oder Blättern zu oder man stellt sie, in einem Kübel, den Winter über ins Haus. An geschütztem Standort gedeiht sie oft jahrelang ohne Mühe und besondere Pflege. So wird sie auch gerne im Kalthaus gehalten.
Die süß nach Zitrone duftenden Blätter können immer gepflückt werden, am besten schmecken sie jedoch, wenn sich die Blüten entfalten. In einem luftdichten Gefäß bewahren sie jahrelang ihren Geschmack und ihr Aroma. Gehackt gibt man sie in Füllungen oder als Aroma an Fisch, Geflügel, Konfitüren, Gelees und Puddings. Ein Tee aus den Blättern ist erfrischend und schmeckt köstlich. Er hat eine leichte, beruhigende Wirkung und hilft bei verstopften Bronchien. Aber auch bei Schnupfen tut er seine Wirkung, oder er beruhigt einen verstimmten Magen. Im Duftkissen sorgen die stark aromatischen Blätter des Zitronenstrauches für einen eher scharfen Geruch, der sich lange nicht aus Schränken und Zimmern verflüchtigt.
Als die Spanier die Pflanze nach Europa brachten, benutzte man das enthaltene Öl in Parfum, als Duftstoff in Seifen und Kosmetikartikel. Heute ist der Zitronenstrauch, der gelegentlich auch als Punschpflanze bezeichnet wird, weitgehend von *Cymbopogon citratus*, einer eßbaren Graspflanze aus dem tropischen Südostasien ersetzt worden, aus der man ein besonders stark nach Zitrone duftendes Öl gewinnt.

Marrubium vulgare
Weißer Andorn
Familie: Labiatae
Der Weiße Andorn gehört zu der großen Familie der Minze. Er ist winterhart und ausdauernd und wächst in Europa auf trockenem Brachland, an Wegrändern und auf Schutt. In den USA ist er heimisch geworden. Er wird 1 m hoch, hat runzelige, dicht mit Härchen besetzte Blätter und im Hochsommer Wirtel mit weißen Blüten.
Man kann ihn leicht aus Samen ziehen oder auch aus Stecklingen, die man in trockenen, nährstoffarmen Boden setzt. Wenn die Pflanze zu blühen beginnt, erntet und trocknet man die Blätter. Sie sind sehr bitter und werden in der Küche nicht verwendet. Seit Jahrtausenden gelten sie aber als medizinisches Hausmittel. Dreimal täglich trinkt man ein kleines Glas Tee gegen Husten, Erkältung, Krupp, auch als schleimlösendes Tonikum und gegen alle Lungenbeschwerden. Der Tee schmeckt sehr unangenehm, daher setzt man am besten sehr viel Zucker zu. Frische Blätter kaut man mit Honig. Gottvergess oder Schwarznessel, *Ballota pseudodictamnus* riecht unangenehm und wurde früher bei Hundebissen verwendet.

Melilotus officinalis

Melissa officinalis

Melilotus officinalis
Gelber Steinklee
Familie: Leguminosae

Diese alteingebürgerte Futterpflanze wächst in Europa, Asien und in den USA wild auf Brachland und an Wegrändern. Sie wird über 1 m hoch, hat steife Stengel und schmale, dreifach geteilte Fiederblätter. Vom Hochsommer an erscheinen die gelben Blütentrauben. Der Steinklee kann einjährig oder zweijährig sein; es hängt davon ab, zu welcher Jahreszeit er gesät worden ist. Die Blütenspitzen und Blätter trocknet man. Sie enthalten die chemische Substanz Kumarin mit dem kräftigen, süßen Mandelgeschmack wie ihn z. B. der Waldmeister besitzt. Steinklee wird zum Würzen von Wurst und Hasenbraten benutzt. Er gibt Marinaden und Bier einen besonderen Geschmack. Die blaublütige Art, *Trigonella coerulea,* Blauer Bockshornklee oder Bisamklee wird als Käsewürze im Greyerzer gebraucht.

Ein Tee aus Steinklee wirkt verdauungsfördernd und bei Blähungen; ein Umschlag aus frischen Blättern hilft bei Rheumatismus und Schnittwunden. Getrocknete Blätter verleihen Kleidern im Schrank einen angenehmen Duft und vertreiben Motten.

Melissa officinalis
Zitronenmelisse
Familie: Labiatae

Die Heimat der Zitronenmelisse ist Südeuropa. Sie wurde von den Römern über die Alpen gebracht und ist in unseren Gärten heimisch geworden. Sie hat frische, grüne, ei- oder herzförmig geformte Blätter und ein buschiges Wachstum. Die weißen bis cremfarbenen Blüten sind unauffällig und entwickeln sich vom Hochsommer an in lockeren Scheinähren. Die winterharte Wurzel ist ausdauernd.

Die Zitronenmelisse ist leicht zu züchten und stellt keine Ansprüche an den Boden. Am besten gedeiht sie an sonnigem, geschütztem Standort in gutem, feuchtem Boden. Im Frühjahr oder im Spätsommer sät man aus; die Wurzeln teilt man im Herbst oder Frühjahr; Stecklinge nimmt man im Sommer. Melisse muß von Unkraut frei gehalten werden. Sie wird mindestens 1 m hoch. Frische Blätter kann man jederzeit ernten. Man pflückt sie, wenn sich die Blüten entfalten. Das Trocknen muß rasch und im Dunkeln vor sich gehen, damit die Farbe erhalten bleibt. Die nach Zitrone duftenden Blätter verwendet man frisch in Füllungen, Salaten, Saucen und Omeletts, im Fruchtsalat und Milchpudding. Mit einem oder mit zwei zerquetschten Blättern kann man Frucht- oder Weingetränke würzen.

Ein Tee, der aus frischen oder getrockneten Blättern zubereitet wird, schmeckt köstlich und ist einer der würzigsten Kräutertees, die es gibt. Er hilft bei Fieber, Erkältungen und Kopfschmerzen, denn er wirkt schweißtreibend, lindernd und erfrischend. Setzt man dem Badewasser ein starkes Infus zu, so wirkt dies entspannend und bringt die Menstruation in Gang oder »kräftigt die Sehnen«. Vor Infektionen schützen frische, zerquetschte Blätter, die man auf eine Wunde legt.

John Evelyn berichtet, daß in Wein getauchte Blätter das Herz stärken und fröhlich machen und auch Gerard meint, daß sie Melancholie und Traurigkeit vertreiben.

Der Name *Melissa* kommt aus dem Griechischen und bedeutet »Biene«. Die Pflanze gehört nämlich zu den besten Bienenweiden. So meint Gerard, daß man die Bienenstöcke mit Melisse einreiben soll, denn dies würde neue Bienenschwärme anlocken. Im Obstgarten angepflanzt, lockt sie sie zur Befruchtung der Bäume an.

Mentha-Arten
Minze
Familie: Labiatae
Es gibt viele Minzearten, die wild oder im Garten wachsen. Dazu kommt eine verwirrende Anzahl von Hybridformen. Manche Merkmale sind jedoch bei allen gleich. Sie sind ausdauernd, haben grundsätzlich vierkantige Stengel und paarweise angeordnete Blätter; die kleinen, in dicht stehenden, zu langen Scheinähren vereinigten Blüten entwickeln sich im Hochsommer in Wirteln; ihre Farbe reicht von weiß bis purpurn. Sie alle enthalten ein starkes, duftendes Öl. Sie vermehren sich durch Samen und durch unterirdische Kriechwurzeln.
Minzearten kreuzen sich leicht. Daher vermehrt man sie nicht durch Samen, sondern durch 15 cm lange Wurzelstücke der Rhizome, die man waagrecht 5 cm tief im Frühjahr in feuchte, lehmige Erde setzt. Die meisten Varietäten sind nicht schattenempfindlich. Im Herbst recht man etwas Kompost als Dünger in das Beet und hackt ein paarmal mit einem scharfen Spaten auf die Ausläufer; dies fördert ein kräftiges Wachstum. Zur Vorbeugung gegen Krankheiten setzt man die Pflanzen alle paar Jahre in frische Erde um. Züchtet man Minzen verschiedener Arten, so setzt man sie so weit wie möglich auseinander. Im Herbst stirbt die Pflanze ab. Im kälteren Klima sollte man die Wurzeln im Herbst mit Stroh zudecken. Ein paar Ausläufer kann man in einem beheizten Gewächshaus in einer Kiste ziehen, so daß man den Winter über Blätter ernten kann.
Minzrost ist eine Pilzkrankheit, die besonders die grüne Minze befällt. Sie entwickelt sich im Innern der Pflanze und bald schon sind die unteren Triebe verkrümmt und orange gefleckt. Die Krankheit breitet sich mit der Zeit bis in die oberen Pflanzenteile aus und zerstört sie. Die nicht befallenen Teile kann man ernten, den Rest gräbt man aus und vernichtet ihn. Man pflanzt neue Stöcke an anderen Stellen.
Den meisten Arten bekommt es gut, wenn man sie aberntet. Zum Trocknen schneidet man Stengel und Blätter bis etwa 5 cm über der Erde ab, sobald sich Blütenknospen bilden. Man achtet darauf, daß die Pflanzenteile nicht gedrückt werden und trocknet sie rasch in lockeren Sträußen oder auf Stellagen an einem warmen, schattigen, luftigen Platz. Die Blätter streift man von den Stengeln ab und bewahrt sie in einem luftdichten Behälter auf.
Die Minze wurde schon immer im nördlichen Europa zu Lamm, Ente und jungen Gemüsen verwendet. Im Vorderen Orient verzehrt man sie zu Joghurt und Hülsenfrüchten und in Indien gibt man sie an Chutneys und andere scharf gewürzte Gerichte. Tee aus Minze gilt in der ganzen Welt als kühlendes Getränk. Seit Jahrhunderten verwendet man Minze als verdauungsförderndes, antiseptisches und appetitanregendes Gewürz. Sie stärkt das Herz und heitert das Gemüt auf. In der Antike rieb man die Tische mit frischen Minzeblättern ein, »um die Fleischeslust anzuregen«. Körper und Badewasser dufteten nach Minze.
Unter den wildwachsenden Minzearten ist die Bach-Minze (Wasser-Minze), *M. aquatica*, im gemäßigten Klima am häufigsten. Man findet sie in sumpfigen Gelände, wo sie bis zu 60 cm hoch wird. Sie riecht stark nach Pfefferminz und hat einen bitteren Geschmack, runde, oft purpurn getönte Blätter und lila Blüten. In der Küche verwendet man in erster Linie die Grüne Roß-Minze, *M. spicata*. Man braucht sie für Pfefferminzsauce und in Gelees.
Eine Kreuzung zwischen der Bach-Minze und der Grünen Roß-Minze ist die Pfeffer-Minze, *M. x piperita*. Beide Varietäten, die schwarze und die weiße, werden etwa 1 m hoch, haben malvenfarbige Blüten und lange, schmale Blätter. Die schwarze Varietät hat einen purpurnen Stengel und purpurn getönte Blätter; bei der weißen Varietät sind Stengel und Blätter grün; sie enthalten zwar weniger, aber dafür ein feineres Öl. Das Öl enthält Menthol, welches antiseptisch und auch etwas schmerzstillend, betäubend und im Mund kühlend wirkt. Bei Zahnweh kaut man die Blätter oder bereitet sie als Pfefferminztee zu. Er ist ein erfrischendes und probates Mittel bei Verdauungsbeschwerden, Erkältungen und Grippe. Abends sollte man ihn allerdings nicht trinken, denn er kann Schlaflosigkeit verursachen. Das Öl benutzt man zum Würzen von Süßigkeiten, Likören und Zahnpasta. Zermahlene Blätter, die man 6 bis 8 Wochen in Öl ziehen läßt, ergeben ein duftendes Öl.
M. x piperita var. *citrata*, die Zitronenminze hat rundere Blätter, die am Saum purpurn sind und schärfer nach Zitrone duften. Man benützt sie zum Waschen und in Duftkissen. Ein Infus aus den Blättern kann man Zitronengelees zusetzen. *M.* x. *gentilis* 'Variegata' hat einen würzigeren Duft. *M. suaveolens*, die Apfelminze mit ihren runden, beflaumten Blättern, duftet nach frischen Äpfeln und besitzt blaßrosa Blüten. Die hübsche Varietät *M. suaveolens* 'Variegata' ist gesprenkelt und blaßgrün, ihr Aroma ist fruchtiger.
M. x villosa n. m. *alopecuroides* gehört zu den größten Minzearten. Sie wird 1,50 m hoch und hat breite, mit hellem, wolligem Flaum bedeckte Blätter. Sie gilt als das vielseitigste Küchenkraut; sie ist winterhart und Duft und Geschmack sind frisch und kräftig.
M. requienii, die Korsische Minze, hat stecknadelkopfgroße, malvenfarbene Blüten und winzige, runde Blätter, sie wird nur selten höher als 3 cm. An einer geschützten, feuchten und warmen Stelle bildet sie einen weichen, nach Pfefferminz duftenden Teppich. 23 cm hoch wird *M. gattefossei* mit lila Blüten und spitzen kleinen Blättern.
Poleiminze, *M. pulegium*, hat aufrecht wachsende Varietäten, die über 3 cm hoch werden; die kriechenden Varietäten bilden mit ihren kleinen, glatten Blättchen einen Kräuterteppich. Poleiminze ist ebenso scharf im Geschmack wie die Pfefferminze, besitzt aber kein so feines Aroma. Früher stellte man aus den Blättern eine Salbe gegen Flöhe und anderes Ungeziefer her. Zum Schutz gegen Mücken reibt man frische Blätter in die Haut ein. Man gibt sie in die Streu von Haustieren, zwischen die Kleider und legt sie zur Vertreibung von Ameisen auf die Regale in der Speisekammer. Bei Husten, Heiserkeit und Verdauungsbeschwerden hilft ein Infus, das als Zusatz im Waschwasser die Haut reinigt und erfrischt. Früher reinigte man auf Schiffen das Trinkwasser mit getrockneter Poleiminze.

Mentha x piperita
Mentha x villosa
n. m. alopecuroides
Mentha aquatica
Mentha spicata
Mentha pulegium

Menyanthes trifoliata

Monarda didyma

Myrica cerifera

Menyanthes trifoliata
Fieberklee, Sumpf-und Bitterklee
Familie: Menyanthaceae
Fieberklee ist im kühlen Klima Europas, Rußlands, Nordamerikas und an den Rändern der Arktis verbreitet. Die ausdauernde Wasserpflanze wird 50 cm hoch. Aus den kriechenden und im Wasser liegenden Rhizomen wachsen die Stengel; die großen, glatten Blätter gleichen den Blättern der Pferdebohne und stehen in Dreiergruppen. Im Frühsommer erscheinen die langgestielten Trauben mit ihren rosaroten und weißen Blüten. Sie besitzen 5 Blütenblätter, und zeigen innen zarte Fransen und lange, weiße Haare.

Man teilt die Kriechwurzeln (Rhizome) und pflanzt sie in sumpfiges Gelände oder in seichtes Wasser in einen kleinen Gartenteich. Die getrockneten Blätter kann man als bitteres, stärkendes Getränk oder als Bierwürze verwenden. Ein Infus wirkt appetitanregend und reinigt Haut und Blut. Zerquetschte Blätter legt man auf Schwellungen und Enzündungen. Als stärkendes, eisenhaltiges Mittel empfiehlt sich im Frühjahr ein Infus, das man aus zu gleichen Teilen Fieberklee, Löwenzahn und Nessel herstellt, 45 Minuten ziehen läßt und dann abgießt.

Monarda didyma
Pferdeminze, Indianernessel, Goldmelisse
Familie: Labiatae
Sie ist eine von mehreren Varietäten, die alle aus Nordamerika stammen, aber heute auch in unseren Gärten weit verbreitet sind. Pferdeminze ist eine hochgewachsene, krautige, ausdauernde Pflanze von 1 m Höhe. Ihre Blätter sind breit, leicht gezähnt und duften stark. Vom Hochsommer an zeigen sich die struppigen Blütenköpfe mit scharlachroten Blüten, die lange Oberlippen und gespaltene Unterlippen besitzen. Die Vermehrung erfolgt durch Wurzelteilung. Man setzt die Pflanze in humosen, feuchten Boden und teilt sie alle paar Jahre.

Im Hochsommer trocknet man Blätter und Blüten. Frische Blätter gibt man an Salate, in Füllungen oder sommerliche Getränke; sie haben ein frisches Aroma. Das Infus aus getrockneten Blättern ähnelt chinesischem Tee und war ein Nationalgetränk der in Nordamerika lebenden Oswego-Indianer.

Kalt, mit einer Zitronenscheibe im Glas serviert, wirkt der Tee besonders erfrischend.

Pferdeminze ist auch bei den Bienen sehr beliebt.

Myrica cerifera (neu = *pensylvanica*)
Gagel
Familie: Myricaceae
Der große, immergrüne Busch wird bis zu 4 m hoch. Wild kommt er in den gemäßigten Gebieten Nordamerikas vor. Er stellt keine Ansprüche an den Boden und bevorzugt einen feuchten Standort. Die Blätter sind glänzend, aromatisch, hart und sehr spitz. Im Frühsommer zeigen sich unauffällige, blaßgrüne Kätzchen-Blüten, aus denen sich bläuliche, wächserne Nüßchen bilden. Die Blüten sind getrennt geschlechtlich und einhäusig.

Die Vermehrung kann durch Samen, Ableger oder Schößlinge, die man in feuchten, kalkfreien Boden setzt, erfolgen. Im Herbst trocknet man die Wurzelrinde und im Sommer die Blätter. Ein Dekokt aus der Rinde dient bei Halsweh zum Gurgeln. In kleinen Dosen ist es stärkend und hilft bei Durchfall. Große Dosen verursachen Brechreiz. Kocht man die Nüßchen in Wasser, so löst sich das Wachs und kann von der Oberfläche des Wassers abgehoben werden. Man kann das Wachs zum Kerzengießen oder aber in Seifen verwenden.

Der verwandte, in Europa vorkommende Gagel *M. gale,* ist laubwerfend.

Myristica fragrans

Myristica fragrans

Muskatnußbaum

Familie: Myristiaceae

Der hochgewachsene, immergrüne Muskatnußbaum stammt von den Molukken. Er wird auf den Westindischen Inseln und in vielen tropischen Ländern angebaut. Es gibt männliche und weibliche Bäume; auf jeder Plantage werden deshalb zwischen weiblichen Exemplaren auch ein paar männliche angepflanzt. Beide werden 8 m hoch, haben eine glatte, graue Rinde, lange, dunkle, aromatische Blätter und kleine, blaßgrüne Blüten. Die Frucht ist groß, saftig und hat eine gelbe Haut. Im Innern befindet sich die schwere Muskatnuß, die von der leuchtend roten, fleischigen Muskatblüte umgeben und geschützt wird. Die Bäume kann man mehrmals im Jahr abernten; sie tragen im allgemeinen bis zu 70 Jahre. Muskatnuß und Muskatblüte werden getrennt getrocknet. Getrocknete Muskatnuß ist dunkel und manchmal außen weiß, denn sie wird zum Schutz gegen Würmer und Insekten mit Kalk bestrichen. Getrocknete Muskatblüte kommt in orangen, flachen Plättchen in den Handel.

Muskatnuß verliert, wenn sie geschnitten wird, rasch ihr Aroma. Man kauft sie deshalb ganz und reibt sie bei Bedarf mit einer Käsereibe oder einer speziellen Muskatreibe. Muskatblüte läßt sich nicht reiben; daher kauft man kleine Mengen pulverisierter Muskatblüte und bewahrt sie in einem luftdichten Behälter auf. Ganze Plättchen kann man aufbewahren und zum Würzen an Suppen, Essig und Fischgerichte geben. Am Ende der Kochzeit kann man sie leicht wieder herausnehmen. Muskatnuß und Muskatblüte können in der Qualität ganz verschieden sein. Ein Plättchen aus Muskatblüte muß, wenn man mit dem Daumennagel daraufpreßt, etwas Öl zeigen; eine durchgeschnittene Muskatnuß sollte ebenfalls innen ölig sein.

Muskatnuß und Muskatblüte sind ähnlich im Geschmack. Muskatblüte ist jedoch strenger und kräftiger, Muskatnuß würzig süß und hat einen wärmenden Effekt. Bis ins 17. Jahrhundert zog man die Muskatblüe vor. Mit dem zunehmenden Gebrauch von Zucker waren kräftige Gewürze nicht mehr so notwendig. Gemahlene Muskatblüte verwendet man heute in Kuchen, Pökelfleisch, Fisch und Käse, sowie in pikanten Konserven. Ein besonderes Rezept beschreibt die englische Zeitung »Country Houswife« im 18. Jahrhundert: der berühmte Stilton Käse bekommt durch einen starken, mit Muskatblüte gewürzten Likör einen ganz besonderen Geschmack. Muskatnuß ist in der Küche unentbehrlich und verbindet sich gut mit anderen Gewürzen; man benutzt sie in Süßspeisen und pikanten Gerichten, in Kuchen und Milchspeisen, zum Würzen von sahnigem Käse, Käse-, Zwiebelsaucen und Soufflés, in Apfelpastete, gekochten Früchten und Gemüse, besonders Spinat; außerdem gibt man sie an Kartoffeln. Man würzt mit ihr Glühwein und andere aromatische Getränke oder Kakao. Besonders in Italien und in Holland ist Muskatnuß als Gewürz sehr beliebt.

Muskatnuß wirkt verdauungsfördernd und hilft bei Blähungen, Durchfall und Übelkeit. Wenn sie in großen Mengen eingenommen wird, ist sie gefährlich, denn sie wirkt stark narkotisierend. Muskatnuß in kleinen Dosen ist ein mildes Beruhigungsmittel. Man reibt sie in heiße Milch als Mittel zur Verdauung und zum Schlafen. Man kann auch 1½ Muskatnüsse gerieben in 600 ml Weinbrand geben und 2 bis 3 Wochen ziehen lassen, wobei man täglich einmal schüttelt. Das Ganze seiht man durch ein feines Musselintuch.

Myrrhis odorata
Süßdolde, Aniskerbel, Myrrhenkerbel
Familie: Umbelliferae

Die Süßdolde hat mit dem duftenden Wiesenkerbel Ähnlichkeit und gedeiht ebenso an Wegrändern und in Hecken. Man findet sie in Europa und Rußland im Gebirge. Man erkennt sie leicht an ihrem Anis- oder Süßholzduft und am Geschmack ihrer Blätter, da Blätter und Frucht ätherisches Öl, vorwiegend Anethol, enthalten. Ihre Blüten stehen in Dolden und sind weiß; die farnartigen Blätter sind oberseits frisch grün und unterseits von einem weichen Flaum bedeckt. Auch die Stengel sind flaumig. Die Pflanze wird bis zu 1 m hoch. Im Sommer erscheinen die spitzen, aufrechten Früchte. Sie sind 2 cm lang, zeigen tiefe Rippen und werden mit der Zeit dunkelbraun und glänzend.

Ist die Süßdolde einmal in einem schattigen Winkel des Gartens, wo der Boden möglichst feucht und lehmig ist, angewachsen, so sät sie sich von selbst aus. Die Vermehrung kann im Herbst entweder durch Samen oder durch Wurzelteilung erfolgen. Im Garten wird die Süßdolde 1,50 m hoch und hat dicke, ausdauernde Wurzeln. Setzlinge muß man also etwa 60 cm auseinandersetzen. Die jungen, frischen Blätter zeigen sich schon früh im Jahr und auch die Blüten erscheinen bereits im Frühjahr bis zum Frühsommer. Im Spätherbst sterben alle grünen Teile der Pflanze ab.

Die Blätter eignen sich nicht zum Trocknen. Die aromatischen Samen können jedoch getrocknet und zum Würzen verwendet werden. Gehackte Blätter schmecken besonders an Salaten gut. Sie haben einen deutlichen Zuckergeschmack. Kocht man sie zusammen mit sauren Früchten wie Rhabarber und Stachelbeeren, so muß man nicht so stark süßen. Als natürlicher Süßstoff ist die Süßdolde vor allem für Diabetiker wichtig. Die Samen oder Früchte haben einen kräftigeren, leicht süßen Lakritzgeschmack. Wenn sie grün und unreif sind, kann man sie gehackt Salaten beimengen. Sie passen auch zu Eis oder Schlagsahne. Die reifen Samen werden wie Gewürznelken ganz an Apfelpastete gegeben. Man kann sie auch in Essig und Öl kochen. Geschälte, gehackte Wurzeln werden roh oder angemacht als Salat, gedämpft oder gekocht als Gemüse verzehrt oder mit Butter angerichtet.

Süßdolde wurde schon immer als Heilkraut betrachtet; sie stärkt die Lungen, wärmt einen kalten, von Blähungen und Schleim geplagten Magen und regt außerdem den Appetit an. Am kräftigsten ist das in den Samen enthaltene Öl, welches als mildes Abführmittel gilt. Die ganze Pflanze ist anregend und verdauungsfördernd. Ein Infus aus Blättern ist mild und angenehm im Geschmack; man sollte davon zweimal täglich ein Gläschen trinken. Am meisten schätzen die Kräuterfachkundigen die Wurzeln. Kandiert oder gekocht betrachtete man die Süßdolde als Schutz gegen die Pest und »gesotten« als eine wärmende und kräftigende Mahlzeit. In England verwendete man eine Mischung aus zerquetschten Samen und dem enthaltenen Öl zum Polieren der Möbel.

Eine nordamerikanische Art, *Osmorhiza longistylis,* hat breitere, gefiederte Blätter. Ihr Duft ist ähnlich wie bei der Süßdolde und auch die Wurzeln werden ähnlich gebraucht.

Myrrhis odorata

Myrtus communis

Nasturtium officinale

Myrtus communis
Brautmyrte
Familie: Myrtaceae
Im gemäßigten Klima wird der buschige, immergrüne Strauch etwa 3 m hoch. Wild kommt er in Südeuropa, Nordafrika und im vorderen Orient im trockenen Hügelland vor. Er wird dort mindestens 5 m hoch. Die Blätter sind glänzend und aromatisch. Die weißen Blüten mit ihren hervortretenden Staubfäden erscheinen im Frühsommer. Myrtenspitzen galten jahrhundertelang auch als Symbol für ewiges Leben und wurden daher als Myrtenkranz und Corsage für Brautleute verwendet. Die schwarzen Beeren sind blau bereift. Im Hochsommer vermehrt man die Pflanze durch Stecklinge aus jungen Trieben, durch Samen oder durch Ableger. Als Standort wählt man am besten einen sonnigen, geschützten Platz an einer sonnigen Mauer. Junge Pflanzen müssen im Winter mit Stroh oder Sackleinen zugedeckt werden. Bei starkem Frost kann es auch passieren, daß ausgewachsene Pflanzen eingehen, wenn sie nicht zugedeckt werden.
Die Blüten werden getrocknet und in Duftkissen gegeben. Blätter können das ganze Jahr geerntet werden.

Nasturtium officinale (Rorippa nasturtium-aquaticum)
Brunnenkresse
Familie: Cruciferae
Fast überall in den gemäßigten Breiten findet man in klaren Bächen, wo der Boden einen hohen Kalkgehalt hat, die Brunnenkresse. Sie hat leuchtend grüne, glänzende Fiederblättchen; der hohle Stengel, bitter im Geschmack, wird 30 cm hoch und die weißen Blüten zeigen sich vom Hochsommer an. Die ausdauernden Wurzeln befinden sich im Schlamm oder im seichten Wasser. *N.* x *sterile* ist eine Hybridform zwischen *N. officinalis* und *N. microphyllum.* Sie wird in großem Umfang in England als »winter-cress« angebaut.
Den ganzen Sommer über kann man Brunnenkresse in Kisten mit feuchtem Kompost oder am sumpfigen Bachufer aussäen. Teile des Wurzelstocks legt man in seichtes, fließendes Wasser oder in einen feuchten Graben. Die einzelnen Pflanzen breiten sich rasch aus und bilden neue Wurzeln. Die sterile Hybridform (›winter-cress‹) hat bräunliche bis bronzene Blätter, die außer bei Frost den ganzen Winter über geerntet werden können. Im Sommer pflückt man die grünblättrige Brunnenkresse *N. officinalis.* Bei beiden haben reifere Blätter einen besseren Geschmack als die jungen. Aus verschmutzten Gewässern oder von Schafweiden darf man die Kresse nicht ernten, denn sie kann einen unangenehmen Parasiten übertragen. Außerdem muß man in der Bestimmung der Pflanze ganz sicher sein, denn ein anderes Doldengewächs, der Knotenblättrige Sellerie, *Opium nodiflorum,* gedeiht ebenfalls an Uferrändern und ist giftig, kann aber leicht mit Brunnenkresse verwechselt werden.
Brunnenkresse schmeckt in Salaten und Suppen köstlich, kann blanchiert und durchgesiebt als Püree und gehackt und gesalzen auf Butterbrot verzehrt werden. Sie enthält sehr viel Vitamin C und wertvolle Mineralien, besonders Eisen. Daher wird sie als anregendes Kraut bei Anämie, Rachitis, Herzbeschwerden und Augenkrankheiten, sowie zur Steigerung des Milchflusses empfohlen. Im 17. Jahrhundert trank man gegen Skorbut eine Mischung aus Orangensaft, Löffelkraut, Bachbunge und Brunnenkresse. Den Saft aus zerquetschten Blättern verwendet man als Antiseptikum; man läßt ihn mindestens 15 Minuten lang in die Haut einziehen. Dies hilft bei Pikkeln und Flecken.

Ocimum basilicum
Basilikum, Basilienkraut
Familie: Labiatae

Schon vor 4000 Jahren kam das Basilikum aus dem heimischen Indien nach Ägypten und gelangte von dort nach Rom und Südeuropa. Etwa im 12. Jahrhundert kam es nach Mitteleuropa und erst im 16. Jahrhundert wurde es in England eingeführt.

In Indien ist die Pflanze ausdauernd, bei uns im kühleren Klima gilt sie jedoch als empfindliches, einjähriges Kraut. Sie wird etwa 50 cm hoch, hat breite, saftige, aromatische Blätter und lange Ähren mit cremig-weißen oder purpurn getönten Blüten, die sich im Hochsommer entfalten. Im Frühjahr sät man die Samen im Zimmer oder im Gewächshaus aus und gießt reichlich. Die Setzlinge gibt man einzeln in Töpfe oder Kistchen und stellt sie im Gewächshaus zwischen Tomaten. Im Garten bevorzugen sie ein geschütztes, sonniges Plätzchen. Sie dürfen keinerlei Frostgefahr ausgesetzt werden. In kühlen Sommern hält man die Pflanze am besten unter Glas. Der Boden sollte gut durchlässig, locker, nährstoffreich und mit Kompost und Dünger durchsetzt sein. Basilikum braucht viel Feuchtigkeit, darf aber nicht im Wasser stehen. Wenn sich Knospen bilden, so entfernt man die Spitzen; denn das garantiert ein buschiges Wachstum. Im Zimmer oder im Gewächshaus halten sich die Pflanzen im allgemeinen bis in den Winter hinein. Basilikum ist eine gute Bienenweide.

Beim Trocknen verlieren die Blätter ihren beißenden Geschmack und entfalten einen Duft von Minze. Sobald sich die Knospen bilden, schneidet man die Pflanze bis zum zweiten Blattpaar zurück. Vor dem ersten Frost kann man sie dann nochmals zurückschneiden. Die ganzen Stengel werden in lockeren Sträußen an einem schattigen, luftigen Platz aufgehängt.

Es gibt viele Arten von Basilikum, die sich auch im Geschmack voneinander unterscheiden. Die hübsche Varietät »Dark Opal« hat gezähnte, purpurne Blätter und duftet würzig nach Ingwer.

Basilikum hat ein angenehm beißendes, strenges, würziges, frisches und appetitanregendes Aroma. Damit es den Winter über erhalten bleibt, mazeriert man das Kraut in Öl oder gutem Essig und läßt es etwa einen Monat mit einem Tuch bedeckt auf der sonnigen Fensterbank ziehen. Dann gießt man die Flüssigkeit durch ein Sieb und zieht sie auf Flaschen ab. Wenn das Aroma nicht stark genug ist, wiederholt man die Prozedur mit frischem Basilikum. In Indien salzt man Basilikum manchmal ein und legt es in Schichten wie Bohnen in irdene Töpfe. In Italien konserviert man Basilikum ganz in Öl; dabei wird es manchmal aber auch unangenehm schleimig. Frisches Basilikum würzt fast jedes pikante Gericht – Salate, Suppen, Gemüse, Fisch, Fleisch, Geflügel, Käse, Marinaden, Saucen, Füllungen, Pasteten, gepökeltes Fleisch und alle Gerichte mit Tomaten. Die Blätter werden gegen Ende der Kochzeit an die Speisen gegeben. Frisches Basilikum ist ein wichtiger Bestandteil der berühmten Pestosauce, die aus in einem Gefäß zerstoßenen Blättern, Salz, Knoblauch und Olivenöl hergestellt wird; man kann Parmesankäse, Kiefernsamen oder Walnüsse dazugeben. Das Ganze wird dann in Minestrone oder in Pasta asciutta-Sauce gerührt.

Als stärkendes und keimtötendes Kraut wirkt Basilikum anregend, verdauungsfördernd, beruhigt den Magen und hilft bei Übelkeit. Auf die Schläfen gerieben hilft Basilikumöl bei Kopfschmerzen. Früher schnupfte man getrocknete Blätter bei verstopfter Nase. In vergangener Zeit gab es leidenschaftliche Befürworter und Gegner von Basilikum als Heilkraut. Die einen glaubten, daß schon das Riechen an Basilikum dazu führen könnte, daß sich Skorpione im Gehirn einnisten; andere wiederum waren der Ansicht, daß es Kraft und Mut verleihe und die dritten waren davon überzeugt, daß das Kraut dem Körper Gift entzöge. Es gilt als Aphrodisiakum und wird noch heute in vielen Ländern bei Geburten eingenommen.

Basilikum wurde früher im Haus als Duftkraut verstreut und noch heute stellt man zur Abschreckung von Fliegen einen Topf mit Basilikum auf die Fensterbank. Das Öl oder die frischen Blätter verliehen Waschwasser einen

Ocimum basilicum

süßen Duft und beide werden noch heute in der Parfumindustrie verwendet.

Die bei den Indern als heilig betrachtete Basilikumart, *O. sanctum*, ist dem Gott Krishna geweiht; sie wird um Tempel herum angebaut und als starker Schutz den Toten auf die Brust gelegt. In Frankreich nennt man die Pflanze »*herbe royal*« und auch der Name »Basilikum« geht auf ein griechisches Wort zurück, das »königlich« bedeutet. Im alten Griechenland begleitete man das Aussäen von Basilikum mit Verwünschungen und Flüchen. So bedeutet der französische Ausdruck »*semer le basilic*« soviel wie »verleumden«.

Im antiken Giechenland, in Rom und im hellenistischen Ägypten schätzte man es als Gewürz-, Heil- und Zierpflanze. Es war in der magischen Literatur der Antike und des Mittelalters als ein Mittel zum Liebeszauber bekannt. Das Basilikumöl gebrauchte man seit der Mitte des 16. Jahrhunderts.

O. basilicum var. *minimum* ist etwas winterharter und dichter. Die Pflanze wird nicht höher als 25 cm und hat kleine Blätter. Ihr Aroma ist schwächer, sie ist aber gut als Topfpflanze den Winter über im Zimmer zu halten.

Ocimum basilicum var. *minimum*

Oenothera biennis

Ocimum basilicum 'Dark Opal'

Oenothera biennis
Schinkenkraut, Gemeine Nachtkerze
Familie: Onagraceae
Die Heimat dieser zweijährigen Pflanze ist Nordamerika, wo sie auf trockenem Brachland zu finden ist. Im 18. Jahrhundert wurde sie nach Europa gebracht. Sie hat eine kräftige, tiefreichende Pfahlwurzel, bildet im ersten Jahr eine Blattrosette und einen behaarten Stengel aus, der 1 m hoch wird und im zweiten Jahr eine große blaßgelbe Blüten trägt. Die Blüten duften süß und besitzen leicht abfallende, mohnartige Blütenblätter. Sie blühen den ganzen Sommer über.
Es gibt viele Arten. Man sät die Samen an einem sonnigen Platz in lockere, gut durchlässige Erde. Die Pflanze sät sich dann von selbst aus. Im Frühsommer des zweiten Jahres erntet und trocknet man die ganze Pflanze. Die Wurzeln schmecken gekocht süß wie Pastinak. Blätter und Stengel sind adstringierend und enthalten viel Pflanzenschleim. Bei Husten und Asthma verschafft ein Infus Linderung, welches gleichzeitig ein mildes Beruhigungsmittel ist. Heute sollen wissenschaftliche Untersuchungen zeigen, ob die Wurzel vielleicht sogar ein Mittel zur Behandlung von Multipler Sklerose ist.

Origanum-Arten
Dost
Familie: Labiatae
Von Dost, auch wilder Majoran genannt, gibt es viele kultivierte Arten und Varietäten; zu ihnen gehören bunte, goldenfarbige und niederwüchsige Pflanzen. Als Gartenkräuter baut man allerdings in erster Linie zwei am Mittelmeer vorkommende Arten an, den süßen *Origanum majorana* und auch *O. onites. O. majorana* gilt im gemäßigten Klima als ein- bis zweijährig, ist aber im Süden ausdauernd. *O. onites* ist winterhart und ausdauernd und wird in Töpfen gezogen. Der wilde Majoran oder Dost, *O. vulgare*, der oft »Oregano« genannt wird, ist eine widerstandsfähige, ausdauernde Pflanze, die in Nord- und Südeuropa, in Asien, Nordafrika und Nordamerika auf Kalkböden gedeiht. Je nach Klima und Standort sind Aroma und Wuchs ganz unterschiedlich ausgeprägt. Eine weitere Art. *O. dictamnus*, ist eine dekorative Pflanze mit flaumbesetzten Blättern und auffallenden, rosaroten Blütenköpfen. In Griechenland wächst *O. heracleoticum*.
Alle Arten von Majoran besitzen in unterschiedlichen Mengen ein starkes, wärmendes, aromatisches Öl. Majoran wurde bereits in der Antike als Gewürzkraut benutzt. Man kann ihn ohne Schwierigkeiten trocknen und er behält auch lange sein Aroma. Das Öl wirkt antiseptisch, stärkend und verdauungsfördernd, bringt die Menstruation in Gang und beruhigt die Nerven. Ein Infus hilft bei Magenbeschwerden und morgendlicher Übelkeit. Man weicht die oberen Pflanzenteile in Öl ein und reibt die Mischung bei Rheumatismus, Gliederschmerzen oder Kopfweh auf die schmerzenden Stellen oder legt einen heißen Umschlag aus zerquetschten Blättern auf. Das Öl aus frischen Blättern hilft bei Zahnschmerzen; ein Kissen, das man mit getrockneten Majorankräutern vollstopft, schafft bei Schlaflosigkeit Abhilfe. In früherer Zeit zerstreute man den süß duftenden Majoran zum Desinfizieren gern im Haus und benutzte das Öl als Möbelpolitur. Die Blütenspitzen brauchte man zum Würzen und Konservieren von Bier. Aus ihnen gewinnt man ferner ein rostrotes, wasserlösliches Färbemittel. Im Hochsommer entfalten sich die bei Bienen und Schmetterlingen so beliebten Blüten.
Der Name »Oregano« kommt aus dem Griechischen und bedeutet »Freude der Berge«. In der Antike bekränzte man Brautpaare mit Majoran und, auf die Gräber gepflanzt, vermittelte er ein glückliches Dasein im Jenseits.
O. majorana wird 25 cm hoch, hat zarte, rötliche Stengel und paarweise angeordnete, kleine, graue, mit Öldrüsen bedeckte Blätter. Die blaßen, malvenfarbenen oder weißen Blüten werden fast von den Deckblättern verborgen. Schon früh im Jahr sät man die Samen unter Glas aus. Die Setzlinge pflanzt man an einen warmen, sonnigen und geschützten Platz in lockere Erde und hält sie von Unkraut frei. Die Aussaat ins Freie erfolgt erst nach dem letzten Frost. Setzlinge vereinzelt man in einem Abstand von 20 cm. Sobald sich die Knospen entfalten, schneidet man zum Trocknen die Pflanze bis auf 5 cm zurück. Später im Herbst kann dies auch noch ein zweites Mal erfolgen. Man trocknet Majoran in lockeren Sträußen oder auf Stellagen. *O. majorana* besitzt das köstlichste Aroma und hat einen feinen, süßen Duft. Er paßt gut zu Salat, Eiern und leichten Fleischgerichten, Sommergemüse, in Füllungen und zu Rahmsaucen. Er war ein beliebter Zusatz in Puder, Duftkissen und Badewasser. Gerard meint, daß Majoran »so außerordentlich gut ist, daß man ihn in alle wohlriechenden . . . Brühen und Fleischgerichte geben sollte«. Mit Tee behandelte man alle »Erkältungskrankheiten des Verstands und des Kopfs«.
Häufiger angebaut wird *O. onites*, der 60 cm hoch wird und einen kräftigen, ausdauernden Busch bildet. Im Hochsommer stehen die weißen oder rosaroten Blüten in Büscheln auf der Pflanze. Die Vermehrung erfolgt im Frühjahr durch Samen, im Herbst durch Wurzelteilung oder Ableger. Setzlinge werden an einem sonnigen Platz in humosen, durchlässigen Boden gepflanzt und von Unkraut frei gehalten. Alle paar Jahre werden die Büschel geteilt, sonst verlieren sie an Aroma. *O. onites*

Origanum majorana

wird genauso geerntet wie *O. majorana*. Sein Aroma ist haltbarer. Das Kraut wird zum Würzen von Suppen und Eintopfgerichten, Würsten und Füllungen gebraucht.
Der wild wachsende Majoran, *O. vulgare*, wird weniger dicht; er zeigt hochgewachsene Stengel und breitet sich auf trockenen Abhängen und steinigen Hügeln mit seinen Rhizomen aus. Seine Blüten sind ähnlich wie die Blüten von *O. onites;* er wird auf dieselbe Weise gezüchtet und geerntet. Am warmen, trockenen Standort ist das Aroma weitaus kräftiger, pfeffriger und hat einen bitteren Beigeschmack. Daher verwendet man ihn in der Küche sparsamer. In der italienischen Küche gilt Oregano als beliebtestes Gewürz auf Pizzas, Pasta asciutta und allen Gerichten mit Tomaten und Käse. In Griechenland werden viele wildwachsenden Arten unter der Bezeichnung *rigani* zusammengefaßt und zum Würzen verwendet. Ölivenöl nimmt dem Gewürz den bitteren Geschmack. In Mexiko würzt man Chillies, scharfe Suppen und Bohnengerichte damit.
Die wildwachsende Art wird vor allem als Heilmittel verwendet. Schon in der Antike betrachtete man sie als Mittel bei Vergiftungen, wie z. B. durch tierisches Gift und Schierling.

Origanum vulgare

Panax quinquefolius

Origanum onites

Panax quinquefolius
Amerikanischer Ginseng
Familie: Araliaceae

Der Amerikanische Ginseng, eine Staude, wächst in den Wäldern des östlichen Nordamerikas. Der Samen braucht fast zwei Jahre zum Keimen. Den fleischigen Wurzeln entwachsen ein paar Blätter mit 5 Blattfiedern; im Hochsommer bilden sich kleine, grünlichgelbe Blüten und leuchtend rote Beeren. Nach 6 Jahren kann man die Pflanze ernten. Sie wird 60 cm hoch und gleicht in etwa den Umrissen eines Menschen. Die Bezeichnung »Ginseng« stammt aus dem Chinesischen und bedeutet »menschliche Form«. Um 1880 begann man die Wurzeln in Nordamerika zu züchten. Seither exportiert man sie nach China und Europa.

Ähnlich ist auch der chinesische Ginseng, *P. pseudoginseng,* der schon um 3000 v. Chr. in China und Tibet als Heilkraut verwendet wurde. Ginseng gilt als Allheilmittel, Aphrodisiakum und Elixir und soll bei allen Gebrechen helfen. Die Wissenschaft hat diese Meinung allerdings bis jetzt noch nicht erhärten können. Ginseng kann gekaut, als Tee oder als Pulver eingenommen werden.

Papaver somniferum

Papaver somniferum
Schlafmohn
Familie: Papaveraceae

Vor über 1000 Jahren kam der Schlafmohn aus dem Vorderen Orient nach China und wurde seither dort angebaut. Ägypter, Griechen und Römer betrachteten ihn als Heilmittel. Er ist einjährig, wird 1,20 m hoch und hat große, blaßviolette oder weiße Blüten, die im Hochsommer erscheinen. Er kann einfach aus Samen gezogen werden und gedeiht in den meisten Klimazonen in humosem, feuchtem Boden, wo es sonnig ist. Die Droge gewinnt man, wenn man die unreife Samenkapsel einschneidet und den austretenden dicken Saft sammelt, sobald er in der Sonne hart geworden ist. In kühleren Gegenden ist die Droge viel schwächer. Opium ist gefährlich und macht süchtig. Man gewinnt aber daraus einige wichtige Drogen wie Morphin und Codein, welche in der Medizin angewendet werden.

Die reifen Samen haben eine narkotisierende Wirkung; die Samen von allen Mohnarten nimmt man zum Würzen von Brot und Kuchen, Currygerichten und Nudeln. Das ausgepreßte Öl kann auch gut zum Kochen verwendet werden.

Pelargonium graveolens

Pelargonium graveolens
Rosenpelargonie
Familie: Geraniaceae

Die Rosenpelargonie gehört zu den beliebtesten und anpassungsfähigsten Varietäten der großen Gattung *Pelargonium,* zu der auch alle gezüchteten Geranien gezählt werden. Ursprünglich stammen sie aus Südafrika, werden aber seit über 200 Jahren in Europa gezüchtet. Man findet sie heute in den meisten Ländern der Erde. Die nach Rosen duftende Varietät wird bis zu 1 m hoch und hat tief eingebuchtete, duftende Blätter und lockere Dolden von kleinen, malvenfarbenen oder rosaroten Blüten ohne Duft. Die Pflanze blüht im Frühsommer. Die Duftnote der anderen Varietäten reicht von Zitrone bis zu Pfefferminz. Sie unterscheiden sich auch in ihren Wuchsformen und -höhen.

Alle Arten sind ausdauernd und leicht aus Stecklingen zu ziehen, die man vom Frühjahr bis zum Herbst nehmen kann. Sie gedeihen in humoser, durchlässiger Erde, ertragen aber keinen Frost. Im Winter stellt man sie deshalb ins Haus an einen kühlen Platz und gießt nur selten. Süße Kuchen, Gelees und Pudding werden mit frischen Blättern gewürzt.

Petroselinum-Arten
Petersilie
Familie Umbelliferae

Petersilie ist in den Ländern heimisch, die an das östliche Mittelmeer grenzen. Seit Jahrtausenden wird sie bei uns angebaut. Die Römer brachten sie zu uns. Im frühen Mittelalter verschwand sie zwar wieder, wurde aber später neu eingeführt. Die ursprüngliche, wilde Varietät hatte wohl einfache Blätter wie die in Italien und Frankreich angebauten Arten. Später züchtete man sowohl die Blattpetersilie, wie auch die Wurzelpetersilie.

Alle Arten sind zweijährig und zeigen im ersten Jahr einen 1 m hohen Blütenstengel. Die Blätter der *Crispum*-Varietäten sind stark gekraust, die französische, italienische und Hamburger Varietät hat tief eingeschnittene, flache Blätter. Im Hochsommer entfalten sich die blaßgelben bis grünen Blüten in Dolden von 5 cm Durchmesser; die Samen sind graubraun; die blassen Wurzeln schmecken süß und sind fleischig; sie gleichen dünnen Karotten. *P. crispum*-'Tuberosum', Wurzelpetersilie hat größere Wurzeln. Man darf die Petersilie nicht mit der Hundspetersilie, *Aethusa cynapium* (Gartenschierling), verwechseln.

Die Samen brauchen mindestens sechs Wochen zum Keimen. Um das Keimen zu beschleunigen, kann man die Samen über Nacht in warmem Wasser einweichen und sät sie dann in ein gut gerechtes Beet, das zuvor mit heißem Wasser übergossen wurde. Die Samen bedeckt man mit einer dünnen Erdschicht. Setzlinge werden 25 cm weit auseinandergesetzt. Am besten wählt man dazu eine feuchte Witterung. Das Petersilienbeet kann in der prallen Sonne angelegt werden, obwohl die Pflanze auch etwas Schatten erträgt. Man sät im Frühjahr oder Spätsommer aus. Im folgenden Frühjahr zeigen sich Blütenstengel, die man abpflückt, um den Blattwuchs anzuregen. Petersilie sät sich von selbst aus. Will man den Winter über frische Blätter, so sät man im Hochsommer im Gewächshaus aus oder gibt ein paar Wurzeln von Pflanzen, die man im Frühjahr ausgesät hat, in einen Topf und stellt sie ins Haus. Pflanzen im Freien bedeckt man mit

einer Haube, wenn man das Wachstum verlängern möchte. Am besten sät man jedes Jahr neu aus.
Im ersten Jahr entwickeln sich die Blätter am besten; sie können zu jeder Zeit geerntet und getrocknet werden. Man legt sie auf einem Tablett in einen warmen Ofen bis sie getrocknet sind und bewahrt sie dann in einem luftdichten Gefäß an einem dunklen Ort auf, damit sie die Farbe behalten. Wurzeln brauchen viel länger zum Trocknen. Man hebt sie zum Würzen auf.
Petersilie ist ein vielseitiges Kraut; es bereichert die meisten Speisen und ist im *bouquet garni* unentbehrlich. Man verwendet sie in Suppen und Eintöpfen, zu Fleisch und Fisch, Gemüse, Marinaden, Saucen und Füllungen. Man kann Blätter und Stengel verwenden. Zum Garnieren kann Petersilie frisch oder getrocknet benützt werden. Den feineren Geschmack hat die Blattpetersilie, sie ist aber nicht so widerstandsfähig wie die Varietäten mit den einfachen Blättern, die einen groberen, strengeren Geschmack haben. Junge Wurzeln können gekocht oder mit einer Sauce roh genossen werden; sie schmecken wie süße Gelbe Rüben. Die Wurzeln von *P. crispum* 'Tuberosum' werden wie Pastinak behandelt.
Alle Pflanzenteile sind reich an Vitamin A, B und C, an Eisen, Kalcium und anderen wichtigen Mineralien. Man betrachtet sie als allgemein stärkend und empfiehlt sie besonders bei Anämie. Petersilie regt den Verdauungsapparat und die Nierentätigkeit an und soll Menstruationsbeschwerden lindern. Aus zerriebenen Blättern kann man einen antiseptischen Umschlag herstellen, der bei Quetschungen, Verstauchungen, Insektenstichen und Wunden oder bei Brustschmerzen von stillenden Müttern lindernd wirkt. Als Reinigungsmittel für die Haut verwendet man Petersilie, die man über Nacht in Wasser eingetaucht hat. Die Blätter reinigen den Atem, besonders wenn man Knoblauch gegessen hat. In den Samen ist ein starkes Öl, Apiol, enthalten, welches innerlich nicht angewandt werden sollte.
Aus Petersilie erhält man ein grünlichgelbes Mittel zum Färben, wenn man sie mit Chrom oder Alaun versetzt.

Petroselinum crispum

Pimenta dioica
Pimentbaum, Nelkenpfeffer
Familie: Myrtaceae
Die immergrüne Pflanze gehört zur Familie der Myrten und wird in den tropischen Wäldern Südamerikas, der Westindischen Inseln und vor allem auf Jamaika 9 m hoch. Dort wird sie im Hügelland in Plantagen angebaut. Pimentbäume brauchen wenig Pflege und müssen nur von Unterwuchs freigehalten werden. Die Bäume zieht man aus frischen Samen; sie tragen etwa 100 Jahre lang Früchte. Die Blätter sind dick und lederig; im Hochsommmer entfalten sich die kleinen, weißen Blüten in Büscheln; die reifen Beeren sind dunkelrot. Wenn sie reifen, verlieren sie ihr Aroma, deshalb erntet man sie solange sie grün sind und trocknet sie künstlich oder in der Sonne. Getrocknet sehen sie aus wie große, braune und runzelige Pfefferkörner.
Besonders die Rinde der Beeren ist aromatisch. Wenn man ein besonders kräftiges Gewürz will, kauft man deshalb besser ganze Beeren; sie haben mehr Geschmack als im pulverisierten Zustand und lassen sich leicht mit dem Mörser oder mit der Pfeffermühle zermahlen. Die Beeren besitzen, wie schon der Name »Nelkenpfeffer« besagt, das Aroma von mehreren Gewürzen gleichzeitig. Sie sind sehr scharf und pfeffrig, erinnern an Nelken und Muskatnuß und können in süßen und auch pikanten Gerichten benutzt werden. Sie vertragen sich gut mit anderen Gewürzen und werden häufig Gewürzmischungen beigemengt. Es ist überflüssig, Nelken zu verwenden, wenn man bereits Piment beigemengt hat. In Eintöpfen, die langsam kochen müssen, Suppen, Bohnengerichten und Marinaden verwendet man das Gewürz ganz, zu Hammel, in Currygerichten, Hackbraten, Pasteten, Kuchen und Biscuits zieht man gemahlenen Piment vor. Ganz oder gemahlen würzt er Glühwein. Frühere Zivilisationen in Mittelamerika würzten damit Schokolade. In Jamaika gibt man Piment im Übermaß an eine Unzahl von Gerichten – an süße Kartoffeln, Suppen, Eintöpfe und Currygerichte. Im 17. Jahrhundert gaben die spanischen Eroberer dem Gewürz den Namen *Pimenta,* denn das Aroma erinnerte sie an den Pfeffer; später schickte man getrocknete Beeren mit Schiffen von den Westindischen Kolonien nach Europa. Piment war das einzig richtige Gewürz, das in der Nähe der neuen Kolonien in Nordamerika vorkam; deshalb benutzten ihn die Siedler in großen Mengen in Kürbispasteten, eingelegten Früchten und Kuchen.
Piment wird in der Medizin fast in ähnlicher Weise verwendet wie Nelken. Auch das enthaltene Öl ist ähnlich. Es wirkt verdauungsfördernd, keimtötend und etwas narkotisierend. Aus ein paar zerriebenen Beeren stellt man ein kräftigendes und wärmendes Infus her. Piment gibt man in Duftkissen, wo das Aroma lange erhalten bleibt. Im tropischen Südamerika und auf den Westindischen Inseln gibt es außerdem noch andere Vertreter der Art; dazu gehört Bayrumbaum, *P. racemosa,* eine Pflanze, die zur Herstellung des Kopfwaschmittels »Bayrum« gebraucht wird.

Pimenta dioica

Pimpinella anisum
Anis
Familie: Umbelliferae

Wie viele andere aromatische Kräuter stammt der Anis aus dem Mittelmeergebiet und wird seit langem auch bei uns angebaut. Im kühleren Klima reifen die Samen nur selten richtig aus. Wahrscheinlich brachten die Römer den Anis mit nach England; seit dem 15. Jahrhundert wird er im Kräutergarten gezüchtet und schon die ersten Siedler führten ihn in Amerika ein. Anis ist eine empfindliche, einjährige Pflanze, die nur selten über 50 cm hoch wird. Wie bei Koriander sind die Blätter an der Basis breit und gebuchtet und die oberen Blätter fein eingeschnitten und federartig. Im Hochsommer entfalten sich die cremefarbenen Blüten in Dolden; aus ihnen entwickeln sich dann die hellbraunen, gerippten und behaarten Samen.

Man sät die Samen spät im Frühjahr an einer sonnigen, geschützten Stelle in lockere, trockene Erde. Die Setzlinge vereinzelt man in einem Abstand von 20 cm. Anis läßt sich nicht leicht versetzen und muß sorgfältig von Unkraut freigehalten werden. Es dauert lange, bis die Samen reif sind; dazu muß der Sommer warm und lang sein, aber die Blätter können auf jeden Fall geerntet werden. Außerdem bietet der Anis einen hübschen Anblick und ist eine reizvolle Gartenpflanze. Sobald die Samen ihre Farbe ändern, schneidet man die Samendolden ab und hängt sie zum Reifen an einen sonnigen Platz. Ein Tuch wird darunter gelegt und fängt herabfallende Samen auf. Das stärkste Aroma haben die Samen; sie haben einen durchdringenden, süßen Geschmack und haben eine wärmende Wirkung. Eine gewisse Ähnlichkeit haben sie mit dem Fenchel, denn beide enthalten dasselbe Öl (Anethol). Ebenso verwendet man Anis zu Fisch, Geflügel, in Cremesuppen und Rahmsaucen. Süßes Gebäck und Bonbons können mit Anis gewürzt werden. Anis zeigt auch eine Ähnlichkeit mit manchen frischen Früchten, wie z. B. mit Feigen. Anissamen sind besonders wertvoll zum Würzen von süßen Likören wie z. B. von Anisette und Pastis. Diese Liköre werden vielfach in der Küche verwendet, man gibt sie an Saucen, Suppen, an Fruchtsirups und süße Cremespeisen, wenn ganze Anissamen nicht so gut passen. Die Blätter des Anis haben einen feineren, aber köstlichen Geschmack; man kann sie frisch in Salaten, mit Gemüse oder auch Käse essen.

Anis ist eines der bekanntesten verdauungsfördernden Kräuter; er lindert Husten und Kopfschmerzen und hilft bei Schnupfen. Einen gut schmeckenden Tee bereitet man aus Blättern oder 7 g zerquetschten Samen zu, die man 10 Minuten lang in 600 ml kochendes Wasser oder heiße Milch gibt. Einen frischen Atem bekommt man, wenn man nach der Mahlzeit ein paar Anissamen kaut; dies ist auch gleichzeitig verdauungsfördernd. Nach üppigen Mahlzeiten genossen die Römer einen speziellen Kuchen, der stark mit Anis, Kümmel, Fenchel und anderen Samen, die verdauungsfördernd sind, gewürzt wurde. Anissamen soll auch die Muttermilchproduktion steigern.

Anissamen wirken antiseptisch; deshalb wird Anisöl in Zahnpasta und Insektenvertreibungsmitteln verwendet. Man braucht ihn auch in der Parfumindustrie. Auf Käse gerieben dient er als Köder für Mausefallen.

Pimpinella anisum

Piper nigrum
Pfeffer
Familie: Piperaceae

Der Pfeffer wächst wild in den äquatorialen Regenwäldern Asiens; heute wird er auch in anderen tropischen Ländern angebaut. Die glatten, verholzten Stengel ranken sich 6 m hoch an Urwaldbäumen empor. Auf Plantagen werden sie allerdings nur etwa halb so hoch. Die eiförmigen Blätter sind dick und dunkelgrün; in langen, hängenden Ähren entwickeln sich kleine, weiße Blüten. Sie werden zu Beeren, die zunächst grün sind und dann beim Reifen orange und später rot werden. Manche Beeren werden noch unreif geerntet und in der Sonne getrocknet, bis sie runzlig und schwarz sind. Manche läßt man ausreifen; bevor man sie trocknen läßt, entfernt man das äußere Fleisch. Der Kern im Innern ist hell und wird als weißer Pfeffer verkauft. Die unreif geernteten, schwarzen Körner kommen als schwarzer Pfeffer in den Handel.

Gemahlener Pfeffer verliert sehr rasch an Aroma. Deshalb sollten beide, weißer und schwarzer Pfeffer ungemahlen gekauft und erst kurz vor Gebrauch in der Pfeffermühle gemahlen werden. Ganze Pfefferkörner können gut aufbewahrt und in großen Mengen gekauft werden. Gemahlener Pfeffer ist außerdem oft nicht rein. Grüne Pfefferkörner sind unreife, frische Beeren, die in Salzlake, Essig oder im eigenen Saft auf den Markt gelangen.

Der scharfe, beißende Geschmack des Pfeffers ist nicht süß, aber auch nicht pikant; seine Verwendbarkeit ist sehr vielseitig. Am beliebtesten ist der schwarze Pfeffer, denn er hat das beste Aroma und den kräftigsten Geschmack. Eine besonders gute Qualität besitzt der Pfeffer, der an der Malabarküste angebaut wird. Weißer Pfeffer ist sehr scharf, grüner Pfeffer scharf und würzig.

Marinaden würzt man mit ganzen Pfefferkörnern, ebenso den Grundstock für Saucen und Suppen, *court bouillon* und Eintöpfe; Gerichte mit kürzerer Kochdauer verlangen eher gemahlenen Pfeffer, den man kurz vor dem Servieren beimengt, damit der Geschmack nicht bitter wird. Für Gerichte wie Pfeffersteak zermahlt man den Pfeffer grob mit einem Mörser, denn der Pfeffer soll im Munde noch prickeln und zerbrechen. Mit Pfeffer kann man auch Süßspeisen, Obstkuchen und Pasteten würzen.

In der Medizin gilt er als anregend; er fördert die Magensaftbildung, unterstützt nach üppigen Mahlzeiten die Verdauung und hilft vorbeugend gegen Verstopfung. Die Arznei *Diatrion Piperion,* eine Mischung aus weißem, schwarzem Pfeffer und *P. longum* mit Thymian, Ingwer und Anis, die in Ysopsaft gekocht wurde, galt in früheren Zeiten als probates Mittel bei Verdauungsbeschwerden und wurde auch bei Gedächtnisschwund eingenommen. Im 15. Jahrhundert betrachtete man den Pfeffer als so wichtig, daß sich die portugiesischen Seefahrer vor allem seinetwegen auf ihre gefährlichen Reisen begaben.

Es gibt noch andere Pfefferarten, wie z. B. der Kubebenpfeffer, *P. cubeba,* mit seinem bitteren, beißenden Geschmack, und *P. longum.*

Seit der Römerzeit gilt der Pfeffer als das beliebteste und wichtigste Gewürz in Europa. Er galt sogar als Zahlungsmittel, mit dem man Lösegeld, Tribut und Zins bezahlte.

Piper nigrum

Plantago major
Großer Wegerich, Breitwegerich
Familie: Plantaginaceae

Der Große Wegerich ist eines der am weitesten verbreiteten Kräuter; man findet ihn überall auf frischen Rasenflächen in den gemäßigten Klimagebieten der Erde. Meistens betrachtet man ihn als Unkraut. Er ist die größte Pflanze unter den Wegericharten und ist eine ausdauernde Staude. Seine Blätter sind breit und stark geädert. Vom Hochsommer an erscheinen die grünen Blütenähren auf etwa 50 cm hohen Stengeln.

Die breiten Blätter sind eßbar, aber fade im Geschmack. Schon im Altertum betrachtete man sie als Heilmittel; so gilt die Pflanze als Zutat für die meisten überlieferten Rezepte für Wundsalben.

Wegerich wirkt adstringierend und kühlend. Bei Fieber, Durchfall, Mundfäule, Blasen- und Nierenbeschwerden hilft ein Infus oder Dekokt aus den Blättern oder ein Aufguß aus Wurzeln. Äußerlich angewandt reinigt das Infus die Haut oder wird bei müden Augen als Kompresse verwendet. Ein Umschlag aus zerquetschten Blättern hilft bei Insektenstichen, Verbrennungen und blutenden Wunden.

Polygonatum multiflorum
Vielblütige Weißwurz
Familie: Liliaceae

Die Pflanze ist im nördlichen Europa heimisch. Man findet sie aber auch in Mitteleuropa in Wäldern und an feuchten, schattigen Stellen. Ihre gebogenen Stengel werden 60 cm hoch. Die eiförmigen, gerippten Blätter stehen dicht an den gebogenen Stengeln. Im Frühsommer entwickeln sich in den Achseln die cremefarbigen Blütenglocken; zu schwarzen Beeren. Der ausdauernde Wurzelstock ist hell, dick, gekrümmt, hat vorspringende Vegetationspunkte und narbige Stengel, die aussehen wie Siegel. Es gibt verschiedene Arten. Die im Garten gezüchtete Varietät ist häufig eine Kreuzung von *P. multiflorum* und *P. odoratum.*

Man sät im Herbst frische Samen oder teilt die kriechenden Wurzelstöcke vom Herbst bis ins Frühjahr. Die Pflanze bevorzugt stets Schatten und leichten, mit Lauberde durchsetzten Boden.

Die Wurzeln dürfen nicht innerlich angewendet werden. Frisch, getrocknet und pulverisiert stellt man aus ihnen einen adstringierenden, schleimigen Umschlag her, für Blutergüsse, Entzündungen und Wunden.

Polygonum bistorta
Wiesenknöterich
Familie: Polygonaceae

Von Nordeuropa bis zum Himalaja gedeiht der Wiesenknöterich in höheren Lagen, wo es feucht ist und Rasen wächst. Er wird bis zu 1 m hoch, hat glatte, breite Blätter und kleine, dichte Ähren mit rosaroten Blüten, die im Frühsommer erscheinen. Der verkrümmte, ausdauernde Wurzelstock breitet sich rasch aus und läßt sich leicht durch Wurzelteilung vermehren. Wiesenknöterich bevorzugt im Garten Schatten und feuchten Boden.

Im Frühling sind die Blätter ein nahrhaftes Gemüse oder werden als Salat zubereitet. Im Herbst erntet und trocknet man die Wurzeln. Sie wirken sehr adstringierend und können in Form eines Aufgusses bei Husten, Heiserkeit und Ruhr eingenommen werden. Man kocht dazu 25 g Wurzeln 10 Minuten lang in 300 ml Wasser und trinkt zweimal täglich davon ein halbes Glas. Der Aufguß ist auch gut zum Gurgeln und Spülen. Getrocknete und gemahlene Wurzeln haben eine starke blutstillende Wirkung. Buchweizen und Knöterich, die mit dem Wiesenknöterich verwandt sind, sind Reizmittel.

Portulaca oleracea

Pulmonaria officinalis

Reseda luteola

Portulaca oleracea
Portulak
Familie: Portulacaceae

Portulak wächst in Indien wild und wurde bei uns in Europa schon vor Jahrhunderten angebaut. Die wuchernde, einjährige Pflanze wird etwa 30 cm hoch und hat dicke, fleischige Blätter; sie sind stumpf grün und entwachsen saftigen, rötlichen Stengeln. Im Hochsommer blüht die Pflanze gelb. Samen kann man vom Frühjahr bis zum Frühsommer immer wieder neu aussäen. Portulak bevorzugt humosen Boden und Sonne und muß reichlich gegossen werden. Weniger winterhart ist die goldgelbe Varietät *P. oleracea* var. *sativa*.

Die jungen Blätter sind scharf und kühlend; man kann sie als Salat zubereiten und gekocht oder geschmort als Gemüse genießen. Mit den älteren, zäheren Blättern würzt man Suppen und Eintopfgerichte. Die Stengel legt man für den Winter ein und ißt sie dann als Salat. Portulak wurde früher als kühlendes Kraut verwendet. Auf der Zunge wirken die Blätter durststillend; ein Brei aus Blättern kühlt und lindert als Umschlag die heiße Stirn oder entzündete Augen. Portulak ist auch ein Mittel gegen Skorbut.

Pulmonaria officinalis
Lungenkraut
Familie: Boraginaceae

Lungenkraut ist in Europa heimisch und wächst in Wäldern oder an schattigen Stellen. Die Pflanze ist ausdauernd und winterhart; schon früh im Jahr zeigen sich die großen, spitzen, mit silbernen Flecken gesprenkelten und mit groben Härchen versehenen Blätter. Im späten Frühjahr erkennt man die Blüten, deren Farbe von rosarot zu blau übergeht. Lungenkraut wird 30 cm hoch und ist im Garten, wo es feucht und schattig ist, ein ausgezeichneter Bodendecker. Die Vermehrung geschieht durch Samen oder Wurzelteilung. Es gibt viele Varietäten, die im Garten gezüchtet werden.

Die jungen Blätter können als Salat oder Gemüse auf dieselbe Weise wie Borretschblätter zubereitet werden. Sie enthalten viel Pflanzenschleim und sind daher gut bei Husten. Ein Infus aus Blättern wurde früher als Heilmittel bei allen möglichen Lungenkrankheiten betrachtet. Man glaubte, daß die gefleckten Blätter erkrankten Lungen glichen und sah darin ein Zeichen für die Verwendung des Heilkrauts. Schon Hildegard von Bingen verwandte Lungenkraut als Medizin.

Reseda luteola
Färber-Wau, Färber-Reseda
Familie: Resedaceae

Die zweijährige Pflanze ist in Europa heimisch; sie wird bei basischem Untergrund über 1 m hoch. Die Blätter sind glatt, lang und lanzettlich; die Ränder sind gewellt. Im Hochsommer des zweiten Jahres zeigen sich lange, schmale Ähren mit hellen, gelbgrünen Blüten. Früher pflanzte man Reseda im Fruchtwechsel mit Hafer an und gewann daraus ein gelbes Färbemittel. In England war das Mittel so begehrt, daß man getrocknete Pflanzen aus Frankreich einführte. Man kann sie leicht mit der verwandten, wild wachsenden Gelben Resede, *R. lutea,* verwechseln, die einen süßen Duft und gezähnte Blätter hat.

Färber-Wau bevorzugt leichte, kalkhaltige Erde und einen sonnigen Standort. Samen sind viele Jahre hindurch keimfähig. Oft bilden sich ganze Kolonien von Färber-Wau, wenn der Boden z. B. durch Straßenarbeiten umgebrochen wird und so alte Samen zum Keimen gebracht werden.

Versetzt mit Alaun oder Zinn ergibt Färber-Reseda eines der ältesten Färbemittel von sehr schönem und intensivem Gelb.

Rheum rhabarbarum

Rosa canina

Rheum rhabarbarum
Krauser Rhabarber
Familie: Polygonaceae

Der in unseren Gärten angebaute Rhabarber stammt entweder von der in Sibirien wild wachsenden Art oder von einer Hybridform ab. Die Wurzeln werden knollig groß und verholzen; sie sind außen dunkelrot, innen faserig und sehr ausdauernd. Aus ihnen sprießen dicke, bis zu 1 m lange Blattstengel und riesige, dunkelgrüne, geäderte Blätter. Blüten entwickeln sich im Hochsommer in cremigweißen, büschelartigen Ähren.

Rhabarber kann aus Samen gezogen werden; einfacher ist jedoch die Vermehrung durch Wurzelteilung. Man gibt Wurzelstücke mit je einem Auge in tiefgründigen, mit Mist durchsetzten Boden. Im ersten Jahr ist es ratsam, die Stengel nicht abzuschneiden und auch in den nächsten Jahren sollte man erst im Hochsommer Stengel abpflücken, damit sich die Pflanze voll entwickeln kann. Unter umgedrehten Töpfen oder Kisten, die man in Mist oder Stroh bettet, kann man die Stengel schon früh im Jahr antreiben.

Rhabarberstengel werden meist mit Zucker eingekocht und gelten als mildes Abführmittel. Sie sind säurehaltig; deshalb sollte man nicht zuviel auf einmal davon verzehren. Die Blätter weisen einen hohen Oxalsäuregehalt auf und sind daher nicht zum Verzehr geeignet. Getrocknet und gemahlen wirken die Wurzeln bei Magen und Darmbeschwerden adstringierend.

Der Rhabarber wurde in den Mittelmeerländern um die Wende der christlichen Zeitrechnung eingeführt und von den Römern und Griechen in der Medizin verwendet. In der Antike und im Mittelalter benutzte man ihn nur selten oder verfälscht.

Bevor der Krause Rhabarber aus Italien in ganz Europa eingeführt war, verwendete man in der Medizin aber auch andere Rhabarberarten. Sie kamen aus China, wo man bereits 3000 v. Chr. die Wurzeln als eine reinigende Arznei betrachtete. Diese anderen Arten sind bei weitem kräftiger als der Krause Rhabarber.

Ein aus den Wurzeln zubereiteter Aufguß oder gemahlene, mit einer Paste vermischte Wurzeln färben das Haar gelb. Aufgekocht in Teekesseln und Töpfen entfernt Rhabarber wegen seines hohen Säuregehalts Kesselstein; zermahlene Blätter werden zum Säubern von Kupfer und Messing verwendet.

Rosa canina
Hundsrose
Familie: Rosaceae

Die am weitesten verbreitete, wild wachsende Rose Nordeuropas und Mitteleuropas ist die Hundsrose. Der laubwerfende Strauch wird 3 m hoch und hat gebogene, mit Stacheln besetzte Zweige, gezähnte Fiederblätter und empfindliche, weiße oder rosarote Blüten. Im Spätsommer reifen die eiförmigen roten Hagebutten. Die Hundsrose kann im Garten durch Samen oder auch durch Wurzelabrisse vermehrt werden.

Die zart duftenden Blütenblätter ißt man frisch in Salaten oder als Brotbelag; man kocht sie als Marmelade oder Gelee oder benutzt sie zum Würzen von Butter, Essig oder Süßspeisen. Hagebutten enthalten Vitamin C und lassen sich zu einem Sirup, zu Hägemark oder Gelee verarbeiten. Aus getrockneten Blättern stellt man Tee her. Die dunkelroten Blütenblätter der Damaszenerrose, *R. damascena*, die im Garten angepflanzt wird, werden in der Medizin besonders hoch geschätzt. Sie wirken adstringierend, kräftigend bei Herzbeschwerden. Darüber hinaus nimmt man sie bei Halsschmerzen mit Honig ein.

Rosmarinus officinalis

Rosmarinus officinalis
Rosmarin
Familie: Labiatae

Die in den Mittelmeerländern wildwachsenden Pflanze wird in den gemäßigten Klimagebieten angebaut. An geschütztem Standort kann sie 2 m hoch und 20 Jahre alt werden. Rosmarin ist mit Lavendel verwandt und hat einen ähnlich gekrümmten, verholzten Stamm; die aromatischen Blätter sind immergrün, oberseits dunkel und unterseits silbern; im Hochsommer entfalten sich bei uns Blüten, die besonders die Bienen anlocken.

Stecklinge wachsen im allgemeinen gut an; man kann Rosmarin aber auch aus Samen, Setzlingen oder durch Wurzelteilung ziehen. Man wählt einen geschützten, sonnigen Standort mit leichtem, durchlässigem Boden, möglichst an einer Mauer. Im kälteren Klima setzt man die Pflanze besser gleich in einen großen Topf, in dem Tonscherben, die man in die Erde mengt, die Durchlässigkeit garantieren. Im Winter bringt man den Stock ins Gewächshaus oder ins Zimmer.

Setzt man die einzelnen Stöcke in 50 cm Abstand, so erhält man eine hübsche Gartenhecke, die nach der Blüte zugeschnitten werden kann. Rosmarin kann man auch an Mauern emporziehen. So beschreibt ein Besucher des Schlosses Hampton Court an der Themse (England) im 16. Jahrhundert, daß Rosmarinsträucher so dicht an die Mauern des Schlosses gepflanzt worden wären, daß sie diese gänzlich verdeckten. Was beim Zuschneiden abfällt, kann getrocknet und aufbewahrt werden. Wenn die Pflanze zu blühen beginnt, schneidet man außerdem Zweige zum Trocknen ab.

Unter den Varietäten ist *R. officinalis* 'Alba' mit weißen Blüten besonders zu erwähnen; außerdem gibt es eine Varietät mit leuchtend blauen Blüten und eine kleine, niedrigwüchsige, sehr empfindliche, die sich besonders für Steingärten und für Töpfe eignet.

Rosmarin ist intensiv im Geschmack und darf Speisen daher nur sparsam beigegeben werden; die kleinen Zweige mit den spitzen und scharfen Blättern würzen Marinaden, Eintöpfe und Wildbret. Vor dem Servieren nimmt man die Zweige wieder heraus. Man legt ein Zweigchen zwischen gebratenes Fleisch oder Fisch oder gibt es an am Spieß gebratenen Lamm- und Rinderbraten. Für süßen Pudding oder Vanillesauce stellt man ein Infus aus Blättern her. Ein Zweig Rosmarin in der Zuckerdose gibt dem Zucker eine besondere Würze. Mit den Blüten garniert man Salate; überzieht man sie mit einem Zuckerguß oder zermahlt sie mit Zucker, so halten sie sich lange. Rosmarin wurde früher vor allem zum Würzen von Bier gebraucht.

Rosmarin wirkt aufheiternd und keimtötend; es ist ein gutes Herzmittel, beruhigt die Nerven, regt die Verdauung an und stärkt Herz und Verstand. Das Öl benutzte man zum Einreiben von müden, gichtigen und schmerzenden Gliedern. Für eine ungarische Königin destillierte man Rosmarinwasser, von dem man glaubte, daß es Lähmungserscheinungen beheben könne. Bei Kopfschmerzen empfiehlt sich ein Infus aus frischen oder getrockneten Blättern und Trieben. Sollte der Tee zu stark schmecken, so mischt man etwas Zitronenmelisse oder ein anderes, süßes Kraut bei.

Viele Kräuterhaarwaschmittel enthalten Rosmarin; es wirkt anregend auf die Haarwurzeln, verleiht dem Haar Fülle und Glanz und hilft gegen Schuppen. Das Infus kann auch zum Reinigen der Haut benutzt werden. Seit der Antike kann man in alten Kräuterbüchern lesen, daß Rosmarin die Jugend erhält und schon allein das Riechen an einem Rosmarinzweig genügte dazu. Außerdem betrachtete man ihn als Kraut der Treue, der Liebe und der ewig währenden Freundschaft. Rosmarin wurde in Brautkränze gewunden und auf Gräber gepflanzt. Bei Ansteckungsgefahr verbrannte man im Hause Zweige von duftendem Rosmarin; zwischen die Wäsche gelegt und getrocknet vertrieben sie die Motten. Bei Hofe galten Rosmarin- und Rautensträußchen als Schutz gegen Thyphus.

Der Name »Rosmarin« kommt vom Lateinischen *ros marinus* und bedeutet »Meernebel«; die Pflanze wächst nämlich häufig an den Stränden des Mittelmeers.

Rumex acetosa

Rumex obtusifolius

Rumex acetosa
Sauerampfer, Großer Ampfer
Familie: Polygonaceae

Er ist der bekannteste unter den Ampfern und kommt wild in Europa und Asien auf Wiesen und Feldern vor. In Amerika ist er eingeführt worden. Der Sauerampfer ist ausdauernd, hat breite, pfeilförmige Blätter und zeigt vom Hochsommer an Ähren mit dicht stehenden, büscheligen, roten Blüten. Der Schildampfer, *R. scutatus,* wird häufig wegen seiner saftigen Blätter angebaut.

Die Vermehrung geschieht durch Samen oder Wurzelteilung. Man setzt die Pflanzen in 30 cm Abstand an einem feuchten, halbschattigen Standort in humosen Boden. Schildampfer bevorzugt einen trockenen und sonnigen Platz. Ab Frühjahr erntet man die scharf schmeckenden Blätter für Salate; man kann sie auch in Butter oder Püree mit Rahm kochen oder Suppen und Saucen beigeben. Bei Fieber, Blasen-, Leber- und Nierenbeschwerden empfiehlt sich das kühlende, reinigende Kraut. Bei unreiner Haut legt man einen Umschlag mit Blattsaft auf. Aus Blättern und Blütenspitzen gewinnt man ein grünlich-gelbes Mittel zum Färben.

Rumex obtusifolius
Stumpfblättriger Ampfer
Familie: Polygonaceae

Er wird im Gegensatz zu dem mit ihm verwandten Sauerampfer mindestens 1 m hoch und ist größer und grober als dieser. Er hat hohe, grüne Blütenähren. Fast überall auf der Erde betrachtet man ihn als weit verbreitetes Unkraut; er hat viele Verwandte mit ganz ähnlichen Eigenschaften.

Junge Blätter können als Gemüse verzehrt werden, sie sind aber bitter und unangenehm im Geschmack. Ebenso wie der nah verwandte Rhabarber wirken die Wurzeln leicht abführend und adstringierend. In kleinen Dosen als Aufguß sind sie kühlend und blutreinigen. Eine gleichartige Wirkung hat ein Infus aus Blättern; das Infus wird aber in erster Linie äußerlich bei Insektenstichen, Verbrennungen, Entzündungen, geschwollenen Brüsten und Hautkrankheiten verwendet. Zu Brei zerriebene oder gekochte Blätter benutzt man als Umschlag oder, vermischt mit Hautcreme, als Reinigungssalbe. Auf dem Lande schlägt man Butter gern in die kühlenden Blätter ein. Aus Wurzeln und Blättern kann auch ein Mittel zum Färben hergestellt werden.

Ruta graveolens

Ruta graveolens
Raute, Gartenraute, Weinraute
Familie: Rutaceae

Die Raute, die wild im Hügelland Südeuropas vorkommt, ist kräftiger als die im Garten gezogenen Varietäten. Die Gartenraute wird 50 cm hoch, sie ist ausdauernd und immergrün, hat kräftige, verholzte Stengel und hübsche, runde, zusammengesetzte Blätter mit weichem Flaum. Vom Hochsommer an zeigen sich gelbe Blüten mit 8 hervorstehenden Staubfäden. Eine der am häufigsten angebauten Varietäten ist 'Jackman's Blue', deren Blätter einen fast metallischen, blauen Schimmer aufweisen.

Raute läßt sich leicht aus Samen, Stecklingen oder aus bewurzelten Schößlingen ziehen; man sät im Frühjahr aus und vereinzelt dann die Setzlinge in einem Abstand von 50 cm. Sie bevorzugen durchlässigen Boden und einen sonnigen, etwas geschützten Standort. Wie bei anderen Arten, die im Süden heimisch sind, regt zuviel Feuchtigkeit zwar das Wachstum stark an, schränkt jedoch die Widerstandsfähigkeit und das Aroma ein. Bei starkem Frost kann es geschehen, daß die Blätter abfallen, meist jedoch überstehen sie den Winter. Die Pflanze kann auch als dichte, immergrüne Gartenhecke angepflanzt werden. Im Frühsommer kann man sie zuschneiden. Auf keinen Fall darf man das Schneiden im Herbst durchführen, denn im Winter braucht die Pflanze die Blätter als Schutz. Raute soll sich mit Basilikum nicht vertragen, jedoch schlagen Schriftsteller aus vergangener Zeit sogar vor, beide unter Feigenbäumen zusammen anzupflanzen, denn Raute wird dann »süßer und milder im Geschmack, als ob sie dem Feigenbaum etwas von seiner Süße« entzöge.

Alle Teile der Pflanze enthalten Rutin und kräftige Öle, die beide sehr bitter und reizerregend sind; gelegentlich verursachen sie einen Hautausschlag. Blätter werden manchmal in kleinen Mengen an Salate, Käse und Getränke, wie z. B. an Grappa, gegeben und verleihen diesen einen aromatischen, bitteren Geschmack. In großen Mengen sind Rautenblätter giftig und können Fehlgeburten verursachen.

Rutin, ein Glykosid, das die Blutgefäße reinigt, wurde früher als Heilmittel für die Augen betrachtet; allerdings wird es heute nicht mehr empfohlen. Die meisten Botaniker seit Plinius schlagen ein Infus aus Raute als Augenbad vor; Künstler tranken Rautentee zur Kräftigung und Stärkung der Augen. Sehr beliebt war das Kraut als Gegenmittel bei Vergiftungen und zur Heilung von Ansteckungskrankheiten. Dioskurides empfiehlt Samen in Wein bei Schlangenbissen, Skorpion- und Hornissenstichen. Raute wurde auch in den meisten Arzneien gegen Pest verwendet.

Mit Rautenzweigen verspritzte man während der Messe das Weihwasser; dabei waren sie ein überaus wichtiger Bestandteil dieser Zeremonie. Raute galt auch als Zauberkraut und wurde schließlich bei Epilepsie und Wahnsinn eingenommen. In Häusern, bei Hofe und auf öffentlichen Plätzen verstreute man Raute zur Desinfizierung, als Insektenvertilgungsmittel oder als Schutz gegen das Böse. Getrocknete und zermahlene Raute sprüht man auf Pflanzen, die von Ungeziefer befallen sind. Zur Vertreibung von Fliegen kann man getrocknete Rautenzweige in den Vorratsschrank hängen. Rautenwurzeln liefern ein rotes Färbemittel.

Geißraute, *Galega officinalis,* ist mit der Raute nicht verwandt. Sie ist eine mehrjährige Pflanze mit üppigen, weißen, lavendelfarbenen oder rosaroten, erbsenartigen Blüten; sie regt den Milchfluß an.

Salvia officinalis
Gartensalbei
Familie: Labiatae

Salbei gedeiht an den nördlichen Gestaden des Mittelmeers wild; er ist eine buschige, verholzte Pflanze mit langen, grauen, gefiederten Blättern, die kleine Runzeln und Adern aufweisen. Die Blüten sind meistens purpurn oder blau, haben einen tiefen Kelch und lokken die Bienen an. Salbei wird schon seit langer Zeit in Gärten angebaut und daher gibt es sehr viele Varietäten. *S. officinalis* 'Purpurascens' hat weiche, dunkle, purpurne Blätter und blüht rötlich; es gibt eine Varietät mit gelben und grünen Blättern, eine Zwergart und Formen, die weiß oder rosa blühen und verschieden in Aroma und Duft sind.

Man kann Salbei im Frühjahr aussäen, aber viele Varietäten lassen sich nur durch Stecklinge und Ableger vermehren. Man setzt sie in 50 cm Abstand in durchlässigen, ziemlich kalkhaltigen Boden an eine sonnige Stelle. Die meisten Arten werden 60 cm hoch und blühen im Hochsommer des zweiten Jahres. Nach der Blüte kann man sie zurückschneiden; dies ist bei hochaufgeschossenen Pflanzen oder bei Salbei in Töpfen oder Blumenkästen oft erforderlich.

Salbei ist leicht zu trocknen; man erntet die Blätter, wenn sich die Knospen öffnen. Sie haben einen scharfen, trokkenen und kräftigen, leicht bitteren Geschmack und passen besonders gut zu fettreichen Speisen. Man verwendet sie in Wurst und Füllungen bei Gänse- und Schweinebraten, als Aroma zu Käse und Aal. Die französische Küche verwendet das Kraut kaum; in Italien gibt man es aber häufig an Kalbfleisch und Wild. Im Orient hüllt man Lammfleisch und die im Kebab verwendeten Zwiebeln damit ein.

Salbei wurde als eines der wichtigsten Heilkräuter betrachtet. Der Name »*Salvia*« kommt aus dem Lateinischen und heißt »Heil«. Salbei wirkt adstringierend und kräftigend, regt die Verdauung an, senkt das Fieber und reinigt das Blut. Da Salbei desinfizierend wirkt, benutzt man ihn als Räuchermittel. Bei Kopfweh, Nervosität oder bei Menstruationsbeschwerden trinkt man ein Infus aus den Blättern. Es ist auch gleichzeitig ein antiseptisches Mittel zum Gurgeln oder Mundspülen bei Halsschmerzen oder Zahnfleischbluten. Viele alte Rezepte empfehlen Salbeipuder für die Zähne; er kann einfach auf die Zähne und das Zahnfleisch gerieben werden. Das reinigt und kräftigt sie. Dünnes und ergrauendes Haar kann regelmäßig mit einem starken Infus gespült werden; dies gibt dem Haar neue Kraft und macht es dunkler.

Seit der Antike empfehlen die Kräuterbücher Salbeitee oder Salbeibier bei vielen Leiden. John Evelyn schließt eine lange Liste mit den Worten ab: »Kurz – er ist eine Pflanze mit so vielen und wunderbaren Eigenschaften, daß der fleißige Genuß den Menschen unsterblich macht«.

Der Echte Salbei wurde von Apothekern, Ärzten und Botanikern des 16. Jahrhunderts besonders als Wundmittel geschätzt.

Muskateller-Salbei, *S. sclarea*, ist eine dekorative, zweijährige oder auch ausdauernde Pflanze mit bunten Brakteen. Seine bitteren aromatischen Blätter wurden früher an Bier oder Pfannkuchen gegeben.

Die Samen verwendete man als Augenheilmittel.

Salvia officinalis ›Purpurascens‹

Salvia officinalis

Salvia sclarea

Sambucus nigra

Sambucus nigra
Schwarzer Holunder
Familie: Caprifoliaceae
Von Skandinavien bis zu den Küsten Afrikas ist der Holunder verbreitet. Der buschige, selten baumartige, verkrümmte Strauch, wird meist nicht höher als 9 m und gedeiht in Hecken, an Höfen, Gärten und auf Ödland. Seine stark riechenden Blätter bestehen aus breiten Blattfiedern. Im Hochsommer erscheinen die cremefarbenen Blüten in süß duftenden Trugdolden. Im Spätsommer reifen die schwarzen, saftigen Beeren heran und fallen zu Boden. In Europa und Nordamerika gibt es verschiedene, ähnliche Holunderarten mit unterschiedlichen Eigenschaften.
Holunder ist leicht aus Stecklingen, Steckholz oder durch Wurzelteilung zu ziehen. Man kann ihn zustutzen und als laubwerfende Gartenhecke anpflanzen. Wenn der Holunder zu blühen beginnt, pflückt und trocknet man die Blätter; Blüten sammelt man, sobald sie voll erblüht sind und trocknet sie im Ofen bei geringer Hitze eine knappe Stunde lang. Frische Beeren gefriert man in Plastiksäcken ein.
Es gibt viele Rezepte aus dem 18. und 19. Jahrhundert, wie man Holundertriebe, die sich im Frühjahr zwischen den alten Stämmen bilden, einlegt oder kocht. Die Blüten bereitet man im heißen Fett in Pfannkuchenteig zu; sie duften nach Muskateller und passen gut zu eingekochten Früchten (besonders zu Stachelbeeren), Konfitüren, Gelees und Essig. Man stellt mit ihnen auch Holunderwein oder Holundersekt her. Im Mittelalter gab es ein besonders beliebtes Rezept für eine sogenannte »Sambocade«; dabei handelt es sich um eine Torte aus Holunderblüten, dicker Milch und Eiweiß. Die rohen Früchte dürfen nicht in großen Mengen verzehrt werden, denn sie wirken stark abführend; man kann sie in Konfitüren, Gelees, zusammen mit Äpfeln in Kuchen und zur Herstellung von Sirup, Essig und Wein verwenden.
Die Rinde und die Blätter des Holunders sind ein starkes Abführmittel und sollten innerlich nicht angewendet werden. Äußerlich angewandt wirkt der Saft der Blätter kühlend, lindernd und heilend. Seit mehreren tausend

Jahren galt er als Hausmittel. Man kocht zweimal eine Handvoll frischer Blätter mindestens 15 Minuten lang in wenig Wasser; dann gießt man die Flüssigkeit ab und badet damit Entzündungen, Blutergüsse, Verstauchungen, Ekzeme und andere Hauterkrankungen, Verbrennungen und Verbrühungen. Man kann auch zerriebene Blätter in Schweineschmalz oder Bienenwachs aufkochen und dann gut abseihen, oder möglichst frische Blätter in Leinsamen- oder Olivenöl zerquetschen.

Ein Tee aus Holunderblüten beruhigt die Nerven und lindert Kopfschmerzen; er wirkt fiebersenkend und hilft bei Halsentzündungen. Bei müden oder entzündeten Augen benutzt man ihn als Kompresse. Er ist auch ein gutes Gesichtswasser. Die Blüten können in Schweineschmalz gekocht und gut durchgeseiht eine lindernde Salbe darstellen. Kosmetikartikel enthalten sehr oft Holunderblüten.

Von allen Pflanzenteilen wirken die Beeren am mildesten; sie lindern Schmerzen und sind bei Halsentzündungen und Husten ein bewährtes Heilmittel. Bei Erkältung, Gippe oder Bronchitis empfiehlt sich besonders heißer Holundersaft mit Honig und Zitrone. Im Winter trinkt man gewürzten und in Flaschen abgefüllten Sirup oder Essig, den man mit heißem Wasser vermischt. Das Getränk schmeckt köstlich und ist außerdem noch gesund.

Neben anderen Verwendungsmöglichkeiten im Haushalt gewinnt man aus den Blättern und Wurzeln oder Beeren ein kräftiges Färbemittel; die Blätter können auch als Insektizid benutzt werden. Früher hängte man bei der Zubereitung von Käse in der Milchküche frische Holunderzweige auf und rieb die Haut mit Blättern gegen die Mückenplage ein. Im Garten kann man einen starken Aufguß aus Blättern als Sprühmittel gegen Ungeziefer verwenden. Den Komposthaufen legt man um den Holunderstrauch herum an, da die Wurzeln wertvolle Stoffe ausscheiden.

In alten Zeiten betrachtete man den Holunder als einen Baum mit besonderer Schutz- und Zauberkraft.

Sanguinaria canadensis

Sanguisorba minor

Sanguinaria canadensis
Blutwurz
Familie: Papaveraceae

Blutwurz ist in den Wäldern Nordamerikas heimisch. Sie bevorzugt guten Boden und ist eine hübsche Pflanze, die im Frühjahr einfache, weiße Blüten mit orangefarbenen Staubgefäßen zeigt. Sie hat breite, nierenförmig gebuchtete Blätter und einen kriechenden, ausdauernden Wurzelstock.

Die Vermehrung geschieht durch Samen oder Wurzelteilung. Blutwurz, auch Kanadisches Blutkraut genannt, gedeiht am besten in guter, lehmiger Erde in einem schattigen Winkel des Gartens. Sie wird etwa 15 cm hoch.

Blutwurz galt bei den Indianern Nordamerikas als Heilmittel; sie verursacht, innerlich angewandt, jedoch starken Brechreiz. Aus den zermahlenen Wurzeln stellte man eine Salbe zur äußerlichen Behandlung von Wunden und Verletzungen her. So sollte sie auch gegen den Biß der Klapperschlange helfen.

Aus allen Pflanzenteilen gewinnt man einen orange-roten Saft. Die Indianer färbten mit ihm den Körper. Besonders die Wurzeln ergeben ein gutes, rasch wirkendes rotes Mittel zum Färben von Stoff.

Sanguisorba minor
Bibernelle, Pimpernelle
Familie: Rosaceae

Die winterharte, ausdauernde Bibernelle ist in Europa heimisch; man findet sie besonders in trockenen Wiesen und auf kalkhaltigem Untergrund. Die Blätter sind lang und anmutig und haben fein gezähnte Blattfiedern. Im Hochsommer erscheinen winzige, grüne Blütchen in dichten, runden Blütenköpfen; dabei zeigen sich die roten Griffel vor den Staubfäden. Wo die Bodenschicht nur dünn ist, wird die Pflanze nur 10 cm, bei tiefgründigem Untergrund dagegen 1 m hoch. Im Herbst oder im Frühjahr sät man an einem sonnigen Platz frische Samen aus und vereinzelt die Pflanzen dann in 30 cm Abstand.

Junge Blätter schmecken frisch, kühl und etwas bitter wie Gurkenschalen. In gemischten Salaten wirken sie erfrischend; man kann sie gehackt zu Kräuterbutter und Käse, zu Gemüse, und Suppen verzehren. Die heilenden Kräfte dieser Pflanze kommen in einem Infus zur Geltung, das kräftigend wirkt oder, äußerlich angewendet, bei Sonnenbrand und Hautbeschwerden Linderung verschafft. Bibernelle war schon immer ein Herzmittel.

Santolina chamaecyparissus

Saponaria officinalis

Satureja hortensis

Santolina chamaecyparissus
Zypressenkraut, Heiligenkraut
Familie: Compositae

Im Mittelmeerraum wächst das Zypressenkraut wild auf trockenen Hügeln. Seit Jahrhunderten wird es im Garten gezüchtet, denn es galt schon immer als Wundkraut; man verstreute es im Haus und wußte um seine desinfizierende Wirkung. Es ist ein Insektenvertilgungsmittel und außerdem eine hübsche, dekorative Gartenpflanze. Zypressenkraut ist buschig und ausdauernd; es hat graue, mit Flaum besetzte Blätter mit Reihen von rundlichen Zähnen, die aussehen wie Korallen. Die kleinen, gelben, knopfartigen Blüten entwickeln sich im Hochsommer auf 60 cm hohen Blütenstengeln.

Im Sommer nimmt man Stecklinge und setzt sie im folgenden Frühjahr an einem sonnigen Standort in leichten, trockenen Boden. Die Pflanze ist nicht ganz winterhart. Im kühleren Klima bedeckt man sie deshalb den Winter über mit Stroh. Sie darf nur im späten Frühjahr oder Sommer, aber nie im Herbst zugeschnitten werden.

Zypressenkraut hat ein starkes Aroma und wirkt desinfizierend. Man verwendet es daher oft gegen Insekten und Ungeziefer.

Saponaria officinalis
Seifenkraut
Familie: Caryophyllaceae

Das Seifenkraut ist in Europa heimisch kommt aber auf den Britischen Inseln nur selten vor und ist in den USA eingeführt worden. Seifenkraut gedeiht an Bachufern und Wegrändern; es wird etwa 1 m hoch und hat Rhizome, blaßgrüne Stengel und kleine, lanzettliche Blätter. Die wild wachsende Art hat einfache, rosarote Blüten, die sich im Hochsommer entfalten und einen besonders langen Kelch zeigen. Die kultivierte Varietät besitzt oft gefüllte Blüten. Die Vermehrung geschieht durch Samen oder Wurzelteilung. Die Pflanze verträgt leichte Beschattung und bevorzugt feuchten, humosen Boden.

Die Wurzeln kann man nicht innerlich anwenden. Ein Aufguß aus Wurzelspänen ist aber bei Hautschorf oder Akne zum Waschen gut geeignet. Europäische Siedler in Nordamerika behandelten damit z. B. den Ausschlag, der durch giftigen Efeu hervorgerufen wird. Die ganze Pflanze enthält Saponin; läßt man Blätter oder Wurzeln eine halbe Stunde kochen, so erhält man eine seifige Flüssigkeit, die man gut zum Waschen empfindlicher Stoffe benutzen kann.

Satureja hortensis
Bohnenkraut, Pfefferkraut
Familie: Labiatae

Es gibt verschiedene, aromatische *Satureja*-Arten, die alle aus Südeuropa stammen. Bohnenkraut ist einjährig und wird etwa 50 cm hoch; es hat blasse, purpurne, mit etwas Flaum besetzte Stengel. Die schmalen Blätter zeigen Öldrüsen; die kleinen, weißen oder auch lila Blüten wirken besonders anziehend auf Bienen.

Im Frühjahr sät man die Samen in seichten Reihen in mit Kompost durchsetzten Boden; sie brauchen lange zum Keimen. Dann vereinzelt man die Pflänzchen auf 20 cm Abstand und wässert reichlich. Bohnenkraut kann man auch gut in Töpfen ziehen. Das ganze Jahr über erntet man die Blätter oder man trocknet die ganze Pflanze, wenn sie zu blühen beginnt.

Im Geschmack gleicht das Bohnenkraut Thymian und Minze, hat aber noch einen scharfen, pfeffrigen Geschmack. Man gibt es zu Bohnen und würzt damit Wurst, Füllungen, Fleischpasteten, Suppen und gekochtes Gemüse. Ein oder zwei feingehackte Blätter machen sich sehr gut an Salaten, Käsegerichten oder in der Gewürzmischung.

Satureja montana

Sempervivum tectorum

Sinapis alba

Satureja montana
Winterbohnenkraut
Familie: Labiatae

Winterbohnenkraut ist eine ausdauernde, verholzende und buschige Pflanze, die etwa 30 cm hoch wird. Die Blätter gleichen dem normalen Bohnenkraut, haben aber eine scharfe Spitze und oberseits glänzendere Blätter. Vom Hochsommer bis in den Herbst blühen die blassen, purpurnen oder weißen Blüten; sie locken Bienen an.

Samen sät man in Reihen oder man nimmt im Sommer Stecklinge mit je einem verholzten Ableger. Man setzt sie in 60 cm Abstand in nährstoffarmen, trockenen Boden an einen sonnigen Platz. Die Pflanze schießt häufig in die Höhe und muß deshalb stark zurückgeschnitten werden. Sie verträgt den Zuschnitt ausgezeichnet und bildet eine niedrige, dichte Hecke. Die Blätter überstehen im allgemeinen den Winter, gelegentlich fallen sie jedoch dem Frost zum Opfer, deshalb die Pflanze vor Kälte schützen.

Beide Bohnenkrautarten sind aromatisch, verdauungsfördernd, antiseptisch, helfen bei Blähungen und regulieren die Darmtätigkeit. Frische Blätter, die man auf Wespenstiche reibt, verschaffen sofort Linderung.

Sempervivum tectorum
Dach-Hauswurz, Echte Hauswurz
Familie: Crassulaceae

Dach-Hauswurz wurde in früheren Zeiten als Schutz um menschliche Behausungen angebaut. Sie hat dicke, sukkulente Blattrosetten und breitet sich mit ihren Ausläufern über Dächer, Mauern und andere steinige Plätze aus. Manchmal erscheint im Hochsommer ein 20 cm hoher Blütenstengel mit Dolden aus rosa Blüten. Ableger mit Wurzeln können im Steingarten oder an Mauern in etwas Erde eingepflanzt werden.

Früher glaubte man, daß die Dach-Hauswurz gegen Blitzschlag und Donner oder Zauberei feie. Außerdem gehört sie zu den ältesten Hausmitteln, die wir kennen. Die fleischigen Blätter sind adstringierend und kühlen. Zermahlen verwendet man sie als Umschlag bei allen Entzündungen der Haut, bei Wespenstichen, Brennen nach Kontakt mit Brennesseln, Verbrennungen und Verbrühungen, Geschwüren, Warzen und Hühneraugen. Mit Schweineschmalz vermischt kann man die Dach-Hauswurz als Salbe verwenden. Bei Kopfschmerzen legt man einen Blätterbrei zum Kühlen und zur Linderung auf die Schläfen.

Sinapis alba
Weißer Senf
Familie: Cruciferae

Der einjährige Weiße Senf wird bis zu 1 m hoch und hat größere, gelbe Blüten und tiefer eingeschnittene Blätter als der Schwarze Senf. Man unterscheidet die beiden an den Samenschoten. Beim Weißen Senf sind sie behaart und werden von einer langen Lippe umgeben; sie stehen horizontal vom Stengel ab. Jede Schote enthält etwa 5 gelbliche Samen, die in der Schote getrocknet und dann herausgenommen werden. Die Samen gibt man an einem sonnigen Platz in nährstoffreiche Erde.

Die Pflanze stammt aus dem Mittelmeerraum, wird aber seit langem bei uns angebaut und in der gleichen Weise wie der Schwarze Senf verwendet. Weißer Senf ist nicht so scharf und die Blätter der Setzlinge können in Salat verwendet werden. Die Samen sind bitter, wirken stärker desinfizierend und haben bessere Eigenschaften zum Konservieren. Zum Gurgeln bei Heiserkeit stellt man ein Infus mit kochendem Wasser her.

Bei nährstoffarmem Boden sät man ihn breitwürfig mit der Hand aus und gräbt ihn, sobald sich die ersten Knospen zeigen, wieder unter.

Solidago virgaurea
Gemeine, Echte Goldrute
Familie: Compositae

Die Gemeine Goldrute ist eine in ganz Europa heimische Staude; man findet sie in trockenen Wäldern, auf Schutt und in Heidegebieten. Sie kann sehr verschieden aussehen, wird aber im allgemeinen 1 m hoch, hat lanzettliche Blätter und Rispen mit kleinen, gelben Blüten, die sich im Spätsommer entfalten. Im Garten werden oft Varietäten mit ähnlichen Eigenschaften angebaut. Sie alle sind ausdauernd und lassen sich leicht aus Samen oder durch Wurzelteilung im Frühjahr oder Herbst vermehren. Wenn die Pflanze blüht, erntet und trocknet man die Blätter und Spitzen.

Aus ihnen bereitet man ein starkes Infus zu und verwendet es zum Auswaschen von Wunden; es wirkt reinigend, adstringierend und blutstillend. Man kann auch die Blätter zerkleinern und direkt auf die Wunde legen. Goldrute wurde schon immer als ausgezeichnetes Wundkraut betrachtet und wird in alten Kräuterbüchern gepriesen. Der Gattungsname stammt vom Lateinischen »*solidare*« und bedeutet »vereinigen«. Aus den Blüten gewinnt man ein starkes, gelbes Mittel zum Färben.

Stachys officinalis
Heil-Betonie, Echter Ziest
Familie: Labiatae

Der Echte Ziest wächst in Europa wild auf grasbewachsenen durchlässigen Böden. Die ausdauernde, aufrechte Pflanze wird etwa 50 cm hoch und hat dunkle, in regelmäßigem Abstand angeordnete, rundliche und gezähnte Blätter; die Blüten sind purpurn bis rötlich. Man vermehrt die Pflanze durch Samen oder Teilung der Kriechwurzeln. Wenn sie im Hochsommer blüht, trocknet man sie ganz.

Wurzeln oder frische Blätter dürfen nicht innerlich angewendet werden. Ein Infus aus getrockneten Kräutern wirkt anregend, stärkt die Nerven und hilft bei Kopfschmerzen. Außerdem schmeckt es gut als Tee. Bei Bronchitis und Kopfschmerzen inhalierte man den Rauch getrockneter Kräuter; pulverisierte Blätter wurden als Schnupftabak gebraucht. Frische Blätter enthalten ein bitteres, adstringierendes Öl und ergeben einen guten Umschlag bei Wunden, Stichen oder giftigen Bissen. Das Kraut wurde als besonders kräftiger Schutz gegen Hexerei und Zauberkunst betrachtet. Verwandt mit dem Echten Ziest ist *S. byzantina*, eine Pflanze mit ähnlichen Eigenschaften.

Stellaria media
Vogelmiere
Familie: Caryophyllaceae

Sie ist die saftigste Pflanze unter den Vogelmieren. Die kleine, einjährige Pflanze hat dünne, gegliederte Stengel und kleine, weiße Blütensterne. Fast auf der ganzen Erde wird sie als weitverbreitetes Unkraut betrachtet. Man findet sie auf Brachland und gärtnerischen Kulturflächen, wo sie das ganze Jahr hindurch blüht und sich aussät. Die ganze Pflanze kann frisch oder getrocknet verwendet werden.

Man streift die Blätter von den Stengeln und genießt sie frisch oder gekocht mit Butter und Zitronensaft als Gemüse. Ein Infus kühlt und heilt. Der hohe Kupfer- und Eisengehalt machen sie zu einem wertvollen, kräftigenden Getränk, das auch bei Husten, inneren Entzündungen und als mildes Abführmittel hilft. Man kann damit entzündete Augen und Hautstellen baden oder bei Verbrennungen und Schwellungen aus zerkleinerten, frischen Blättern einen Umschlag zubereiten, beziehungsweise die gehackten Blätter mit Schweineschmalz aufkochen. Gerard schreibt, daß kleine Vögel im Käfig mit ihr gefüttert werden sollten, wenn sie ihre Nahrung nicht annehmen.

Symphytum officinale
Gemeiner Beinwell
Familie: Boraginaceae

Beinwell findet man überall in Europa, in den gemäßigten Gebieten Asiens und eingeführt in Nordamerika. An Bachrändern und feuchten Stellen bildet diese Staude ganze Kolonien. Die ausdauernde Pflanze hat an der Basis Blätter, die mindestens 30 cm hoch werden und lang, breit, lanzettlich und behaart sind. Je weiter oben am Stengel die Blätter stehen, um so kleiner sind sie. Im Frühsommer erscheinen am Stengel der Reihe nach von unten nach oben die glockigen, weißen, rosaroten oder purpurnen Blüten. Eine cremefarbene Art, *S. tuberosum,* kommt in nördlichen Gebieten häufiger vor. Manche Varietäten, die zunächst im Garten angebaut wurden, wachsen heute wild auf Brachland und an Wegrändern, so z. B. der Rauhe Beinwell, *S. asperum,* der stachelig ist und dessen Heimat der Kaukasus ist; er hat leuchtend blaue Blüten. Eine heute oft angebaute Hybridform ist *S.* x *uplandicum.* Beinwell kann man aus Samen ziehen. Die Pflanze braucht aber lange zum Reifen, daher vermehrt man sie besser durch Ableger von Wurzeln mit je einer Knospe. Man setzt sie im Schatten in humosen, tiefgründigen Boden. Die Pflanze kann dort bis zu 20 Jahre alt werden. Aus jedem rhizomartigen Wurzelstück kann sich eine neue Pflanze entwickeln wie beim Meerrettich, daher muß man Beinwell immer wieder zurückschneiden.

Die saftigen Blätter können nur schwer getrocknet werden; die Wurzeln gräbt man im Frühjahr aus, trocknet sie langsam und bewahrt sie gemahlen oder ganz auf. Blätter und Wurzeln wirken adstringierend, enthalten viel Pflanzenschleim und eine den Heilvorgang unterstützende Substanz namens Allantoin. Heute wird davon abgeraten, Beinwell innerlich anzuwenden; man kann jedoch einen Aufguß aus Wurzeln oder ein Infus aus Blättern zum Gurgeln und, äußerlich angewandt, zum Abwaschen von Entzündungen, bei Akne und rissiger oder rauher Haut benutzen. Für den Aufguß nimmt man 25 g zerquetschte Wurzeln und kocht sie in 1 Liter Wasser bis auf die Hälfte der Flüssigkeit ein. Ein starkes Gebräu gilt auch als guter Badewasserzusatz. Zerquetschte Blätter oder ein Brei aus geriebenen, frischen Wurzeln ergeben einen lindernden Umschlag bei Blutergüssen, Schwellungen und Verstauchungen, schmerzenden Gliedern, Wunden und Entzündungen, Verbrennungen und Verbrühungen. Die behaarten Blätter können dabei etwas unangenehm sein, daher schützt man die Haut mit einem dünnen, sauberen Baumwolltuch. Beinwell ist eines der besten Heilkräuter zum Abklingen von Schwellungen; er lindert und reduziert Entzündungen, wenn man ihn bei Brüchen in der Umgebung der Bruchstelle anwendet und er soll das Zusammenwachsen der gebrochenen Knochen begünstigen. Der Name »Beinwell« geht auf diese Heileigenschaften der Pflanze zurück. Man glaubte auch, daß ein Bad mit Beinwell die Jungfräulichkeit wieder herstellen könne.

Beinwell wächst rasch und wird üppig; er enthält außerdem viele Mineralien. Daher wird er zum Kompostieren, als nahrhafte Streu oder flüssiger Dünger verwendet.

Aus den frischen Blättern und Blüten stellt man gelbe und orange Färbemittel her.

Symphytum officinale

Chrysanthemum (Tanacetum) parthenium

Chrysanthemum (Tanacetum) vulgare

Chrysanthemum (Tanacetum) parthenium
Mutterkraut-Wucherblume
Familie: Compositae
Die Staude wächst wild fast in ganz Europa und in den USA. Sie wurde schon immer im Garten angebaut und galt als Hausmittel. Sie gedeiht wild in Hecken und an Steinmauern. Die gefiederten Blätter sind rund, stark aromatisch und leuchtend gelbgrün; vom Hochsommer an zeigt die Pflanze hübsche, einfache oder gefüllte, gänseblümchenartige Korbblüten. Sie ist krautig und ausdauernd, bildet einen dichten, etwa 60 cm hohen Busch, sät sich selbst aus und stellt an den Boden kaum Ansprüche; im Garten bevorzugt sie jedoch eine sonnige Stelle. Die Pflanze wird durch Samen, Wurzelteilung oder Stecklinge aus jungen Trieben vermehrt.

Früher nahm man einen Infus zur Kräftigung und zur Stärkung der Nerven, heute empfiehlt man jedoch nur kleine Dosen zur Einnahme. Frische Blätter können in Form eines Breis als Umschlag bei Schwellungen und Insektenstichen benutzt werden. Ein starkes Infus als Badewasserzusatz lindert Schmerzen und bringt die Menstruation in Gang.

Chrysanthemum (Tanacetum) vulgare
Rainfarn
Familie: Compositae
Rainfarn ist in ganz Europa heimisch und wurde in Nordamerika eingebürgert. Er wächst an Wegrändern und auf brachliegenden, ungenutzten Flächen und wird 1 m hoch. Er hat dunkle, gefiederte, stark riechende Blätter und im Spätsommer gelbe Korbblüten. Die winterharte Pflanze kann aus Samen oder durch Teilung der Kriechwurzeln vermehrt werden und stellt keine hohen Ansprüche an den Boden. Wenn sie zu blühen beginnt, schneidet man sie zum Trocknen ab; die Blütenköpfe können als Immortellen abgeschnitten und getrocknet werden.

Heute weiß man, daß es gefährlich ist, Rainfarn innerlich anzuwenden; er galt jedoch früher als reinigende, kräftigende Arznei und wurde als Zutat an Kuchen und Pudding gegeben, die man um die Osterzeit zur Entschlackung des Körpers nach der schweren winterlichen Kost verzehrte. Äußerlich kann ein Infus aus Blättern zum Reinigen der Haut, oder ein warmer Umschlag aus zerriebenen Blättern bei Gliederschmerzen und Verstauchungen angewendet werden. Er hilft auch bei Entzündungen und Krampfadern.

Rainfarn vertreibt Ungeziefer und Insekten; außerdem wirkt er desinfizierend. Getrocknete Blätter legte man zwischen die Kleider, ins Bett und in die Streu von Tieren zur Abschreckung von Fliegen und Ungeziefer. Zum selben Zweck hängte man Rainfarn in Vorratskammern, über Fenstern und Türen auf. Reibt man ihn auf Fleisch, so vertreibt er Schmeißfliegen. Blattläuse und andere Schädlinge werden ferngehalten, wenn man unter den Obstbäumen Rainfarn anpflanzt. Er enthält viel Kalium und andere Mineralien und sollte daher zum Kompostieren verwendet werden. Aus den Blättern und Blütenspitzen gewinnt man ein gelbes Färbemittel.

Der alte Name *Athanasia* wurde der Pflanze von den Kräuterkundigen vergangener Zeiten gegeben. Er stammt aus dem Griechischen und bedeutet »Unsterblichkeit«. Er geht wohl auf die Tatsache zurück, daß die getrocknete Pflanze ihre Eigenschaften lange behält oder darauf, daß man den Rainfarn zum Einbalsamieren von Toten benutzte. Ganymed bekam von Jupiter einen Trank, dem Rainfarn beigemischt war; er sollte durch ihn als Mundschenk der Götter Unsterblichkeit verliehen bekommen.

Taraxacum officinale
Löwenzahn, Kuhblume
Familie: Compositae
Löwenzahn gehört zu den am weitesten verbreiteten, wildwachsenden Pflanzen; er gedeiht fast in jedem Klima und an jedem Standort. Im Garten betrachtet man ihn als Unkraut. Löwenzahn ist winterhart und ausdauernd; er wird 30 cm hoch und zeigt im späten Frühjahr goldene Blütenköpfe, in denen sich später die Samen entwikkeln. Die Blätter sind lang und gezähnt; die Stengel enthalten einen milchigen Saft und die Pfahlwurzel ist lang, dick und fleischig.

Samen der wildwachsenden Arten können im Garten angesät werden; die gezüchtete Art hat dickere, breitere Blätter und ist nicht so bitter im Geschmack. Die Setzlinge pflanzt man in 30 cm Abstand. Sie brauchen wenig Pflege. Im Herbst des zweiten Jahres gräbt man die Wurzel aus und trocknet sie. Ganz junge Blätter kann man essen; später schmecken sie bitter. Beim Blanchieren wird der bittere Geschmack zwar etwas gemildert, aber die Blätter verlieren dabei an Aroma. Man kann sie als Salat, als Gemüse in Butter geschmort oder gekocht verzehren. Die Blüten werden zur Herstellung von Löwenzahnwein und die Blätter zum Brauen von Kräuterbier verwendet; getrocknete Wurzeln zermahlt man und röstet sie als Kaffee-Ersatz.

Alle Teile der Pflanze sind gesund, besonders trifft dies allerdings auf die Wurzeln zu, die viele Minerale und Vitamine enthalten. Ein Infus aus den Blättern und Blüten oder ein Aufguß aus Wurzeln (50 g Wurzeln auf 1 Liter kochendes Wasser, das man auf die Hälfte einkochen läßt), von denen man dreimal täglich eine kleine Tasse trinkt, wirkt kräftigend, harntreibend und hilft bei allen Nieren- und und Leberbeschwerden; das Getränk ist gleichzeitig ein mildes Abführmittel, verdauungsfördernd und wirkt anregend auf die Magensäfte und auf den Appetit. Die Blüten kann man auch 30 Minuten lang in weichem Wasser kochen lassen; die derartig gewonnene Flüssigkeit reinigt die Haut gründlich und ist ein guter Badezusatz.

Aus Wurzeln und Blättern gewinnt man ein braungelbes Färbemittel.

Der Löwenzahn wurde bereits von den beiden arabischen Ärzten Rhazes und Avicenna verwendet, und auch die Griechen benutzten ihn wegen seiner hervorragenden Heilwirkung.

Teucrium scorodonia
Salbei-Gamander
Familie: Labiatae
Der Salbei-Gamander kommt in ganz Europa und Nordafrika an schattigen Plätzen auf saurem Boden häufig vor; er wird 60 cm hoch und ist mit Flaum bedeckt. Die regelmäßig angeordneten dunklen Blätter sind runzlig und eiförmig; die blaßgrünen Blüten haben lange purpurne Staubbeutel, sie sind zweilippig mit breitrunder Ober- und vierteiliger Unterlippe. Samen sät man im Frühjahr aus oder man teilt die kriechenden Rhizome. Wenn die Pflanze im Hochsommer zu blühen beginnt, trocknet man die Blätter.

Salbei-Gamander ist bitter, adstringierend und kräftigend. Der Tee wirkt blutreinigend, harntreibend und kann bei Fieber getrunken werden. Er bringt auch die Menstruation in Gang. Bei Hauterkrankungen und Wunden hilft ein Umschlag aus frischen, zerriebenen Blättern.

Edel-Gamander, *T. chamaedrys,* hat ganz ähnliche Eigenschaften und wurde früher bei Gicht eingenommen. Er kommt fast überall in Europa vor, duftet süß, ist hübsch und hat purpurne Blüten. Er kann als Hecke zugestutzt und als Duftkraut gebraucht werden.

Thymus-Arten
Familie: Labiatae
Der Vertreter mit dem kräftigsten Aroma ist der Echte Thymian, *Thymus vulgaris*, der in Südeuropa im steinigen Gelände wild wächst und schon seit Jahrhunderten angebaut wird. Er ist eine ausdauernde, buschige, verholzende Pflanze von etwa 30 cm Höhe mit schmalen, paarweise angeordneten Blättern und weißlichen oder blaß purpurnen Blüten, die im Hochsommer erscheinen und besonders die Bienen anlocken. Thymian wird durch Samen, Ableger oder Wurzelteilung vermehrt. Im Frühjahr sät man die Samen in Rillen und vereinzelt die Setzlinge dann in einem Abstand von 25 cm. Thymian bevorzugt durchlässigen Boden und einen sonnigen Standort. Im kühleren Klima sollte man die Pflanzen vor Frost schützen, indem man sie mit Reisig zudeckt oder Erde um sie anhäuft.
Wenn sich die Blütenknospen öffnen, erntet man die Blätter zum Trocknen. Dazu schneidet man die Stengel bis auf 5 cm ab. Man hängt oder legt sie an einen warmen, schattigen Platz und bewahrt sie dann in einem luftdichten Gefäß auf.
Ebenso wie der Majoran besitzt auch der im trockenen, warmen Süden wild wachsende Thymian ein kräftigeres Aroma als der Thymian, der im feuchten Norden im Garten angebaut wird, auch wenn es sich dabei um dieselbe Art handelt. Thymian ist eines der wichtigsten Kräuter, die in der Küche des Mittelmeerraums verwendet werden. Der warme und beißende Geschmack vermischt sich auf angenehme Weise mit Knoblauch, Oliven, Tomaten und Wein, die in der Küche des Südens so wichtig sind. Der kräftige Geschmack bleibt auch bei langem Kochen noch erhalten und paßt gut zu üppigen Eintopfgerichten mit Lamm oder Rindfleisch, Hasenbraten, anderen Wildgerichten und Pilzen. Da die harten kleinen Blätter ihr Aroma so gut bewahren, auch wenn sie getrocknet sind, legt man sich für den Winter einen Vorrat an, mit dem man dicke Suppen und Wurzelgemüse würzt; Thymian ist ein unentbehrlicher Bestandteil des *bouquet garni* oder anderer Gewürzmischungen und Füllungen. Außerdem trägt der Thymian sehr zur Konservierung von Lebensmitteln bei und wird daher gerne in Wurst und besonders in Salami, in Pasteten, gepökeltem Fleisch, Quark, mit eingelegten Früchten, Essig und Marinaden in der Küche verwendet.
In den Blättern sind mehrere starke Öle enthalten; das wichtigste unter ihnen ist Thymol. Es besitzt antiseptische und konservierende Eigenschaften. Ein Infus aus den Blättern ist kräftigend. Man trinkt davon dreimal täglich eine Tasse bei Verdauungsbeschwerden, Blähungen und zur Anregung des Appetits. Schon immer wurde der Thymian als stärkendes Kraut betrachtet: er hilft bei Anämie, Erschöpfung, Husten, Bronchitis, Erkältung und Grippe. Aus dem Öl stellt man eine antiseptische Salbe oder ein Mittel zum Einreiben und ein stärkendes Badeöl her. Bei Halsbeschwerden spült oder gurgelt man mit dem Infus oder man benutzt es zum Auswaschen infizierter Wunden oder reibt es zur Kräftigung des Haarbodens ein.
Andere Thymianarten und ihre vielen Varietäten haben dieselben Eigenschaften wie der Echte Thymian. Zu den breitblättrigen Arten gehört *T.* x *citriodorus,* der besonders in der Küche gebraucht wird; er duftet stark nach Zitrone; sein warmes Aroma paßt gut zu Fisch und Eiern, zu Rahmsaucen und einigen Süßspeisen. Er ist nicht so winterhart wie der Echte Thymian und braucht im Winter einen Schutz vor der Kälte. Er bildet dichte Büschel und hat runde Blätter und blasse, purpurne Blüten. Im Frühjahr oder Herbst kann man den Thymian durch Stecklinge oder Wurzelteilung vermehren.
In kühleren Gebieten Europas ist der Quendel oder Feld-Thymian, *T. serpyllum,* heimisch. Er ist niedrigwüchsig, bildet ganze Matten und ist winterhart; dafür besitzt er aber nicht so viel Aroma wie die im Süden vorkommenden Arten. Man findet ihn wildwachsend in sonnigen Lagen des Hügellandes und in Heidegebieten; er macht sich gut im Steingarten, zwischen Pflastersteinen oder als Beetumrandung und Polster. Zu den Varietäten gehört eine nach Zitrone duftende bunte Varietät von *T. serpyllum.* Außerdem gibt es eine graublättrige Art, *T. praecox* var. *pseudolanuginosus.*
Der Echte Thymian und *T.* x. *citriodorus* haben goldgelbe oder silbern gesprenkelte Varietäten, wie z. B. 'Silver Queen', eine Varietät von *T.* x. *citriodorus,* und 'Silver Poesie', eine Varietät des Echten Thymians. *T. herbabarona* riecht nach Kümmel und wurde in England früher zum Würzen von Rinderkeulen gebraucht; die Pflanze ist ziemlich niedrigwüchsig und gedeiht gut an Mauern und in Töpfen. Die zahlreichen Varietäten des Thymian sind ganz verschieden. Die Blüten können weiß bis tief purpurrot sein; die Wuchsform kann niedrig, dicht oder auch aufrecht sein, so daß man die Pflanze als niedrige Hecke zustutzen kann.
Im antiken Griechenland betrachtete man den Thymian als kräftigenden Duftstoff, mit dem man den Körper einsalbte. Man setzte ihm dem Badewasser zu; er war ein Symbol für Mut, Stil und Eleganz. In Tempeln und auf öffentlichen Plätzen verbrannte man Thymianbündel als Räucherwerk. Zur Zeit der Kreuzzüge glaubte man, daß Thymian Tapferkeit verleihe und so stickten die Damen ihren Rittern als Symbol des Muts eine Biene mit einem Thymianzweig in die Halstücher oder Schärpen ein. In den Kräuterbüchern aus dem 16. Jahrhundert findet man lange Listen von Gebrechen, bei denen Thymian helfen soll. Sie reichen vom Magengrimmen über Schluckauf bis zum Biß giftiger wilder Tiere. Culpeper meint sogar, daß Thymian ein sicheres Mittel gegen die »so schreckliche Plage von Alpträumen« sei.

Thymus serpyllum
Thymus vulgaris
Thymus x citriodorus
Thymus pseudolanuginosus
Thymus herba-barona

Tilia-Arten
Linden
Familie: Tiliaceae

Die hochgewachsene, laubwerfende Holländische Linde, *Tilia* x *vulgaris*, ist eine fruchtbare Hybridform aus der kleinblättrigen *T. cordata* (Winterlinde) und der großblättrigen *T. platyphyllos* (Sommerlinde); sie wird in Europa ein etwa 30 m hoher Baum. Im mittleren und östlichen Teil der USA kommt *T. americana* vor. Alle diese Linden haben breite, gezähnte Blätter und wohlriechende, gelbe Blüten, die im Hochsommer in Büscheln mit langen, blattartigen Brakteen blühen.

Man sammelt die Blüten mit den Brakteen und trocknet sie sorgfältig im Schatten. Aus ihnen stellt man einen der beliebtesten Kräutertees, den Lindenblütentee, her. Er enthält Pflanzenschleim und ist gleichzeitig ein mildes Beruhigungsmittel, stärkt die Nerven und fördert die Verdauung. Der Tee wirkt auch schweißtreibend und hilft bei Erkältung, Grippe, Bronchitis und Schnupfen. Dem Badewasser kann man ein starkes Infus zusetzen; es reinigt, erfrischt und entspannt die Haut. Die weichen, jungen Blätter sind eßbar und wirken kühlend. Die Blüten liefern einen delikaten Honig.

Trigonella foenum-graecum
Bockshornklee, Griechisch-Heu
Familie: Leguminosae

Die Heimat des Bockshornklees ist das östliche Mittelmeergebiet. Seit Jahrtausenden wird er in Europa, Afrika und Asien als Futterpflanze, Heilkraut und als Gewürz angebaut. Er ist einjährig und wird 60 cm hoch und hat gelbe, erbsenartige Blüten, die im Hochsommer erscheinen; seine Blätter weisen 3 Fiedern auf. Im warmen Klima reifen die langen, schmalen Hülsen, die mindestens 10 eckige Samen enthalten, in ein paar Monaten heran.

Bockshornklee in Pulverform wird besonders an Currypulver gegeben; außerdem verwendet man ihn zum Würzen von Süßigkeiten und eingelegten Früchten. Samenkeime sind eine etwas bittere, aber nahrhafte Zutat für gemischte Salate. Sie enthalten viele Vitamine, Nitrate und Calcium, wirken beruhigend und steigern die Milchproduktion. Man stellt aus 15 g Samen und 600 ml kochendem Wasser einen stärkenden Tee her, oder legt bei Entzündungen der Haut einen Umschlag aus eingeweichten Samen auf.

Bockshornklee hat man im alten China medizinisch und in Ägypten als Nahrungsmittel verwendet.

Tropaeolum majus
Kapuzinerkresse
Familie: Tropaeolaceae

Im 16. Jahrhundert brachten die spanischen Eroberer Samen der Kapuzinerkresse aus Peru mit nach Europa. Kapuzinerkresse wurde bereits in den Kräuterbüchern des 16. Jahrhunderts erwähnt und im Gebetbuch Albrechts V. von Bayern wurde sie beschrieben und abgebildet.

Seither ist sie eine beliebte Gartenpflanze bei uns geworden. Im Frühjahr sät man sie an einem sonnigen Platz in durchlässigen Boden. Vom Hochsommer bis zum ersten Frost entfalten sich die gelben, orangen oder roten Blüten und die runden, flachen Blätter.

Blätter, Knospen und Blüten verleihen Salaten und Essig einen scharfen, pfeffrigen Geschmack. Unreife Früchte können wie Kapern eingelegt werden. Man darf sie aber nicht in größeren Mengen verzehren, denn sie sind ein starkes Abführmittel. Die Blätter enthalten wertvolle Mineralien und viel Vitamin C. Sie wirken kräftigend, reinigend und keimtötend. Äußerlich angewendet stellt man aus den zerquetschten Früchten einen heißen Umschlag her, den man bei Entzündungen und Verbrennungen auflegt.

Tussilago farfara

Ulmus rubra

Tussilago farfara
Huflattich
Familie: Compositae
Im gemäßigten Klima wächst der Huflattich als Unkraut auf nährstoffarmen und schweren Böden. Die gelben Blüten erscheinen im Frühjahr; später entfalten sich die breiten, hufartigen Blätter. Sie sind unterseits mit schwerem, grauem Flaum bedeckt. Die Pflanze wird etwa 30 cm hoch.

Der Gattungsname »*Tussilago*« bedeutet »Hustenvertreiber« und seit über 2000 Jahren wird Huflattich bei Husten, Schnupfen und Asthma eingenommen. Plinius empfiehlt, mit einem Rohr Huflattich zu rauchen, und noch heute werden die Blätter als Kräutertabak bei Bronchitis verwendet. Aus den Blättern läßt sich ein kräftigender Tee herstellen, den man gut abseiht, damit keine Härchen mehr enthalten sind. Davon trinkt man jeweils eine Tasse.

Antiseptisch wirkt ein Infus oder der Saft frischer Blätter; man wäscht mit ihm Wunden aus oder behandelt Hauterkrankungen damit. Zerquetschte Blätter, die man in feinen Stoff legt, eignen sich auch als gute Umschläge zur Vorbeugung gegen Hautentzündungen.

Ulmus rubra
Rotulme
Familie: Ulmaceae
Der laubwerfende Baum ist in den Wäldern Nordamerikas heimisch. Heute wird die Rotulme häufig angepflanzt. Sie wird mindestens 15 m hoch, hat eine dunkle, rauhe Rinde und rauhe, gezähnte Blätter. Im Frühjahr blühen die kleinen Büschel mit roten Staubfäden. Die Rotulme wird durch Samen oder Stecklinge vermehrt.

In der Medizin verwendet man den hellen, aromatischen inneren Teil der Rinde. Dabei wird die äußere Rinde von reifen Bäumen abgeschält; dann trocknet man die innere Rinde und verkauft sie in Stücken oder pulverisiert. Sie enthält sehr viel nahrhaften Pflanzenschleim. Man läßt 25 g pulverisierte Rinde eine Stunde in 600 ml Wasser einweichen, süßt mit Honig und nimmt davon stündlich einen Löffel voll ein. Das hilft bei Halsschmerzen, Husten, Bronchitis, Schnupfen und Magen- und Darmbeschwerden. Man kann auch einen Tee aus Rindenstücken herstellen. Rotulme lindert innere Entzündungen und wird bei Blasenentzündung und Harnleiden eingenommen. Aus einer Mischung mit pulverisierter Rinde und Wasser oder Milch wird ein nahrhafter Schleim für Kranke und Kinder zubereitet. Zur äußerlichen Anwendung mischt man das Pulver mit heißem Wasser und stellt so einen Umschlag für Hautentzündungen, Rheumatismus, geschwollene Drüsen und Verbrennungen her. Die Paste ist klebrig; man gibt sie deshalb vor dem Auflegen auf Wunden und eitrige Abszesse in ein sauberes Tuch. Aus pulverisierter Rinde kocht man mit Schweineschmalz und Bienenwachs eine Heilsalbe.

Auch die Rinde von *U. procera*, die die am weitesten verbreitete Ulme in Europa ist, läßt sich medizinisch verwenden. Man stellt ein Dekokt aus 25 g frischer, innerer Rinde her, die man in 600 ml Wasser bis auf die Hälfte einkochen läßt. Der Aufguß ist adstringierend und lindernd und kann zum Waschen von Wunden, bei Hauterkrankungen und Schuppen verwendet werden. Aus den frischen, zerquetschten Blättern bereitet man einen heilsamen Umschlag für Wunden zu. Ein Infus aus ihnen kann zum Abwaschen bei Schorf und Schuppen benutzt werden. Der geschälte Baum stirbt, es gibt jedoch Ulmenplantagen, die zum medizinischen Gebrauch der Pflanze angelegt werden.

Parietaria officinalis *Urtica dioica*

Urtica dioica
Brennessel, Große Brennessel
Familie: Urticaceae

Fast in allen gemäßigten Klimagebieten von Japan bis zu den Anden ist die ausdauernde Brennessel heimisch. Sie ist sehr verbreitet, wird hoch und hat dunkle, gezähnte Blätter, die mit brennenden Härchen, bedeckt sind. Die dunklen, aufrechten Stengel werden 1 m hoch. Die grünlichen oder rötlichen, in Rispen stehenden Blüten werden mit Hilfe des Winds befruchtet. Die Pflanze breitet sich rasch durch Samen oder ihre widerstandsfähigen Kriechwurzeln, den Rhizomen, aus. Kurz vor der Blüte erntet man die ganze Pflanze und hängt sie zum Trocknen an einen schattigen, luftigen Platz.

Junge Blätter und Triebe können wie Spinat gekocht werden. Gekocht oder getrocknet verlieren die brennenden Härchen ihre Wirkung. Brennesselspinat ist äußerst schmackhaft. Die Blätter gibt man auch an Frühlingssuppen und Eintöpfe. Ältere Blätter verwendet man nicht mehr, denn sie können eine Reizung hervorrufen. Sogar Bier kann man aus Brennesseln brauen.

Die adstringierenden Blätter enthalten noch mehr Eisen als Spinat und viel Vitamin A und C, wichtige Säuren, Stickstoff und Spurenelemente. Ein Infus aus Blättern ist ein ausgezeichnetes Tonikum. Bei Anämie, unreinem Blut, Harnstauungen, Verdauungsbeschwerden und Hautkrankheiten trinkt man zweimal täglich davon eine Tasse. Ein starkes Infus dient zum Waschen von Verbrennungen und rauher Haut, als Badezusatz oder als Haarspülmittel zur Kräftigung des Haarwuchses und bei Schuppen. Man kocht 100 g Samen oder Wurzeln in 1 Liter Wasser 20 Minuten lang auf und erhält so einen Aufguß, der das Haar kräftigt und die Haut reinigt. Die brennenden Blätter werden auch heute noch bei Rheumatismus auf die schmerzenden Stellen gerieben. Das Mittel wirkt dabei ähnlich wie Bienenstiche.

Auch im Haushalt werden Brennesseln viel gebraucht und bieten viele Verwendungsmöglichkeiten. In Siedlungen aus der Bronzezeit entdeckte man stoffartige Fasern, die aus den Stengeln gemacht worden waren. Bis in das

17. Jahrhundert stellte man in manchen Ländern im Norden noch Stoffe, Seile und Angelleinen aus Brennesseln her. Sogar Papier kann aus zu Brei verriebenen Fasern gemacht werden. Aus Blättern und Wurzeln gewinnt man allerlei Mittel zum Färben. Die Samen und gekochten und gehackten Blätter sind ein gutes Hühnerfutter. Ein Ersaz für Kälberlab ist der Saft oder ein starker Aufguß aus Blättern. In Brennesselblättern eingeschlagen, halten sich frische Früchte und Wurzelgemüse länger frisch.
Durch ihre zahlreichen, wertvollen Mineralien, Stickstoff und Chlorophyll, ist die Brennessel auch eine wichtige Pflanze für den Komposthaufen und gut als Streu. Wenn man Brennesseln mehrere Wochen lang in einer Regentonne einweicht, so erhält man außerdem einen guten Pflanzendünger. Gegen Pilzkrankheiten und Blattläuse hilft ein besonders starker Aufguß. Wo Brennesseln wachsen, ist der Boden stets reich an Stickstoff.
Die Kleine Brennessel, *U. urens,* ist ebenfalls weit verbreitet. Sie ist einjährig und glatter als *U. dioica,* hat aber ganz ähnliche Eigenschaften. Die Pillen-Brennessel, *U. pilulifera,* stammt aus dem Mittelmeergebiet und hat starke Brennhaare. Die Römer sollen diese Nesselart als wärmendes Einreibemittel bei uns eingeführt haben.
Schon im Altertum verwendete man die Brennessel als Heil- und Gemüsepflanze. Man kochte die Brennesseln und bestreute sie mit Pfeffer, bevor man sie verzehrte. Der griechische Naturforscher Phanias hat vor allem ihre vielfältige Verwendung als Heilpflanze beschrieben.
Nach altem Volksglauben schützt sie vor Hexen, Blitz und Ungeziefer.
Glaskraut, *Parietaria officinalis,* gehört zur selben Familie. Man findet es in Europa an Mauern und steinigen Plätzen. Die Pflanze ist mit weichem Flaum bedeckt, wird 60 cm hoch und hat rote Stengel, grüne Blüten und ungezähnte Blätter. Der Saft oder ein Infus aus der ganzen Pflanze wirkt abführend und harntreibend. Frisch und zerquetscht bereitet man aus der Pflanze einen heilsamen, kühlenden Umschlag.

Vaccinium myrtillus

Vaccinium myrtillus
Heidelbeere
Familie: Ericaceae
Der widerstandsfähige, kleine, bei uns heimische Strauch, wird 50 cm hoch und bildet wie das mit ihm verwandte Heidekraut ganze Kolonien. Die Heidelbeere besitzt spitze, glänzende, ovale Blätter, blüht im späten Frühjahr und hat rosarote, herabhängende Blüten, aus denen sich eßbare, blauschwarze Beeren entwickeln. Sie wächst auf saurem Boden in Nordeuropa und Nordasien auf Heidegelände und in Wäldern. Zu den *Vaccinium*-Arten mit eßbaren Beeren gehört die Amerikanische 'Blueberry', *V. corymbosum,* die Moosbeere, *V. oxycoccos,* und die Preiselbeere, *V. vitis-idaea.* Beeren und Blätter kann man trocknen. Die Beeren schmecken säuerlich und können roh, gekocht, eingeweckt oder in Gelees verzehrt werden. Da sie adstringierend wirken, sind sie bei allen inneren Beschwerden, Durchfall und Übelkeit zu empfehlen. Wegen des hohen Vitamingehalts wurden Heidelbeeren früher besonders bei Skorbut gegessen. Aus den Blättern läßt sich darüber hinaus ein kräftiger Tee brauen. Die Beeren ergeben ein blaues Färbemittel.

Valeriana officinalis

Valeriana officinalis
Gemeiner Baldrian
Familie: Valerianaceae
In den gemäßigten Zonen Europas und Asiens findet man den Baldrian in Wäldern, aber auch im offenen, steinigen Gelände. Er ist ausdauernd, besitzt einen untersetzten Stengel und wird 1,50 m hoch. Die Blätter sind regelmäßig, gezähnt und gefiedert. Vom Hochsommer an erscheinen die Blüten in dichten, hellrötlichen Trugdolden mit hervorstehenden Staubfäden. Wenn man sie zerquetscht, entströmt der Pflanze ein fauliger Geruch.
Samen keimen schlecht, aber die Wurzeln lassen sich teilen und stellen keine Ansprüche an den Boden. Im zweiten Herbst gräbt man die Wurzeln aus und trocknet sie. Sie riechen stark nach altem Leder.
Baldrian wurde schon immer als probates Beruhigungs- und Schmerzmittel betrachtet. Er sollte aber mit Vorsicht eingenommen werden. Zu starke Dosen haben Kopfschmerzen und Zittern zur Folge. Man kocht 25 g Wurzeln in 1 Liter Wasser und trinkt von diesem Infus dreimal täglich ein kleines Glas. Auch äußerlich kann man das Infus zum Waschen von wunden Hautstellen verwenden.

Vanilla planifolia

Verbascum thapsus

Vanilla planifolia
Echte Vanille
Familie: Orchidaceae

Im 16. Jahrhundert brachten die Spanier die ersten Vanilleschoten (Kapseln, die fälschlich als »Schote« bezeichnet werden) aus Südamerika mit nach Europa. Vanille wird seit dem 19. Jahrhundert auch in anderen tropischen Ländern angebaut. Damals entdeckte man nämlich eine Methode, die Pflanze auch künstlich zu befruchten. Vanille ist eine tropische Orchidee mit langen, gelbgrünen Samenschoten bzw. Kapseln; sie ist eine ausdauernde Kletterpflanze und benötigt eine Stütze. Die Pflanze blüht weiß. Die Schoten bzw. Kapseln werden noch unreif gepflückt und gedörrt, bis sie braun und mit Vanillinkristallen bedeckt sind.

Schon die Azteken verwendeten die duftenden Schoten zum Würzen von Kakaogetränken. Noch heute wird Vanille gerne an Süßspeisen, an die nach ihr benannte »Vanillesauce«, an Cremes und Eis gegeben. Man kocht die ganze oder einen Teil der Schote in Milch oder Sahne auf, nimmt sie dann heraus, wäscht sie und kann sie getrocknet wieder verwenden. Man kann auch die Samen in das Gericht geben.

Verbascum thapsus
Kleinblütige Königskerze
Familie: Scrophulariaceae

Auf Ödland und auf Schottergrund bzw. Trockenrasen gedeiht die kleine Königskerze fast überall im gemäßigten Klima. Sie ist zweijährig und leicht an ihren Rosetten mit den großen, dicken, mit wolligem, weißgrauem Flaum bedeckten Blättern zu erkennen. Im zweiten Jahr bildet sich ein 2 m hoher, ährenartiger Blütenstand. Die Blüten entfalten sich nacheinander; sie sind leuchtend gelb und haben orange Staubbeutel.

Im Frühjahr oder Herbst sät man die Samen aus; Setzlinge verpflanzt man in mindestens 60 cm Abstand an einen sonnigen, geschützten Platz, wo der Boden durchlässig ist. Blätter und Blüten der Königskerze können getrocknet werden; die Blüten sind allerdings sehr empfindlich und müssen vorsichtig behandelt werden.

Die Pflanze wirkt lindernd, entzündungshemmend, adstringierend und etwas beruhigend. Man stellt aus den Blättern oder Blüten (sie haben einen süßeren Geschmack) mit Wasser oder Milch ein Infus her, das bei Husten, Erkältung, Bronchitis, Asthma, Schlaflosigkeit und Durchfall hilft. Beim Abseihen muß man darauf achten, daß alle Härchen entfernt werden. Dreimal täglich trinkt man von dem Infus ein Glas. Bei Heuschnupfen und Stirnhöhlenkatarrh inhaliert man den Dampf eines starken Aufgusses. Zerriebene oder gekochte Blätter lassen sich als Umschlag bei Hautinfektionen und Hautallergien verwenden. Auch hier achte man darauf, daß keine Härchen auf die Haut gelangen. Dazu benutzt man ein sauberes Tuch. Frische Blüten läßt man, in Olivenöl getaucht, zwei Wochen lang in der Sonne oder an einem warmen Patz ziehen. Man erhält ein linderndes Mittel zum Einreiben von Blutergüssen und schmerzenden Gliedern. Außerdem hilft es bei Ohrenschmerzen und Hämorrhoiden. Bei Schwindsucht rauchte man früher einen Tabak aus getrockneten Blättern. Ein starkes Infus, mit dem man das Haar gründlich spült, hellt blondes Haar auf.

Der Flaum auf den Blättern und auf dem Stengel wurde in früherer Zeit getrocknet und als Zunder oder zur Herstellung von Dochten für Lampen gebraucht. Den hohen, behaarten Stengel verwendeten schon die Griechen als Fackel, indem sie ihn mit Talg bezogen.

Verbena officinalis

Viola odorata

Zingiber officinale

Verbena officinalis
Eisenkraut
Familie: Verbenaceae

Eisenkraut kommt in den gemäßigten Klimagebieten Europas, Asiens und Amerikas gelegentlich auf Kalkuntergrund an trockenen Stellen vor. Es ist eine aufrechte, anmutige und ausdauernde Pflanze, eine Staude die 1 m hoch wird. Die Blätter sind gebuchtet und gezähnt. Vom Hochsommer an blüht die Pflanze in zarten, hellen, blaßvioletten Ähren. Die Vermehrung erfolgt durch Samen oder durch Wurzeln, die man an einem trockenen, offenen Standort in Kalkboden gibt.

Eisenkraut wirkt leicht adstringierend und harntreibend. Man stellt aus frischen oder getrockneten Blättern und Blütenspitzen ein Infus her, von dem man täglich dreimal ein Glas bei Kopfschmerzen, Fieber und zur Förderung der Monatsblutung trinkt. Fürs Bad und zum Waschen stellt man ein stärkeres Infus her. Man kann damit Wunden auswaschen oder bei Heiserkeit gurgeln. Im antiken Rom deutete der Sammelbegriff »*verbena*« darauf hin, daß eine Pflanze bei religiösen Zeremonien gebraucht wurde. Jenseits der Alpen betrachtete man das Eisenkraut als heilig.

Viola odorata
Duftveilchen
Familie: Violaceae

Das einzige süß duftende Veilchen wird etwa 15 cm hoch und wächst an schattigen Stellen, in Hecken und an Böschungen. Seine Heimat sind die gemäßigten Gebiete Europas; in Nordamerika ist es eingeführt worden. Die ungefüllten violetten, weißen oder gelben Blüten, die zwischen den herzförmigen Blättern stehen, gehören zu den ersten Frühlingsboten. Die ausdauernde Pflanze verbreitet sich durch Ausläufer. Man kann sie abschneiden und in ein mit Kompost durchsetztes Beet im Halbschatten einpflanzen. Neue Blüten können getrocknet werden; sie duften zart und passen zu frischen Salaten und Getränken oder werden mit einem Zuckerguß überzogen. Mit einem Infus aus den Blüten oder mit Sirup, den man aus einem starken Infus mit Zucker kocht, würzt man Pudding oder Eis. Infus oder Sirup wirken leicht abführend, helfen bei Kopfschmerzen, Schlaflosigkeit und nervösen Beschwerden. Bei Entzündungen der Haut zerquetscht man die Blätter und benutzt sie als Umschlag oder kocht sie mit Schweineschmalz auf und stellt so eine heilsame Salbe her.

Zingiber officinale
Ingwer
Familie: Zingiberaceae

Der Ingwer wächst wild in den tropischen Regenwäldern Ostasiens. Er ist ausdauernd, wird 1 m hoch, besitzt breite, schilfartige Blätter, eine Ähre aus gelben Blüten mit purpurner Lippe und dicke, knollige Rhizome. In vielen tropischen Ländern, wie z. B. auf den Westindischen Inseln, wird Ingwer angebaut.

Die Rhizome kommen frisch, getrocknet, in Dosen verpackt, gemahlen oder in Sirup oder Essig eingelegt in den Handel. Besonders in der Küche des Ostens ist Ingwer eine unentbehrliche Zutat für Curries, eingelegte Früchte, Fleisch und Fisch, Reisgerichte und Gemüse.

Die Römer brachten ihn ins nördliche Europa, wo er besonders im Mittelalter eines der beliebtesten Gewürze war und noch heute wird er mit seinem vollen, scharfen Geschmack gerne an Süßspeisen und Kuchen gegeben.

Ingwer wirkt antiseptisch und enthält Schwefel; daher wurde er vielfach als Mittel gegen die Pest betrachtet. Er regt die Magensaftbildung an und wirkt bei Erkältungen und Husten wärmend und beruhigend.

Giftige Pflanzen

Aus den giftigen Pflanzen brauten früher die Hexen ihre Zaubertränke und Salben, deren unheimliche Wirkung so stark war, daß sie Wahnsinn und Delirium oder ein Gefühl des Losgelöstseins von allem Irdischen hervorriefen. Gleichzeitig betrachtete man sie aber auch als mächtigen Schutz gegen böse Geister. Bis vor kurzem hängte man noch Pflanzen wie Alraune und Bilsenkraut an menschliche Behausungen und Ställe. Die hier aufgeführten Pflanzen gehören zu den bekanntesten Giftkräutern. Von dem Zeitpunkt an als *Spongia Somnifera,* ein in einen Saft aus Bilsenkraut, Alraune, Mohn und Wein getauchter Schwamm, den Patienten beim Abschneiden, Absägen, Abbrennen oder Wegoperieren eines Glieds zum Einschläfern gegeben wurde, bis zum heutigen Gebrauch von Atropin und Digitalis haben sie in der Medizin eine große Rolle gespielt. In der herkömmlichen Medizin spielen die aus den Pflanzen gewonnenen Drogen wie Morphin und Colchizin eine große Rolle.

Aconitum napellus
Blauer Eisenhut, Echter Sturmhut
Familie: Ranunculaceae
Der hochgewachsene, ausdauernde Eisenhut ist als Staude in Europa heimisch; er hat tief eingeschnittene, gefingerte Blätter und helmförmige, blaue Traubenblüten. Seit jeher ist er eine beliebte und weitverbreitete Gartenpflanze und wurde schon immer als Heilkraut betrachtet. Er wird 60 cm hoch und bevorzugt Schatten und Feuchtigkeit. Man vermehrt ihn durch Samen oder Wurzelteilung.
Alle Teile sind giftig; die Wurzeln enthalten aber ein noch stärkeres Gift. In ihr todbringendes Gift tauchte man Pfeile und Speere oder präparierte damit Tierfallen. Plinius nannte den Eisenhut sogar »Arsenpflanze«. Ein altes Gegenmittel bei Vergiftung mit Eisenhut war eine Mischung aus Weinbrand und Fliegen, die auf der Pflanze Nahrung gesucht hatten. Eisenhut wird in winzigen Dosen in homöopathischen Mitteln verwendet.

Arnica montana
Arnika
Familie: Compositae
Arnika ist in Europa auf Gebirgswiesen verbreitet. Die gelben Blüten entwachsen einer niedrigen Blattrosette. Die Pflanze wird 1 m hoch, ist ausdauernd und einfach aus Samen oder durch Wurzelteilung der dicken Rhizome zu ziehen.
Die Blüten, und manchmal auch die Rhizome, werden in einer verdünnten Tinktur auf Verstauchungen und Blutergüsse gegeben. Die Tinktur kann gelegentlich auch Reizerscheinungen zur Folge haben. Innerlich angewendet wirkt Arnika in homöopathischen Dosen gegen Übelkeit, Epilepsie und andere Beschwerden, sie ist jedoch ein starkes Gift.

Atropa bella-donna
Tollkirsche
Familie: Solanaceae
Die Tollkirsche ist eine buschige Staude. Im Schatten wird sie bis zu 2 m hoch, im offenen Gelände bleibt sie niedrigwüchsig. Sie ist in Europa auf kalkhaltigem Untergrund verbreitet. Die Tollkirsche ist ausdauernd, hat dunkle, spitze, eiförmige Blätter, stumpf purpurne, glockige Blüten und eine einzige glänzende, schwarze Beere.
Man kann die Tollkirsche zwar leicht ziehen, es ist jedoch nicht ratsam, sie im Garten, wo Kinder spielen, anzupflanzen. Die giftigen Beeren sind süß und verlockend.
Schon im 15. Jahrhundert benutzten die Damen bei Hofe ein Destillat aus

Tollkirsche zur Erweiterung der Pupillen und Verschönerung ihrer Augen. Seit dem 19. Jahrhundert dient das Mittel zur Erweiterung der Pupillen bei Augenoperationen. Zur Beruhigung und Entspannung nimmt man die Alkaloide Atropin und Hyoscyamin ein, die man aus den Wurzeln gewinnt. Alle Pflanzenteile der Tollkirsche sind jedoch giftig; sie wurden zur Beruhigung eingenommen und um Halluzinationen hervorzurufen. Der Gattungsname kommt vom Griechischen »Atropos«, dem Schicksal, das mit der Schere den Faden des menschlichen Lebens durchtrennt.

Bryonia cretica ssp. *dioica*

Zaunrübe

Familie: Cucurbitaceae

Die Rote Zaunrübe ist in Europa weit verbreitet; sie wächst in Hecken und an Waldrändern und klettert wie die mit ihr verwandte Gurke mit ihren Ranken 4 m hoch. Die Blüten sind grünlich und klein, die Blätter glatt und efeuartig, im Herbst erscheinen Rispen mit roten Beeren. Männliche und weibliche Blüten wachsen auf verschiedenen Pflanzen, sie ist also zweihäusig. Man kann die Rote Zaunrübe leicht von der Schwarzbeerigen Zaunrübe unterscheiden; denn diese hat dunklere, herzförmigere Blätter und schlingt sich mit ihrem Stamm kletternd empor.

Alle Pflanzenteile sind giftig, besonders aber die große, ausdauernde Wurzel. In Pulverform nahm man sie früher als starkes Reinigungsmittel bei Kopfschmerzen und Wassersucht ein. Das Mittel darf aber nicht unbesonnen eingenommen werden, es ist sehr gefährlich. Die Wurzeln wurden früher statt der seltenen Alraunewurzeln verkauft.

Colchicum autumnale

Herbstzeitlose

Familie: Liliaceae

Die Herbstzeitlose ist von Nordafrika bis nach Nordeuropa verbreitet. Im Herbst zeigt sich eine einzeln stehende, blaßpurpurne Blüte. Man findet die ausdauernde, krokusartige Pflanze auf feuchten Wiesen und oft in Gärten und Parks. Im Frühjahr erscheinen die 20 cm langen Blätter und eiförmigen Früchte. Sie sterben ab bevor die Blüten erscheinen. Die Vermehrung erfolgt durch Samen oder durch Teilung der Zwiebel.

Die Pflanze enthält in der Zwiebel und in den Samen wirksame Giftstoffe, von denen der wichtigste Colchicin ist. Sie wurde bereits in der Antike als Heilmittel bei Rheumatismus und Gicht verwendet. Heute nimmt man sie nur noch in winzigen Dosen ein, die von Fachleuten zubereitet werden. Mittelgroße Dosen wirken sedativ und haben eine starke Wirkung auf die Gedärme. Große Dosen führen zum Tod.

Conium maculatum

Fleckenschierling

Familie: Umbelliferae

Fast überall in den gemäßigten Breiten ist der zweijährige Fleckenschierling weit verbreitet. An feuchten Wegrändern und auf ungenutztem Land wird er mindestens 2 m hoch. Die hohlen Stengel sind meist purpurn gestreift und die anmutigen Blätter sind zart eingeschnitten. Den ganzen Sommer hindurch entfalten sich die weißen Blütendolden. Schierling zeigt eine große und gefährliche Ähnlichkeit mit dem Wiesenkerbel und anderen Doldengewächsen.

Alle Pflanzenteile sind giftig, besonders gilt dies jedoch für die Samen (Früchte) und Blätter, denn sie enthalten fünf giftige Alkaloide. Früher verabreichte man zum Tode Verurteilten eine tödliche Dosis und auch Sokrates starb durch den Schierlingsbecher, der bei den Griechen »Koneion« genannt wurde. Der Gattungsname wurde von Linné danach gebildet. Vor Eintreten der Lähmung empfindet man Schwindelgefühl. Conium, die aus der Pflanze gewonnene Droge, wirkt beruhigend und krampflösend. Äußerlich angewendet bringt sie Entzündungen zum Abklingen.

Convallaria majalis
Maiglöckchen
Familie: Liliaceae
Die bekannte, kleine und ausdauernde Gartenpflanze mit ihren weißen, süßduftenden Blütenglöckchen, aus denen sich scharlachrote Beeren entwikkeln, gedeiht in den gemäßigten Zonen unserer Erde. Man findet sie wild in Wäldern, wo sie eine Wuchshöhe von 30 cm erreicht. Man kann sie durch Wurzelteilung im Herbst oder Frühjahr vermehren; sie bevorzugt einen feuchten, schattigen Platz.
Seit dem 4. Jahrhundert werden die Blüten als Heilmittel bei Gicht, Lähmungserscheinungen und Augenentzündungen verwendet. Die Droge wird heute zur Stärkung und Regulierung der Herztätigkeit eingenommen. Alle Pflanzenteile sind giftig.

Datura stramonium
Gemeiner Stechapfel
Familie: Solanaceae
Die buschige, einjährige Pflanze kann nicht verwechselt werden. Sie wird etwa 1 m hoch, hat eingekerbte Blätter und große, weiße, trompetenartige Blüten. Die stachelige Frucht birgt schwarze Samen. Ihre Heimat ist wahrscheinlich das tropische Amerika oder Mexiko. Man findet sie heute als Unkraut auf ungenutzten Flächen überall in der Welt.
Im Frühjahr sät man die Samen aus und düngt reichlich.
Der Stechapfel ist ein naher Verwandter der Tollkirsche und des Bilsenkrauts. Er wirkt auch ganz ähnlich; er beruhigt, erweitert die Pupillen und verursacht in großen Dosen Delirium und Tod. Eine Tinktur aus den Samen wird heute noch manchmal bei Asthma und Kehlkopfentzündung (Laryngitis) verschrieben.

Digitalis purpurea
Roter Fingerhut
Familie: Scrophulariaceae
Der Rote Fingerhut wächst wild auf trockenem, leicht saurem Boden, in trockenen Wäldern und an Böschungen. Man findet ihn häufig in West- und Mitteleuropa. Die Blütenähre mit ihren rosa Blüten wird etwa 1,50 m hoch; sie entsprießt einer Rosette aus großen, weichen und runzligen Blättern. Er wird aus Samen gezogen.
Aus den Blättern gewinnt man Digitalis, welches mehrere wirksame Herzstimulantien enthält. Es gilt heute als besonders wichtige Droge zur Stärkung und Regulierung der Herztätigkeit. Früher verwendete man es äußerlich als Salbe für Schwellungen und innerlich bei Wassersucht. Das Heilmittel war jedoch damals nicht sehr bekannt. Gerard schreibt z. B., daß die Blätter keinerlei Wert hätten und daß die Pflanze, wie man schon in der Antike wußte, auch medizinisch nicht brauchbar sei. William Withering wählte als erster unter den 20 in einer seit langem bekannten Arznei für Wassersucht enthaltenen Kräutern den Fingerhut aus. 1795 veröffentlichte er die Ergebnisse in der Schrift »Account of the Foxglove«.
Fingerhutblätter, die man in das Wasser von Schnittblumen gibt, halten diese länger frisch.

Helleborus niger
Christrose, Schneerose
Familie: Ranunculaceae
Im Garten findet man viele Varietäten der ausdauernden Nieswurz *(Helleborus)*, besonders beliebt ist jedoch die Christrose mit ihren langen, glatten, dunklen Blattfiedern und den weißen oder rosa getönten Blüten, die 50 cm hoch werden. Sie ist in Süd- und Osteuropa heimisch. In Nordeuropa wächst *H. foetidus*, Stinkende Nieswurz und die kleinere, grüne *H. viridis*, Grüne Nieswurz. Sie bevorzugen Kalkböden und haben ähnliche Eigenschaften wie *H. niger.*
Sie alle blühen schon früh im Jahr, oft schon ab Ende Januar und entfalten sich zum Teil noch im Schnee.
Die Christrose kann durch Samen oder Wurzelteilung vermehrt werden. Man setzt sie an einem schattigen Plätzchen in humosen Boden. In der Medizin

gebrauchte man sie früher zum Anästhesieren, als starkes Abführmittel und Brechmittel oder zur Abtreibung. Man verabreichte sie auch den Kindern als Wurmkur – ein wahrhaft drastisches Mittel mit manchmal üblen Folgen! Denn alle Pflanzenteile und besonders das Rhizom sind giftig. Die Homöopathie verwendet heute eine Tinktur aus Rhizomen zur Regulierung der Herztätigkeit und zur Beruhigung der Nerven. Die herkömmliche Medizin ist allerdings der Ansicht, daß die Folgen noch nicht überschaubar sind.

Hyoscyamus niger
Bilsenkraut
Familie: Solanaceae
Fast überall auf der Erde gedeiht das Bilsenkraut; auf Ödland, aber auch auf genutzten Flächen wächst es als Unkraut. Es ist zwei-, aber auch einjährig; beide Formen kommen in ein und derselben Samenkapsel vor. Zweijährig wird das Bilsenkraut über 1 m hoch, die einjährige Form ist kleiner und eher kriechend. Der dicke Stengel und die langen, gezähnten Blätter sind mit hellen, klebrigen Härchen bedeckt und riechen etwas faulig. Die Blüten sind reizvoll; sie sind schmutziggelb und purpurn geädert. Die Samenkapseln sind an einer Seite des Stengels angeordnet. Beim Reifen werden sie hart und gleichen einer Reihe großer Zähne.

Früher galt das Bilsenkraut auch dementsprechend als Mittel gegen Zahnschmerzen. Man kaute oder rauchte die Samen oder Wurzeln, kochte sie in Essig und benutzte sie zu Mundspülungen. Dies ist äußerst gefährlich, denn innerlich angewandt, kann Bilsenkraut Delirium und Krämpfe verursachen, oder wie ein alter Botaniker aus früherer Zeit bemerkte, einen »unruhigen Schlaf bis zur Trunkenheit« zur Folge haben, der »lang andauert und zum Tode führt«. Der berüchtigte englische Massenmörder Dr. Crippen, benutzte bei der Ermordung seiner Frauen die Droge des Bilsenkrauts. Sie enthält stärkere Alkaloide, die vor allem aus den Blättern gewonnen werden, und gilt als Sedativum und Narkotikum.

Mandragora officinarum
Alraune
Familie: Solanaceae
Die Alraune ist in Südeuropa heimisch. Sie hat dunkle, etwa 60 cm hohe Blätter, die direkt der Basis entwachsen. Im Hochsommer erscheinen die einfachen, glockigen, blaßgelben Blüten. Sie entwickeln sich zu fleischigen, gelben Beeren, von der Größe eines kleinen Holzapfels. Die ausdauernde Wurzel kann sehr groß werden, sich gabeln und verzweigen und gelegentlich Ähnlichkeit mit dem menschlichen Körper zeigen. Wie fast alle Vertreter der Familie *Solanaceae* gedeiht Alraune an einem geschützten, etwas schattigen Platz in feuchtem, humosem Boden. Die Alraune kann durch Samen oder Wurzelteilung vermehrt werden. Im sehr kalten Winter muß sie auf jeden Falll vor Frost geschützt werden.

Wie um kein anderes Heilkraut rankt sich um die Alraune Geheimnisvolles und Aberglauben. In den Kräuterbüchern vergangener Zeiten wird sie oft als menschliche Gestalt, von einem Hund begleitet, dargestellt. Man durfte nämlich die Wurzel nicht selbst ausgraben, sonst wurde man mit dem Tode bestraft; deshalb richtete man dafür Hunde ab. Die Wurzeln wurden, in Seide gehüllt, in einem speziellen Kästchen aufbewahrt; so galten sie als Schutz und Glücksbringer. Seit der Antike wird die Wurzel medizinisch als Narkosemittel bei Operationen, bei Rheumatismus und als starkes Brechmittel gebraucht. Große Dosen wirken tödlich.

Phytolacca americana (P. decandra)
Kermesbeere
Familie: Phytolaccaceae
Die ausdauernde Kermesbeere wächst in Nordamerika wild. Sie ist buschig und wird an feuchtem, halbschattigem Standort bis zu 3 m hoch. Die blassen Blüten stehen in Trauben. Aus ihnen entwickeln sich die tiefdunklen, purpurnen Beeren. Junge Triebe sollen eßbar sein, mit der Reife wird jedoch die ganze Pflanze giftig. Obwohl die dikke, fleischige Wurzel gefährlich narkotisierend wirkt, wurde sie häufig als Abführmittel verwendet; man gebrauchte sie auch äußerlich als Umschlag bei rheumatischen Beschwerden, Entzündungen und bei Hauterkrankungen.

Der Kräutergarten

In Europa und im Nahen Osten gehörten zu den Tempeln und heiligen Stätten meist auch Kräutergärten, die von Priestern betreut wurden. Mit der Zeit wurden diese Priester zu Heilkundigen und richtigen Ärzten. Jahrhunderte hindurch blieben auf diese Weise Heilkunst und Religion eng miteinander verbunden. Alle Kräutergärten wurden genau geplant; denn auf engem Raum mußte eine große Anzahl von Pflanzen gepflanzt, gepflegt und bewässert werden. Man bepflanzte die Beete in geradlinigen Reihen, legte dazwischen regelmäßige Wege an und umgab das Ganze mit einer Mauer oder einem Zaun. Man versah den Garten mit Wasserzuleitungen, einer Zisterne oder einem Teich. Auf solch praktischen Überlegungen beruht der streng geometrisch angelegte Garten, wie ihn alte, ägyptische Fresken und frühpersische oder altislamische Malereien zeigen. Auch der römische *hortus* mit seiner säuberlichen Trennung von Gemüse und Kräutern, seinen Säulengängen und Innenhöfen, in denen Tontöpfe mit duftenden Kräutern aufgestellt wurden, erinnert in seiner Anlage noch an diese ältesten Kräutergärten.
Nach dem Untergang des Römischen Reiches zerfielen im Norden Europas die römischen Villen und ihre so sorgfältig angelegten Gärten verwilderten. In südlicheren Gebieten wurde die Tradition weitergeführt. Hier wurde der römische Garten das Vorbild für die Klostergärten. Einer der ältesten Gartenpläne, die uns erhalten blieben, ist der Gartenplan des Benediktinerklosters St. Gallen (Schweiz). Das Kloster stand unter der Schirmherrschaft Karls des Großen, der sich sehr für die Gartenkunst interessierte. Im Jahre 812 n. Chr. ließ er eine Liste von Kräutern erstellen, die auf allen kaiserlichen Gütern angebaut werden mußten. Der Garten des Klosters St. Gallen war in 18 kleine, rechtwinkelige Beete mit Dill, Koriander, Kerbel, Gelbe Rüben, Kohl und anderen Pflanzen unterteilt. Der Garten mit den Heilkräutern (*Herbularius*) lag neben der Krankenstube und umfaßt 16 Kräuterbeete, in denen z. B. Salbei, Weinraute und Rosmarin, aber auch Lilien und Rosen gezüchtet wurden, die wir heute als Zierpflanzen betrachten. In einem offenen Hof, der den Namen »Paradeis« trug, pflanzte man wohlriechende Blumen an, mit denen die Kirche geschmückt wurde.
Für den Kräutergarten in Deutschland war die heilige Hildegard von Bingen, um 1100 geboren, bedeutend, sie war Äbtissin eines Nonnenklosters und Naturfor-

Mit der Entdeckung Amerikas begann zwischen der Alten und der Neuen Welt ein reger Austausch von Wurzeln und Samen der verschiedensten Pflanzen. So kamen im Laufe des 16. und 17. Jahrhunderts durch Entdecker und Reisende auch Kapuzinerkresse und Sonnenblume, Kartoffel und Tomate in unsere Gärten.

scherin. In ihrem Buch »*Psychica*« beschreibt sie unter anderem Kräuter, wie z. B. Melisse, Koriander, Bohnenkraut, Majoran, Liebstöckl, Meerrettich oder Muskatnuß.

In den folgenden 600 Jahren wurden in ganz Europa zahleiche Klöster gegründet; sie tauschten untereinander Stecklinge und Samen aus. Genaue Kräuterbeschreibungen wurden angefertigt, und die Klosterbibliotheken enthielten schwere, von Hand geschriebene Kräuterbücher, die jahrhundertelang immer wieder aufs Sorgfältigste von den Mönchen kopiert wurden. Erst in der Renaissance wurden mit der Erfindung des Buchdrucks Kräuterbücher allgemein erschwinglich. Daneben erschienen jetzt auch schon Gartenbücher, z. B. Ion Gardeners »*Feate of Gardening*« aus dem 15. Jahrhundert. Als einer der ersten gibt er Anweisungen über das Aussäen und Setzen von Gewürzen und Kräutern. Vorher gab es nur ein Werk dieser Art, der *Hortulus* des Schweizer Bischofs Walafrid Strabo aus dem 9. Jahrhundert. Mit neuen Gartenbüchern Hand in Hand ging jetzt die Mode, sich einen eigenen Kräutergarten anzulegen. Der Grundriß wurde immer raffinierter: es gab verschlungene Beete und Labyrinthe; die Beete wurden von niedrig zugestutzten Hecken aus Lavendel und Buchs eingefaßt oder im modischen italienischen Stil mit Kieseln umrahmt. Kardinal Wolseys Garten in Hampton Court (England) galt als so »verschlungen, daß es sich nicht in Worte fassen läßt«.

Im 16. und 17. Jahrhundert brachten Reisende und Forscher eine Menge neuer Pflanzen aus Amerika mit; damals zogen Kapuzinerkresse, Sonnenblume und Tomate in die Kräutergärten Europas ein. In Nordamerika war es der Quäker George Fox, der als erster einen Garten mit Heilkräutern anlegte. In Deutschland, Italien, Frankreich, Holland und auf den Britischen Inseln schuf man große botanische Gärten. Sie waren meist einer Universität oder Medizinschule angeschlossen und dienten medizinischen und botanischen Studien. Die Romantik löste Ende des 18. Jahrhunderts die strenge Geometrie der Gartenanlage auf. Jetzt war bewußte Nachahmung der Natur und scheinbar von selbst entstandene Asymmetrie die große Mode.

Heute finden wir bei der Planung der Kräutergärten beide Formen: die Strenge alter Gärten und den Eindruck eines zwanglos üppigen Wachstums.

Der ornamentale Kräutergarten

Säuberlich zugeschnittener Rosmarin und 4 bunte Stechpalmen mit Formschnitt begrenzen diesen kleinen, ornamentalen Kräutergarten (unten). *Buchs und Edel-Gamander bilden dazwischen verschlungene Muster; in den Ecken wächst Heiligenkraut. Nach italienischem Vorbild sind die Zwischenräume mit dunklen Kieseln ausgelegt, die in Kontrast zu den hellen Kieseln der Wege noch einen zusätzlichen Effekt ergeben.* Gegenüber: *Anspruchsvoller wirkt diese den französischen Gärten nachempfundene Anlage, die von hohen, streng geschnittenen Buchsbaumhecken umgrenzt ist. Ein gutes Gegengewicht bilden die Beete, die zwar geometrisch angelegt, aber doch mehr zwanglos bepflanzt sind. Die rechtwinklig verlaufenden, gepflasterten Wege lenken auf die dekorative mit Hauswurz bepflanzte Schale.*

Der Grundriß dieses Kräutergartens folgt strengen Regeln. Pfade und Beete bilden regelmäßige Kurven, rechte Winkel, Dreiecke und Kreise, die oft symmetrisch um den Gartenmittelpunkt gruppiert sind. Die Mitte ist oft betont durch eine Sonnenuhr, einen Sitzplatz, eine große Blumenschale, eine Statue oder auch einen zugeschnittenen Strauch oder Baum. Wie bei den Kräutergärten früherer Zeit, stehen die Kräuter weit auseinander und sind oft in gradlinigen Reihen oder Gruppen angeordnet. Die Beete sind mit Steinen oder Holzplanken eingefaßt. Diese Mode stammt aus dem 17. Jahrhundert; damals verwendete man dazu auch die Kiefer- und Schenkelknochen von Schafen oder Schweinen. Eine passende und sehr dekorative Umrahmung läßt sich aus ausdauernden Kräutern schaffen. Gut eignet sich Zypressenkraut (*Santolina chamaecyparissus*), die blaugrüne Weinraute oder glänzende, dunkelgrüne Edelgamander (*Teucrium chamaedris*), die sich alle gut vom Laub der Kräuter im Beet abheben. Um ein kleines Beet kann man auch dichten Schnittlauch, aufrecht wachsenden Thymian oder niedrigwüchsigen Lavendel pflanzen. Mit dieser Anpflanzung nach altem Muster und einer entsprechenden Auswahl von Kräutern läßt sich eine Atmosphäre von Geschlossenheit und Frieden schaffen, wie sie auch von alten Klostergärten ausgeht. In dieser Gartenform kommt die einzelne Pflanzengestalt am besten zur Geltung. Geeignet sind daher vor allem dicht und aufrecht wachsende Kräuter. Auch bei der Pflege ist der Stil des Gartens zu berücksichtigen. Pflanzen, die zum Überwuchern oder zur Ausbreitung durch Wurzelausläufer neigen, wie Rainfarn, Marienkraut oder Minze, hält man durch Rückschnitt oder Abstechen in Grenzen.

Pläne für die Anlage eines ornamentalen Gartens aus dem Jahr 1617.

Entwürfe für einen ornamentalen Kräutergarten

Der Tradition des »italienischen« und des »französischen Gartens« folgend, finden wir in den Gartenbüchern des 17. Jahrhunderts viele Pläne zur Anlage eines ornamentalen Gartens. Die verschlungenen Muster ergeben sich aus sorgfältig zugeschnittenen Hecken aus grauen, grünen und silbernen Kräutern. Enge Schleifen legt man mit verschieden farbigen Steinen oder mit Sand aus. In die weiteren Schlingen pflanzt man viele bunte Kräuter. Die schwierigen Muster brauchen tägliche Pflege, legt man aber dem Kräutergarten als Grundmuster eine einfache Schleife zugrunde, so ist die Pflege einfacher.

Außer einer gerade verlaufenden Pflanzenreihe mit Kräutern gibt es eine Menge einfacher und doch hübscher Muster, die auf Vierecken, Rechtecken, Dreiecken oder Kreisen beruhen. Eine Terrasse kann man mit abwechselnd viereckigen Pflastersteinen und kleinen viereckigen Kräuterbeeten anlegen. Man erhält ein reizvolles und nicht alltägliches Schachbrettmuster.

In Hochbeeten kann man Kräuter besser züchten und ernten. Auch die Mönche legten schon in frühester Zeit solche rechteckigen Hochbeete an, sie bieten eine bessere Entwässerung. Efeu-Gundermann (*Glechoma hederacea*) und Kapuzinerkresse läßt man vom Beet herrunterranken; zwischen den Steinen wachsen Glaskraut (*Parietaria officinalis*) und Dach-Hauswurz.

In den größeren Gärten ist Platz für ungewöhnliche Kräuter und für Varietäten der wichtigsten Pflanzen. Große Flächen, in denen Farben und Gewebe einen Kontrast bilden, sind sehr dekorativ. Borretsch mit seinem silbernen Stamm und den blauen Blüten hebt sich z. B. hübsch von goldgelben Ringelblumen und schwarzem und weißem Andorn (*Marrubium*) ab. Einen besonders reizvollen Effekt kann man auch mit Pflanzen unterschiedlicher Wuchshöhe erzielen.

Links: *Ein Rad aus silberblättrigen Kräutern; die Speichen bildet Heiligenkraut, in den Zwischenräumen wachsen Salbei und Lavendel.* Rechts: *Das langgestreckte schmale Kräuterbeet liegt gleich neben der Küchentür; alle Kräuter können vom Weg aus geerntet werden.*

Drei Beispiele zur Bepflanzung von Hochbeeten. Unten links: *eine strenge Steinmauer bildet den Rahmen für diesen ornamentalen Kräutergarten. Lavendel, silbernes Heiligenkraut und* Artemisia *sind sorgsam zugeschnitten. Das Hochbeet in dem kleinen, versenkten Garten* (unten) *ist von Granitsteinen eingefaßt und mit purpurn blühendem Lavendel bepflanzt.* Rechts: *in einem kleinen Eckchen des Küchengartens blüht Kapuzinerkresse in allen Farben von leuchtend orange bis gelb. Das dreieckige Hochbeet besteht aus locker geschichteten Ziegelsteinen.*

Die Planung eines Kräutergartens

Wahl des Standorts

Für die Gestaltung des Kräutergartens ist der Standort entscheidend. Küchenkräuter pflanzt man in die Nähe der Küchentüre. Wenigstens ein Teil des Gartens sollte südseitig angelegt werden, denn die meisten Kräuter brauchen viel Sonne; manche, wie z. B. Estragon (*Artemisia dracunculus*), Eberraute (*Artemisia abrotanum*), Rosmarin (*Rosmarinus*) und Königskerze (*Verbascum*), müssen vor Wind etwas geschützt werden. Viele Duftkräuter, besonders diejenigen, die aus südlicheren Klimabereichen stammen, benötigen einen leichten, gut durchlässigen Boden. Ideal ist ein leicht geneigter Hang. Wo der Boden schwer und lehmig ist oder in Stadtgärten mit saurem Boden empfiehlt es sich, Hochbeete anzulegen und diese mit frischer Erde zu füllen. Es gibt Kräuter, wie z. B. die Minze, die feuchten Boden bevorzugen, andere wieder gedeihen in schattigen Beeten.

Der Grundplan

Der Entwurf der gegenüberliegenden Seite zeigt einen kleinen, aber ausreichenden Kräutergarten. Den Grundriß bildet ein Gitternetz aus Quadraten von je 40 cm Seitenlänge. Die meisten ausgewachsenen, ausdauernden Kräuter passen gut in dieses Maß hinein; außerdem sind 40 cm die kleinste, noch bequeme Breite für einen Gartenweg. Bei diesem Grundriß lassen sich mit Millimeterpapier oder kariertem Papier jederzeit Änderungen einplanen. Die Quadrate mißt man im Garten aus, zieht für den Entwurf Schnüre und markiert die einzelnen Stellen mit Schnüren und Haken. Der Entwurf läßt sich auch für eine größere Fläche verwenden; hier handelt es sich allerdings nur um eine Fläche von 2,75 m^2. Sie bietet Platz für etwa 25 verschiedene Kräuter. Die einzigen wichtigen Arten, die hier fehlen, sind Minze und Basilikum. Minze wuchert und Basilikum gedeiht nicht gut im Freien.

Die Kräuter

Das Beet oben rechts enthält ausdauernde Küchenkräuter; diagonal gegenüber sind ausdauernde Heil- und Duftkräuter. Die meisten von ihnen müssen gelegentlich zurückgeschnitten werden, sonst schießen sie zu stark in die Höhe oder wuchern; die Wurzeln des Rainfarns in der Mitte steckt man am besten in einen Topf oder Eimer ohne Boden. Im ersten oder zweiten Jahr kann man zwischen die jungen, ausdauernden Kräuter auch einjährige setzen. Danach werden die ausdauernden Kräuter größer und auch höher; jetzt sollte man den einjährigen Pflanzen ein eigenes Beet geben.

Die restlichen Beete umrahmt man mit langsamwüchsigen Kräutern. Nur die Petersilie muß etwa jedes Jahr ersetzt werden. In den beiden Beeten links oben und rechts unten gedeihen wichtige, einjährige Kräuter und der zweijährige Kümmel. Kümmel und Kerbel säen sich jedes Jahr selbst aus, dagegen muß man den Echten Majoran und Dill jedes Jahr neu aussäen.

Der Mittelpunkt

In die Mitte der Anlage stellt man ein hohes, schmales Tongefäß oder baut eine konkave Wanne aus Steinen. Dann füllt man sie mit Erde und pflanzt Engelwurz, Rosmarin oder Eisenkraut hinein. Auch die dunkle Myrte oder ein Lorbeerbaum kommen hier gut zur Geltung; man muß sie allerdings zurechtstutzen. Hübsch macht sich auch einfach eine kleine Bank in der Mitte.

Gartenpfade

Man kann sie mit Klinkern, Pflastersteinen, Stein- oder Kunststeinplatten, aber auch mit Eisenbahnschwellen oder Kies gestalten. Dazwischen läßt man etwas Platz für kriechende Kräuter. Am einfachsten anzulegen sind Kieswege, ihre Ränder muß man jedoch mit Ziegelsteinen oder mit Holzplanken einsäumen, damit die Kiesel nicht ins Beet wandern. Am besten bepflanzt man bei Kieswegen die Ränder mit teppichbildenden Kräutern wie Minze, Hundskamille oder Thymian; sie wuchern bald in den Pfad hinein und festigen die Ränder. Soweit Platz vorhanden ist, stellt man an das Ende einzelner Gartenwege große Pflanzgefäße mit Ringelblumen, Kapuzinerkresse oder Pelargonien.

Hochbeete

Das hier vorgeschlagene Hochbeet kann in einer Höhe von 30–60 cm ausgeführt werden. Gemäß dem Plan steckt man die Fläche mit Schnur und Pfählen ab. Für eine Steineinfassung hebt man, wenn möglich, einen Graben von etwa 10 cm Tiefe aus und verwendet für die niedrige Ummauerung Natur- oder vorgeformte Gartensteine. Auch Holzplanken eignen sich, die durch fest in die Erde gerammte Pfosten gehalten werden. Neuerdings verwendet man auch Palisaden aus Rundhölzern oder Eisenbahnschwellen. Wichtig bei Hochbeeten ist es, für die Durchlässigkeit des Bodens zu sorgen. Bei schwerem oder lehmhaltigem Boden empfiehlt es sich, eine kleine »Drainage« aus Kieseln oder Tonscherben anzulegen und erst darüber den Humus zu füllen, den man vor der Bepflanzung mit Nährstoffen anreichert (Kompost oder Dünger).

Abstufung nach Wuchshöhe

Was fast selbstverständlich ist, wird oft vergessen! Hochwüchsige Pflanzen müssen stets an den hinteren Rand des Beetes gesetzt werden. Gegen die Vorderseite zu werden die Pflanzen immer niedrigwüchsiger. Bei Rundbeeten setzt man in die Mitte eine große, besonders dekorative Pflanze und gegen die Ränder des Beetes sollte die Wuchshöhe schrittweise abnehmen. Bei dem hier vorgeschlagenen Plan sind große Abstufungen nicht möglich. In den Beeten mit ausdauernden Kräutern wachsen in der Mitte hoher, bronzefarbener Fenchel und dunkelgrüner Rainfarn; die Beete mit einjährigen Pflanzen haben niedrige Umrahmungen.

Bepflanzungsplan

Petersilie (1) und zwergförmiger Lavendel (4) bilden im Beet oben links die Umrahmung; im Innern wachsen großer Dill (2) und Kümmel (3).
Im Bild rechts wachsen Thymian (5), Liebstöckel (6), roter Salbei (7), Estragon (8) und Winter-Bohnenkraut (9). Die großen Blätter des Sauerampfers (10) bilden einen Kontrast zu Gartenfenchel (11) und Bibernelle (12). Rechts unten wächst eine kleine Hecke aus Ysop (13) neben Echtem Majoran (16) und Kerbel (15). Die niedrigere Umrahmung ist aus Schnittlauch (16).
Im Beet links unten gedeihen Raute (17), Gartennelke (18), Pfefferminze (19) und Gemeiner Andorn (20); ihre Blätter heben sich reizvoll von denen der Pferdeminze (21), dem Rainfarn (22), der Eberraute (23) und der Zitronenmelisse (24) ab.
Im Mittelpunkt wachsen ein Rosmarinstrauch (25) und kriechender Thymian (26); zwischen den Platten Minze (27) und Weg Kamille (28).

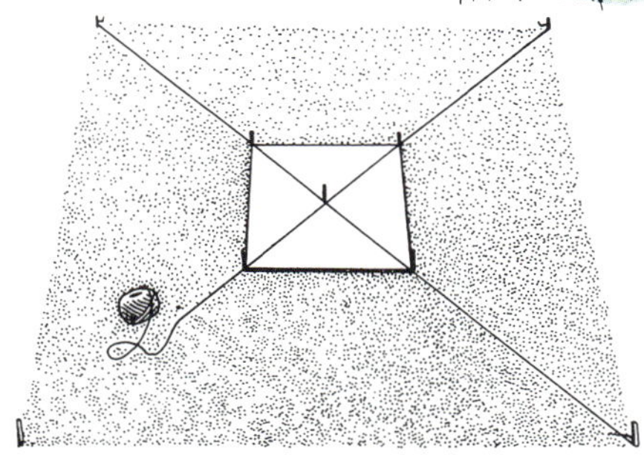

So markiert man den Grundriß eines ornamentalen Gartens: Für rechteckige Formen legt man in die Mitte ein Pappquadrat und spannt diagonal zwei Bindfäden, die man verlängert und an den Ecken befestigt.

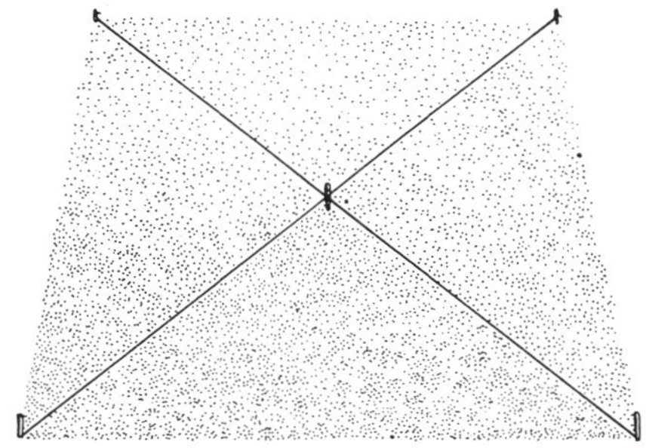

Für geschwungene Formen benützt man als Grundform den Kreis und verwendet dazu eine Schnur mit zwei Pflöcken. Den einen steckt man in den Boden, mit dem anderen markiert man Kreise und Bögen.

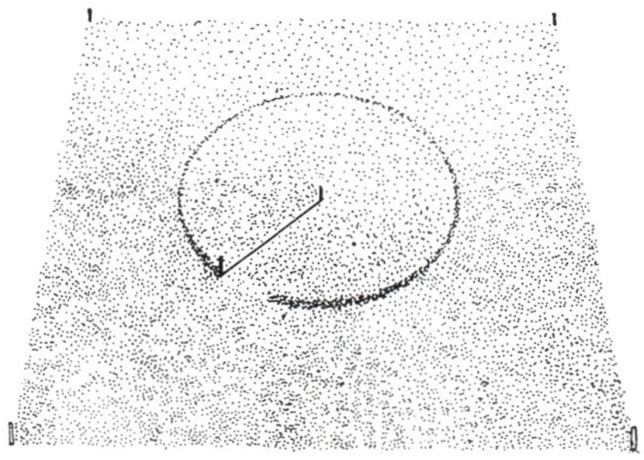

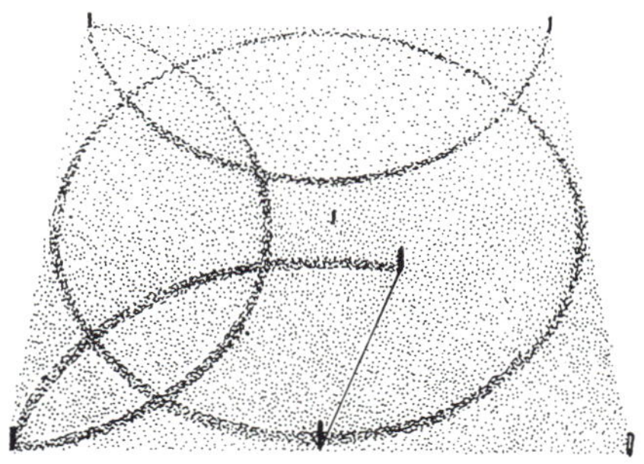

Die alte Tonne (oben) *ist ein idealer Behälter für überhängende Kräuter; im Garten* (unten) *haben sich Kräuter von selbst zwischen Kieseln ausgesät; im Beet* (gegenüber) *wurden die unterschiedlichsten Kräuter dicht zusammen gepflanzt (u. a.* Thymus vulgaris *'Silver Poesie', Echter Thymian, Lungenkraut und Majoran).*

Der zwanglos gestaltete Kräutergarten

Ein informeller zwanglos gestalteter Garten knüpft an die romantische Tradition der »englischen Gärten« an; mit verschlungenen Gartenpfaden, die von Pflanzen überwuchert werden, mit versteckten Eckchen und verborgenen Sitzplätzen, mit Teichen oder grün umsponnenen Wasserbecken. Diese scheinbar zwanglose Üppigkeit muß jedoch mindestens genauso sorgfältig geplant werden wie der ornamentale Garten. Höhenunterschiede sollten in die Planung einbezogen werden; man kann sie auch künstlich schaffen. Die Pfade sind sanft geschwungen. Das Material für Stufen, Mäuerchen und Wege entspricht den landschaftlichen Gegebenheiten, sei es Naturstein, Klinker, Kies oder Holz. Der Charakter des Naturgewachsenen wird durch die Art der Bepflanzung betont.

Die Kräuter setzt man relativ dicht zusammen. Daher wählt man nur Arten, die sich nicht gegenseitig überwuchern. Samen werden breitwürfig ausgesät. Man gibt überhaupt Pflanzen den Vorzug, die sich von selbst aussäen oder sich mit ihren Wurzeln oder mit Ausläufern von alleine verbreiten. In dem unten abgebildeten Garten hat man zwischen die Kiesel einfach aufs Geratewohl bronzefarbenen und grünen Fenchel ausgesät. Zweijährige Pflanzen wie Königskerze, Engelwurz und Fingerhut haben sich von selbst ausgesät und sind deshalb unterschiedlich weit entwickelt. Eine solch zwanglose Bepflanzung kann auf einer kleinen Fläche sehr wirkungsvoll sein; sie ist sogar für Terrassen oder größere Balkone gut geeignet. Hierfür wählt man ein paar große, auffallende Kräuter – Engelwurz und Fenchel z. B. –, deren Laub reizvolle Kontraste bilden. Zwischen Steinen setzt man büschelartig winterharte Kräuter.

Auswahl der Kräuter

Farbe und Wuchshöhe

Steht der Gartenplan fest und hat man Gelände und Boden entsprechend vorbereitet, so führt der nächste Schritt zum Gärtner, wo man Samen und Pflänzlinge ersteht. Bevor man ans Bepflanzen selbst geht, sollte man sich jedoch über Farbe, Form und Wuchshöhe der einzelnen Kräuter informiert haben.

Es kann besonders effektvoll sein, wenn man Pflanzen ähnlicher Farbe in Gruppen zusammensetzt; dann sollten sie sich aber in Form und Wuchshöhe unterscheiden. Pfefferminze z. B. mit ihren langen, rötlich getönten Blättern wirkt sehr reizvoll als Kontrast zu hochwüchsigem, dunklem Gartenfenchel mit seinen gefiederten Blättern. Setzt man sie dagegen neben Basilikum mit ähnlich geformten, aber glänzenderen und kräftiger gefärbten Blättern, so kommt sie nicht zur Geltung. Wenn man bunte Kräuter zusammensetzt, verlieren sie häufig an Charakter und können optisch kaum voneinander unterschieden werden. Voll zur Wirkung dagegen kommen sie, wenn man sie mit weniger bunten Varietäten kombiniert. Andererseits lassen sich mit Farben auch schöne Kontrastwirkungen erreichen: z. B. Majoran *(Origanum vulgare* 'Aureum'), den man neben lila getönten Salbei oder Gottvergeß (*Ballota nigra*) setzt und dazu die hochwüchsige, gelbblütige Königskerze.

Auch den Hintergrund der Kräuterpflanzung sollte man mit in Betracht ziehen. Eine Masse silbernen Thymians kommt zwar vor einer dunklen Gartenhecke dekorativ zur Geltung, hebt sich aber kaum vor einer weiß gekalkten Mauer ab. Bei der Auswahl entscheiden aber der persönliche Geschmack und die geplante Verwendung der Kräuter. Die folgende Liste soll eine kleine Hilfe sein.

Die grüne Santolina (oben im Bild) *bringt eine Fülle von gelben, knopfartigen Blüten hervor. Die silberne Santolina, die* (rechts) *hinter den Ringelblumen gedeihen, erhielten einen strengen Formschnitt. Besonders gut zur Wirkung kommen hochgewachsene Kräuter, die im Spätsommer blühen; dazu gehören, von rechts nach links, blau blühender Borretsch, gelb blühender Fenchel, ein Rosmarinstrauch und im Hintergrund der sich rasch ausbreitende Alant, der über 3 m hoch werden kann.*

Eberraute

Buntblättrige Zitronenmelisse

Gartenfenchel

Pflanzen mit hellen und silbernen Blättern
Artemisiaarten:
Eberraute *Artemisia abrotanum*
Wermut *A. absinthium, A. canescens, A. pedemontana, A. stelleriana. Balsamita vulgaris (Impatiens balsamina)*
Eibisch *Althea officinalis*
Eukalyptus *Eucalyptus globulus*
Gartennelke *Dianthus caryophyllus*
Gemeiner Andorn *Marrubium vulgare*
Heiligenkraut *Santolina chamaecyparissus*
Königskerze *Verbascum thapsus* u. a.
Lavendel *Lavendula angustifolia*
Marienkraut *Balsamita major (Chrysanthemum balsamita)*
Minze *Mentha suaveolens* und Roß-Minze *Mentha longifolia*
Diptamdosten *Origanum dictamnus*
Raute *Ruta graveolens* 'Jackman's Blue'
Salbei *Salvia officinalis*
Ziest *Stachys byzantina* u. a. Arten
Stranddistel *Eryngium maritimum*
Thymian *Thymus pseudolanuginosus* und 2 Varietäten, die zum Teil etwas bunt sind, *T.* x. *citriodorus* 'Silver Queen' und *T. vulgaris* 'Silver Poesie', welche ausdauernder ist, aber nicht nach Zitronen duftet.

Pflanzen mit bunten Blättern
Sie sind nicht so winterhart und bevorzugen daher einen geschützten Standort. Im Schatten vergrünen manche Arten allerdings mit der Zeit. Am besten zieht man sie aus Stecklingen, Ablegern oder durch Wurzelteilung.
Mädesüß *Filipendula ulmaria* 'Variegata', cremefarben und goldgelb.
Lungenkraut *Pulmonaria officinalis.* Die meisten Lungenkräuter haben dunkle, silbern gefleckte Blätter.
Minzearten: *Mentha suaveolens* 'Variegata', cremefarben und grün; *M.* x. *gentilis* 'Variegata', goldgelb und grün.
Pelargonien: es gibt eine große Anzahl an bunten Pelargonien; zu ihnen gehören z. B. *Pelargonium crispum* 'Variegatum', *P. graveolens* 'Variegatum' und *P.* x. *fragrans* 'Snowy Nutmeg'. Die meisten von ihnen haben cremefarbene und grüne Blätter.
Raute *Ruta graveolens* 'Variegata', cremefarben und grün.
Salbei: Gartensalbei *Salvia officinalis* 'Icterina', goldgelb und grün; *S. officinalis* 'Tricolor', purpurn, rosa und weiß.
Thymian: siehe Kräuter mit hellen Blättern.
Zitronenmelisse *Melissa officinalis* 'Aurea', goldgelb und grün.

Pflanzen mit dunklen Blättern
Basilikum *Ocimum basilicum* 'Dark Opal'!
Brautmyrte *Myrtus communis*
Edelgamander *Teucrium chamaedrys*
Efeu-Gundermann *Glechoma hederacea*
Färberwaid, Waid *Isatis tinctoria*
Gartenfenchel *Foeniculum vulgare*, bronzefarbene Varietät.
Geranie *Pelargonium tomentosum*
Lorbeer *Laurus nobilis*
Minzen: Pfefferminze *Mentha* x *piperita, M.* x. *piperita* n. m. *citrata*
Quendel *Thymus serpyllum* var. *coccineus*
Rainfarn *Chrysanthemum vulgare*
Salbei (Gartensalbei) *Salvia officinalis* 'Purpurascens'
Schwarznessel *Ballota nigra*
Wacholder *Juniperus communis*

Pflanzen mit goldgelben Blättern
Gemüse-Portulak *Portulaca oleracea* var. *sativa.*
Mutterkraut-Wucherblume *Chrysanthemum parthenium.*
Thymian: *Thymus* x *citriodorus* 'Aureus',
Gartenthymian, *T. vulgaris;* beide Arten können etwas bunt sein.
Wilder Dost *Origanum vulgare* 'Aureum'.

Pferdeminze

Pflanzen mit leuchtenden Blüten
Die wenigen Kräuter, die leuchtende und auffallende Blüten haben, heben sich dekorativ von den unscheinbareren, grün- und silbergrauen Kräutern ab. Die scharlachroten Blüten der Pferdeminze bringen die lilablauen Blüten des Lavendels ebenso gut zur Geltung wie die leuchtend gelben Blütenstände der Königskerze. Dekorativ sind auch die blaßgelben Blüten von Färberwaid, wenn man sie hinter rosa blühenden *Origanum onites* (Majoran) pflanzt. Als Umrandung eines Beetes mit grüner Blattpetersilie eignet sich die tief rote Gartennelke.

Rotblühende Pflanzen
Damaszenerrose *Rosa damascena*
Gartennelke *Dianthus caryophyllus*
Pferdeminze *Monarda didyma*
Rose *Rosa damascena, R. gallica.*
Stockmalve *Alcea rosea.*

Borretsch

Blaublühende Pflanzen
Borretsch *Borago officinalis*
Natternkopf *Echium vulgare*
Ysop *Hyssopus officinalis*
Zichorie *Cichorium intybus.*

Färberkamille

Orange- und gelbblühende Pflanzen
Gewürzrinde *Cassia marilandica*
Echter Alant *Inula helenium*
Färberkamille *Anthemis tinctoria*
Färberwaid *Isatis tinctoria*
Gartenringelblume *Calendula officinalis*
Gelber Enzian *Gentiana lutea*
Kapuzinerkresse *Tropaeolum majus*
Königskerze *Verbascum thapsus*
Saflor *Carthamus tinctorius*
Schinkenkraut *Oenothera biennis*
Sonnenblume *Helianthus annuus*

Zu den Pflanzen mit großen Blüten gehören der rosafarbene, weiße oder auch lila Schlafmohn *Papaver somniferum,* das rosarote Seifenkraut, *Saponaria officinalis,* die weißblühende Florentiner Schwertlilie, *Iris florentina* und die Mutterkraut-Wucherblume, *Chrysanthemum parthenium* mit weißen und gelben Blüten.

Hochwüchsige Pflanzen
Die meisten Käuter werden nicht höher als 1 m. Oft sind es gerade die hochgewachsenen Pflanzen, die den Blickfang im Garten bilden. Man pflanzt ein oder mehrere Kräuter in die Mitte eines großen Beetes vor eine Mauer, einen Zaun oder neben eine Treppe im Garten. Winterharte Stauden-Sonnenblume, mehrjährige Stockmalve und Schinkenkraut benötigen eine Stütze.

Engelwurz

Pflanzen, die über 1,25 m hoch werden
Gewürzrinde *Cassia marilandica*
Echter Alant *Inula helenium*
Engelwurz *Angelica archangelica*
Fenchel *Foeniculum vulgare*
Hopfen *Humulus lupulus*
Königskerze *Verbascum thapsus* u. a. Arten
Liebstöckel *Levisticum officinale*
Rose *Rosa canina, R. damascena* u. a.
Rosmarin *Rosmarinus officinalis*
Schinkenkraut *Oenothera biennis*
Sonnenblume *Helianthus annuus*
Stockmalve *Alcea rosea*
Zichorie *Cichorium intybus*
Zitronenkraut *Lippia citriodora*

Kleine Bäume und Sträucher
Besenginster *Cytisus scoparius*
Brautmyrte *Myrtus communis*
Wacholder *Juniperus communis*
Zaubernuß *Hamamelis virginiana*
Holunder, Buddleie, Pfaffenhütchen, Flieder und Schneeball (um nur einige zu nennen) werden so groß, daß sie in einem kleineren Garten ständig zurückgeschnitten werden müssen.

Sonne und Schatten

Viele Kräuter gedeihen am besten im prallen Sonnenlicht. Es gibt aber auch Kräuter, die im Halbschatten und einige, die zwischen Sträuchern und immergrünen Gewächsen ganz im Schatten wachsen.

Purpurn blühender Thymian braucht viel Sonne; Bärlauch (ganz rechts) *gedeiht im Schatten.*

Kräuter, die Sonne bevorzugen

In jedem Buch, das sich mit dem Anbau von Kräutern beschäftigt, findet man den Hinweis, daß die meisten Kräuter einen sonnigen Standort und durchlässigen, leichten Boden bevorzugen. Um dies besser zu verstehen, muß man etwas über den natürlichen Standort dieser Pflanzen wissen.

Echter Thymian, Salbei, Bohnenkraut, Lavendel und Rosmarin sind ebenso wie viele andere wichtige Kräuter, die man in der Küche und als Duftstoffe verwendet, in den Hügelländern des Mittelmeerraums heimisch. Hier gedeihen sie auf hartem Boden, der prallen Sonne und den stürmischen Winden ausgesetzt. Die Humusschicht ist nur sehr dünn. Die wenige Feuchtigkeit, die sie empfangen, speichern sie meist in kleinen, schmalen Blättern, die eine graue, harte Oberfläche haben. In den stark mediterranen Gebieten stellt die geringe Fläche einen ebenso guten Schutz dar wie Dornen, Stacheln oder behaarte Blattoberflächen. Die scharfen Blattspitzen und das starke Aroma bieten zugleich Schutz gegen Tierfraß. Wenn es sehr heiß ist, entwickelt das starke ätherische Öl einen verdunstungshemmenden Dampf.

Setzt man Pflanzen, die in der freien Natur unter so widrigen und schwierigen Bedingungen gedeihen, in einen Boden, der zu nährstoffreich und feucht ist, so entwickeln sie sich zwar zu üppiger Fülle, verlieren aber leider an Aroma. Außerdem überstehen die schwach gewordenen Wurzeln dann kaum den kalten Winter.

Das bedeutet allerdings nicht, daß die Kräuter *schlechte* Erde brauchen. Ein Kraut, das mehrmals im Jahr abgeerntet und zurückgeschnitten wird, muß kräftig und buschig sein. Ideal ist ein leichter bis mittelschwerer Boden, der jedes Jahr mit Kompost angereichert wird.

Pflanzen, die im Schatten gedeihen

Obwohl so viele Kräuter Sonne bevorzugen, gibt es doch einige, die auch eine leichte Beschattung ertragen können. Zu ihnen gehören Petersilie und Minze. Andere gedeihen am besten im Halbschatten. Die unten aufgeführten Kräuter baut man z. B. im Halbschatten an:

Alkannawurzel *Alkanna tinctoria*
Baldrian *Valeriana officinalis*
Bleichsellerie *Apium graveolens* var. *dulce*
Eibisch *Althaea officinalis*
Wasserdost *Eupatorium perfoliatum*
Frauenmantel *Alchemilla vulgaris*
Gartenkerbel *Anthriscus cerefolium*
Große Klette *Arctium lappa*
Johanniskraut *Hypericum perforatum*
Lungenkraut *Pulmonaria officinalis*
Sauerampfer *Rumex acetosa*
Scheinbeere *Gaultheria procumbens*
Süßdolde *Myrrhis odorata*
Wiesenknöterich *Polygonum bistorta*

Als gute Bodendecker gedeihen ganz im Schatten:

Bärlauch *Allium ursinum*
Immergrün *Vinca minor*
Salomonsiegel *Polygonatum multiflorum*
Spindelstrauch *Euonymus fortunei*
Waldmeister *Galium odoratum.*

Giftige Pflanzen

Viele von ihnen wachsen auch in der freien Natur im Schatten. Mit ihren seltsamen und oft reizvollen Blüten sind sie im Garten besonders dekorativ. Man sollte sie allerdings nicht gerade neben Kräuter pflanzen, die man regelmäßig in der Küche benötigt. Am besten gibt man ihnen ein eigenes, schattiges Eckchen im Garten.

Maiglöckchen, *Convallaria majalis*, und Herbstzeitlose, *Colchicum autumnale*, setzt man vorne ins Beet. Die Maiglöckchen blühen im Frühjahr, die Herbstzeitlose mit ihren blaßrosa, krokusähnlichen Blüten im Herbst. Hinter beide pflanzt man die dunkle Alraune, *Madragora officinarum*, mit ihren großen, runzligen Blättern und gelbgrünen Blüten. Den Hintergrund bilden Nieswurzarten, *Helleborus*. In reizvollem Kontrast mit dem dunklen Blattwerk stehen Büschel mit blau- oder weißblühendem Eisenhut, *Aconitum napellus*. Wo es nicht ganz so schattig ist, wählt man den hochwüchsigen Fingerhut, *Digitalis purpurea* und ausdauernde Arnika, *Arnica montana*, mit ihren dunkelgelben, margeritenähnlichen Blüten. Zwei Vertreter der Nachtschattengewächse haben besonders auffallende Blüten. Seit Jahrtausenden werden ihre giftigen Blätter und Samen wegen der Droge, die sie enthalten, angebaut: der Stechapfel, *Datura stramomium*, wird 1 m hoch. Die zweite Pflanze, das Bilsenkraut, *Hyoscyamus niger*, ist etwas kleiner. Wo Kinder sind, sollte man die Tollkirsche, *Atropa belladonna*, trotz der hübschen purpurroten Blüten nicht pflanzen, denn die schwarzen, giftigen, glänzenden Beeren sind einfach zu verlockend.

Wasserliebende Pflanzen

In einem Wasserlauf oder in einem Teich im Garten gedeihen feuchtigkeitsliebende Kräuter. Alle hier genannten Arten werden in seichtes Wasser gepflanzt. Man zieht sie aus Abschnitten von Kriechwurzeln oder Stämmen, die man fest in den nassen Schlamm drückt. Man setzt sie ziemlich weit auseinander, denn sie wuchern stark. Besitzt das Wasserbecken einen Boden aus Fiberglas oder Beton, gibt man die Pflanzen in große Container; diese werden ins Wasser gestellt, wobei die Erde im Container mindestens 5 cm unter der Wasseroberfläche liegen muß.
Bachminze, *Mentha aquatica;* Bitterklee, *Menyanthes trifoliata;* Brunnenkresse, *Nasturtium officinale*, sie gedeiht nur im fließendem Wasser; Kalmus, *Acorus calamus;* Wasser-Gamander, *Teucrium scordium;* Wasser-Schwertlilie, *Iris pseudacorus.*
Folgende Pflanzen fühlen sich in der feuchten Erde am Ufer besonders wohl: *Achillea decolorans* (eine Gartenvarietät der Bertramsgarbe); Beinwell, *Symphytum officinale;* Bertramsgarbe, *Achillea ptarmica* (mit gefüllten und ungefüllten Blüten); Eibisch, *Althea officinalis;* Mädesüß, *Filipendula ulmaria.*

Pflanzen zum Färben

Wer sich für pflanzliche Färbemittel interessiert, legt sich einen entsprechenden Kräutergarten an. Für das Färben braucht man große Mengen von Blättern oder Blüten, deshalb züchtet man in speziellen Beeten oder in großen Rundbeeten die Kräuter in Mengen. Wie aus vielen anderen Gartenpflanzen gewinnt man aus den meisten Kräutern ein Extrakt zum Färben. Die hier aufgeführten Kräuter gehören zu den traditionellen, erprobten Färbepflanzen. Außerdem sind viele von ihnen große und dekorative Pflanzen.
Alkanna-Wurzel, *Alkanna tinctoria;* Blutwurz, *Sanguinaria canadensis;* Echte Goldrute, *Solidago virgaurea* (u. a. Arten); Färber-Ginster, *Genista tinctoria;* Färber-Kamille, *Athemis tinctoria;* Färber-Reseda, *Reseda luteola;* Färber-Röte, *Rubia tinctorum;* Färber-Waid, *Isatis tinctoria;* Saflor, *Carthamus tinctorius.*
Ein Beet mit Seifenkraut, *Saponaria officinalis,* ergibt ein sanftes Waschmittel für feine Wolle.

Die nährstoffreiche Brunnenkresse mit ihren glänzenden Blättern wuchert im fließenden Wasser (oben). *Der seltene Echte Kalmus* (rechts) *steht unter Naturschutz; mit seinen aromatischen Blättern und seltsam gebogenen Blütenständen ist er eine besonders dekorative Bepflanzung für Wasserbecken.*

Pflanzen, die Bienen anlocken

Die Blüten der Pferdeminze können auch rosa, lila oder weiß sein. Am bekanntesten und aromatischsten ist jedoch die rot blühende Art.

Viele Lippenblütler sind ausgesprochene Bienenpflanzen; hier sammelt eine Biene den Nektar aus Thymianblüten; Thymianhonig hat ein besonders würziges Aroma.

Seit der Antike wird Thymian als Bienenweide angebaut und sogar der Dichter Vergil, der übrigens auch selbst Bienen züchtete, pries ihn bereits in seinem Werk. Jahrtausendelang war der Thymianhonig vom Berg Hymettos in Griechenland weltbekannt. Auch andere Honigarten enthalten das Aroma bestimmter Blüten. So duftet der Honig aus Südfrankreich und Spanien nach Rosmarin, der australische nach Eukalyptus, der kanadische nach Klee, der schottische nach Heidekraut und andere nach Kastanien- oder Lindenblüten. Die meisten Honigarten jedoch duften nach einer ganzen Blütenmischung. Die Blüten von stark duftenden Kräutern verleihen dem Honig ein besonders reiches, würziges und intensives Aroma.

Bienen zu züchten ist ein interessantes und faszinierendes Hobby. Um einen Garten für Bienen anzulegen, muß man aber nicht unbedingt gleich ein Imker sein. Bienen fliegen mindestens 1½ km weit, um ihre Lieblingspflanzen zu besuchen. Man kann den Garten so anlegen, daß die Bienen vom Fühjahr bis in den Herbst hinein Nahrung finden. Die Bienen sorgen außerdem für die Befruchtung von Gemüse und Obst. Auch Schmetterlinge besuchen den Garten. Ein Beet mit blühendem Lavendel oder Ysop, das über und über mit Tagpfauenaugen und summenden Bienen bedeckt ist, bietet einen hübschen Anblick.

Der Bienengarten braucht pralle Sonne, denn Sonne fördert die Ausscheidung von Nektar. Die Kräuter pflanzt man in großen, auffälligen Gruppen zusammen. Kräuter mit gefüllten Blüten sind nicht empfehlenswert, denn sie erschweren den Bienen das Honigsammeln. Wenn man Bienenkörbe im Garten aufstellt, muß man auch gleichzeitig für einen Windschutz sorgen; er schützt vor kalten Winterwinden und bietet schwer beladen heimkehrenden Bienen etwas Schutz. Hecken aus Weißdorn, Schwarzdorn und Weide liefern den Bienen schon früh im Jahr Nektar und Pollen, zu einer Zeit, in der sie sie besonders brauchen. Im Herbstwind sind hochgewachsene Sonnenblumen und Rosenmalven gute Windbrecher; ihre Blüten sind außerdem zu dieser Jahreszeit für die Bienen als Nahrung besonders wichtig.

Für die Kräuterbeete wählt man frühblühende Arten, wie *Helleborus*-Vertreter und Mohn (welcher allerdings nur Pollen liefert), Ringelblumen und Spätblüher wie z. B. Echte Goldrute, Königskerze und Herbstzeitlose, *Colchicum autumnale*. Zu den lange blühenden Kräutern, die viel Nektar liefern, gehören die Katzenmelisse und zwar sowohl *Nepeta mussinii*, als auch die größere, aufrechte *Nepeta cataria*, Borretsch und der ihm verwandte Natternkopf, sowie der Gelbe Steinklee, *Melilotus officinalis*, dessen Name schon auf seine Beliebtheit bei Bienen hinweist: mel = Honig und lotus = Blüte. Imker bevorzugen vor allem die Pferdeminze. Manche Arten besitzen jedoch einen für Honigbienen zu tiefen Kelch. Die Kräuter der Familie der Lippenblütler gehören zu den besten Bienenweiden. Besonders zu erwähnen sind darunter Thymian, Minze, Majoran, Ysop, Bohnenkraut, Basilikum, Salbei, Andorn und Kräuter der Gattung *Stachys* und *Teucrium*. Als Beetumrahmung eignet sich blühender Schnittlauch, der einen hübschen optischen Akzent setzt.

Abgesehen von den Kräutern, die Pollen oder Nektar liefern, gibt es noch andere Kräuter, die schon immer von Imkern geschätzt wurden. Plinius empfiehlt z. B., daß man die Bienenkörbe mit den Blättern der Zitronenmelisse einreiben soll; das würde die Bienen anlocken. Das duftende Öl der Zitronenmelisse kann man auch dem Sirup zusetzen, mit dem man die Bienenkönigin in den Bienenstock lockt. Auch die getrockneten Blüten, Blätter und Stengel des Rainfarns sind wichtig für den Imker. Beim Verbrennen entströmt ihnen ein starker Geruch. Bläst man den Rauch über die Bienen, so beruhigen sie sich rasch. Auf dieselbe Weise kann man Blätter und Stengel der Sonnenblume verwenden.

Ebenso wie anderen Insekten ist auch den Bienen der Wermut, *Artemisia absinthium*, unangenehm. Reibt man die Hände damit ein, so schützt der bittere Geruch vor Bienenstichen, außerdem hält er auch Motten fern. Mit den zerquetschten Zweigen des Wermut kann man sogar einen ganzen Bienenschwarm in Bewegung bringen.

Hecken aus Kräutern

Eine niedrige Hecke aus Lavendel (links) *und Eberraute* (rechts) *führt zu einem prächtigen Rosmarinbusch, der von streng zugeschnittenen Wacholderbäumchen flankiert wird.*

Lavendel und Heiligenkraut wurden schon immer gerne, ebenso wie Buxus, als Hecken gezogen. Beide vertragen sie den Zuschnitt und sind in fast allen Klimagebieten winterhart. Zu den größten Lavendelarten gehört der echte Lavendel, *Lavendula angustifolia,* und seine Varietäten 'Grappenhall' und 'Hidcote Giant'. Er wird über 1 m hoch. Man pflanzt Lavendel in durchlässigen, lehmigen Boden in 1 m Abstand und schneidet ihn jedes Jahr sofort nach dem Abernten der Blüten zurück. Das abgestorbene Holz entfernt man. Es gibt rosa und weiß blühende Lavendelarten, mittelgroße, niederwüchsige und Zwergformen, aus denen sich eine dichte, niedrige Hecke ziehen läßt. Die kleinen Arten pflanzt man dichter zusammen. Wo genügend Platz vorhanden ist, kann man eine doppelte oder sogar eine dreifache Lavendelhecke ziehen; man pflanzt in den Hintergrund hochwüchsigen und in den Vordergrund niedrigen Lavendel. Beide gibt es mit verschiedenen Blüten. Die Wirkung einer solchen Hecke mit Lavendel in verschiedenen Farben kann sehr reizvoll sein. Man wählt am besten Varietäten, die nicht gleichzeitig blühen und die mit ihrem Duft den ganzen Sommer lang die Bienen anlocken.

Gut geeignet ist auch *Santolina chamaecyparissus,* das Zypressenkraut mit seinem silbergrauen Blattwerk und gelben, knopfartigen Blüten. Man pflanzt es in 30 cm Abstand in lockere Erde und schneidet es im Früh- und Spätsommer zu. Das Zuschneiden hindert die Pflanze zwar am Blühen, dafür wird aber die Hecke dicht und etwa 60 cm hoch. *S. virens* besitzt grüne Blätter und ist nicht so aromatisch. Sehr wirkungsvoll ist auch eine Hecke mit abwechselnd silberblättrigen und grünblättrigen Santolinaarten. Eine niedrige Hecke, die sich besonders als Umrahmung eignet, bildet die Zwergform *S. chamaecyparissus* 'Nana'.

Eine Hecke aus Rosmarin erfordert einen etwas geschützten Standort. In kalten Wintern müssen auch die Wurzeln geschützt werden. Man pflanzt Rosmarin in 50 cm Abstand in durchlässigen Boden und schneidet ihn im Hochsommer zu. Eine dichte, eher strenge Hecke bildet die aufrechte Varietät 'Miss Jessup's Variety'; sie muß bei Bedarf im Sommer zugeschnitten werden. Der weniger dichte *Rosmarinus officinalis* und seine Varietäten mit blauen und weißen Blüten bilden eher eine natürlich aussehende, lockere, etwa 1 m hohe Hecke.

Eine niedrige, 30 cm hohe Hecke kann man mit Edel-Gamander, *Teucrium chamaedrys,* mit seinen dunklen, glänzenden und gezähnten Blättern ziehen. Er verträgt Beschattung und war deshalb in alten Stadt- und Burggärten sehr beliebt. Man setzt die Pflanzen in einem Abstand von 20 cm in lockere Erde und schneidet sie zu, sobald die purpurnen Blüten verwelken. Im kühleren Klima ist es besser, wenn man die Pflanze schon früher stutzt.

Besonders dekorativ in Hecken wirkt Ysop, aber er wirft manchmal im Winter sein Laub ab. Bei den oben erwähnten, immergrünen Pflanzen ist dies nicht der Fall. Es gibt rosa- und weißblühende Ysop-Varietäten; am bekanntesten ist die blaublühende Art, die sich im Winter als besonders widerstandsfähig erweist. Ysop wird 1 m hoch; man pflanzt ihn in 30 cm Abstand in durchlässigen Boden und schneidet ihn im späten Frühjahr zu. *Hysopus officinalis* ssp *aristatus* wird ebenso hoch wie der Edel-Gamander; er bildet mit diesem zusammen eine hübsche Hecke. Im Spätsommer zeigt er dunkelblaue Blüten.

Zu den übrigen Kräutern, die als niedrige Hecke oder als Beetumrahmungen gezogen werden können, gehören Winterbohnenkraut, Echter Thymian, Raute und einige *Artemisia*-Arten wie z. B. Eberraute. In strengen Wintern verlieren sie manchmal die Blätter, das Laub wächst aber im nächsten Frühjahr wieder dicht nach. Eberraute muß regelmäßig vor Mitte oder Ende des Sommers zugeschnitten werden, da sie im Winter sonst zu wenig widerstandsfähig ist.

Kräuter auf Mauern

Sehr viele Kräuter haben sich an einen trockenen, steinigen Untergrund angepaßt und können daher sogar auf Mauern gezogen werden. Auf eng beschränktem Raum, wo wenig Platz für den Garten vorhanden ist, ist dies wichtig.

Am besten geeignet ist eine doppelte Mauer von mindestens 50 cm Höhe aus Natursteinen, Ziegelsteinen oder vorgeformten Gartensteinen. Zwischen den Mauern läßt man einen Zwischenraum von mindestens 25 cm, den man mit feiner, leicht kompostierter Erde auffüllt. Dorthinein pflanzt man niedrige, buschige Kräuter wie z. B. Thymian, Bohnenkraut, Zwerglavendel oder eine Zwergartemisia *A. schmidtiana* 'Nana' und niederwüchsigen Rosmarin. *Hyssopus officinalis* ssp. *aristatus* und Edel-Gamander gedeihen hier prächtig. Wenn die Mauer in Sitzhöhe ausgeführt wird, so läßt man etwa 60 cm Platz zum Sitzen. In diesen Raum setzt man Sand-Thymian, *Thymus serpyllum* und andere niederwüchsige, silberne oder goldene und nach Zitrone duftende Varietäten.

Größere Pflanzen brauchen normalerweise mehr Nährstoffe und mehr Platz für ihre Wurzeln, als sie auf einer Mauer finden können. *Tanacetum parthenium, (Chrysanthemum vulgare),* Mutterkraut-Wucherblume, findet jedoch immer genügend Platz für die Wurzeln und wird sogar 60 cm hoch. *Parietaria erecta* (P. *officinalis* L. p. p.) gedeiht ebenfalls bestens auf einer Mauer und wird genauso hoch. Im Frühjahr sind die frischen, grünen Blätter hübsch anzusehen, sie werden aber bis zum Hochsommer etwas unansehnlich. Der natürliche Standort der Dach-Hauswurz mit ihren dickfleischigen Blättern, *Sempervivum tectorum,* und anderer Mauerpfefferarten wie z. B. Rosenwurz, *Rhodiola rosea,* und *Sedum acre* sind Mauern. Alle diese Arten wuchern rasch und können Trockenheit ertragen. Auch der winzige Acker-Frauenmantel, *Achemilla arvensis,* gedeiht sehr gut auf Mauern; außerdem kann man ihn gut an Salate und gekochtes Gemüse geben. Die letztgenannten vier Kräuter können auch in mit Erde gefüllten Mauerritzen an Steinmauern wachsen; sie säen sich von selbst aus und verbreiten sich rasch. Goldlack, *Cheiranthus cheiri,* wird heute zwar nicht mehr als Kraut betrachtet; das in seinen Blüten enthaltene Öl wurde früher als Heilmittel bei Schüttelfrost unter der Bezeichnung »Cheirinum« verkauft.

Lavendel braucht einen steinigen und trockenen Standort; trotz seiner Herkunft aus dem Mittelmeerraum gedeiht er auch bei uns.

Wege, Rasen, Sitzplätze und Bodendecker

Wege

Ein dichter Teppich aus kriechender Minze säumt die Betonplatten auf dem Gartenweg (oben). *Die Treppenstufen* (unten) *werden von Schnittlauch, Minze und Petersilie gesäumt, die breiten Stufen* (gegenüber) *sind von weißblühendem Thymian bedeckt.*

Aus gebrauchten Klinkern oder Pflastersteinen mit ihren gedämpften Farben und ihrer verwitterten Textur lassen sich in einem Kräutergarten besonders hübsche Gartenwege anlegen. Beim Verlegen läßt man je nach gewähltem Material schmalere oder breitere Fugen frei, füllt sie in unregelmäßigen Abständen mit Duftkräutern. Aus den Kräuterbeeten ranken größere Pflanzen auf die Pfade herab und erfüllen die Luft mit ihrem Duft. 1625 schrieb der englische Schriftsteller Francis Bacon, man solle Thymian, Bibernelle und Wasserminze entlang der Pfade pflanzen, weil sie mit ihrem Duft dem Vorübergehenden Freude schenken.

Seit dem 17. Jahrhundert gibt es eine Menge von Thymianvarietäten, die auf den wildwachsenden *Thymus serpyllum* zurückgehen; sie alle gedeihen im gemäßigten Klima gut. *T. serpyllum* var. *albus* mit seinen weißen Blüten und leuchtend grünen Blättern bildet auf dem Gartenweg einen dichten Teppich. Ebenso eignet sich dafür der nicht ganz so kräftige *T. serpyllum* var. *coccineus* mit seinen reizvollen, kleinen, dunklen Blättern und karminroten Blüten, oder 'Pink Chintz', der blaßrosa Blüten besitzt. An den Rand pflanzt man graugrünen *T. pseudolanuginosus;* er bildet zwar einen dichten Teppich, ist aber nicht so widerstandsfähig und leidet darunter, wenn er betreten wird. Seine Blüten sind lila.

Weitere Duftkräuter, die sich zur Bepflanzung von Wegen eignen, sind die Bibernelle, *Sanguisorba minor,* die leicht nach Gurken duftet und hübsche zarte Blätter besitzt, die ausdauernde *Micromeria filiformis,* die aus Korsika stammt, sehr widerstandsfähig und niederwüchsig ist, weiß blüht und einen pfefferartigen Geruch nach Minze besitzt, und die Römische Kamille, *Anthemis nobilis,* die sehr

fruchtig duftet. Unter den Heilkräutern erträgt besonders der Breit-Wegerich, *Plantago major*, das Betreten mit Füßen; er wird aber im allgemeinen im Garten als Unkraut betrachtet und besitzt keinen Duft.

Thymian, Bibernelle, Bohnenkraut und Kamille gedeihen am besten im prallen Sonnenlicht. An schattigeren Pfaden fühlen sich kriechende Minze-Arten wohler; sie brauchen nährstoffreichen, feuchten Boden. Zwischen den Steinen hebt man ein 15 cm tiefes Loch aus und gibt humosen, lehmigen Boden hinein. Dann bepflanzt man es mit Polei-Minze, *Mentha pulegium*. Mit ihren Wurzelausläufern verbreitet sie sich rasch und bildet einen dichten, nach Pfefferminz duftenden Teppich. Die kleinste unter den Minze-Arten, *M. requienii*, wächst genauso, ist aber nicht so winterhart und benötigt einen geschützten Standort. *M. gattefossei* ist kleiner und macht sich gut an Wegrändern.

Rasen

Thymian, Bibernelle und Schafgarbe findet man im trockenen Hügelland häufig in dichten Polstern. Ihre Samen können mit dem Grassamen vermischt beim Anlegen eines Rasens ausgesät werden. Man kann auch eine ganze duftende Wiese aus dichtem Thymian anlegen oder eine sonnige Böschung in einen aromatischen Thymian-Teppich verwandeln. Dazu entwässert man die Stelle gut und legt nährstoffarmen Boden ohne Kompost darüber. Er muß unkrautfrei und fein gerecht sein. Dann sät man eine oder auch mehrere *Thymus serpyllum*-Varietäten aus. Man sät die Samen im Frühjahr einfach über den vorbereiteten Boden; danach vereinzelt man die Setzlinge in einem Abstand von etwa 15 cm. Man kann aber auch die Pflanzen einfach kaufen. Sie wuchern rasch und bereits im Herbst hat man einen Teppich, der jederzeit betreten werden darf. Er muß ständig von Unkraut freigehalten werden. Im ersten Sommer jätet man alle 14 Tage mindestens einmal; wenn sich das Unkraut nämlich einmal richtig festgesetzt hat, so ist es nicht leicht, das Unkraut zu entfernen, ohne dabei die fadenartigen Thymianwurzeln zu beschädigen. Das Unkrautjäten ist bei einem Kräuterrasen überhaupt das größte Problem, und dies ganz besonders im ersten Jahr. Allerdings braucht man den Rasen nur zu mähen, wenn man verhindern will, daß er blüht.

Die ersten genauen Anweisungen zum Anlegen eines Rasens aus Gras stammen aus John Reas *Flora*, verfaßt im Jahre 1665. Vor dieser Zeit bestanden Rasen meist aus Kamille. Ein solcher Rasen braucht sehr viel Pflege, wird aber heute noch gelegentlich angelegt. Er ist unempfindlich gegen Trockenheit und duftet köst-

Der herkömmliche Rasen aus kurzgehaltenem Gras ist relativ jung; hier ein nach altem Vorbild angelegter bunter, aromatisch duftender Rasen aus verschiedenen Varietäten von kriechendem Thymian, dicht an dicht gepflanzt.

lich. Wird er regelmäßig betreten, erübrigt sich das Mähen und außerdem wurzeln Ausläufer rasch an.

Die Römische Hundskamille, *Anthemis nobilis,* mit ihren einzeln stehenden Blütenköpfen, kann aus Samen gezogen werden; die Varietät mit gefüllten Blüten eignet sich für einen Rasen jedoch besser, denn sie ist dichter, läßt sich aber oft nicht rein aus Samen ziehen. Man vermehrt sie daher besser durch Abtrennen und Teilen von den Ausläufern der Mutterpflanze. Eine weitere Varietät *A. nobilis* 'Treneague' blüht nicht und ist deshalb zur Anlage eines Rasens sehr gut geeignet.

Die Fläche, auf der man einen Rasen aus Kamille anlegen will, muß zunächst vollständig von Unkraut befreit werden. Dann gibt man gut durchsetzten Kompost darauf, glättet die Fläche und preßt den Boden fest. Im Frühjahr sät man breitwürfig aus, dann vereinzelt man die Setzlinge oder setzt die Jungpflanzen in 15 cm Abstand voneinander ein. Wenn sich der Rasen entwickelt hat, muß er regelmäßig gewalzt, gejätet und geschnitten werden, Blüten entfernt man sofort.

Sitzplätze

Kräuter, die dichte, duftende Teppiche bilden, eignen sich auch zur Bepflanzung von Sitzplätzen; sie machen sich auch auf den Mauern von Innenhöfen und auf einer Terrasse gut. Dekorativ wirkt ein mit Kräutern bewachsener Sitzplatz inmitten eines ornamentalen Kräutergartens oder am Ende eines Gartenweges, von einer Hecke umgeben, die den Duft einschließt. Man belegt den Platz mit Platten oder einem Holzrost, zwischen denen man den Platz für die Kräuter ausspart. Bepflanzt man den Sitzplatz im Frühjahr mit Kräutern, so bildet sich bereits im ersten Jahr ein dichter, aromatischer Teppich.

Wo Sonne ist, wählt man Thymian und pflanzt in den Vordergrund kriechende Varietäten; die höheren Varietäten setzt man dahinter. Am besten geeignet ist der echte Thymian und *Thymus* x *citriodorus,* aber auch der etwas ausgefallene *T. azoricus,* der nach Kiefernnadeln duftet und ein dichtes Polster aus blassen und purpurnen Blüten bildet, und *T. erectus,* eine kleine, aufrecht wachsende und nach Kampfer duftende Art. Man kann auch die Römische Hundskamille oder eine der oben beschriebenen, kriechenden Minze-Arten verwenden, die an einem schattigen, geschützten Standort gedeihen.

Bodendecker

Oft bildet sich unter Bäumen eine wenig schöne vegetationslose Fläche. Dafür gibt es eine Anzahl bodendeckender Kräuter, die auch im Schatten ganze Kolonien bilden. Sie brauchen kaum Pflege, und wenn sie einmal richtig etabliert sind, verhindern sie zudem auch das Ausbreiten von Unkraut.

Viele Waldpflanzen verbreiten sich durch Ausläufer, denn oft bekommen sie so wenig Licht, daß sie nicht zum Blühen kommen. Typische Waldpflanzen sind Waldmeister, *Galium odoratum,* und Efeu-Gundermann, *Glechoma hederacea.* Mit ihren kriechenden Stengeln sind sie die idealen Bodendecker. Beide sind wertvolle Kräuter. Waldmeister ist ein gutes Wundkraut und verleiht Getränken ein feines Aroma. Efeu-Gundermann gilt als nahrhaftes Tonikum und bittere Bierwürze. Waldmeister vermehrt man durch Einpflanzen von Abschnitten der Wurzelausläufer im Herbst, Efeu-Gundermann durch Einpflanzen von Wurzelstücken im Frühjahr und Herbst; beide bevorzugen humosen lehmigen Boden.

Im Halbschatten gedeiht der Wiesen-Knöterich, *Polygonum bistorta,* seine breiten, eßbaren Blätter erscheinen schon früh im Jahr; im späten Frühjahr entwickeln sich die länglichen, rosaroten Blütenstände. Die Vermehrung geschieht im Frühjahr durch Aussaat oder im Herbst oder Frühjahr durch Wurzelteilung.

Auch zwei Vertreter der Familie Borretsch bilden an schattigen Stellen Kolonien, sie wuchern allerdings nicht so rasch: Lungenkraut, *Pulmonaria officinalis,* mit seinen langen, gesprenkelten Blättern und rosa und blauen Blüten, kann aus Samen oder durch Wurzelteilung gezogen werden; Beinwell, *Symphytum officinale,* ist größer und wird aus Samen oder Wurzelschößlingen gezogen. Bei beiden sind die Blätter eßbar und beides sind Heilkräuter.

Ein weiteres Heilkraut ist *Stachys byzantina,* der einer der dankbarsten Bodendecker ist; das Kraut gedeiht im Schatten und in der Sonne, auf trockenem und feuchtem Untergrund und behält das ganze Jahr hindurch seine dicht beflaumten, silbergrauen Blätter.

Im Schatten ist der weiß blühende Waldmeister ein guter und dichter Bodendecker. An der Sonne verliert er seine leuchtende Farbe, verwelkt und stirbt ab.

Kräuter im Winter

Kräuter im Freien

Zu Kräutern und Gemüse, die das ganze Jahr hindurch frisch geerntet werden können, gehören Bibernelle, Winterzwiebel, Brunnenkresse, Sellerie und einige winterharte Thymianarten, Salbei, Winterbohnenkraut und Majoran, auch *Origanum heracleoticum.* Im Gegensatz zu den krausblättrigen Petersilienarten, kann man von *Petroselinum crispum* var. *tuberosum* bis in den Winter hinein Blätter und Stengel in Saucen und Füllungen verwenden; die Wurzeln gibt man sogar den ganzen Winter hindurch an Suppen und Eintopfgerichte. Zichorie und Löwenzahn ergeben auch im Winter Blattsalat oder Gemüse. Man bleicht sie langsam im Freien unter Blumentöpfen oder in der Erde. Man kann sie auch im Haus oder im Gewächshaus in einem geschlossenen Kübel oder Eimer innerhalb von 10 Tagen bleichen.

Kräuter unter Glas und Folie

Die Wachstumsperiode von Petersilie, Minze, Kerbel und Estragon läßt sich unter Glas oder Folie um einige Wochen verlängern, manchmal bis in den Winter hinein. Besonders leicht läßt sich Minze im warmen Gewächshaus antreiben. Im Herbst nimmt man ein langes Stück der Wurzelausläufer aus dem Boden, zerteilt es in etwa 3 cm lange Stücke und legt diese dicht zusammen in eine Kiste mit leichtem, gutem Boden. Sie werden mit einer 3 cm dicken Erdschicht bedeckt. Den ganzen Winter über kann man Blätter ernten; im Frühjahr allerdings sind die Rhizome erschöpft und gehören auf den Komposthaufen. Kleine, grüne Spitzen von Petersilie, Kümmel und Fenchel, die aus dem winterlichen Boden herausschauen, dürfen nicht gepflückt werden. Bedeckt man sie jedoch früh im Jahr mit einer Folie, so entwickeln sie sich weitaus schneller als die unbedeckten Triebe. Bei durchdachter Planung kann man auch in den tiefsten Wintermonaten noch ein paar frische Blätter ernten.

Stroh und Säcke

Im kühlen Klima müssen Lorbeer, Myrte, *Lippia triphylla,* und Rosmarin, die im Freien in Kübeln gezogen werden, ins Haus gebracht oder vor dem ersten Frost zugedeckt werden. Wachsen sie im Beet, so muß man die Pflanzen an der Basis mit Stroh oder Sackleinen zudecken. Estragon, Thymian, besonders *Thymus* x *citriodorus,* Eberraute und Lavendel, Süßholz und andere Kräuter, die aus südlichen Regionen stammen und im kühlen Klima an wenig geschütztem Standort wachsen, schützt man im Winter mit Stroh, Glas oder Plastikhauben, Körben oder geflochtenen Matten.

Unterläßt man diese Mühe, so haben die Kräuter kaum eine Chance, den Winter zu überleben.

Kräuter im Haus

Empfindliche Kräuter

Vor Einsetzen der ersten Fröste bringt man die empfindlicheren Kräuter ins Haus oder ins Gewächshaus zum Überwintern. Pelargonien und Basilikum und ein paar weniger verbreitete, empfindliche Arten, wie z. B. *Lavendula dentata* mit seinen weichen, gezähnten Blättern und blauen Blüten, die sich manchmal auch im Winter öffnen, oder *Origanum dictamnus* müssen ins Warme gestellt werden. *Origanum dictamnus* ist ausdauernd und hat runde, weiche Blätter, die denen des echten Majorans gleichen, aber nicht so streng im Aroma sind. Man erkennt ihn auch an seinen Blüten im Spätsommer; sie hängen herab, sind klein und rosa und haben hervortretende Staubfäden. Ein gutes Kraut für den Winter ist *Salvia rutilans.* Die anmutigen spitzen Blätter zeigen die typische, rauhe Oberfläche von Salbeiblättern, und besitzen einen strengen, aber erfrischend fruchtigen Geschmack. Im Herbst beginnt die Pflanze zu blühen. Den ganzen Winter hindurch entfalten sich die Blütenähren mit ihren roten Blüten und langer Kehle. Die drei letzteren, empfindlichen Arten können im Sommer in Töpfen im Freien gehalten werden.

Winterharte Arten

Andere, weniger frostempfindliche Küchenkräuter bringt man, will man sie im Winter verwenden, ins Haus. Man gräbt z. B. ein paar Thymian-, Petersilie- und Minzepflanzen aus und setzt sie in einen großen Topf. Man gießt sie gut an und läßt sie einige Tage im Freien, bis sie sich an den Topf gewöhnt haben. Dann stellt man sie in einen kühlen Raum. Sie müssen schrittweise an die neuen Temperaturverhältnisse gewöhnt werden.

Ein Behälter mit Heilkräutern. In der Mitte gedeiht eine kräftige Zitronenmelisse, aus der man einen erfrischenden und köstlichen Tee herstellen kann. Von links nach rechts: Chamomilla recutica, Schafgarbe, die in der Küche oder als Tonikum verwendet werden kann und der kleine Hyssopus officinalis ssp aristatus und Frauenmantel mit seinen gebuchteten Blättern. Die Blätter des herabhängenden Efeu-Gundermanns ergeben einen etwas bitteren, aber aromatischen Heiltrank.

Diese Schale enthält eine Auswahl von Küchenkräutern. Großblättriges Basilikum in der Mitte wird von (von links nach rechts) Petersilie, Schnittlauch, zwergförmiger Salvia officinalis 'Icterina' und zwergförmigem Winter-Bohnenkraut umgeben. Über den Rand wuchert kriechender Thymian. Basilikum ist nur einjährig; es gehört aber zu den wichtigsten Küchenkräutern, besitzt ein kräftiges Aroma.

Kräuter im Haus

Viele Kräuter gedeihen gut auf dem sonnigen Fensterbrett in Töpfen, Blumenkästen und Hängekörbchen, in Kübeln oder auf dem Balkon. Meist hat man auf einem Fensterbrett eines nach Süden gehenden Fensters genügend Platz, um die wichtigsten Würzkräuter oder Duftkräuter, die man zur Herstellung von Kräutertees benötigt, zu züchten. Im sonnigen Zimmer oder auf dem Balkon genügen vier Kübel mit verschiedenen einjährigen und mehrjährigen und einer Anzahl immergrüner Kräuter für den Winter; sie versorgen einen kleinen Haushalt mit den wichtigsten frischen Kräutern, sind dekorativ und duften außerdem.

Licht und Temperatur

Eine wichtige Rolle spielt das Licht. Nur wenige Kräuter, die man im Zimmer züchten kann, gedeihen im Schatten. Die meisten brauchen mindestens einen halben Tag lang Sonnenschein. Deshalb sollte man sie möglichst an ein nach Süden gehendes Fenster stellen. Wo dies nicht möglich ist, wählt man eines das nach Osten oder Westen zeigt. Bei Kunstlicht kann man auch in einem dunklen Raum Kräuter ziehen; dafür braucht man jedoch Spezial-Lichtröhren, die nach Vorschrift des Herstellers angebracht werden. Auch die richtige Temperatur muß man beachten. Es ist sinnlos, wenn man den Versuch macht, Kräuter direkt über einer Heizung oder in einer ständig von Dünsten erfüllten Küche zu ziehen. Die idealen Bedingungen sind Wärme bei Tag, kühlere Temperaturen bei Nacht und ausreichende (möglichst mehr als 50 %) Luftfeuchtigkeit. In zentralbeheizten Räumen ist die Luft meist zu trocken. Hier muß entweder ein Luftbefeuchter angebracht oder die Pflanzen häufig mit Wasser besprüht werden. Die Kräuter brauchen zwar frische Luft, doch Zugluft schadet ihnen.

Ton- und Plastiktöpfe

Früher gab es als Pflanzgefäße nur den Tontopf; genauer heißt das unglasiert gebrannte Material Terrakotte. Heute werden sie vielfach durch Plastiktöpfe ersetzt. Beide haben ihre Vor- und Nachteile. Terrakotte-Gefäße sind porös, durch ihre Wände hindurch verdunstet ein großer Teil des Gießwassers. Überwässerung der Pflanze ist leichter zu vermeiden. Außerdem kann man den Wasserbedarf durch Klopfen an der Seitenwand ermitteln: je feuchter die Erde, desto dunkler der Klopfton. Die porösen Gefäße sind allerdings nicht so leicht sauber zu halten wie Plastikmaterial; andererseits wirken sie »natürlicher«. Pflanzen im Plastiktopf dürfen im Vergleich zum Tontopf nur etwa die halbe Gießwassermenge bekommen. Hier kann der Wasserbedarf nur durch Anfühlen der Erde festgestellt werden. Man kann zwar besonders bei Tongefäßen empfehlen, die Pflanzgefäße einige Stunden ins Wasser zu stellen, damit die Erde sich gleichmäßig vollsaugt, doch keinesfalls dürfen die Pflanzen ständig »nasse Füße« haben. Beide, Ton- und Plastiktopf müssen unbedingt ein Entwässerungsloch haben. Stellt man sie in einem Untersatz auf Kieselsteine, so kann überschüssiges Wasser ablaufen ohne den Raum vollzutropfen.

Pflanzkästen und Kübel

Wo genügend Platz zur Verfügung steht, kann man sich einen Kräutergarten in Pflanzkästen und Kübeln anlegen. Die Kästen müssen mindestens 25 cm tief sein. Kästen und Kübel gibt es heute aus den verschiedensten Materialien; hübsch ist auch hier das »Natürliche«, Terrakotte- oder Holzgefäße, beide brauchen allerdings Pflege. Die Innenflächen der Holzgefäße dürfen jedoch nicht mit Kreosol behandelt werden; die Dämpfe schaden den Pflanzen. Terrakotte-Gefäße müssen gut gereinigt werden, die Poren werden leicht vom Kalk des Gießwassers durchdrungen oder es bildet sich Moos an den Gefäßwänden. Man kann Kästen und Kübel auch wie einen großen Übertopf benutzen und darin einen Behälter aus einem pflegeleichten Material verwenden. Hölzerne Pflanzgefäße sind ein gutes Betätigungsfeld für Heimwerker. Eckige Kästen, auf die Maße der Pflanzwannen abgestimmt, lassen sich auch ohne aufwendige Werkzeuge selber bauen. Und zwei hübsche Pflanzkübel gewinnt man aus einem alten Faß, das man quer in der Mitte durchsägt.

Erde, Wasser, Düngung und Pflege

Blumenerde

Bevor man die Erde in den Behälter gibt, füllt man als Drainage eine Schicht aus zerbrochenen Tonscherben oder aus Steinen ein. Darüber streut man ein paar Löffel Holzkohle, sie verhindert eine Übersäuerung der Erde. Dann füllt man mit einer handelsüblichen Blumenerde auf oder mit guter, lehmiger Gartenerde, in die man etwas groben Sand mischt. Die Gartenerde kann man zuvor eine Stunde lang auf etwa 60° C erhitzen. Dies tötet Insekteneier und macht die Samen von Unkraut keimunfähig.

Gießen

Der Wasserbedarf ist von Pflanze zu Pflanze und je nach Jahreszeit verschieden. Im Winter haben die Pflanzen »Ruhepause«, ihr Wasserbedarf ist jetzt geringer. Da Pflanzen unter Lichteinfluß aktiv sind (Photosynthese), gießt man am besten morgens. Viele Pflanzen reagieren emfindlich auf kaltes und hartes Leitungswasser. Ideal ist Regenwasser. Sonst gibt man dem Gießwasser einen der im Fachhandel erhältlichen Enthärter bei und verwendet es hand- bis lauwarm. Breitblättrige, also feuchtigkeitsbedürftige Pflanzen wie z. B. Basilikum sind bei trockener Luft dankbar für ein gelegentliches Absprühen, damit werden die Poren gleichzeitig von Staub und anderen Ablagerungen (Ruß) befreit.

Düngung

Jedes Frühjahr breitet man etwas gut verrotteten Kompost über die Erde in den Pflanzgefäßen aus und gießt reichlich. Sollte noch zusätzlicher Dünger erforderlich sein, so verwendet man am besten einen Aufguß aus Kräutern (Seite 147).

Pflege

Im Zimmer sorgt zwar allein die Lichtmenge dafür, daß die Pflanzen nicht zu groß werden, trotzdem müssen sie regelmäßig zurückgeschnitten werden. Man entfernt die Haupttriebe, dann bilden sich neue kräftige Seitentriebe und man erhält ein buschiges Wachstum. Auch alle Wurzelausläufer werden weggeschnitten. Das Entwässerungsloch muß regelmäßig überprüft werden. Zeigen sich unten bereits Wurzelfasern, so muß man die Pflanze in ein größeres Gefäß umtopfen.

Nicht zu jeder Jahreszeit kann man alle Kräuter frisch kaufen; nicht alle Kräuter sind zur Trockenkonservierung geeignet. Dagegen lassen sich – unabhängig von

Kräuter für die Zimmerkultur

der Jahreszeit – viele Kräuter im Haus in Töpfen ziehen. Man sollte also vor allem Kräuter ziehen, die anderweitig schwer zu beschaffen sind, z. B. Kerbel, Basilikum und Koriander. Geeignet sind Töpfe oder Schalen mit einem Durchmesser von 18–30 cm. Man sät im Frühjahr direkt in die mit nährstoffreicher, gut durchfeuchteter Erde gefüllten Gefäße. Sobald die Kräuter ausgetrieben sind, werden sie vereinzelt (pikiert). Kerbel und Koriander schießen im Hochsommer in die Höhe, aber Basilikum und besonders buschiges *Ocimum basilicum* halten sich bis in die Wintermonate. Echter Majoran und Garten-Bohnenkraut lassen sich ebenfalls bestens im Hause ziehen; beide sind einjährig. Unter den ausdauernden, immergrünen Kräutern wählt man Thymian, Winter-Bohnenkraut, Winterzwiebeln und niedrigwüchsigen Rosmarin. Dazu paßt der zwergförmige Salbei, *Salvia officinalis* 'Icterina' und zweijährige Petersilie. Alle diese Kräuter können auch zusammen in einem Topf gedeihen, lediglich die Minze braucht einen eigenen und außerdem viel Feuchtigkeit. Wo auf dem Balkon oder im Dachgarten Platz für einen tiefen Kübel oder ein Faß ist, kann man sogar hochgewachsene Kräuter wie z. B. Engelwurz, Kümmel und Meerrettich mit ihren tiefgehenden Wurzeln züchten. Sonst sind diese Pflanzen nicht fürs Haus geeignet.

Küchenkräuter

Heilkräuter für Tees

Auch Heilkräuter für Tees kann man in Töpfen oder Kästen ziehen. Man wählt z. B. Pfefferminze und Zitronenmelisse, die einjährige *Chamomilla recutica*, Ysop (*Hyssopus officinalis* ssp *aristatus*), Frauenmantel und herabhängenden Efeu-Gundermann.

Aromatische Kräuter

Hat man sich für die Zucht von Duftkräutern entschieden, so dürfen zwergwüchsige Lavendelarten, Gewürznelken, zwergwüchsiges Zypressenkraut und aufrechtwachsende oder hängende Pelargonien nicht fehlen. Es gibt hunderte von Pelargonienvarietäten, deren Blätter im Duft und in der Form ganz verschieden sind. Alle sind sie dankbare Zimmerpflanzen; sie brauchen nicht viel Pflege und können leicht durch Stecklinge vermehrt werden. Mit den Blättern würzt man Saucen, Cremespeisen und Gelees und verwendet sie in Duftkissen.

Töpfe mit Küchenkräutern, darunter Fenchel, Thymian, Garten-Bohnenkraut, Salbei, Dill, Majoran und Basilikum, stehen auf einer Brüstung.

Naturgemäßer Pflanzenschutz mit Kräutern

»Raute und Feige halten gute Nachbarschaft« schrieb vor 2000 Jahren schon Plinius – ein frühes Beispiel für das fast vergessene Wissen, daß bei richtiger Zusammenstellung nebeneinander wachsende Pflanzen sich im Gedeihen gegenseitig fördern können.

Pflege eines Kräutergartens

Die Bepflanzung des Kräutergartens muß so ausgewogen sein wie die menschliche Ernährung. Jede Pflanze hat bestimmte Bedürfnisse, aber auch bestimmte Auswirkungen auf Bodenbeschaffenheit und Nachbarpflanzen.
Verstand und Erfahrung helfen dem Gärtner, das richtige Gleichgewicht zu finden. So gedeiht z. B. eine Reihe von schattenverträglichen flachwurzelnden Pflanzen gut zwischen hochgewachsenen Pflanzen mit tiefgehenden Wurzeln. Beide decken ihren Nährstoffbedarf aus verschieden tiefen Bodenschichten, beide haben unterschiedliche Lichtbedürfnisse, so daß sie sich gegenseitig nicht beeinträchtigen. Oder man setzt Kräuter, die tierische Schädlinge abschrecken, neben solche, die zum Befall – beispielsweise durch Blattläuse – neigen.
Das Thema der Wechselwirkungen in der Biologie gewinnt zunehmend an Aktualität. Die Wissenschaft entdeckt dabei manchen Sachverhalt, der überlieferte Gartenregeln als richtig bestätigte.
Trotzdem weiß man noch relativ wenig davon, wie das Pflanzenleben – Atmung; Nährstoffaufnahme, Duft und Ausscheidung – im Einzelfall auf die engere Umwelt wirkt. Man weiß heute jedoch, daß duftende Kräuter ihre Nachbarschaft sehr beeinflussen. In der freien Natur werden sie nur selten von Krankheiten und Ungeziefer befallen.
Viele aromatische Kräuter sind so eine Garantie für die Gesundheit und Lebenskraft ihrer Nachbarn, sie vertreiben Krankheiten über und unter dem Boden und übertönen mit ihrem starken Aroma den Duft anfälligerer Pflanzen.
Vor Ungezieferbefall schützt man beispielsweise Gemüse, wenn man Rosmarin, Salbei, Minze, Thymian und andere Lippenblütler dazwischen setzt.
Auch Knoblauch und andere Laucharten schützen die Nachbarpflanzen vor einer ganzen Reihe von Krankheiten und auch vor Ungeziefer. Der Duft von Rosen wird durch sie intensiviert, andererseits beeinträchtigen sie das Wachstum von Bohnen und Erbsen. Wermut und Raute sind bei Insekten, Schnecken und Maulwürfen unbeliebt. Schafgarbe und *Chamomilla recutica* sind weithin als »Pflanzenmedizin« bekannt; oft erholt sich eine kranke Pflanze wieder, wenn man eine Kamille neben sie pflanzt. Zu viele Kamillen jedoch haben die gegenteilige Wirkung. Es heißt auch, daß Schafgarbe zusammen mit Kamille und Brennessel bei anderen Pflanzen zu einer vermehrten Bildung von ätherischen Ölen führt, also ihr Aroma und ihre Wirkkraft erhöht. Brennessel und Fingerhut sollen das Leben ihrer Nachbarn verlängern und sie vor Pilzkrankheiten bewahren. Dies sind jedoch nur einige Beispiele dafür, wie durch natürliche Wechselwirkung in bestimmten Gruppierungen Gesundheit und Gedeihen der Pflanzen auf naturgemäße Weise gesichert werden können.

Ungeziefer

Anstelle der auf chemischem Weg hergestellten Insektenvernichtungsmittel greift man besser zu einem Spray aus frischen oder getrockneten Kräutern. Man kann ihn selbst herstellen und sein großer Vorzug ist, daß er das ökologische Gleichgewicht im Garten nicht stört. Dies gilt in besonderem Maß für Gemüse und Kräuter, die zum Verzehr gebraucht werden. Ein einfaches Insektenvernichtungsmittel in Form eines Tees stellt man mit einer Handvoll frischer oder mit zwei Löffeln getrockneten Kräutern her, die man mit 1 l kochendem Wasser übergießt, dann zudeckt und etwa 10 Minuten ziehen läßt. Dann rührt man gut um, gießt die Flüssigkeit ab und benutzt sie sofort. Sprüht man gegen Blattläuse, oder anderes Ungeziefer, das die Blätter befällt, so setzt man einen Löffel Spülmittel oder Seife zu.
Bei Blattläusen nimmt man einen Tee, den man aus Brennesseln, Basilikum oder Knoblauch (4 zerdrückte Zehen auf 1 l) zubereitet. Man kann auch ein starkes Gebräu aus 225 g Rhabarber- oder Wacholderblättern herstellen, die man eine halbe Stunde lang in 600 ml Wasser kochen läßt. Das ganze verdünnt man dann mit 1 l kaltem Wasser. Gegen Schimmel und Pilzkrankheiten hilft ein Spray aus Schnürgras oder ein Dekokt aus einer Handvoll frischem oder einem Löffel getrocknetem Ackerschachtelhalm, den man 20 Minuten lang in 2 l Wasser kocht,

danach zwei Tage ziehen läßt und dann abgießt. Junge Pflanzen bewahrt ein Tee aus Kamillen vor Krankheiten; er soll auch das Verfaulen und Absterben von Setzlingen verhindern. Ein Tee aus Wermut ist zwar bei Erdflöhen, Motten, Raupen und Blattläusen sehr wirkungsvoll, er sollte aber, wegen seines Giftgehalts zur Hälfte verdünnt, direkt nur auf ausgewachsene Pflanzen gesprüht werden. Unverdünnt gießt man den Boden damit. So vertreibt er Schnecken. Gegorenes Brennesselwasser hilft bei Befallensein von Schimmel, Schwarzer Fliege und anderem Ungeziefer; gleichzeitig ist das Mittel ein guter Dünger. Dazu hängt man einen Strauß Brennessel drei Wochen lang in Regenwasser, gießt dann die Flüssigkeit ab und verwendet sie als Sprühmittel, man kann auch die zersetzten Pflanzenteile als nährstoffreiche Substanz auf der Erde ausbreiten.
Getrocknete, aromatische Kräuter wie der keimtötende Salbei und Knoblauch schützen vor Läusen und Schimmel, wenn man sie um die Pflanzen streut. Schon beim Aussäen mischt man getrocknete, aromatische Kräuter zur Vertreibung von Läusen unter die Samen. Dies hilft auch gegen Schnecken und Vogelfraß. Viele Kräuter lassen sich ähnlich vielseitig verwenden.

Gründünger

Um die Qualität und den Humusgehalt eines schlechten und nährstoffarmen Bodens zu heben, kann man im Garten Weißen Senf aussäen. Dabei sät man breitwürfig aus und bedeckt die Samen mit einer dünnen Erdschicht; sobald sich die ersten Triebe zeigen, gräbt man die jungen Pflanzen unter. Die sich zersetzenden Pflanzen reichern den Boden an und die Ausscheidungen aus ihren Wurzeln wirken bei sauren Böden neutralisierend.
Aus mineralienreichen Kräutern und solchen, die reich an anderen Nährstoffen sind, kann man nach dem oben angegebenen Rezept für Insektenvertilgungsmittel einen Tee herstellen und ihn im Garten verwenden. Der Nährstoffgehalt der Kräuter ist zum Teil bereits im Lexikonteil behandelt worden. Der Ackerschachtelhalm enthält z. B. Silicium, die Brennessel Eisen und Stickstoff, Löwenzahn und Schafgarbe Kupfer, Huflattich Schwefel und Kalium usw. Aus ein paar üppigen Beinwellpflanzen läßt sich ein nährstoffreicher, flüssiger Dünger herstellen, der unter anderen wichtigen Substanzen dem Boden Kali, Stickstoff und Phosphor zuführt. Man läßt einen Arm voll frischer Beinwellblätter vier Wochen lang in Regenwasser ziehen und benutzt die Flüssigkeit dann zum Düngen; die zersetzten Blätter wirft man auf den Komposthaufen.

Kompost

In jedem Garten braucht man einen Komposthaufen. Er liefert den nötigen Humus. Kräuter sind für ihn besonders unentbehrlich, denn sie führen ihm Nährstoffe zu und beschleunigen die Gärung.
Befindet sich im Garten ein Wacholderstrauch, so legt man den Komposthaufen am besten darunter an; denn die Ausscheidungen aus seinen Blättern und Wurzeln regen die Fermentierung an. Küchen- und Gartenabfälle werden rasch in nährstoffreichen Humus umgewandelt, wenn man den Komposthaufen luftig und feucht hält, frisches, grünes und organisches Material zusetzt, schädliches Unkraut entfernt und Nährstoffe für die Bakterien und Pilze zusetzt, die gären und den Abfall zersetzen. Die Nährstoffe nennt man Kompostaktivatoren. Zu den bio-dynamischen Kompostaktivatoren gehören Schafgarbe, Kamille, Baldrian, Löwenzahn und Brennessel. Nur geringe Mengen dieser Pflanzen sind zur Kompostierung erforderlich. Man legt mehrere Pflanzen derselben Art oder eine Mischung der geeigneten Pflanzen frisch oder getrocknet zwischen eine Schicht von je 20 cm Kompostmaterial und besprüht den Komposthaufen von Zeit zu Zeit mit einem Infus aus Kräutern.
Sind keine frischen, grünen Pflanzen im Garten vorhanden, so zieht man ein paar Sonnenblumen, die bald Gründünger in Fülle liefern und außerdem billig sind. Die Samen setzt man dicht zusammen und reißt die Pflanzen heraus, wenn sie etwa 1 m hoch sind. Dann schichtet man sie auf dem Komposthaufen auf. Auch die langen Blätter des Beinwell eignen sich gut zur Kompostierung.
Wenn der Komposthaufen hoch genug ist, deckt man ihn zu. Im Sommer ist der Kompost in 6 bis 8 Wochen zersetzt und kann verwendet werden; im Winter dauert es 2 bis 3 Monate.

Beinwellblätter trocknet man 1 Tag und gibt sie dann auf den Kompost.

Die Vermehrung von Kräutern

Nach einer alten Legende dürfen Samen nur bei zunehmendem Mond ausgesät werden; auch Setzlinge sollte man nur dann pflanzen. Zwar wird ein solcher Glaube heute meist als Aberglaube abgetan, es steckt aber ein Körnchen Wahrheit darin; denn bei zunehmendem Mond regnet es häufig. Seitdem der Mensch sich ackerbaulich betätigte, betrachtete man die Mondphasen als wichtig für das Pflanzen und Ernten von Gemüse, Getreide und Kräutern. Der Rat, aromatische Kräuter bei Neumond und tiefwurzelnde Kräuter bei abnehmendem Mond zu pflanzen, kommt bei vielen Kräuterkundigen vergangener Jahrhunderte vor. Bei abnehmendem Mond regnet es im allgemeinen weniger und bei trockenem Boden wachsen die Wurzeln tiefer.

Aussaat

Aussaat im Haus

Einjährige Kräuter, die eine lange Vegetationsperiode haben, wie z. B. die Sonnenblume, Anis und *Capsicum annuum,* werden am besten im Haus oder im warmen Gewächshaus ausgesät. Auch Basilikum, Majoran und Borretsch sät man im Frühjahr im Haus an. Hat man nur einen kleinen Garten oder bei sehr teurem Samen bringt man die Kräuter in keimfreiem Boden zum Keimen, statt sie dem unbeständigen Frühjahrswetter auszusetzen. Man darf sich aber nicht dazu verleiten lassen, die Samen zu früh auszusäen, sonst werden die Setzlinge bald zu groß für ihr Pflanzgefäß und schwach, bevor man sie bei warmem Wetter ins Freie umsetzen kann.

Geeignet sind Saatschalen aus Holz oder Plastik, in die man die Samen sät. Man kann auch drei oder vier zusammen in einen Blumentopf oder in ein anderes geeignetes Gefäß geben, z. B. in einen Joghurtbecher. Am Boden muß ein Entwässerungsloch angebracht werden. Dann füllt man den Becher etwa 4 cm hoch mit einer handelsüblichen Anzuchterde, mit einer Mischung, die zur Hälfte aus Sand zur Hälfte aus Gartenerde besteht oder mit feinkrümeliger Erde von einem Maulwurfshügel. Mischungen, die man selbst herstellt, werden zunächst eine Stunde lang im heißen Ofen sterilisiert.

Kompost oder Erde müssen gut durchfeuchtet werden. Erst dann streut man die Samen darüber, wobei man auf etwas Abstand achtet. Man bestreut sie mit ewas Erde und sprüht auf das Ganze lauwarmes Wasser. Dann versieht man den Behälter mit einem Schildchen, auf dem die genaue Bezeichnung der Samen steht, und gibt eine Glasscheibe darüber, die die Feuchtigkeit speichert; das Ganze deckt man mit Zeitungspapier zu, damit kein Licht hineinfällt. Bei Dunkelheit keimen die Samen rascher. Den Behälter stellt man an einen warmen Platz, z. B. neben den Ofen. Jeden Tag, oder zumindest jeden zweiten Tag prüft man nach, ob die Erde noch feucht ist. Sobald sich die ersten Keime zeigen, bringt man die Schale an einen hellen Platz. Wenn die Sämlinge groß genug sind, gräbt man sie mit einem Holzspachtel vorsichtig aus und setzt sie in Töpfe oder in eine tiefere Saatschale mit nährstoffreicher Erde. Die Sporen der winzigen Pilze, die Setzlinge zum Verfaulen bringen, kommen zwar in sterilisierter Erde kaum vor, sie befallen aber gelegentlich die schwachen, frisch verpflanzten Setzlinge. Deshalb besprüht man sie gleich mit einem Infus aus Kamille, sobald man bemerkt, daß sie welk werden und wenn sich die Erde mit weißem Schimmel bedeckt. Nach dem letzten Frost setzt man die kräftigen, jungen Kräuter ins Freie. Pflanzen, die zu hoch aufgeschossen sind, bedeckt man ein paar Tage lang mit einer Haube oder versieht sie mit einem Windschutz, bis sie sich an die neuen Verhältnisse angepaßt haben.

Setzlinge

Im Anzuchtkasten unter Glas bleibt die Erde besser feucht und die Luft warm; die Samen keimen rascher. Zeigt sich das erste Grün, entfernt man die Scheibe; sind die Setzlinge groß genug, werden sie vereinzelt (pikiert).

Aussaat im Freien

Sät man Kräuter gleich ins Freie, so leiden sie nicht unter dem Verpflanzen und brauchen auch nicht soviel Pflege. Es lohnt sich, über frischgesäte einjährige Kräuter eine Folie zu geben, denn so sind sie vor unerwarteten Frosteinbrüchen geschützt. Sonst hält man sich an die Regeln, die man bei der Aussaat im Freien im allgemeinen beachten muß. Die Erde muß feinkrümelig sein und gerecht und geglättet werden, bevor man aussät. Die Setzlinge müssen dann rechtzeitig vereinzelt werden.

Vermehrung durch Selbstaussaat

Läßt man die reifen Samen einer Pflanze einfach zu Boden fallen, so kann es passieren, daß man beim Entfernen der vertrockneten, alten Pflanze keimende Samen vernichtet. Auch der Boden, der vielleicht erschöpft ist, kann sich nicht so richtig regenerieren. Am besten ist es daher, wenn man die ganze Pflanze mitsamt den heranreifenden Samenköpfen abschneidet, und sie gebündelt mit dem Kopf nach unten über einem gut mit dem Rechen geglätteten Beet an einem Pfosten aufhängt. Wenn sie reif sind, fallen die Samen auf das vorbereitete Beet. Kerbel, Kümmel, Engelwurz, Petersilie und Fenchel lassen sich so vermehren. Auch die einjährigen Pflanzen wie z. B. Borretsch, Ringelblumen, Brunnenkresse und Schlafmohn oder die ausdauernde Mutterkraut-Wucherblume und Thymian säen sich so Jahr für Jahr von selbst aus und gedeihen auch dort, wo man sie unter Umständen gar nicht haben will. Vor allem Borretsch kann zur Plage werden.

Vermehrung durch Teilung

Aus Samen gezogene Pflanzen (geschlechtliche Vermehrung) müssen sich nicht immer genauso entwickeln wie ihre Mutterpflanzen. Bei der vegetativen Vermehrung durch Stecklinge, Ableger, Teilung etc., wie sie bei mehrjährigen Pflanzen durchgeführt wird, entsprechen die neuen Pflanzen immer in ihren Merkmalen der Mutterpflanze. Diese Art der Vermehrung ist besonders wichtig bei Pflanzen wie bei der Minze, die sehr leicht Hybridformen bildet, oder auch bei anderen Kräutern, die sich aus Samen nur sehr schwer ziehen lassen. Außerdem ist die vegetative Vermehrung aus Stecklingen, Teilung etc. sehr einfach und führt zum Erfolg.

Die einfachste Methode der vegetativen Vermehrung ist die Teilung des Wurzelstocks im Frühjahr oder im Herbst, wenn das Laub verwelkt ist. Sie wird bei krautigen Pflanzen mit Kriechwurzeln und Kriechstengeln, wie z. B. bei Minze, Estragon, Rainfarn, Pferdeminze und Pflanzen mit Zwiebeln, wie Schnittlauch und Winterzwiebeln angewendet. Man gräbt dabei die ganze Pflanze aus, teilt sie vorsichtig und setzt jedes Stück sobald wie möglich wieder in die Erde. Wenn die Wurzeln zu sehr ineinander verwachsen sind, schneidet man sie sauber mit einem scharfen Messer durch. Regelmäßige Teilung garantiert auch ein langes Überleben der Pflanze.

Wurzelteilung

Eine Reihe von Pflanzen vermehrt man durch Wurzelteilung. Sobald im Herbst das Laub abgestorben ist, gräbt man die Pflanze aus, spreizt die Wurzeln behutsam und teilt den Wurzelstock mit einem scharfen Messer.

Stecklinge

Krautartige Stecklinge

Buschige Kräuter wie z. B. Lavendel, Rosmarin, Heiligenkraut, Salbei und Eberraute eignen sich besonders gut für eine Vermehrung aus Stecklingen. Man gewinnt die nicht verholzten Stecklinge spät im Frühjahr, indem man einen kräftigen, jungen Trieb von etwa 8 cm Länge am Ende eines Zweiges mit einem Messer abschneidet. Man nimmt möglichst keinen Trieb mit einer Knospe. Die unteren Blätter streift man ab und läßt etwa 3 Blattreihen stehen. Die Stecklinge setzt man in einen Topf mit Blumenerde oder einer Mischung aus Erde und Sand und drückt sie fest an. Gibt man mehrere Stecklinge zusammen in einen Topf, so gedeihen sie besser als einer alleine. Ein normaler Blumentopf reicht für vier. Man gießt und stellt den Topf an einen schattigen Platz, ins hohe Gras oder neben eine Hecke, beziehungsweise im Haus auf eine schattige Fensterbank und sorgt für Feuchtigkeit. Bedeckt man den Topf mit einer großen Plastikhaube, so bleibt die

Stecklinge

Kopfstecklinge gewinnt man im allgemeinen im Frühjahr. Nur leicht anwurzelnde Kräuter können das ganze Jahr hindurch vermehrt werden. Man nimmt dazu etwa 8 cm lange Stecklinge ohne Knospen und mit drei Blattreihen und gibt je vier in einen Topf mit Anzuchterde. Den Topf bedeckt man mit einer Plastikhaube; das beschleunigt das Wachstum.

Feuchtigkeit erhalten und die Wurzeln bilden sich rascher. Wenn die Stecklinge angehen, entwickeln sich innerhalb weniger Wochen Wurzeln und neue Blätter. Dann bringt man die neue Pflanze an einen helleren, luftigeren Platz und gibt ihr einen nährstoffreichen Boden.
Von Pelargonien kann man vom Frühjahr bis zum Herbst Stecklinge nehmen; sie wurzeln rasch und leicht an. Auch andere Kräuter, die rasch anwurzeln, wie z. B. der Salbei, können einfach vermehrt werden, indem man Stecklinge im Schatten der Mutterpflanze in die Erde setzt.

Steckholz

Man gewinnt Steckhölzer im Herbst. Allerdings dauert es länger, bis sie sich zu richtigen Pflanzen entwickeln. Man schneidet etwa 20 cm lange Steckhölzer mit Augen. Diese Steckhölzer setzt man in feuchte, sandige Erde im Schatten; erst im kommenden Frühjahr bekommt die Pflanze ihren eigentlichen Standort. Lorbeer, Myrte, *Lippia triphylla*, u. a. Gehölze werden so vermehrt.

Ableger

Bei manchen Arten bilden sich Wurzelschößlinge oder im oberen Teil der Wurzel Triebe, die an den Austrieben rasch Wurzeln ausbilden. Zu Beginn oder am Ende des Sommers trennt man sie sorgfältig von der Mutterpflanze, pflanzt sie ein und hält sie einige Wochen lang gut feucht. Solche Wurzelschößlinge findet man u. a. bei Engelwurz, Liebstöckel und Beinwell.

Absenker

Durch Absenker kann man im späten Frühjahr auch Gewürznelke, Thymian, Winter-Bohnenkraut, Poleiminze und viele andere Kräuter vermehren. Wenn sie längere Zeit hindurch in Berührung mit der Erde sind, so bilden sie Wurzeln aus. Man drückt einen langen Stengel auf die Erde oder auf einen Topf, der mit Erde gefüllt ist, und hält ihn mit einem Stein oder besser mit einem Drahthaken nieder.

Absenker: man drückt einen längeren Stengel auf die Erde und befestigt ihn mit einer Drahtschlinge. Wenn sich Wurzeln gebildet haben, trennt man ihn von der Mutterpflanze.

Sobald sich sie Wurzeln gebildet haben, trennt man die junge Pflanze von der Mutterpflanze ab. Im Frühbeet, auf einem Pflanzbeet oder in einem eigenen Topf können sie sich bis zur endgültigen Pflanzung ungestört entwickeln.
Die Wurzelbildung wird beschleunigt, wenn man am Stengel einen winzigen Schnitt anbringt.

Das Ernten der Kräuter

Viel, zum Teil Furcht erregender Aberglauben umgibt das Ernten der Kräuter. Manches davon haben wohl die Kräutersammler, die davon leben mußten, zur Abschreckung von Laien erfunden. Sicher vermied man es früher, Alraune- und Pfingstrosenwurzeln auszugraben; denn man glaubte, sie würden laut schreien und der Übeltäter mit Blindheit und Tod bestraft. Besonders seltsame, beeindrukkende Riten verbanden sich mit dem Sammeln von Heilkräutern: man mußte sie nachts und nackt, ohne eiserne Geräte ernten. Am besten geeignet zum Sammeln schien die Johannis- oder Mittsommernacht. Abgesehen von allem heidnischen Aberglauben, der sich an die Sommersonnenwende knüpft, blühen gerade um diese Zeit sehr viele Arten, die dann richtig zum Ernten sind.

Kräuter zum sofortigen Gebrauch

Wenn man für die Verwendung in der Küche frische Kräuter in kleinen Mengen ernten will, so pflückt man bei Kräutern mit einem Haupttrieb den oberen Teil des mittleren Stengels ab. Basilikum, Majoran und Sommer-Bohnenkraut werden dadurch buschig und entwickeln Seitentriebe. Bei Kerbel, Thymian und Minze entfernt man die Spitzen und Blütenknospen und verwendet sie in der Küche. Von Petersilie und Liebstöckel nimmt man die äußeren Blätter und Stengel. Die Blätter von Portulak, Bibernelle und Löwenzahn pflückt man für Salate, bevor sie einen bitteren Geschmack entwickeln und zäh werden. Auf diese Art und Weise wird die Pflanze zu neuem Wachstum angeregt.

Kräuter zum Trocknen

Die ideale Zeit zum Ernten von Kräutern, die getrocknet und aufbewahrt werden sollen, ist am Morgen gleich nachdem sich der Tau verflüchtigt hat und bevor die Sonne den Blättern Öl entzogen hat. Man faßt die Kräuter ganz vorsichtig an und bindet kleine Sträuße, denn sie dürfen so wenig wie möglich gequetscht werden. Dann bringt man sie sofort aus der Sonne ins Haus. Man achtet darauf, daß man nur so viele Kräuter erntet, wie man auf einmal trocknen kann, denn wenn das Trocknen nicht rasch genug geschieht, die Kräuter gequetscht werden oder feuchter Luft ausgesetzt sind, beeinträchtigt dies sehr ihre Qualität.

Im Lexikonteil und im Erntekalender auf Seite 153 findet man weitere Einzelheiten über das Ernten von Kräutern. Einige grundsätzliche Dinge müssen aber stets beachtet werden.

Im Frühherbst erntet man Kräuter wie (von vorne nach hinten) Dill, Catawissazwiebel, Marienkraut, Kerbel (Samen zur späteren Aussaat), rote Pferdeminze, Majoran, Zitronenmelisse, federartigen Rainfarn und gelb blühendes Heiligenkraut.

Blätter und Stengel

Die meisten aromatischen Kräuter sind kurz vor Entfalten der Knospen, wenn die Öldrüsen reich an Gehalt und Aroma sind, in ihrer Qualität am besten. Solche Kräuter sind z. B. Thymian, Basilikum und andere Vertreter der Lippenblütler, Frauenmantel, Marienkraut (*Teucrium polium*) und Artemisiaarten. Mehrjährige Pflanzen schneidet man um ein Drittel zurück. Einjährige Kräuter kann man auf etwa 10 cm über der Erde zurückstutzen. Vor Ablauf der Wachstumsperiode kann man einjährige und zweijährige Pflanzen 2–3 mal zuschneiden. Die letzte Ernte bringt man im Frühherbst ein, damit sich vor dem ersten Frost die neuen Triebe etwas abhärten können.

Blüten

Bei Kräutern wie Odermennig, Schafgarbe, Goldrute, Mädesüß und Johanniskraut trocknet man die Blüten mit den Blättern. Man erntet also die Blätter, wenn sich auch die Blüten fast entfaltet haben. Lavendel trocknet man, sobald sich die ersten Blüten öffenen; man schneidet die langen Stengel ab und schneidet dabei gleichzeitig die Büsche zu.

Wenn man lediglich die Blütenköpfe ernten möchte, so schneidet man sie kurz vor der Reife ab, wenn sie sich schon weit entfaltet haben, und behandelt sie mit besonderer Sorgfalt. Ringelblumen, Rosen, Königskerzen, Hundskamille, Lindenblüten und Holunderblüten haben wertvolle Eigenschaften, sind aber sehr empfindlich.

Fruchtstände und Wurzeln

Fruchtstände lassen sich am besten mit den Stengeln ernten. Man schneidet sie ab kurz bevor die Samen braun und reif werden und herunterfallen. Abgesehen von den Küchenkräutern wie Dill, Koriander, Kümmel, Fenchel und Liebstöckel sammelt man die Samen der einjährigen Kräuter, die man im nächsten Jahr zum Aussäen benötigt.

Bei den meisten Kräutern gräbt man im Herbst die Wurzeln zum Trocknen aus, denn dann enthalten sie als Vorrat für den Winter die meisten Nährstoffe. Die kleinen Rhizome der Quecke jedoch sammelt man am besten im Frühjahr, wenn sie besonders kräftig sind.

Seit altersher wird in Spanien der Lavendel auf diese Art geerntet. Aus seinen Blüten destilliert man ein sehr aromatisches ätherisches Öl. Lavendelöl spielt bei der Parfum-, vor allem aber bei der Seifenherstellung schon immer eine wichtige Rolle.

Erntekalender

Spätes Frühjahr

Efeu-Gundermann	*Blätter*	Nelkenwurz	*Wurzel*	Veilchen	*Blätter, Blüten*
Kerbel	*Blätter*	Quecke	*Rhizome*	Waldmeister	*Blätter*

Frühsommer

Beifuß	*Blätter*	Gewürznelke	*Blüten*	Raute	*Blätter*
Eberraute	*Blätter*	Klebkraut	*Blätter*	Rose	*Blütenblätter*
Engelwurz	*Blätter, Stengel*	Koriander	*Blätter*	Petersilie	*Blätter*
Estragon	*Blätter*	Liebstöckel	*Blätter*	Zitronenmelisse	*Blätter*

Hochsommer

Ackerschachtelhalm	*ganze Pflanze*	Gelber Steinklee	*Blätter, Spitzen*	Mutterkraut-Wucherblume	*Blätter*
Andorn	*Blätter*	Heil-Betonie	*ganze Pflanze*	Odermennig	*Blätter, Spitzen*
Augentrost	*Blätter, Spitzen*	Holunder	*Blätter, Blüten*	Pferdeminze	*Blätter, Blüten*
Basilikum	*Blätter*	Hundskamille	*Blüten*	Rainfarn	*Blätter*
Borretsch	*Blätter, Blüten*	Johanniskraut	*Blätter, Spitzen*	Ringelblume	*Blüten*
Brennessel	*ganze Pflanze*	Kapuzinerkresse	*Früchte*	Rosmarin	*Blätter*
Echtes Eisenkraut	*Blätter, Spitzen*	Kassie	*Blätter*	Saflor	*Blüten*
Echtes Labkraut	*ganze Pflanze*	Königskerze	*Blätter, Spitzen*	Salbei	*Blätter*
Eibisch	*Wurzel*	Linde	*Blätter, Spitzen*	Thymian	*Blätter*
Färber-Resede	*ganze Pflanze*	Mädesüß	*Blätter, Spitzen*	Ysop	*Blätter, Spitzen*
Färber-Waid	*Blätter*	Majoran	*Blätter, Spitzen*		
Flachs	*Stengel*	Marienkraut	*Blätter*		
		Minze	*Blätter*		

Spätsommer

Anis	*Samen*	Hopfen	*weibliche Blüten*	Süßdolde	*Samen*
Wasserdost	*Blätter, Spitzen*	Kümmel	*Samen*	Wacholder	*Beeren*
Flachs	*Samen*	Lavendel	*Blüten*	Zitronenkraut	*Blätter*
Goldrute	*Blätter, Spitzen*	Schlafmohn	*Samen*	Zwiebeln	*Zwiebeln*
Holunder	*Beeren*	Senf	*Samen*		

Frühherbst

Alant	*Wurzel*	Hundsrose	*Früchte (Hagebutten)*	Sellerie	*Samen*
Bohnenkraut	*Blätter*	Koriander	*Samen*	Sonnenblume	*Samen*
Dill	*Samen*	Kreuzkümmel	*Samen*	Süßholz	*Wurzel*
Enzian	*Wurzel*	Liebstöckel	*Samen*	Wiesenknöterich	*Wurzel*
Fenchel	*Samen, Stengel*	Löwenzahn	*Wurzel*		
Florentiner Schwertlilie	*Rhizome*	Safran	*Narben*		
		Seifenkraut	*Wurzeln*		

Spätherbst

Baldrian	*Wurzel*	Große Klette	*Wurzel*	Salomonssiegel	*Wurzel*
Engelwurz	*Wurzel*	Meerrettich	*Wurzel*	Zichorie	*Wurzel*

Das Trocknen und Aufbewahren von Kräutern

Trocknen

Im warmen Klima ist das Trocknen von Kräutern eine einfache Sache. In ein bis zwei Tagen sind die Kräuter vollkommen getrocknet, wenn man sie in einer dunklen Küche über einem offenen Fenster aufhängt. Im oberen Stockwerk breitet man hinter mit Lamellen versehenen Fensterläden Kamille und Lindenblüten für Tees auf dem Ziegelboden zum Trocknen aus. Im kühlen und feuchten Klima ist das Trocknen viel schwieriger; dennoch sind die im eigenen Garten gezogenen Kräuter in der Qualität weitaus besser als die abgepackten Produkte aus dem Süden.

Schatten, Temperatur und Luft

Voraussetzung für ein gutes Gelingen sind Schatten, reichliche Luftzufuhr und etwas Wärme. Helles Licht entzieht den Blättern Öle, verfärbt sie und bleicht sie aus. Belüftung verhindert das Modern und Verfaulen. Luft und Wärme entziehen den Kräutern das Wasser, das in ihnen enthalten ist. Das Trocknen muß so rasch wie möglich vorsich gehen, denn nur so bleiben Aroma und Qualität der Kräuter erhalten. Dabei ist die Temperatur der ausschlaggebende Faktor.

Die einfachste Methode ist, die Kräuter locker, mit einer Schnur zu einem kleinen Strauß gebunden, an einem warmen, schattigen und luftigen Platz im Hause aufzuhängen. Am besten eignet sich ein Speicher, eine dunkle Scheune oder ein Geräteschuppen. Die Sträuße müssen frei herabhängen und sollten nicht an eine Wand anstoßen. Wenn man viele Kräuter trocknen will, zieht man am besten eine Leine und hängt sie daran auf. Nachteilig ist, daß besonders in verregneten Sommern die Kräuter zu lange zum Trocknen brauchen und verstauben.

Künstliche Wärme

Sie beschleunigt das Trocknen. Deshalb ist der Erfolg weitaus besser. Man hängt die Kräuter in Sträußen in einem gut belüfteten Schrank oder neben (jedoch niemals über) einem Warmwassergerät oder Kochherd, die gleichmäßige Wärme abgeben, auf. Man kann die Kräuter auch im Backofen bei niedrigen Temperaturen (30° –50° C, 60–90 Min.) und geöffneter Ofentüre trocknen. Besonders bei robusten Kräutern wie Petersilie und Liebstöckel empfiehlt sich diese Methode. Auch empfindliche Blüten, die rasch getrocknet werden müssen, damit ihre Farbe erhalten bleibt, behandelt man am besten auf diese Weise. Man gibt die Kräuter oder Blüten auf ein Kuchengitter, das man mit durchlöchertem Packpapier belegt, oder auf einen Trockenrahmen (Darre). Die Kräuter müssen ständig überprüft werden, ob die Hitze im Ofen nicht zu groß ist.

Mikrowelle

Minze mit ihren saftigen Blättern und Basilikum brauchen in einem Mikrowellenherd etwa 3 Minuten zum Trocknen. Kräuter wie z. B. Bohnenkraut, Rosmarin und Thymian, die kleine, trockene Blätter besitzen, werden nur etwa 1 Minute in den Ofen gestellt. Farbe und Aroma der so getrockneten Kräuter sind sehr gut.

Trockenrahmen (Darre)

Breitet man die Blätter locker in einer Schicht auf einem Trockenrahmen aus, so trocknen sie rasch und gleichmäßig. Man kann einen solchen Rahmen ganz einfach herstellen indem man ein Stück Musselin über einen Holzrahmen zieht. Man kann auch ein durchlöchertes Zinkblech oder Drahtgitter verwenden. Es ist allerdings nicht so günstig, wenn die Kräuter mit Metall in Berührung kommen. Die Rahmen stellt man an einen geeigneten Platz oder baut sich eine Art offenen Schrank auf Füßen; die Schubladen sind mit Schienen versehen, so daß man die Tabletts oder Rahmen mit den Kräutern einfach hinein- oder herausheben kann. Der Schrank wird so hoch gebaut, daß man darunter noch ein kleines Heizgerät, wie man es in Gewächshäusern verwendet, stellen kann.

Welche Kräuter können getrocknet werden?

Es gibt Kräuter, bei denen sich Trocknen nicht lohnt. Dazu gehören z. B. eine Reihe von Doldengewächsen. Auch die Blätter von Fenchel, Dill, Süßdolde, Kerbel und Schnittlauch lassen sich nicht so trocknen, wie man es gerne haben möchte. Leicht trocknen kann man hingegen Küchenkräuter wie Majoran, Sommer-Bohnenkraut, Minze, Liebstöckel und Thymian.

Gegenüber: *Hier werden Kräuter, mehr malerisch als ordentlich, in einem Schuppen getrocknet. Auf dem Tisch Salbei, Knoblauch, Petersilie (Petroselinum crispum* var. *tuberosum); von der Decke hängen Rosmarin, Wermut und Minze; an der Wand erkennt man Lorbeer, die gelben Blüten des Rainfarns, Dill und Dürrwurz-Alant; in dem Eimer auf dem Boden Thymian.*

Vorbereiten und Trocknen der Kräuter

Sofort nach der Ernte breitet man die Kräuter im Haus auf dem Tisch aus und sortiert Unkräuter und verfärbte Blätter aus. Dabei geht man mit größter Sorgfalt vor und wäscht die Kräuter auch nicht, denn dadurch verlieren sie einen großen Teil ihres Aromas. Wenn sie voll Erde sind, taucht man sie kurz in lauwarmes Wasser und schüttelt sie dann leicht trocken.

Blätter und Blüten

Die meisten Blätter trocknet man mit den Stielen. So behalten sie ihre Güte, werden nicht gedrückt und können auch leichter in die Hand genommen werden. Bei den großen Blättern des Liebstöckels und des Borretsch entfernt man allerdings vorsichtig die Stiele. Bei Ringelblumen, Holunderblüten und Königskerzen schneidet man die Blütenköpfe ab und legt sie sorgfältig auf einen Trockenrahmen oder auf durchlöchertes Papier. Kräuterblätter sind richtig trocken, wenn sie sich nicht mehr biegen lassen, sondern sofort zwischen den Fingern zerbrechen. Bei manchen Kräutern sind die Blätter vor den Stengeln getrocknet. Bei diesen streift man die Blätter ab, bewahrt sie auf und wirft die Stengel weg.

Fruchtstände

Sie werden am besten bei künstlicher Wärme an einem luftigen Platz getrocknet. Die fast ausgereiften Fruchtstände hängt man in lockeren Sträußen mit den Köpfen nach unten über ein Tuch oder einen Korb, den man mit Papier ausgelegt hat. Beim Reifen fallen die meisten Samen herunter; der Rest wird von den Stielen abgestreift. Die Samen läßt man für ein oder zwei Wochen an der Luft und bewahrt sie dann auf. Samenschoten z. B. von Senf werden so lange aufgehängt, bis sie leicht zerbrechen und somit trocken sind. Dann werden die Samen herausgedroschen oder von Hand herausgenommen. Die Fruchtstände von Sonnenblumen trocknet man ganz. Wenn die Samen fast herausfallen, entfernt man sie.

Ein Stilleben von getrockneten Heilkräutern und Kräuteröl – nicht gestellt, sondern in Portugal auf einem Wochenmarkt entdeckt.

Wurzeln

Die Wurzeln der Kräuter säubert man und entfernt alle faserigen Teile. Die Wurzeln von Eibisch und die Rhizome der Quecke schneidet man in etwa 4 cm lange Abschnitte; bei Baldrian und Nelkenwurz werden die kleinen Wurzeln geteilt oder geviertelt, die größeren Wurzeln des Engelwurz, der Stranddistel und des Löwenzahn schneidet man in Scheiben. Die Wurzeln brauchen etwas künstliche Wärme. Es dauert ein bis zwei Wochen, bis sie richtig trocken sind; dann kann man sie zwischen den Fingern leicht zerbrechen.

Das Aufbewahren

Sobald die Kräuter getrocknet sind, müssen sie richtig versorgt werden. Besonders gilt dies für Gebiete mit feuchtem Klima, denn es besteht die Gefahr, daß die Kräuter wieder Feuchtigkeit aufnehmen. Gewöhnlich streift man die Blätter von den Stengel. Dabei muß man aufpassen, daß man die Blätter nicht zermahlt, denn dadurch verlieren sie viel Aroma. Von Kräutern, die man an Eintopfgerichte und Suppen gibt, hebt man ein paar ganze Zweige auf. Aus Thymian, Majoran, Estragon und Lorbeerblättern werden kleine Sträuße für ein »bouquet garni« gebunden. Kleine Zweige legt man als aromatische Beigabe unter einen Braten oder Fisch. Die Blütenblätter von Ringelblumen entfernt man ganz vorsichtig, während Hundskamille, Königskerze und viele andere Blüten ganz getrocknet aufbewahrt werden. Kleine Stiele und ähnliche Dinge, die unbrauchbar und wertlos sind, werden von den Samen getrennt, indem man sie einfach wegbläst oder durchsiebt.

Behälter

Luftdichte Glasbehälter sind zur Aufbewahrung von Kräutern ganz ideal. Mit einem Blick kann man Menge und Qualität der enthaltenen Kräuter überprüfen. Sobald sich kondensierende Feuchtigkeit zeigt, kann man die Kräuter rasch herausnehmen und nochmals ein paar Tage trocknen. Unsachgemäß getrocknete Kräuter faulen und modern rasch. Glasgefäße haben nur den einen Nachteil, daß sie in einem dunklen Schrank stehen müssen, denn im hellen Licht gehen Aroma und andere Eigenschaften verloren. Irdene Töpfe mit gut verschließenden Korken oder auch andere, luftdichte Behälter sind ebenfalls geeignet, wenn sie nicht den Kochdünsten ausgesetzt sind. Große Mengen können gut in Plastiktüten aufbewahrt werden, die gut verschlossen sind, ebenso nimmt man Plastiktüten, wenn man ganze Zweige oder Fenchelstengel aufheben will. Man hängt sie an einem dunklen Platz auf. Alle Behälter müssen eine genaue Bezeichnung und Datierung bekommen; sobald im nächsten Jahr neu geerntet wird, wirft man die Restbestände auf den Komposthaufen oder streut sie in die Töpfe der Zimmerpflanzen.

Einfrieren

Die meisten Küchenkräuter können mit gutem Erfolg eingefroren werden. Man pflückt sie frisch, spült sie, wenn nötig, leicht ab, trocknet sie und verpackt sie in Plastiktüten; sie müssen nicht blanchiert werden. Man friert nur jeweils eine Kräuterart ein, damit man die verschiedenen Kräuter nicht durcheinander bringt. In jede Tüte gibt man nur ein paar Triebe bzw. Zweige. Die Tüten legt man dann in eine Plastikschachtel, die man mit einer genauen Bezeichnung versieht. Man kann auch eine Mischung der Lieblingskräuter herstellen und sie in kleine Tüten legen – so z. B. Estragon, Kerbel, Schnittlauch und Petersilie für Eier- und Fischgerichte, oder Majoran, Thymian und Liebstöckel für eine Rinderkasserolle. Für Gemüsesaucen empfiehlt es sich, eine Mischung aus Dill, Petersilie und Schnittlauch herzustellen. Die tiefgefrorenen Kräuter werden sofort, wenn man sie aus der Tiefkühltruhe genommen hat, kleingehackt. Zum Garnieren eignen sie sich schlecht. Die großen Blätter von Kräutern wie z. B. Basilikum können einzeln eingefroren werden. Dabei begießt man sie mit Olivenöl und gefriert sie zwischen Wachspapier schichtweise ein.

Man kann auch einzelne oder gemischte Kräuter zerhacken und dann mit Wasser in Würfel einfrieren. Sobald sie gefroren sind, gibt man die Würfel in Plastiktüten, die natürlich wieder genau bezeichnet sind. Die Würfel rührt man während des Kochens in die entsprechenden Gerichte. Man kann auch in jedes einzelne Fach einer Eiswürfelschale ein kräftigendes Heilkraut wie z. B. eine Borretschblüte oder das Blatt einer Bibernelle geben, es mit Wasser auffüllen, gefrieren und als dekorative Überraschung in Drinks servieren.

Kräuter und Gewürze in der Küche

Die Verwendung von Kräutern und Gewürzen hat eine lange und reiche Tradition. Trotzdem gibt es – abgesehen von modernen, für Koch-Anfänger bestimmten Grundrezepten – keine festen Regeln oder Mengenangaben; denn man kann bei der Verwendung von Kräutern und Gewürzen weitgehend nach Phantasie und persönlichem Geschmack verfahren und etwa an einen Schweinebraten statt des im Rezept empfohlenen Zweiges Basilikum ein ganzes Büschel geben. Eine gute Anregung bietet auch die Küche anderer Länder. Die hier folgenden Rezepte sollen beides sein: Anregung und Leitfaden für die vielseitigen Verwendungsmöglichkeiten von Kräutern und Gewürzen. Bei der Auswahl wurde darauf geachtet, jeweils das besondere Zusammenspiel von Kräutern und Gewürzen mit den zugehörigen anderen Zutaten herauszustellen. Voraus gehen einige grundsätzliche Hinweise zur Kunst des Würzens im allgemeinen. Dann folgen spezielle Angaben zur Herstellung von Salatsaucen und Marinaden.

Das Kapitel befaßt sich ausführlich mit kalten Saucen, mit Suppen und Salaten, bei denen frische Kräuter besonders deutlich ihren Charakter zeigen. Daneben findet sich eine Fülle weiterer Rezepte. Man erfährt, wie man Fisch auf einem Kräuterbett dünstet oder ihn auf indische Art in einem mit Anis gewürzten Teig grillt. Dazu ein delikates skandinavisches Gericht: Hering mit Kohl, Senf, Kümmel und Zitronenmelisse gebacken. Bei den Fleischspeisen gibt es neben gewürztem Rind- und Schweinefleisch auch ein Rezept, das aus Tausendundeinenacht stammen könnte: Lammbraten, zubereitet mit Orangensaft und Safran. Auch andere exotische Gerichte fehlen nicht, z. B. Couscous und *Kitcheri*, die aus dem Vorderen Orient stammen. Einige Rezepte zeigen die Verwendung von Wildkräutern für einfache, aber schmackhafte Pasteten und Puddings; Pudding allerdings auf alte Weise als herzhaftes Gericht verstanden und nicht wie heute (meist fälschlich so genannt) die Süßspeise aus Puddingpulver (die exakt ein Flammeri ist). Wie Kräuter und Blüten aber auch Süßspeisen verfeinern, dafür gibt es ebenfalls eine Reihe von Rezepten. Daß frische Kräuter in der vegetarischen Küche eine große Rolle spielen können, wurde in dem Kapitel Reis, Teigwaren, Körnerfrüchte und Eierspeisen besonders berücksichtigt. Der Anwendungsbereich für Kräuter und Gewürze ist fast unbegrenzt. Es läßt sich mit Kräutern

Schon immer wurden beim Kochen Kräuter und Gewürze verwendet. Es gibt dafür keine festen Regeln. Anhaltspunkte bieten Rezepte aus allen Ländern der Erde; von ihnen kann man sich inspirieren und beim Würzen auch die eigene Phantasie walten lassen.

Zucker, Öl und Essig aromatisieren und würzige Kräuterbutter herstellen. Man kann Würzbrote backen, vom einfachen Brot über dunkles Roggenbrot mit Safran und anderen Gewürzen bis zu einer *Challah* aus Mohnsamen.

Ebenso delikat wie originell sind die Rezepte für selbstgemachte Bonbons, kandierte Kräuter und Blüten sowie die Bereitung von Gelees oder das Einlegen von Früchten. Das Kapitel schließt ab mit aromatisierten Getränken, die Vielfalt der Rezepte reicht vom Blütensirup über Kräuterbier bis zum gewürzten Glühwein und der Herstellung von Met.

Die Rezepte sind in der Regel für vier Personen gedacht; einige lassen sich nur in größeren Mengen zubereiten, so z. B. das Spanferkel, das je nach Größe für mindestens 20 Personen reicht. Das gilt auch für die Pestosuppe, die als Hauptgericht aus großen Suppentellern gegessen wird. Anders die gewürzte Fischsuppe, sie ist von cremiger Konsistenz und viel gehaltvoller; hier sind die Portionen entsprechend kleiner berechnet. Im übrigen findet sich eine Aufstellung über durchschnittliche Mengen unter den Hinweisen auf Seite 5 des Buches.

Gewürze kauft man am besten ganz und mahlt oder zerreibt sie erst kurz vor Gebrauch. Eine Ausnahme bilden Kräuter, bei denen dies schwierig ist, z. B. Nelken und Bockshornklee kauft man am besten schon gemahlen. Bei den hier aufgeführten Rezepten brauchen Sie keine aufwendigen Küchengeräte; wo zum Pürieren z. B. eine elektrische Küchenmaschine empfohlen wird, kann die Arbeit selbstverständlich auch von Hand ausgeführt werden. Statt das Gemüse im Mixer zu zerkleinern, kann man es auch fein wiegen oder durch ein Sieb pressen. Am wichtigsten sind scharfe Messer aus gutem, rostfreien Stahl. Kräuter werden auf einem Holzbrett mit einem großen Hack- oder Wiegemesser zerkleinert, Gewürze im Mörser oder einem ähnlichen Gerät zerstoßen. Viele Gewürze kann man auch in einer speziell dafür vorgesehenen Pfeffermühle zermahlen. Für Knoblauch empfiehlt sich eine Knoblauchpresse. Kräuter soll man vor dem Zerkleinern waschen und trockenschwenken; das Holzbrett vorher mit Wasser abspülen, so werden die Poren verschlossen und das Aroma der Kräuter nicht aufgesogen. Manche Gewürze lassen sich feucht besser zerkleinern. Zum Grillen kann man sie in etwas Öl zerdrücken, für den Braten in etwas Brühe.

Würzen

Salz

Bei dem Salz, das wir in der Küche verwenden, handelt es sich – exakt ausgesprochen – um Koch- oder Speisesalz. Kochsalz ist für den Körper unentbehrlich und seit altersher das wichtigste Gewürz. Trotzdem besteht heute eher die Gefahr, daß zuviel Salz verwendet wird. Bei manchen Leiden, z. B. Bluthochdruck wird sogar eine kochsalzarme Diät verordnet, denn Salz bindet die Flüssigkeit im Körper. Da Salz Wasser anzieht, kann es auch dem Kochgut Saft entziehen, z. B. gesalzene Rettiche »weinen«. Oft empfiehlt es sich, Fleisch und Fisch erst kurz vor der Zubereitung oder auch erst nach dem Garen zu salzen. Kochsalz ist in verschiedenen Handelsformen auf dem Markt. Geschmacksintensiver sind Meer- und Steinsalz. Tafelsalz hat einen Zusatz von Magnesiumkarbonat, das die Fähigkeit zur Wasseraufnahme herabsetzt und es streufähig erhält; das vermindert allerdings etwas seine Würzkraft. Ferner gibt es Speisesalz mit Jodzusatz, der der Kropfbildung vorbeugen soll. Unter Bay- oder Seesalz versteht man Meersalz wie es aus der Saline kommt, es ist nicht gereinigt und behandelt. Man verwendet es zum Konservieren (Pökeln, Lake), in Duftkissen und in der Medizin.

Aromatisiertes Salz

Fleisch und Fisch kann man vor dem Braten oder Grillen mit einem gewürzten Salz einreiben; oder man würzt damit Gemüse und Saucen. Dazu zerstößt man Stein- oder Meersalz in einem Mörser zusammen mit aromatischen Kräutern wie Sellerie, Fenchel, Liebstöckel oder Kümmel, oder man vermischt das Salz mit Knoblauchgranulat.

Gewürztes Salz

Die hier empfohlene Mischung ist ein gutes Grundrezept und kann je nach Geschmack abgeändert werden. Man vermischt 500 g Steinsalz oder Meersalz mit je 30 g gemahlenen schwarzen Pfefferkörnern und gemahlenen Koriandersamen und je 7 g gemahlenen Lorbeerblättern, Nelken und getrocknetem Basilikum. Die Mischung bewahrt man in einem luftdichten Gefäß auf.

Kräuter mit Salzgeschmack

Bei kochsalzarmer Diät kann man auf Kräuter mit würzigem Geschmack ausweichen. Dazu gehören Garten-Bohnenkraut, Liebstöckel und Sellerie. Man verwendet sie am einfachsten getrocknet und gemahlen.

Pfeffer

Pfeffer ist neben Salz das bekannteste Gewürz. Beim schwarzen Pfeffer werden die grünen Früchte getrocknet, er ist schärfer als der weiße. Beim weißen Pfeffer läßt man die Früchte reifen und befreit sie dann von der getrockneten Außenhaut. Zunehmend wird auch in Salzlake konservierter grüner Pfeffer angeboten. Man sollte Pfeffer möglichst als ganze Körner kaufen und ihn erst kurz vor Gebrauch in der Pfeffermühle zerkleinern.

Gewürzter Pfeffer

Gewürzten Pfeffer stellt man nur in kleinen Mengen her. Man verwendet ihn zu Suppen und Eintöpfen. Sogar ein süßer Eierteig oder ein Obstkuchen kann durch ihn die letzte Feinheit des Geschmacks erhalten, ganz besonders eine Birnentorte. Jeweils 15 g gemahlener weißer Pfeffer, geriebene Muskatnuß und gemahlene Muskatblüte werden mit 7 g Cayennepfeffer vermischt.

Kräuterpfeffer

Mit Kräuterpfeffer kann man viele Speisen verfeinern. Man mischt je 30 g schwarzen und weißen Pfeffer mit jeweils 7 g gemahlenem Thymian, Garten- oder Winter-Bohnenkraut und Majoran und rundet den Geschmack mit einer Prise getrocknetem und gemahlenem Rosmarin ab.

Kräuter mit pfeffrigem Aroma

Kapuzinerkresse, Brunnenkresse und die Blätter des schwarzen und weißen Senfs haben alle einen ausgesprochen pfefferigen Geschmack.

Gewürzmischungen

Wenn man bei Gewürzmischungen ein besonders volles Aroma erzielen will, empfiehlt sich, die Zutaten in einer schweren, am besten eisernen Pfanne einige Minuten lang vorsichtig und unter ständigem Rühren zu erhitzen. Dann zerstößt oder mahlt man sie und füllt die abgekühlte Mischung in ein gut verschließbares Gefäß (Schraubdeckelglas); beschriften und lichtgeschützt aufbewahren. Ideal wäre es, die Gewürzmischung erst kurz vor Gebrauch herzustellen.

Französische Gewürzmischung

Viele Gewürzmischungen sind typisch für die Küche bestimmter Länder. Eine Mischung nach französischem Rezept z. B. eignet sich originellerweise nicht nur für Eintöpfe sondern auch für Torten. Man vermischt dazu jeweils 15 g gemahlenen weißen und schwarzen Pfeffer mit je 10 g gemahlenen Nelken, geriebener Muskatnuß, gemahlenen Lorbeerblättern und einer Prise Ingwer und Muskatblüte.

Garam Masala Fünfgewürz

Eine der wichtigsten fernöstlichsten Mischung besteht aus jeweils fünf gemahlenen Gewürzen. In China enthält sie Sternanis, Pfeffer, Fenchelsamen, Nelken und Zimt, die indische *Garam Masala* aus Kardamom, Kreuzkümmel, Zimt, Muskatnuß und Nelken.

Chilliepulver

Das mexikanische Chilliepulver enthält Chillies und roten Pfeffer (Cayennepfeffer mit Paprika), Kreuzkümmel, Nelken, Majoran und Knoblauch.

Barbecue-Gewürzmischung

Bei Zusatz von Zucker wird daraus die Barbecue-Gewürzmischung.

»Süße« Gewürze

Altbekannt zum Backen und für Süßspeisen sind Zimt und Nelken, Ingwer und Vanille, Kardamom und Anis. Aber wer weiß schon, daß eine Prise Piment oder Pfeffer Süßem die Vollendung geben. Eine besonders köstliche Mischung zu Kuchen und anderem Gebäck, Pudding und Pasteten besteht aus folgenden Gewürzen, die alle gemahlen werden: 30 g geriebene Muskatnuß und je 15 g Nelken, Ingwer, Piment, Zimt und dazu 1 Prise schwarzer Pfeffer mischen, genau dosieren und gut abschmecken. Frische oder getrocknete Kräuter lassen sich für die unterschiedlichsten Mischungen verwenden. Was kalt serviert wird, stärker würzen. Kälte hemmt, Hitze steigert das Aroma.

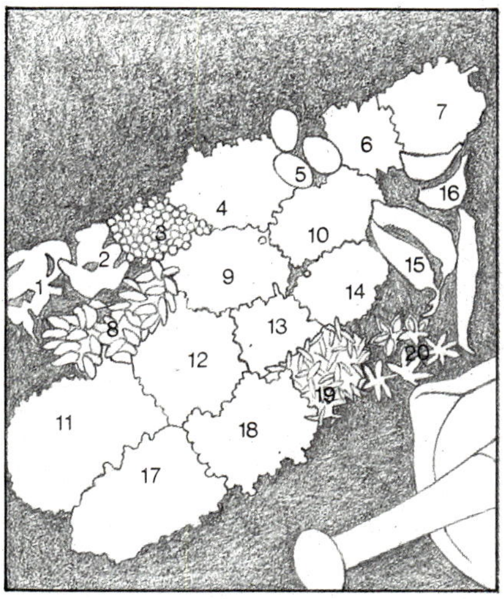

Die Gewürzmischungen sind in ihrer Zusammensetzung ähnlich, unterscheiden sich aber im Geschmack: Französische Gewürzmischung: *1 Muskatblüte 2 Ingwer 3 weißer Pfeffer 4 schwarzer Pfeffer 5 Muskatnuß 6 Lorbeerblätter 7 Nelken.* Garam Masala: *8 grüne Kardamomschoten 9 gemahlene Nelken und Muskatnuß 10 gemahlener Kümmel und Zimt.* Chillie: *11 getrockneter Majoran 12 gemahlener Kümmel 13 Nelken 14 Paprika 15 Chillies 16 Knoblauch.* Chinesisches Fünfgewürz: *17 gemahlene Nelken und Zimt 18 schwarzer Pfeffer 19 Fenchelsamen 20 Sternanis.*

Kräutermischungen

Gewürzkräuter
Man verwendet sie zu Eiergerichten, Omeletts und zu hellem Fisch. Man vermischt jeweils 30 g gehackte Petersilie und Kerbel mit 15 g feingeschnittenem Schnittlauch und ein paar gehackten Estragonblättern.

Bouquet garni (Gewürzsträußchen)
Es gibt viele Zusammenstellungen. Die einfachste besteht aus ein paar Stengeln Petersilie, 2 Thymianzweigen, 2 Zweigchen Majoran und einem Lorbeerblatt. Für Fischgerichte kann man einige Fenchelsamen, etwas Zitronenschale und einen Zweig Thymian zugeben. Für Rinderbraten fügt man dem einfachen Bouquet garni eine Knoblauchzehe und etwas Orangenschale zu; bei Schweinefleisch Wacholderbeeren und bei Hasenbraten gelben Steinklee. Frische Kräuter werden einfach zusammengebunden, getrocknete kommen in ein Mullsäckchen, beides wird vor dem Servieren entfernt.

Senfsorten

Der gekaufte Speisesenf besteht meist aus einer Mischung von gemahlenen Senfkörnern mit Essig, Wein, Traubenmost, Salz, Zucker und je nach Sorte verschiedenen weiteren Geschmackszutaten. Die Senfkörner können entölt sein, ihr Fettgehalt beträgt aber noch immer 1,8 %. Für die Senfherstellung verwendet man vor allem Weißen Senf, *Sinapis,* und Braunsenf, *Brassica juncea,* der den scharfen beißenden Schwarzsenf, *Brassica nigra,* in letzter Zeit etwas verdrängt hat. Weißer Senf mit seinem leichten Bittergeschmack ist oft in Gewürzmischungen zum Einlegen z. B. von sauren Gurken und Heringen enthalten.
Die stark ölhaltigen Senfkörner entfalten ihr Aroma erst in Verbindung mit Flüssigkeit. Senfmehl läßt sich ohne Qualitätsverlust längere Zeit aufbewahren.
Die Verwendung von Senfmehl ist relativ neu. Erst ab Mitte des 18. Jahrhunderts kam das Feinmahlen von Senfkörnern auf; vorher zermahlte man die Körner kurz vor Gebrauch wie Pfefferkörner in einer Senfmühle. Dann vermischte man sie mit Honig, Essig und Gewürzen und formte daraus Kugeln, die in der Vorratskammer aufbewahrt wurden. Ein anderes Rezept ist in John Evelyn's *Discourse of Sallets* enthalten: »Man nehme von Senfkörnern 1½ Pinten, zermahle sie und mische sie mit Spanischem Olivenöl, Essig und Honig zu einer dickflüssigen Sauce.« Eine Pinte war ein Krug von gut ½ l Fassungsvermögen.

Englischer Senf

Der englische Senf ist eine pulverartige Mischung aus gemahlenen schwarzen und weißen Senfkörnern mit etwas Weizenmehl. Fünf Minuten vor Gebrauch rührt man ihn mit kaltem Wasser oder Essig zu einer dickcremigen Paste an und reicht die Mischung zu Braten oder kaltem Fleisch.

Moutarde de Dijon

Dieser berühmte französische Senf aus Dijon enthält vor allem geschälte und gemahlene schwarze Senfkörner, Weißwein und ausgesuchte, oft als Zunftgeheimnis bewahrte Gewürze.

Moutarde de Meaux

Ein besonders aromatischer Senf ist der französische Moutarde de Meaux, bei dem sehr grob gemahlene Senfkörner mit Essig und Kräutern vermischt werden. Er paßt zu vielen Gerichten.

Deutscher Senf

Beim deutschen Senf werden wie beim Senf aus Bordeaux die Körner nicht geschält; er ist darum meist dunkler als französischer. Das Lebensmittelgesetz verbietet den Zusatz von Farbstoffen. Konservierungsstoffe sind erlaubt; jedoch meist nicht enthalten. Das Angebot enthält verschiedene Sorten von mild bis extra scharf und daneben landschaftlich unterschiedlich gewürzte Qualitäten wie z. B. der süße Münchner »Weißwurstsenf«.

Kräutersenf
30 g schwarze Senfsamen, 30 g weiße Senfsamen, ¼ TL Kräuterpfeffer (siehe S. 160). ¼ TL Salz und ¼ TL getrocknete Orangen- und Zitronenschale werden zusammen in einem Mörser zerrieben. Mit einem TL Honig und Kräuteressig (S. 165), Apfelessig oder Saft von Holzäpfeln/sauren Äpfeln wird die Mischung zu einem dicken Brei verrührt. Man fügt etwas Gelbwurz (Kurkuma) dazu und bewahrt den Senf in einem verkorkten Gefäß auf.
Einen ausgefallenen und aromatischen Senf kann man ganz einfach aus gemahlenen Senfkörnern, Kräuteressig und fein gehacktem Estragon oder anderen Kräutern herstellen. Allerdings sollte er gleich nach der Herstellung verzehrt werden.

Für Speisesenf werden Körner von unterschiedlicher Herkunft gemischt. Weißer Senf stammt von der Pflanze Sinapis, schwarzer von Brassica nigra und der indische Braunsenf von Brassica juncea.
Gegenüber: *links im Sack brauner Senf zur Aussaat; im Hintergrund ein Braunsenf-Feld in voller Blüte; rechts in den kleinen Säcken Körner von braunem und weißem Senf; davor ein Behälter mit Senfmehl.*

Würzige Beizen

Grundlage jeder Beize sind auf der einen Seite konservierende, andererseits mürbmachende und – wie z. B. bei Fisch und Schaffleisch – den aufdringlichen Eigengeschmack dämpfende Flüssigkeiten, also einerseits Wein, Zitronensaft und Alkohol, andererseits Buttermilch und Joghurt. Setzt man der Beize etwas Öl zu, wird das Aroma der Kräuter und Gewürze besonders gut verteilt.

Beizdauer

Zum Beizen verwendet man eine Porzellan- oder glasierte Steingutschüssel mit Deckel. Ein großer Fisch oder ein Braten können bis zu fünf Tagen in der Beize bleiben, kleinere Stücke über Nacht, Schabefleisch ein bis zwei Stunden. Das Stück muß völlig von der Beize bedeckt sein und täglich gewendet werden. Buttermilch- und Joghurtbeizen müssen nach zwei bis drei Tagen erneuert werden. Vor dem Braten oder Grillen nimmt man das gebeizte Stück heraus und tupft es mit Küchenpapier trocken. Die Beize seiht man durch und verwendet etwas davon für die Sauce oder als Würze für Schmorbraten und Eintöpfe.

Gekochte Beize

Eine gekochte Beize braucht nicht soviel Wasser wie eine ungekochte; denn durch die Hitze entfaltet sich das Aroma der Zutaten stärker.

Ungekochte Beize

Ungekochte Beizen sind aus ganz einfachen Zutaten schnell zubereitet. Schon ein paar Löffel Essig mit Salz, Knoblauch und Thymian machen das Fleisch mürb.

Die in den folgenden Rezepten genannten Mengen beziehen sich auf Fleisch- und Fischportionen für jeweils 4 Personen. Die angegebenen Zutaten werden einfach gemischt und das zu beizende Stück unzerteilt eingelegt.

Rotweinbeize (Grundrezept für gekochte Beizen)
300 ml Rotwein
2 Karotten, in Scheiben geschnitten
2 Schalotten in Scheiben
3 zerquetschte Knoblauchzehen
10 schwarze Pfefferkörner
1 TL Salz
Alle Zutaten werden 15 Minuten lang gekocht. Dann läßt man sie abkühlen. Zu Lamm gibt man zusätzlich zerdrückte Rosmarinnadeln. Zu Wild nimmt man anstelle von Wein Portwein und fügt ein paar zerstoßene Wacholderbeeren bei. Zu Fisch passen zerdrückte Fenchel- oder Selleriesamen und Weißwein. Ein paar getrocknete Steinkleeblätter geben Schweinefleisch ein leichtes bitteres, apartes Heuaroma.

Rotwein-Öl-Beize (Grundrezept für ungekochte Beizen)
150 ml Rotwein, 75 ml Öl
1 kleine, gehackte Zwiebel
1 Sträußchen Petersilie
1 frischer Thymianzweig
1 Lorbeerblatt
7 gemahlene Koriandersamen
3 zerriebene Pimentkörner
1 zerquetschte Knoblauchzehe
½ TL Salz
Alle Zutaten mischen. Diese Beize paßt zu allen Fleischarten.

Marokkanische Fischbeize (ungekocht)
75 ml Zitronensaft
1 TL zerstoßene, frische Korianderkörner
1 zerquetschte Knoblauchzehe
½ TL Kreuzkümmelsamen
½ TL Paprika, edelsüß
Salz nach Geschmack
Das marokkanische Rezept paßt zu den meisten Fischarten, besonders aber zu gegrilltem oder am Spieß gebratenem Fisch.

Beize für Hühnerfleisch (ungekocht)
300 ml Mager-Joghurt
1 Knoblauchzehe
1 TL gemahlene Anissamen
6 zerstoßene schwarze Pfefferkörner
1 zerdrückte Kardamomschote
Salz nach Geschmack
Diese indische Beize gibt etwas fadem Fleisch einen köstlichen Geschmack.

Beize für Lammfleisch (ungekocht)
150 ml Olivenöl
Saft einer Zitrone
1 Zwiebel, in feine Scheiben geschnitten
schwarzer Pfeffer und Salz nach Geschmack
Hammel oder Lamm so gebeizt und mit Tomaten und Gewürzen in der Pfanne (oder am Spieß) gebraten, ergibt das berühmte griechische Kebab.

Beize für Rindfleisch (ungekocht)
300 ml Buttermilch
2 Schalotten, in feine Scheiben geschnitten
5 zerstoßene schwarze Pfefferkörner
1 Lorbeerblatt
1 frischer Thymianzweig
2 Nelken
1 Prise geriebene Muskatnuß
Diese Beize eignet sich für Geschmortes, auch Lamm und Wild.

Chinesische Beize (ungekocht)
4 TL Soyasauce
1 zerdrückte Knoblauchzehe
1 TL Zucker
Diese Beize paßt besonders für Fleischfondue. Man läßt die hauchdünn geschnittenen Rindfleischscheiben eine Stunde darin ziehen.

Mexikanische Beize (ungekocht)
2 getrocknete Chillieschoten
2 geschälte Knoblauchzehen
4 Pfefferkörner
¼ TL Thymian
¼ TL Kreuzkümmelsamen
1 Prise gemahlene Nelken
1 TL Salz
75 ml Weißweinessig
Die trockenen Zutaten zerreibt man und vermischt sie dann mit dem Essig oder püriert das Ganze. Am besten paßt diese Beize zu Schweinefleisch.

Öl, Essig und Salatsaucen

Kräuteröle

Am besten geeignet sind Öle ohne Eigengeschmack, z. B. mildes Olivenöl, Soja- oder Weizenkeimöl. Auch Sonnenblumenöl von Qualität verträgt sich gut mit dem Kräutergeschmack.
Man zerreibt ein Bund aromatischer Kräuter und gibt die Masse in ein Glasgefäß. Dann füllt man das Glas mit Öl auf. Man verschließt es mit Filterpapier oder einem Stück weißen Musselin und stellt es auf dem Fensterbrett in die Sonne oder auch in die Nähe eines warmen Heizkörpers. Zu heiß darf es nicht sein, sonst zerfallen die Kräuter. Mindestens einmal täglich schüttelt man das Gefäß auf oder rührt mit einem Holzlöffel um. Nach etwa zwei Wochen ist durch die Wärme das wertvolle aromatische Öl aus den Pflanzen ausgetreten und hat sich mit dem »Trägeröl« vermischt. Nun seiht man das Ganze durch und drückt dabei auch die restliche Flüssigkeit aus den Pflanzen heraus. Sollte das Aroma nicht stark genug sein, wiederholt man die Prozedur mit frischen Kräutern. Ist das Aroma kräftig genug, gießt man das Öl in saubere, trockene Flaschen ab, verschließt sie gut und beschriftet sie. Das aromatisierte Öl verwendet man zu Salatsaucen, Beizen und Marinaden oder man bepinselt damit Fleisch und Fisch vor dem Braten.
Verwendet werden nur frische Kräuter wie Thymian, Majoran, Rosmarin, Fenchel, Estragon, Salbei und vor allem Basilikum. Das Aroma von Basilikum, das beim Trocknen teilweise verloren geht, bleibt in Öl voll erhalten.

Kräuteressig

Essig nimmt den Geschmack der Kräuter innerhalb von zwei bis drei Wochen an. Man verwendet einen guten Wein- oder Obstessig und legt darin die gewählten Kräuter ein. Als Gefäß eignen sich Flaschen und Gläser mit dichtem Verschluß, aber kein Metall, da es von der Säure angegriffen wird. Sobald der Essig einen kräftigen Kräutergeschmack angenommen hat, seiht man ihn ab und füllt ihn in saubere, trockene Flaschen um, die man dicht verschließt und beschriftet.
Kräuteressig ist vielseitig verwendbar. Am besten zur Geltung kommt er natürlich in Salatsaucen, dann, wie beschrieben in Essigbeizen. Als Würzessig in Mayonnaisen paßt vor allem mit Thymian *(Thymus* x *citriodorus)* aromatisierter Essig; eine Mayonnaise speziell für Geflügelsalat erhält ein delikates Aroma durch Estragonessig. Mit Dill aromatisierter Essig unterstreicht den Geschmack von Rotkraut und Weißkohl. Für die Herstellung von Kräuter- und Würzessig geeignet sind Thymian, Majoran, Basilikum, Kerbel, Minze, Salbei, Estragon, Dill (unreife Samenköpfe mit den Blättern), Fenchel, Bibernelle, Kapuzinerkresse (Knospen, Blüten, Samen), geriebener Meerrettich, Knoblauch (zerquetscht) und Schalotten (gehackt). Delikat ist ein Essig aus Basilikum.

Würzessig
1 l guter Wein- oder Malzessig
10 Nelken
1 Zimtstange
24 Pfefferkörner
1 Lorbeerblatt
1 TL weiße Senfkörner
1 kleines Stück Ingwerwurzel, gehackt
2 Blätter Muskatblüte
1 TL getrocknete, gehackte Chillies
15 Pimentkörner

Man füllt alle Zutaten in ein gut schließendes Gefäß, läßt die Gewürze darin 1 bis 2 Monate ziehen; gelegentlich schüttelt man die Mischung kräftig. Zum Schluß seiht man das Ganze durch und zieht den Essig auf Flaschen ab, die man beschriftet und lichtgeschützt aufbewahrt. Falls man den Essig gleich braucht, läßt sich der Vorgang beschleunigen: man füllt alle Zutaten in eine Deckelschüssel aus Porzellan, die man verschlossen auf einen Topf mit kaltem Wasser setzt. Man bringt das Wasser langsam zum Kochen und stellt die Schüssel dann einige Stunden warm. Sobald die Mischung erkaltet ist, seiht man sie ab und füllt den Gewürzessig um bzw. verwendet ihn.
Die in diesem Rezept empfohlenen Gewürze stellen eine Grundmischung dar, die nach Bedarf jederzeit abgewandelt werden kann. Diesen Würzessig kann man zum Einlegen von Eiern, Zwiebeln und Essiggurken oder für die Zubereitung von Chutneys oder Krautsalat verwenden.

Gewürzter Zitronenessig
6 geviertelte Zitronen
75 g Salz
2 l Weinessig
20 g Pimentkörner
je 50 g weiße Senf-, schwarze Pfefferkörner, 50 g geriebener Meerrettich
1 Blättchen Muskatblüte
6 Nelken

Man gibt die Zitronenschnitze in einen glasierten Steinguttopf und streut das Salz darüber. In einem Topf Essig und Gewürze zum Kochen bringen und über die Zitronen gießen. Zugedeckt dann vier Tage kühl stellen. Danach den Essig abseihen und die Zitronen gut ausdrücken. Den Essig in Flaschen abfüllen, verschließen und beschriften. Gut für Beizen und Salatsaucen.

Wacholder- und Fruchtessig
1,5 kg Wacholderbeeren oder weichfleischige Früchte
1,5 l Weinessig
750 g brauner Zucker
Für Wacholderessig zerdrückt man die Wacholderbeeren in einem Steingutgefäß, gießt den Essig darüber und stellt die Mischung zugedeckt etwa 8 Tage kühl. Ab und zu rührt man sie um. Dann seiht man den Essig durch, löst in einem säurefesten Topf 750 g braunen Zucker auf, bringt die Mischung rasch zum Kochen und läßt sie dann etwa 10 Minuten bei offenem Deckel einkochen. Man schäumt den Essig ab und füllt ihn heiß in noch vom Reinigen heiße (am besten frisch aus dem Geschirrspüler) Flaschen; damit sie nicht springen, stellt man sie zum Temperaturausgleich auf ein feuchtes Tuch. Die Flaschen werden sofort fest verschlossen und beschriftet. Ein altes Hausmittel zum Entschlacken: 2 EL Wacholderessig auf 1 Glas Wasser.
Für Fruchtessig entsaftet man die Früchte wie bei Sirup (Seite 214) beschrieben, verrührt 1 l Saft mit 1 l Essig, gibt dazu 750 g Zucker und kocht den Fruchtessig weiter wie bei Wacholderessig beschrieben.
Für Fruchtessig eignen sich alle Beerenfrüchte (Schwarze Johannisbeeren, Himbeeren, Brombeeren, Holunder), aber auch schwarze Kirschen, Sauerkirschen und Spätzwetschgen. Fruchtessig, mit heißem Wasser verdünnt und mit Honig gesüßt, ist gut bei Husten und Erkältung und im Winter ein wärmendes Getränk. 1 TL davon gibt Fruchtsalaten und Fruchtsaucen eine pikante Note.

Salatsaucen

Die klassische Salatsauce, die Vinaigrette, besteht aus 3 Teilen Öl und 1 Teil Essig und gehackten Kräutern. Mit Pfeffer und Salz gewürzt, nach Belieben noch mit mit etwas Senf, einer Prise Zucker, zerbröckeltem Edelpilzkäse, Zwiebel und Knoblauch. Besonders im Winter bewähren sich Kräuteressig und Kräuteröl (Seite 165). Basilikumöl paßt besonders gut zu Tomaten und Zwiebeln, Estragonessig eignet sich für deftige Salate, z. B. Kartoffelsalat.

Mayonnaise

Hauptbestandteile jeder echten Mayonnaise sind Öl, Eigelb und Zitronensaft. Auf ⅛ l Öl rechnet man 2 Eigelb und 1 Teelöffel Zitronensaft, dazu beliebige Gewürze. Zuerst werden immer Eigelb und Zitronensaft verrührt, dann das Öl teelöffelweise oder tropfenweise dazugegossen, wobei man das Ganze kräftig mit einem Schneebesen schlägt, bis die Mayonnaise dickcremig ist.

Mayonnaise-Mischungen

Für jede Mayonnaise-Mischung verrührt man zunächst 125 g fertige Mayonnaise mit 2 Eßlöffeln Joghurt, bei Zutaten von fester Beschaffenheit ist mehr Joghurt erforderlich. Dann mischt man 2–4 Eßlöffel der gewählten Zutaten wie z. B. Kräuter, Gewürze oder Früchte darunter.
Hier einige Möglichkeiten: Kräutermajonnaise mit 4 Eßlöffeln Kräuter oder nur mit Dill und einem Spritzer Gin.
Pfeffermajonnaise mit 1 Eßlöffel Tomatenmark, 2 Eßlöffeln grünem Pfeffer und nach Geschmack noch saurer Sahne.
Apfelmayonnaise mit 3 Eßlöffeln steifem Apfelmus, 1 Eßlöffel Weißwein, 1 Teelöffel geriebenem Meerrettich, mit Salz und Honig abgeschmeckt.
Für Avocadomayonnaise zerdrückt man das herausgelöste Fleisch sofort mit 1 Eßlöffel Zitronensaft und 1 Prise Salz und rührt es in die Grundmischung ein.

Salatsauce auf Vorrat
¾ l Öl
¼ l Essig
1 EL Senf
2 EL gehackte Kräuter
1 TL Salz
je ½ TL Pfeffer und Zucker
Alle Zutaten werden gut vermischt in ein Gefäß mit Schraubdeckelverschluß gefüllt. Vor Gebrauch schüttelt man die Sauce kurz durch. Sie hält sich im Kühlschrank mindestens 14 Tage.

Ravigote-Salatsauce
5 EL Öl
1 EL Wein-Essig
1 TL gehackte Kapern
1 EL feingehackte Zwiebeln
½ TL Senf
je 1 EL feingehackte Kräuter: Estragon, Petersilie
Pfeffer und Salz
Die Ravigote paßt gut zu gebratenem Fisch, hartgekochten Eiern, kaltem Wildbret und eignet sich gut zum Anmachen von Gemüsesalaten.

Quarkmayonnaise
125 g fertige Mayonnaise
125 g Quark
2 EL Joghurt
Salz, Pfeffer, Zitronensaft
Man rührt den Quark zuerst mit dem Joghurt und dann mit der Mayonnaise glatt und schmeckt mit Salz, Pfeffer und Zitronensaft ab.

Knoblauchmayonnaise (Aioli)
8 Knoblauchzehen
2 Eigelb
1 Prise Salz
300 ml Öl
½ Zitrone (Saft)
Die Knoblauchzehen schälen und auspressen oder im Mörser fein zerstoßen. Eigelb und Salz unter diese Paste mischen und gut verrühren. Dann tropfenweise unter ständigem Rühren das Öl zufügen. Die Sauce muß eine cremige Beschaffenheit haben, die durch leichte Zugaben von Zitronensaft und, wenn die Sauce genügend gesäuert ist, Wasser aufrecht erhalten wird. Sie paßt gut zu Fisch, gegrillten Scampis und zu Fleisch und Fondue.

Remouladensauce
125 g Mayonnaise
1 TL Senf
1 hartgekochtes Ei
1 TL feingehackte Zwiebel
2 TL gehackte Kapern
2 TL gehackte Essiggurke
2 EL gehackte Kräuter: Petersilie, Schnittlauch, Kerbel, Estragon
1 Prise Zucker
Pfeffer und Salz
Sahne oder Joghurt nach Bedarf
Man verrührt die Mayonnaise mit Senf, dem durch ein Sieb gedrückten Eigelb, dem gehackten Eiweiß und den übrigen gehackten Zutaten und schmeckt mit Zucker, Pfeffer und Salz ab. Ist die Sauce zu fest, fügt man nach Bedarf Sahne oder Joghurt hinzu. Verwendet man ein elektrisches Mixgerät, kann man – mit Ausnahme von Zwiebeln und Kräutern – alle Zutaten unzerkleinert hineingeben. Sie paßt gut zu gebratenem Fisch und kaltem Braten.

Sauce Tartar
2 hartgekochte Eier
Pfeffer
Salz
125 g fertige Mayonnaise
1 TL geriebene Schale einer ungespritzten Zitrone
1 EL gehackte Petersilie
1 TL feingehackter Estragon
1 Tl feingeschnittener Schnittlauch
1 kleine feingehackte Zwiebel
1 EL Kapern
1 EL feingehackte Essiggurke
Zitronensaft
1 TL Dijon-Senf
1 Prise Zucker
Das mit Pfeffer und Salz zerdrückte Eigelb wird mit der vorher fertig zubereiteten Mayonnaise, dem gehackten Eiweiß, der Zitronenschale, den Kräutern, der Zwiebel, den Kapern und den Essiggurken gemischt und die Sauce dann noch mit Zitronensaft, Senf und Zucker, abgeschmeckt.

Grüne Mayonnaise
1 Sträußchen Petersilie
1 Kästchen Kresse
6 große Spinatblätter
4 große Sauerampferblätter
3 frische Estragonzweigchen
Mayonnaise (doppeltes Grundrezept Seite 166)
Die gewaschenen Kräuter werden kurz blanchiert, d. h. mit Blanchierkorb oder Sieb etwa 1 Minute in kochendes Wasser getaucht und dann sofort in Eiswasser. Im Korb oder Küchentuch schleudert man sie trocken, zerdrückt sie bzw. gibt sie in einen Mixer. Das Kräuterpüree rührt man kurz vor dem Servieren unter die Mayonnaise und schmeckt mit Pfeffer, Salz und einer Prise Zucker ab.

Eine Mayonnaisemischung, mit feingehackten Gurken, Kapern, Zwiebeln und Fenchel und mit Senf abgeschmeckt, paßt besonders gut zu Fisch.

Saucen

Kalt angerührte Saucen

Saucen, die man kalt anrührt und nicht kocht, bewahren das Aroma frischer Kräuter besonders gut. Die nach den folgenden Rezepten kalt angerührten Saucen halten sich im Kühlschrank eine Woche lang. Man mischt sie unter Teigwaren oder Reis oder macht Gemüsesalate damit an; auch passen sie gut zu hartgekochten Eiern, kaltem Braten oder Fisch.

Pesto (Käse-Basilikum-Sauce)
75 g frische Basilikumblätter
2 Knoblauchzehen
Salz
75 g geriebener Parmesankäse
etwa 4 EL Olivenöl
25 g geriebene Pinienkerne
oder Walnüsse
Basilikum, Knoblauch und Salz werden zusammen zu einem Brei zerquetscht. Dann rührt man den Käse darunter. Unter ständigem Rühren (mit einem Holzlöffel) gibt man tropfenweise das Öl dazu. Falls man das Rezept mit den Nüssen machen will, verrührt man sie mit dem Basilikum zu einem Brei. Man gibt die Sauce kurz vor dem Servieren an Spaghetti, Makkaroni, oder Minestrone.

Grüne Sauce für Gemüse
25 g Brot ohne Rinde
1 EL Weinessig
3 Stangen Sellerie
1 kleines Sträußchen Petersilie
1 Knoblauchzehe
4 EL Olivenöl
Pfeffer und Salz
Man weicht das Brot 5 Minuten lang in Essig ein. Die Selleriestengel und -blätter werden mit der Petersilie und dem Knoblauch in einem Mixer püriert. Dann rührt man das eingeweichte Brot dazu und schlägt mit einem Holzlöffel langsam das Öl darunter. Würzen nach Geschmack.
Diese Sauce schmeckt besonders gut zu heißem und kaltem Wurzelgemüse.

Grüne Sauce zu Süßwasserfischen
1 Sträußchen Minze (Mentha x *villosa* n. m. *alopecuroides, Mentha suaveolens* oder Grüne Minze)
1 Sträußchen frischer Schnittlauch
1 geriebene Schalotte
1 TL Kapern
2 Anchovisfilets
25 g Brot ohne Rinde
1 EL Essig (von den Kapern)
Die Kräuter werden zu einem Brei zerdrückt. Dann gibt man Schalotten, Kapern und die Anchovis hinzu und püriert die Masse nochmals. Das Brot weicht man ein paar Minuten lang im Essig ein und rührt es dann unter die Mischung.

Rote Chilliesauce
1 frische rote Chillie
2 Tomaten
1 kleine, rote Paprikaschote
4 geschälte Knoblauchzehen
½ TL Paprika
4 EL Olivenöl
2 TL Weinessig
Salz
Tomaten, Paprika und Chillie werden kurz blanchiert. Die Tomaten werden gehäutet, Paprika und Chillie entkernt und alles kleingehackt. Zusammen mit den zerquetschten Knoblauchzehen zerdrückt man alles zu Brei, den man mit Öl und Essig verrührt. Die Masse wird püriert und mit Paprika und Salz gewürzt; wer die Schärfe liebt, gibt 1 Prise Cayennepfeffer dazu. Sie paßt zu Schweinefleisch, Makrelenfilets, anderen Fischen und hartgekochten Eiern.

Gekochte Saucen

Kräuter in heller Sauce
Aus 25 g Butter, 20 g Mehl, ¼ l Milch, 1 Prise Salz bereitet man eine helle Grundsauce, in die man nach Belieben Kräuter einrührt. In die fertige helle

Petersiliensauce

Grundsauce rührt man vor dem Servieren 2 EL gehackte Petersilie. Sie paßt zu hellem Fleisch und gedünstetem Fisch.

Dillsauce

An die Grundsauce rührt man 1–2 EL feingehackten Dill; im Winter behilft man sich mit 1–2 EL gefriergetrockneten Dillspitzen. Einen Teil der Milch kann man durch Sauerrahm ersetzen, aber zum Einrühren die Sauce von der Kochstelle nehmen, sonst gerinnt der Rahm. Dillsauce schmeckt köstlich zu gekochten Kartoffeln und gedünstetem Fisch, besonders aber zu Aal.

Béarner Sauce
je 2 EL Estragonessig (Seite 165) und Weißwein
1 EL gehackte Schalotten
½ TL gehackter Kerbel
1 TL gehackter Estragon
Pfeffer und Salz
1 Prise Zucker
250 g zerlassene Butter
3 Eigelb
1 El Zitronensaft
1 winzige Prise Cayennepfeffer
einige Estragonblätter
Essig, Wein und gehackte Schalotten und Kräuter werden aufgekocht und bei offenem Deckel etwa auf zwei TL der ursprünglichen Menge eingekocht. Nach dem Abkühlen wird der Sud durchgeseiht und mit Pfeffer, Salz und Zucker gewürzt. Dann rührt man die verquirlten Eigelb ein und schlägt die Masse im Wasserbad dickcremig. Teelöffelweise und unter ständigem Schlagen gibt man die zerlassene Butter dazu. Keinesfalls darf die Sauce zum Kochen kommen, sonst gerinnt sie. Zuletzt nimmt man die Sauce vom Wasserbad, schmeckt mit Zitronensaft und Cayennepfeffer ab und fügt zuletzt die Estragonblätter bei. Die sehr kräftig schmeckende Béarner Sauce paßt ausgezeichnet zu Fleisch- und Fischgrilladen.

Buttersauce
Sie ist die einfachste Sauce mit frischen Kräutern
100 g Butter
50 g feingehackte, frische Kräuter
1 EL Crème fraîche
Pfeffer
Salz
Man erhitzt die Butter bis sie schäumt, aber bräunen darf sie nicht. Dann nimmt man sie von der Kochstelle, rührt Kräuter und Rahm ein und schmeckt sie ab. Diese Buttersauce paßt gut zu gedünstetem Fisch und zu Sommergemüse.

Tomatensauce mit Basilikum
500 g gehäutete, gehackte Tomaten
2 frische, zerpflückte Basilikumzweigchen
Salz
1 Prise Zucker
Die Tomaten werden mit etwas Salz in circa 5 Minuten weichgedünstet und dann püriert (Sieb oder Mixer). Das Püree wird mit Basilikum wieder erhitzt und mit Salz und Zucker abgeschmeckt. Die Sauce paßt zu Teigwaren und Reis und kann sogar als Suppe serviert werden. Man kann die Suppe mit 1 Eßlöffel saurer Sahne noch verfeinern.

Kerbelsauce
1 Sträußchen kleingehackter, frischer Kerbel
50 g zerlassene Butter
15 g Mehl
1 gehackte Frühlingszwiebel
½ TL geriebene Zitronenschale (ungespritzt)
300 ml Rahm
Zitronensaft
Pfeffer
Salz
Man rührt das Mehl in die zerlassene Butter, setzt den Topf in ein Wasserbad, fügt unter Rühren erst Kerbel, Zwiebel und Zitronenschale und dann soviel Rahm bei, bis die Sauce glattfließend und etwas dicklich ist. Man schmeckt sie mit Zitronensaft, Pfeffer und Salz ab und reicht sie zu pochiertem Fisch oder gekochtem Geflügel. Kerbel war früher Bestandteil vieler Fastenspeisen; man hielt ihn für stärkend und blutreinigend.

Kräutersauce
4 frische Zweigchen Majoran
4 Zweigchen frischer Thymian
1 Sträußchen frischer Kerbel
2 frische Estragonzweigchen
2 geschälte, gehackte Schalotten
4 weiße Pfefferkörner
½ l klare Hühnerbrühe
20 g Butter, 1 EL Mehl
Zitronensaft, Salz
Majoran, Thymian und die Stengel von Kerbel und Estragon (die abgestreiften Blätter legt man beiseite) sowie Schalotten und Pfefferkörner zerquetscht man zu einem Brei. Dann gibt man den Kräuterbrei in die kochende Hühnerbrühe und läßt das Ganze bei offenem Deckel etwa 15 Minuten schwach sieden. In einem zweiten Topf läßt man die Butter zergehen, rührt das Mehl darin glatt und gießt in dünnem Strahl und unter ständigem Rühren soviel Kräuterbrühe hinzu, bis die Sauce glattfließend und etwas dicklich ist, rührt danach noch etwa weitere 10 Minuten und gibt bei Bedarf noch etwas Hühnerbrühe zu. Man nimmt sie von der Kochstelle, fügt die gehackten Blätter von Kerbel und Estragon bei, schmeckt mit Zitronensaft und Salz ab und reicht die Sauce zu Kalbsbraten oder Brathähnchen.
Im Winter kann man die Kräutersauce aus gekauften, tiefgefrorenen oder selbsteingefrorenen Kräutern herstellen. Es eignen sich vor allem Petersilie, Dillspitzen, Estragon, Zitronenmelisse und Salbei.

Knoblauchsauce
6 Knoblauchzehen
50 g weiche Butter
150 ml entfettete Fleischbrühe
Salz
Die geschälten Knoblauchzehen werden, am besten mit einer Knoblauchpresse, zu einer breiigen Masse zerdrückt. Nun schlägt man die Knoblauchmasse mit einer Gabel unter die weiche Butter. Die Brühe bringt man zum Kochen und schlägt mit einem Schneebesen die Knoblauchbutter darunter. Dann salzt man die Knoblauchsauce nach Bedarf und serviert sie sofort zu gegrillten Lamm- und Schweinekoteletts. Sehr gut paßt die Sauce auch zu Rindersteaks.

Pilzsauce
200 g gehackte Pilze
1 EL gehackte Petersilie
40 g Butter
1 gehackte, kleine Zwiebel
½ zerdrückte Knoblauchzehe
⅛ l Sauerrahm
⅛ l Brühe
Pfeffer
Salz
1 Prise geriebene Muskatnuß
1 EL Mehl
Zwiebel, Knoblauch und Petersilie werden in der heißen Butter angedünstet und dann die Pilze darin angeröstet. Man schmeckt mit Salz, Pfeffer und Muskat ab, gießt mit Sahne und wenig Brühe auf und dünstet die Pilze in etwa 10 Minuten weich. Dann rührt man das Mehl mit Brühe glatt und bindet damit die Sauce; sie paßt zu gekochtem und gegrilltem Fleisch, zu Semmelknödeln, Reis und Teigwaren. Verdoppelt man die Pilzmenge, erhält man ein wohlschmeckendes Pilzgemüse als Hauptgericht für 1–2 Personen. Als Pilze kann man sehr gut Champignons, Pfifferlinge, Steinpilze oder gemischte Waldpilze verwenden.

Cumberlandsauce
½ Orange, ungespritzt
5 EL Johannisbeergelee
3 EL Preiselbeerkompott
2 TL Senf extrascharf oder Moutarde de Dijon
1 TL Zitronensaft
5 EL Portwein
1 Prise gemahlener Ingwer
1 winzige Prise Cayennepfeffer
Pfeffer
Salz
Von der Orange reibt man die Schale über Gelee und Kompott, gibt Senf und Zitronensaft hinzu und preßt die Orange aus. Von Hand oder im Mixer verrührt man die Mischung und gibt abwechselnd Portwein und Orangensaft hinzu, bis die Sauce die gewünschte, dickflüssige Beschaffenheit zeigt. Man schmeckt mit Ingwer, Cayennepfeffer und Pfeffer und Salz ab. Cumberlandsauce reicht man traditionellerweise zu Rehrücken oder anderem Wildbret, sie paßt aber auch sehr gut zu Rinder- und Hammelbraten sowie zu Roastbeef oder kalter Putenbrust.

Vorspeisen

Vorspeisen als leichter Auftakt eines Menüs sollen vor allem den Appetit anregen und der Weg dahin führt über Auge, Nase und Mund. Vorspeisen sollen hübsch angerichtet werden, würzig duften und die Geschmacksnerven aufmuntern. In der Antike rieb man sogar vor einem Festmahl die Tische mit Minze ab, um den »Appetit auf Fleisch« anzuregen. Im Vorderen Orient erhitzt man noch heute Kreuzkümmelsamen in einer Pfanne und reicht sie vor dem Essen herum; sie wirken nicht nur appetitanregend, sondern auch verdauungsfördernd. Unsere Vorspeisen können sehr vielfältig sein, frisch und würzig, salzig und pikant.
Außer den folgenden Rezepten lassen sich auch mit anderen in diesem Buch sehr delikate Vorspeisen bereiten: Frisches Gemüse, roh oder angedünstet mit grüner Mayonnaise (Seite 167), hartgekochte Eier mit Kreuzkümmel (Seite 180); geeiste Makrele mit Chilliesauce (Seite 168), eine Scheibe kalten Braten mit gewürzten Limetten (Seite 212).
Einfach serviert wirken manche dieser Vorspeisen mit ihrem frischen Aroma und ihren fröhlichen Farben besser als viele komplizierte Gerichte.

Hartgekochte Eier mit Sauerampfer
4 hartgekochte, gehackte Eier
12 große Sauerampferblätter
100 g Butter
Pfeffer und Salz
In der zerlassenen Butter dünstet man die Sauerampferblätter, bis sie weich sind (nicht zu stark erhitzen, die Butter darf nicht bräunen). Man nimmt die Kräuter-Butter-Mischung von der Kochstelle und fügt Eier und Gewürze bei. Die Mischung wird mit einer Gabel grob zerkleinert oder auch püriert. Man verteilt sie auf 4 Portionsschälchen und stellt sie 1–2 Stunden sehr kalt. Man serviert sie mit dünnen, heißen Toastschnitten.

Tapenade
20 entsteinte, schwarze Oliven
6 Anchovisfilets
2 EL Kapern
2 hartgekochte Eigelb
1 kleine Dose Thunfisch
1 Prise gemahlene Lorbeerblätter
1 TL Thymianblätter
5 EL Olivenöl
Zitronensaft
Pfeffer
Oliven, Anchovis, Kapern, Eigelb, Thunfisch, Lorbeerblätter und Thymian werden in einem Mörser zu Brei verrührt. Unter ständigem Rühren gibt man nach und nach das Olivenöl dazu und schmeckt mit Zitronensaft und Pfeffer ab. Man verteilt die Tapenade auf 4 Portionsschälchen und stellt sie für 1 Stunde in den Kühlschrank. Dazu schmeckt Schwarzbrot.

Nüsse mit Knoblauchsalz
1 große, zerdrückte Knoblauchzehe
3 EL Olivenöl
250 g Cashew-Nüsse, Haselnüsse oder Mandeln
1 gehäufter TL grobes Salz
Den Knoblauch läßt man 1 Stunde lang in Öl ziehen, dann seiht man ihn ab. Man füllt das Öl über die Nüsse und rührt dabei um, bis alle ringsum eingeölt sind. Dann streut man das Salz darüber und verteilt sie auf einem Backblech. Im heißen Backofen röstet man sie bei 150° C/Stufe 1, bis sie goldgelb und knusprig sind.

Gewürzte Muscheln
Vorspeise für 8 Personen oder Hauptgericht für 4 Personen
2 kg frische (oder Dosen-) Muscheln
5 EL Öl
4 Schalotten
4 Knoblauchzehen
je ¼ TL gemahlener Piment und Ingwer
weißer Pfeffer und Salz
2 EL gehackte Petersilie
½ l Weißwein
Nur Muscheln mit fest geschlossener Schale verwenden. Die Muscheln werden unter fließendem Wasser gründlich abgebürstet und die Bartbüschel entfernt. In einem großen Topf dünstet man in dem erhitzten Öl Schalotten und Knoblauch an, fügt die Muscheln bei und bestreut sie mit den Gewürzen und der Petersilie, gießt den Wein dazu und dünstet sie etwa 5 Minuten; sie sind gar, wenn sich die Schalen öffnen.

Hummus und Minze
250 g gegarte Kichererbsen
2 Becher (¼ l) Joghurt
2 El Olivenöl
2 EL gehackte Minze
½ TL gemahlener Kreuzkümmel
etwas Zitronensaft
Pfeffer und Salz
Aus Erbsen, Joghurt und Öl bereitet man ein dickflüssiges Püree, würzt es mit Minze und Kreuzkümmel und schmeckt es mit Zitronensaft, Pfeffer und Salz ab, gut gekühlt servieren und nach Belieben mit einem Minzestengel garnieren. Dazu reicht man verschiedene und zum Eintauchen vorgeschnittene Brotsorten oder Gemüse, z. B. geputzte Bleichselleriestangen. Man taucht sie in den Dip und beißt dann ab. Hat man Gäste, serviert man den Dip besser in einzelnen Portionsschälchen.

Grüne Oliven mit Koriander
100 g entsteinte Oliven
12 Koriandersamen
Olivenöl
1 Lorbeerblatt
3 Zweigchen Thymian
Pfeffer
Erst die Koriandersamen, dann die Oliven im Mörser zerstampfen, dann soviel Olivenöl beifügen, bis eine dickliche Paste entsteht. Man würzt mit Lorbeer und Thymian, schmeckt mit Pfeffer ab und stellt sie für 1 Stunde kalt, damit die verschiedenen Aromen sich entfalten. Man reicht die Oliven zu französischem Weißbrot als Vorspeise oder zu Käse als Nachspeise.

Suppen

Es gibt leichte, helle Suppen mit sommerlichen Kräutern, die nicht belasten. Suppe als Hauptgericht reichert man mit Einlagen, z. B. mit Käseklößen oder Kräuterklößen (beide Seite 199) an und serviert anschließend nur noch eine leichte Eierspeise (Seite 180 f.) oder ein Dessert (Seite 204). Viele Suppen erhalten mit Kräutern und Gewürzen erst ihre besondere Note. An Zwiebelsuppe kann man Wacholderbeeren geben, an eine Gemüsesuppe mit Karotten eine provençalische Gewürzmischug, an eine Obstsuppe z. B. frischen Ingwer.

Geeiste Dillgurken-Suppe
1 geschälte und grob gehackte Gurke
2 EL gehackte Dillblätter
8 fein geschnittene Frühlingszwiebeln
2 EL Zitronensaft
¼ l Sahne (oder Joghurt)
Pfeffer und Salz
Eiswasser
3 oder 4 Essiggurken
Die Gurke wird fein geraffelt oder im Mixer püriert. Von den Zwiebeln behält man 1 Eßlöffel voll zurück, gibt die übrigen zum Püree und verrührt sie darin zusammen mit Dill, Zitronensaft und der Sahne oder Joghurt. Man schmeckt mit Pfeffer und Salz ab und rührt soviel Eiswasser hinein, daß das Ganze »suppig« wird. Man serviert die Suppe eiskalt, bestreut mit den gewürfelten Essiggurken und den zurückbehaltenen Zwiebeln.

Kühle Joghurt-Fenchel-Suppe
½ l Joghurt
75 g geriebene Fenchelknolle oder
1 Sträußchen fein gehackte, frische Fenchelblätter
3 enthäutete, passierte Tomaten
Eiswasser nach Bedarf
Pfeffer und Salz nach Geschmack
1 hartgekochtes, gehacktes Ei oder
2 EL Krabben
Joghurt, Fenchel und Tomaten werden miteinander verrührt und soviel Eiswasser beigegeben, daß die Mischung »suppig« wird. Dann schmeckt man kräftig mit Pfeffer und Salz ab und serviert die Suppe gut gekühlt mit gehacktem Ei oder einigen Krabben.

Grüner Gazpacho
250 g enthäutete und gehackte Tomaten
1 in Würfel geschnittene Gurke ohne Kerne
1 grüne, gehackte Paprikaschote
2 gehackte Zwiebeln
2 zerdrückte Knoblauchzehen
2 EL Olivenöl
1 EL Weinessig
12 entsteinte, gehackte, grüne Oliven
1 gehäufter EL gehackte Petersilie
1 EL klein gehackte, frische Minze
2 gehackte, frische Thymianzweige
1 EL gehackte Walnüsse
Pfeffer und Salz nach Geschmack
Alle Zutaten werden gemischt und bis zum Servieren in den Kühlschrank gestellt. Kurz vor Gebrauch rührt man etwa 1 l Wasser und einige Eiswürfel darunter. Dazu reicht man gewürfeltes Weißbrot.

Geeister Borschtsch
4 Rote Bete
1 l Rinderbouillon
1 ungeschälte Zwiebel, in die man eine Gewürznelke steckt
1 gehackte Karotte
1 gehackter Stengel Sellerie
1 kleines Sträußchen Petersilie und frischer Dill
1 TL Kümmelsamen
Zitronensaft
Pfeffer und Salz
2 EL feingehackter, frischer Dill, Schnittlauch und Estragon
4 EL saure Sahne
Drei der Roten Bete gibt man grob gehackt mit Zwiebel, Karotte und Sellerie, Kräutern und Kümmel in die Bouillon und läßt sie etwa 1 Stunde schwach siedend kochen. Dann seiht man die Brühe durch und drückt dabei auch alle Flüssigkeit aus dem Gemüse. Die Brühe wird wieder aufgekocht, die restliche rote Beteknolle feingerieben beigefügt und 10 Minuten schwach siedend gekocht. Nach dem Erkalten würzt man mit Zitronensaft, Pfeffer und Salz. Man serviert den Borschtsch gut gekühlt und bestreut mit den gehackten Kräutern separat dazu die saure Sahne.

Gepfefferte Rindfleischsuppe
250 g feingewürfeltes Rindfleisch
1 in Streifen geschnittene, rote Paprikaschote
1 in Ringe geschnittene Zwiebel
1 EL Öl oder Bratenfett
1 gehäufter EL Mehl
2 EL Tomatenpüree
1½ EL Paprika
1 EL Kümmelsamen
Pfeffer und Salz
1,5 l heiße Rinderbouillon
2 EL gehackte Petersilien- oder Kümmelblätter
geriebene Schale von 1 ungespritzten Zitrone
2 zerdrückte Knoblauchzehen
4 EL saure Sahne
Paprikaschote und Zwiebel in heißem Öl andünsten, Rindfleischwürfel dazugeben und unter Rühren anbräunen. Man stäubt Mehl darüber und fügt Tomatenmark, Paprika, Kümmel, Salz und Pfeffer dazu. Unter Rühren 10 Minuten schmoren lassen. Die heiße Bouillon dazugießen und die Suppe 1 Stunde schwach kochen lassen, bis das Fleisch gar ist. Vor dem Servieren mit Kümmel, Petersilie, Zitronenschale und Knoblauch abschmecken. Die saure Sahne dazureichen.

Sauerampfersuppe
2 Handvoll feingehackte Sauerampferblätter
50 g Butter
1,5 l entfettete Fleischbrühe
2 Eigelb
Pfeffer und Salz
Sauerampfer in Butter 5 Minuten dünsten. Die Brühe dazugeben und aufkochen lassen. Den Schaum, der sich bildet, abheben. Würzen. In einer Terrinne das Eigelb verrühren und die Suppe darübergießen. Mit einer Gabel durchrühren. Man serviert die Suppe sofort mit noch warmem, knusprigem Brot.

Pesto-Suppe
4 EL Käse-Basilikum-Sauce (Seite 168)
Öl oder Bratfett
4 in feine Ringe geschnittene Lauchstangen
1 in Scheiben geschnittene Zwiebel
4 geschälte und gehackte Tomaten
1 zerdrückte Knoblauchzehe
1 Handvoll gehackte, grüne Kräuter, wie z. B. Petersilie und Kümmelblätter
Pfeffer und Salz
250 g Feuerbohnen, geschnitten
4 in Scheiben geschnittene Zucchini
ein paar zerkleinerte Kohlblätter oder gehackte Blumenkohlstücke
1½ l Bouillon oder Gemüsebrühe
75 g Teigwaren
75 g grüne Bohnen, gekocht
100 g geriebener Parmesankäse

In einem schweren Topf erhitzt man etwas Öl oder Bratfett. Dazu gibt man Lauch, Zwiebeln, Tomaten, Knoblauch, Kräuter und Gewürze. Das Ganze läßt man 15 Minuten schmoren. Dann gibt man die Feuerbohnen, Zucchini, den Kohl dazu und gießt mit kochender Bouillon oder Gemüsebrühe auf. Nach ein paar Minuten kommen die Teigwaren und grüne Bohnen dazu. Sobald die Teigwaren bißfest sind, nimmt man die Suppe von der Kochstelle und rührt die Käse-Basilikum-Sauce hinein. Den Parmesan reicht man gesondert zur Suppe. Ohne die Käse-Basilikum-Sauce mit ihrem starken Aroma ergibt das Rezept eine kräftige Minestrone. Man serviert die Pesto-Suppe mit Kräutern wie Minze, Kerbel, Estragon oder Bohnenkraut, die man zusammen mit geriebenem Parmesankäse dick darüber streut. Dazu schmeckt ein frisches Weißbrot.

Gartensuppe
1,5 l Bouillon
1 in Scheiben geschnittener Chicorée
5 große, zerschnittene Sauerampferblätter
1 in Scheiben geschnittenes Kopfsalatherz
100 g in Scheiben geschnittene Champignons
100 g grüne Erbsen
1 TL frischer oder getrockneter Thymian
Zitronensaft
Pfeffer und Salz
frischer, gehackter Kerbel

In die kochende Bouillon gibt man alle Zutaten. Man kocht die Suppe, bis die Erbsen zart, aber noch bißfest sind, dann schmeckt man sie mit Zitronensaft, Pfeffer und Salz ab und bestreut sie mit dem Kerbel.

Liebstöckelsuppe
1 Sträußchen Liebstöckelblätter und Stengel, frisch und gehackt
75 g Butter
1 zerdrückte Knoblauchzehe
1 Handvoll grobgehackte Petersilie
2 zerkleinerte Selleriestangen
geriebene Muskatnuß
Pfeffer
Salz
50 g Schwarzbrot
1,5 l Bouillon oder Gemüsebrühe
⅛ l Sahne

In der zerlassenen, aber nicht gebräunten Butter dünstet man Knoblauch, Petersilie und Sellerie, würzt mit Muskat, Pfeffer und Salz und fügt den gehackten Liebstöckel bei. Das Brot weicht man kurz in etwas Bouillon ein, drückt es aus und bröckelt es in den Topf. Man gießt die Bouillon oder Gemüsebrühe kochend darüber und läßt die Mischung zugedeckt etwa 10 Minuten lang schwach siedend kochen. Dann püriert man sie (Mixer oder Sieb) und erhitzt sie aufs neue. Zum Anrichten nimmt man die Suppe von der Kochstelle, rührt die Sahne ein und schmeckt ab. Das Liebstöckel ist etwas pfeffrig, so daß man die Suppe mit Pfeffer nur sparsam würzen sollte.

Brennesselsuppe
20 g Butter
100 g Brennessel
300 g geschälte Kartoffeln in Scheiben geschnitten
2 Lauchstangen in Ringe geschnitten
1 EL frischer, gehackter Majoran
1 EL frischer, gehackter Thymian
geriebene Muskatnuß
Pfeffer
Salz
½ l heiße Milch
2 EL Speckwürfel, knusprig gebraten

Man läßt die Butter in einer Pfanne zergehen, gibt die Brennesselspitzen, Kartoffeln, Lauch und Kräuter dazu und dünstet alles zugedeckt auf kleiner Hitze etwa 15 Minuten lang; die Suppe darf nicht bräunen. Man würzt leicht mit Muskat, Pfeffer und Salz, gießt mit gut 1 l kochendem Wasser auf und kocht die Suppe zugedeckt, bis die Kartoffeln gar sind. Dann gießt man die Brühe ab (aufheben für andere Gelegenheiten) und püriert das übrige. Mit heißer Milch vermischt, läßt man es einmal kurz aufkochen. Dann wird die Brennesselsuppe abgeschmeckt und mit Speckwürfeln überstreut serviert.

Fischsuppe mit Safran
500 g Miesmuscheln
250 g gekochte und geschälte Garnelen (Krabben)
1 Kabeljaukopf
2 Stangen Lauch in Ringe geschnitten
1 gehackte Schalotte
1 Kräutersträußchen: Thymian, Fenchel, Petersilie
1 Lorbeerblatt
etwas Orangen- und Zitronenschale (ungespritzt)
1 Glas Weißwein oder Vermouth
1 Prise Safranpulver
50 g Teigwaren (oder Reis)
frischer, gehackter Basilikum
1/8 l Aioli (Knoblauchmayonnaise, Seite 166)
Man schält die Garnelen und stellt sie beiseite. Aus dem Kabeljaukopf, Lauch, Schalotten, Kräutern, Lorbeer, Orangen- und Zitronenschalen, gut 1 l Wasser und dem Glas Wein kocht man einen Fischsud, den man zuletzt bei offenem Deckel um etwa ein Drittel einkochen läßt und dann in einen großen Topf abseiht. Dann kocht man die wie »Gewürzte Muscheln« (Seite 170) vorbereiteten Muscheln in reichlich Wasser, bis sich die Schalen öffnen (Muscheln, bei denen dies nicht der Fall ist, wirft man weg). Man löst das Muschelfleisch aus und stellt es beiseite. Man füllt den Fischsud mit gut 1 l Kochwasser von den Muscheln auf, fügt den Safran und die Teigwaren bei, die man darin bißfest kocht. Zum Schluß fügt man Muscheln und Garnelen bei, erhitzt die Fischsuppe nochmals kurz und serviert sie mit Basilikum bestreut; die Aoili (Knoblauchmajonnaise) reicht man gesondert dazu.

Mulligatawny-Suppe
1/2 Huhn
200 g über Nacht vorgeweichte Linsen
2 in feine Ringe geschnittene Zwiebeln
1 Lorbeerblatt
10 gemahlene Pfefferkörner
1 TL gemahlene Kreuzkümmelsamen
1 TL gemahlener Koriander
1 Prise gemahlener Kardomom
1/2 TL Gelbwurz (Kurkuma)
3 Nelken
100 g Langkornreis
100 g Butter
2 zerdrückte Knoblauchzehen
1 TL Paprika
1 knapper EL Mehl
1 EL Zitronensaft
1 EL Orangensaft
Salz
1/8 l Sahne
Man setzt das Huhn und die Linsen reichlich mit Wasser bedeckt zum Kochen auf, gibt eine Zwiebel und alle anderen Gewürze bis einschließlich Nelken dazu und läßt das Ganze zugedeckt schwach siedend kochen, bis die Linsen weich sind und das Hühnerfleisch sich von den Knochen lösen läßt; falls nötig, Wasser nachgießen, aber nur heißes. Inzwischen gart man in einem zweiten Topf den Reis. In einem Pfännchen läßt man die Butter zergehen, dünstet die zweite Zwiebel und den Knoblauch darin goldgelb, stäubt Paprika und Mehl unter Rühren darüber und rührt dann diese Mischung in die Linsen ein. Wenn man will, kann man zuvor das Huhn herausnehmen, entbeinen und in großen Stücken wieder in die Linsen geben. Man würzt die Suppe mit Zitronen- und Orangensaft, schmeckt sie mit Salz ab. Dann nimmt man sie von der Kochstelle und rührt die Sahne ein.

Brunnenkresse-Orangen-Suppe
2 Kästchen gehackte Brunnenkresse
Saft und Schale 1/2 Orange (ungespritzt)
1/2 Zwiebel in Ringen
1/2 Knoblauchzehe
75 g Butter
1 Sträußchen gehackte Petersilie
2 gekochte, zerdrückte Salzkartoffeln
1/2 l Milch
1/2 l Bouillon oder Gemüsebrühe
Pfeffer und Salz
Sahne
Zwiebel und Knoblauch dünstet man in der Butter glasig und fügt dann Brunnenkresse und Petersilie bei und dünstet sie kurz an. Dann rührt man die Kartoffeln mit der Milch zu einem dünnflüssigen Püree, das man mit Bouillon oder Gemüsebrühe zu der Kräutermischung gibt. Man reibt 1/2 Teelöffel Orangenschale darüber und läßt die Suppe zugedeckt etwa 10 Minuten schwach siedend kochen. Dann schmeckt man sparsam mit Pfeffer, Salz und etwa 2 Teelöffeln Orangensaft ab. Die zart schmeckende Suppe darf nicht zu stark gewürzt werden. Man nimmt die Suppe von der Kochstelle und rührt nach Belieben Sahne ein; man kann auch auf jeden Teller einen Eßlöffel steife, aber ungesüßte Schlagsahne geben.

Fisch-Rahmsuppe mit Anis
400 g Seefischfilet (z. B. Kabeljau, Seelachs, Seezunge oder Scholle)
2 TL zerstoßene Anissamen
1 kleine Zwiebel in Ringen, Salz
1 TL gestoßene weiße Pfefferkörner
100 g Mandeln, geschält und gerieben
1/4 l Sahne
1 gehäufter EL fein gehackte Anisblätter oder Petersilie zum Garnieren
Den Fisch mit 1 Teelöffel Anissamen, Zwiebeln, Salz und Pfefferkörner 10 Minuten in 1 l Wasser dünsten. Dann die Filets abtropfen lassen, pürieren und die geriebenen Mandeln daruntermischen. Den Sud durchseihen und mit dem Mandelfisch wieder erhitzen. Die Suppe von der Kochstelle nehmen und die Sahne, den 2. Teelöffel Anis und die gehackten Kräuter einrühren (Abb. oben). Dazu paßt gebuttertes dunkles Roggenbrot (Seite 202).

Salate

Kräuter und Gemüse, anfangs gesammelt, später auch aus eigenem Anbau, wurden seit altersher schon häufig roh verzehrt. Allerdings enthalten alte Salatrezepte manche Zutaten aus Feld, Wald und Wiese, die heute unserer Küche völlig fremd sind. Auch sollten die Salate alter Zeiten nach Möglichkeit sättigen und waren darum oft recht nährstoffreich. Doch schon damals erkannte man die gesundheitliche Bedeutung der Rohkost, bei der Vitamine, Mineralstoffe und Spurenelemente ungeschmälert erhalten bleiben. Auch die Heilwirkung mancher Kräuter war schon bekannt. Die Hausfrau wählte die Zutaten nach den Bedürfnissen der Familie aus. Sollte eine kühlende Wirkung erzielt werden, wurden z. B. Portulak und Zichorie unter den Kopfsalat gemischt. War man auf einen wärmenden Effekt aus, verwendete man Estragon, Schnittlauch und den früher weit verbreiteten Senfkohl. Im Winter bereitete man Salate aus eingelegtem oder gekochtem Gemüse, die man mit immergrünen und getrockneten Kräutern anmachte.

Frühlingssalate

Heute stehen Salate, Kräuter und Gemüse das ganze Jahr hindurch frisch zur Verfügung. Früher dagegen war man auf eingelagerte Vorräte wie Wurzelgemüse und später auch Kartoffeln angewiesen und reichte dazu Fleisch, Wild oder Fisch, die durch Pökeln, Trocknen oder Räuchern konserviert worden waren.

Salate und Würzkräuter

Viele Salatkräuter müssen schon früh im Jahr geerntet werden, solange sie noch jung und zart sind. Später sind sie manchmal bitter und hart. Andere, wie z. B. Löwenzahnblätter müssen im Dunklen gebleicht oder eine Minute lang blanchiert werden, damit sie ihren bitteren Geschmack verlieren. Oft empfiehlt es sich auch, die Blätter der Kräuter feinzuhacken; erst dann entfalten manche Arten ihr Aroma. Die heute wieder beliebten Wildkräuter mit ihrem meist sehr intensiven Geschmack verwendet man nur in kleinen Mengen.

Kräuter, aus denen man typische Frühjahrssalate bereiten kann, sind: Wegerich, Borretsch, Bibernelle, Brunnenkresse, Schafgarbe, Sauerampfer, Löwenzahn, Lindenblätter und Blätter und Blütenknospen von Pferdeeppich. Als Würzkräuter dienen: Süßdolde, Fenchel, Liebstöckel, Koriander, Kümmel und Kerbel.

Löwenzahnsalat mit Speck

300 g Löwenzahnblätter
50 g in Streifen geschnittener Speck
1 EL kleingeschnittener Schnittlauch
1 EL kleingehackte Petersilie
je 2 EL Öl, Essig; Pfeffer, Salz

Der Speck wird im eigenen Fett ausgebraten, bis er knusprig ist. Die Löwenzahnblätter wäscht man gründlich und schleudert sie trocken. Kurz vor dem Servieren vermischt man alle Zutaten.

Frühlingssalat

5 EL Bulgur oder Weizenflocken
3 EL Weizenkeime
6 Bibernelleblätter
5 große Sauerampferblätter
3 Schafgarbenblätter
2 Löwenzahnblätter
2 EL junge Weißdornblätter
2 EL fein gehackte Süßdoldenblätter
Vinaigrette (Seite 166)
1 EL Natur-Joghurt

Bulgur ist halbgekochter Weizen. Man erhält ihn in manchen Reformhäusern, sonst nimmt man Weizenflocken. Weizen und Weizenkeime weicht man 15 Minuten in Wasser ein und drückt sie dann aus. Alle Kräuter werden grob gehackt und mit dem Weizen gemischt. Dann macht man den Frühlingssalat mit einer Sauce aus Vinaigrette und Joghurt an. Man reicht ihn am besten als Vorspeise und ohne Beigaben.

Sommersalate

Im Sommer kann man Salate mit den Blüten von Kräutern dekorieren und würzen. Dazu eignen sich die ganzen Blüten von Salbei, Majoran, Rosmarin, Lavendel, Borretsch, Zichorie, Veilchen und Kapuzinerkresse und die Blütenblätter der Ringelblume, Pferdeminze, Rose und Gartennelke.

Frühsommersalat

1 großer Kopfsalat
1 Büschel Blätter von Rote Bete
8 junge Borretschblätter
3 Lindenblätter
2 Bibernelleblätter
4 gehackte Zitronenmelisseblätter
1 Handvoll Portulakblätter
1 Gurke in dünnen Scheiben
Vinaigrette (Seite 166)

Alle Zutaten werden sorgfältig gewaschen, trocken geschwenkt und wenn nötig, die Blätter etwas zerkleinert. Dann mit der Vinaigrette mischen.

Gegenüber: *links frischer Blattsalat, in der Mitte Chicoréesalat mit Walnüssen, vorne Kartoffelsalat mit Meerrettich und Dill, hinten links eine Schüssel mit Frühlingskräutern – Sauerampfer, Brunnenkresse und Liebstöckel.*

Provençalisches Salatbrot
1 langes, französisches Weißbrot
2 zerdrückte Knoblauchzehen
2 EL kräftiges Olivenöl
8 große Kopfsalatblätter
1 geschnittene, rote Paprikaschote
6 geschälte, gehackte Tomaten
10–15 schwarze Oliven oder Kapern
8 frische Basilikumblätter
Zitronensaft, Salz und Pfeffer
Man schneidet das Brot auf, streicht die Schnittflächen mit Knoblauch ein und träufelt dann das Olivenöl darauf. Man belegt das Brot mit Kopfsalatblättern, Paprikaschote, Tomaten und Oliven oder Kapern. Darüber streut man Basilikum, träufelt noch etwas Öl und Zitronensaft darüber und streut eine Würze nach Wahl (Seite 160) darauf. Dann fügt man das Brot wieder zusammen, verpackt es in Alufolie und legt es 1 Stunde in den Kühlschrank.

Sommerlicher Gemüsesalat
100 g junge ausgepalte Erbsen
100 g junge ausgepalte Dicke Bohnen (Puffbohnen)
4 Karotten in Scheiben
4 Rettiche in Scheiben
3 Frühlingszwiebeln in Ringen
1 TL gehacktes Bohnenkraut
1 EL gehackte Minze
2 gehackte Blätter Kapuzinerkresse
1 EL Acker-Frauenmantel (falls erwünscht)
1 EL gehackte Sellerieblätter
6 gehackte, unreife Samenschoten der Süßdolde
Vinaigrette (Seite 166) mit Estragonessig (Seite 165) angerührt
Alle Zutaten vermischt man zu einem Salat, den man gut durchziehen läßt.

Wintersalate

Da man im Winter im allgemeinen keine frischen Kräuter bekommt, verwendet man zum Würzen von Salaten getrocknete Blätter und Samen. Zu den wenigen Würzpflanzen, die man im Winter sammeln kann, gehören Winterzwiebeln, Bibernelle und wild wachsende Vogelmiere. Wenn man Körner, Hülsenfrüchte und die Samen von Kräutern wie Bockshornklee ein paar Tage lang feucht hält, keimen sie an und sind so nahrhafter. Außerdem kann man Wintersalaten mit Kapern, eingelegten Kapuzinerkresse-Samen und Portulakstengeln ein besonderes Aroma verleihen.

Chicorée-Walnuß-Salat
3 in Streifen geschnittene Chicoréestauden
Blätter von 2 Rosetten Ackersalat (Feldsalat, Rapunzel)
1 Sträußchen Senfsetzlinge
25 g gekeimte Bockshornkleesamen
gehackte Blätter von einer Selleriepflanze
3 feingeschnittene Winterzwiebeln
1 Handvoll Vogelmieren-Blätter
25 g gehackte Walnüsse
1 TL Liebstöckelsamen
Vinaigrette (Seite 166)
Alle Zutaten gut vermischen und kurz durchziehen lassen.

Gewürzter Reissalat
1½ Tassen Langkornreis
3 Tassen Wasser
1 kleines Stück Ingwerwurzel
1 kleine, feingehackte Zwiebel
5 Koriandersamen
5 grob zerkleinerte, schwarze Pfefferkörner
2 EL Olivenöl
1 TL Zitronensaft
1 Prise geriebene Muskatnuß
Pfeffer und Salz
Reis mit Wasser und Ingwer kochen. Ist er gar, entfernt man den Ingwer und mischt die übrigen Zutaten unter den noch warmen Reis.

Kartoffelsalat mit Meerrettich und Dill
1 kg Salatkartoffeln
125 g Mayonnaise-Mischung (Seite 166)
2 EL geriebener Meerrettich
1 TL Dillsamen
Man kocht die Kartoffeln in der Schale, gießt sie ab, schält sie und schneidet sie noch warm in dicke Scheiben. Man bereitet eine Mayonnaise-Mischung mit Meerrettich und Dillsamen, gießt sie über die Kartoffelscheiben und mischt den Salat vorsichtig, damit die Kartoffeln möglichst nicht zerfallen.

Rotkrautsalat mit Kümmel
1 Kopf Rotkraut (750 g)
1 El Salz
1 feingehackte Zwiebel
1 TL Kümmelsamen
Pfeffer und 1 Prise Zucker
3 EL Essig
75 g gewürfelter Räucherspeck
Das geputzte, fein gehobelte Kraut wird schichtweise in eine Schüssel gegeben, jede Schicht mit Salz bestreut und das Kraut gestampft, bis es mürbe und zart ist. Dann rührt man aus Zwiebeln, den Gewürzen und Essig eine Marinade und gießt sie über das Kraut. Man legt einen passenden Teller auf das Kraut, den man beschwert (volle Konservendose) und läßt den Salat so 2–3 Stunden durchziehen. Kurz vor dem Servieren brät man den Speck goldgelb und knusprig und mischt ihn unter den Rotkrautsalat.

Knollenselleriesalat mit Senf
1 geschälte, geraffelte Sellerieknolle
1 gehäufter TL scharfer Senf (Moutarde de Dijon)
1 TL Zitronensaft
Mayonnaise aus 3 Eigelb (Seite 166)
1 EL gehackte Petersilie
Die Sellerieraspel werden in kochendem Wasser 2 Minuten blanchiert, dadurch bleiben sie schön hell. Man läßt sie im Blanchierkorb (oder Sieb) gut abtropfen, vermischt sie dann mit einer Salatsauce aus Senf, Zitronensaft und Mayonnaise und serviert den Salat mit Petersilie bestreut.

Rote Bete-Salat mit Kapern
3 große Rote Bete
1 EL Kapern
Vinaigrette (Seite 166)
1 TL Honig
Die Rote Bete werden ungeschält gekocht, bis sie weich sind. Dann schält man sie, schneidet sie in Scheiben und vermischt sie noch warm mit den Kapern und der mit dem Honig gewürzten Vinaigrette.

Gemüse

Frühlingsgemüse

Im Frühjahr kann man teures frisches Gemüse zum Teil durch Wildkräuter ersetzen, die jetzt noch jung und zart, im Sommer dagegen oft derb und zäh sind. Die jungen Triebe von Brennesseln, Geißfuß und Klebkraut oder die Blätter und Stengel der Vogelmiere kann man alle auf dieselbe Weise zubereiten. Brennesseln sind jetzt von prickelnder Frische, Klebkraut und Vogelmiere haben ein zartes, Geißfuß ein kräftig-herzhaftes Aroma. Alle drei sind reich an Vitaminen, Mineralstoffen und Spurenelementen. Aber Gemüse aus Wildkräutern ist nicht nur gesund, sondern auch delikat.

Kochen mit Wildpflanzen

Pro Person rechnet man 2 gut gehäufte Eßlöffel frische Blätter, denn die Blätter fallen beim Kochen zusammen wie Spinat. Man wäscht sie in mehrfach erneuertem Wasser ab und gibt sie noch tropfend in einen großen Topf. Weitere Flüssigkeit ist nicht erforderlich. Man dünstet die Blätter zugedeckt und schonend gar. Bei einer Menge für 4 Personen rührt man 50 g Butter, Zitronensaft, Pfeffer und Salz nach Geschmack ein, ferner 1 Eßlöffel Schnittlauchröllchen, gehackten Thymian, Minze oder andere Kräuter. Das Gericht serviert man heiß.

Geschmorte Pferdeeppich- oder Klettenstengel

500 g junge Blattstengel von Pferdeeppich oder Kletten
50 g Butter
⅛ l Bouillon oder Gemüsebrühe
1 TL Weinessig oder Zitronensaft
Pfeffer und Salz

Man entfernt von den fleischigen Stielen die äußere, bittere Haut. Dann schneidet man sie in ca. 5 cm lange Stücke. Die Butter läßt man in einem flachen Topf zergehen, gibt die Stiele dazu und dünstet sie schonend in wenigen Minuten. Dann gibt man die heiße Bouillon oder Gemüsebrühe dazu und schmeckt mit Essig oder Zitronensaft und einer Prise Salz ab. Man läßt das Gemüse zugedeckt etwa 8 Minuten bei geringer Hitze schwach sieden, bis es weich ist und schmeckt das Gemüse dann nochmals ab.

Lauchgemüse in Holunderwein

1 kg Lauch
⅛ l Holunderbeerwein
(Seite 217)
Salz

Der Lauch wird gewaschen und in 3 cm lange Stücke geschnitten. In einem Topf mit Locheinsatz oder im Dampftopf bringt man den Wein zum Kochen, stellt den Lauch in einem Sieb, bzw. im entsprechenden Dampftopfeinsatz darüber, deckt den Topf zu und dünstet ihn, bis er gerade weich, aber noch bißfest ist. Der köstliche, süße Blütengeschmack des Holunderbeerweins durchdringt den Lauch. Als einzige Würze braucht man zusätzlich zum Abschmecken nur noch etwas Salz.

Auch andere Gemüsearten können auf diese Weise gedünstet werden. Besonders gut schmeckt so zubereitet auch Pastinak.

Frühlingsauflauf

1 kg Frühlingsgemüse (z. B. gehackte Tomaten und Kartoffeln, Karotten, Rüben, Erbsen und Bohnen etc.)
ein Sträußchen frische Kräuter wie z.B. Majoran, Thymian oder Minze
1 kleines Lorbeerblatt
⅛ l Crème fraîche
3 Eier, Eiweiß und Eigelb getrennt
25 g geriebener Parmesankäse
Pfeffer
Salz

Man bringt ⅛ l Wasser zum Kochen und gart das Gemüse darin zusammen mit Kräutern und Lorbeer. Dann gießt man den Sud ab, entfernt die Kräuter, vermischt das Gemüse mit crème fraîche, Pfeffer, Salz. Man läßt das Ganze ein wenig abkühlen und hebt dann die verquirlten Eigelb mit Käse vermischt darunter. Das Eiweiß wird steif geschlagen und der Schnee vorsichtig daruntergehoben. Nun füllt man die Masse in eine gebutterte Auflaufform und bäckt den Auflauf im Backofen bei 180° C/Stufe 2 etwa 45 Minuten lang.

Gedämpfte Hopfentriebe

500 g junge Hopfentriebe
50 g knusprig gebratene Speckwürfel

Die Triebe werden wie Spargel gekocht und dann mit Speckwürfeln vermischt. In Frankreich nennt man die Hopfentriebe *jets de houblon*. Dort kocht man sie in Salzwasser mit Zitronensaft und serviert sie mit einer Sahnesauce oder zu pochierten Eiern.

Geschmorte Puffbohnen mit Salbei

1 kg junge Puffbohnen (Dicke Bohnen)
1 TL kleingehackter Salbei
1 kleine Zwiebel in feinen Ringen
50 g Butter
50 g gekochter Schinken in Würfeln
Pfeffer und Salz

Die Zwiebel wird in Butter glasig gedünstet. Dann gibt man Schinken, Salbei und die jungen Bohnen in den Hülsen unzerkleinert dazu. Nach ein paar Minuten gießt man 1 Tasse Wasser dazu. Dann kocht man sie zugedeckt weiter, bis die Hülsen weich sind. Im offenen Topf kocht man das Gemüse etwa 2 Minuten weiter, bis genügend Flüssigkeit verdampft ist. Beim Salzen muß man vorsichtig sein, denn der Schinken ist ja bereits gesalzen.

Kräuter zum Garnieren von Frühlingsgemüse

Man verrührt gehackte, frische Kräuter mit weicher Butter und gibt sie kurz vor dem Anrichten an junges Frühlingsgemüse. Zu kleinen Karotten paßt z. B. Kerbel und zu Rüben Thymian *(Thymus x citrodorus)*, zu neuen Kartoffeln Zitronenmelisse und zu frischem Kohl Kümmelblätter.

Sommerliches Gemüse

Im Sommer gibt es eine ungeheure Vielfalt von wildwachsenden und Gartenkräutern, die man zum Garnieren, in Salatsaucen, in anderen Saucen und auch für Füllungen mit Gemüse verwenden kann. Auch frische Korianderblätter sind heute schon erhältlich. Man kann mit ihnen viele Gemüse verfeinern.

Pochiertes Gemüse in würziger Marinade

1 kg junges Gemüse z. B. Lauch in Scheiben geschnitten, Zucchini längs geschnitten, ganze Karotten, grüne Bohnen oder Stangenbohnen, Broccoli oder Blumenkohlröschen

MARINADE
6 EL Olivenöl
Saft einer Zitrone oder ein kleines Glas Weißwein
1 Lorbeerblatt
1 EL fein gewiegte Petersilie oder frische Korianderblätter
Salz
6 Pfefferkörner
12 Koriandersamen
1 Knoblauchzehe

Für die Marinade erwärmt man das Olivenöl in einem großen, flachen Topf. Den Zitronensaft oder Wein gibt man mit den Kräutern und einer Prise Salz an das Öl. In einem Mörser zerkleinert man gleichzeitig Pfefferkörner, Koriandersamen und Knoblauch, gibt sie in den Topf und dämpft sie in dem Kräuteröl ein paar Minuten lang. Das Gemüse wird sorgfältig in die Kräutergewürzmischung geschichtet und so lange in der Marinade pochiert, bis es gerade weich ist. Dann hebt man es mit einem Schaumlöffel heraus, legt es auf eine Platte und beträufelt es mit ein paar Löffeln von der Marinade.

Gedünsteter Spinat mit Ingwer

750 g Spinat
1 EL geriebene Ingwerwurzel
3 EL Öl
1 kleine feingehackte Schalotte oder Zwiebel
2 zerdrückte Knoblauchzehen
1 EL Sherry
Salz

Schalotte, Knoblauchzehen und Ingwer in Öl dünsten. Dann erhöht man die Hitze, gibt den Spinat dazu und dünstet ihn schnell eine Minute lang unter dauerndem Rühren. Nun kommen der Sherry und eine Prise Salz dazu, im zugedeckten Topf noch ein paar Minuten lang nachgaren.

Bohnengemüse mit Koriander

250 g zarte, junge Brechbohnen
1 El gehackte, frische Korianderblätter
4 zermahlene Koriandersamen
2 EL Öl
1 EL feingewiegte Petersilie oder frische Kümmelblätter
1 EL geschnittener Schnittlauch
Pfeffer und Salz, Saft ½ Zitrone

Man erwärmt das Öl, rührt die Kräuter und zermahlenen Koriandersamen hinein. Nach 1 oder 2 Minuten gibt man die Bohnen dazu, erhöht die Hitze und rührt dabei vorsichtig um. Zitronensaft dazugeben und das Gemüse 3 Minuten bei milder Hitze dünsten. Zuletzt mit Pfeffer und Salz abschmecken.

Erbsen mit Minze und Kopfsalat

500 g ausgepalte junge Erbsen
1 Sträußchen Petersilie und frische, gehackte Minze
1 kleiner, geputzter Kopfsalat
50 g Butter
6 gehackte Frühlingszwiebeln
Pfeffer
Salz

Die Erbsen 3 Minuten in Butter erhitzen. Dann rührt man die anderen Zutaten darunter, wobei man von der Minze etwas übrig läßt. Nach Bedarf Wasser an das Gemüse geben und die Erbsen in 10 Minuten weich kochen, würzen und mit Minze bestreuen.

Kochfertig vorbereitete Paprika mit pikanter Kräuterfüllung.

Gefüllte Paprikaschoten oder Tomaten
2 halbierte Paprikaschoten
oder ausgehöhlte Fleischtomaten
100 g Langkornreis
1 EL feingewiegte Petersilie
1 TL Thymian (Thymus x citrodorus)
1 TL gehackter Liebstöckel
1 EL Schnittlauchröllchen
Pfeffer und Salz
2 EL Öl
1 EL Zitronensaft
Der Reis wird weich gekocht und abgegossen (Seite 196). Unter den noch warmen Reis mischt man die Kräuter, Pfeffer und Salz. Die Paprikaschoten oder Tomaten stellt man in eine gut gefettete Backform und füllt sie mit dem Reis. Darüber träufelt man das Öl und den Zitronensaft, bedeckt die gefüllten Früchte mit gefettetem Papier oder Alufolie und gart sie im vorgeheizten Ofen bei 160° C/Stufe 1. Die Paprikaschoten brauchen etwa eine Stunde, die Tomaten dagegen nur 20 Minuten.

Winterliches Gemüse

Im Winter verleiht grüner Pfeffer den Speisen eine scharfe Frische. Einen Eßlöffel voll grüner Pfefferkörner, die es gefriergetrocknet oder in Salzlake eingelegt gibt, zerdrückt man etwas und rührt sie an heißes Wurzelgemüse oder in Bohnen- oder Erbsenpüree.

Gewürzte, gebackene Zwiebeln
8 geschälte Zwiebeln
4 halbierte, zerdrückte Knoblauchzehen
1 zerbröckeltes Lorbeerblatt
1 TL Fenchelsamen
1 TL Paprika
1 EL Öl
1 TL Zitronensaft oder Essig
½ TL Salz (gewürzt, Seite 160)
Die Zwiebeln legt man in eine flache Backform und gibt die verschiedenen Zutaten darüber. Dann deckt man sie zu und gart sie im warmen Ofen bei 160° C/Stufe 1 etwa 1½ Stunden lang. In den letzten 10 Minuten entfernt man den Deckel und läßt die Zwiebeln schön braun werden.

Kartoffelbrei mit Zwiebelgrün
1 gr. Bund gehackte Frühlingszwiebeln
1 kg geschälte Kartoffeln
¼ l Milch
Pfeffer und Salz
50 g Butter
Zunächst kocht man Salzkartoffeln. In der Zwischenzeit läßt man das Zwiebelgrün (die Blätter der Zwiebel, die Schlutten) 5 Minuten lang mit Pfeffer und Salz in Milch kochen. Die Kartoffeln gießt man ab und läßt sie auf der Kochstelle unter Schütteln trocken dampfen. Dann bereitet man aus ihnen mit Milch und Zwiebelgrün Kartoffelbrei, den man schlägt, bis er glatt ist. Nun verteilt man ihn auf 4 Portionsschalen, drückt jeweils in die Mitte eine Vertiefung und füllt sie mit zerlassener Butter aus. Man ißt diesen Brei von außen nach innen, indem man jede Gabel voll Kartoffelbrei durch die geschmolzene Butter zieht.
Anstelle von Zwiebelgrün kann man auch die Spitzen von jungen Brennnesseln, Petersilie oder Grünkohl verwenden.

Gefüllte Kohlrouladen
8 große Kohlblätter
25 g Butter
1 kleine, feingeschnittene Zwiebel
1 gehackter Selleriestengel
100 g gehackte Champignons
100 g Semmelbrösel
1 Ei
1 Eigelb
1 TL Dillsamen
2 Eßlöffel fein gewiegte Petersilie
Pfeffer und Salz
Gewürztes Salz (Seite 160)
1 TL Essig
Man bereitet zuerst die Füllung. In der zerlassenen Butter dünstet man Zwiebel, Sellerie und Pilze vorsichtig etwa 10 Minuten lang. Dann nimmt man den Topf von der Kochstelle und rührt eine Mischung aus Semmelbröseln, Ei und Eigelb, Dill und Petersilie dazu sowie Pfeffer und Salz nach Geschmack.
Die Kohlblätter blanchiert man 1 bis 2 Minuten lang in kochendem Wasser, bis sie glasig sind und tropft sie gut ab. Jedes Blatt legt man flach auf ein Brett, gibt in die Mitte etwas von der Füllung, rollt das Blatt auf und klappt die offenen Seiten zu. Man legt die Rouladen eng nebeneinander in eine gefettete flache Auflaufform, streut gewürztes Salz darüber und gibt etwas Essigwasser dazu. Man gart die Rouladen zugedeckt (Alufolie) im vorgeheizten Backofen bei 160° C/Stufe 1 etwa eine Stunde lang. Falls nötig, füllt man etwas Wasser nach.

Rosenkohlpüree mit Muskat
1 kg Rosenkohl
20 g Butter
1 Prise geriebene Muskatnuß
75 ml Crème fraîche
Zitronensaft
Pfeffer und Salz
Man wäscht den geputzten Rosenkohl, gibt ihn tropfnaß in die zerlassene Butter und dünstet ihn zugedeckt ganz weich. (Dabei muß man noch ¼ Liter Wasser nachfüllen.) Man püriert den Rosenkohl (Sieb oder Mixer), verrührt das Püree mit der Sahne und schmeckt es mit Muskat, Zitronensaft, frischgemahlenem Pfeffer und Salz ab. Man reicht es heiß zu Würstchen oder Kochschinken.

Selleriepüree mit Majoran
1 große, geschälte Sellerieknolle
1 EL getrockneter Majoran
oder Thymian
500 g geschälte Kartoffeln
⅛ l heiße Milch
50 g Butter
Pfeffer
Salz
Sellerieknolle und Kartoffeln werden in grobe Stücke geschnitten und in Salzwasser weich gekocht. Man gießt sie ab und schüttelt sie auf der Kochstelle ganz trocken. Dann zerdrückt man sie zu Brei, unter den man nach und nach Milch und Butter rührt. Er wird schön glatt geschlagen und mit Majoran oder Thymian gewürzt. Man schmeckt das Püree mit Salz und reichlich schwarzem Pfeffer ab und serviert es sehr heiß. Das Püree ist eine besonders feine Beilage zu jeder Art von gebratenem Fleisch.

Eierspeisen

Eier in der Schale mit Kräutern gekocht

Bei schwacher Hitze läßt man Eier in der Schale in einem gewürzten Sud ca. 20 Minuten kochen. Dann nimmt man sie vom Herd und läßt sie mehrere Stunden darin ziehen. Werden der Flüssigkeit noch Kräuter zugegeben, so dringt ihr Aroma durch die Schale. Zwiebelschalen in dem Sud färben die Eierschalen leicht bräunlich und geben den Eiern einen würzigen Geschmack. Sehr gut eignen sich auch frische Kräuter, wie beispielsweise Thymian, Majoran oder Minze.

Hartgekochte Eier

Gut gereinigte Eier gibt man in das kochende Wasser und läßt sie vom Augenblick des Wiederaufkochens an 9 Minuten, besonders große Eier 10 Minuten garen. Hartgekochte Eier werden auf verschiedenen Gemüsepürees (z. B. Spargel, Kresse, Endivien, Sellerie, Champignon, Möhren, Spinat und Eßkastanien) serviert oder als Vorspeise mit Saucen (Seite 168) angeboten. Diese Gerichte können im Sommer auch ein leichtes Mittagessen darstellen.

Gewürzte hartgekochte Eier
8 hartgekochte Eier in der Schale
1 EL Öl
1 TL gemahlener Kreuzkümmel
Von 4 Kardamomschoten Samen
½ TL Paprika
eine Prise Gelbwurz (Kurkuma)
1 Becher Joghurt
1 TL Zitronensaft
1 EL zerkleinerte, frische Koriander- oder Petersilienblätter
Pfeffer, Salz
Öl in einer schweren Pfanne erhitzen, Kümmel, Kardamom, Paprika und Gelbwurz zugeben und alles 2 Minuten unter Rühren kochen. Dann nimmt man es herunter und rührt Joghurt, Zitronensaft und die Kräuter hinein. Man schmeckt mit Pfeffer und Salz ab. Die Eier werden geschält, halbiert oder geviertelt, in eine vorgewärmte Schüssel gelegt und mit der Gewürzmischung überzogen.

Würzeier
8 geschälte, hartgekochte Eier
2 gehackte, kleine Zwiebeln
4 gehackte Knoblauchzehen
25 g geriebene Mandeln
½ TL Gelbwurz (Kurkuma)
Pfeffer, Salz, 1 EL Öl
Zwiebeln, Knoblauch und Mandeln zerdrückt man zusammen zu einem Brei; dann mischt man Gelbwurz, Pfeffer und Salz darunter. Das Öl erhitzt man und kocht die Würzmischung darin zu einer feinen Paste, fügt ¼ l Wasser bei und gibt die Eier hinein. Nun kocht man das Ganze im offenen Topf bei schwacher Hitze 15 Minuten lang unter Rühren, bis das Wasser verdampft ist. Gut zu Reis.

Gefüllte Eier
Hartgekochte Eier werden halbiert, das Eigelb mit einem Löffel herausgehoben, zerdrückt und mit Mayonnaise oder Butter verrührt. Diese gehaltvolle Grundmischung wird nun geschmacklich abgewandelt durch weitere Beigaben: gehackte Anchovis und Zwiebel, Kapern oder grüne Pfefferkörner, und jede Menge der verschiedensten frischen Kräuter. Die Mischungen werden in die Eiweiß zurückgefüllt und als bunte Platte serviert, z. B. auf einem Kopfsalatbett.

Gebackene Eier mit Estragon
4 Eier
1 EL gehackter, frischer Estragon
25 g Butter
4 EL Sahne
Pfeffer und Salz
In 4 feuerfeste Förmchen jeweils etwas Butter geben. Die Eier hineinschlagen. Sahne mit Estragon, etwas Pfeffer und Salz verschlagen, über die Eier geben und im vorgeheizten Ofen bei 180° C/Stufe 2 etwa 5 Minuten fest werden (stocken) lassen.
Estragon wird vor allem zum Garnieren von œufs en gelée (Eier in Aspik) verwendet.

Pain perdu
4 Scheiben Weißbrot, 4 Eier
5 EL gehackte, frische Kräuter, z. B. Kerbel, Estragon und Petersilie
Pfeffer und Salz
50 g Butter
Die Eier werden mit den Kräutern und Pfeffer und Salz verquirlt. In einer Bratpfanne erhitzt man die Butter bis sie schäumt und brät darin die Brotscheiben an. Nach dem Wenden gibt man die Hälfte der Eimasse darüber. Sobald das Brot braun wird, dreht man es um und gibt die restlichen Eier darüber. Dann wendet man das Brot nochmals, so daß die Brotscheiben wie in einem Omelette liegen. Man serviert sie auf vorgewärmten Tellern und verzehrt sie sofort.
Seit dem Mittelalter sind Rezepte für überbackenes Brot in europäischen Kochbüchern zu finden. In den alten Rezepten werden als Zutaten Nelken, Muskatnuß und andere Gewürze empfohlen.
Der Name stammt aus dem Französischen und heißt soviel wie »verlorenes Brot« = pain perdu.

Omelette »fines herbes«
6 Eier, Pfeffer und Salz
4 EL fein gehackte Kräuter: Kerbel, Petersilie, Estragon und Schnittlauch
40 g Butter
Die Eier werden in einer Schüssel verquirlt. Dann würzt man mit Pfeffer und Salz und rührt die Hälfte der Gewürzkräuter (fines herbes) darunter. In einer schweren Pfanne läßt man die Butter zergehen, bis sie schäumt, aber nicht bräunt und gibt die Eier hinein. Darüber streut man die restlichen Kräuter. Sobald die Eier stocken (fest werden), hebt man die Masse etwas vom Rand ab und kippt die Pfanne, damit die noch flüssige Eimasse am heißen Rand der Pfanne stockt. Sobald das Ei am Rand fest, in der Mitte aber noch weich ist, klappt man das Omelette rasch zusammen, läßt es auf eine warme Platte gleiten und serviert es sofort.

Sauerampferomelette
Nach dem Rezept »Omelette fines herbes« zubereiten, man nimmt aber anstelle der Kräuter 4 Eßlöffel pürierten Sauerampfer. Sauerampfer verliert in Verbindung mit Eiern etwas von seiner Schärfe.

Grünes Omelett
6 Eier
2 Stangen Lauch, in Ringen
4 geschnittene Frühlingszwiebeln
2 Handvoll kleingehackte Blätter Gartengemüse z. B. Spinat oder Broccoli
1 Sträußchen frische, grüne Kräuter z. B. Petersilie, Estragon und Koriander, Kümmel oder Dillblätter, gehackt
Pfeffer und Salz
Man verquirlt die Eier und mischt alle Zutaten darunter. Diese Mischung kommt in eine gefettete Springform von etwa 25 cm Durchmesser, wird mit einem Teller zugedeckt und im Backofen bei 160° C/Stufe 1 etwa 40 Minuten gebacken. In den letzten 10 Minuten nimmt man den Teller ab, damit das Omelette schön braun wird. Dann stürzt man es auf eine Platte und serviert es mit Joghurt und Schwarzbrot.

Scharfes Chillie-Omelette
6 Eier, getrennt
1 kleingehackte, grüne Chillie ohne Kerne
2 EL Öl
1 kleine, feingehackte Zwiebel
4 zerkleinerte Koriandersamen
1 Prise gemahlener Ingwer
1 Prise Gelbwurz (Kurkuma)
1 EL gehackte, frische Korianderblätter oder Petersilie
Salz
Man erwärmt 1 EL Öl und gibt Chillie, Zwiebeln, Koriander, Ingwer, Gelbwurz, Kräuter und eine Prise Salz dazu. Das Ganze verrührt man 5 Minuten lang bei schwacher Hitze. Mit 5 Eßlöffel kaltem Wasser schlägt man das Eigelb bis es weißlich und dick ist. Darunter mischt man die weich gewordenen Kräuter und Gewürze. Nun schlägt man das Eiweiß sehr steif und hebt es unter die Mischung. Das restliche Öl wird in einer schweren Pfanne erwärmt, dann gibt man die Eimischung hinein und brät sie wie »Omelette fines herbes«. Das Omelette geht sehr auf und wird goldbraun. Nun stellt man die Hitze zurück und wartet bis die Eier gerade gestockt, aber in der Mitte noch weich sind. Das Omelette wird auch oben braun, wenn man es vorsichtig in der Pfanne wendet oder 1–2 Minuten unter den Grill stellt. Will man das Gericht noch schärfer haben, einfach mehr Chillie dazugeben.

Eier erhalten durch Kochen in Kräutersud ein fein-würziges Aroma und durch Zwiebelschalen eine hübsche Färbung und sind sehr dekorativ.

Butter und Käse

Kräuterbutter

Kräuterbutter stellt man ganz einfach her, indem man in sahnig gerührte Butter, feingehackte Kräuter wie Kerbel, Petersilie und Thymian mischt und dazu Zitrone, Zwiebel- oder Knoblauchsaft, zerdrückte grüne Pfefferkörner, Salz und Pfeffer gibt. Dann formt man die Butter und stellt sie in den Kühlschrank. Man kann sie zum Garnieren von gegrilltem Fleisch oder Fisch benutzen, frisches, junges Gemüse darin wenden oder auf dünne Schwarzbrotscheiben streichen. Ein langes französisches Weißbrot schneidet man ein und streicht Kräuterbutter in die Einschnitte, packt das Brot in Alufolie und bäckt es 7 Minuten lang im Ofen bei 200° C/Stufe 3. So schmilzt die Kräuterbutter in das Brot hinein. Will man das Brot knusprig haben, öffnet man die Folie und bäckt das Brot kurz.

Grüne Butter
250 g Butter
1 Kästchen Brunnenkresse
1 Sträußchen Kerbel
1 Sträußchen Petersilie
5 Bibernelleblätter
1 Knoblauchzehe
1 feingehackte Zwiebel oder Schalotte
Salz
Brunnenkresse, Kerbel, Petersilie und Bibernelle werden 30 Sekunden lang in kochendem Wasser blanchiert. Dann gießt man sie ab, trocknet sie sorgfältig und zerstampft sie in einem Mörser mit dem Knoblauch, der Schalotte und einer Prise Salz. Die Masse rührt man dann unter die Butter.

Gewürzte Butter mit Rum
250 g Butter
3 EL Rum
100 g brauner Zucker
1 Prise geriebene Muskatnuß
1 Prise gemahlener Zimt
¾ TL geriebene Zitronenschale (ungespritzt)
Die Butter wird mit dem Zucker schaumig gerührt. Wenn er sich mit ihr ganz vermischt hat, rührt man Muskatnuß, Zimt und Zitronenschale darunter. Den Rum gibt man nach und nach dazu. Dann drückt man die Butter in Steingutförmchen und stellt sie kühl. Die Butter läßt man auf warmen Süßspeisen zergehen.

Butter aus Rosenblütenblättern
250 g Butter
4 große Handvoll stark duftende, ungespritzte Rosenblütenblätter
In einen irdenen Topf legt man eine dicke Schicht Rosenblätter. Darauf gibt man den ganzen Butterblock und um die Butter herum und auf die Butter legt man ebenfalls Rosenblätter. Dann deckt man ihn zu und stellt ihn über Nacht kühl. Die Rosenblätter wirft man weg, streicht die Butter auf dünne Brotscheiben und bedeckt sie mit ein paar frischen Rosenblättern, von denen man das bittere, weiße Ende entfernt hat. Auch dicke Sahne kann man so würzen.

Käse

Bei der Käseerzeugung haben Kräuter schon immer eine wichtige Rolle gespielt. Man verwendete sie z. B. auch um das Sauerwerden der Milch zu beschleunigen. In vielen Kräuternamen taucht diese Eigenschaft auf, so z. B. im Namen Labkraut. Das Echte Fettkraut, *Pinguicula vulgaris,* mit seinen dicken, zungenartigen Blättern wurde im Norden Europas, besonders in Lappland, zur Gerinnung der Rentiermilch verwendet. Dieselbe Wirkung haben frische Brennesseln oder ihr Saft; man benützte sie auch zur Herstellung von Quark. Die Molke, die man aus mit echtem Löffelkraut, *Cochlearia officinalis,* geronnener Milch gewann, wurde früher als ausgezeichnetes Mittel gegen Skorbut angesehen. Kälberlab, das sich in der Schleimhaut des Labmagens von Kälbern befindet, wurde aus dem Labmagen von frisch geschlachteten Kälbern mittels einer Kochsalzlösung gewonnen, der man Kräuter und Gewürze zusetzte. Früher glaubte man, daß die Menge des Labs durch die Kräuter gesteigert würde, auch daß das Lab und der mit ihm hergestellte Käse besser haltbar und aromatischer werden. Im Prinzip ist die Käseherstellung in unserer Zeit noch genauso, nur weitaus technisierter.
Noch heute verwendet man Kräuter zum Würzen bestimmter Hartkäsesorten, so z. B. eine Gelbe Steinkleeart für den Greyerzer Käse. Besonders wichtig sind Kräuter aber bei der Herstellung von Weichkäse, weißem Käse und Cottage Cheese, die man auch selbst zubereiten kann. Klein gehackte Kräuter und ausgepreßte Pflanzensäfte, Gewürze, scharfe zerriebene, frische oder getrocknete Pfefferkörner oder Cayennepfeffer, köstlich süßes Aroma von Zimt, Zucker und Rosenwasser verleihen dem Käse die verschiedensten Geschmacksnuancen. Safran, die Blütenblätter von Ringelblumen oder Spinatsaft geben ihm eine unterschiedliche Färbung. Gibt man in den Quark ein Zweigchen Rosmarin oder Thymian oder hüllt ihn in Lorbeerblätter ein, so erhält er dadurch ein ganz besonderes Aroma. Die großen Blätter von Pflanzen, wie z. B. die der Großen

Gegenüber: *links Kräuterbutter im Topf und geformt. Vorne Sieben-Kräuter-Käse mit Kümmel. Auf Stroh ein pikantes Käse-Herz. Unter der Glocke 2 verschiedene Kräuterkäse in Körnerhülle. Im Topf links wird die Molke durch ein Tuch abgetropft; hinten hängt ein Mullsäckchen mit Joghurt. Im Tonkrug Sauermilch zur Bereitung von Hüttenkäse.*
Gewürzte Butter und selbstgemachten Käse kann man sowohl als Brotaufstrich wie auch zum Verfeinern von Speisen verwenden.

Klette, des Sumpfblättrigen Ampfers und der Roten Pestwurz, *Petasites hybridus* werden in manchen Gegenden immer noch als kühlende Verpackung um Butter und Käse gehüllt.

Labkäse

Man erhitzt 1 l Milch auf Körpertemperatur. Dann nimmt man sie vom Feuer, rührt 2 Teelöffel Kälberlab hinein und läßt sie 1 bis 2 Stunden stehen bis die Milch geronnen ist. Dann leert man die dicke Milch in ein sauberes Mulltuch und hängt es über Nacht so auf, daß die Feuchtigkeit abtropfen kann. Die Molke, die aus der Dickmilch herausgetropft ist, schmeckt erfrischend. Wenn die dicke Milch noch zu feucht ist, gibt man sie in ein Küchensieb, beschwert sie mit einem Teller und drückt sie so aus. Nicht pasteurisierte Milch schmeckt dabei besser, ist aber bei uns nur schwer zu bekommen. Homogenisierte Milch ist ungeeignet.

Rahmkäse

Statt Milch verwendet man dicke Sahne, Sonst wie Rezept »Labkäse«.

Cottage Cheese

Man rührt 1 Teelöffel Zitronensaft in 1 l Milch und läßt die Milch in einem Gefäß stehen, das mit einem Tuch bedeckt ist. Ist die Milch dick und sauer, gibt man 1 Teelöffel Salz daran und läßt sie über Nacht durch ein Mulltuch abtropfen.

Joghurt

Man bringt 1 l Milch zum Kochen und sterilisiert sie so. Dann läßt man sie auf Körpertemperatur abkühlen, rüht 1 Teelöffel Joghurt (selbst gemachten oder gekauften) darunter und läßt das Ganze 8 Stunden lang bei gleichbleibender Temperatur ziehen. Dazu kann man die Milch in eine Thermosflasche füllen, oder sie in einem zugedeckten Topf neben den warmen Ofen oder Herd stellen. Bei zu hoher Temperatur sterben die im Joghurt enthaltenen Milchsäurebakterien ab.
Auf dieselbe Art kann man Kefir herstellen. Man braucht auf 1 l Milch 4–6 TL Kefirkörner bzw. -knöllchen.

Joghurtkäse

Dabei handelt es sich nur um einfachen Joghurt ohne Geschmack, den man über Nacht in einem Mulltuch abtropfen läßt.

Eingetopfter Käse

Jeder harte Käse oder Schimmelkäse kann eingetopft werden. Mit einer luftdichten Schicht aus Butterschmalz versiegelt, kann er sich in der kühlen Vorratskammer sehr lange halten. Im Kühlschrank bedeckt man ihn mit Butter und Alufolie.

Pikanter Käse

175 g Joghurtkäse (siehe rechts oben)
175 g Labkäse (siehe rechts oben)
3 EL Olivenöl
4 Frühlingszwiebeln in feinen Ringen
Saft ½ Zitrone
2 EL feingehackte Fenchel-, Minze- und Korianderblätter
Pfeffer und Salz
½ TL Paprika
½ TL zerstoßene Kreuzkümmelsamen

Alle Zutaten werden miteinander vermischt, salzen und pfeffern. Den Käse schichtet man in die Schüssel und bestreut ihn mit Paprika und Kümmel.

Sieben-Kräuter-Käse

100 g grob geriebener Cheddarkäse
25 g Butter
3 gehäufte EL feingehackte, frische Kräuter nach Belieben
1 EL Sherry (Oloroso)
1 Prise gemahlene Muskatblüte
Pfeffer
zerlassenes Butterschmalz

Man schlägt den Käse und die Butter zu einer Creme und gibt die Kräuter dazu (viel Petersilie, Kerbel, Thymian und Schnittlauch, etwas weniger Garten- oder Winter-Bohnenkraut, Salbei und Estragon). Dann mischt man den Sherry, die Muskatblüte und Pfeffer nach Geschmack hinein. Man füllt die Masse in kleine Förmchen und deckt sie mit Butterschmalz und Folie zu.

Käse mit Bärlauch und Thymian

3 fein geschnittene Bärlauchblätter
1 EL feingehackter, wilder Thymian
etwa 175 g Labkäse (aus 1 l Milch, siehe oben)
⅛ l Sahne
Pfeffer und Salz
50 g gerösteter, grober Haferschrot

Man rührt die Lauchblätter und den Thymian unter den Käse, schlägt die Sahne steif und gibt sie an den Käse. Gut würzen! Dann formt man den Käse zu 2 oder 3 kleinen, zylindrischen Rollen, die man in dem goldgelb gerösteten Haferschrot wälzt, bis sie davon umhüllt sind. Diesen Käse muß man innerhalb von 2 Tagen verzehren.

Würzvorschläge für Weichkäse

Gehackter Thymian *(Thymus x citrodorus)*, Borretsch- und Süßdoldenblätter oder die Samen der beiden, garniert mit Borretschblüten.
Getrockneter Gelber Steinklee, Blütenblättersaft der Ringelblumen.
Geriebene Muskatnuß, gemahlener Zimt und eine Prise gemahlene Nelkeln. Fein gehackte Engelwurzblätter.
Blätter von Pferdeminze und duftenden Geranien.

Fisch

Alle Pflanzen, die in Küstengebieten vorkommen, passen gut zu Fisch. So würzt man Meeresfische mit Fenchel und Liebstöckel oder mit gedämpftem Pferdeeppich. Zu Süßwasserfischen passen Brunnenkresse, Minze, Sauerampfer und Thymian *(Thymus* x *citrodorus)* besonders gut.

Gebackener Fisch

Man umhüllt den Fisch mit Teig oder bäckt ihn in Folie oder unglasierten irdenen Gefäßen (Tontopf, Römertopf), weil so das volle Aroma und der Saft erhalten bleiben. Man gibt beim Backen Flöckchen grüner Butter darauf (Seite 182) oder würzt mit einem Sträußchen milder Kräuter.

Gebratener Fisch

Das Mehl oder die Semmelbrösel, die man zum Panieren des Fischs braucht, würzt man mit grob zerstoßenen Pfefferkörnern oder Fenchelsamen, Dillsamen oder Anis und brät den Fisch dann in Butter oder Öl.

Man kann auch auf den Fisch frisch geriebenen Meerrettich geben, den man mit zerlaufener Butter, Pfeffer und Salz verrührt hat.

Oder man brät den Fisch in einer Panade von Ei und Semmelbröseln und legt ihn auf eine vorgewärmte Platte. Dann verrührt man in der Pfanne bei niedriger Temperatur kleingehackte Kräuter, Sahne, Champignons und Zitronensaft. Vor dem Servieren gibt man diese Mischung über den Fisch. Sie vereinigen sich mit dem ausgetretenem Fischsaft zu einer delikaten Sauce.

Räucherfischpastete

Die Abfälle von 1 oder 2 Fischen
1 Glas Weißwein
1 TL weiße Pfefferkörner
1 Lorbeerblatt
je 100 g geräucherter Schellfisch, Räucherlachs, Forelle
200 g Butter
1 EL Mehl
1/8 l Sahne
Zitronensaft
Pfeffer und Salz
3 EL feingehackte Fenchelblätter

Aus den Abfällen kocht man mit Wein, Pfefferkörnern, Lorbeerblatt, einer Prise Salz und soviel Wasser, daß das Ganze bedeckt ist, einen Fischsud etwa 30 Minuten. Dann läßt man ihn durch ein feines Sieb ablaufen. In etwa 50 g von der Butter dünstet man vorsichtig die geräucherten Fische. Man läßt weitere 50 g Butter zergehen, verrührt das Mehl darin und füllt nach und nach unter Rühren mit dem Fischsud auf. Dann rührt man Sahne und Zitronensaft ein, zerhackt den Fisch fein und rührt ihn in die Sauce. Sorgfältig abschmecken! Man füllt die Masse abwechselnd mit dem Fenchel in eine längliche, gebutterte Pastetenform und beträufelt sie mit der restlichen zerlassenen Butter. Man serviert die Pastete noch warm mit dünnen Vollkornbrotscheiben.

Marinierter, ungekochter Fisch

500 g frische, helle Fischfilets z. B. Scholle oder Seezunge
4 EL Öl
1 Zwiebel in feinen Ringen
Saft einer Zitrone
1 TL Thymian (Thymus x *citrodorus)*
Pfeffer und Salz

Öl, Zwiebelringe, Zitronensaft, die Kräuter und Pfeffer und Salz vermischt man gut zu einer Marinade. Die Fischfilets schneidet man in feine Streifen. Man wendet sie in Marinade bis sie bedeckt sind und läßt sie einige Stunden kühlgestellt durchziehen. Sie werden weich und durchscheinend. Man serviert sie mit Butterbrot und grünem Salat als Vorspeise.

Konservieren von Fisch durch Beizen

Fisch dünsten, grillen oder paniert oder unpaniert braten. Abkühlen lassen und in eine saubere Schüssel mit Beize oder Marinande legen, (Seite 164). Makrelen, Heringe, Kabeljaufilets, Merlan und Lachs nehmen das Aroma an und halten sich im Kühlschrank eine ganze Woche.

Marinierter Lachs

4 Lachssteaks
6 schwarze Pfefferkörner
1 Lorbeerblatt
1/8 l Weißweinessig
2 EL Öl
1 Zwiebel in Scheiben
3 zerdrückte Knoblauchzehen
etwas Zitronenschale (ungespritzt)
6 zerdrückte Pimentkörner
2 Stengel frischer Dill
1/2 TL Salz

Man dünstet den Lachs vorsichtig mit Lorbeer und Pfeffer in gut 1 l Wasser, bis er weich ist. Dann nimmt man ihn heraus. Die Brühe läßt man mit den restlichen Zutaten 30 Minuten lang bei niedriger Hitze schwach siedend kochen. Danach gießt man sie lauwarm oder kalt über den Lachs und läßt das Ganze über Nacht ziehen.

Gedünsteter Merlan mit Kräutern

1,5 kg entgräteter, ganzer Merlan
1 Sträußchen frische oder getrocknete Kräuter: z. B. Minze, Zitronenmelisse, Koriander, Petersilienstengel, Fenchel, Thymian und etwas Gelber Steinklee
Zitronensaft
Meersalz und Pfeffer

Man bringt das Wasser im Dampftopf zum Kochen (unterer Einsatz). In den oberen Einsatz legt man die Kräuter, auf die man den Fisch gibt. Dann würzt man den Fisch mit Zitronensaft, Meersalz und etwas Pfeffer. Nun wird der Topf gut verschlossen und der Fisch 10–20 Minuten lang gedünstet.

Gedämpfter Fisch im Sud

1 gesäuberter, ganzer Fisch
oder Fischfilets (etwa 1,5 kg)
1 l Wasser (oder halb Weißwein)
und Wasser)
2 EL Wein- oder Obstessig
1 in Scheiben geschnittene, milde
Zwiebel oder 2 Schalotten
12 schwarze Pfefferkörner
6 Koriandersamen
1 Karotte in Scheiben geschnitten
1 Handvoll Fenchelstengel oder
Blätter
½ TL Salz

Aus allen Zutaten ohne den Fisch kocht man im unteren Einsatz des Dampftopfs in 45 Minuten einen Sud. Dann legt man den Fisch in den oberen Einsatz und dünstet ihn weich.

Geschmorter Aal mit Salbei

1 großer oder 2 kleine Aale
2 EL Öl
25 g Butter
1 Zwiebel, in feinen Ringen
250 g roher, geräucherter Schinken
in dünnen Scheiben
7 frische Salbeiblätter
1 Lorbeerblatt
6 zerdrückte Knoblauchzehen
Pfeffer
Saft von ½ Zitrone (ungespritzt)
⅛ l trockener Weißwein

Man schneidet den Aal in dicke Scheiben und brät sie in einer feuerfesten Kasserolle 5 Minuten lang in einer Mischung aus Öl und Butter braun. Dann legt man die Aalstücke auf eine vorgewärmte Platte. Die Kasserolle nimmt man vom Feuer und schichtet Zwiebeln, Schinken, Salbeiblätter und Lorbeerblatt hinein. Darauf gibt man die Aalstücke und träufelt dazwischen Knoblauch. Man würzt nun mit Pfeffer und Zitronensaft, gießt den Wein und Wasser oder Fischsud darüber bis das Ganze bedeckt ist. Man kocht es im offenen Topf einmal sprudelnd auf. Dann läßt man es etwa 45 Minuten lang bei schwacher Hitze sieden.

Gebackene Forelle mit Kräutern

4 gesäuberte Forellen (etwa 1 kg)
75 g Butter
100 g feingehackte Champignons
1 gehackte Knoblauchzehe
2 EL feingehackte, frische Kräuter:
Fenchel, Schnittlauch, Estragon und
Kerbel
etwas Zitronensaft
Pfeffer und Salz

In einem kleinen Topf läßt man 25 g Butter zergehen und dünstet darin etwa 4 Minuten lang die Pilze und den Knoblauch an. Nun gibt man die Hälfte der Gewürze, den Zitronensaft und Pfeffer und Salz hinzu. Man teilt die Mischung in vier gleiche Portionen und füllt die 4 Forellen damit. Jeden Fisch legt man jeweils auf ein Stück gefettete Folie oder gefettetes Papier, streut die restlichen Kräuter und die Butter in Flöckchen darüber, würzt sorgfältig mit Pfeffer und Salz und schließt die Folien zu kleinen Paketen. Man gart die Päckchen im Ofen bei Mittelhitze, 180° C / Stufe 2,etwa 30 Minuten lang. Man kann den Fisch auch in einem unglasierten Tontopf zubereiten; dann sollte man ihn außen nicht salzen, da er Saft zieht, der vom Ton aufgesogen wird.

Gebackener Hering mit Kohl und Thymian

4 entgrätete Heringe
1 kleiner, zerschnittener Kohlkopf
2 EL Thymian (Thymus x citrodorus)
1 große, milde Zwiebel in Ringen
1 großer Apfel in Scheiben
25 g Butter
1 TL Kümmelsamen
½ TL Salz
Pfeffer
1 EL Obstessig
4 EL scharfer Senf

Die Zwiebel- und Apfelstücke werden in einer feuerfesten Kasserolle oder in einem Topf 5 Minuten lang in Butter gedünstet. Dann rührt man den Kohl, den Kümmel, die Hälfte des Thymians sowie Pfeffer und Salz darunter und läßt das Ganze weitere 5 Minuten lang dünsten. Nun gießt man ⅛ l Wasser und den Essig dazu und läßt einmal aufkochen. Die Fische füllt man mit Senf und Thymian und drückt sie dann wieder zu, gibt sie unter das kochende Gemüse und verschließt die Kasserolle oder den Topf gut. Nach etwa 45 Minuten ist das Gericht fertig; es wird heiß mit Pellkartoffeln oder auf dem Blech gebackenen jungen Schalkartoffeln und saurem Rahm serviert.

Gegrillter Kabeljau mit Anis und Joghurt

4 gesäuberte kleine oder 1 großer
Kabeljau (1,5 kg)
⅛ l Joghurt
3 EL Koriandersamen
4 schwarze Pfefferkörner
1 TL Paprika
Samen von 6 Kardamomschoten
2 Knoblauchzehen
2 Schalotten
1 EL Minze
1 EL frische Korianderblätter
Salz
2 EL Anissamen
50 g Butter

Mit einer Gabel sticht man mehrmals in die Fische ein. Koriandersamen, Pfefferkörner und Paprika werden in einer schweren, trockenen, heißen Pfanne erwärmt und dann im Mörser zusammen mit Kardamomsamen, Anis, Knoblauch, Zwiebelwürfeln, Minze, Korianderblättern und Salz zerquetscht. Danach rührt man den Joghurt hinein. Mit dem Brei bestreicht man die Haut der Fische und läßt sie so mindestens 1 Stunde ziehen, bis das Aroma voll eingedrungen ist. Nun streut man Butterflöckchen darüber und grillt die Fische rasch in etwa 15 Minuten, jetzt bei schwächerer Hitze. Dabei begießt man sie häufig mit dem heruntertropfenden Saft. Man serviert sie mit Folienkartoffeln und Salat.

Gebackene Schollenfilets mit Dill

4 große Schollenfilets
1 EL gehackte Dillblätter
75 g Butter
1 EL gehackte Minze
1 EL gehackter Kerbel
ein paar gehackte Estragonblätter
50 g Semmelbrösel
Pfeffer und Salz
je 2 EL Öl und Butter

Man läßt die Butter zergehen, nimmt sie vom Herd und rührt die Kräuter ein. In dieser Mischung wendet man die Schollen. Dann paniert man sie mit den Semmelbröseln, die man mit Pfeffer und Salz gewürzt hat. Man brät die Fische in Öl oder Butter und serviert sie mit grünem Salat.

Zur Forelle passen Brunnenkresse, Sauerampfer, Minze oder Schnittlauch besonders gut.

Fleisch, Geflügel, Wild

Fleisch

Mit Kräutern und Gewürzen gebratenes Fleisch schmeckt auch kalt aufgeschnitten hervorragend. Braten, ob kalt oder heiß serviert, erhält durch würzige Kräutersaucen seine Vollendung.

Kaltes Roastbeef
Dazu paßt Meerrettichsahne: ungesüßt geschlagene, mit Meerrettich und einigen Tropfen Weinessig gewürzte Schlagsahne.

Lammbraten
Dazu paßt eine Zwiebelsauce, mit schwarzem Pfeffer und Muskatnuß gewürzt.

Schweinebraten
Aus gehacktem Knoblauch, zerkleinerten Dillblättern oder Dillsamen, Petersilie, Bohnenkraut, Ysop, Pfeffer und Salz, Olivenöl und frischen Semmelbröseln stellt man einen Brei oder eine Füllung her.

Gebackener Schinken oder Speck
Man vermischt gehackten Thymian, Kümmelblätter, gemahlenen Piment, Senf, Pfeffer und frische Semmelbrösel mit verrührtem Ei und stellt daraus einen aromatischen Brei her, in den man Schinken und Speck vor dem Backen drückt.

Rindfleisch geschmort

1 kg mageres Rindfleisch
250 g roher, geräucherter Schinken in Würfeln
2 Karotten in Scheiben
1 Zwiebel, in Ringe geschnitten
4 grobgehackte Tomaten
2 EL Olivenöl
Bouquet garni (Seite 162)

MARINADE
1/8 l Olivenöl
2 Schalotten in Ringen
2 zerdrückte Knoblauchzehen
1 Stengel gehackter Sellerie
1 Karotte in Scheiben
1/8 l Rotwein
8 zerstoßene schwarze Pfefferkörner
4 zermahlene Koriandersamen
Kräutersträußchen, in dem sich Thymian und etwas Orangenschale befindet
1 TL Salz

ZUM GARNIEREN
2 EL gehackte Petersilie
12 schwarze Oliven

Für die Marinade erhitzt man das Öl und dünstet darin Schalottenringe, Knoblauch, Sellerie und Karotten 10 Minuten lang. Dann gibt man die restliche Marinadezutaten daran, läßt alles 30 Minuten lang bei schwacher Hitze kochen und dann abkühlen. Das magere Rindfleisch schneidet man in große Stücke und mariniert es mindestens 12 Stunden.

In eine tiefe, feuerfeste Kasserolle gibt man zuerst das Olivenöl, dann Schinken, Zwiebeln, Tomaten und das Fleisch in genau dieser Reihenfolge. In die Mitte legt man das Gewürzsträußchen. Dann läßt man das Ganze bei schwacher Hitze 15 Minuten durchschmoren. Danach füllt man etwa 1 Tasse voll von der abgeseihten Marinade darüber und erhitzt das Gericht zugedeckt, bis die Schmorflüssigkeit fast kocht. Dann stellt man die verschlossene Kasserolle in den schwach vorgeheizten Ofen 140° C/Stufe 1 und läßt sie in mindestens 4 bis 5 Stunden ganz langsam garen. Zum Servieren nimmt man das bouquet heraus und garniert das Gericht mit der Petersilie und den Oliven. Dazu passen alle Sorten Teigwaren sowie Reis oder Brot.

Lammbraten mit Kümmel

Für 6–8 Personen
1000–1200 g Schulter oder Keule (ohne Knochen)
2 EL zerstoßene Kreuzkümmelsamen
4 Knoblauchzehen in Stiften
1/2 gehackte Zwiebel
2 EL Olivenöl, 25 g Butter
1 Prise gemahlene Lorbeerblätter
Pfeffer und Salz

Man spickt den Braten mit dem gestiftelten Knoblauch und sticht – entgegen allen sonstigen Regeln – das Fleisch mit einer Gabel überall an. Die restlichen Zutaten werden zu einem Brei vermischt, den man auf dem Fleisch verstreicht. Man stellt es einige Stunden lang zugedeckt kühl, damit das Aroma der Kräuter einziehen kann. Das Lamm wird bei großer Hitze, 220° C/Stufe 4, in Butter angebraten. Dann schaltet man die Hitze zurück und brät es bei 180° C/Stufe 2 fertig. Man kann gegen Ende der Garzeit Kartoffelscheiben und Zwiebeln zu dem Lamm in die Bratpfanne geben; sie nehmen den Bratensaft auf.

Lammgulasch mit Safran

1 kg Lammschulter, in Würfel geschnitten
6 EL Öl
1 Prise gemahlener Safran
3–4 gehackte Zwiebeln
1 TL zerstoßener Koriandersamen
1 TL zerstoßener schwarzer Pfeffer
1 TL Salz
1/4 TL Gelbwurz (Kurkuma)
1 TL geriebene Orangenschale (ungespritzt)
1 TL Mehl
Saft von 1/2 Orange
etwa 1/4 l Bouillon
1/8 l saure Sahne

In heißem Öl dünstet man die Zwiebeln glasig und brät darin das Fleisch unter Rühren an. Dann verrührt man die Gewürze darin, stäubt das Mehl darüber und gießt mit soviel heißer Bouillon auf, daß die Flüssigkeit etwa fingerhoch den Topfboden bedeckt. Man schmort das Gulasch in etwa 90 Minuten zugedeckt gar, fügt den Orangensaft bei und schmeckt herzhaft ab. Man läßt es einmal sprudelnd aufkochen. Dann nimmt man es vom Herd und rührt die saure Sahne darunter. Man serviert es mit Reis oder Brot.

Geschmorter Schweinebraten mit Quitten und Koriander
1 kg Schweinebauch in dicken Scheiben
2 EL Mehl, verm. mit Pfeffer und Salz
2 EL Öl
2 Zwiebeln in Ringen
1 Sträußchen Korianderblätter, gehackt
1 Lorbeerblatt
1/8 l Rotwein oder Bouillon
3 geschälte, entkernte Quitten in Scheiben
Pfeffer und Salz
Die Fleischscheiben werden mit dem gewürzten Mehl paniert und im heißen Öl zusammen mit den Zwiebeln gut angebräunt. Dann fügt man Korianderblätter und Lorbeer bei, gießt bei hochgeschalteter Hitze langsam den Rotwein neben, nicht auf das Fleisch, und schaltet dann zurück. Bouillon wird heiß dazugegossen, hier entfällt das zusätzliche Aufheizen. Man schmort das Fleisch auf schwacher Hitze etwa 30 Minuten lang vor, dann fügt man die Quitten bei und schmort alles gar. Nach etwa 1 Stunde ist das Fleisch gar, die Quitten haben fast alle Flüssigkeit aufgesogen, so daß das Fleisch herb-würzig schmeckt.

Geflügel

Ein zartes, junges Hähnchen, gebraten oder gegrillt, sollte man nur sparsam würzen; etwas Knoblauch, Salz und vielleicht Zitrone sind ausreichend. Ein Suppenhuhn dagegen verlangt eine kräftige Brühe. Man kocht es mit Zwiebeln, Pfefferkörnern und Salz und gibt ein Kräutersträußchen dazu. Zum Schmoren legt man das Huhn am besten auf ein Gemüsebett mit reichlich frischen Kräutern. Füllt man Geflügel, dürfen Kräuter in der Füllung nicht fehlen. Besonders geeignet sind hier Thymian, Majoran, Fenchel, Salbei, Beifuß und Minze.

Estragonfüllung für Huhn
1 EL gehackte, frische Estragonblätter
50 g weiche Butter
1 zerdrückte Knoblauchzehe
Zitronensaft
Pfeffer und Salz
Alle Zutaten mischen und abschmekken. (Für ein 2 kg schweres Huhn).

Selleriefüllung für Huhn
2 gehackte Selleriestengel
1 kleine, gehackte Zwiebel
25 g Butter
die klein gehackte Hühnerleber
20 g Semmelbrösel
frischer Thymian
1 EL gehackte Sellerieblätter
1 EL gehackte Kümmelblätter
1 verquirltes Ei, Pfeffer und Salz
Sellerie und Zwiebeln werden in der Butter weich gedünstet. Dann läßt man darin die Leber unter Rühren Farbe nehmen. Nun nimmt man den Topf von der Kochstelle, mischt die restlichen Zutaten darunter und würzt nach Geschmack.

Fenchelfüllung für Huhn
2 EL gehackter Gemüsefenchel
50 g fein gewürfelter, gekochter Schinken
25 g Butter
gemahlener, schwarzer Pfeffer
Fenchelwürfel in Butter andünsten, mit dem Schinken mischen und würzen. Brät man das Huhn auf dem Rost, kann man es auf getrocknetes Fenchelkraut legen.

Kräuterfüllung für Gans
250 g Semmelbrösel
100 g feingehackter Schinken
2 Eier
1 feingehackte Zwiebel
250 g feingehackter Sellerie
3 EL fein gehackter Thymian, Petersilie, Majoran und Salbei
1 TL gehackte Beifußspitzen
1 TL geriebene Zitronenschale ungespritzt
Pfeffer und Salz
Aus allen Zutaten mischt man eine kräftig abgeschmeckte Füllung. (Für eine etwa 4 kg schwere Gans).

Huhn in Chilliesauce
1 zerlegtes Huhn (etwa 2 kg)
1 rote Chillie, ohne Kerne, feingeschnitten
3 flachgedrückte Knoblauchzehen
250 g durchwachsener Räucherspeck, gewürfelt
3 El Öl
25 g mit Pfeffer und Salz gewürztes Mehl
2 rote Paprikaschoten in Ringen
1 Zwiebel in Ringen
4 grobgehackte Tomaten
1/2 Glas Rotwein oder Wasser
2 TL Paprika
je 1/4 TL Cayennepfeffer, Safranpulver
Pfeffer und Salz
In einer feuerfesten Kasserolle werden Knoblauch und Speck in Öl ein paar Minuten lang angebraten. Das Hühnerfleisch paniert man dünn in dem Mehl und brät es in der Kasserolle unter Wenden goldgelb. Dann legt man es auf eine vorgewärmte Platte. In dem Bratfett schmort man jetzt Chillie, Paprikaschote und Zwiebel vorsichtig weich. Nun das Hühnerfleisch und die restlichen Zutaten 1½ Stunden gar schmoren und abschmecken.

Ente mit Minze
1 küchenfertige Ente (etwa 2,5 kg)
1 Sträußchen frische Minze (Mentha suaveolens) und Majoran
50 g Butter
1/4 l Bouillon oder Weißwein
500 g grüne, ausgepalte Erbsen
2 Kopfsalat, geviertelt
Pfeffer und Salz
je 1 Prise Muskatnuß und -blüte
Zitronensaft
frische Minze zum Garnieren
Die Ente wird in schäumender Butter ringsum angebräunt und dann das Fett abgegossen. Inzwischen hat man die Bouillon oder den Wein erhitzt. Man begießt die Ente damit und läßt die Flüssigkeit 2–3 Minuten sprudelnd kochen. Dann gibt man Erbsen, Salatviertel und Kräuter dazu und würzt mit Pfeffer und Salz. In dem Sud läßt man die Ente zugedeckt bei schwacher Hitze in etwa 2 Stunden langsam gar werden. Dann legt man sie in eine vorgewärmte Schüssel. Man fischt die Kräuter heraus und entfettet die Brühe (Küchenkrepp). Sie wird mit Muskatnuß, Muskatblüte, Zitronensaft und Salz gewürzt, dann über die Ente gegossen und mit Minze garniert.

Wild

Wildbret ist eiweißreich und fettarm, daher gut verdaulich und außerordentlich gesund. Kaufen Sie es nur in einem Fachgeschäft, das für sachgemäße Lagerung (gut abgehangen) garantiert. Früher, als man keine Konservierungsmöglichkeit hatte, wurde Wildfleisch stets gebeizt. Heute dagegen sollte man nur mit etwas streng schmeckendem Wild so verfahren (z. Wildschwein oder Gemse). Gut paßt Sherry zu Hase, Portwein zu Reh, Apfelmost zu Wildtaube.

Hasenbraten mit Sellerie

1 zerlegter Hase
1 geschälte Sellerieknolle in Scheiben
Beize nach Wahl (Seite 164)
1 EL Bratfett
2 EL Mehl
1/8 l Sherry oder Bouillon
1 Lorbeerblatt, 1 EL Senf
1 TL Liebstöckelsamen
8 Lauchstangen in Scheiben
250 g Champignons
Pfeffer und Salz

Das Fleisch 24 Stunden beizen, abtupfen und rundum anbräunen. Man verrührt das Mehl in Bratenfett und fügt Sherry und etwas Beize bei und kocht eine glatte Sauce. Mit Lorbeer, Senf und Liebstöckel abschmecken. Einen tiefen Topf mit den Lauch- und Selleriescheiben, den Champignons, Pfeffer und Salz gewürzt, auslegen und die Hasenstücke dazugeben. Mit Sauce übergießen und bei 150° C 3 Stunden garen.

Gefüllte Tauben in Kohl

4 Tauben
12 große Kohlblätter
4 große Scheiben fetter Speck
1 EL Mehl
25 g Butter

MARINADE

1/4 l Apfelmost
2 EL Öl
etwas Orangenschale (ungespritzt)
Gewürzsträußchen (Seite 162)
Salz und Pfefferkörner

FÜLLUNG

75 g Perlgraupen
2 EL gehackte Petersilie und Thymian
1/2 feingehackte Zwiebel
25 g zerlassene Butter
Pfeffer und Salz

In der aus allen Zutaten gerührten Marinade läßt man die Tauben unter häufigem Wenden einige Stunden ziehen. Für die Füllung kocht man die Perlgraupen in Wasser weich, gießt sie ab, vermischt sie mit Kräutern und Zwiebeln und würzt mit Pfeffer und Salz.

Zum Füllen nimmt man die Tauben aus der Marinade, tupft sie mit Küchenkrepp trocken, füllt sie und umwickelt jede Taube mit einer Speckscheibe. Die Kohlblätter werden kurz in kochendem Wasser blanchiert bis sie schlaff sind. Dann umhüllt man jede Taube mit 3 Kohlblättern und legt sie in einen leicht gefetteten Bratentopf. Man gießt die durchgeseihte Marinade dazu und kocht die Tauben zugedeckt bei niedriger Temperatur etwa 1–2 Stunden. Sobald das Fleisch sich von den Knochen lösen läßt, legt man die abgetropften Tauben auf eine vorgewärmte Platte und entfernt die Kohlblätter. Man hackt sie klein oder püriert sie und bindet mit ihnen den im Topf verbliebenen Sud zu einer glatten Sauce, in der man zuletzt noch die Butter schmelzen läßt. Man serviert die Tauben mit der Sauce übergossen.

Kalte Fleischgerichte

Kälte bindet das Aroma, daher braucht Fleisch für einen kalten Braten eine kräftigere Würze als heiß serviertes. Zum Einpökeln, für Pasteten und Terrinen und bei den Füllungen von Rollbraten für die kalte Küche geben Thymian, Majoran, Wacholder, Lorbeer und andere Gewürze den Gerichten ein volleres Aroma. Auch kalte Braten, sei es Rind, Schwein oder Hammel können sehr gewinnen, wenn man sie mit vielen Kräutern und Gewürzen zubereitet.

Gut gewürzt sind diese Fleischgerichte auch länger haltbar, so daß man manches in einem Arbeitsgang auf Vorrat zubereiten kann. Pasteten und Terrinen (Schüsselpasteten) füllt man in mit Speckscheiben ausgelegte Gefäße, drückt den Pasteteteig fest hinein und schließt die fertige Pastete mit einer Schicht zerlassenem Butterschmalz luftdicht ab. Ein kalter Braten oder eine selbstbereitete Pastete aus dem Vorrat können zu einer Delikatesse werden, wenn die Zubereitung sorgfältig und sachkundig erfolgt. Auch hier empfiehlt sich das vorherige Beizen. Soll das Fleisch für eine Pastete oder Terrine ganz besonders zart werden, beschwert man es beim Beizen z. B. mit einem aufgelegten Teller.

Pasteten und Galantinen für ein kaltes Buffet. Hinten: Hasenpastete mit Backpflaumen. Rechts: Ente, gewürzt mit Wacholderbeeren und Piment. Links: Schinken in Petersiliengelee. In den kleinen Töpfen (Mitte): Gewürzterrinen

Deftige Würzterrine

1 kg Schweinebauch
je 1/4 TL gemahlene Muskatblüte und -nuß
2 EL feingehackte, frische Kräuter z. B. Petersilie, Thymian Basilikum und Salbei
1 EL Weinbrand (falls erwünscht)
1 TL Salz, Pfeffer

Schweinebauch, Gewürze und Kräuter werden zusammen durch den Fleischwolf gedreht, mit einer Gabel gut vermischt, mit Weinbrand nach Wunsch und mit Salz und Pfeffer kräftig gewürzt. Man preßt die Hackfleischmasse fest in kleine, feuerfeste Steinguttöpfchen, stellt sie in das mit Wasser gefüllte Bratenblech des Backofens und gart sie darin in 45 Minuten bei 180° C/Stufe 2. Dabei bildet sich auf den Terrinchen eine Fettschicht, in die man, so lange sie noch flüssig ist, jeweils ein Zweigchen Thymian drückt. Die abgekühlten Terrinchen verschließt man mit Folie oder Einmachcellophan; sie halten sich im Kühlschrank mindestens 1 Woche lang.

Hasenpastete mit Kräutern und Pflaumen

1 Hase, küchenfertig
50 g gehackter, roher Speck
500 g Schweinebauch, gehackt
½ gehackte Zwiebel
1 gehackte Knoblauchzehe
1 TL gemischte Gewürze
1 Tl gemahlener Piment
Pfeffer und Salz
3 EL frische grüne Kräuter, wie z. B. Petersilie, Kümmel, Schnittlauch oder Thymian
100 g über Nacht eingeweichte Trockenpflaumen

MARINADE

6 EL Olivenöl
1 EL Essig
1 EL Lavendelblätter
Pfeffer und Salz

SÜLZ-BRÜHE

1 gespaltener Schweinsfuß
1 ungeschälte Zwiebel, in die man 2 Knoblauchzehen steckt
1 gehackte Karotte
bouquet garni (Seite 162)
etwas Orangenschale (ungespritzt)
1 TL Pfefferkörner

TEIG

175 g Schweineschmalz
450 g gesiebtes Mehl
1 TL Salz

Man löst das Fleisch von den Knochen. Dann vermischt man die Zutaten für die Marinade, gibt das Hasenfleisch hinein und läßt es über Nacht darin ziehen. Die Knochen kommen zusammen mit den Zutaten für die Sülze in einen großen Topf. Man bedeckt sie mit kaltem Wasser, und kocht sie schwach siedend 3 bis 4 Stunden aus. Dann seiht man sie durch und läßt die Sülze abkühlen und erstarren.

Am nächsten Tag nimmt man die größeren Fleischstücke aus der Marinade, schneidet sie in Scheiben und legt sie beiseite. Das restliche Fleisch dreht man zusammen mit Schweinefleisch, Speck, Zwiebeln und Knoblauch durch den Fleischwolf, mischt dann die Gewürze darunter und schmeckt mit Pfeffer und Salz ab. In einer anderen Schüssel vermengt man die gehackte Hasenleber mit den grünen Kräutern und den entsteinten Pflaumen.

Nun stellt man den Pastetenteig her. Das Schweineschmalz bringt man mit knapp ¼ l Wasser zum Kochen und gießt es heiß und unter ständigem Rühren nach und nach an das gesalzene Mehl und rührt alles zu einem glatten Teig; er muß 10 Minuten lang abkühlen. Etwa ¾ des Teiges rollt man etwa 6 mm dick aus und legt damit eine Pasteten- oder Kuchenform mit Springformboden aus. Da hinein kommt zuerst die Hackfleischmischung, dann die Leber, die Kräuter und die Pflaumen und zum Schluß die großen Hasenfleischstücke. Aus dem restlichen Teig rollt man den Pastetendeckel aus, legt ihn auf und drückt ihn am Rande gut fest. Dann bestreicht man die Pastete mit verquirltem Ei. In die Mitte des Deckels schneidet man eine markstückgroße Öffnung, in die man ein »Ofenrohr« aus Alufolie steckt; durch diesen Schornstein kann beim Backen der Dampf entweichen. Dann bäckt man die Pastete im vorgeheizten Ofen 30 Minuten lang bei 20° C/Stufe 3, danach weitere 90 Minuten bei 160° C/Stufe 1. Aus der fertigen, noch lauwarmen Pastete entfernt man den Schornstein. Jetzt erwärmt man die Sülze, bis sie wieder fließt und füllt durch das Loch im Deckel soviel davon in die Pastete, wie diese aufnimmt. Man läßt die Pastete ganz abkühlen und stellt sie bis zum nächsten Tag kalt.

Schinken in Petersiliensülze

1,5 kg gekochter Schinken
5 EL gehackte Petersilie
1 Kalbshaxe
1 gespaltener Schweinsfuß
1 gehackte Zwiebel
1 gehackte Karotte
1 gehackte Tomate
1 Schweineschwarte
⅛ l Weißwein
1 zerdrückte Knoblauchzehe
4 Wacholderbeeren
1 Sträußchen bouquet garni (Seite 162)
½ TL Salz
6 schwarze Pfefferkörner

Mit Ausnahme des Schinkens und der Petersilie bringt man alle Zutaten mit kaltem Wasser bedeckt langsam zum Kochen und verkocht sie schwach siedend 3 bis 4 Stunden lang. Nun seiht man die Brühe durch und läßt sie durch Abkühlen zu Sülze gelieren.

Den gekochten Schinken schneidet man in größere Stücke. Von der Sülze hebt man das erstarrte Fett ab und zerläßt es in einem Topf. Man rührt dann den Schinken und die Petersilie darunter, schmeckt die Masse ab und leert sie in eine mit kaltem Wasser ausgespülte Form. Man stellt das Ganze kühl und läßt die Sülze gelieren. Dann stürzt man sie auf eine Platte, hebt die Form ab und schneidet die Sülze in Scheiben, damit das rosa und grüne Muster gut zur Geltung kommt.

Gewürztes kaltes Fleisch

2 kg Bratenfleisch oder 1 große Ente
1 Glas Wein
2 gespaltene Schweinsfüße
1 gehackte Zwiebel
1 gehackte Karotte
2 Lorbeerblätter
2 zerdrückte Knoblauchzehen
1 Sträußchen bouquet garni (Seite 162)

GEWÜRZMISCHUNG

1 EL grobes Salz
10 Pfefferkörner, zerdrückt
10 Wacholderbeeren und 6 Pimentbeeren, zerrieben
½ TL gemahlene Nelken

Das bratfertig vorbereitete Fleisch von der Ente sticht man (ausnahmsweise) ringsum mit einer Gabel ein, damit das Aroma der Gewürze besser eindringt. Dann bereitet man aus den angegebenen Zutaten die Gewürzmischung und streicht sie über das Fleisch oder die Ente, die man zugedeckt über Nacht kühlstellt.

In einem großen Topf bringt man 3 l Wasser zum Kochen, gibt das Fleisch hinein, läßt nochmals aufkochen und dann bei zurückgeschalteter Hitze siedend garen und in der Brühe abkühlen. Dann hebt man die oben schwimmende Fettplatte ab, nimmt das Fleisch heraus und seiht die Brühe durch. Man kann sie im offenen Topf auf die Hälfte einkochen oder daraus mit Gelatine (Menge und Verwendung laut Pakkung) eine Sülze bereiten und das kalte Fleisch damit überziehen. Oder man serviert sie als Bouillon und reicht zum kalten Fleisch eine Cumberlandsauce (Seite 169).

Kühl aufbewahrt hält sich die Sülze mindestens eine Woche lang.

Kochen im Freien

Barbecues

Beim Kochen im Freien sind Kräuter ganz besonders wichtig. Man kann z. B. wild wachsende Kräuter an frisch geangelten Fisch oder an Wild geben oder im Garten ein Barbecue mit scharfen, würzigen Saucen veranstalten. Der würzige Duft von verbranntem Holz durchdringt dabei zusätzlich die Speisen.
Ganze Büschel von Thymian, Rosmarin, Majoran und Fenchel, frisch oder getrocknet, Wacholderzweige, Myrte und Lorbeer verleihen den Speisen ein intensives Aroma. Auch die französische *grillade au fenouille* geht auf ein solches Barbecue zurück; dabei wird ein großer, gegrillter Fisch kurz vor dem Servieren mit Cognac übergossen und auf getrockneten Fenchelstengeln flambiert.

Braten nach Räuberart

Beim Fleischbraten über offenem Feuer besteht immer die Gefahr, daß große Stücke außen bereits kurz vor dem Verkohlen, innen aber noch roh sind. Das läßt sich verhindern, wenn man das Fleisch mit einer Hülle von aromatischen Kräutern und Blättern umgibt, in eine flache Vertiefung gräbt und dann mit einer Erdschicht bedeckt, auf der man ein paar Stunden lang ein kleines Feuer brennen läßt. So wird das Fleisch gar und ist gleichzeitig köstlich gewürzt. Diese Methode soll angeblich häufig von Räubern verwendet worden sein.

Braten über einer Grube

In Polynesien brät man Fleisch und Fisch in einer Grube, die mit Steinen ausgelegt ist. Man entfacht das Feuer auf den Steinen, läßt es herunterbrennen und legt die dicht verpackten Speisen in die Reste der Glut. Hühner- und Schweinefleisch werden in Bananenblätter gewickelt, Fisch in Seetang. Die Zigeuner z. B. pflegten kleinere Tiere (Igel galt als Delikatesse), Fleischstücke und Fisch mit Lehm umhüllt in der Glut zu garen.

Grillen mit Holzkohle

Holzkohle mit ihrer gleichmäßigen Hitze ist ideal zum Kochen im Freien. Aber auch Hartholz, das gut trocken ist und daher relativ wenig Rauch entwickelt. Das Feuer muß man frühzeitig entfachen, denn man muß mit der Zubereitung der Speisen warten, bis es nur noch glimmt, und der Grill muß unbedingt gefettet sein.

Huhn nach Zigeuner-Art

1 Huhn (etwa 2 kg)
100 g Butter
Saft ½ Zitrone
1 zerdrückte Knoblauchzehe
1 EL Thymian (Thymus x *citrodorus)*
2 TL gewürztes Salz (Seite 160)

Man bereitet aus Butter, Zitrone, Knoblauch, Thymian und Salz eine Füllung und gibt sie in das Huhn. Das Huhn außen nicht salzen, sonst verliert es bei dieser Garungsart den Saft. Man bestreicht das Huhn dick mit weicher Butter und umwickelt es in mehreren Schichten mit Pergamentpapier. Dann umgibt man es luftdicht mit einer dikken Packung feuchtem Lehm, den man in Paketform drückt. Zur Not kann man auch einen unglasierten, gut vorgewässerten Tontopf (Römertopf) verwenden. Man gräbt eine flache Grube und entzündet darin ein Feuer. Ist es herabgebrannt, versenkt man das verpackte Huhn in der Glut und schiebt auch Glut darüber. Dann bedeckt man das Ganze mit einer Erdschicht, sorgt aber noch für ausreichend Luftzutritt. Nach 3 Stunden ist das Huhn in der Glut durchgegart und die Lehmhülle hart gebrannt. Man bricht sie über einer Schüssel auf, in der man den ausgetretenen Bratensaft auffängt. Als Beilage zu diesem delikaten Gericht kann man nebenbei Paprikaschoten grillen. Fettes Geflügel wie Ente oder Gans sollte man bei dieser Methode zuvor 10 Minuten anbraten, dann unter Keulen und Flügeln mehrfach einstechen und das ausgetretene Fett auffangen. Erst jetzt umgibt man es mit der Packung.

Huhn am Spieß nach indonesischer Art

1 junges Hähnchen oder 1 Poularde
3 Schalotten in Ringen
3 gehackte Knoblauchzehen
1 TL geriebener, frischer Ingwer
1 TL gemahlener, schwarzer Pfeffer
1 TL Kreuzkümmelsamen
½ TL Gelbwurz (Kurkuma)
1 TL Zitronensaft
100 g ungesüßte Kokosraspel
knapp ½ l Wasser
1 Zweigchen Basilikum
Salz

Entlang dem Brustbein halbiert man das Huhn (in Indonesien läßt man es allerdings ganz und brät es am Spieß). Schalotten, Knoblauch und Ingwer werden zusammen gemischt; dann gibt man Pfeffer, Kümmel, Gelbwurz und Zitronensaft darunter. Mit dieser Mischung bestreicht man das Huhn und läßt sie einige Stunden einziehen. Die Kokosraspel weicht man 30 Minuten in Wasser ein. Dann seiht man die Kokosmilch durch und drückt dabei auch die Raspel noch gut aus. Man kocht die Kokosmilch mit Wasser, Basilikum und etwas Salz auf, gibt das Huhn hinein und läßt es schwach siedend fast gar werden; das Fleisch muß noch fest an den Knochen sein. Dann nimmt man das Huhn heraus, tupft es mit Küchenkrepp trocken und grillt es über Holzkohle knusprig braun. Ab und zu mit dem Kokos-Sud begießen. Durch das Vorgaren ist die Grillzeit relativ kurz. So zubereitet trocknet Hühnerfleisch nicht im geringsten aus, und in dem saftigen Fleisch entfalten sich die einzelnen Gewürze besonders harmonisch.

Spanferkel nach Räuberart
1 Spanferkel
10 Knoblauchzehen
100 g frische Ingwerwurzeln
Saft von 5 Zitronen
⅛ l Sojasauce
Pfeffer
Salz
Zweige und Sträußchen mit aromatischen Kräutern
Knoblauch und Ingwer werden zerrieben und mit Zitronensaft, Sojasauce und viel grobem Salz und schwarzem Pfeffer vermischt. Das Spanferkel reibt man innen und außen mit der Mischung ein und läßt sie über Nacht einziehen. Zum Braten hebt man eine Grube aus, die etwas größer als das Spanferkel ist, und kleidet sie mit Steinen aus. Darin entfacht man das Feuer. Nach 4 bis 5 Stunden, wenn genügend Glut und Asche vorhanden ist, erhitzt man darin einige faustgroße Kiesel und füllt sie in das Ferkel. Man schiebt jetzt Glut und Asche beiseite, bedeckt den Boden der Grube mit aromatischen Kräutern wie Rosmarin, Myrte, Fenchel und Lorbeer und gibt das Spanferkel hinein. Darüber schichtet man wieder viele Kräuter und Zweige, verteilt die heiße Asche darüber und deckt die Grube schließlich mit einer Erdschicht oder mit einem Stück Wellblech ab. Das Spanferkel muß darin etwa 5 Stunden lang braten. Dann verzehrt man es mit gewürztem Reis und Salat aus roten Paprikaschoten oder mit Kartoffeln, die man in der Schale in die Glut gelegt hat. Das Spanferkel reicht je nach Größe für etwa 16–20 Personen. Auch Clams (große Muscheln) lassen sich so zubereiten.

Gegrillte Spareribs
1,5 kg nicht zu fette Schweinerippchen
2 gehackte Zwiebeln
2 gehackte Knoblauchzehen
2 EL Olivenöl
6 EL Tomatenmark
3 EL Rotweinessig
⅛ l Rotwein oder Bouillon
1 EL brauner Zucker
1 TL Senf
2 EL gehackter Thymian
1 EL gehacktes Basilikum
Pfeffer und Salz
Zwiebeln und Knoblauch dünstet man 10 Minuten lang in dem heißen Olivenöl. Dann rührt man das Tomatenmark und den Essig darunter und kocht die Masse 2 Minuten lang ein. Man rührt den Rotwein oder die Bouillon darunter und gibt die restlichen Würzutaten bei. Das Ganze verkocht man zugedeckt 15 Minuten lang. Die abgekühlte Würzsauce gießt man über die Spareribs und läßt sie mindestens 1 Stunde darin ziehen. Vor dem Grillen werden die Spareribs trockengetupft.

Würzpüree für Braten am Spieß
1 kg grob zerkleinerte Tomaten
1 gehackte Zwiebel
2 gehackte Knoblauchzehe
1 Prise Salz
2 EL Olivenöl
1 TL zerriebene Kreuzkümmelsamen
1 TL grob gemahlener, schwarzer Pfeffer
1 TL Salz
Tomaten, Zwiebeln und Knoblauch dünstet man mit einer Prise Salz zugedeckt 15 Minuten lang. Dann püriert man sie (Sieb oder Mixer) und kocht das Püree ein paar Minuten im offenen Topf ein, bis es dick-breiig ist. Dann nimmt man es von der Kochstelle und mischt es mit Olivenöl und Kümmel, Pfeffer und Salz. Mit diesem Püree bestreicht man das Fleisch. Beim Braten auf dem Rost fängt man das heruntertropfende Bratenfett und den Bratensaft auf und begießt damit von Zeit zu Zeit das Fleisch. Mit diesem Würzpüree erhält Lamm am Spieß ein delikates Aroma; aber auch Rindfleisch.

Kebabs
In eine Beize für Lammfleisch (Seite 164) taucht man kleingeschnittene Fleischstücke von Lamm, Schwein, Rind, und auch von Fisch und steckt sie abwechselnd mit entsprechend zugeschnittenen roten Paprikaschoten, Zwiebeln und Champignons auf kleine Bratenspieße; dazu nach Belieben auch Lorbeerblatt. Dann grillt man die Spieße und beträufelt sie recht oft mit der Beize. Kebabs serviert man auf einem Petersilien- oder Kerbelbett mit Armenischem Brot (Seite 202), Joghurt und schwarzen Oliven.

Gegrilltes Gemüse
Man kann ganze Paprikaschoten, Auberginen und Tomaten grillen, bis ihre Schalen geschrumpft und spröde sind. Dann schält man sie ab und schneidet sie in Scheiben. Warm mit Olivenöl, Zitronensaft und Salz servieren!

Gegrillter Fisch mit Knoblauch
1 großer Fisch (küchenfertig 1,5 kg)
2 gehackte Knoblauchzehen
3 EL Olivenöl
Meersalz
25 g Butter
Man bestreicht den Fisch ganz mit Öl und bestreut ihn mit Meersalz. Dann legt man den Fisch auf einen erhitzten, gut gefetteten Rost und grillt ihn über der Asche eines heißen Feuers oder auf dem Grill, wobei er öfters gewendet und gelegentlich mit Öl beträufelt werden muß, damit er nicht austrocknet. Den Knoblauch läßt man in schäumender Butter goldgelb werden, rührt den Zitronensaft in die Butter und gießt diese Sauce über den heißen Fisch.

Garnelen Satay
12 Garnelen oder Krebse, geschält
1 zerdrückte Knoblauchzehe
3 EL Sojasauce
1 TL brauner Zucker
1 EL Sherry
1 rote, gehackte Chillie ohne Kerne
Öl
¼ TL Salz
Alle Zutaten werden gut miteinander vermischt. Nur die Garnelen und das Öl läßt man zunächst beiseite. Dann gibt man die Garnelen dazu und mariniert sie ein paar Stunden lang. Ein paar Chilieschnitzel nimmt man heraus zum Garnieren. Die Garnelen steckt man auf den Spieß, bestreicht sie mit Öl und grillt sie, wobei sie fleißig mit der Marinade begossen werden. Man serviert sie auf frisch gekochten Fadennudeln.

Gegenüber: *Am Spieß dreht sich ein Rinderrollbraten, der mit einer Würze aus Tomaten und Kümmel eingerieben wurde. Auf dem Grillrost eine Meeräsche, die später auf Fenchel flambiert wird. Das Hühnchen hat eine Füllung mit Knoblauch und wurde im Ton ausgebacken.*

Körner- und Hülsenfrüchte

Ein Pilaf aus Körnerfrüchten, wie z. B. aus Weizen, Hafer oder Hirse, ist einfach herzustellen und schmeckt trotzdem köstlich. Man schmort die Körnerfrüchte ein paar Minuten lang bei mittlerer Hitze in Butter oder Öl an und bedeckt sie dann mit Brühe oder Wasser. Man läßt sie zugedeckt bei schwacher Hitze garen, bis sie alle Flüssigkeit aufgezogen haben und weich sind. Dazu reicht man knusprig gebratene Zwiebeln und Knoblauch, geröstete Mandeln und feine Streifen von frischem Ingwer oder bestreut sie mit gehackter Petersilie, Koriander- oder Minzeblättern und mit geriebenem Parmesankäse. Reis kann man schon gleich mit Gewürzen und Zwiebeln garen.

Couscous
250 g grober Weizengrieß
75 g gegarte, grüne Erbsen
1 EL Olivenöl
1 Zwiebel in Ringen
1 gehackte Knoblauchzehe
2 Karotten in Scheiben
1 kg Lammschulter in Würfeln
1 gehackte, rote Paprikaschote ohne Kerne
1 EL Tomatenmark
1 TL Paprika
½ TL Chilliepfeffer
Pfeffer und Salz
100 g Gemüse, z. B. Zuchini, Tomaten, Stangenbohnen oder Erbsen
50 g Rosinen
1 EL gehackte Petersilie
Original-Couscous verlangt viel Zeit, Geduld und einen speziellen Topf. Diese tunesische Spezialität besteht aus in Wasserdampf gegartem Weizengrieß und einer Reihe gesondert gekochten Fleischsorten, vorwiegend Hammelfleisch. Mit folgender einfacher Zubereitungsart kann man den gleichen Effekt erzielen.
Das Öl erhitzt man in einem großen Topf. Dann kommen Zwiebel und Knoblauch, eine Schicht mit Karotten, danach das Lammfleisch und die roten Paprikaschoten dazu. Das Tomatenmark, den Paprika und den Chilliepfeffer rührt man darunter und würzt mit Salz und Pfeffer. Man schmort alles gut an, dann gießt man mit soviel heißem Wasser auf, daß das Gericht eben bedeckt ist und läßt das Ganze eine Stunde schwach siedend kochen. 15 Minuten vor Beendigung der Garzeit gibt man das Gemüse, die Rosinen und die grünen Erbsen dazu. Dann kocht man aus dem Weizengrieß mit Wasser und Salz einen steifen Grießbrei. Man schüttet ihn in eine große Schüssel und rührt ein paar Eßlöffel von der Kochflüssigkeit darunter. Mit einem Schaumlöffel nimmt man das Fleisch und das Gemüse heraus und arrangiert es um den Couscous herum. Zum Schluß streut man Petersilie darüber. Oft wird extra eine sehr scharfe, würzige Sauce namens »Harissa« in einer besonderen Schale dazu gestellt oder man verrührt sie mit etwas Brühe und gibt sie so über jede Portion. Man kann die Sauce in Feinkostläden in Dosen kaufen.

Safranreis mit Nüssen
2 Tassen Langkornreis
4 Tassen Hühnerbouillon oder Wasser
¼ TL gemahlener Safran
25 g geschälte, grobgehackte Mandeln
25 g Pistazien oder Haselnüsse
25 g Pinienkerne
2 EL Öl
Salz
25 g Korinthen
1 Prise gemahlener Zimt
Einen Eßlöffel Öl in einem Topf erhitzen und den Reis darin unter ständigem Rühren glasig dünsten. Dann gibt man Safran, 1 Prise Salz und Bouillon oder Wasser dazu. Man läßt ihn zugedeckt bei kleiner Hitze mehr quellen als kochen. In der Zwischenzeit röstet man die Nüsse im restlichen Öl bis sie leicht braun sind, wobei man ebenfalls dauernd umrührt. Nun gibt man die Korinthen und den Zimt dazu. Den Reis häuft man auf eine vorgewärmte, flache Platte und gibt die Nüsse oben drauf. Das Gericht wird gehaltvoller, wenn man dem Reis auch das weiße Hühnerfleisch zerpflückt zugibt und mit den Nüssen mischt.

Reis mit frischen Kräutern
2 Tassen Langkornreis
4 Tassen Wasser
½ TL Salz
3 EL Olivenöl
1 großer Strauß mit frischen Kräutern: z. B. Petersilie, Kümmelblätter, Liebstöckel, Schnittlauch, Estragon und Minze, gehackt
Man kocht das Wasser mit dem Salz sprudelnd auf, schüttet den Reis hinein und läßt ihn bei zurückgeschalteter Hitze (Einstellung »wärmen«) mehr quellen als kochen, doch diesmal nicht völlig garen (nur etwa 10 Minuten); die Körner müssen innen noch etwas hart sein. In einem zweiten großen Topf erhitzt man das Öl, füllt den Reis ein und rührt gut um, bis alle Körner mit einem Ölfilm bedeckt sind. Dann mischt man die gehackten Kräuter unter den Reis und läßt ihn zugedeckt fertig garen. Ist er zu trocken, beträufelt man ihn mit etwas heißem Wasser; ist er zu feucht, legt man zum Aufsaugen des Wasserdampfes ein gefaltetes Küchentuch unter den Deckel. Man serviert den Reis samt der goldenen Kruste.

Brauner Winterreis
2 Tassen brauner Reis
4 Tassen Wasser
Salz und schwarzer Pfeffer
1 Zwiebel, in Scheiben geschnitten
1 EL Öl
50 g Sonnenblumenkerne
1 TL Liebstöckelsamen
4 Karotten in dünnen Scheiben
4 hartgekochte, gehackte Eier
1 kleiner Becher Joghurt, nach Belieben
Man gart den Reis in Salzwasser wie oben beschrieben. Die Zwiebelscheiben dünstet man 5 Minuten lang in Öl, dann erhöht man die Hitze und fügt die

Sonnenblumenkerne und Liebstöckel, Karotten, Salz und Pfeffer hinzu. Zum Schluß rührt man den Reis und die hartgekochten Eier darunter, reicht den Joghurt gesondert dazu oder mischt ihn unter jede Portion.

Gewürzte Garten-Bohnen

500 g getrocknete, grüne Bohnen
1 ganze Zwiebel
1 Zwiebel in Ringen
3 Nelken
3 Knoblauchzehen
etwas Orangenschale (ungespritzt)
1 EL Koriandersamen
1 EL schwarze Pfefferkörner
1 Lorbeerblatt
1 Sträußchen Thymian
1 EL Öl
1 EL Tomatenmark
1 EL Weinessig oder Rotwein
1 TL Paprika
1 TL gemahlener Kreuzkümmel
Pfeffer und Salz
75 g frische Semmelbrösel
100 g gekochter Schinken
in Würfeln oder durchwachsener
Speck (falls erwünscht)

Die Bohnen werden über Nacht eingeweicht. Dann gießt man sie ab und gibt sie zusammen mit der ganzen Zwiebel, in die man die Nelken gesteckt hat, dem Knoblauch, der Orangenschale, den gemahlenen Pfefferkörnern und Koriander, dem Lorbeerblatt und dem Thymian in eine feuerfeste Kasserolle. Man bedeckt die Bohnen knapp mit Wasser und gart sie in etwa 1½ Stunden bei kleiner Hitze, bis sie fast weich sind. Nun gießt man sie ab, und hebt die Kochbrühe auf. Die Zwiebelscheiben dünstet man in der gesäuberten Kasserolle ein paar Minuten lang im Öl, rührt das Tomatenmark, Essig und Schinken hinein und läßt alles 1 Minute lang bei offenem Deckel etwas einkochen. Dazu gibt man 2 Tassen von der oben erwähnten Kochbrühe, würzt mit Paprika, Kümmel, Salz und viel schwarzem Pfeffer, und gibt die Bohnen dazu. Das Ganze überstreut man mit den Semmelbröseln und stellt den offenen Topf ohne Deckel bei 150° C/Stufe 1 etwa eine Stunde lang in den Backofen. Über den feucht-breiigen Bohnen bildet sich eine goldgelbe Kruste.

Paella mit Paprikaschoten

2 Tassen italienischer oder spanischer Rundkornreis (kein Milchreis)
2 rote Paprikaschoten
ohne Kerne in Scheiben
2 gehackte Knoblauchzehen
1 geschälte, zerkleinerte Tomate
1 EL Olivenöl
100 g Gemüse, z. B. Zucchini
in dünnen Scheiben, Stangenbohnen,
Dicke Bohnen oder Erbsen
etwa 3–4 Tassen Bouillon
1 Prise gemahlener, eingeweichter
Safran
1 TL Paprika
Salz

Knoblauch, Tomate und Paprikaschoten werden 5 Minuten lang in Öl angebraten. Dann rührt man das Gemüse und den Reis daran und fügt zunächst nur 3 Tassen Bouillon, Safran, Paprika und Salz dazu. Man läßt das Ganze bei geringer Hitze mehr ziehen als kochen, bis der Reis gar ist. Bei Bedarf füllt man Bouillon nach (der Gemüsesaft tritt nicht immer in gleicher Menge aus). Dann das Gericht heiß servieren.

Kitcheri (gewürzte Linsen mit Reis)

100 g kleine Linsen
100 g Basmatireis
100 g Butter
6 zerstoßene Pimentbeeren
1 EL in feine Scheiben
geschnittene Ingwerwurzeln
Samen von 4 Kardamomschoten
1 Lorbeerblatt
½ TL Mignon-Pfeffer (Seite 160)
Salz
1 Eßlöffel Weinessig
1 Zwiebel in dünnen Scheiben
¼ TL Zucker

Die Linsen und der Reis werden 1 Stunde lang mit Wasser bedeckt eingeweicht. Dann gießt man sie ab und kocht sie langsam 10 Minuten lang mit der Hälfte der Butter, wobei man ständig rührt. Man gibt Gewürze, Lorbeerblatt, Pfeffer und Salz dazu und bedeckt die Linsen dann wieder mit kaltem Wasser, dem man den Essig zufügt. Unter Rühren bringt man die Linsen zum Kochen, und läßt sie zugedeckt bei schwacher Hitze in etwa 20 Minuten garen. Die restliche Butter läßt man zergehen und bräunt darin die mit Zucker bestreute Zwiebel, bis sie dunkel ist und glänzt. Dann mischt man sie unter die Linsen und den Reis und serviert das Gericht mit Zitronenschnitzen. Kitcheri in vielen Variationen gehört zu den Spezialitäten des Vorderen Orients und Indiens.

Linsen mit Kümmel

250 g große, grüne Linsen
2 TL zerstoßene Kümmelsamen
2 gehackte Knoblauchzehen
1 Zwiebel in Ringen
1 EL Öl
1 TL zerstoßene Koriandersamen
etwas Zitronensaft
Pfeffer und Salz

In einer Kasserolle wird das Öl erhitzt und darin Linsen, Knoblauch und Zwiebeln 5 Minuten lang angebraten. Dann rührt man die restlichen Zutaten darunter, gießt Wasser auf, bis die Linsen eben bedeckt sind und gart sie bei schwacher Hitze mehr quellend als kochend ca. 2 Stunden; bei Bedarf füllt man heißes Wasser nach.
Ein gekochtes Gemüse, z. B. Spinat oder Karotten, kann in den letzten Minuten der Kochzeit in die Linsen gerührt werden.

Gewürztes Maisbrot

200 g Maisgrieß
100 g Weizenmehl
2 TL Backpulver
2 TL grob zerstoßener Kreuzkümmel,
Liebstöckel oder Kümmelsamen
oder 2 EL gehackte, grüne Kräuter
Salz
2 Eier
175 g zerlassene Butter
Milch nach Bedarf (etwa ¼ l)

Man vermischt Maisgrieß, Backpulver, Gewürze oder Kräuter und Salz miteinander. Dann verrührt man die Eier in der Butter und fügt abwechselnd unter Rühren Mehl und die Milch bei, bis der Teig zähflüssig ist. Dann füllt man ihn in eine gut gefettete Springform von etwa 20 cm Durchmesser und bäckt das Brot bei 200° C/Stufe 3 etwa 20 Minuten lang, bis es aufgegangen und goldgelb ist. Man schneidet es in dicke Scheiben und serviert es dampfend heiß mit Spiegeleiern und Speck, Würstchen oder Schinken. Die Menge reicht für 8 Personen.

Teigwaren

Einige von den an anderer Stelle besprochenen Kräutersaucen passen gut zu Teigwaren. Empfehlenswert ist vor allem die Käse-Basilikum-Sauce (Seite 168) oder die Tomaten- und Basilikumsauce (Seite 169). Läßt man den Labkäse mit Kräutern (Seite 184) zergehen, so erhält man ebenfalls eine köstliche Sauce für Teigwaren. Die Sauce rührt man kurz vor dem Servieren darunter.

Spaghetti mit einfacher Kräutersauce

500 g Spaghetti
2 gehackte Knoblauchzehen
1 EL Olivenöl
2 Handvoll gehackte, grüne Kräuter, z. B. Petersilie, Majoran, Kerbel und Basilikum
Pfeffer und Salz
4 EL Sahne

Man kocht die Spaghetti wie gewohnt in Salzwasser, bis sie weich aber noch bißfest sind. Dann gießt man sie ab. In der Zwischenzeit dünstet man den Knoblauch 3 Minuten lang in Öl an und gibt die Kräuter, sowie Pfeffer und Salz dazu. Dann nimmt man den Topf von der Kochstelle, rührt die Sahne ein und füllt die Sauce sofort über die heißen Spaghetti.

Man serviert dazu einen leicht bitteren grünen Salat, aus Kopfsalat, Bibernelle und krausblättriger Endivie oder Chicorée, angemacht mit einer Vinaigrette (Seite 166).

Canneloni mit grüner Füllung

500 g Canneloni (Fertigprodukt)
1 Endiviensalat
1 großer Bund frische Borretschblätter
50 g Brot (1 dicke Scheibe)
2 EL Milch
100 g geriebener Parmesankäse
50 g Butter
1 Ei
1 Eigelb
1 kleine Zwiebel, gehackt
1 Prise geriebene Muskatnuß
Pfeffer
Salz
6 EL Bouillon

Endivie und Borretsch werden 30 Sekunden in kochendem Wasser blanchiert, abgetropft und trockengetupft. Das Brot wird in Milch eingeweicht, dann mit Endivie und Borretsch in einem Mörser zerrieben. Dazu kommen 50 g von dem Parmesan, 25 g Butter, Ei und Eigelb und Zwiebeln. Man würzt mit Muskatnuß, Pfeffer und Salz. Falls man will, kann man auch kleingehacktes Hühnerfleisch oder anderes leichtes Fleisch dazugeben. Die Canneloni bereitet man, wie auf der Packung beschrieben: Man gibt die Füllung in die Rollen, wobei man sie am besten aufstellt, damit die Masse zusammenrutscht. Die Rollen legt man dicht an dicht in eine flache Auflaufform, gibt die restliche Butter, den Parmesankäse und die Bouillon darüber und bäckt sie im vorgeheizten Ofen bei 180° C/Stufe 2 etwa 40 Minuten lang. Canneloni nach Piemonteser Art serviert man mit heißer Tomatensauce aus pürierten Tomaten und Rahm.

Mohnnudeln

350 g breite Nudeln
2 EL Mohnsamen
75 g Butter
3 El Semmelbrösel, Salz

Man kocht die Nudeln wie gewohnt in Salzwasser weich, gießt sie ab und rührt die Hälfte der Butter darunter. Dann schüttet man sie in eine vorgewärmte Servierschüssel und hält sie mit einem Tuch bedeckt warm. Die restliche Butter erhitzt man und läßt darin die Semmelbrösel goldgelb werden. Dann rührt man die Mohnsamen darunter und röstet sie ein paar Minuten, bis sie knusprig sind. Man streut die Mischung über die Nudeln. Mohnnudeln passen zu Gulasch oder Rostbraten. Mit knusprig gebratenen Schinkenwürfeln zubereitet, ergeben die Mohnnudeln ein Hauptgericht.

Teigwaren sind schnell zubereitet und werden mit einer würzigen Kräuter-, Tomaten- oder Käsesauce serviert.

Deftige Kochpuddings und Knödel

Vor Einführung und Siegeszug der Kartoffel waren jahrhundertelang Gemüse und Brot die einfach zu beschaffenden Beilagen. Daneben gab es weitere aus Mehl oder Brot hergestellte, die allerdings bei der Zubereitung einen größeren Arbeitsaufwand erfordern: Deftige Kochpuddings, die mit der heute als Pudding bezeichneten Süßspeise nicht das geringste zu tun haben; außerdem Klöße und Knödel aller Sorten und Größen, die teilweise bis in die Gegenwart hinein in manchen Gegenden zu den Spezialitäten zählen.
Entsprechend den Ernährungsgewohnheiten früherer Zeiten, in denen die meisten Menschen körperlich schwer arbeiten mußten, spielte der Sättigungswert der Speisen keine unerhebliche Rolle. So waren auch die Kochpuddings deftige und nahrhafte Gerichte. Andere Zubereitungsarten sind heute noch populär wie etwa die delikaten bayerischen Semmelknödel oder die berühmten böhmischen Knödel aus ungesüßtem Hefeteig mit Zwiebel und Petersilie. Auch andere Knödel sind heute noch beliebt, von den mit Aprikosen gefüllten, süßen Marillenknödeln bis zu den Grießklößchen (Nockerl) als Suppeneinlage.
Hier einige traditionelle Pudding- und Knödelrezepte.

Käseklöße
2 EL geriebener Käse
50 g Butter
50 g Mehl
etwa 1/8 l warme Milch
2 Eier getrennt
Samen von einer Kardamomschote
Pfeffer und Salz
Auf schwacher Hitze im offenen Topf zerläßt man die Butter, rührt das Mehl darin glatt und fügt unter Weiterrühren soviel Milch bei, bis man eine dickliche Sauce hat. Man kocht sie – falls nötig mit noch etwas Milch – 5 Minuten im offenen Topf. Dann nimmt man sie von der Kochstelle, rührt Eigelb, Käse, Kardamomsamen, Pfeffer und Salz nach Geschmack dazu. Das Eiweiß schlägt man steif und zieht es unter die Masse. Dann sticht man mit einem Teelöffel kleine Klöße ab und gibt sie in kochende Bouillon oder in Salzwasser. Bei zurückgeschalteter Hitze läßt man sie im offenen Topf in etwa 5 Minuten garziehen.

Kräuterklöße
125 g Butter oder Margarine
250 g gesiebtes Mehl
2 TL Backpulver
3 El gemischte Kräuter, gehackt, so z. B. Schnittlauch, Petersilie, Thymian, Liebstöckel
Pfeffer und Salz
Man rührt Butter oder Margarine schaumig und gibt dann nach und nach das mit Backpulver vermischte Mehl hinein. Nach Bedarf fügt man kaltes Wasser hinzu und rührt einen festen Teig. Man würzt den Teig mit Kräutern und schmeckt mit Pfeffer und Salz ab. Dann formt man kleine Klöße (sie gehen beim Kochen auf). Man gart die Klöße im offenen Topf schwach siedend etwa 20 Minuten in Bouillon. Man gibt sie in einen Eintopf oder serviert sie in der Bouillon.

Würzige Serviettenklöße
nach alter Art
8 trockene Semmeln in kleinen Würfeln
3/8 l lauwarme Milch
1 Prise Salz
300 g Mehl
80 g Butter
80 g kleine Speckwürfel
3 Eier
1 feingehackte Zwiebel
100 g feingehackte Champignons
3 EL gemischte, gehackte Kräuter: Schnittlauch, Petersilie, Thymian, Liebstöckel
Man übergießt die Semmeln mit lauwarmer Milch, salzt sie und läßt sie weichen. Man rührt die Butter schaumig und git die Semmeln zu. In den ausgebratenen Speckwürfeln dünstet man die Zwiebel glasig und dann Champignons und Kräuter kurz an. Man gibt die Mischung unter die Semmeln, fügt das Mehl hinzu und bereitet einen lockeren Teig, aus dem man einen großen Knödel formt. Man bindet ihn locker in eine nasse Serviette oder ein Küchentuch, knüpft die Zipfel über Kreuz zusammen, steckt einen langen Kochlöffel unter die Schlingen und hängt daran den Knödel in kochendes Salzwasser. Man läßt ihn zugedeckt 50–60 Minuten schwach siedend kochen. Dann rollt man den Knödel aus der Serviette auf eine Platte und schneidet ihn in Scheiben.

Österlicher Kräuterpudding
125 g Perlgraupen
125 g grobes Hafermehl
350 g gehackte, junge Wiesenknöterichblätter
250 g gehackte, junge Brennesselspitzen
je 1 Handvoll gehackte schwarze Johannisbeer- und junge Löwenzahnblätter
2 Lauchstangen in Scheiben
1 Zwiebel in Ringen
Pfeffer und Salz
Man läßt die Perlgraupen und das Hafermehl 1 Stunde in Wasser quellen. Dann gießt man es ab, bereitet daraus mit den restlichen Zutaten einen Teig und würzt ihn kräftig mit Pfeffer und Salz. Man füllt den Teig in eine gefettete Puddingform, verschließt sie gut und stellt sie in ein Wasserbad; das Wasser soll bis etwa 3/4 Höhe der Form reichen. Zugedeckt leise sprudelnd etwa 2 Stunden kochen. Dann stürzt man ihn auf eine vorgewärmte Platte und serviert ihn zu Braten oder knusprigen Speckscheiben. Dies ist ein traditioneller Frühlingspudding in Nordengland, wo auf den Bergwiesen der Knöterich wächst.

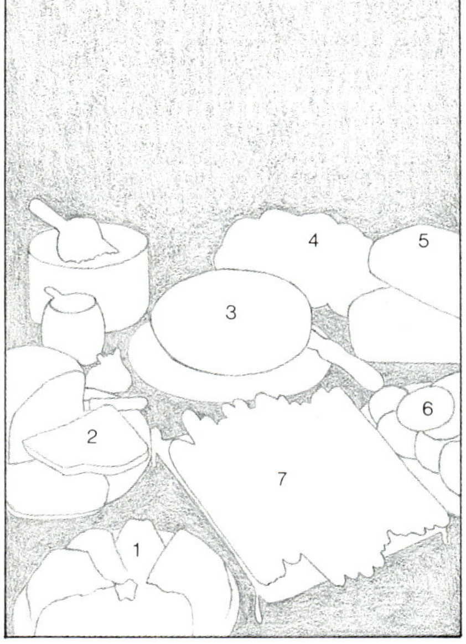

Frisch gebackene Brote, Kuchen und Biskuits: 1 Heiße Würzbrötchen 2 Safranhefekuchen 3 Armenisches Brot 4 Challah 5 Zwiebel-Kräuter-Brot 6 Osterplätzchen 7 Salzstangen mit Majoran.

Brot und pikantes Gebäck

Kräuter und Gewürze verwendete man seit je auch zum Brotbacken, z. B. bestreute man Brot oder Brötchen schon damals mit Mohn-, Sesam- oder Korianderkörnern, aber man gab auch Kräuter in den Teig. Noch bis zum 18. Jahrhundert war es üblich, Gänsefuß, Melde, Flachs-, und Buchweizensamen beim Mahlen unter das Getreide zu mischen. Das »verlängerte« nicht nur die Mehlmenge, sondern machte auch das Brot würzig und wohlschmeckend. In mageren Jahren bei Mißernten und Hungersnot buk man Brot aus getrockneten und gemahlenen Wurzeln von Angelika, Liebstöckel und anderen Pflanzen.

Auch heute werden beim Brotbacken noch die verschiedensten Kräuter und Gewürze verwendet, wobei jedes Land seine Spezialitäten hat. In Deutschland verwendet man bevorzugt Kümmel, in den skandinavischen Ländern daneben auch Dill; Italiener und Franzosen verwenden Anis und Fenchel. Koriander-, Kreuzkümmel- und Sesambrot ist in ganz Mitteleuropa zu haben. Mit Mohn wird überall auf der Welt gebacken, vor allem natürlich in seiner Heimat, dem Vorderen Orient. Neben dem Bestreuen mit Gewürzen oder dem Mitbacken im Teig kann man Brot auch noch aromatisieren, indem man es beim Backen auf ein Kräuterbett legt. Auch kann man zum Ausfetten der Backform Kräuteröl verwenden und auch das Brot vor dem Backen damit bepinseln. Zum Mitbacken nimmt man gehackte, frische oder getrocknete Kräuter und achtet auf ihre gleichmäßige Verteilung.

Bei den Rezepten kann die Mehl- und Flüssigkeitsmenge nur in etwa angegeben werden. Die Qualität des Mehls ist je nach Sorte und Type verschieden und damit auch seine Aufnahmefähigkeit für Flüssigkeit. Auch Temperatur und Feuchtigkeitsgehalt der Luft sind nicht immer gleich. Darum sind in den folgenden Rezepten die Mengenangaben zwar ziemlich, aber nicht absolut genau und gegebenenfalls etwas zu variieren; wie der Teig beschaffen sein soll, ist jedoch ebenfalls beschrieben, so daß das Gelingen sicher ist. Geringfügig variabel sind auch die Zeiten für das Gehen des Teiges und das Backen, deshalb auch hier ergänzende Angaben zur sicheren Orientierung und Hinweise auf die Garprobe.

Salzstangen mit Majoran

Ergibt etwa 20 Stangen
500 g Mehl
Salz
20 g Hefe
½ TL brauner Zucker
1 Ei, 3 EL Öl
⅛ l warme Milch
3 EL geriebener Parmesankäse
1 Handvoll gehackter Majoran
40 g grobes Salz

In eine Rührschüssel gibt man das Mehl mit dem Salz und stellt es warm (z. B. in den höchstens 50° C warmen Backofen). In einer Tasse rührt man die zerbröckelte Hefe mit 2 EL Milch und dem Zucker flüssig, drückt dann in das Mehl eine Mulde, gibt dahinein die angerührte Hefe und bedeckt sie für den Vorteig mit einer dünnen Schicht Mehl. Man stellt die Schüssel wieder in den Backofen – oder an anderer Stelle zugedeckt – warm und läßt den Vorteig gehen. Sobald er seinen Umfang verdoppelt hat, Blasen wirft und ausläuft, nimmt man die Schüssel heraus und fügt vom Rand her, anfangs unter Rühren, später unter Kneten nach und nach soviel Ei, Öl und Milch bei, bis der Teig fast glatt, aber noch etwas krümelig ist. Dann fügt man Majoran und Parmesan hinzu und knetet sie so lange nach allen Richtungen in den Teig, bis sie sich gleichmäßig darin verteilt haben. Jetzt gibt man eßlöffelweise unter Kneten und Schlagen noch soviel Milch oder warmes Wasser hinzu, bis der Teig so glatt und geschmeidig ist, daß er sich ohne Rückstände von der Schüssel löst. Man formt daraus 20 kleine Knödel, rollt sie zu langen dünnen Stangen, setzt sie – mit Abstand – auf ein gefettetes Backblech und läßt sie im schwach warmen Backofen etwa 10 Minuten gehen. Dann bestreicht man sie mit warmer Milch und bestreut sie mit dem groben Salz. Im 180°/Stufe 2 vorgeheizten Backofen bäckt man die Stangen in etwa 12–15 Minuten braun und knusprig. Die Salzstangen mit Majoran schmecken sehr gut zu Suppen, Vorspeisen und Salaten.

Challah

1 kg Mehl, 3 TL Salz, 40 g Hefe
1 gehäufter TL brauner Zucker
125 g Butter
2 Eier, 2 Eigelb
3–4 EL Mohn

Aus allen Zutaten – außer Eigelb und Mohn – und etwa 1 Tasse warmem Wasser bereitet man einen Hefeteig wie nebenstehend bei »Salzstangen« beschrieben. Nach dem ersten Gehen knetet man ihn nochmal durch und teilt ihn in drei unterschiedlich große Stükke. Aus jedem Stück formt man drei gleichgroße Rollen, aus denen man jeweils einen Zopf flicht. Den großen Zopf legt man auf ein gefettetes Backblech, auf ihn den mittleren und zu oberst den kleinen Zopf. Man preßt sie leicht aneinander und läßt das Ganze nochmals kurz gehen. Dann bepinselt man sie mit verquirltem Eigelb, streut darauf den Mohn und bäckt im vorgeheizten Ofen erst 15 Minuten bei 220° C/Stufe 4 und weitere 45 Minuten bei 160° C/Stufe 1.

Dunkles Roggenbrot
Ergibt 2 Laibe
350 g Roggenmehl
175 g Vollkornmehl
50 g Weizenmehl
50 g Weizenkeime
1 TL Salz
300 ml Milch
75 g Butter
2 TL dunkler Sirup
oder Melasse
20 g Hefe, 1 TL brauner Zucker
1 EL abgeriebene
Zitronenschale
1 EL Kümmelsamen
3 EL Joghurt
In einer Rührschüssel vermischt man das Roggen-, Vollkorn- und Weizenmehl mit den Weizenkeimen und dem Salz und stellt die Mehlmischung warm (z. B. in den höchstens 50° C warmen Backofen). Dann läßt man die Milch einmal kurz aufkochen, rührt die Butter und den Sirup oder die Melasse hinein und läßt die Milchmischung auf gut handwarm abkühlen. Inzwischen rührt man in einer Tasse die zerbröckelte Hefe mit dem TL Zucker flüssig, drückt dann in die Mehlmischung eine Mulde, gibt die angerührte Hefe hinein und bedeckt sie für den Vorteig mit einer ganz dünnen Schicht der Mehlmischung. Man stellt die Schüssel wieder in den Backofen – oder an anderer Stelle mit einem Tuch bedeckt – warm und läßt den Vorteig gehen. Sobald er seinen Umfang etwa verdoppelt hat, Blasen wirft und ausläuft, nimmt man die Schüssel heraus und fügt vom Rand her unter Rühren, später unter Kneten, erst die Gewürze und nach und nach die Milchmischung und den Joghurt bei. Der Teig muß, nachdem alle Zutaten darin verknetet sind, solange kräftig geschlagen werden, bis er fast gummiartig glatt und geschmeidig ist und sich ohne Rückstand von der Schüssel löst. Krümelt er, d. h. ist er zu trocken, korrigiert man seine Beschaffenheit mit etwas lauwarmer Milch oder Wasser; klebt er, d. h. ist er zu feucht, gibt man noch etwas Mehl hinzu. Dann stellt man ihn wieder in den warmen Backofen oder zugedeckt anderweitig warm und läßt ihn etwa 45 Minuten gehen. Dann wird er nochmals durchgeknetet und daraus 2 Brote geformt, die man auf ein leicht gefettetes Blech oder in 2 leicht gefettete Kastenformen gibt. Die Laibe müssen nochmals ungefähr 30 Minuten gehen, bis ihr Umfang sich um gut die Hälfte vergrößert hat. Man bepinselt sie gleichmäßig mit lauwarmem Wasser und bäckt sie erst 15 Minuten bei starker Hitze (220° C/Stufe 4), dann weitere 30 Minuten bei schwacher Hitze (160° C/Stufe 1). Die Brote sind durchgebacken, wenn es beim Klopfen auf die Rinde hohl klingt. Dann nimmt man die Brote aus dem Ofen bzw. stürzt sie aus den Formen und läßt sie auf einem Gitterrost oder trockenem Brett auskühlen.

Armenisches Brot
Ergibt 3 große flache Brote
1250 g gesiebtes Weizenmehl
2 EL Sesamsamen
2 EL geröstete
Sonnenblumenkerne
1½ TL Salz
250 ml (¼ l) Milch
50 g Butter oder Margarine
25 g Schweineschmalz
40 g Hefe, 1 TL brauner Zucker
2 Eier
1 EL grobgemahlener,
schwarzer Pfeffer
50 g geriebener Parmesan
1 EL Kreuzkümmelsamen
1 EL gehackte Walnüsse
ein paar gehackte Rauteblätter
Aus den Zutaten ausschließlich der Eier bereitet man einen Hefeteig (siehe Rezept »Dunkles Roggenbrot«). Während er geht, verquirlt man die Eier mit dem schwarzen Pfeffer, mischt den Parmesan mit Kreuzkümmel, Walnüssen und Rauteblättern und stellt aus der Eier- und Käsemischung einen streichfähigen Brei her. Aus dem aufgegangenen Teig formt man 3 Brotlaibe, setzt sie auf ein leicht gefettetes Backblech und bestreicht sie, ohne sie nochmals gehen zu lassen, gleichmäßig mit der Eier-Käse-Mischung und bäckt sie erst 15 Minuten bei starker Hitze 220° C/Stufe 4, dann etwa weitere 30 Minuten bei mittlerer Hitze 180° C/Stufe 2, bis der Belag goldgelb ist und die Brote durch sind, d. h. beim Klopfen auf die Rinde hohl klingen. Man läßt sie auf einem Gitterrost oder trockenem Brett auskühlen.

Zwiebel-Kräuter-Brot
Ergibt 3 Laibe
1250 g Vollkornmehl
1 TL Salz
1 kleine Zwiebel, feingehackt
40 g Hefe
½ TL brauner Zucker
100 g gehackte, frische Kräuter, z. B. Petersilie, Kerbel, Liebstöckel, Kümmel, Thymian, Majoran
1 TL Liebstöckelsamen
750 ml (¾ l) warmes Wasser
25 g Butter zum Ausfetten der Form
Aus allen Zutaten bereitet man einen Hefeteig (siehe »Dunkles Roggenbrot«) und läßt ihn gehen. Im Vergleich zu Weißbrotteig geht der Teig allerdings weniger hoch auf. Man bäckt die Brote erst 15 Minuten bei starker Hitze 220° C/Stufe 4, dann 30–45 Minuten bei mittlerer Hitze 180° C/Stufe 2. Brote in der Form werden kurz vor Ende der Backzeit herausgenommen und ohne Form auf dem Blech fertig gebacken, damit sie rundherum knusprig werden.

Zarte Semmeln mit Kerbel
Ergibt etwa 10 Semmeln
450 g Weizenmehl
1 TL Salz
30 g Hefe
½ TL Zucker
250–300 ml lauwarmes Wasser
2 EL frischer, gehackter Kerbel
Aus allen Zutaten bereitet man einen Hefeteig (siehe »Dunkles Roggenbrot«). Dann fügt man den Kerbel zu und knetet den Teig nochmals gründlich und nach verschiedenen Richtungen durch, daß der Kerbel sich gleichmäßig verteilt. Man bedeckt ein Backblech mit einem Küchentuch und bestreut es mit Mehl. Aus dem Teig formt man zehn kleine Semmeln, bestreut sie hauchfein mit Mehl und deckt ein Tuch darüber. An einem warmen Ort läßt man sie etwa 15 Minuten gehen. Man schaltet den Backofen auf starke Hitze 240° C/Stufe 5–6 und läßt ein Backblech darin heiß werden. Sind die Semmeln aufgegangen, fettet man das Backblech mit Butter ein, setzt die Semmeln auf das heiße Blech, bestreicht sie mit kaltem Wasser und bäckt sie bei starker Hitze (wie schon eingestellt) 8–10 Minuten. Das Wasser macht sie kroß, d. h. außen schön knusprig.

Kuchen und Plätzchen

Vor allem in Deutschland und Skandinavien gibt es seit altersher den Brauch, zu manchen Festtagen, wie Weihnachten oder Ostern, gewürzte Kuchen und Plätzchen zu backen, z. B. Fladen, Zöpfe und Kränze, Formen, die vermutlich früher, in heidnischer Zeit, eine symbolische Bedeutung hatten und dann ins christliche Brauchtum eingingen.

Heiße Würzbrötchen

Diese Brötchen wurden in England im 15. Jahrhundert in der Fastenzeit gebacken und heißen »wigs«.

Ergibt 16 Stück

500 g gesiebtes Weizenmehl
½ TL Salz
¼ TL geriebene Muskatnuß
1 TL gemahlener Ingwer
1 TL gemischte süße Kräuter (S. 204)
30 g Hefe, 1 TL brauner Zucker
175 ml Milch
100 g Butter, 50 g Zucker
2 Eier für den Teig, 1 zum Bestreichen
3 EL süßer (Cream) Sherry

Aus den Zutaten außer 1 Ei bereitet man einen Hefeteig (siehe Seite gegenüber »Dunkles Roggenbrot«); durch die Butter bleibt er jedoch etwas feuchter als fettloser Hefeteig. Man teilt den Teig, formt aus jeder Hälfte einen etwa zweifingerdicken Rundling und legt beide mit genügend Abstand voneinander auf ein gefettetes Backblech. Jeder wird in 8 Keile ein- aber nicht durchgeschnitten. Dann deckt man ein Tuch über die leicht mit Mehl bestäubten Rundlinge und läßt sie an einem warmen Ort 45 Minuten gehen. Sie sehen jetzt aus wie kleine Brotlaibe. Man bepinselt sie mit dem zurückbehaltenen, verquirlten Ei und bäckt sie zunächst 10 Minuten bei starker Hitze 220° C/Stufe 4 und dann eine halbe Stunde bei mittlerer Hitze 180° C/Stufe 2 goldgelb. Die Brötchen werden heiß serviert, die eingeschnittenen Stücke abgetrennt, mit Butter bestrichen.

Osterplätzchen

Ergibt 12 sehr große Plätzchen

250 g gesiebtes Mehl
½ TL gemischte süße Kräuter (Seite 204)
1½ TL gemahlener Zimt
1 Prise Salz
125 g gut gekühlte Butter
50 g Zucker
50 g gehacktes Zitronat
50 g Korinthen
1 Ei, 1 El Milch
25 g echter Vanillezucker (Seite 204)

Man mischt das Mehl mit den Kräutern, ½ TL Zimt und der Prise Salz auf einem Backbrett. Dann gibt man Butter in Flöckchen dazu und knetet sie rasch unter die Mehlmischung. Man mischt Zucker, Zitronat und Korinthen und verteilt die Mischung unter Kneten in den noch etwas krümeligen Teig. Dann verquirlt man das Ei mit der Milch, drückt eine kleine Grube in die Mitte des Teigs und fügt die Ei-Milch löffelweise unter Kneten (von außen nach innen arbeiten, dann läuft die Flüssigkeit nicht aus) hinzu, bis der Teig glatt ist. Ist er zum Ausrollen noch zu klebrig, stellt man ihn kurz in den Kühlschrank, dann rollt man ihn auf ⅔ Backblechgröße aus und sticht mit einem Glas große runde Plätzchen aus (Teigreste erneut ausrollen). Man mischt den Vanillezucker mit dem restlichen Zimt und bestreut die Plätzchen dick damit. Man bäckt sie etwa 20 Minuten bei mittlerer Hitze 180° C/Stufe 2 bis sie blaß golden und knusprig sind. Dann nimmt man sie vorsichtig (warm brechen sie leicht) vom Blech und läßt auskühlen.

Safranhefekuchen

250 g gesiebtes Weizenmehl
½ TL Salz
½ TL gemischte süße Kräuter (Seite 204)
20 g Hefe, 1 TL brauner Zucker
125 ml Milch
¼ TL Safran
75 g Butter
75 g Zucker
75 g Rosinen oder Sultaninen
1 Ei

Aus den Zutaten bereitet man einen Hefeteig (siehe gegenüber »Dunkles Roggenbrot«) und läßt ihn gehen. Dann wird er nochmals durchgeknetet und in eine Kuchen- oder Kastenform gegeben; er darf sie jedoch nur bis etwas über halbe Höhe füllen. Man läßt ihn in der Form nochmals etwa 45 Minuten gehen und bäckt ihn dann 10 Minuten bei mittlerer Hitze 200° C/Stufe 3 und dann etwa nach 20 Minuten bei schwacher Hitze 180° C/Stufe 1. Man läßt den Kuchen auf dem Gitterrost auskühlen.

Streuselschichtkuchen mit Zimt

RÜHRTEIG

125 g Butter, 75 g Zucker
2 mittelgroße Eier
125 g Mehl
¼ Päckchen Backpulver
125 g Grieß
½ gehäufter TL gemischte süße Gewürze (Seite 204)
1 Prise Salz
etwa 100 ml Milch

STREUSEL

75 g Mehl, 75 g Grieß
125 g brauner Zucker
125 g gehackte Walnüsse
1 EL gemahlener Zimt
100 g zerlassene Butter

Man rührt Butter und Zucker schaumig, rührt die Eier ein und fügt eßlöffelweise und abwechselnd das mit Backpulver gemischte Mehl, den Grieß mit Kräutern und Salz und soviel Milch bei, daß ein dickfließender Rührteig ensteht. Für die Streusel mischt man Mehl, Grieß, Zimt und Walnüsse, träufelt die Butter dazu und krümelt alles gut durch. In eine gefettete Springform (28 cm ø) gibt man nun schichtweise Rührteig und Streusel; die unterste Schicht ist Teig, die oberste Streusel. Zum Aufstreuen der Streusel befeuchtet man jede Teigschicht mit etwas zerlassener Butter oder mit Wasser und streut die Streusel mit den Händen auf wie beim Kleingeld zählen. Man bäckt den Kuchen bei guter Mittelhitze 200° C/Stufe 3 und serviert ihn heiß oder abgekühlt.

Süße Kräuter und Gewürze

Süße Speisen und Desserts

Bis zum Mittelalter verwendete man in Mittel- und Westeuropa zum Süßen der Speisen vor allem Honig, daneben aber auch süß schmeckende Kräuter und Gewürze. Zucker war teuer und wurde nur sparsam verwendet und hinter Schloß und Riegel aufbewahrt. Bei den alten Römern hatte der Zucker sogar als Heilmittel gegolten.
Als später – vor allem durch die Rübenzuckerproduktion – der Zucker billiger wurde, geriet die Süßkraft der Kräuter und Gewürze in Vergessenheit. Heute hat der pro Kopf-Verbrauch an Zucker schon bedenkliche Ausmaße angenommen. Übermäßige Verwendung von Zucker fördert die Karies und schafft durch seine »leeren Kalorien« oft bedenkliche Gewichtsprobleme.
Gut täte man daran, sich wieder auf die alten Methoden zum Süßen von Speisen zu besinnen. Zu den süßen Gewürzen gehören Muskatnuß, Ingwer, Kardamom, Nelken, Zimt, Anis und Vanille. Unter süßen Kräutern versteht man Engelwurz, Süßdolde, Rosmarin, Zitronenmelisse und Pferdeminze. Am süßesten ist die Süßdolde, sie wird daher häufig als Süßstoff verwendet.

Aroma für Süßspeisen

Man kann gehackte Süßdoldenblätter und Schoten oder süße Gewürze an Schlagsahne geben. Pfannkuchenteig mit fein gehackten Thymian-(*Thymus x citriodorus*) oder Zitronenmelisseblättern, mit einer ganzen Pferdeminze oder gar mit duftenden Geranienblättern würzen. Größere Blätter oder Pflanzen entfernt man vor dem Ausbacken.
Mit einem Zweig Rosmarin oder mit einer aufgeschlitzten Vanilleschote in einer mit Zucker gefüllten dicht verschlossenen Dose kann man Streuzucker angenehm würzen.

Holunderpfannkuchen

1 Holunderblütendolde, zerpflückt
100 g gesiebtes Mehl
1 Prise Salz
1 TL Vanillezucker
½ TL geriebene Orangenschale
2 Eier
300 ml Milch
2 EL zerlassene Butter
Saft von 1 Orange
flüssiger Honig

Man mischt Mehl, Salz, Holunderblüten, Zucker und Orangenschalen gut zusammen, gibt die Eier dazu und schlägt den Teig gut durch. Nach und nach gibt man unter Schlagen die Milch darunter. Den Teig 30 Minuten stehen lassen und dann die zerlassene Butter hineinrühren.
In einer schweren Pfanne erhitzt man gutes Backfett und gibt dann jeweils eine kleine Schöpfkelle voll Teig hinein; durch Schräghalten der Pfanne läßt man ihn bis an den Rand verlaufen. Man bäckt bei zugeschalteter Hitze bis die Unterseite ein goldgelbes Muster zeigt, dann wendet man ihn und bäckt auch die zweite Seite goldgelb. Man läßt den fertigen Pfannkuchen auf eine heiße Platte gleiten und stellt sie warm.
Zum Servieren rollt man die Pfannkuchen einzeln auf und beträufelt sie mit Orangensirup und flüssigem Honig.
Man kann auch Holunderblütendolden, Blätter von Borretsch und Muskateller-Salbei unzerteilt in diesen Teig tauchen und in Fett schwimmend ausbacken (fritieren).

Heidelbeerpfannkuchen

225 g Heidelbeeren (oder Brombeeren), 1 EL Honig
2 Geranienblätter (duftende Pelargonien)
3 EL Sauerrahm od. Käse (S. 184)
100 g Mehl
1 Prise Salz
1 TL Vanillezucker
2 Eier
300 ml Milch
2 EL zerrlassene Butter

Man kocht den Honig in 150 ml Wasser 10 Minuten lang zu einem Sirup. Dann läßt man die Heidelbeeren mit den Geranienblättern darin weich kochen. Wenn die Mischung abgekühlt ist, nimmt man die Geranienblätter heraus und wirft sie weg. Auch die Heidelbeeren entfernt man aus dem Sirup und vermischt sie mit Sahne oder Rahm-

Duftig und würzig in Teig ausgebacken:
1 Brombeerpfannkuchen nach dem Rezept für Heidelbeerpfannkuchen
2 Apfelküchlein mit Safran
3 ausgebackene Borretschblätter
4 Holunderpfannkuchen mit Streuzucker und Sahne
5 Kardamomwaffeln.

käse. Nun bereitet man aus Mehl, Salz, Zucker, Eiern, Milch und zerlassener Butter denselben Teig wie bei Holunderpfannkuchen und bäckt Pfannkuchen daraus. Jeden Pfannkuchen bestreicht man mit Heidelbeersahne oder Rahmkäse, rollt ihn auf und serviert ihn noch heiß mit Sirup.

Kardamomwaffeln
⅛ l saurer Rahm
Samen von 3 Kardamomkapseln
100 g Mehl, 50 g Zucker
1 TL Backpulver, 1 Prise Salz
2 Eier, Eigelb und Eiweiß getrennt
50 g zerlassene Butter, ⅛ l Milch
Mehl, Zucker, Backpulver, Salz und Kardamon werden miteinander vermischt. Dann schlägt man das Eigelb, die zerlassene Butter, die Milch und den sauren Rahm darunter bis der Teig glatt ist. Nun hebt man das steif geschlagene Eiweiß darunter. Man bäckt die Waffeln im gut gefetteten Waffeleisen bis sie knusprig sind und serviert sie heiß mit geschmolzenem Honig und Zitronensaft.

Apfelküchlein mit Safran
6 mittelgroße Äpfel
1 Prise Safranfäden
3 EL Sonnenblumenöl
100 g gesiebtes Mehl
1 Prise Salz
1 steif geschlagenes Eiweiß
Öl zum Herausbacken
3 EL Vanillezucker
Man legt den Safran 10 Minuten lang in 150 ml Wasser. Das Sonnenblumenöl schlägt man mit dem Salz in das Mehl, mischt das mit Safran gefärbte Wasser darunter und schlägt den Teig nochmals durch. Nun läßt man ihn ½ Stunde lang stehen. Kurz vor dem Backen hebt man den steifen Eischnee unter den Teig. Die Äpfel schält man, entfernt das Gehäuse und schneidet sie in Ringe. Die Ringe taucht man einzeln in den Teig und bäckt sie in der Pfanne in heißem Öl heraus, bis sie aufgegangen und goldgelb sind. Mit einem Spießchen überprüft man, ob die Äpfel durch sind. Man entfettet sie auf Küchenpapier, bestreut sie mit Vanillezucker und serviert sie sofort, so lange sie noch knusprig und heiß sind, mit Sahne.

Frischer Fruchtsalat mit Kardamom
3 ungeschälte, gewürfelte Äpfel, entkernt, Saft ½ Zitrone
2 EL Honig
2 geschälte Pfirsiche in Scheiben
zerstoßene Samen von
2 Kardamomkapseln
2 geschälte Orangen in dünnen Scheiben
20 geschälte, blaue Trauben ohne Kerne
Man läßt den Zitronensaft mit dem Honig 10 Minuten lang in 300 ml Wasser kochen und stellt einen Sirup her. Wenn er abgekühlt ist, gibt man den Kardamom dazu. Die Früchte legt man in eine Schale, gießt den Sirup darüber und stellt das Ganze 1 Stunde lang kalt.

Kompott aus frischen Früchten mit Rosmarin
600 ml pürierte Stachelbeeren, Himbeeren, Johannisbeeren (rot oder schwarz)
2 EL frische Rosmarinblüten
1 EL Vanillezucker
150 ml Schlagsahne
Die Rosmarinblüten werden in einem Mörser zu einem Brei zerrieben und nach und nach mit dem Zucker vermischt. Dann gibt man sie unter die Sahne und das Früchtepüree und serviert das Ganze kalt mit dünnen Keksen oder Löffelbiskuits.
Aroma, Duft und Güte von blühenden Kräutern konservierte man früher gerne. Man zerrieb sie dazu mit Zucker zu einem Brei und bewahrte das Gemisch dann in verschlossenen Gefäßen auf. Es heißt, daß man sie so 7 Jahre lang aufheben kann. Veilchen- und Lavendelblüten, Rosenblätter, Blätter von Minze, Pferdeminze und Bergamotte können alle so konserviert werden. Auf 300 g Blüten rechnet man 500 g Vanillezucker (Seite 204).

Rhabarber mit Anis
500 g vorbereiteter, in mundgerechte Stücke geschnittener Rhabarber
1 TL zerstoßene Anissamen
1 EL Honig, 175 ml dicke Sahne
Man läßt den Honig 5 Minuten lang mit 4 Eßlöffel Wasser kochen. In diesem Sirup dünstet man den Rhabarber vorsichtig, bis er weich ist. Dann hebt man Sahne und Anis unter das Kompott.

Syllabub mit Zitonenmelisse
1 EL feingehackte Zitronenmelisseblätter
½ l Schlagsahne, ⅛ l Weißwein
Saft und Aroma von 2 Zitronen
1 TL Vanillezucker
Muskatnuß
Zitronenmelissezweige zum Garnieren
Mit Ausnahme der Muskatnuß und der Zitronenmelisse-Zweigchen werden alle Zutaten miteinander geschlagen bis die Masse dickcremig ist. Dann schmeckt man ab. Man stellt die Mischung einige Stunden oder über Nacht sehr kalt. Zum Servieren gibt man den Schaum löffelweise in hohe, gut vorgekühlte Gläser, reibt etwas Muskatnuß darüber und garniert mit der Zitronenmelisse.

Stachelbeer-Holunderblüten-Schnee
500 g Stachelbeeren
1 Holunderblütendolde, von der man die Blüten abstreift
4 EL Vanillezucker (Seite 204)
4 Eier, Eigelb und Eiweiß getrennt
⅛ l leicht geschlagene Sahne
15 g Gelatine
Die gewaschenen Stachelbeeren mischt man mit den Holunderblüten. Man kocht den Vanillezucker in ⅓ l Wasser auf, gibt die Früchte hinein und dünstet sie bei milder Hitze weich. Dann wird die Flüssigkeit abgegossen (sie kann für Süßspeisen aufgehoben werden). Die Stachelbeeren streicht man durch ein Sieb und läßt sie abkühlen. In etwas von der Dünstflüssigkeit löst man nach Vorschrift auf der Packung die Gelatine auf und rührt sie zusammen mit der Sahne in das abgekühlte Püree. Man rührt Eigelb und Zucker schaumig, vermischt es mit dem schnittfest geschlagenen Eiweiß und zieht es vorsichtig unter die fast schon erstarrte Früchtemischung. Man füllt die Speise in eine Glasschüssel um und stellt sie bis zum Servieren in den Kühlschrank. Dazu reicht man knusprige Mandelkekse. Die Holunderblüten verleihen den Stachelbeeren ein köstliches Aroma nach Muskateller. Man kann sie auch wunderbar zum Aromatisieren von Stachelbeermarmelade und -gelee verwenden.

Heidelbeertorte
1 kg Heidelbeeren oder schwarze Johannisbeeren
100 g Butter
150 g gesiebtes Mehl
25 g Puderzucker
1 Ei, Eigelb und Eiweiß getrennt
Zitronensaft
2 EL flüssiger Honig
1 EL gehackte Minze
25 g Vanillezucker
Aus allen Zutaten außer den Beeren bereitet man einen Mürbeteig (siehe »Osterplätzchen Seite 203) und kleidet eine Springform damit aus. Man verteilt die gewaschenen, verlesenen und gut abgetropften Heidelbeeren auf dem Tortenboden, vermischt den Honig mit der Minze und gießt ihn von der Mitte aus spiralförmig über die Beeren. Die noch übrigen Teigreste schneidet man in Streifen und legt sie als Gitter über den Kuchen. Das Eiweiß wird schaumig, aber nicht steif geschlagen, mit dem Vanillezucker verrührt und Rand und Gitter der Torte damit bestrichen. Man bäckt die Torte 10 Minuten bei starker Hitze 220° C/Stufe 4 und dann noch etwa 20 Minuten bei mittlerer Hitze 180° C/Stufe 2 bis sie goldgelb und durch ist. Man serviert die Torte noch warm mit Schlagsahne.

Käsekuchen mit Engelwurz
1 EL gehackte, junge Engelwurzblätter oder Süßdoldenblätter
150 g gesiebtes Mehl
100 g Butter
25 g Puderzucker
1 Eigelb, 3 Eier
250 g Quark oder Labkäse (Seite 184)
75 g Vanillezucker
50 g Sultaninen
1 El Zitronensaft
1 TL geriebene Zitronenschale
Aus Mehl, Butter, Zucker und dem Eigelb bereitet man einen Mürbeteig wie bei »Osterplätzchen« Seite 203 und belegt damit den Boden einer Springform von 26–28 cm ø. Dann stellt man aus den übrigen Zutaten den Käsebelag her und verteilt ihn auf dem Tortenboden. Man bäckt den Kuchen bei mittlerer Hitze 180° C/Stufe 2, bis er ganz durch ist. (Beim Einstechen einer Spicknadel darf nichts hängen bleiben). Den Kuchen kalt servieren.

Würzfrüchte aus dem Ofen
4 große, ungeschälte Äpfel oder 4 große, geschälte Birnen ohne Kerne oder 500 g Aprikosen oder Pflaumen, die man mit einem scharfen Messer etwas einritzt
4 Nelken
1 Vanilleschote in vier Stücken
etwas Zitronenschale (ungespritzt)
50 g brauner Zucker
1/8 l Rotwein oder Wasser
Man schichtet die Früchte mit den dazwischengestreuten Gewürzen und dem Zucker in eine feuerfeste Deckelschüssel und begießt sie mit dem Wein oder Wasser. Die Schüssel stellt man zugedeckt in den kalten Backofen, schaltet auf schwache Hitze 160° C/Stufe 1 und läßt die Früchte sanft garen. Für Birnen rechnet man mindestens zwei, für Äpfel eine Stunde und für Aprikosen und Pflaumen etwa 45 Minuten. Man serviert sie mit etwas selbstgemachtem Rahmkäse (Seite 184) oder ungeschlagener Sahne.

Apfelklöße mit Zimtbutter
KLÖSSE
250 g Äpfel, geschält und gerieben
40 g zerlassene Butter, 2 Eier
100 g frische Schwarzbrotbrösel
50 g Mehl, 50 g Zucker
1 EL gemahlene Mandeln
1/2 TL geriebene Zitronenschale
1/8 l Milch (ca.)
ZIMTBUTTER
25 g zerlassene Butter
1 TL gemahlener Zimt
1 EL brauner Zucker
1 EL Zitronensaft
Für die Klöße schlägt man mit einer Gabel die zerlassene Butter unter die verquirlten Eier und bereitet dann mit den anderen Zutaten für die Klöße einen Teig, der so fest ist, daß sich daraus kleine Klöße formen lassen. In einem weiten Topf bringt man etwa 4 l Wasser zum Kochen, gibt die Klöße hinein, schaltet die Hitze zurück und läßt die Klößchen schwach siedend im offenen Topf ziehen. Nach etwa 10 Minuten sind sie gar und schwimmen an der Oberfläche. Sie werden mit einem Schaumlöffel herausgehoben und in einer vorgewärmten Schüssel angerichtet. Während die Klößchen ziehen, bereitet man die Zimtbutter, indem man einfach in die zerlassene Butter die übrigen Zutaten einrührt. Die Klößchen werden in der Schüssel mit der Zimtbutter beträufelt serviert.

Gewürzter Reis mit Safran
50 g Rundkornreis
1/4 TL Safranfäden
50 g Butter
1 TL Zitronensaft
1 EL Zucker
1 Prise gemahlener Ingwer
1/2 TL zerstoßene Anissamen
1 Zimtstange
1/2 TL gemahlener Zimt
In einem Kochtopf läßt man die Butter zerlaufen und wendet darin die Reiskörner. Zitronensaft, Zucker und gut 3/4 l Wasser läßt man etwa 10 Minuten lang bei offenem Deckel leise kochen und gießt den so entstandenen Sirup über den Reis. Man weicht den Safran in 2 Eßlöffel Wasser etwa 10 Minuten ein und gibt die Mischung dann zusammen mit Ingwer, Anis und Zimt an den Reis. Man läßt den Safranreis zugedeckt bei ganz schwacher Hitze quellen, bis er allen Sirup aufgesogen hat. Man serviert ihn warm mit gemahlenem Zimt bestreut.

Schokoladenrolle mit Vanillesahne
4 Eier getrennt, 100 g Mehl
100 g Puderzucker 3 EL Kakao
250 ccm (1/4 l) Schlagsahne
1 EL Vanillezucker (Seite 204)
Für den Biskuitteig schlägt man das Eiweiß unter löffelweiser Zugabe von Puderzucker zu schnittfestem Schnee, darunter rührt man die verquirlten Eigelb, Mehl und gesiebten Kakao. Man belegt ein Backblech zur Hälfte mit gebuttertem Pergamentpapier und knifft die Ränder hoch, damit der Teig nicht ausläuft. Man streicht den Biskuitteig auf das Papier und bäckt ihn etwa 8-10 Minuten bei guter Mittelhitze 220° C/Stufe 4. Dann stürzt man ihn sofort auf ein feuchtwarmes Tuch, rollt ihn mit dem Tuch locker auf und läßt ihn auf einem Küchenrost auskühlen. Man schlägt die Sahne mit dem Vanillezucker steif, rollt die Roulade vorsichtig auf und entfernt das Tuch. Man bestreicht die Roulade mit der Vanillesahne und rollt sie wieder zusammen.

Bonbons und kandierte Früchte

Kandieren

Als im späten Mittelalter Zucker leichter erhältlich wurde, kandierte man Pflanzen, die man zu Heilzwecken verwenden wollte. Kandierte Engelwurzstengel (Angelika) z. B., mit denen wir heute noch Kuchen und Desserts dekorieren, galten früher als gute Medizin gegen Erkältungskrankheiten und Husten. Kandierte Borretschwurzeln verzehrte man, um das Blut zu reinigen und kandierte Stranddistelwurzeln galten als Aphrodisiakum. »Kräuterkandis« wurde an der Luft getrocknet und, schichtweise durch Papier getrennt, in Dosen aufbewahrt. Neben diesen »Lutschbonbons« gab es auch Kräutersirup, der löffelweise eingenommen wurde. Noch heute gibt es Hustenmittel in diesen beide Darreichungsformen.

Die Regeln für das Kandieren sind weitgehend dieselben wie vor 400 Jahren. Die vorbereiteten Stengel- oder Wurzelteile werden mehrfach und solange in eine dicke Zuckerlösung getaucht, bis sie ganz von Zucker durchtränkt sind und dann an der Luft getrocknet.

Überzuckern

Blüten, Blätter und ganze Zweige von süßen Kräutern wie Rosmarin, können mit Zucker überzogen und als Konfekt, zum Garnieren und Dekorieren benutzt werden. Geeignet sind die Blüten von Veilchen, Borretsch, Pferdeminze, Rosmarin, Lavendel, Gartennelke, Salbei, Alkannawurzel, die Blütenblätter der Ringelblume und Rosenblütenblätter (von denen man das bittere untere Ende entfernt hat) und die Blätter von Pflanzen wie z. B. Minze, Pferdeminze, Veilchen und Zitronenmelisse. In alten Kochbüchern findet man eine Unmenge von Rezepten zum Überzuckern von Blüten. Das hier genannte Rezept, für gezuckerte Minzeblätter, kann für jede andere, eßbare Pflanze angewendet werden.

Kandierte Engelwurz

Stengel von Engelwurz und Blattadern
Zucker

Man schneidet die Engelwurz in Stücke von 5 cm Länge, gibt sie in einen Topf mit Wasser und läßt sie darin weich kochen. Dann nimmt man sie heraus und entfernt die bittere, äußere Schale mit einem scharfen Messer. Man blanchiert (taucht sie ein) sie ein paar Minuten in kochendem Wasser, bis sie leuchtend grün sind. Man nimmt sie heraus und tropft sie gut ab, wiegt die Stengel ab und legt sie nebeneinander auf ein Blech oder auf ein Tablett. Dann gibt man die gleiche Menge Zucker in einen schweren Topf, mißt 150 ml Wasser auf je 500 g Zucker ab, gießt es zum Zucker, rührt um, bis der Zucker sich aufgelöst hat und kocht dann das Ganze zu einem dicken Sirup. Diesen gießt man über die Stengel und läßt sie über Nacht stehen. Am nächsten Tag ist er durch den Engelwurzsaft etwas wässrig. Man kocht ihn im offenen Topf ein, bis er wieder dick ist und gießt ihn dann erneut über die Stengel. Diesen Vorgang wiederholt man vier Tage lang bis die Engelwurzstengel den Sirup ganz aufgenommen haben. Nun bestreut man sie mit noch mehr Zucker bis sie ganz davon bedeckt sind, läßt sie an einem luftigen Platz, locker mit einem Tuch bedeckt, trocknen. Wichtig ist, daß man wartet bis die Stengel auch wirklich *völlig* trocken sind, sonst besteht die Gefahr der Schimmelbildung. Man sortiert sie schichtweise in ein säurefestes Gefäß (Porzellan- oder Plastikdose) und gibt zwischen die Schichten jeweils Pergamentpapier. Das Gefäß gut verschließen und vor allem am Anfang öfter kontrollieren. Bemerkt man, daß die kandierten Wurzeln feucht werden, läßt man sie nochmals einige Stunden nachtrocknen.

Kandierte Süßdoldenwurzeln

Süßdoldenwurzeln
Zucker, Zitronensaft

Die Süßdoldenwurzeln schält man und schneidet sie in Stücke. Dann läßt man sie mit Wasser bedeckt langsam weichkochen. Den Sirup bereitet man nach dem links angegebenen Rezept für Engelwurz mit Zitronensaft zu.

Abgesehen von den Wurzeln der Stranddistel, die heute in der freien Natur so selten ist, eignen sich die Wurzeln der Süßdolde am besten zum Kandieren.

Gezuckerte Minzeblätter

Minzeblätter
Eiweiß, Puderzucker

Man erntet die Minze am besten morgens, sobald der Tau verdunstet ist. Jedes Blatt muß unbedingt ganz frisch und trocken sein. Das Eiweiß schlägt man mit einer Gabel bis es sich trübt, aber noch nicht schaumig ist. Dann faßt man jedes Minzeblatt am Stiel und zieht es nach allen Richtungen durch das Eiweiß, bis es ganz davon umhüllt ist und taucht es dann in Puderzucker, wobei man es solange dreht und wendet, bis es ganz mit Zucker bedeckt ist. Man legt die gezuckerten Blätter nebeneinander auf ein mit Pergamentpapier abgedecktes Küchengitter, schützt jede Schicht durch darübergelegtes Pergamentpapier und läßt die Blätter im Backofen bei ganz schwacher Hitze (unter 50° C) und offener Backofentür abtrocknen. Sobald sie ganz trocken und knusprig sind, bettet man sie zum Aufbewahren schichtweise zwischen Pergamentpapier in ein gut verschließbares Glasgefäß. Lichtgeschützt aufbewahren. Will man einen intensiveren Minzegeschmack, bespritzt man die Blätter mit einem Tröpfchen Pfefferminzöl.

Anisbonbons
1 EL zerriebene Anissamen
4 EL Honig
In einem gußeisernen oder Edelstahlgefäß mit dickem Boden erhitzt man den Honig langsam bis er gerade kocht. Man hält ihn bei offenem Deckel solange auf dieser Stufe, bis die Tröpfchenprobe zeigt, daß er fest genug ist: ein Tropfen davon in kaltes Wasser gebracht, muß sofort erstarren. Jetzt rührt man den Anis in den Honig, leert die Bonbonmasse auf ein gefettetes Backblech und streicht sie gleichmäßig glatt. Noch ehe sie ganz fest ist, zerschneidet man sie zu kleinen, quadratischen Bonbons.

Andorn-Toffees
3 Zweige Andorn
100 g brauner Zucker
2 EL dunkler Sirup
Saft ½ Orange
½ TL gereinigter Weinstein
Man überbrüht den Andorn mit 300 ml (gut ¼ l) kochendem Wasser und läßt ihn zugedeckt 30 Minuten ziehen. Dann gießt man die Flüssigkeit durch ein Sieb und drückt zuletzt auch den Andorn gut aus. Man gibt den Sud zusammen mit den anderen Zutaten in eine Gußeisen- oder Edelstahlkasserolle und kocht die Masse bis zur Tröpfchenprobe ein; ein Tropfen, in kaltes Wasser gebracht, muß sofort erstarren. Nun gießt man die Toffee-Masse auf ein gefettetes Backblech, wo sie zu einer dünnen Schicht auseinanderläuft. Ist sie halb erstarrt, schneidet man sie mit einem scharfen Messer zu quadratischen Bonbons. Nach dem Abkühlen sind die Toffees spröde und lassen sich leicht an den Schnittlinien auseinanderbrechen. Die fertigen Toffees werden in einem gut schließenden Behälter aufbewahrt. Andorn galt jahrhundertelang als gute Medizin bei Husten und Erkältungen.

Rahmkaramellen mit Koriander
1 EL zermahlener Koriander
250 g Butter, 500 g Zucker
Saft ½ Zitrone
In einem Gußeisen- oder Edelstahlgefäß mit dickem Boden zerläßt man die Butter, fügt Zucker und Zitronensaft bei und rührt solange, bis sich der Zukker völlig aufgelöst hat. Dann schaltet man die Hitze herauf und kocht die Masse im offenen Gefäß bis zur Tröpfchenprobe; ein Tropfen, den man in kaltes Wasser bringt, muß sofort erstarren. Jetzt rührt man das Korianderpulver ein und gießt die Bonbonmasse auf ein gefettetes Backblech. Sobald sie anfängt fest zu werden, schneidet man sie mit einem scharfen Messer zu quadratischen Bonbons. Die Schnittlinien laufen zwar wieder etwas zusammen, doch kann man die Bonbons nach dem Erkalten leicht entlang der Markierung auseinanderbrechen. Man bewahrt sie in einem gut schließenden Gefäß auf.

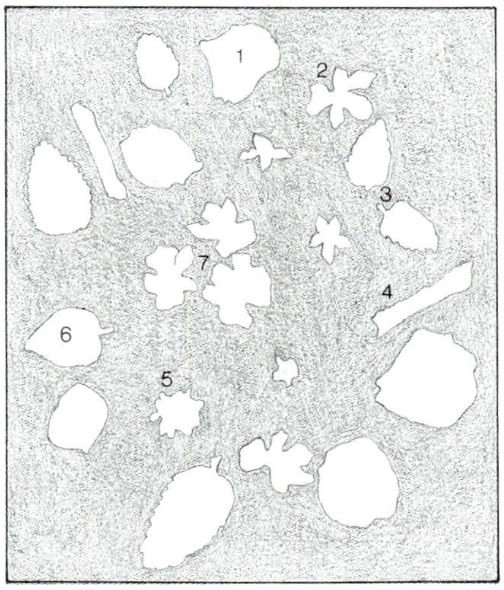

Gezuckerte Blüten oder Blätter oder kandierte Stengel von Kräutern eignen sich besonders gut zum Verzieren von Kuchen und Süßspeisen. Man schichtet sie in eine gut schließende Dose und trennt die Schichten durch zwischengelegtes Pergamentpapier: 1 gezuckerte Rosenblätter 2 und 7 gezuckerte Veilchen 3 glasierte Blätter von Zitronenmelisse 4 kandierte Engelwurz 5 überzuckerte Borretschblüte 6 gezuckerte Veilchenblätter.

Gelees und Konfitüren

Eingemachte Äpfel oder Pflaumen kann man mit Thymian, Bohnenkraut oder Minze würzen. Ein besonderes, Aroma erhalten Gelees und Konfitüren durch Zitronenmelisse, Pferdeminze oder Salbei.

Pferdeminze-Gelee
1 Sträußchen Pferdeminzeblätter
Pferdeminze zum Garnieren
2 kg Äpfel, Zucker
Die gewaschenen und zerteilten Äpfel setzt man, knapp mit Wasser bedeckt auf die Kochstelle, fügt die Pferdeminze bei und kocht die Äpfel musartig weich. Dann läßt man sie über Nacht durch ein Leinentuch abtropfen. Man rechnet pro 1 l Saft 1 kg Zucker. Bei schwacher Hitze löst man den Zucker im Apfelsaft auf und kocht den Sirup im offenen Gefäß bis zur Gelierprobe ein; man tropft etwas von der Flüssigkeit auf eine Untertasse, die nach dem Abkühlen geleeartig fest sein muß. Man stellt heiß ausgewaschene und saubere Gläser (am besten frisch aus dem Geschirrspüler) auf ein feuchtes Tuch (damit sie durch den Temperaturwechsel nicht springen) und füllt das Gelee heiß ein. In jedes Glas gibt man ein Blättchen Pferdeminze. Die Gläser dürfen erst nach dem völligen Erkalten verschlossen werden. Man belegt jedes Glas mit einer vorher zurechtgeschnittenen, in Weingeist getränkten Cellophanfolie und verschließt es mit Einmachfolie und einem Gummiband. Inhalt und Tag der Zubereitung vermerkt man auf dem Etikett, das man am Glas anbringt.
Nach diesem Rezept kann man auch andere Kräuter- und Würzgelees bereiten, z. B. mit den Blättern von Geranie oder Zitronenmelisse oder mit zermahlenen Kümmelkörnern, Ingwerwurzeln, Zimtstangen oder Gewürznelken.

Gewürztes Schlehengelee
1,5 kg Schlehen
500 g Holzäpfel (oder säuerliche Äpfel)
1 Zimtstange
1 Blatt Muskatblüte, 10 Nelken
6 Pimentkörner
brauner und weißer Zucker zu gleichen Teilen
Man bereitet es aus den angegebenen Zutaten nach obigem Rezept.
Dieses würzige Gelee paßt gut zu dunklem Fleisch und vor allem zu Wild. Man kann damit auch Rotkraut verfeinern oder einer Cumberlandsauce ein besonders apartes Aroma geben.

Tomatengelee mit Zimt
1,5 kg Tomaten
4 Zimtstangen (10 cm)
Zitronensaft
Zucker
Man kocht die gewaschenen und geviertelten Tomaten mit den Zimtstangen und ganz wenig Wasser weich. Über Nacht läßt man sie durch ein Tuch abtropfen. Pro 1 l Saft rechnet man 2 EL Zitronensaft und 1 kg Zukker. Man setzt die Zuckermischung auf die warme Kochstelle und rührt, bis sich der Zucker aufgelöst hat. Dann kocht man das Gelee wie in den links stehenden Rezepten angegeben.

Minzegelee
1 großer Strauß frische Minze
3 EL feingehackte Minze
2 kg Kochäpfel, Weinessig
brauner und weißer Zucker
zu gleichen Teilen
Die gewaschenen, zerteilten Äpfel setzt man auf die Kochstelle, legt dazwischen die Minze und fügt zu gleichen Teilen Weinessig und Wasser hinzu, bis die Äpfel bedeckt sind; dann kocht man sie musartig weich und tropft sie über Nacht durch ein Tuch ab. Pro 1 l Saft rechnet man 500 g braunen und 500 g weißen Zucker und kocht ein Gelee wie links beschrieben. Doch vor dem Einfüllen läßt man es etwa 10 Minuten abkühlen, bis die Masse eben anfängt zu erstarren. Dann rührt man die gehackte Minze ein, die fein verteilt im erstarrenden Gelee »schweben« und nicht oben schwimmen soll. Einfüllen und Verschließen der Gläser wieder wie links beschrieben. Das Minzegelee paßt sehr gut zu allen dunklen Braten, besonders aber zu Lamm- oder Hammelgerichten. Die dazu häufig empfohlene englische Minzesauce wird jedoch von manchen abgelehnt, da sie den Eigengeschmack des Fleisches stark überdeckt; im Gelee jedoch entfaltet die Minze in Verbindung mit Weinessig und braunem Zukker ein weitaus dezenteres, geradezu duftiges Aroma.

Reineclaudengelee mit Ringelblumen
2 kg Reineclauden oder gelbe Pflaumen
75 g Blütenblätter von Ringelblumen
weißer Zucker
Bei den gewaschenen Früchten ritzt man die Haut ein, bedeckt die Früchte ganz knapp mit Wasser und kocht sie weich. Über Nacht läßt man sie durch ein Tuch abtropfen. Pro 1 l Saft rechnet man 1 kg Zucker. Man löst ihn unter Rühren im Saft auf und kocht dann den Sirup bis zum Gelierpunkt ein (Gelierprobe siehe Rezept ganz links). Das Gelee läßt man etwa 10 Minuten abkühlen, bis die Masse eben anfängt zu erstarren. Dann rührt man die gehackten Ringelblumenblätter ein, die fein verteilt im erstarrenden Gelee »schweben« und nicht oben schwimmen sollen. Einfüllen und Verschließen der Gläser wie links beschrieben.

Weichselkirschkonfitüre mit Vanille
1 kg entsteinte Weichselkirschen
(Sauerkirschen)
1 kg Vanillezucker (Seite 204)
1 Vanilleschote
Saft von 2 Zitronen
250 ml (¼ l) Rotwein oder
Saft von weißen Johannisbeeren
Man löst den Zucker bei schwacher Hitze unter Rühren in gut ¼ l Wasser auf und bringt den Sirup zum Kochen. Dann fügt man die aufgeschlitzte Vanilleschote und die Kirschen bei. Man bindet einige aufgeklopfte Kirschkerne in ein kleines Mulltüchlein und gibt sie zu den Kirschen. Die Früchte werden etwa 15 Minuten lang gekocht und über Nacht abgekühlt. Am nächsten Tag fügt man Zitronensaft und Wein oder Johannisbeersaft zu und kocht solange

ein, bis der Saft den Gelierpunkt erreicht hat. Gelierprobe machen. Dann entfernt man die Kirschkerne und die Vanilleschote. Die fertige Konfitüre wird abgeschäumt und heiß in die vorbereiteten Gläser gefüllt. Man rührt jedes Glas mit einem Teelöffel durch, damit sich die Früchte gleichmäßig verteilen und verschließt es – im Gegensatz zu Gelee – sofort.

Rosenblätterkonfitüre
Achtung! Nur von ungespritzten Pflanzen ernten.
500 g Blütenblätter von roten Rosen
225 g weißer Zucker
225 g Honig
Saft von 2 Zitronen
Man sammelt die Blütenblätter von nicht gespritzten, duftenden Rosen und entfernt das bittere, weiße Ende. Man kann die Blätter mehrere Tage lang sammeln und mit etwas Zitronensaft bespritzt in einem zugedeckten Gefäß aufbewahren. Die Blütenblätter werden in etwas Wasser weichgekocht. Dann rührt man Zucker, Honig und Zitronensaft dazu und kocht das Ganze zu einem dicken Sirup ein. Zum Schluß füllt man die Konfitüre in warme Gläser, die man luftdicht verschließt.

Rhabarber-Orangen-Marmelade
1,5 kg junger, noch roter Rhabarber (älterer enthält zuviel Wasser)
4 Orangen, brauner Zucker
Man schält die Orangen, schneidet den Rhabarber in Stücke und kocht ihn mit der Schale, mit Wasser bedeckt. Sobald der Rhabarber weich ist, entfernt man die Orangenschalen und püriert den Rhabarber. Jetzt preßt man die geschälten Orangen aus, gibt den Saft an das Püree und wiegt es ab. Pro 500 g Püree rechnet man 500 g braunen Zukker. Zucker und Rhabarberpüree solange in einer Richtung rühren, bis eine dickliche Marmelade entsteht. Gegebenenfalls gibt man noch Zucker dazu. Man füllt sie in noch vom Reinigen heiße Gläser.

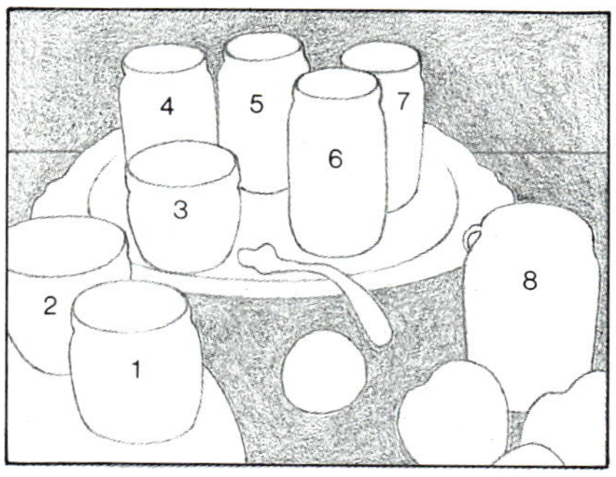

Süßwürzige Gelees passen auch gut zu Braten:
1 und 6 Pferdeminze- und Minzegelee
2 Reineclaudengelee mit Ringelblumen
3 gewürztes Schlehengelee
4 und 5 Zitronengelee und Salbei-Apfel-Gelee nach dem Rezept für Minzegelee 8 Tomatengelee mit Zimt.

Eingelegte Früchte und Ketchup

Beim Einlegen wird vor allem die konservierende Wirkung von Essigsäure und Kochsalz genützt. Der Geschmack von Essig und Salz wird durch das Aroma der Kräuter und Gewürze sowohl ergänzt wie gemildert. Kümmel, Koriander und Gelbwurz passen gut zu Ketchups und eingelegten Früchten; Chutneys aus Obst und Gemüse würzt man mit Chillies.
Zum Einlegen von Eiern und für Gemüse- und Fischkonserven eignet sich gut der Würzessig (Seite 165). Eier werden am besten unzerteilt eingelegt. Fisch und Gemüse werden je nach Größe filetiert bzw. zerkleinert; vor dem Einlegen salzt man sie; der Flüssigkeitsentzug fördert die Konservierung.

Gewürzte Limetten in Öl
10 möglichst kernlose Limetten
½ l Olivenöl
2 EL schwarze Pfefferkörner
1 EL Kreuzkümmelsamen
3 EL Salz
4 zerdrückte Knoblauchzehen
1 EL geriebene frische Ingwerwurzeln oder gemahlener Ingwer
1 EL weiße Senfkörner
3 Lorbeerblätter
Limetten sind eigroße, dünnschalige Citrusfrüchte, ähnlich den Zitronen, aber milder im Geschmack. Man erhitzt das Öl sehr stark, reduziert dann die Hitze und läßt es so 10 Minuten lang sieden. Die Limetten schneidet man längs in Spalten und legt sie in eine große flache Schüssel. In einem Mörser zermahlt man Pfefferkörner, Chillies und Kümmelsamen grob und streut sie über die Früchte. Dann kommen die restlichen Gewürze dazu. Man rührt um und läßt das Ganze dann 30 Minuten lang stehen. Nun füllt man ein Glas mit den gewürzten Limetten und gießt das abgekühlte Öl darüber. Das Gefäß deckt man mit einem Filterpapier oder mit einem Tuch zu und stellt es warm. In den nächsten 6 Tagen schüttelt man die Mischung täglich. Dann deckt man das Gefäß zu und stellt es bei niedriger Zimmerwärme dunkel, z. B. in den Schrank. Nach 2 oder 3 Wochen sind die Schalen ganz weich und haben das aromatische Öl angenommen; nun können die gewürzten Limetten gegessen werden. Sie halten sich mindestens 6 Monate und eignen sich gut als Garnierung für gebratenes oder gegrilltes Fleisch und Geflügel oder als Beilage zu gegrilltem Fisch.

Eingelegte Pilze
1,5 kg beliebige, feste Pilze
2 EL Stein- oder Meersalz
½ l Rotweinessig, ¼ l Rotwein oder Portwein
1 Stück zermahlene Ingwerwurzel
6 Nelken
Die sauber geputzten Pilze werden mit Salz bestreut und einige Minuten in Essig und Rotwein weichgekocht und dann umgefüllt, man gibt die Gewürze in die Brühe, kocht die Mischung auf und gießt sie kochend über die Pilze. Das Gefäß wird über Nacht zugedeckt kühl gestellt. Anderntags gießt man die Brühe ab, kocht sie wieder auf und gießt sie erneut über die Pilze. Das wiederholt man einige Male. Die Pilze müssen nach jedem Übergießen noch völlig von der Brühe bedeckt sein. Sie halten sich kühlgestellt einige Monate.

Fertige Tomatensauce
4,5 kg gehackte, reife Tomaten
¼ l Olivenöl
225 g gehackte Zwiebeln
225 zerdrückte Knoblauchzehen
1 Nelke
1 Sträußchen Thymian
1 Sträußchen Petersilie
1 Sträußchen Basilikum
2 Lorbeerblätter
Pfeffer und Salz
Man erhitzt das Öl und dünstet darin Zwiebeln und den Knoblauch vorsichtig weich. Dann rührt man die Tomaten, Nelken und Kräuter daran. Bei zugedecktem Topf läßt man alles 45 Minuten lang kochen. Dann drückt man die Mischung durch ein Sieb oder püriert sie in einem entsprechenden Gerät und kocht sie nochmals durch. Man kann die Sauce jetzt schon in Gläser oder Flaschen abfüllen oder sie erst zu einem dicken Brei einkochen lassen. Man schmeckt sie gut mit Pfeffer und Salz ab und füllt sie in sterilisierte Flaschen. Oben gießt man als Luftabschluß etwas Olivenöl darauf. Die Flaschen verschließt man wie gewöhnlich mit einem Schraubverschluß, mit einer Gummikappe oder mit Glashaut. Die Sauce paßt gut zu Reisgerichten und Teigwaren oder als Grundlage für eine Tomatensuppe.

Champignon-Würzsauce
Frische, reife Champignons
schwarze Pfefferkörner und Salz
Muskatblüte
Weinbrand oder Portwein
Man schichtet die geputzten und gehackten Champignons in einen feuerfesten Steinguttopf oder eine säurefeste tiefe Kasserolle. Über jede Schicht streut man reichlich Salz und preßt jedesmal die Pilze fest zusammen. Man läßt sie kurz ziehen, bis ein dunkler Saft austritt. Jetzt setzt man die Pilze auf den Herd und läßt sie zugedeckt eine Stunde lang sieden, evtl. füllt man Wasser nach. Nach dem Erkalten seiht man die Flüssigkeit durch und mißt ihre Menge. Pro Liter fügt man 10 grobgemahlene schwarze Pfefferkörner, 4 Blättchen Muskatblüte und 1 – 2 Teelöffel Weinbrand oder Portwein bei. Die Mischung läßt man nun nochmals 20 Minuten schwach siedend kochen. Dann seiht man sie durch und füllt den Saft in kleine, sterilisierte Flaschen, die man sofort verschließt. Beim Einfüllen die Fläschchen auf ein feuchtes Tuch stellen, damit sie nicht springen. Die Sauce verwendet man zum Würzen von Suppen, Bratensaucen und Eintopfgerichten. Angebrochene Flaschen im Kühlschrank aufbewahren.

Rosinen-Ketchup
1 kg Rosinen
¾ l Weinessig
500 g brauner Zucker
200 g kleingehackte Zwiebeln
2 EL feingehackter Knoblauch
1 TL Cayennepfeffer
Der Essig wird mit dem Zucker aufgekocht und dann die Rosinen mit den kleingehackten Zwiebeln hineingegeben. Man läßt das Ganze nochmals kurz aufkochen und dann bei milder Hitze solange weiterkochen, bis die Rosinen geplatzt sind. Jetzt werden der feingehackte Knoblauch und der Cayennepfeffer dazugegeben und die Masse solange bei offenem Deckel eingekocht, bis sie dickflüssig ist. Man stellt sterilisierte Gläser auf ein feuchtes Tuch, füllt das Ketchup heiß ein und verschließt die Gläser. Das Rosinen-Ketchup paßt zu allem gekochten Fleisch, besonders gut aber zu Gänsebraten.

Kräuter in Öl und Essig (Seite 165), eingelegte Früchte und Ketchup. Von links nach rechts:
Fenchel in Öl, gebrauchsfertige Tomatensauce, eingelegtes Mischgemüse, Eier in Kräuteressig, Chillies in Öl, Rosinen-Ketchup, eingelegte Pilze, Estragonessig, Basilikumöl.

Getränke

Sirups und erfrischende Getränke für den Sommer

Grundrezept für Sirup

Einen aromatischen Frucht- oder Kräutersirup herzustellen, ist ganz einfach. Man kann ihn als Grundlage aller nur denkbaren Getränkemischungen und alkoholfreien Cocktails sehr vielseitig verwenden.
Man stellt ihn aus gekochten oder rohen Säften her. Bei gekochtem Sirup wird der Saft wie bei Gelee gewonnen. Man rechnet auf 2 kg fertig vorbereitetes (entkernt, entsteint usw.) Obst oder 1 Litermaß voll Kräuter 1 l Wasser, kocht darin die Früchte weich und läßt den Saft über Nacht durch ein Tuch abtropfen. Am nächsten Tag kocht man ihn mit Zucker zu Sirup und rechnet dabei pro 1 l Saft etwa 500 g Zucker. Die Zuckermenge schwankt je nach Obstart. Bei süßen Früchten kann sie bis auf 300 g pro Liter vermindert, bei säuerlichen auf 600 – 700 g erhöht werden. Wenn beim Kochen die aufsteigenden Bläschen an der Oberfläche zerplatzen, macht man die »Sirup-Probe«. Man läßt einen dünnen Sirupfaden vom Löffel laufen, bildet sich unten eine kleine Kugel, ist der Sirup fertig. Er wird noch heiß in warm ausgespülte Flaschen gefüllt. Damit sie beim Einfüllen nicht springen, stellt man sie auf ein feuchtes Tuch. Die gefüllten Flaschen werden sofort verschlossen und dann beschriftet. Bei Sirup aus rohem Saft rechnet man pro 1 l Flüssigkeit (Saft und Wasser) 1 kg Zucker. Man kocht aus Zucker und Wasser einen Sirup, läßt ihn abkühlen und rührt dann den Saft roh ausgepreßter Früchte darunter.
Sirup aus rohem Saft kann allerdings höchstens 4 Monate lang gelagert werden.

Gewürzter Brombeersirup

3 kg Brombeeren
1½ l Wasser
10 Gewürznelken
10 zerstoßene Korianderbeeren
1 Zimtstange
1 Blatt Muskatblüte
Schale von 1 Orange (ungespritzt)
Schale von 1 Zitrone (ungespritzt)
Zucker

Nach dem Grundrezept bereitet man aus Brombeeren und Wasser Saft und mißt ihn ab. Auf 2 l Saft gibt man 1 kg Zucker und die in ein Mullsäckchen gebundenen Gewürze. Man kocht alles bis zur Sirupprobe und entfernt vor dem Einfüllen das Mullsäckchen.

Holundersirup

1 kg Holunderbeeren
1 l Wasser, Zucker

Nach dem Grundrezept kocht man den Sirup, er eignet sich zum Einfrieren und mit Wasser verdünnt und erhitzt als »Wärmetrunk«.

Joghurt-Trank

2 Becher Joghurt
1 Joghurtbecher kaltes Wasser
1 Zweiglein frische Minze

Joghurt und Wasser werden miteinander verquirlt; dann stellt man die Mischung mit einem Zweiglein Minze darin zugedeckt 30 Minuten sehr kalt.

Hopfenlimonade

15 g frische oder 7 g getrocknete Hopfenzapfen
2 l Wasser
1 kleines Stück zermahlene Ingwerwurzel
1 Sträußchen Minze
1 Zitrone in dünnen Scheiben
100 g brauner Zucker

In einem säurefesten Topf bringt man Hopfen, Minze, Zitronenscheiben, Ingwer sowie Wasser zum Kochen und läßt die Flüssigkeit dann bei heruntergeschalteter Hitze im offenen Gefäß in etwa 30 Minuten auf die Hälfte einkochen. Dann seiht man sie durch, löst unter Rühren den Zucker darin auf und kocht die Limonade nochmals 5 Minuten. Man serviert sie gut gekühlt.

Eisgekühltes Minzegetränk

Dieses Getränk wird wie Sirup aus rohem Saft (Grundrezept) bereitet, ist aber bereits trinkfertig verdünnt, daher die geringe Zuckermenge.

100 g frische Minzeblätter
1 l Wasser, 75 g Zucker
Saft von 3 Zitronen

Man püriert die Minzeblätter zu einem Brei und verrührt sie gut mit 25 g von dem Zucker. Aus dem restlichen Zukker und dem Wasser kocht man in 5 Minuten einen dünnen Sirup (keine Sirup-Probe!) und läßt ihn abkühlen. Dann verrührt man darin Zitronensaft mit Minzebrei und serviert eisgekühlt.

Erfrischend besonders im Sommer: 1 Joghurt-Trunk 2 Maiwein mit Orange und Waldmeister 3 und 5 Limonaden aus Brombeer- und Holundersirup 4 Hopfenlimonade 6 Löwenzahnwein 7 Met 8 Aspi mit Lavendel 9 eisgekühltes Minzegetränk 10 Kräutersirup nach Grundrezept.

Alkoholische Getränke

Met

Met ist ein weinähnliches Getränk aus Honig und Wasser. Auf 1 kg Honig gibt man höchstens 1 l Wasser, kocht die Mischung auf und schäumt sie ab. Nach dem Abkühlen wird Weinhefe zugesetzt. Durch Gärung entwickelt sich Alkohol. Wir kennen den Met fast nur noch aus den alten nordischen Sagen als Getränk der Götter und Helden. Grabfunde schon aus der Bronzezeit bezeugen seine allgemeine Beliebtheit. Man weiß, daß er in Birkenholzfässern aufbewahrt und häufig mit Preiselbeeren gewürzt war, oft auch mit anderen Früchten, Kräutern und Blüten; manche alten Rezepte enthalten 20 verschiedene Zutaten. Im Mittelalter wurde der Met weitgehend durch das Bier verdrängt.

Bier

Bier ist ein alkoholisches Getränk, bei dem Malz, Hopfen und Wasser unter Zusatz von Hefe vergoren werden. Der Herstellungsprozeß gliedert sich in Malzbereitung, Würzbereitung und Gärung. Für Art und Qualität des Bieres am wichtigsten ist die Würzbereitung, denn hier wird das Malz gemaischt, d.h. die Inhaltsstoffe herausgezogen (es gibt verschiedene Maischverfahren) und ihm der Hopfen zugesetzt. Der Extrakt heißt »Stammwürze«, je höher der Gehalt an Stammwürze, desto gehaltvoller das Bier. Starkbier wurde deshalb in der Fastenzeit gebraut und zum Ausgleich für die eingeschränkte Kost getrunken.

Wein

Wein, der aus dem Traubensaft der Weinrebe durch alkoholische Gärung gewonnen wird, ist ein Getränk von buchstäblich biblischem Alter. Zu uns kam der Wein durch die Römer, die die Reben aus dem Mittelmeerraum in ihre Provinzen brachten. In dem ganz anderen und meist rauheren Klima hatte der aus ihren Trauben gekelterte Wein oft nicht dieselbe Qualität wie im Ursprungsland. Alkoholgehalt und Süße waren geringer, und er verwandelte sich vorzeitig in Essig. Um seine Haltbarkeit zu verlängern, setzte man ihm Kräuter und Gewürze zu, die im Ruf standen, konservierend zu wirken, z.B. Salbei, Myrte oder Wacholder. Zur Geschmacksverbesserung würzte man den Wein mit Zimt und Nelken, Blütenblättern von Rosen und Veilchen, oder man süßte ihn mit Honig oder Trockenfrüchten. Als später der Zucker sich in Europa verbreitet hatte, bereitete man auch Wein aus Obst oder Wildfrüchten, indem man z.B. Brombeeren, Johannisbeeren oder Schlehen mit Zucker vergären ließ. Auch Blüten verwendete man, wie Schlüsselblume, Melisse oder Muskateller-Salbei.

Spirituosen

Spirituosen nennt man alle Getränke, die durch einen hohen Alkoholgehalt gekennzeichnet sind, also Branntweine, Liköre, Punschextrakte und alkoholreiche Mischgetränke. Branntwein muß mindestens 32 % Alkohol enthalten; die für viele Branntweine verwendete Bezeichnung Schnaps stammt aus dem niederdeutschen »Schluck«, weil es Sitte war, ihn auf einen Schluck hinunterzutrinken; man verwendete dafür sogar Speziallöffel aus Zinn.

Während Branntweine klar sind, gibt es Liköre in allen Regenbogenfarben; sie enthalten neben Zucker auch geschmackgebende und färbende Grundstoffe. Punschextrakte wie Rum-, Arrak- oder Weinpunsch werden manchmal auch als Punschsirup bezeichnet. Punschextrakte werden wie Sirup verdünnt genossen.

Bei uns reicht die Geschichte der Spirituosenherstellung zurück bis ins 12. Jahrhundert, als Mönche und Klosterfrauen zuerst ihre teilweise noch heute bekannten Liköre bereiteten. Das Schnapsbrennen kam in Europa erst etwa dreihundert Jahre später auf. Zunächst verwendete man die hochgeistigen Getränke zu Heilungszwecken und als allgemein belebende Mittel. Daran erinnert etwa die Bezeichnung Aquavit, die übersetzt »Lebenswasser« bedeutet. Vielfach wurden die Spirituosen mit Kräutern und Gewürzen versetzt, etwa mit Engelwurz und Rosmarin oder mit Wacholder. Ein bekannter Wacholder ist der ursprünglich aus Holland stammende Gin. Aus Gersten, Roggen und Weizen brannten die Schotten ihren Whisky, aus Kartoffeln die Russen ihren Wodka und aus Pflaumen die Jugoslawen ihren Slibowitz. Heute unterliegen Bier, Wein und Spirituosen in fast allen Ländern strengen Gesetzen, so daß Gesundheitsschäden bei maßvollem Genuß nicht zu befürchten sind.

Doch wer einmal etwas Besonderes anbieten will, kann sich nach einem der folgenden Rezepte ein alkoholisches Getränk selbst herstellen; eine Liebhaberei, die ständig populärer wird.

Wein, Bier und Met
Zur Herstellung dieser Getränke nur säurefeste Gefäße verwenden, keinesfalls solche aus Eisen, Kupfer oder Messing. Gut geeignet sind vor allem Edelstahlgefäße.

Maiwein
1 Flasche (0,7 l) trockener Weißwein
5 dünne Orangenscheiben
12 Stengel Waldmeister
1 TL Zucker
Alle Zutaten werden in einen Krug gegeben. Darin läßt man sie eine Stunde lang ziehen. Dann gießt man den Wein ab und serviert ihn eisgekühlt. Am besten gibt man den Krug in eine Schüssel mit Eiswürfeln. Anstelle von Orangen kann man auch Walderdbeeren verwenden.

Aspi mit Lavendel
1 Flasche milder Weißwein
3 EL Lavendelblüten
2 EL Zucker
½ Glas Weinbrand
In dem Wein läßt man die Blüten 24 Stunden ziehen. Dann kocht man aus dem Zucker und 1/16 Wasser einen Sirup, den man abgekühlt zusammen mit dem Weinbrand an Wein und Blüten gibt. Der Aspi wird gut gekühlt serviert.

Löwenzahnwein
2½ l Löwenzahnblüten (im Meßbecher abgemessen) die gleiche Menge Wasser
1 EL zermahlene Ingwerwurzel
Schale von 1 Orange, dünn abgeschält
Schale von 1 Zitrone, dünn abgeschält
700 g brauner Zucker
Saft von 1 Zitrone
1 TL Weinhefe
Man kocht das Wasser ab und läßt es abkühlen. Von jeder Löwenzahnblüte entfernt man Kelch und Stengelansatz; sie enthalten Bitterstoffe. Die abgezupften Blüten füllt man in eine große Porzellanschüssel, gießt das abgekochte und abgekühlte Wasser darüber, bedeckt die Schüssel mit einem Tuch und läßt das Ganze 12 Stunden ziehen. Gelegentlich wird umgerührt. Danach füllt man das Blütenwasser in ein säurefestes großes Kochgefäß und fügt Ingwer, Orangen- und Zitronenschale bei. Die Mischung wird 30 Minuten lang schwach siedend ausgekocht und dann durchgeseiht. Man gießt die Flüssigkeit zurück in das gesäuberte Kochgefäß, fügt Zucker und Zitronensaft bei und läßt den Sud abkühlen. Dann entnimmt man ihm einige Teelöffel voll, rührt damit die Weinhefe an und gibt sie an den Sud. Man bedeckt das Gefäß mit einem Tuch und stellt es beiseite in einen breiten Untersatz mit Rand; denn jetzt gärt der Wein, und manchmal schäumt er dabei über. Nach 2 Tagen ist der Prozeß soweit fortgeschritten, daß man den Wein umfüllen kann, aber er gärt noch weiter. Damit die Gase keinen Überdruck erzeugen, darf der neue Behälter nicht fest verschlossen werden. Man füllt den Wein (falls erhältlich) in ein Fäßchen, das man mit einem locker gedrehten Wattepfropf verschließt, sonst in einen Dampfdruckkochtopf, bei dem man das Ventil herausgeschraubt und durch Watte ersetzt hat. Der Gärungsprozeß ist beendet, wenn sich keine Gasblasen mehr bilden. Dann verschließt man das Gefäß fest, läßt es 2 Monate lang stehen und zieht dann den Wein auf Flaschen ab. Nach weiteren 6 Monaten kann man ihn trinken.

Mädesüß-Bier
25 g Mädesüßblätter
25 g Blätter von Heil-Betonie
25 g Odermennig
500 g Zucker
Man läßt die Blätter in 5 l Wasser 20 Minuten lang kochen, gießt den Sud dann ab und rührt den Zucker darunter. Dann läßt man die Flüssigkeit abkühlen und gibt sie lauwarm in Flaschen. Das so hergestellte Bier gärt ohne weiteren Zusatz. Nach einer Woche kann man es trinken.

Met
2,5 kg Honig (besonders gut eignet sich Lindenblüten-Honig)
1 Bund Thymian
1 Bund Zitronenmelisse
1 Bund Rosmarin
10 Gewürznelken
6 zerstoßene Pimentbeeren
1 Zimtstange
1 Stückchen zermahlene Ingwerwurzel
1 Blättchen Muskatblüte
Bier- oder Weinhefe (benötigte Menge je nach Fabrikat auf der Packung angegeben)
In 5 l Wasser kocht man die Kräuter und Gewürze eine Stunde lang aus. Den Sud gießt man durchgeseiht auf den Honig, verrührt alles gut miteinander und läßt es abkühlen. Nun fügt man die Weinhefe nach Packungsvorschrift hinzu und füllt alles zum Angären, wie bei »Löwenzahnwein« beschrieben, um. Sobald sich kein Schaum mehr bildet, läßt man den Met in einem Gefäß mit Austritt für die sich bildenden Gase (siehe »Löwenzahnwein«) weitergären. Bilden sich keine Bläschen mehr, wird der Wattepropfen durch einen Korkverschluß ersetzt und das Gefäß 2 Wochen lang kühlgestellt. Danach wird der Korken durch einen luftdichten Verschluß ersetzt. Nach 6 Monaten kann man den Met auf Flaschen ziehen. Da die eine oder andere Flasche in Gärung geraten und »explodieren« kann, wählt man druckfeste, z.B. Sektflaschen oder sichert die Flaschen durch ein Drahtgeflecht. Die Flaschen werden liegend aufbewahrt. Nach 2 Jahren erst kann der Met getrunken werden, vorher ist er viel zu süß. Trotzdem: etwas Besonderes! Honig mit starkem Eigengeschmack, wie Tannen- oder Buchweizenhonig ist für die Metbereitung nicht geeignet.

Heißer Würzwein
1 Flasche Rotwein
Schale von 1 Orange, dünn geschält
6 Nelken
1 Zimtstange
3 zerstoßene Kardamomschoten
3 zerstoßene Koriandersamen
1 EL zermahlene Ingwerwurzeln
50 g Rosinen ohne Kerne
Man gibt alle Zutaten außer den Rosinen in ein säurefestes Gefäß und läßt sie etwa 8 Stunden lang zugedeckt ziehen. Kurz vor dem Servieren fügt man die Rosinen bei und erhitzt den Wein, doch darf er nicht kochen. Man gießt den Würzwein durch ein Sieb in die Gläser. Fürchtet man, daß die Gläser durch den Temperaturwechsel springen, stellt man einen silbernen Löffel hinein, der die Hitze ableitet. Größere Mengen Wein hält man auf dem Rechaud warm.

Lamb's Wool
1 l Starkbier, 6 Kochäpfel
1 TL gemahlener Ingwer
¼ TL geriebene Muskatnuß
brauner Zucker
Man gibt die gewaschenen, abgetrockneten Äpfel auf ein abgespültes Backblech und brät sie im Backofen bei starker Hitze 220° C/Stufe 4, bis sie weich sind (Bratäpfel). Dann halbiert man sie, entfernt das Kernhaus und schabt das Fruchtfleisch aus den Schalen. Man erhitzt das Bier, rührt das Apfelmus hinein, fügt Ingwer und Muskat hinzu und süßt nach Geschmack mit braunem Zucker.

Gewürzter Schlehengin
1 kg Schlehen, 0,7 l Gin
50 g zerstoßene Malzbonbons
1 Orange in dünnen Scheiben
1 Zitrone in dünnen Scheiben
1 Stück gemahlene Ingwerwurzel
1 Zimtstange (3 cm)
8 Nelken
Jede Schlehe sticht man mit einer Nadel zwei- oder dreimal an und gibt sie in eine weithalsige Flasche. In Ermangelung einer passenden Flasche kann man auch die hohen Gläser mit Twist-off-Verschluß verwenden, in denen Obstsäfte verkauft werden. Dann fügt man Malzbonbons, Orangen- und Zitronenscheiben und die Gewürze hinzu und gießt den Gin darüber. Alle Zutaten müssen gut bedeckt sein, sonst füllt man Gin nach. Die verkorkte oder anderweitig verschlossene Flasche bewahrt man 6 Monate lang bei Zimmerwärme und vor Licht geschützt auf. Danach seiht man den Schlehen-Gin durch und füllt ihn in saubere Flaschen.

Punschextrakt
750 g Zucker
200 ml Wasser
Saft von 4 Zitronen
½ l Arrak
In einem säurefesten Gefäß (Edelstahl) verkocht man Zucker und Wasser zu Sirup. Dann fügt man den Zitronensaft bei und läßt die Mischung abkühlen. In den kalten Zitronensirup rührt man den Arrak ein und füllt den Extrakt in Flaschen, die man gut verschließt. Beim Gebrauch gießt man zu einem Teil des Extraktes 2 Teile kochendes Wasser.

Ratafia und Likör
Mit Früchten oder Kräutern aromatisierten Weinbrand nennt man Ratafia. Man gibt dabei Früchte oder Kräuter in Weinbrand und läßt die Mischung 4 Wochen lang im Warmen ziehen. Dann seiht man sie durch und füllt sie in die Flasche zurück. Ähnlich einfach ist die Likörbereitung, nur daß hier statt Weinbrand Weingeist (reiner Alkohol, in Drogerien und Apotheken erhältlich) verwendet und eine Zuckerlösung beigegeben wird. Hier je ein Beispiel für Ratafia und Likör.

Himbeer-Ratafia
750 g Himbeeren (andere Früchte oder Kräuter)
600 ml Weinbrand, 1 Vanilleschote
6 Koriandersamen
Früchte und Gewürze läßt man einen Monat lang in dem Weinbrand ziehen. Dann seiht man die Flüssigkeit durch und füllt sie in die Flasche zurück. Das Getränk kann sofort getrunken werden.

Orangenlikör
5 große, ungespritzte Orangen (andere Früchte oder Kräuter), 600 ml Weinbrand, 5 zerstoßene Süßdoldensamen
1 Blatt Muskatblüte
1 Zimtstange (3 cm), 500 g Zucker
Man stellt die in Stücke geschnittenen ungeschälten Orangen und die Gewürze in Weinbrand in einer verschlossenen Flasche 4 Wochen warm. Dann kocht man den Zucker mit einer Tasse Wasser auf. Jetzt wird der Weinbrand durchgeseiht, mit der Zuckerlösung verrührt und der fertige Likör in beliebige Flaschen gefüllt.

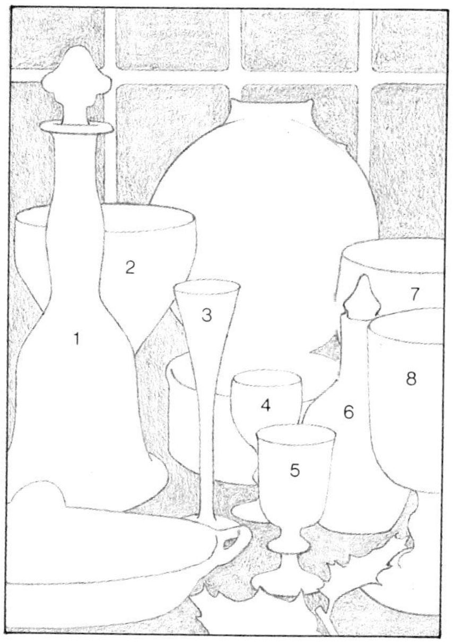

Delikat und nicht alltäglich: 1 gewürzter Schlehen-Gin 2 schäumendes Lamb's wool 3 Orangenlikör 4 und 5 Himbeer- und Kirsch-Ratafia 6 Magenbitter (Seite 271) 7 Punsch aus Punschextrakt 8 heißer Würzwein.

Kräutertee

Für Kräutertee pflückt man die Blätter am besten in der Mittagssonne, dann ist ihr Aroma am reichsten. Ausgebreitet auf einem Packpapier läßt man sie an einem luftigen, schattigen Ort welken. Anschließend wird fermentiert. Dazu schichtet man die welken Kräuter in einen Steinguttopf und bespritzt jede Schicht mit etwas Wasser. Dann wird die oberste Schicht mit einem in der Größe passenden Teller stark beschwert, z. B. mit einigen vollen Konservendosen oder einem großen Stein und der Topf gut warm gestellt (etwa 30° C). Nach drei Tagen nimmt man die Kräuter heraus, breitet sie aus und trocknet sie ein bis zwei Tage. Die fermentierten Blätter sind jetzt dunkel und duften würzig. Eine Unzahl von Pflanzen eignen sich für die Teebereitung, z. B. Lindenblüten und die Blätter von Pfefferminze, Brombeere, Erdbeere, Himbeere, Schwarze Johannisbeere und Zitronenmelisse. Der Tee wird wie schwarzer Tee aufgebrüht; für 1 l Tee rechnet man 2 Eßlöffel Kräuter und läßt den Tee 5–10 Minuten ziehen. Auch Apfelschalen und Hagebutten eignen sich zur Teebereitung, werden aber nicht fermentiert.

Kräuter und Gewürze im Haushalt

Viele Kräuter lassen sich nicht nur für die Küche, sondern darüber hinaus in vielfältiger Weise im Haushalt verwenden, sei es als Duftkraut, um Insekten zu vertreiben oder für die Hausreinigung. Der Brauch, Lavendel oder andere Duftkräuter in kleinen Mull- oder Seidenbeutelchen in den Wäscheschrank zu legen, war allgemein verbreitet und findet heute seine Fortsetzung in den mit synthetischen Duftstoffen angereicherten Waschmitteln. Der Duft der Kräuter kann aber auch durch Verbrennen verbreitet werden. Das Färben mit Pflanzenfarben hat eine ähnlich lange Tradition, und trotz oder gerade wegen der Fülle synthetisch hergestellter Farben gewinnt es zunehmend an Beliebtheit, weil die Sanftheit und natürliche Leuchtkraft der Pflanzenfarben einfach von unnachahmlicher Schönheit ist.

Die hier folgenden Anleitungen und Rezepte für die Verwendung von Kräutern und Gewürzen im Haushalt stammen aus alten Haushaltsbüchern. Sicher ist es bequemer, diese Mittel zu kaufen. Aber das Selbstherstellen der alten natürlichen Hausmittel hat nicht nur praktische Vorteile, sondern macht auch Spaß.

Das Kapitel beginnt mit Anleitungen für die Herstellung von Duftstoffen. Bereits in der Antike wußte man, daß bestimmte Gerüche bestimmte körperliche und seelische Reaktionen hervorrufen. Ein griechischer Arzt, Marestheus, schrieb darüber sogar mehrere Bücher. Wenn man damals Gäste erwartete, wurde das Haus bekränzt und er empfahl, den dafür geflochtenen Girlanden kräftigende Kräuter, z. B. Majoran, beizugeben. Niemals aber, so meinte er, dürfe man dafür Lilien verwenden, da ihr Duft erschlaffend wirke. Die Römer stellten Schalen mit kühlender Minze in die Schlafräume. Der Duft von Eberraute und Zitronenmelisse sollte wachhalten; die Puritaner nahmen sonntags Sträußchen davon mit in die Kirche, um bei den in der Regel drei bis vier Stunden dauernden Predigten nicht einzuschlafen. Von Rosmarin, Mädesüß und Basilikum lesen wir in alten Kräuterbüchern, daß sie die Melancholie vertreiben und aufheitern sollen. So machte man früher von Duftkräutern und duftenden Gewürzen reichlichen Gebrauch. In den Kleider- und Wäscheschränken lagen Duftkissen, auf den Möbeln standen Dufttöpfe, sogenannte Potpourris, oder man trug eine Duftkugel um den Hals oder in der Hand, die durch die Körperwärme ihr Aroma besonders stark entfaltete.

Zu den Blüten mit dem höchsten Gehalt an ätherischen Ölen zählen die der Rose. Ihre Blütenblätter sind daher Hauptbestandteil vieler Potpourris, Duftkissen, Puder und Parfums.

Besonders im Rokoko wurde von Parfum überreich Gebrauch gemacht. Bei den Damen am Hofe waren Duftringe Mode, die auf Druck funktionierten; und wenn sich ein Verehrer zum Kuß über die Hand der Dame beugte, wurde er mit Rosen- oder Veilchenwasser besprüht. Auch den hochgetürmten, phantastischen Puderfrisuren der Modedamen entströmte ein starkes Parfum. Die Salons bei Hofe oder auch die Krankenzimmer wurden parfümiert, indem man – ähnlich wie heute unsere Sprays – mit einem Blasebalg parfümierten Puder durch den Raum stäubte; Kardinal Richelieu z. B. war als Vertreter dieser Mode bekannt. Noch zu Beginn unseres Jahrhunderts war das parfümierte Billet doux ein Requisit der feinen Welt, noch mehr allerdings der Halbwelt.

Zu den Blüten, mit den stärksten der als angenehm empfundenen Duftstoffe, gehören die Rosenblätter (gemeint sind in diesem Fall immer die Blütenblätter) und bilden daher in Rezepten für Potpourris, Duftkissen, Puder und Parfums eine Hauptzutat. Die »Düfte des Orients« enthalten meist einen starken Anteil Rosenduft. Die rote, ungefüllte Essig- oder Zuckerrose, *Rosa gallica*, stammt aus Persien und wurde um das östliche Mittelmeer herum auf Feldern angebaut wie heute noch in Bulgarien. Nach Mitteleuropa kam sie durch die Römer. *Rosa gallica* ist die bekannteste, dicht gefolgt von der Damaszener-Rose, *R. damascena*, und der Moschus-Rose, *R. moschata*. Die Legende berichtet, daß die Rose aus einem Schweißtropfen entstanden sei, der dem Propheten Mohammed von der Stirn fiel, und der dazu sagte: »Wer immer meinen Geruch wahrnimmt, der atmet Rosenduft ein«.

Das Rosenblütenblatt ist reich an ätherischen Ölen, die adstringierend und keimtötend wirken. Rosenöl übertrifft die Desinfektionskraft von Karbolsäure um das Siebenfache. Auch die Öle anderer Kräuter wirken keimtötend, so das von Thymian, das zwölfmal so stark ist wie Karbolsäure. Viele desinfizierende Kräuter finden sich unter den Lippenblütlern, z. B. Ysop. Aber auch Lorbeer und Wacholder oder die fleischigen Wurzeln des Alant und die Wurzeln von Angelika (Engelwurz) wirken stark keimtötend. Nicht zu vergessen die antiseptische Wirkung mancher Gewürze, z. B. Zimt und Nelken; letztere sollen angeblich Typhusbazillen binnen einer halben Stunde abtöten.

Kräutermittel gegen Insekten

Seit altersher hatten – besonders in wärmeren Gegenden oder in warmen Jahreszeiten – die Menschen unter Insekten zu leiden. In Vorrats- und Speisekammer befielen sie Getreide und Hülsenfrüchte. An Wolle und Pelze gingen die Motten, während Mücken Menschen stachen und unter den oft zweifelhaften hygienischen Verhältnissen und dem engen Zusammenleben mit den Haustieren war das Auftreten von Läusen und Flöhen eher die Regel statt die Ausnahme.

Verstreuen von Kräutern

Wenn sich auch eine drastische Anwendung von Kräutern gegen Insekten heute erübrigt, so kann man doch in sparsamer Anwendung einiges davon übernehmen. Einige trockene Stengel Eberraute und Balsamkraut unter den Teppich gelegt, vertreiben die Motten. Einige Krüge mit frischen, süß duftenden Kräutern im Zimmer verteilt, vertreiben Fliegen und Mücken; man kann aber auch Kräutersträuße über Fenstern und Türen aufhängen, so daß diese Insekten gar nicht erst ins Haus kommen. Außerdem erhöhen diese Sträuße, wie übrigens auch andere Pflanzen im Haus, durch Verdunstung die Luftfeuchtigkeit. Das ist bei trockener Luft im Sommer oder zentralgeheizten Häusern im Winter sehr wohltuend, ganz abgesehen von dem erfrischenden Geruch. Mädesüß, das man oft in Massen am Wegrand findet, duftet angenehm nach Mandeln. Ein Topf Basilikum auf dem Fensterbrett gilt als Abwehr gegen Fliegen; hat man nicht genügend davon, erfüllen Holunderzweige denselben Zweck.

Kräuter in der Speisekammer

In vielen Haushalten stammten früher die Vorräte zum großen Teil aus der eigenen Ernte oder wurden für die damals großen Familien in größeren Mengen eingekauft und in Keller und Speisekammer in Säcken, Kisten, Steinguttöpfen oder anderen Behältern aufbewahrt. Da spielte die Abwehr von Ungeziefer naturgemäß eine große Rolle. Ein paar Lorbeerblätter ins Mehl, den Grieß oder zwischen die Hülsenfrüchte gesteckt, vertrieben den Rüsselkäfer. Ein aufgehängtes Bund Rainfarn, frisch oder getrocknet, verscheuchte die Fliegen. Vor der Erfindung von Kühlschrank und Gefriertruhe wurden auch die Fleischvorräte mit Rainfarn eingerieben, um Schmeißfliegen abzuhalten. Dringen Ameisen ein, so hilft das Ausstreuen von Polei-Minze und anderen Minzearten, aber auch von wildem Majoran oder Raute.

Kräuter im Wäscheschrank

Der Brauch, Kleider und Wäsche durch duftende Kräuter oder andere Duftmittel vor Motten zu schützen und sie gleichzeitig zu parfümieren ist uralt. Im Orient und vor allem in China bewahrten die vornehmen Damen ihre kostbare Garderobe oft in Truhen aus Sandelholz auf. Bei uns war das dafür am meisten beliebte Kraut der Lavendel. Getrockneter Lavendel ist heute noch als Duftsäckchen zu kaufen. Man legt ihn zwischen die Wäsche oder die Wintersachen; er schützt Wolle und Pelz vor den Motten. Auch andere Kräuter erfüllen diesen Zweck. In Frankreich z. B. heißt die fast betäubend süß duftende Eberraute *garde robe* (Kleiderschutz). Auch Raute, Heiligenkraut, Balsamkraut und Kampferlorbeer, Rainfarn, Rosmarin und Waldmeister gelten als Insektenvertilger; am längsten hält sich jedoch der Duft von getrockneten Wurzeln der Florentiner Schwertlilie oder Alant, von Nelkenwurz und Kalmus; sie haben überdies den Vorteil, daß hier keine Blättchen zwischen die Wäsche fallen.

Motten- und Duftkissen

Für Mottenkissen oder Duftkissen (Sachets) näht man getrocknete und dann zerbröckelte oder zerriebene Kräuter in Mull- oder Seidensäckchen ein; dichtgewebte oder dicke Stoffe sind nicht geeignet, weil sie den Duft einschließen. Man kann unter die Kräuter noch Gewürze mischen, die den Duft verstärken. Die Wirkung ist die gleiche wie bei Mottenkugeln, aber der Geruch weit angenehmer. Getrocknete Kräuter und Gewürze verbreiten ihren Duft am intensivsten, wenn man daraus einen Duftpuder herstellt. Man pulverisiert sie im Mixer oder in einem Mörser. Für solche Duftpuder gibt es viele Rezepte. Eine beliebte Grundzutat waren die zermahlenen Rhizome (Wurzeln) der Florentiner Schwertlilie; ihnen entströmt ein starker Veilchenduft, der sich bei jahrelangem Lagern nicht nur hält, sondern sogar noch verstärkt; außerdem sind Florentiner Schwertlilien überall leicht erhältlich.

Duftkissen mit Puder
4 Teile getrocknete, zerkleinerte Rosenblütenblätter
3 Teile getrocknete Blütenblätter von Gartennelken
2 Teile gemahlene Wurzeln der Florentiner Schwertlinie
2 Teile pulverisierte Koriandersamen
1 Teil gemahlene Kalmuswurzeln
½ Teil gemahlenes Benzoeharz
(Nach einem Rezept aus dem 17. Jahrhundert)

Stark duftendes Mottensäckchen
4 Teile getrocknete, zerkleinerte Minze
4 Teile getrocknete, zerkleinerte Raute
2 Teile getrocknete, zerkleinerte Eberraute
2 Teile getrockneter, zerkleinerter Rosmarin
1 Teil gemahlene Nelken

Insektenschutzmittel
3 Teile Rainfarn
3 Teile Wermut
3 Teile Balsamkraut
alles getrocknet und zerkleinert.

Süß duftendes Sachet
24 Teile gemahlene Wurzeln der Florentiner Schwertlilie
8 Teile gemahlene Kalmuswurzeln
6 Teile gemahlenes Kanarisches Rosenholz
6 Teile gemahlenes Benzoeharz
1 Teil gemahlener Zimt
½ Teil gemahlene Nelken
(Aus *The Toilet of Flora*, 1775)

Würzig duftendes Sachet
6 Teile getrocknete, Blütenblätter von roten Rosen
4 Teile getrockneter, zerkleinerter Thymian
2 Teile getrockneter Lavendel
2 Teile zerkleinerter Koriandersamen
2 Teile gemahlene Kalmuswurzeln
1 Teil gemahlener Zimt
1 Teil gemahlene Nelken
1 Teil gemahlene Muskatblüte

Aromatischer Puder für ein Duftkissen
4 Teile getrockneter, zerkleinerter Majoran
2 Teile getrocknete, zerkleinerte Basilikumblätter
1 Teil Kümmelsamen
1 Teil getrocknete Zitronenschale
1 Teil geriebene Muskatnuß

Kräuter für alles: Kalmus (links) für den Wohlgeruch; Basilikum gegen Fliegen; Heiligenkraut, Eberraute, Rosmarin und Rainfarn für den Wäscheschrank; Majoran (vorn in der Mitte) und Lorbeer zum Würzen.

Kräuter zur Wäsche- und Möbelpflege

Duftende Wäsche

Früher legte man zwischen Kleider und Wäsche duftende Kräuter und Duftkissen oder bewahrte sie in Kisten auf, die man aus stark duftendem Holz herstellte. Besonders beliebt waren Zypressen-, Wacholder- und Sandelholz. Man spülte die Wäsche mit Wasser, dem man wohlriechende Kräuter zusetzte oder bespritzte die frisch gewaschene Wäsche mit Kräuterwasser. Die Wäschestücke wurden über Lavendel- und Rosmarinsträucher ausgebreitet und so getrocknet. Kräuterwasser zum Spülen der Wäsche läßt sich ganz einfach herstellen. In einer großen Teekanne oder in einem Topf mit Deckel braut man ein starkes Infus, das man in die Waschmaschine oder in die Waschschüssel abgießt. Am besten geeignet sind Majoran, Marienkraut, Rosmarin, Minze, Ysop, Salbei-Gamander, Zitronenmelisse, Lorbeer und Engelwurz. Zur Herstellung von Rosenwasser, Levkojen- (Gartennelken-) oder Veilchenwasser gibt man frische, duftende Blütenblätter in einen Topf, bedeckt sie mit Wasser und läßt sie ein paar Minuten lang kochen. Danach läßt man sie etwas abkühlen und gießt sie ab. Das Wasser hält sich, wenn man es kühl stellt, einige Tage.

Verwendet man dazu destilliertes Wasser (Seite 248) kann man das Duftwasser in größerer Menge auf Vorrat herstellen. In den meisten alten Rezepten wird es daher für Kräuterwasser empfohlen. Heute braucht man im Haushalt solche Wässerchen nicht mehr so dringend; trotzdem sei hier eines der interessantesten Rezepte wiedergegeben, mit dem man schweres, grobes Leinen parfürmierte. Das Rezept stammt aus dem Jahre 1562.

»Man stelle drei Pfund Rosenwasser, Nelken, Zimt, Sandelholz, und zwei Handvoll Lavendel einen Monat lang in einem gut verschlossenen Glas in die Sonne und destilliere sie dann in ein Balneo Mariae (Destillierpparat aus Glas). Das Wasser riecht besonders würzig und süß und ist ganz besonders zum Parfürmieren von Bettwäsche geeignet.«

Das Waschen, Stärken und Plissieren der Spitzenjabots, Spitzenmanschetten und der unzähligen Rüschen, die damals Mode waren, erforderte einen ungeheuren Arbeitsaufwand. Deshalb wurden die juwelenbesetzten Kleider der Höflinge nicht allzu häufig gewaschen. Noch im 19. Jahrhundert galt in England gepflegte Wäsche als Kennzeichen des Gentleman und Beweis von Wohlhabenheit.

Seife aus Kräutern

Zunächst waren die Waschmittel auf pflanzlicher Basis hergestellt worden. Viele Pflanzen enthalten Saponin und ergeben, wenn man sie kocht, genügend Seifenschaum. In Europa verwendete man vor allem das Seifenkraut, *Saponaria officinalis*. In Frankreich trägt es den Namen *herbe à foulon* (foulon = Walker). In den Kräuterbüchern vergangener Zeiten wird immer wieder auf die reinigenden Eigenschaften seiner Blätter hingewiesen. Aus ihnen, so liest man, gewinnt man einen Saft, der ebenso gut reinigt wie Seife. Allerdings verlor das Seifenkraut mit der Zeit an Beliebtheit. Man stellte jetzt Seife aus tierischem Fett her und betrachtete das Seifenkraut seit dem frühen 17. Jahrhundert mehr als Heilmittel bei Pocken.

In Frankreich und einigen anderen europäischen Ländern wurde es jedoch bis ins 19. Jahrhundert hinein im Haushalt gelegentlich noch verwendet. Die Saponaria-Varietät mit gefüllten Blüten ist eine hübsche, etwas altmodische Gartenpflanze. Die rosa blühende, ungefüllte Art gedeiht an Bachufern oder auch in der Umgebung von ehemaligen Walkmühlen, wo Seifenlösung eine Rolle spielte bei dem Zusammenwalken des Wollgewebes zu Tuch. Heute wird das Seifenkraut gelegentlich noch in Färbereien oder beim Restaurieren alter Gewebe und Gobelins als mildes und trotzdem gründliches Waschmittel gebraucht. Man kann Blätter und Wurzeln verwenden, allerdings sind die Blätter leichter erhältlich. Man zerreibt sie in einem Mörser, gibt sie in einen Topf und bedeckt sie mit Quell- oder Regenwasser. Leitungswasser ist weniger geeignet, meist ist es zu hart und oft auch gechlort oder mit Fluor versetzt. Man kocht die Blätter bei schwacher Hitze leicht siedend eine halbe Stunde lang, gießt sie ab und verwendet die seifige Flüssigkeit zum Waschen.

Man kann auch die Blätter kleingehackt in kleine, viereckige Mullsäckchen einbinden und sie mit der Teigrolle zu Brei zerquetschen. Dann kocht man sie – wie vorher angegeben – samt dem Säckchen aus. So braucht man die Seifenlösung nicht abzugießen, was gerade bei größeren Mengen eine Arbeitserleichterung ist. Auch andere Kräuter (die *Caryophyllaceae)* liefern reichlich Seifenschaum, so z.B. die Kuckucks-Lichtnelke, *Lychnis floscuculi,* die Feuer-Lichtnelke und die Gartennelke. In Amerika verwendete man *Chenopodium californicum* (Wurzeln) und *Clethra alnifolia* (Blüten) zur Herstellung von Seife.

Polituren und Pflegemittel für Holzfußböden und Möbel

Denkt man an die hohen kühlen Räume in alten Schlössern oder Bürgerhäusern mit ihren vertäfelten Wänden und glänzenden Böden aus dunkler Eiche oder eingelegtem Parkett, so verbindet sich damit oft die Erinnerung an den Duft von Bienenwachs, Rosen und Lavendel. Im 16. Jahrhundert bespritzte man die Böden mit Rosenwasser oder anderem, aus Blüten und Kräutern destilliertem Wasser; beliebt waren Veilchen, Rosmarin und Lavendel. Sie dienten gleichermaßen der Kühlung wie der Parfümierung. In Krankenzimmern versprühte man starken Kräuteressig (Seite 165) auf dem Fußboden, um die Ansteckungsgefahr zu bannen. An hohen Feiertagen wurden die Fußböden sogar direkt mit den Zweigen von Rosmarin und Lavendel gescheuert. Noch bis in unser Jahrhundert hinein wurden im nördlichen Europa die Samen der Süßdolde gesammelt und zu Brei zerrieben als Möbelpolitur benutzt. Sie verliehen dem Holz einen süßen Duft nach Anis. In ähnlicher Weise verwendete man die Blätter von Zitronenmelisse, Myrte und Majoran. Schon früh findet man in alten Haushaltsbüchern eine Unzahl von Rezepten für duftende Möbelpolituren. Häufig genannte Bestandteile sind dabei Leinsamenöl, Bienenwachs (Kerzenstummel, die zu diesem Zweck geschmolzen in die Politur gegeben wurden), Terpentin und Essig. Fügt man etwas Alkannawurzel bei, eignet sich die Politur besonders für Mahagoni.

Möbelpolitur: *Das Bienenwachs läßt man in Terpentin über Wasserdampf schmelzen: im Aufsatz das Wachs, darunter den Topf mit kochendem Wasser. In einem zweiten Topf bringt man 1 l Wasser zum Kochen und verrührt die Schmierseife darin. Nach dem Abkühlen beider Mischungen gibt man unter Rühren nach und nach soviel Seifenlösung an das Wachs, bis alles dickcremig ist. Dann fügt man tropfenweise, aber sparsam Lavendelöl bei; es soll den Wachsgeruch ergänzen, aber nicht überlagern.*

Möbelpolitur mit Lavendel
350 g Bienenwachs
1,5 l Terpentin
1 l Wasser
50 g Schmierseife
Lavendelöl
Man geht nach der oben erwähnten Methode vor. Vorsicht! Terpentin ist leicht entflammbar. Anstelle von Lavendelöl kann man auch Rosmarinöl verwenden. Die Politur mit einem weichen Tuch einreiben.

Möbelpolitur mit Leinsamenöl gegen Holzwurm
150 ml Leinsamenöl
150 ml Terpentin
50 ml Essig
50 ml reiner Alkohol
Man füllt alles zusammen bis zum Gebrauch in eine Flasche, die man mit einer genauen Bezeichnung des Inhalts versieht. Vor Gebrauch gut schütteln! Mit einem weichen Tuch einreiben; nachpolieren.

Imprägnierendes Leder-Polish
450 ml Leinsamenöl
200 ml Essig
Man bringt das Öl zum Kochen, läßt es 1 Minute schwach sieden und dann abkühlen. Wenn es fast kalt ist, mischt man den Essig darunter. Vor Gebrauch gut schütteln! Mit einem weichen Tuch reibt man das Leder damit ein, läßt das Polish ein paar Minuten lang einziehen und poliert mit einem sauberen Tuch sorgfältig nach.

Potpourris, Duftkugeln und Kräuterkissen

Potpourri

Potpourris kann man auf zweierlei Weise herstellen: mit getrockneten und mit frischen Kräutern. Die erste Methode ist zwar einfacher und bequemer, doch bei der zweiten ist der Duft sowohl voller und intensiver wie auch dauerhafter anhaltend. Die Verwendung frischer Blüten und Kräuter ist übrigens die ältere der beiden Methoden. Dabei läßt man die Blütenblätter in einem Porzellan- oder Keramikgefäß einfach verrotten, d.h. verfaulen. Daher stammt auch der unromantische Name »pot pourri«, was exakt »verfaulter Topf« heißt, während wir heute damit in der Regel eine bunte Mischung verschiedener Dinge meinen. Die getrocknet oder frisch gemischten aromatischen Kräuter und Gewürze bewahrt man zugedeckt auf. Bei Bedarf werden die Gefäße warm gestellt und aufgedeckt. Für einen Potpourri kann man jedes beliebige hübsche Deckelgefäß verwenden.

Zu einem Potpourri sammelt und mischt man Blüten und Blätter nach Wahl, vor allem aber Blütenblätter von roten Rosen, und füllt die Mischung in ein hübsches Porzellan- oder Fayencegefäß mit Deckel. Man rundet den Duft mit wohlriechenden Gewürzen ab, verstärkt ihn durch ein bis zwei Tropfen eines Blütenöls und gibt das Fixativ hinzu, z. B. getrocknete und gemahlene Wurzeln der Florentiner Schwertlilie (zusätzlicher Duft).

Zutaten für einen Potpourri

Als Grundlage nimmt man die Blütenblätter von Rosen und gibt dazu getrocknete Lorbeerblätter, Eukalyptusblätter und Eukalyptusblüten, Efeu-Gundermann, Walnußblätter, Myrte, Liebstöckel, Thymian, Salbei und *Dipteryx odorata,* deren Schoten man in kleine Stücke zerbricht. Will man der Mischung einen sommerlich leichten Akzent verleihen, gibt man dazu Gelben Steinklee, Thymian *(Thymus x citriodorus),* Marienkraut und Minze. Wünscht man eine süßduftende Mischung, setzt man Pferdeminze, Veilchen und Rosenpelargonien zu. Einen intensiveren, ja sogar leicht orientalisch schwülen, aber durchaus noch sehr aromatischen Duft, erhält man durch Zugabe von ein bis zwei Tropfen Sandelholz- und Nelkenöl.

Gewürze mahlt oder zerreibt man wie beim Kochen kurz vor Gebrauch. Ingwer, Zimtstangen, Vanilleschoten werden klein gehackt und ein Fixativ, z. B. frisch geriebene Wurzeln der Florentiner Schwertlilie dazugemischt. Sie leisten einen eigenen Beitrag zu der Duftmischung und verleihen dem Potpourri eine größere Haltbarkeit. Läßt der Duft nach, kann man ihn mit ein paar Tropfen Cognac oder Blütenöl nochmals wiederbeleben.

Bunte Blüten

(trockener Potpourri)
Alkannawurzel, Borretsch, Königskerze, Kornblume, Mutterkraut-Wucherblume, Rainfarn, Ringelblume, Rittersporn, Schlüsselblume, Stiefmütterchen.

Gewürze

Anissamen, Kassie-Knospen, Ingwer, Kardamom, Koriander, Kümmel, Muskatblüte, Muskatnuß, Nelke, Pfeffer, Piment, Vanilleschote, Zimt.

Duftende Blüten

Eukalyptus, Flieder, Gartennelke, Geißblatt, Goldlack, Hundskamille, Jasmin, Maiglöckchen, Majoran, Myrte, Lavendel, Pferdeminze, Pfingstrose (Blütenblätter), Phlox, Reseda, Rose (Blütenblätter und Knospen), Rosmarin, Veilchen und Ysop.

Duftende Blätter

Basilikum, Efeu-Gundermann, Estragon, Eukalyptus, Gelber Steinklee, Liebstöckel, Majoran, Marienkraut, Minze, Pfefferminz, Myrte, Pelargonie, Pferdeminze, Rosmarin, Salbei, Salbei-Gamander, Thymian, Veilchen, Waldmeister, Walnuß, Zitronenkraut.

Andere Zutaten

Wacholderbeeren, Zedernholz, Orangen-, Limonen-, Zitronen- und Mandarinenschalen, Wurzeln von Engelwurz.

Blütenöle (ätherische Öle)

Man kann sie in Drogerien und Apotheken kaufen, sollte sie aber sparsam und nur in geringen Mengen verwenden. Am besten gibt man nur einen einzigen Tropfen eines Blütenöls an die jeweilige Potpourri-Mischung, sonst besteht die Gefahr, daß das konzentrierte Pflanzenöl den Duft der anderen Zutaten übertönt und all die zarten Aromen, die den Reiz einer selbst angefertigten Komposition ausmachen, verlorengehen. Erhältlich sind die Öle von Bittermandel, Eukalyptus, Nelken, Pfefferminz, Rose (Rosenessenz) und Sandelholz, *Dipteryx odorata.*

Fixative

Sie sind im Handel erhältlich und enthalten folgende Zutaten: getrocknete, geriebene oder gemahlene Wurzeln von Kalmus oder Florentiner Schwertlilie oder Kuskusgras, *Vetivera zizanoides* oder getrocknete Schoten von *Dipteryx odorata,* die Kumarin enthalten. Auch Sandelholzspäne oder Sandelholzöl wirken als Fixativ, ebenso pulverisiertes Harz, z. B. Benzoeharz, Weihrauch und Myrrhen. Neben pflanzlichen Fixativen gibt es auch solche tierischer Herkunft. Am häufigsten verwendet wurde früher Moschus, eine Drüsenausscheidung des in den Hochgebirgen Innerasiens heimischen Moschustieres, eines rehähnlichen Hirsches. Moschus mit seinem als schwer und schwül bekannten Duft wird heute noch in Spuren bei der Parfumfabrikation verwendet.

Potpourri aus frischen Pflanzen
Die Zutaten erntet man an einem sonnigen Morgen und sammelt sie in ein Gefäß mit ml- oder ccm-Einteilung (1 ml = 1 ccm).
1500 ml (1,5 l) Rosenblütenblätter
600 ml Blütenblätter von Pfingstrosen
600 ml Blütenblätter von Gartennelken
600 ml Blüten und Blätter von Majoran
300 ml Myrtenblätter
300 ml Lavendelblüten
300 ml Blätter des Zitronenkrauts
Jedes Quantum, das geerntet wird, läßt man 2 Tage lang trocknen, bis die Pflanzenteile welk sind und sich etwas ledrig anfühlen. Dann füllt man sie schichtweise in ein glasiertes Steingut- oder Porzellangefäß mit Deckel. Auf jede Schicht streut man eine Handvoll Salz (möglichst Lorbeersalz gemischt mit reinem Steinsalz) und beschwert zuletzt die ganze Mischung, z. B. mit einem Teller, auf den man volle Konservendosen oder einen Stein legt. Jeweils bevor man eine neue Schicht dazu gibt, rührt man die Mischung gut um. Nach einiger Zeit hat sich meist eine dunkle Brühe gebildet weil das Salz den Pflanzenteilen die Feuchtigkeit entzieht.
Sobald der Topf fast voll ist, rührt man alles um, streut nochmals Salz darüber, beschwert die Mischung und läßt sie 2 Wochen lang stehen. Nun haben sich die Zutaten zu einer Art aromatischem Kuchen vereinigt. Man bricht ihn auseinander und mischt folgende weitere Zutaten dazu:
8 zerbrochene Lorbeerblätter
Schale einer Orange und Zitrone, getrocknet und gemahlen
15 g gemahlene Nelken
15 g gemahlener Piment
15 g gemahlene Wurzeln der Florentiner Schwertlilie
15 g gemahlene Muskatnuß
2 EL brauner Zucker
8 EL Weinbrand
Nun gibt man das Ganze nochmals in den Topf und läßt ihn 6 Monate lang stehen. Dann ist der Potpourri gebrauchsfertig.

Potpourri aus getrockneten Pflanzen
Man trocknet Blüten, Blütenblätter und Blätter wie bei »Kräutertee« beschrieben an einem luftigen, schattigen Ort. Dabei schrumpft ihre Menge auf etwa ein Drittel zusammen. Man bewahrt die getrockneten Blüten, nach Sorten getrennt, in luftdicht verschlossenen Gefäßen (Schraubdeckelgläser) und gut vor Licht geschützt auf. Und erst im Herbst dann, reibt man ein großes Deckelgefäß (Porzellan oder glasiertes Steingut) mit Nelkenöl aus und mißt, wie bei »Potpourri aus frischen Pflanzen« beschrieben, die Mengen für den Potpourri ab.
2400 ml (2,4 l) Rosenblütenblätter
600 ml Blütenblätter von Gartennelken
600 ml Blätter von Florentiner Schwertlilien
600 ml Lavendelblüten
300 ml Rosmarinblüten und Rosmarinblätter
300 ml Majoranblüten und -blätter
150 ml nach Pfefferminz duftende Pelargonien oder Pfefferminzblätter
600 ml gemischte Blüten, z. B. Rosenknospen, Ysop, Veilchen usw.
Diese Zutaten werden von Hand lokker und gründlich miteinander gemischt. Dazu gibt man:
50 g gehackte Wurzeln von Florentiner Schwertlilien
1 EL geriebene oder gemahlene Wurzeln von Florentiner Schwertlilien
1 EL gemahlenes Benzoeharz
½ Vanilleschote in 3 Stücke geschnitten
25 g getrocknete, in Stücke gebrochene Mandarinenschalen; in jedes Stück steckt man eine Nelke
1 TL geriebene Pimentbeeren
1 TL geriebener Koriander
1 Zimtstange (8 cm lang)
2 zerbrochene Lorbeerblätter
1 TL geriebene Muskatnuß
2 zerbröckelte Blätter Muskatblüte
1 EL kleingehackter, getrockneter Ingwer
Alle Zutaten werden gut miteinander vermischt. Zum Schluß gibt man dazu noch
ein paar Tropfen Rosmarin- oder Basilikumöl.
Die Mischung läßt man 6 Wochen lang in einem gut verschlossenen Gefäß stehen, damit die einzelnen Düfte sich gut miteinander verbinden. Alle paar Tage rührt man mit einem Holzlöffel um. Nach 6 Wochen gibt man die Mischung in Potpourrigefäße mit gut schließenden Deckeln. Bei Bedarf wird das Gefäß warm gestellt und aufgedeckt.

Duftkugeln

Ein beliebtes Rezept aus dem 16. Jahrhundert beginnt mit den Worten: »man nehme eine Unze lehmige Gartenerde und weiche sie mehrere Tage lang in Rosenwasser ein.«
Eine einfach herzustellende Zitronenduftkugel wurde häufig von Priestern, Ärzten und Richtern getragen, die in engen Kontakt mit den Opfern der Pest kamen oder anderweitig ansteckenden Krankheiten ausgesetzt waren. Eine Zitronenduftkugel riecht angenehm erfrischend, duftet sehr lange und kann in Schubladen oder Schränken zwischen den Kleidern aufbewahrt werden. Man kann sie auch an einem Band im Zimmer aufhängen oder sie in einen Potpourri aus getrockneten Pflanzen legen.

Pomander

In eine schöne, noch gut feste Orange oder Zitrone sticht man mit einem Holzspießchen in regelmäßigen Abständen kleine Löcher. Am besten arbeitet man – vom Stengelansatz ausgehend – kreisförmig um die Frucht herum und sticht die Löcher dicht an dicht, etwa alle halbe Zentimeter. Hat man ein bis zwei Runden gestochen, drückt man in jedes Loch eine Nelke. So arbeitet man weiter, bis die Frucht rundum mit Nelken besteckt ist. Für eine Orange braucht man etwa 25 – 30 g Nelken. Dann legt man die Kugel auf ein Stück Packpapier an einen

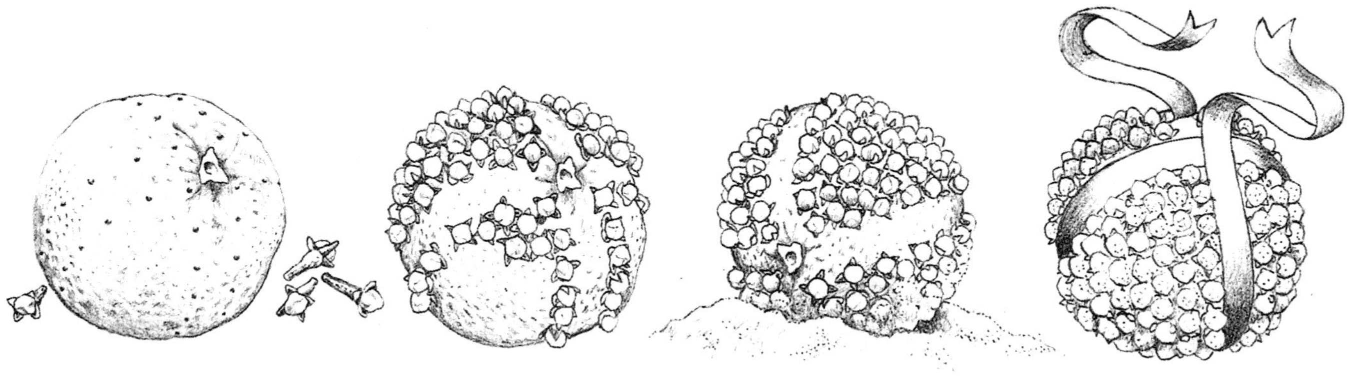

Pomander: *Die Frucht rundum mit einem Holzspießchen einstechen; will man den Pomander aufhängen, die Streifen für das Band aussparen. In jedes Löchlein eine Nelke stecken und den Pomander in einer Mischung aus gemahlenen Gewürzen wälzen: Zimt, Nelken, Ingwer und Wurzeln der Florentiner Schwertlilie. Den Pomander eintrocknen lassen, dann das Band anbringen (hübsch ist ein Samtband) und den Pomander aufhängen.*

dunklen kühlen Ort, bis sie hart und dunkel geworden ist. Besonders würzig wird die Duftkugel, wenn man sie zum Schluß noch in einer Mischung von gemahlenem Zimt, Muskatnuß und Ingwer rollt und dann noch die pulverisierte Wurzel der Florentiner Schwertlilie darüber pudert.

Eine solche Duftkugel hält sich jahrelang und verströmt oft unversehens, z. B. vor einem Gewitter, plötzlich ihr würziges Aroma.

Halsketten aus Duftkugeln

Kleine Duftkugeln knüpfte man gerne zu Halsketten zusammen. Auch Armbänder aus Duftkugeln waren beliebt. Man kann sie ganz einfach anfertigen. Entweder man verknetet weiches Bienenwachs mit Gewürzen und aromatischen Kräutern zu einer Paste, oder man zerreibt frische Rosenblütenblätter zu kleinen Kügelchen, rollt sie mit Rosmarinöl zu Perlen und läßt sie auf einer sonnigen Fensterbank trocknen. Bevor die Perlen ganz hart geworden sind, durchsticht man sie zum Auffädeln mit einer heißen Nadel.

Auch sogenannte »Vinaigrettes« waren Mode. Dabei handelt es sich um Dosen mit Löchern, in denen Schwämme aufbewahrt wurden, die man in Kräuteressig getaucht hatte. Außerdem trug man »Cassolettes«, Riechdosen, die mit einer duftenden Paste gefüllt waren.

Kräuterkissen

Schon in alten Zeiten war es üblich, die Füllung von Matratzen mit Kräutern anzureichern, die auch getrocknet ihren Duft lange Zeit beibehielten. Später gab man Duftkräuter in die Füllung der Kopfkissen. Unter den Kräutern, die so verwendet wurden, waren vor allem Waldmeister und Odermennig, Lavendel, Rosenblütenblätter und Hopfen beliebt. Hopfen nahm man bei Schlaflosigkeit, denn er soll eine einschläfernde und leicht narkotisierende Wirkung haben. Auch Rosmarinsamen, die man in kleinen Mullsäckchen ins Schlafzimmer hängt, sind ein altes Mittel gegen Schlaflosigkeit. Was man in solche Kissen mit beruhigender Wirkung gibt, erfährt man in den unten beschriebenen Rezepten. Für ein Kräuterkissen näht man entweder ein kleines Kissen, das man mit Kräutern füllt, oder fertigt ein Extra-Säckchen, das man in das normale Kissen steckt. Die unten angegebenen Mischungen müssen jedes Jahr neu bereitet werden. Man kann aber auch eine von den aufgeführten Potpourri-Mischungen wählen, sie strömt ihren Duft erheblich länger aus.

Provençalisches Kissen
4 Teile getrocknete Reseda
2 Teile getrocknete Rosenblütenblätter
1 Teil getrocknete Rosmarinblätter

Liebeskissen
4 Teile getrocknete Veilchenblüten
3 Teile getrocknete Rosenblütenblätter
1 Teil je *Dipteryx odorata* und getrocknete Wurzeln der Florentiner Schwertlilie

Beruhigendes Kräuterkissen
2 Teile getrocknete Pfefferminze
2 Teile getrocknete Hundskamille
1 Teil Echtes Labkraut oder Waldmeister

Kissen gegen Flöhe (für Hunde und Katzen)
1 Teil getrocknete Raute
1 Teil getrocknetes Marienkraut

Bauernkissen
3 Teile getrocknetes Mädesüß
3 Teile getrockneter Odermennig
2 Teile getrocknetes Geißblatt

Kissen gegen Kopfschmerzen
6 Teile getrocknetes Zitronenkraut
2 Teile getrockneter Lavendel
1 Teil getrockneter Majoran
ein paar zerstoßene Nelken

Räucherwerk und Duftkerzen

Verbrennen von Räucherwerk

Weihrauch wurde schon vor undenklich langer Zeit in Tempeln und Palästen benutzt. Vielleicht war seine Verwendung praktischen Ursprungs, denn Weihrauch hielt man nicht nur für wohlriechend, sondern auch für reinigend. Und nur rein sollte man sich den Göttern und den Königen nähern. Weihrauch ist eine Mischung verschiedener Harze, wie z. B. Myrrhe (*Commiphora myrrha*) und Gummiharz des arabischen Weihrauchbaums (*Boswellia carterii*), der im südlichen Arabien und in Somaliland heimisch ist. In diesen Gebieten gibt es noch heute einige Wüstenstämme, die sich reinigen, indem sie den Körper über einen Topf neigen, auf dessen Boden aromatische Harze und Gewürze auf Holzkohle verglimmen. Dabei breiten sie ihre Kleider wie Zelte über sich und das Gefäß, um den Rauch einzufangen und ins Schwitzen zu kommen.

Luftreiniger

Der Brauch, das Haus mit aromatischen Kräutern zu reinigen und mit Wohlgeruch zu durchziehen, stammt von den Römern. Süßduftende Kräuter mußten dabei die oft teuren und seltenen Duftgewürze ersetzen. Als Kräuter mit besonderer Reinigungswirkung galten im 16. Jahrhundert Rosmarin, Lorbeer, Wacholder, Engelwurz, Lavendel und Eberraute. Wenn die Pest oder andere Seuchen wüteten, brannten auf öffentlichen Plätzen große Feuer, in die man Schwefel, Salpeter, Lorbeerzweige, Wacholder und die Wurzeln von Engelwurz warf. Manche Vertreter der Familie *Compositae* wirken keimtötend und vertreiben Fliegen. Zu ihnen gehören Dürrwurz-Alant, Echter Alant, Flohkraut und Rainfarn.
Entweder ließ man die Kräuter auf Holzkohlenglut im Kamin langsam verbrennen, oder man gab glühende Holzkohle in spezielle Räucherpfannen, streute die Kräuter darüber und brachte das Gefäß an jede gewünschte Stelle, z. B. auch in die damals meist großen Schränke. Die Räucherpfannen wirkten durch ihre Wärme auch austrocknend, so daß man mit ihnen Stockflecken in Stoffen und eine Schimmelbildung auf Leder bekämpfen konnte und dabei den Modergeruch austrieb. Außerdem wurden Kräuter auch getrocknet, zu einer Paste vermischt und zu Räucherkerzen geformt, die man bis zum Gebrauch aufbewahren konnte.
Es gibt viele alte Rezepte, die sich mit dem Verbrennen von Duftstoffen beschäftigen. Oft sind sie sehr einfach und können noch heute leicht angewandt werden. Nach einem Rezept aus dem Jahre 1661 soll man zur Luftverbesserung nachts oder frühmorgens einfach Engelwurzsamen in einer Eisenpfanne oder auf der Herdplatte (Wärmplatte) verkohlen lassen. Ein Rezept aus dem Jahre 1719 empfiehlt 3 Eßlöffel Rosmarin, je ½ Eßlöffel Walnuß zerstoßen und Zucker, die zusammen in einer Räucherpfanne über ein paar glühende Kohlen gestreut werden. Dieses alte Räucherwerk duftet weit erfrischender als alle fernöstlichen Räucherstäbe und viel interessanter und individueller als die industriell hergestellten, standardisierten Raumsprays.

Duftwasser
150 ml Rosenwasser
1 EL gemahlene Nelken
Die Zutaten werden gut miteinander vermischt und müssen dann ein paar Tage lang stehen. Ein paar Tropfen in einer heißen, trockenen Eisenpfanne genügen, um den Raum mit Wohlgeruch zu durchziehen.

Rosenräucherwerk
50 g Blütenblätter von duftenden, roten Rosen
25 g getrockneter, gemahlener Lavendel
15 g gemahlene Wurzeln von Florentiner Schwertlilien
15 g gemahlenes Benzoeharz
Rosenwasser
In einem Mörser zerstößt man die Rosenblätter und mischt dann den Lavendel, das Benzoeharz und die Wurzeln der Florentiner Schwertlilie darunter. Mit Rosenwasser vermischt man alles zu einer dicken Paste. Dann knetet man daraus bonbonartige Gebilde von der Größe einer Muskatnuß, wickelt sie in dickes Papier und legt sie eine Woche lang zum Trocknen in die Sonne. Zum Gebrauch werden sie in der Pfanne erhitzt oder man legt sie in glühende Kohle.

Stark duftender Weihrauch
3 Teile gemahlenes Gummiharz des arabischen Weihrauchbaums
2 Teile gemahlene Florentiner Schwertlilie
1 Teil gemahlene Nelken
1 Teil Sandelholzspäne
ein paar Tropfen Bergamottenöl
Die Zutaten außer dem Öl werden miteinander vermischt. Dann fügt man tropfenweise das Öl hinzu. Die Mischung muß mindestens 2 Monate lang kühl und dunkel aufbewahrt werden. Zum Gebrauch gibt man ein paar Teelöffel davon in eine heiße, trockene eiserne Pfanne.

Rainfarn, Dürrwurz-Alant und Flohkraut wurden früher gegen Insekten verwendet; der Echte Alant (Mitte) dagegen wurde als Räucherwerk über glühende Holzkohle gestreut.

Kerzengießen mit Kräutern und Gewürzen

Eine Reihe von Erfindungen zur Beleuchtung der Wohnungen datiert aus der Zeit, in der Wild- und Gartenpflanzen im Haushalt noch eine große Rolle spielten. Für Lampen oder Leuchter brauchte man Öl oder Wachs und auf jeden Fall einen Docht. In Europa und später auch in Nordamerika machte man Dochte aus dem getrockneten Mark von Binsen oder verwendete die ebenfalls hochgewachsenen und behaarten Stengel der Königskerze dafür. Man stellte Kerzen nicht nur aus dem teuren Bienenwachs her, sondern auch aus Talg. In die Masse gab man als Duftstoffe Kräuter und Gewürze. Siedler in Nordamerika entdeckten, daß man ein köstlich nach Harz duftendes Wachs erhielt, wenn man in einem Topf voll Regenwasser die Früchte des Pimentbaums auskochte. Nach dem Abkühlen ließ sich das an der Oberfläche schwimmende Wachs mühelos abnehmen. Ein – allerdings weniger wertvolles – Wachs liefern die harzigen, kleinen Nüßchen des Gagelstrauchs. In Südamerika gibt es verwandte Arten, deren Wachs von ausgezeichneter Qualität ist. Pimentwachs kann man gelegentlich sogar noch heute in manchen Gegenden kaufen. Dieses seltene Wachs ist aber mindestens doppelt so teuer wie unser Bienenwachs.

Bienenwachs
Kerzen aus reinem Bienenwachs (man kann es in Tafeln oder Platten kaufen) brennen langsam ohne zu flackern und spenden ein sanftes, mildes Licht. Man kann einen Teil Bienen- durch Paraffinwachs ersetzen. Paraffin hat den höchsten Schmelzpunkt. Auch aus Talg kann man Kerzen herstellen.

Talg
Rindertalg oder Schweineschmalz wird in heißem Wasser geschmolzen. Das Wasser darf keinesfalls kalt sein, sonst spritzt das Fett. Fettspritzer auf der Haut erzeugen schmerzhafte Verbrennungen. Dann läßt man das Ganze abkühlen, bis das Fett hart geworden ist und abgehoben werden kann.

Paraffinwachs
Das meist geruchlose Paraffinwachs gibt es in Bastelläden zu kaufen. Es ist billig, brennt langsam und gut und kann außerdem gefärbt und mit Duftstoffen versehen werden. Wie man Paraffinwachs mit Stearinsäure oder Stearin vermischt zeigen die folgenden Anweisungen.

Kräuter
Kurz bevor man das geschmolzene Wachs in die Form gießt, gibt man nach Wahl Kräuter hinzu. Am besten eignet sich Rosmarin, er verleiht den Kerzen einen besonders köstlichen, aromatischen Duft. Man rührt so viele getrocknete Rosmarinblätter hinein, wie das Wachs aufnehmen kann. Getrocknete Lavendelstengel, die man mit der Schere in kleine Schnipsel schneidet, verleihen zusätzlich einen süßen Duft. Beide Kräuter wirken sehr erfrischend; und da man früher an ihre antiseptischen Eigenschaften glaubte, wurden sie gerne im Krankenzimmer verbrannt. Weitere Kräuter, die sich als Duftstoffe für Kerzen eignen, sind Ysop, Bohnenkraut, Thymian, Gamander, Pferdeminze und einfache Minze. Fertigt man die Kräuterkerzen aus Paraffinwachs an, sind sie durchscheinend und von einer hellen, graugrünen Farbe. Die darin enthaltenen Blätter ergeben ein hübsches Muster. Frische Kräuter kann man auch auf die Außenseite der Kerze pressen und einfache oder gefärbte Kerzen wie auch Duftkerzen mit einem dekorativen Muster versehen. Dazu ordnet man zuerst die Kräuter auf der Kerze zu einem Muster an und befestigt sie dann durch »Aufbügeln«, indem man sie mit einem erhitzten, gut abgetrockneten Löffelrücken in das Wachs drückt. Das ist allerdings eine Pusselarbeit, die Geduld und einige Übung verlangt. Ist der Löffel zu heiß, verlieren die Kräuter ihre Farbe und werden dunkel, ist er zu kalt, funktioniert das Ganze nicht. Am besten macht man beim ersten Mal eine Probe, damit man ein Gefühl für die richtige Temperatur bekommt. Sind die Kräuter befestigt, bekommen sie einen hauchdünnen, durchsichtigen und glänzenden Überzug.
Man füllt dafür einen Topf oder eine Dose zur Hälfte voll Paraffinwachs, läßt es schmelzen und taucht dann die geschmückte Kerze vorsichtig und schnell ein- bis zweimal ein. Dann läßt man die Kerze hart werden.

Farben
Im Handel sind Kerzenfarben in Pulver- oder Tablettenform erhältlich. Färbemittel in Pulverform sind meist sehr konzentriert. Man braucht daher nur geringe Mengen. Mit Färbemitteln in Tablettenform läßt sich die gewünschte Farbe einer Kerze besser erzielen; allerdings sind sie etwas teurer. Verwendet man eines der handelsüblichen Färbemittel, so braucht man zusätzlich Stearinsäure oder Stearin. Dadurch wird die Farbe gleichmäßiger im Paraffin verteilt. Man nimmt etwa 1 Teil Stearin auf 10 Teile Wachs; beides wird getrennt geschmolzen und das Färbemittel im Stearin aufgelöst. Dann gibt man das gefärbte Stearin in das flüssige Wachs.

Mit frischen Kräutern angefertigte Kerzen verströmen nach dem Anzünden einen würzigen Duft. Die große Kerze ist hier mit einem Zweig Pfefferminz verziert; bei allen Duftkerzen kommen Kräuter in die Gießmasse.

Kerzengießen (Grundrezept)

Als Gußform für die Kerzen verwendet man eine alte Dose, einen Plastikbehälter oder sonst ein Gefäß mit einem kleinen Loch im Boden. Im Fachhandel gibt es Kerzengußformen aus Glas. Auch das Material für den Docht kann man kaufen. Man kann ihn aber auch selbst anfertigen. Einen dicken, gedrehten Baumwollfaden (niemals Kunstfaser) weicht man in einer Borsäurelösung ein. (Borsäurekristalle erhält man in Drogerien und Apotheken). Dann läßt man die Baumwollschnur trocknen. Der Docht muß 15 cm länger sein als die Gußform. Das eine Ende wird an einem kurzen Stöckchen oder an einem Bleistift befestigt, das andere Ende zieht man durch die Form und das Loch am Boden der Gußform. Den Bleistift legt man oben quer über den Rand, zieht den Docht straff durch das Loch und verschließt dann das Loch gut mit Heftpflaster, damit kein Wachs austropfen kann. Dann schmilzt man das Wachs über Wasserdampf. Entweder stellt man einen Topf mit Wachs (siehe Abbildung) auf einen Topf mit kochendem Wasser oder das Wachs in einem kleinen Gefäß, z. B. einer Konservendose, in den Topf mit Wasser. Nun bringt man das Wachs langsam zum Schmelzen, erhitzt es, bis es gut flüssig ist, rührt die getrockneten Kräuter, Gewürze, Öle und Färbemittel hinein und gießt das Wachs sofort in die Gußform. Dabei muß man darauf achten, daß er Docht in der Mitte bleibt. Das Wachs muß man ein paar Minuten lang abkühlen. Es schrumpft dabei etwas und bildet um den Docht eine Vertiefung, die man mit heißem Wachs ausgießt, bis die Kerze oben wieder glatt ist. Dann stellt man die Gußform mit der Kerze in kaltes Wasser, und sobald das Wachs etwas abgekühlt ist, in den Kühlschrank. Wenn die Kerze kalt und hart ist, läßt sie sich leicht aus der Form lösen. Man schneidet den Docht zu und poliert das Wachs mit etwas Watte, die man mit Pflanzenöl tränkt.

Wachs bleibt manchmal an der Gußform hängen und die Kerze läßt sich leichter lösen, wenn man die Gußform mit Pflanzenfett einfettet, ehe man das geschmolzene Wachs hineingießt.

Verwendet man Wachs gemischt mit Stearin, so läßt sich die Kerze leicht aus der Form herausnehmen.

Die zum Gießen benutzten Geräte reinigt man, indem man dickere Wachsspuren von den kalten Geräten absplittert oder abschabt; dann werden die Geräte mit sehr heißem Wasser gereinigt; leider eine etwas mühsame Arbeit!

Wachsflecken aus Textilien dagegen lassen sich ganz einfach herausbügeln. Man bedeckt den Fleck mit einem saugfähigen Papier, (Fließpapier oder weiche Papierserviette) und fährt dann mit einem heißen Bügeleisen leicht und ohne Druck darüber. Das schmelzende Wachs zieht in das Papier ein, das man dann solange verschiebt und wieder überbügelt, bis alles Wachs aus dem Gewebe entfernt ist.

Kerzengießen: *Ein Ende des Dochtes bindet man an einen Bleistift, das andere fädelt man durch das Loch im Boden. Docht straffziehen und das Loch mit Heftpflaster verschließen. Wachs schmelzen lassen, Farben, Kräuter und Duftstoffe zufügen und sofort alles in die Form gießen. Beim Abkühlen bildet sich um den Docht eine Vertiefung, die man behutsam mit Wachs auffüllt. Gußform in kaltem Wasser abkühlen lassen. Die festgewordene Kerze am Bleistift aus der Form ziehen, Docht zuschneiden und die Kerze mit Pflanzenöl polieren.*

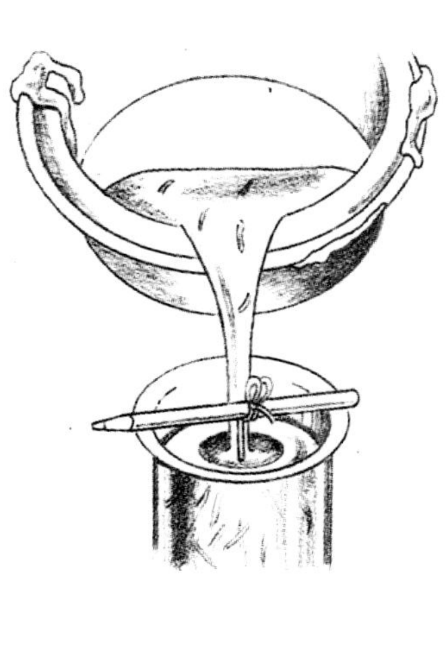

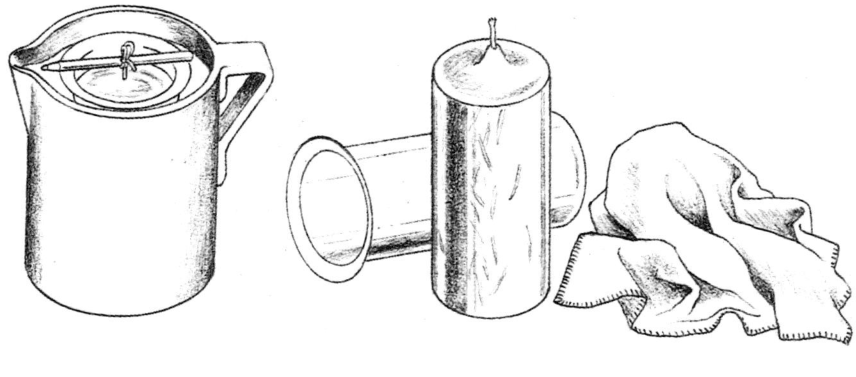

Die schöne Übereinstimmung von Pflanzenfarben und Wollstruktur sieht man hier an dem Gelb, das aus Zwiebelschalen und dem Rotton, der aus Färberröte gewonnen wurde.

Gegenüber: *Der Rost eines alten Kochtopfs wird hier zum Beizen der Pflanzenfarben genützt. In den Schüsseln gebrauchsfertige Pflanzenfarben, gewonnen aus Allkannawurzel, Gelbwurz und Zwiebel. Dahinter ein Körbchen mit ungesponnener Wolle. Auf der Leine Stränge von mit Pflanzenfarben gefärbter Wolle; die Farben stammen – von links nach rechts – von Färberröte, Indigo, Stechginster, Zwiebelschalen und Alkannawurzeln.*

Pflanzliche Färbemittel

Chemische Färbemittel sind nie so vollkommen und intensiv wie die, die man aus Pflanzen gewinnt. Mit Pflanzenfarben gefärbte Stoffe können mit der Zeit verblassen und müssen auch besonders schonend gereinigt werden, aber die natürliche Harmonie der Farben, die man aus Blüten, Blättern und Wurzeln gewinnt, bleibt stets erhalten. Das Färben mit Pflanzen ist eine alte Kunst. Schon 3000 v. Chr. war sie in China bekannt, und seit etwa 2500 v. Chr. färbte man in Indien Stoffe mit Färberröte und Indigo. In Ägypten benutzte man bereits Beizmittel und färbte Stoffe mit Saflor gelb und rot, oder mit Indigo oder Färberwaid blau. Der griechische Arzt und Botaniker Dioscorides zählte im 6. Jahrhundert v. Chr. die wichtigsten Pflanzen auf, die man zum Färben brauchte: Färberwaid, Färberreseda und Färberröte. Im Mittelalter baute man diese Pflanzen in Europa sogar richtiggehend an. Verwendet man sie einzeln, so erhält man blaue, gelbe und rote Farben; mischt man sie jedoch miteinander und verwendet dabei noch verschiedene Beizmittel, so erhält man eine ganze Skala der verschiedensten Farben. Erstmals im Jahre 1856 gelang die Herstellung einer Farbe auf chemischem Wege: die Synthese von Indigoblau. Indigo war bis dahin einer der teuersten Farbstoffe gewesen. Jetzt begann der Siegeszug der synthetischen Farben, die aus Steinkohlenteer hergestellt werden. Nach der ersten synthetischen Farbe nannte man sie Anilinfarben. Anil ist das portugiesische Wort für Indigo. Bald hatten die preiswerten Anilinfarben die teueren Pflanzenfarben weithin verdrängt. Chemische Färbemittel haben den Vorteil, daß der Farbton fast immer gleichmäßig ausfällt. Deshalb werden sie natürlich von der Industrie bevorzugt. Bei Pflanzenfarben dagegen variiert der Farbton. Der Effekt ist oft überraschend und das Färben daher besonders interessant. Die Nuancierung einer Farbe hängt von der Jahreszeit ab, vom Wetter oder davon, ob die Pflanze bei der Ernte ganz reif war, von ihrem Standort in Sonne oder Schatten und auch von der Art des Wassers, das man zum Färben verwendet. Am besten macht man sich jeweils Notizen, damit man eine besonders gelungene Färbung wiederholen kann.

Aus jeder Pflanze kann man irgendeinen Farbstoff gewinnen. Wie lange es dauert, bis man ihn herausgezogen hat, und wie leuchtend er ausfällt, ist jedoch sehr unterschiedlich. Am häufigsten sind grünlichgelbe, gelbbraune und graubraune Farben; auch rostrote, orange und gelbbraune Tönungen sind nicht selten. Nicht so häufig sind Blautöne; man gewinnt sie vor allem aus Färberwaid und Indigo. Allerdings verlangt die Gewinnung von Blau eine sehr komplizierte Prozedur.

Pflanzen, die man zum Färben verwenden kann, braucht man nicht mühselig in der Natur zu sammeln. Wildwachsende Pflanzen wie Löwenzahn, Sauerampfer, Brennesseln und Ackerschachtelhalm wachsen überall und sind kräftige Färbemittel. Dasselbe gilt für Odermennig, Mädesüß, Stechginster und Holunder. Auch Gartenpflanzen wie Fenchel, Raute, Schwertlilie, Färber-Kamille, Goldrute, Besenginster, Hopfen und Maiglöckchen eignen sich zum Färben. Viele Kräuter, die bei uns nicht im Garten gedeihen, sind getrocknet im Handel erhältlich. Die besten Färbemittel jedoch gewinnt man aus frischen Pflanzen. Man verwendet Blüten und zarte, junge Blätter sofort, nachdem man sie geerntet hat und achtet darauf, daß man sie nicht zu stark erhitzt, da sonst die Farben etwas matt ausfallen. Beeren sollen frisch bis überreif sein, man kann sie aber auch gut gefroren, getrocknet oder eingemacht verwenden. Wurzeln und Zwiebelschalen trocknet man. Die hier genannten Rezepte beziehen sich auf das Färben von Wolle. Wolle nimmt Pflanzenfarben am gleichmäßigsten an. Die kurzfaserige Baumwolle und das meist in dichter Bindung gewebte Leinen lassen sich lange nicht so gut färben, und synthetische Stoffe eignen sich überhaupt nicht.

Die meisten Pflanzenfarben werden mit einem Beizmittel fixiert; sie dringen dadurch besser in die Faser ein und verblassen nicht so leicht. Auf Seite 238 findet man eine Liste mit den wichtigsten chemischen Beizmitteln. Früher verwendete man auch andere, heute etwas ungewöhnlich anmutende Mittel wie z. B. Holzasche, Salz, Essig, Soda, Urin und Joghurt.

Vorbereitung

Was man zum Färben braucht

Welche Ausrüstung man zum Färben benötigt sieht man unten links in der Abbildung. Zum Spülen braucht man verschiedene Eimer oder Wannen. Zum Waschen und Färben der Wolle benutzt man weiches Wasser. Entweder sammelt man Regenwasser oder man enthärtet das Leitungswasser mit einem der dafür erhältlichen handelsüblichen Fabrikate (z. B. Calgon).

Vorbereiten der Wolle

Vor dem Färben muß die Wolle in jedem Fall, gleichgültig ob Garn oder Tuch, gründlich gereinigt werden. Die Wolle, selbst wenn man sie längere Zeit, allerdings vorsichtig und bei schwacher Hitze, im Wasser läßt, geht dabei nicht ein. Man gibt sie in den Topf mit dem Färbemittel, rührt beim Beizen oder Färben nur selten um und bewegt sie nur vorsichtig und ohne zu reiben. Vor allem darf die Wolle keinen plötzlichen Temperaturveränderungen ausgesetzt werden. Man erhitzt sie also ganz langsam bis zum Siedepunkt und nimmt zu jedem Spülvorgang jeweils etwas kühleres Wasser als vorher. Die Rohwolle vom Schaf ist nicht von einheitlicher Beschaffenheit. Sie kann teils fein, teils aber auch grob sein. Man sortiert sie deshalb zunächst nach grob und fein und teilt sie dann nochmals in Portionen von etwa 200 g. Diese 200 g (nie mehr) bindet man zu Strängen (die hier gegebene Anleitung bezieht sich auf Wollstränge von 100 g). Zum Aufwickeln verwendet man ein großes Stück Pappe, hebt dann die Fäden ab und bindet die beiden Enden des Stranges zusammen. Damit sich die Wolle nicht verwickelt, schlingt man den Strang ein paar Mal in Achtform ineinander – allerdings ganz locker, damit der Farbstoff die Wolle gleichmäßig durchdringen kann.

Schwieriger ist es, wenn man Stoff färben will. Einmal, weil die Farbe nicht so gleichmäßig eindringt, zum anderen geht gewebte Wolle leicht ein. Auch hier näht man die beiden Enden der Stoffbahn zusammen und erhält so eine Rolle; diese hängt man über eine gekrümmte Stange (z. B. über einen verbogenen Kleiderbügel) und taucht den Stoff ins Farbbad. Das Tuch muß ganz vom Färbemittel bedeckt sein. Von Zeit zu Zeit dreht man die Stange und zieht damit den Stoff aus den Falten in eine andere Lage, damit die Farbe überall gleichmäßig eindringt.

Wolle: *Rohwolle wird in Häufchen von 200 g aufgeteilt; Garn windet man zu handlichen Schlingen; damit es sich nicht verwirrt, bindet man die Stränge in bestimmten Abständen zusammen.*

Reinigen

Stoffe, Garne oder ölige Rohwolle müssen vor dem Färben gereinigt werden. Je nach dem, welche Mengen man färben will, erhitzt man in einem großen Kessel weiches Wasser (etwa 4–5 Eimer à 10 l) auf etwa 60° C. Dahinein gibt man 175 ml Ammoniak und 75 g feine Seife. Dann steckt man die Wolle hinein, läßt sie mindestens eine Stunde lang ziehen und gießt den Sud dann ab; dabei hält man die Wolle durch Festandrücken an der Gefäßwand fest und drückt zuletzt die Laugenreste aus ihr heraus. Dann kippt man die Wolle in ein anderes Gefäß um, bereitet wieder eine Lauge aber ohne Ammoniak, die man diesmal nur auf 40° C erhitzt hat und wiederholt den Prozeß. Nur wenn die Wolle sehr ölig ist, gibt man nochmals Ammoniak zu; meist erübrigt sich dies jedoch. Nach einer weiteren Stunde wird das Wasser ausgeleert und die Wolle mehrmals in warmem Wasser gespült. Dies kann auch im Schongang in der Waschmaschine geschehen. Anschließend wird die Wolle getrocknet, aber nicht in der prallen Sonne und nicht bei großer Hitze.

Anfeuchten

Wolle nimmt Farbstoffe viel besser an, wenn sie vorher feucht gemacht wird. Das geschieht unmittelbar vor dem Beizen. Hat man die Wolle nach dem Beizen trocknen lassen, so befeuchtet man sie vor dem Färben nochmals. Wolle ist von Natur aus wasserabweisend. Doch kann die Feuchtigkeitsaufnahme gefördert werden, indem man dem Wasser Waschsoda oder eines der im Handel erhältlichen Spülmittel (Pril, Spüli etc.) zusetzt. Ist die Wolle, die man färben will, zum Beizen vorbereitet, wiegt man sie ab. Dann bereitet man eine Seifenlauge, der man pro 500 g Wolle 10 g Waschsoda beigegeben hat, erhitzt sie auf knapp 50° C und läßt die Wolle etwa 1 Stunde darin ziehen. Die Zeit läßt sich wesentlich verkürzen (je nach Ölgehalt der Wolle auf 5–10 Minuten), wenn man dem Wasser zusätzlich 4–5 ml eines Spülmittels zugesetzt hat.

Ausrüstung: *Säurefestes Gefäß zum Beizen und Färben, Glasstab zum Umrühren, Eimer, Schälchen für Beize und Pulver; Waage, Sieb und Thermometer, Mörser mit Stößel, scharfes Messer und Gummihandschuhe.*

Reinigen

Reinigen: *In weichem Wasser, Waschsoda und Ammoniak läßt man die Wolle bei 60° C eine Stunde lang ziehen. Abgießen und bei 40° C wiederholen. Mehrfach spülen, dann trocknen.*

Anfeuchten

Anfeuchten: *Eine Stunde lang in Seifenlauge weichen lassen. Fügt man ein Spülmittel bei (Pril, Spüli), kann man die Zeit verkürzen, es genügen 5–10 Minuten.*

Beizen

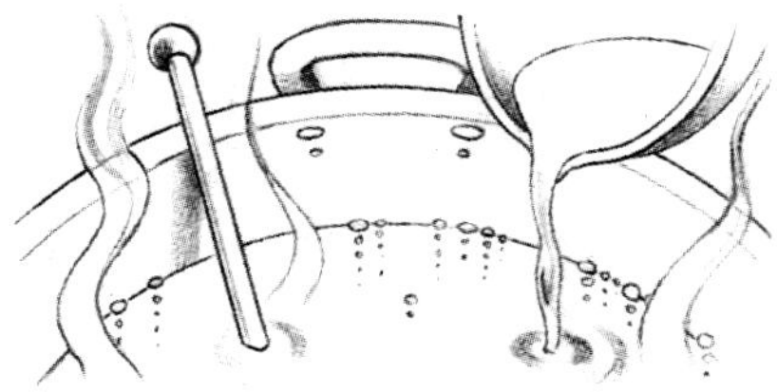

Beizen: *Das aufgelöste Beizmittel ins Wasser rühren, die Lösung erhitzen und die angefeuchtete Wolle hineingeben. Dann jeweils gemäß speziellem Rezept weiterarbeiten.*

Methode 1

Methode 1: *Für holzige Pflanzenteile und harte Wurzeln, die erst nach längerem Kochen ihre Farbe abgeben. Im Färbertopf mit Wasser bedeckt 1–3 Stunden lang auskochen; Sud durchseihen und abkühlen lassen. Dann die angefeuchtete und gebeizte Wolle darin eine Stunde langsam zum Sieden bringen und dann 1 weitere Stunde schwach siedend kochen.*

Methode 2: *Frische Blätter und Blüten, die ihren Farbstoff schnell abgeben. Damit keine Pflanzenteile in der Wolle hängenbleiben, Blätter oder Blüten in einem Mullsäckchen abwechselnd mit der Wolle in den Färberkessel schichten, unterste und oberste Schicht jeweils Pflanzen. Knapp mit Wasser bedeckt in 1 Stunde langsam zum Sieden bringen, dann 1 weitere Stunde schwach siedend kochen.*

Methode 2

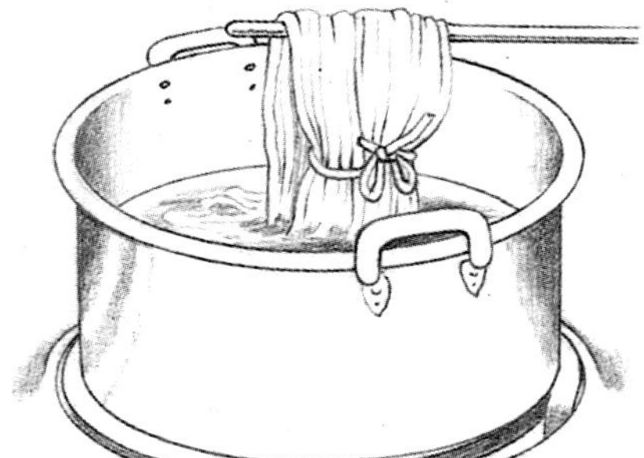

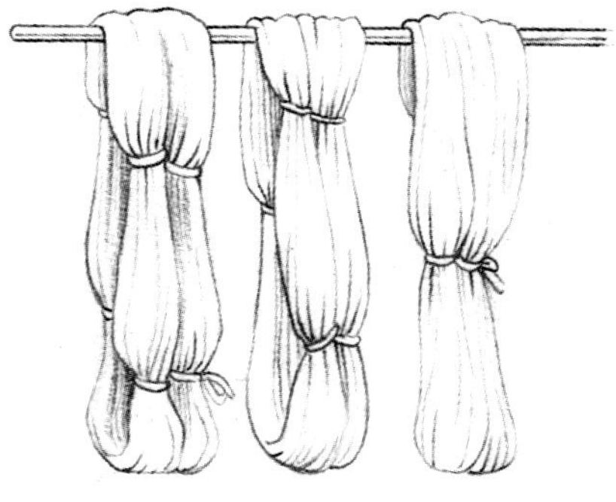

Spülen: *Hat die Wolle den gewünschten Farbton angenommen, hebt man die Stränge mit dem Glasstab behutsam heraus. Überschüssige Farbflüssigkeit drückt man heraus. Dann spült man die Wolle erst heiß, dann warm und zuletzt kalt, stets in Eimer oder Wanne, nie unter fließendem Wasser.*

Trocknen: *Schattig, luftig und warm, aber nie direkt durch Licht und Wärme angestrahlt, hängt man die Wolle zum Trocknen auf.*

Beizen

Chemische Beizmittel

Die gebräuchlichsten chemischen Beizmittel sind Alaun (Kalium-Aluminium-Sulphat), Weinstein, (Kalium-Bitartrat), Kalium-Dichromat (Chrom), Zinnchlorid (Zinn) und schwefelsaures Eisenoxid (Eisen). Mit Alaun erhält man helle, leuchtende Farben; Chrom ergibt weiche Töne, Zinn macht die Farben leuchtend, Eisen stumpft sie ab und eignet sich vor allem für braune und schwarze Färbungen. Manche Beizmittel kann man in Drogerien kaufen. Sonst sind sie beim Chemikalienhändler oder in Färbereien erhältlich.

Am bequemsten ist es, wenn man gleich eine größere Menge Wolle auf einmal beizt. Braucht man nicht sofort alles auf, dann trocknet man den Rest und notiert auf einem angehängten Zettel die Art der Beize. Vor dem Färben weicht man die Wolle dann nochmals in Wasser und Waschsoda ein.

Alaun und Weinstein

100 g Wolle
25 g Alaun (Kalium- Aluminium-Sulphat)
7 g Weinstein (Kalium-Bitartrat)
weiches Wasser, zum Bedecken der Wolle (etwa 5 l)

Alaun und Weinstein werden in etwas kochendem Wasser aufgelöst und dann in das übrige Wasser gerührt, das man auf dem Herd erhitzt. Sobald das Wasser warm genug ist, gibt man die durchfeuchtete Wolle hinein. Man bringt in einer Stunde die Lösung ganz langsam zum Sieden und läßt sie dann eine weitere Stunde lang schwach siedend kochen. Danach nimmt man die Wolle heraus und legt sie ins Farbbad. *Vorsicht:* zu viel Alaun macht die Wolle klebrig.

Chrom

Vorsicht: Chrom ist giftig!

100 g Wolle
4–5 g Chrom (Kalium-Dichromat)
weiches Wasser, z. B. Regenwasser, zum Bedecken der Wolle

Man geht genauso vor wie beim Beizen mit Alaun. Chrom macht Wolle weich. Kalium-Dichromat ist lichtempfindlich. Daher bewahrt man es in einem geschlossenen, undurchsichtigen Gefäß oder im Schrank auf, deckt den Topf zum Beizen zu und bewahrt auch die gebeizte Wolle lichtgeschützt auf. *Achtung:* zu viel Chrom macht die Farbe dunkler!

Eisen und Weinstein
100 g Wolle
4 g Eisen (schwefelsaures Eisenoxid)
7 g Weinstein
Wasser zum Bedecken der Wolle
Man kann nach der oben angegebenen Methode wie bei Alaun verfahren oder das Eisen und den Weinstein in etwas kochendem Wasser auflösen. Die Wolle wird gewaschen und gefärbt und dann aus dem Farbbad herausgenommen. Nun wird die Beizlösung an das Farbbad gerührt und die Wolle nochmals in die Lösung gegeben. Dann läßt man sie ½ Stunde lang bei schwacher Hitze ziehen. Zum Schluß wird die Wolle gründlich gewaschen.
Vorsicht: Zu viel Eisen macht die Wolle hart und greift die Faser an.
Bei Orientteppichen, Wandbehängen oder anderen Textilien, die mit Eisen gebeizt wurden, zerschleißen sich die braunen Wollfasern manchmal vor den andersfarbigen.

Zinn
100 g Wolle
225 g Zinnkristalle (Stannochlorid)
Wasser zum Bedecken der Wolle
Die Kristalle werden nicht in kochendem, sondern nur in warmem Wasser aufgelöst. Rückstände gibt man in ein Mullsäckchen. Die Wolle wird sofort in warmem Seifenwasser ausgewaschen und dann gut gespült.
Vorsicht: Zu viel Zinn macht die Wolle spröde und brüchig.

Färben

Für das Färben mit Pflanzenfarben gibt es zwei unterschiedliche Methoden. Nach der ersten kocht man die Pflanzen in Wasser aus, bis ihre Fasern alle Farbe ganz verloren haben und benutzt den gefärbten Sud zum Färben. Bei hartfaserigen Pflanzen, Rinden oder Wurzeln ist diese Methode zu empfehlen, denn hier kann es Stunden dauern, bis ihnen der Farbstoff ganz entzogen ist. Nach der zweiten Methode läßt man Pflanzen und Wolle miteinander kochen. Verwendet man frische Blätter und Blüten, die schnell ihre Farbe verlieren, ist diese Methode die geeignete. Die Pflanzenmenge sollte in etwa dem Gewicht der Wolle entsprechen. Oft jedoch verdoppelt man die Menge der Pflanzen, falls man eine besonders intensive Farbe wünscht. Zum Ausprobieren eines neuen Färbemittels kann man kleine Mengen Wolle mit den verschiedensten Pflanzen färben, z. B. Weiß über Hell- bis Dunkelgrau einfärben, um die Möglichkeiten der Nuancierung zu testen (siehe Seite 243). Die Wolle trennt man dazu in 9 kleine Stränge, 3 Stränge für jede Schattierung einer Farbe.

Hartfaserige Pflanzen und Wurzeln geben ihren Farbstoff erst nach langem Kochen ab. Von links nach rechts: Zwiebelschalen und die Wurzeln von stumpfblättrigem Ampfer und Wasser-Schwertlilie, vorne von Löwenzahn.

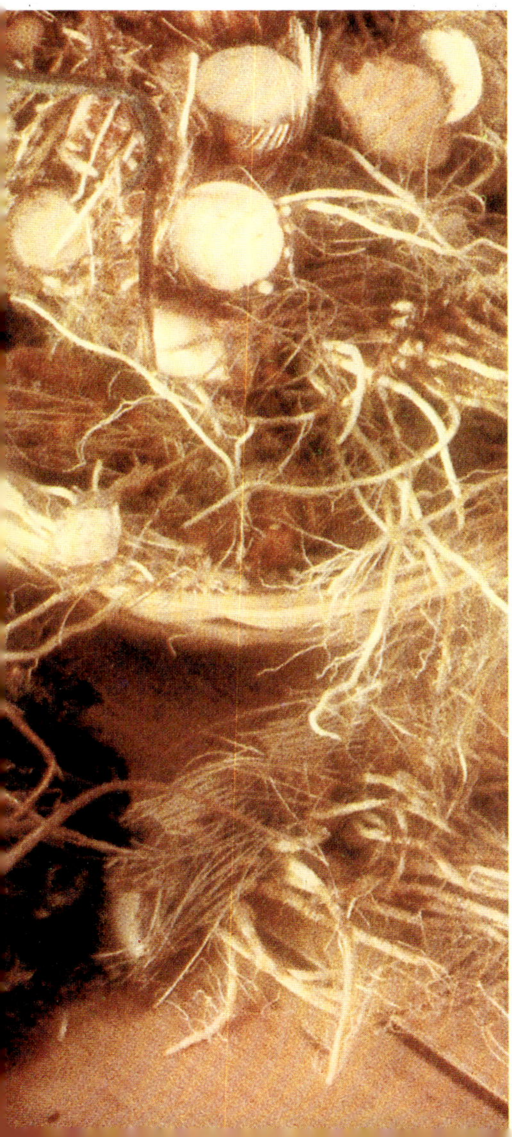

Methode 1
Hartfaserige oder getrocknete Pflanzenteile werden zunächst zerhackt und zerstoßen. Sind sie sehr spröde, läßt man sie über Nacht in lauwarmem Wasser aufweichen. Am nächsten Tag gibt man sie samt dem Einweichwasser in große Töpfe und füllt mit Regenwasser oder weichem Wasser auf, bis die Pflanzen völlig bedeckt sind.
Dann bringt man die Mischung langsam zum Sieden und läßt sie 1 bis 3 Stunden lang bei schwacher Hitze schwach siedend kochen. Dann seiht man das gefärbte Wasser durch ein Sieb und läßt es abkühlen. Danach bereitet man damit ein Farbbad, gibt die befeuchtete, gebeizte Wolle hinein und bringt alles langsam zum Sieden; das sollte mindestens eine Stunde dauern. Dann läßt man das Ganze nochmals eine Stunde lang schwach siedend kochen. Zum Ausprobieren eines neuen Färbemittels nimmt man zunächst wie oben empfohlen 9 kleine Stränge, nimmt von jeder Farbe nach 10 Minuten einen Strang heraus, 20 Minuten später weitere 3 und läßt die letzten 3 mindestens eine Stunde lang im Farbbad; dann vergleicht man die Resultate.
Die herausgenommene Wolle wird jeweils sorgfältig gespült, zuerst in heißem, dann in lauwarmem und schließlich in kaltem Wasser. Zum Schluß hängt man sie zum Trocknen auf.

Methode 2
Man schichtet in einen Topf abwechselnd Färberpflanzen und Wolle. Dabei müssen die erste und die letzte Schicht aus Färberpflanzen bestehen. Dann bedeckt man das Ganze knapp mit Regenwasser oder weichem Wasser und erhitzt es solange, daß es mindestens eine Stunde dauert, bis der Siedepunkt erreicht ist. Die Mischung läßt man wie bei der ersten Methode etwa eine Stunde lang schwach siedend kochen.
Falls es sich um Pflanzen handelt, die leicht zerbrechen oder deren Fasern sich leicht auflösen, bindet man sie besser locker in Mullsäckchen ein, damit sich nichts in der Wolle verfängt. Ist die gewünschte Farbe erreicht, spült man die Wolle aus wie bei Methode 1 und läßt sie trocknen.

Rezepte für pflanzliche Färbemittel

Gefärbte, rohe Schafwolle kann zum Spinnen von Wolle kardiert, oder zum Spinnen von Kammgarn gekämmt werden. In beiden Fällen kann man dabei Garne verschiedener Farben miteinander mischen. Versuche, gefärbte und ungefärbte Schafwolle oder Garne unterschiedlicher Färbung miteinander zu einem Faden zu verspinnen, bringen oft überraschende Effekte. Man kann auch einfach Flöckchen aus ungesponnener, gefärbter Schafwolle in die Handarbeit mit einweben, -stricken oder -sticken. Die hier folgenden Rezepte beziehen sich auf jeweils 100 g gebeiztes Garn.

Ackerschachtelhalm
Equisetum arvense
Beize: Chrom oder Alaun
Man braucht 675 g frischen Ackerschachtelhalm (die fruchttragenden Stengel läßt man beiseite). Nach Methode 2 schichtet man sie zum Färben in den Topf.
Farben: Chrom ergibt ein helles Okkergelb, Alaun ergibt ein blasses Gelb.

Beinwell
Symphytum officinale
Beize: Zinn oder Chrom
Man benötigt 450 g frische Blätter, Stengel und Blüten. Methode 2.
Farben: Zinn ergibt eine gelbe, Chrom eine leuchtend grünliche bis orange Farbe.

Blutwurz
Sanguinaria canadensis
Beize: Alaun und Weinstein
Man braucht 100 g frische oder getrocknete, gehackte Wurzeln.
Diese läßt man über Nacht in lauwarmem Wasser ziehen. Das Wasser setzt man dann dem Färberbad zu. Methode 1. Farbe: Rot.

Brennessel
Urtica dioica
Beize: Chrom oder Zinn
Man schichtet mindestens 225 g frische Brennesselspitzen, mit der Wolle in den Topf. Methode 2. Farben: Chrom ergibt eine gelbliche bis rehbraune, Zinn eine blasse, leicht grünlichgelbe Färbung.

Getrocknete Pflanzen zum Färben; im Uhrzeigersinn: Wacholderbeeren, Kamillen, Odermennig, Ringelblumen, Johanniskraut, Gelbwurz und, in der Mitte, Färberröte.

Färber-Kamille
Anthemis tinctoria
Beize: Chrom oder Zinn
Dazu benötigt man 200 g frische oder getrocknete Blüten (wünscht man intensivere Farben, nimmt man mehr). Die Blütenköpfe füllt man locker in Mullsäckchen und färbt die Wolle nach Methode 2. Sie muß ½ Stunde lang bei schwacher Hitze ziehen.
Farben: Chrom ergibt ein intensives, gelbbraunes Orange, Zinn ein grünliches Braun.

Färber-Reseda
Reseda luteola
Beize: Alaun oder Zinn
Man braucht 100 g blühende Pflanzen mit Blüten- oder Samenständen. Nach Methode 2 läßt man die Pflanzen 2 Stunden lang bei schwacher Hitze sieden.
Farben: Alaun ergibt ein kräftiges, weiches, Zinn ein helles Gelb.

Färber-Röte
Rubia tinctorum
Beize: Alaun und Weinstein, Chrom oder Zinn
Man braucht 50 g gemahlene Wurzeln und vermischt sie ausnahmsweise mit hartem Wasser zu einer Paste, die man dann nach und nach mit soviel Wasser verrührt, daß die Menge ausreicht, die Wolle gerade zu bedecken. Man kann auch gehackte Wurzeln verwenden; diese weicht man mehrere Stunden lang in Wasser ein, das man dann auch zum Färben verwendet. Die Farben werden leuchtender, wenn man eine Handvoll Kleie in einem Mullsäckchen dazu gibt.
Dann erhitzt man das Ganze sehr langsam und gibt, wenn die Flüssigkeit lauwarm ist, die Wolle dazu. Bis zum Sieden sollten 1 bis 2 Stunden vergehen; dann läßt man die Wolle 10 Minuten lang schwach siedend kochen und anschließend im Farbbad abkühlen. Danach wird sie gut gespült und in Seifenwasser gewaschen. Man spült sie danach nochmals und hängt sie zum Trocknen auf.
Farben: Sie hängen von der Qualität der verwendeten Wurzeln ab. Alaun ergibt flammendrote, Chrom rötlichbraune, Zinn rosa bis orangerote Töne.

Gelbwurz
Curcuma longa
Beize: Chrom oder Zinn
Man nimmt dazu 100 g gemahlene Gelbwurz und löst sie in etwas kochendem Wasser auf. Dann gießt man die Flüssigkeit durch ein Tuch ab. Was sich von dem Färbemittel noch nicht aufgelöst hat, kommt in einem Mullsäckchen in den Topf. Methode 2.
Farben: Chrom ergibt ein dunkles Orangegelb oder Braun, Zinn ein kräftiges Orange.

Johanniskraut
Hypericum perforatum
Beize: Chrom oder Alaun
Man verwendet mindestens 250 g gehackte Blütenköpfe in Mullsäckchen. Methode 2.
Farben: Chrom ergibt ein kräftiges Gelbbraun, Alaun ein blasses Braun.

Löwenzahn
Taraxacum officinale
Beize: Alaun, Eisen oder Zinn
Man nimmt 200 g gehackte Löwenzahnwurzel und Blätter. Methode 1.
Farben: Alaun ergibt eine rehfarbene, Eisen eine graue und Zinn eine gelbliche Tönung.

Odermennig
Agrimonia eupatoria
Beize: Chrom oder Eisen
Man benötigt 200 g ganze, frische oder getrocknete Pflanzen: Blüten, Stengel oder Blätter. Methode 1.
Farben: Chrom ergibt eine rehbraune, Eisen eine braungraue Färbung.

Petersilie
Petroselinum crispum
Beize: Crom oder Alaun
Man braucht dazu 250 g gehackte Blütenköpfe, die man in Mullsäckchen gibt. Methode 2.
Farben: Chrom ergibt ein kräftiges Gelbbraun, Alaun ein blasses Braun.

Rainfarn
Chrysanthemum vulgare
Beize: Chrom oder Zinn
Man benötigt 100 g frische Rainfarnblätter. Methode 2.
Farben: Zinn ergibt ein kräftiges Zitronengelb, Chrom ein Senfgelb.

Ringelblume
Calendula officinalis
Beize: Alaun und Weinstein oder Chrom
Man braucht 100 g getrocknete Blütenblätter oder mindestens 300 g frische Blütenköpfe. Die getrockneten Blütenblätter gibt man in Mullsäckchen. Methode 2.
Farben: Alaun ergibt ein blasses Cremegelb, Chrom dagegen ein bräunliches Gelb.

Sauerampfer
Rumex acetosa
Beize: Chrom oder Zinn
Man braucht 225 g frische gehackte Stengel, Blätter und Blüten von wildwachsendem oder im Garten angebautem Sauerampfer. Methode 1.
Farben: Chrom ergibt ein gelbliches Rehbraun, Zinn ein blasses, gelbliches Grün.

Stumpfblättriger Ampfer
Rumex obtusifolius
Beize: Eisen oder Chrom
Man nimmt 675 g frische, gesäuberte und gehackte Wurzeln, kocht sie 2 Stunden lang und gießt sie dann ab. Methode 1.
Farben: Eisen ergibt ein hübsches Grau, Chrom eine orangefarbene Tönung.

Wacholder
Juniperus communis
Beize: Alaun und Weinstein
Man braucht 100 g frische oder getrocknete, zerstoßene Wacholderbeeren und kocht sie 3 Stunden lang. Methode 1.
Farben: Alaun ergibt eine blasse, cremige oder rehbraune Farbe, Chrom ein blasses Khaki.

Zwiebel
Allium cepa
Beize: Alaun und Weinstein, Chrom, Eisen oder Zinn
Man nimmt 100 g getrocknete Zwiebelschalen und kocht sie 2 Stunden lang. Methode 1.
Farben: Alaun ergibt ein klares, kräftiges Gelb, Chrom ein warmes Braun, Eisen ein dunkles Braun und Zinn ein intensives Orange.

Mit Naturfarben gefärbte Wolle

Die Wolle auf der gegenüberliegenden Seite wurde nach den Rezepten von Seite 240 – 241 eingefärbt.
Die Stränge ganz oben sind ungefärbt und stammen von Schafen mit weißem bzw. dunklem Fell. Die Stränge von oben nach unten sind mit Pflanzenfarben verschiedenster Herkunft gefärbt. Jede Farbe wurde durch kurze, mittlere und längere Färbezeit von hell nach dunkel abgestuft. Kurzfassung der Rezepte von oben beginnend hier unter Ziffer 1 – 43.

1 **Ungefärbte** Wolle: weiß, hellgrau, dunkelgrau

2 **Zwiebel:** mit Eisen gebeizt, Siedezeit 30 Minuten.

3 **Färber-Kamille:** mit Eisen gebeizt, Siedezeit 30 Minuten.

4 **Zwiebel:** mit Eisen gebeizt, Siedezeit 1 Stunde.

5 **Odermennig:** mit Eisen gebeizt, Siedezeit 1 Stunde.

6 **Stumpfblättriger Ampfer:** mit Eisen gebeizt, Siedezeit 30 Minuten.

7 **Brennessel:** mit Eisen gebeizt, Siedezeit 1 Stunde.

8 **Löwenzahn:** mit Eisen gebeizt, Siedezeit 1 Stunde.

9 **Löwenzahn:** mit Alaun gebeizt, Siedezeit 1 Stunde.

10 **Odermennig:** mit Chrom gebeizt, Siedezeit 1 Stunde.

11 **Wacholder:** mit Chrom gebeizt, Siedezeit 10 Minuten.

12 **Johanniskraut:** mit Alaun gebeizt, Siedezeit 2 Stunden.

13 **Wacholder:** mit Alaun gebeizt, Siedezeit 1½ Stunden.

14 **Brennessel:** mit Alaun gebeizt, Siedezeit 1 Stunde.

15 **Wacholder:** mit Chrom gebeizt, Siedezeit 1½ Stunden.

16 **Löwenzahn:** mit Zinn gebeizt, Siedezeit 1 Stunde.

17 **Petersilie:** mit Alaun gebeizt, Siedezeit 1 Stunde.

18 **Ringelblume:** mit Alaun gebeizt, Siedezeit 1 Stunde.

19 **Färber-Reseda:** mit Alaun gebeizt, Siedezeit 1 Stunde.

20 **Ackerschachtelhalm:** mit Alaun gebeizt, Siedezeit 30 Minuten.

21 **Petersilie:** mit Chrom gebeizt, Siedezeit 1 Stunde.

22 **Zwiebel:** mit Alaun gebeizt, Siedezeit 10 Minuten.

23 **Rainfarn:** mit Zinn gebeizt, Siedezeit 1 Stunde.

24 **Beinwell:** mit Zinn gebeizt, Siedezeit 1 Stunde.

25 **Färber-Reseda:** mit Zinn gebeizt, Siedezeit 1 Stunde.

26 **Ringelblume:** mit Chrom gebeizt, Siedezeit 1 Stunde.

27 **Brennessel:** mit Zinn gebeizt, Siedezeit 2 Stunden.

28 **Ackerschachtelhalm:** mit Chrom gebeizt, Siedezeit 2 Stunden.

29 **Zwiebel:** mit Alaun gebeizt, Siedezeit 1 Stunde.

30 **Zwiebel:** mit Zinn gebeizt, Siedezeit 10 Minuten.

31 **Gelbwurz:** mit Chrom gebeizt, Siedezeit nur 2 Minuten.

32 **Rainfarn:** mit Chrom gebeizt, Siedezeit 1 Stunde.

33 **Beinwell:** mit Chrom gebeizt, Siedezeit 1 Stunde.

34 **Zwiebel:** mit Chrom gebeizt, Siedezeit 1 Stunde.

35 **Brennessel:** mit Chrom gebeizt, Siedezeit 1 Stunde.

36 **Johanniskraut:** mit Chrom gebeizt, Siedezeit 2 Stunden.

37 **Färber-Kamille:** mit Chrom gebeizt, Siedezeit 30 Minuten.

38 **Gelbwurz:** mit Chrom gebeizt, Siedezeit 30 Minuten.

39 **Blutwurz:** mit Alaun gebeizt, Siedezeit 1 Stunde.

40 **Blutwurz:** mit Zinn gebeizt, Siedezeit 1 Stunde.

41 **Gelbwurz:** mit Zinn gebeizt, Siedezeit 30 Minuten.

42 **Färber-Röte:** mit Alaun gebeizt, wird langsam, während einer Stunde zum Sieden gebracht, Siedezeit 10 Minuten.

43 **Färber-Röte:** mit Zinn gebeizt, wird langsam, während einer Stunde zum Siedepunkt gebracht, Siedezeit 1 Stunde.

Körperpflege und Kosmetik mit Kräutern

In den meisten Museen findet man zwischen Bildwerken aus alten Tempeln und wuchtigen Skulpturen auch kleine Vitrinen, in denen kosmetische Utensilien ausgestellt sind. Über tausende von Jahren blieben sich die Grundformen dieser Geräte, Salben- und Schminktöpfe gleich. Was sie einst enthielten, mag für uns allerdings nicht immer empfehlenswert gewesen sein. Doch wenn man sich seine Kosmetika zu Hause herstellt, braucht man dafür auch nur eine derart einfache Grundausrüstung. Man kann das, was man heute unter Chemie versteht, ganz beiseite lassen, obwohl die Art der Zubereitung, wie Kochen, Mischen, Emulgieren streng genommen zur Chemie gehört. Doch man verwendet keine synthetisch hergestellten Substanzen, sondern ausschließlich »natürliche« Pflanzenfette, ätherische Öle, Honig, Bienenwachs, Eier, Lanolin.

In Ägypten fand man bei Ausgrabungen ganze Laboratorien für die Parfumherstellung. So haben wir eine ziemlich genaue Vorstellung davon, wieviel Wert die Ägypter auf Wohlgeruch legten und welche Techniken sie bereits beherrschten. Die Damen wuschen sich in duftendem Wasser, benützten Kohlestifte zur Umrandung der Augen und einen Lidschatten aus gemahlenem Lapislazuli; sie färbten Wangen und Ohrläppchen mit einem Rouge aus Hennablättern. Die Haut salbte man mit Öl ein, um sie glatt und geschmeidig zu erhalten. Die Reichen verwendeten dazu teure, parfümierte Öle, die ärmeren Leute rohes Palmöl. Alle Parfums mit lang anhaltendem Duft enthielten Öl oder Wein, denn die Kunst des Destillierens war den Ägyptern unbekannt.

Zur Römerzeit machten sich die Damen, wie man bei Ovid nachlesen kann, bereits Gesichtspackungen. Er schrieb ein großes Werk über Parfums und die betreffende Passage findet sich in einem davon erhalten gebliebenen Fragment. Man bleichte die Haut mit einer Mixtur aus Gerste, Bohnenmehl, Eiern, Hirschhorn, zu Brei zermahlenen Narzissenzwiebeln, Honig und aromatischen Harzen. Ovid schreibt, daß jede Frau, die damit ihr Gesicht bestreiche, eine Haut bekäme, glatter und leuchtender als ein Spiegel. Ihr Badewasser parfümierten die Römer gerne mit Lavendel und anderen aromatischen Kräutern. Nach dem Bad rieb man Hornhaut mit Olivenöl und Bimsstein ab, ließ sich mit Ölen massieren.

In Indien ist bei den Frauen noch heute Kohle und Henna in Gebrauch. Kohle zur

Eine ganze Reihe von Kräutern aus dem Garten oder der freien Natur eignen sich für die Hautpflege; sie können sowohl Grundlage wie auch Ergänzung der selbsthergestellten Naturkosmetika sein.

Umrahmung der Augen, Henna für Handflächen und Füße. Die Damen des chinesischen Adels legten sich mit einer Maske aus Reismehl und Öl zu Bett. Tagsüber wurde Reismehl auch als Gesichtspuder verwendet. Die Frauen in ganz Ostasien ölten ihre Haare. Männer und Frauen aller Nationalitäten verwendeten pflanzliche Mittel zum Haarefärben, so z. B. Henna für rötliche, Safran für gelbliche und Walnußrinde für dunkle Tönungen.

Im 10. Jahrhundert entdeckte der arabische Arzt Avicenna das Geheimnis der Destillation ätherischer Öle aus Blüten und Blättern. Im 16. Jahrhundert gab es in den meisten großen Häusern in Europa eigens einen Destillierraum, und im Garten legte man sich eine spezielle Ecke für Kräuter zum Destillieren an. Manche Kosmetika, die die Höflinge im 17. und 18. Jahrhundert gebrauchten, erscheinen uns heute höchst dubios und gefährlich. So bleichte man die Haut mit pulverisiertem Blei oder zerriebenem Alabaster, vermischt mit Schwefel und Borax. Auf die Wangen legte man ein Rouge aus rotem Quecksilbersulfid und gefärbtem Blei; anschließend überglänzte man sie noch, um die Schminke zu festigen. Die Pupillen erweiterte man mit Belladonna-Augentropfen, dem Atropin aus der giftigen Tollkirsche. Durch die erweiterten Pupillen erschienen die Augen dunkler und glänzender. Als im Zeitalter Rousseaus eine allgemeine Naturschwärmerei ausbrach, geriet diese Mode in Vergessenheit. Im 19. Jahrhundert griff man wieder auf einfache Blütenwässer und reine Pflanzenöle zurück.

In der ersten Hälfte des 20. Jahrhunderts war das weibliche Schönheitsideal von Hollywood geprägt, und eine riesige Kosmetik-Industrie mit einer Massenproduktion unzähliger kosmetischer Artikel schoß aus dem Boden.

Das Selbstherstellen von Kosmetika bietet gewisse Vorteile: man kann sich die reinen und unverfälschten Zutaten selbst zusammenstellen und individuell auf seine Bedürfnisse abstimmen. Haut, Haare, Zähne und Nägel profitieren von einer ausgewogenen und abwechslungsreichen Behandlung mit pflegenden Cremes, kräftigenden, adstringierenden und die Durchblutung fördernden Mitteln. Allerdings muß man seinen Hauttyp genau kennen und dementsprechende Ingredienzien wählen. Genau wie beim Kochen können dafür sowohl Wild- wie Gartenpflanzen als Grundlage dienen oder als zarte Duftnote beigefügt werden.

Ingredienzien und Zubereitung

Viele einfache Kosmetikartikel halten sich nicht lange. Dies trifft besonders für die Mittel zu, zu deren Herstellung man Eier, Milch und nicht aufbereitetes Wasser verwendet. Man bereitet deshalb nur eine geringe Menge davon zu und bewahrt sie im Kühlschrank auf. Kosmetika, die man mit Konservierungsmitteln wie Essig, Öl und vor allem Alkohol herstellt, halten sich monatelang. Man gibt sie in undurchsichtige Porzellantöpfe und stellt sie in den dunklen Schrank. Zum Abmessen empfiehlt sich ein Becher mit ccm (ml)-Einteilung. Mengen und Zutaten können wie bei Kochrezepten individuell abgeändert werden.

Hauttypen

Die Rezepte beziehen sich oft auf bestimmte Hauttypen. Fettige Haut muß besonders gründlich gereinigt werden, damit die Poren nicht verstopfen; sonst entstehen leicht Mitesser und Pickel. Ackerschachtelhalm, Schafgarbe, Brennessel und Hauswurz gehören zu den adstringierenden, reinigenden Kräutern, die sich sowohl für trockene wie fettige Haut eignen. Trockene Haut wird durch Wind und Kälte leicht angegriffen; sie »spannt« oder reißt (z. B. an den Fingern) ein. Starke Sonne läßt sie austrocknen und fördert die Faltenbildung. Nährstoffhaltige und Feuchtigkeitscremes wirken dem Feuchtigkeits- und Fettverlust der Haut entgegen. Man wählt Kräuter, die die Haut weich und geschmeidig machen, wie z. B. Hundskamille, Beinwell, Eibisch und Ringelblume. Bei empfindlicher Haut ist in der Regel die Epidermis (oberste Hautschicht) besonders zart, rötet sich z. B. schnell und verträgt manchmal keine Seife. Hier benutzt man besser ein mildes Reinigungsmittel, wie ein leichtes Kräuterinfus mit Petersilie, Kerbel oder Wacholderblüten. Ätherische Öle können Allergien hervorrufen.

Für die Haut geeignete Kräuter

Ackerschachtelhalm: Stengel und Zweige sind adstringierend, kräftigen Nägel und schließen Poren.
Beinwell: Blätter und Wurzeln machen die Haut weich und heilen.
Borretsch: die Blätter machen die Haut glatt und reinigen sie.
Brennessel: Blätter, Samen und Wurzeln wirken reinigend und stärkend und regen die Durchblutung an.
Dach-Hauswurz: Blätter haben eine heilende Wirkung.
Eibisch: Wurzeln und Blätter machen die Haut weich und wirken heilend.
Eukalyptus: die Blätter wirken kräftigend.
Fenchel: Blätter reinigen und sind etwas adstringierend.
Frauenmantel: Blätter wirken heilend, adstringierend und entzündungshemmend.
Große Klette: Wurzeln und Blätter wirken beruhigend.
Holunder: Blüten machen die Haut weich, beruhigen und reinigen sie.
Huflattich: Blätter machen die Haut geschmeidig und beugen dem Entstehen roter Äderchen vor.
Hundskamille: Blüten glätten, reinigen und sind leicht adstringierend.
Kerbel: Blätter, leicht adstringierend.
Kletten-Labkraut: Blätter heilen und desodorieren.
Lavendel: antiseptisch und anregend.
Liebstöckel: Blätter und Wurzeln wirken reinigend und desodorierend.
Limone: Blüten wirken beruhigend, reinigen und bleichen.
Löwenzahn: Blätter und Wurzeln wirken anregend und reinigen.
Minze: Blätter heilen, wirken stimulierend und antiseptisch.
Petersilie: Blätter wirken leicht adstringierend und sind gut zur Vorbeugung gegen rote Äderchen.
Ringelblume: Blätter und Blüten haben heilende, beruhigende Wirkung.
Rosmarin: Blätter kräftigen und sind adstringierend.
Salbei: Blätter sind desodorierend, stark adstringierend, schließen die Poren und fördern die Durchblutung des Gewebes.
Schafgarbe: Blätter und Blüten wirken stark adstringierend.
Thymian: Blätter sind desodorierend und antiseptisch.
Wegerich: Blätter sind adstringierend und reinigen.
Zitronenmelisse: Blätter wirken beruhigend und adstringierend.
Zaubernuß: adstringierend, antiseptisch.

Andere Ingredienzien

Aus Apotheken und Drogerien.
Alaun: das adstringierende Salz (Kalium-Aluminium-Sulfat) ist auch unter dem Namen Alumen im Handel.
Alkohol: wirkt fettlösend, keimtötend und konservierend. In Kosmetik und Medizin wird der reine (96prozentige) Alkohol vielseitig eingesetzt. Aber Vorsicht! Die Haut nie über einen längeren Zeitraum mit Alkohol behandeln; es wird ihr zuviel Fett entzogen und ihr natürlicher Säuremantel zerstört. Für Gesichtswasser wird reiner Alkohol sehr stark verdünnt.
Benzoe: ein aromatisches Harz, das zugleich adstringierend und konservierend wirkt. Man kann es in Pulverform oder als Tinktur kaufen.
Bienenwachs: wird in der Kosmetik für Cremes als nährstoffreiches und geschmeidiges Bindemittel gebraucht. In verschiedenen Formen erhältlich.
Bleicherde: eine an Tonmineralien reiche Substanz, sehr quellfähig und oft als Bindemittel verwendet.
Borax: ein weißliches oder gelbliches Mineral, das etwas sauer und antiseptisch ist. Macht hartes Wasser weich. Bei empfindlicher Haut für die Gesichtswäsche 1–3 Teelöffel voll im Waschwasser auflösen.

Essig: er ist für die Herstellung von Kosmetika besonders wichtig; er kräftigt und reinigt die Haut. Obstessig ist durch seinen Gehalt an Apfelsäure empfehlenswert.
Glyzerin: eine dickflüssige, farblose, stark Wasser anziehende Substanz; wirkt in Cremes glättend aber nicht nährend.
Heilerde: die mit Wasser angerührt für kalte und warme Umschläge und als Gesichtspackung verwendet wird, wirkt geruchshemmend.
Honig: enthält reichlich Mineralstoffe und Vitamine, wirkt auf die Haut glättend und nährend. Geeignet für Gesichtsmasken und Packungen.
Kaolin: das erdige, zerriebene, weiße Mineral (Porzellanerde) wird als Bindemittel verwendet.
Kokosfett: es schmilzt bei Temperaturen über 20° C, macht die Haut weich.
Lanolin: ein wasserhaltiges Wachs, das man aus Schafwolle gewinnt. Wollwachsalkoholsalben enthalten entweder noch Vaseline oder Wasser.
Mandelkleie: wirkt nährend und reizlindernd. Bindemittel für Packungen; als Seesand-Mandelkleie eine rückfettende durchblutungsfördernde Gesichtsreinigung.
Öl: hier sind die flüssigen Fette gemeint, die in reinem Zustand, farb-, geruch- und geschmacklos sind. Öle sind nicht wasserlöslich, sondern nur fein zu verteilen (Emulsionen). Öl wirkt nährend und glättend. Am fettreichsten ist Olivenöl; Weizenkeimöl enthält Vitamin E. Mandelöl ist klar, geruchlos und für kosmetische Zwecke besonders geeignet, allerdings teuer. Man kann es durch Sonnenblumenöl ersetzen. Rizinusöl ist ebenfalls klar und dünnflüssig und gilt als Kräftigungsmittel für das Haar.
Zitronensaft: enthält reichlich Vitamin C und Zitronensäure. Wirkt – besonders bei fetter Haut – reinigend und stärkt den natürlichen Säureschutz. Früher sprach man der Zitrone eine Bleichwirkung (Sommersprossen) zu.

Infus

Dekokt (Abkochung)

Mazeration

Zubereitung

Infus: man gießt kochendes Wasser über Blätter und/oder Blüten von Kräutern und stellt so einen Absud her, den man dann zugedeckt mindestens 15 Minuten lang ziehen läßt. Läßt man ihn 2 bis 3 Stunden stehen, so sind der Pflanze alle Nährstoffe entzogen. Ein kosmetisches Infus ist im allgemeinen immer sehr stark; man gibt etwa 2 Eßlöffel oder 50 g getrocknete Blätter, bzw. 100 g frische Kräuter auf 600 ml kochendes Wasser. Für ein schwächeres Infus reicht die halbe Menge an Kräutern. Am besten verwendet man Töpfe aus Edelstahl, Keramik, Glas oder Emaille, keinesfalls darf man einen Aluminiumtopf nehmen.
Ein *Infus mit Milch* stellt man aus 1 Eßlöffel oder 25 g getrockneten bzw. 50 g frischen Kräutern her. Man füllt eine Tasse bis zum Rand mit kalter Milch, bedeckt sie mit einer Untertasse und läßt sie 1 bis 4 Stunden ziehen. Dann gießt man die Milch durch ein Sieb.
Dekokt (Abkochung): aus hartfaserigen Pflanzenteilen wie Wurzeln, Rinde, Holzspänen oder Samen stellt man eine Abkochung her. Man nimmt dazu ein Gefäß wie links angegeben und ebensoviel pflanzliches Material wie Wasser. Man kocht die Kräuter im bedeckten Topf am besten 2 bis 3 Stunden, auf knapp 1 l ein. Dann gießt man sie ab.
Kräuteressig: Man füllt eine Glasflasche mit Kräutern und Weinessig. Dann deckt man das Gefäß zu und läßt es 2 bis 3 Wochen lang stehen.
Kräuteröl: Die Kräuter werden zerrieben oder zerstoßen und locker in eine Glasflasche gefüllt. Dann wird das Glas mit Olivenöl oder einem anderen milden Öl, Sonnenblumen- oder Erdnußöl, angefüllt. Man rührt gut um, bindet es mit einem Tuch zu und läßt es 2 bis 3 Wochen auf der sonnigen Fensterbank, im Winter in Heizungsnähe, stehen. Einmal täglich rührt man das Gefäß um, dann Öl abgießen und mit frischen Kräutern wiederholen.
Ätherische oder flüchtige Öle: ohne spezielle Ausrüstung ist es überaus schwer, Kräuteröle zu gewinnen. Man kauft sie daher besser im Fachhandel.
Kräuterextrakt oder -tinktur: die pflanzlichen Wirkstoffe werden in Alkohol konserviert. Man füllt einen Glaskrug locker mit zerstoßenen, frischen Kräutern, auf die man reinen Alkohol gießt. Dann verschließt man das Gefäß mit einem Stöpsel und läßt es eine Woche lang stehen. Dann gießt man das Ganze ab und wiederholt dieselbe Prozedur mit frischen Kräutern. Man gießt die Flüssigkeit nochmals ab. Jetzt riecht der Alkohol stark nach den Kräutern. Wenn man diesen Extrakt lange aufbewahren möchte, so fügt man ein paar Tropfen Benzoetinktur als Konservierungsmittel hinzu.
Kräuteressenzen: ätherische Öle, die mit Alkohol konserviert werden. Sie dürfen ***auf gar keinen Fall*** innerlich angewendet werden. Man rührt knapp 1 Eßlöffel ätherisches Öl in 1 l reinen Alkohol.

Destillieren und Kräuterparfums

Gewinnung von Duftstoffen

Destillieren

Ätherische Öle werden den Pflanzen meist durch Destillieren entzogen, jedoch können die dabei erforderlichen Temperaturen für empfindliche Blüten zu hoch sein.

Blätter, Rinde, Wurzeln, Samen und wenig empfindliche Blüten wie Rosen und Lavendel eignen sich zum Destillieren. Man benötigt dazu einen Destillierapparat oder eine Retorte, in der man die Flüssigkeit und die übrigen Stoffe erhitzt, einen Kolben zum Abkühlen und Kondensieren der Dämpfe und ein Auffanggerät für das Destillat.

Die einfachste Destilliermethode ist das Kochen; es besteht darin, daß man das pflanzliche Material, z. B. Lavendelblüten, im Destillierapparat so lange kocht, bis der Dampf mit winzigen Teilchen von ätherischem Öl durchsetzt ist. Im Kondensator kühlt der Dampf ab und schlägt sich nieder; die restliche Flüssigkeit tropft in das Auffanggerät. Ätherisches Öl löst sich nicht in Wasser, so scheidet es sich bald ab und kann aufgefangen werden. Das Destillieren durch Verdampfen ist etwas schwieriger, aber dafür schneller. Daher wird diese Methode meist vorgezogen. Dabei breitet man die Pflanzen auf einem Tablett offen aus und läßt den Dampf unter Druck durchziehen. So gelangen die Teilchen aus ätherischem Öl in den Kondensator.

Blütenduft von Lavendel und anderen Pflanzen kann in Öl oder reinem Alkohol konserviert werden; er bildet die Grundlage für selbst verfertigte Parfums.

In Alkohol und flüchtigen Lösungen sind ätherische Pflanzenöle löslich, so z. B. in Petroleum-Äther. Solche Substanzen benötigt man bei der sogenannten Extraktion, mit der man aus empfindlichen Blüten ätherische Öle herauslöst. Man läßt entweder den Petroleum-Äther aus einem Behälter langsam durch das

pflanzliche Material fließen, wobei die ätherischen Öle herausgewaschen werden und in ein Vakuum-Destilliergerät gelangen. Dort wird das Lösungsmittel destilliert und gelangt wieder in den Behälter zurück. In der Retorte bleibt eine feste Substanz zurück, eine Mischung aus ätherischem Öl und pflanzlichem Wachs. Man setzt dieser Substanz unter Schütteln Alkohol zu; das Öl löst sich in Alkohol auf und wird dann destilliert bis das reine Pflanzenöl gewonnen ist.

Enfleurage

Bei der sogenannten *Enfleurage* braucht man keine Hitze; sie eignet sich daher besonders für empfindliche Pflanzen wie Veilchen, Maiglöckchen und Reseda. Sie geht davon aus, daß ätherische Öle von Fett und Öl absorbiert werden. Schon in der Antike stellte man mit dieser Methode ätherische Öle und Salben her. Man fettet flache Rahmen (Chassis) auf beiden Seiten mit gereinigtem und frischen Fett ein und streut dazwischen viele frische Blüten auf. Alle paar Tage erneuert man die Blüten. Nach etwa 4 Wochen hat das Fett das Öl der Blüten ganz in sich aufgesogen. Das Fett ist zur Pomade geworden. Mit einem alkoholischen Lösungsmittel entzieht man dem Fett das Öl. Gelegentlich verwendet man anstelle von Chassis ein in Olivenöl getränktes Tuch. Auch dabei müssen die Blüten so lange wie oben erneuert werden. Dann drückt man das Öl aus dem Tuch heraus und entzieht ihm nach der oben angegebenen Methode das ätherische Öl.

Mazeration

Schneller, aber sehr ähnlich ist die *Mazeration*, eine Methode, die man bei weniger empfindlichen Blüten anwendet. Dabei läßt man frische Blüten mehrere Tage lang in warmem Fett einweichen, bis das Fett mit dem Pflanzenaroma durchtränkt ist. Auch hier wäscht man die Öle wieder mit Hilfe von Alkohol aus dem Fett heraus.

Kräuterparfums

Eines der ältesten und bekanntesten Parfums ist das Rosenwasser. Der Sage nach soll eine persische Prinzessin mit ihrem Bräutigam über einen See gerudert sein, der mit einer dicken Schicht aus Rosenblättern bedeckt war. Da es in der Sonne sehr heiß war, ließ die Prinzessin ihre Finger durch das Wasser gleiten und bemerkte, daß sie danach mit einem gelblichen, stark nach Rosen duftenden Öl bedeckt waren.

Im 14. Jahrhundert fing man an, alkoholhaltige Parfums zu destillieren. Zwei davon sind noch heute bekannt. Das Rezept für Ungarisches Wasser soll von einem Eremiten stammen, der es der Königin von Ungarn zur Erhaltung ihrer Schönheit gab. Nach einer anderen Sage soll sie damit ein gelähmtes Glied wieder geheilt haben. Das Parfum wurde mit Rosmarinöl hergestellt, dem man Minze, Rosen, Orangenblüten und Zitronenschale zusetzte und das man mit Weinbrand destillierte. Etwa zur gleichen Zeit stellten in einem Kloster in Frankreich Karmeliterinnen aus Zitronenmelisse, Engelwurz, Zitronenschale, Koriander und anderen Gewürzen, die in Orangenblütenwasser und Alkohol destilliert wurden, Karmeliterwasser her. Das berühmteste Duftwasser, das man mit Kräutern herstellt, ist das Eau de Cologne. Das Rezept dafür stammt aus dem 18. Jahrhundert; es enthält Öl aus der Rinde von Bergamotten-Orangen, Neroliöl (aus Orangenblüten) und Rosmarin, die alle in Weinbrand destilliert werden. Obwohl die Kunst, Parfum herzustellen sehr schwierig ist, kann man es zuhause auch ohne Destillierapparat herstellen. Die ätherischen Öle und der Alkohol, die man dazu braucht, sind zwar teuer, selbst hergestelltes Parfum ist aber trotzdem billiger, manchmal sogar feiner im Duft und origineller als gekauftes. Man kann als Grundlage Öl oder reinen Alkohol verwenden. Reiner Alkohol ist das einzige Lösungsmittel, das zuhause ohne Gefahr verwendet werden kann und Kräuter- oder Blütenöl auflöst. Parfum, das mit Hilfe von Alkohol hergestellt wurde, kann man mit einfachem destillierten Wasser, das in der Drogerie erhältlich ist, verdünnen. Anstelle von reinem Alkohol kann man auch Wodka oder Weinbrand verwenden. Für die Rezepte auf der umstehenden Seite nimmt man am besten frische Kräuter, Blütenwasser oder Öle. Man experimentiert so lange, bis man die Duftnote erzielt, die man haben möchte. Das Parfum wird in einer luftdicht verschlossenen Flasche im Dunkeln aufbewahrt. Der Zwischenraum zwischen der Oberfläche der Flüssigkeit und dem Stöpsel muß so gering wie möglich sein, denn Luft schadet. Wenn das Parfum gebraucht wird, gibt man Glaskugeln in die Flasche, damit das Parfum immer gleich hoch steht.

Ungarisches Wasser
4 EL frischer, zerstoßener Rosmarin
3 EL frische, zerstoßene Minze
3 EL zerstoßene Rosenblätter
1 EL geriebene Zitronenschale
⅛ l Orangenblütenwasser
150 ml Alkohol oder Wodka
Alle Zutaten werden für 2 Wochen zusammen in ein Gefäß aus Glas gefüllt. Dann seiht man sie durch ein Musselintuch und drückt den ganzen Saft durch. Die Flüssigkeit gießt man in eine Flasche und läßt sie nochmals 2 Wochen stehen.
Aus allen duftenden Blumen kann man Parfum herstellen, wenn man diese Methode anwendet. Man taucht die Blüten in Alkohol und gießt sie dann ab. Wenn der Duft noch nicht stark genug ist, wiederholt man die Prozedur mit verschiedenen Lagen aus frischen Blüten. Man kann auch die Blätter von Pelargonien, Basilikum, Pferdeminze, Lorbeer, verschiedene Minzearten, Walnuß und die Blüten von Veilchen, Lavendel, Jasmin und Goldlack verwenden. Auch Gewürze wie Nelken und Zimt passen dazu.

Kölner Öl
150 ml Bergamottenöl
100 ml Neroli-Öl
100 ml süßes Orangenöl
100 ml Zitronenöl
50 ml Lavendelöl
50 ml Rosmarinöl
15 ml Petit-Grain-Öl
20 ml Diäthyl-Phthalat
In Drogerien oder speziellen Läden kann man diese Öle kaufen. Man vermischt sie in einer Flasche und schüttelt sie gut durch: dann gibt man das Diäthyl-Phthalat dazu. Dieses ist ein dünnes, geruchloses, sehr feines Öl, das die ätherischen Öle auflöst und verdünnt. Die Lösung wird klar. Man bewahrt dieses Parfum luftdicht verschlossen an einem dunklen Platz auf.
Die Mischung ist dem Eau-de-Cologne ähnlich, auch im Duft, obwohl ihre Grundlage nicht aus Alkohol, sondern aus Öl besteht. Das heißt aber auch, daß die Mischung nicht so rasch verfliegt wie richtiges Eau-de-Cologne. Man kann davon ein paar Tropfen an das Badewasser geben oder es in selbst angefertigte Lotionen für Gesicht und Hände mischen.

Einfaches Kräuterparfum
2 EL ätherisches Blütenöl
600 ml Alkohol oder Wodka
Man vermischt 4 Eßlöffel Alkohol gut mit dem Öl und gibt nach und nach den ganzen Alkohol dazu, wobei man dauernd rührt. Dann kommt die Flüssigkeit in eine Flasche, diese wird gut verschlossen und mindestens einen Monat stehen gelassen.

Rosenwasser – Hauptbestandteil vieler Duftwässer und Kräuterkosmetika.

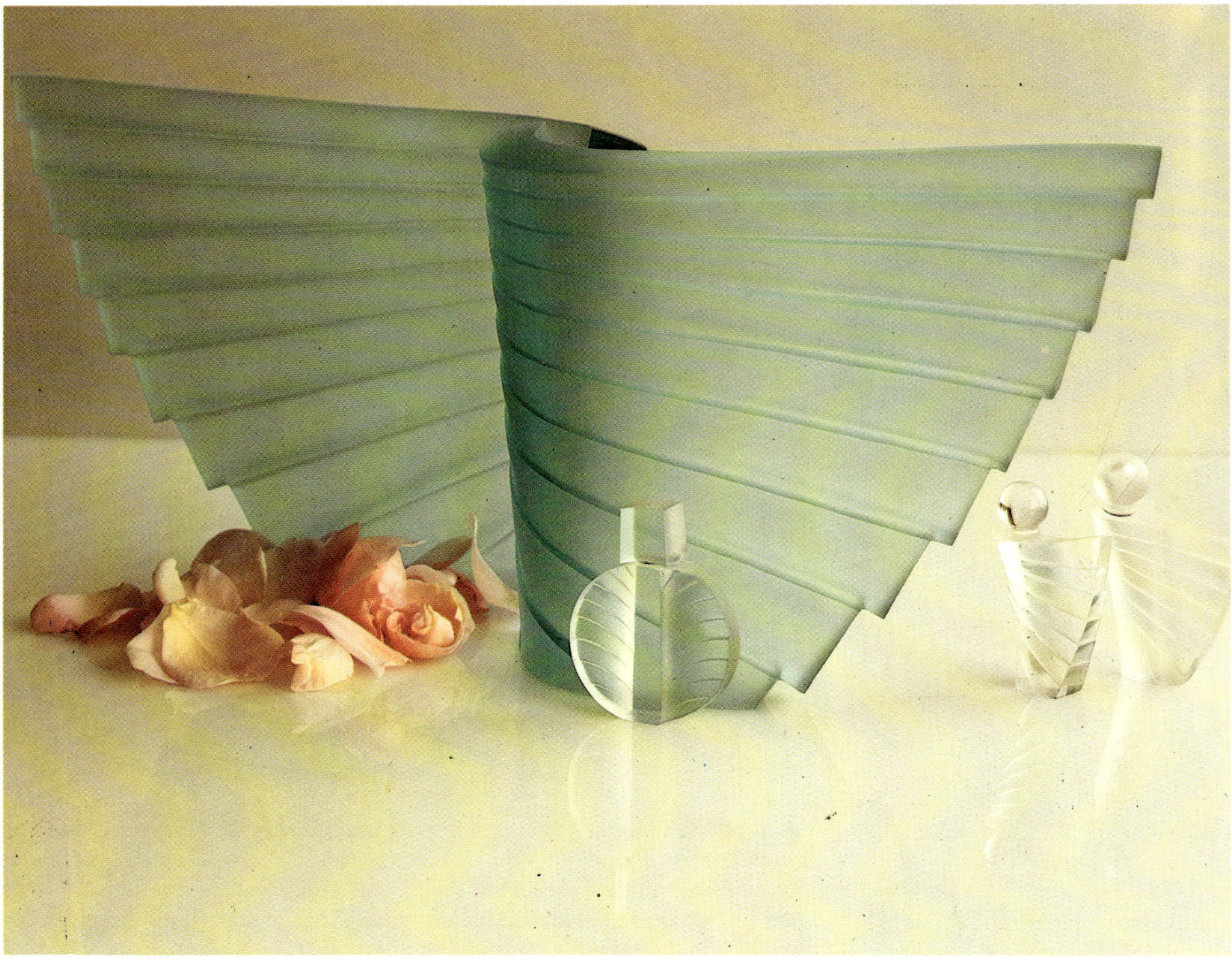

Das Kräuterbad

Badesäckchen

Kräuter im Badewasser sind gut für die Haut, dienen der Entspannung und duften angenehm. Man kann sie einfach dem Badewasser zusetzen und sie während des Badens in der Wanne schwimmen lassen. Der Nachteil ist, daß sie am Körper kleben bleiben und das Abflußrohr der Badewanne verstopfen. Daher stellt man besser ein starkes Infus oder Dekokt aus Kräutern her, die man ins Badewasser gibt, oder bindet sie in ein Musselintuch oder in den Fuß eines sauberen Nylonstrumpfs. Man bindet das Säckchen an einer Schnur am Wasserhahn fest, damit das in die Wanne einlaufende heiße Wasser durch die Kräuter läuft. Man kann auch zuvor das Kräutersäckchen ein paar Minuten lang in ein Gefäß mit kochendem Wasser legen und dann das Infus und das Säckchen ins Badewasser geben. Man reibt den Körper mit dem Säckchen ab und drückt dabei den Saft wie aus einem Schwamm aus den Kräutern. Dann läßt man das Säckchen trocknen. Obwohl die Kräuter mit der Zeit an Aroma verlieren, kann man sie mehrmals verwenden.
Die Mischung stellt man nach eigenem Geschmack aus frischen Kräutern her. Besonders trägt es zur Reinigung der Haut bei, wenn man ein paar Löffel feines Gerstenmehl oder Kleie in das Säckchen gibt. Das Badewasser darf für ein Kräuterbad nicht zu heiß sein. Man sollte mindestens 15 Minuten lang darin ruhen, damit die Kräuter voll zur Wirkung kommen.

Badezusätze

Extravagante Bäder, in denen die Schönheiten vergangener Zeiten zu baden beliebten, sind aus der Geschichte bekannt: Kleopatra badete in Eselsmilch, Neros Geliebte, Popaea, in parfümierter Milch, Maria Stuart in Rotwein, Katharina die Große und Madame Pompadour in kräftigen Kräutern und Madame Tallien in frischen, zerdrückten Erdbeeren. Die hier genannten Rezepte sind einfacher, und praktischer, können leicht zuhause angefertigt werden und die Zusätze halten sich mindestens 1 Woche lang im Kühlschrank. Benutzt man destilliertes Wasser, so halten sie sich sogar 2 bis 3 Wochen lang. Fügt man noch 1 Teelöffel Weinbrand auf jeweils 600 ml Flüssigkeit, kann man den Badezusatz noch länger aufbewahren. In jede Wanne gibt man eine Tasse voll.
Rezepte, die als Grundlage Öl oder Wein empfehlen, können unbeschränkt lange an einem kühlen, dunklen Platz aufbewahrt werden. Türkisches Rotöl ist ein besonders behandeltes Rizinusöl; es löst sich im Badewasser auf und kann von der Haut absorbiert werden. Andere Öle vermischen sich nicht mit dem Wasser, sondern schwimmen auf der Oberfläche. Man reibt sie in der Badewanne in die Haut ein und steigt vorsichtig heraus, damit das Öl den Körper bedeckt.

Badesäckchen zum Reinigen der Haut
3 Teile Löwenzahnblätter
3 Teile Brennesseln
2 Teile Schwarze Johannisbeer-Blätter
2 Teile Pelargonienblätter (duftende Geranien)
Alle genannten Pflanzen haben eine reinigende Wirkung, nur die Pelargonienblätter werden wegen des Duftes beigegeben. Durch heißes Wasser verlieren Brennesselhaare ihre Wirkung.

Badesäckchen zum Entspannen
3 Teile Kamille
2 Teile Mädesüß
2 Teile Lindenblüten
1 Teil Baldrianwurzeln
Alle genannten Kräuter haben eine beruhigende Wirkung.

Kräftigendes Badesäckchen
3 Teile Ringelblumen
3 Teile Poleiminze
2 Teile geriebene Liebstöckelwurzeln
1 Teil Kiefernnadeln
Die Ringelblumen wirken adstringierend, Poleiminze erfrischend, Liebstöckel desodorierend und die Kiefernnadeln regen die Durchblutung an.

Badesäckchen mit Zitronenduft
3 Teile Zitronenkraut oder Zitronenmelisse
2 Teile Rosmarin
2 Teile Fenchel (frische Blätter oder zermahlene Samen)
etwas Zitronenschale
Zitronenkraut duftet, Rosmarin ist kräftigend und keimtötend, Fenchel ist leicht adstringierend und reinigend.

Lavendel-Badewasser
1 Teil Lavendelblüten
2 Teile Lorbeerblätter
4 Teile feines Gerstenmehl
4 Teile Kleie
Die Zutaten läßt man 1 Stunde lang in einem großen Topf mit Wasser und einem gut schließenden Deckel bei schwacher Hitze kochen. Abgießen!

Badewasser mit Heilwirkung
4 Teile Beinwellwurzeln
3 Teile Minze
1 Teil zermahlene Hauswurzblätter
Man stellt mit den Beinwellwurzeln ein Dekokt her (S. 247), nach 30 Minuten gießt man die kochende Flüssigkeit über Minze und Hauswurz ab, deckt das Ganze zu und läßt es nochmals 30 Minuten lang ziehen. Abgießen!

Holunderblütenbad mit Milch
300 ml Milch
100 g frische oder 50 g getrocknete Holunderblüten
Man läßt die Holunderblüten 1 bis 4 Stunden lang in der kalten Milch ziehen *oder* gießt über die getrockneten Holunderblüten 300 ml kochendes Wasser und läßt sie 30 Minuten lang zugedeckt stehen. Dann gießt man die Blüten ab und gibt die Flüssigkeit an die Milch. Dieses milde, nährstoffreiche Bad macht die Haut besonders weich. Man kann auch Milchpulver und getrocknete Holunderblüten in Badesäckchen abfüllen. Es eignen sich auch Kamillen oder Lindenblüten.

Kräuter-Fußbad
1 große Handvoll frische oder 3 EL getrocknete Kräuter (Salbei, Thymian, Lavendel, Majoran oder Lorbeer)
1 EL Meersalz
Man gibt die Kräuter und das Salz in eine große Schüssel mit kochendem Wasser und badet, sobald es etwas abgekühlt ist, darin müde Füße.
Dieses Fußbad hat eine überraschend erfrischende Wirkung und ist für den ganzen Körper erholsam.
Ein wärmendes Fußbad erhält man, wenn man einen Eßlöffel schwarze Senfkörner zermahlt oder mit 2 Teelöffeln Senfmehl und kochendem Wasser einen Brei anrührt.

Rosmarinbad
4 Teile Türkisches-Rotöl
1 Teil ätherisches Rosmarinöl
Man gibt beides in eine Flasche und schüttelt sie vor Gebrauch gut. Verwendet man eine Flasche aus Glas, so kann man zur Dekoration einen Rosmarinzweig in die Flasche geben. Allerdings muß man dann aufpassen, daß keine stacheligen Blätter in das Badewasser gelangen.

Essigbad
½ l Obstessig
1 gute Handvoll frische, aromatische Kräuter (siehe Liste Seite 246; dort sind die Kräuter verzeichnet, die besonders gut für die Haut sind).
Man taucht wie beim Herstellen von Kräuteressig die Kräuter in den Essig oder läßt die Kräuter langsam im Essig zum Kochen kommen, deckt sie gut zu, nimmt sie dann vom Feuer und läßt sie über Nacht ziehen. Dann wird die Flüssigkeit abgegossen und in Flaschen gefüllt. Für ein Bad: eine Tasse davon; für ein Waschbecken: ein paar Löffel.

Mandelbadeöl
4 Teile Mandelöl (oder ein billigeres Pflanzenöl wie z.B. Saflor-, Oliven- oder Maisöl)
1 Teil ätherisches Öl nach Wahl (Thymian, Nelken, Eukalyptus)
1 Teil Wodka oder Weinbrand
Alle Ingredienzien werden in einer Flasche miteinander geschüttelt. Unter dem ganz aufgedrehten Heißwasserhahn gibt man jeweils 1 Teelöffel in das Bad. Der Alkohl ist nicht wichtig für das Badewasser, durch ihn wird es aber weniger fettig.

Kräuter im Badezimmer: Seife mit duftender Zitronenmelisse, schäumendes, mildes Kräutershampoo und in einer Porzellanschale eine Packung mit Rosmarinöl (Seite 259).

Seife

Seife stellte man früher aus Alkalilauge her, die oft Asche und tierisches Fett enthielt. Auch aus Wurzeln und Blättern von Pflanzen, die Saponin enthalten, so z. B. aus Seifenkraut, fertigte man Seife an. Später wurde in Spanien mit Olivenöl die feine kastilische Seife hergestellt, die in ganz Europa begehrt war. Im 16. Jahrhundert benutzte man in vielen Haushalten sogenannte ›Waschbälle‹ zum Reinigen von Gesicht und Händen. Man stellte sie aus Seifenspänen von kastilischer Seife her, unter die man Kräuteröle, destilliertes Wasser, Gewürze, Duftstoffe und viele anderen Zutaten wie geriebene Mandeln, Rosinen, Schwarzbrotkrumen und Honig mischte. Eine moderne Version ist die Majoranseife.
Besonders vorsichtig muß man mit der scharfen Natronlauge umgehen. Deshalb zieht man am besten eine langärmlige Bluse und Gummihandschuhe an. Tropfen, die auf die Haut fallen, entfernt man sofort mit kaltem Wasser. Bei der Herstellung von Seife sollten nach Möglichkeit keine Kinder in der Nähe sein. Auch der Dampf, der beim Seifesieden entsteht, ist schädlich. Man vermeidet also tunlichst, sich über den Topf zu beugen. Als Gefäß wählt man einen Emaille- oder Edelstahltopf, denn anderes Material wird von Natrium angegriffen.

Majoranseife
25 g frischer oder 15 g getrockneter Majoran
1/8 l kochendes Wasser
3 TL Natronlauge
1/4 l Kokosnußöl
1 EL Glyzerin
1 EL feines Gerstenmehl
Man legt 2 oder 3 Seifenschalen oder kleine flache Schälchen mit Wachspapier, Frischhaltefolie oder mit Feuchter Watte aus. Dann verfährt man nach der unten angegebenen Methode. Mit Natronlauge arbeitet man besser im Freien, denn dort verflüchtigen sich die giftigen Dämpfe sofort.
Wenn sich die Seife gesetzt hat, nimmt man sie aus der Form und wickelt sie in frisches Wachspapier. Dann läßt man sie in einem kühlen, trockenen Schrank mindestens 14 Tage lang liegen.
Anstelle von Majoran kann man jederzeit andere Kräuter verwenden. Auch ätherische Pflanzenöle sind geeignet.

Kräuterseifenkugeln
2 Stangen Glyzerin oder Seife ohne Duftnote, gerieben
25 g feingehackte Kräuter
ein paar Tropfen ätherisches Öl
1 EL feines Hafermehl oder Kleie
Man nimmt einen Topf mit Einsätzen, gibt in den unteren Einsatz heißes Wasser und läßt die Zutaten im oberen Einsatz zergehen. Dann gießt man die gewonnene Flüssigkeit in mit Wachspapier ausgelegte Formen.

Herstellen von Seife: Majoran läßt man 30 Minuten in kochendem Wasser ziehen. In eine Schüssel abgießen. In die abgekühlte Flüssigkeit rührt man mit einem Holzlöffel die Natronlauge, bis sie sich aufgelöst hat. Öl und Glyzerin gibt man in einen Emaille- oder Edelstahltopf und erwärmt sie, bis sie sich auflösen. Sie werden vorsichtig in

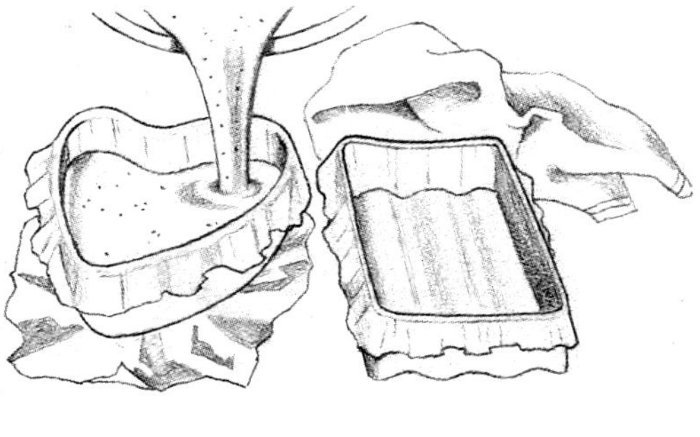

die Schüssel gegeben. Nun etwa 20 Minuten rühren, bis die Mischung dicklich wird. Das Hafermehl (und gehackte Kräuter etc.) werden hineingerührt. Dann in die vorbereiteten Formen gießen, mit einem Tuch zudecken und 2 Tage an einem warmen Platz (Heizungsnähe) stehen lassen.

Hautpflege mit Kräutern

Der erste Schritt zu einer gesunden Haut ist eine regelmäßige und gründliche Reinigung. Dazu kann man die Seifen und Kräutertees nehmen, die sich auch als Badezusätze eignen. Gesicht und Hände jedoch, bedürfen oft einer tiefer gehenden Reinigung. Abgesehen davon, daß besondere Präparate die Haut erfrischen und beleben, verhindern sie die Bildung von Flecken und sonstigen Schäden, die entstehen, wenn die Poren mit Öl verstopft sind.

Gesichtsdampfbäder

Dampfbäder für das Gesicht machen die Haut ganz weich und öffnen die Poren. Wenn man fettige oder normale Haut hat, sollte man sie regelmäßig anwenden. Bei trockener Haut kann gelegentlich ein Dampfbad Wunder wirken, etwa einmal in 14 Tagen. Besitzt man jedoch eine empfindliche Haut oder rote Äderchen, dann sollte man kein Dampfbad nehmen. Dasselbe gilt bei Atembeschwerden.

Gesichtspackungen und -masken

Eine Gesichtspackung soll man nur auflegen, wenn man auch genügend Zeit und Muße zur Entspannung hat. Wenn man nicht gerade unmittelbar zuvor ein Dampfbad genommen hat, öffnet man die Poren, indem man ein nasses, heißes (aber nicht zu heißes) Handtuch 5 Minuten lang auf das Gesicht legt, bevor man die Packung macht. Die Mischung breitet man über das Gesicht aus, wobei man die Augenpartie und die Lippen frei läßt; dann legt man sich hin, schließt die Augen und entspannt sich mindestens 20 Minuten lang. Nun spült man die Packung mit warmem Wasser ab und verschließt die Poren mit kaltem Wasser oder einem adstringierenden Kräuterinfus. Alle Gesichtspackungen trocknen die Haut etwas aus. Deshalb gibt man anschließend eine Feuchtigkeitslotion auf das Gesicht.

Hauttonika

Nach dem Waschen oder nach einem Dampfbad oder einer Packung reinigt man das Gesicht mit einem Infus aus adstringierenden Kräutern, das gleichzeitig die Haut erfrischt und belebt. Schafgarbe, Frauenmantel und Ackerschachtelhalm haben eine relativ starke, adstringierende Wirkung; Löwenzahn, Petersilie, Fenchel, Rosmarin, Holunderblüten und Kerbel wirken nicht so stark. Huflattich, Ringelblumen, Petersilie und Kerbel fördern die Durchblutung der Gefäße und sind gut gegen Krampfadern. Bei empfindlicher Haut setzt man dem Kräuterinfus Rosen- oder Orangenblütenwasser zu.

Ein sehr wirksames Tonikum für die Haut ist eine Mischung aus Zaubernuß und Rosenwasser. Man kann sie kaufen oder zuhause anfertigen. Bei fettiger Haut nimmt man eine Mischung, die zu gleichen Teilen aus beidem besteht oder bei trockener Haut 3 Teile Rosenwasser auf 1 Teil Zaubernuß.

Ein Infus aus frischen Kräutern hält sich nicht länger als ein paar Tage; die hier angegebenen Rezepte kann man dagegen länger aufbewahren. Sie eignen sich besonders für leicht fettige Haut und reinigen und trockne Haut, die zu Pickeln neigt. Man gibt das Infus mit einem Schwamm oder Watte auf das Gesicht und wischt, was von der Haut nicht aufgenommen wird, mit einem Tuch ab.

Hautreinigungs- und -pflegemittel

Eine der ersten Hautlotionen, die im 17. Jahrhundert im Handel zu kaufen waren, stammte von Gervase Markham, einem Engländer. Die Lotion enthielt Rosmarin, Fenchel, Mutterkraut-Wucherblume, Veilchen und Brennesseln. Man mußte sie vor der Anwendung mit Milch verdünnen. Der griechische Arzt Galen schrieb das erste Rezept für eine Hautcreme schon im 2. Jahrhundert n. Chr. nieder. Sie enthielt Bienenwachs, Rosenöl und Wasser. Noch heute ist diese Mischung gebräuchlich. Allerdings wird das teure Rosenöl heute durch billigeres Pflanzenöl ersetzt.

Auch eine einfache, gute Mayonnaise eignet sich ausgezeichnet als Hautlotion oder kann als Gesichtsmaske angewendet werden. Man kann sie nach den auf Seite 166 angegebenen Rezepte herstellen. Zu dem nährstoffreichen Ei, dem anregenden Essig und dem milden Öl gibt man einen Eßlöffel Honig und zu Brei zermahlene Kräuter, die die Haut weich machen, z. B. Borretsch, Eibischblätter oder -wurzeln. Bei fettiger Haut wählt man eher adstringierende Kräuter. Die hier beschriebenen Rezepte sind gut für Gesicht, Hände und andere Körperteile. Damit sich das Öl gut mit dem Wasser verbindet, mischt man sie langsam und allmählich miteinander. Beide müssen etwa dieselbe Temperatur aufweisen.

Gegenüber: *Das Gute aus alten Zeiten, wenn man seine Kosmetika selbst herstellt. Man verwendet adstringierende Kräuter, duftende Blütenwässer, Zitrusfrüchte, Gewürze, Kräuteressig und konservierende Ingredienzien wie Borax, Wurzeln der Florentiner Schwertlilie und Benzoetinktur.*

Kräuterdampfbad
½ l kochendes Wasser
2 EL getrocknete oder 1 Handvoll frische Kräuter, z. B. Kamillen-, Holunder- oder Lindenblüten, Beinwell- oder Hauswurzblätter etc. Die Liste Seite 146 gibt Aufschluß darüber, welche Kräuter für einen bestimmten Hauttyp geeignet sind.
Man gibt die Kräuter in einen Krug und übergießt sie mit kochendem Wasser und beugt das Gesicht über den Dampf, breitet über den Kopf und das Gefäß ein großes Handtuch und bleibt 10 Minuten darunter. Dann tupft man das Gesicht mit einem Wattebausch ab und spült es mit frischem, lauwarmem Wasser oder mit einem leicht adstringierenden Kräuterinfus. Man kann auch gleich anschließend noch eine reinigende und nährstoffreiche Gesichtspackung auflegen. Danach sollte man nicht sofort in ein kaltes Zimmer oder ins Freie gehen.

Kräuter für eine Gesichtspackung
Kräuter können frisch verwendet werden; entweder zerreibt man sie oder kocht sie mit etwas Milch oder Wasser zu einem dicken Brei. Man kann aber auch ein starkes Infus oder Dekokt aus frischen oder getrockneten Kräutern herstellen und mit den Zutaten für eine Gesichtspackung vermischen.

Andere Ingredienzien
Viele Gemüsearten und Früchte eignen sich gut für Gesichtspackungen – Gurken und Grüner Pfeffer, Avocados, Melonen, Karotten und Kopfsalat, Aprikosen und Erdbeeren. Ein paar Tropfen Obstessig oder Zitronensaft verleihen der Haut wieder die natürliche Säure. Buttermilch, Molke und Joghurt sind gut für fettige Haut, während süßer oder saurer Rahm sich für die trockene Haut eignen. Zu den nährstoffreichsten Ölen gehören Mandel-, Avocado- und Weizenkeimöl; billiger und trotzdem sehr wirksam sind Mais-, Erdnuß- und Sonnenblumenöl. Wertvolle Ingredienzien sind auch Lanolin und Glyzerin; Leinsamen und Quitte liefern den heilenden Pflanzenschleim.
Für eine sehr feste Gesichtspackung braucht man ein Bindemittel. Besonders nährstoffreich ist Bleicherde, man kann aber auch Honig, Bienenwachs, Bierhefe, Kaolin oder zerdrückte Bananen als Bindemittel verwenden. Entspannend und reinigend wirkt Weizen- oder Hafermehl, Kleie oder Weizenkeimmehl. Man vermischt sie mit 1 Eßlöffel Milch oder einem Löffel Kräuterinfus zu einem Brei. Auch Eier sind ein gutes Bindemittel; bei trockener Haut nimmt man das Eigelb, bei fettiger Haut geschlagenes Eiweiß.

Einfache Gesichtspackung
Dazu vermischt man zu Brei zerriebene Kräuter, die gut für den Teint sind, mit Bleicherde zu einer Paste. Bei trokkener Haut kann man ein paar zerriebene Eibischblätter oder -wurzeln dazugeben, die man in etwas Milch mit Honig, Mandelöl und ein paar Tropfen Obstessig mit dem Eigelb und feinem Hafermehl zu einem Brei vermischt. Bei fettiger Haut empfiehlt sich ein Infus aus Brennesseln und Schafgarbe, Zitronensaft, geschlagenem Eiweiß und Bierhefe. Durch Kombinieren verschiedener Zutaten experiementiert man so lange bis man die richtige Mischung herausgefunden hat.

Reinigende Gesichtspackung
1 TL Bienenwachs
1 EL Lanolin
75 ml starkes Kräuterinfus
etwa 1 EL Bleicherde oder Kaolin, falls erwünscht: bei trockener Haut 3 Tropfen Weizenkeimöl; bei fettiger Haut ½ TL Benzoetinktur
Bienenwachs und Lanolin werden im oberen Einsatz eines Topfes mit verschiedenen Einsätzen geschmolzen. Das Infus wird unter ständigem Rühren langsam zugegossen. Zum Schluß gibt man die gewünschten Ingredienzien und Bleicherde oder den Kaolin dazu und stellt so einen Brei her, der sich leicht verstreichen läßt.

Adstringierender Kräuteressig
300 ml Kräuteressig
300 ml destillierte Holunderblüten
Die Zutaten gibt man in eine Flasche und schüttelt sie vor Gebrauch gut. Essig muß stets verdünnt werden, bevor man ihn auf die Haut gibt. 2 Eßlöffel reichen für ein Waschbecken aus.

Adstringierendes Lavendelwasser
3 Teile Lavendelblüten
1 Teil gemahlene Wurzeln der Florentiner Schwertlilie
Essig
Man vermischt die Zutaten und gibt so viel Essig dazu, daß die Mischung bedeckt ist. Dann läßt man sie mindestens 2 Wochen lang stehen, seiht sie dann durch ein Tuch oder durch einen Kaffeefilter und füllt sie in eine Flasche. Das Lavendelwasser muß vor Gebrauch verdünnt werden.

Tonikum für Körper oder Aftershave – Lotion aus Gewürzen
1 EL frischer Rosmarin
1 EL frische Minze
¼ TL geriebene Orangenschale
¼ TL geriebene Zitronenschale
¼ TL geriebene Muskatnuß
100 ml destilliertes Rosen- oder Holunderblütenwasser
50 ml reiner Alkohol oder Wodka
Die Kräuter werden mit dem Stößel im Mörser zermahlen. Dann mischt man die restlichen Inhaltsstoffe darunter; oder man vermischt in einem Püriergerät einfach alle Ingredienzien miteinander. Die Mischung kommt in einen Glaskrug oder in eine Flasche, die man mindesten 1 Woche lang auf der sonnigen Fensterbank oder an einem warmen Platz stehen läßt. Durchseihen und in eine Flasche abfüllen!

Einfaches Feuchtigkeitswasser
3 Teile Rosenwasser
4 Teile Glyzerin
Beide Zutaten werden miteinander vermischt und in eine Flasche gefüllt.

Einfache Lotion
1 Handvoll frische Kamille-, Mädesüß-, Holunder oder Lindenblüten
75 ml warme Milch, Sahne, Buttermilch oder Molke
Honig
Die Blüten werden in einem Topf zugedeckt 3 Stunden lang eingeweicht. Dann seiht man sie ab, erhitzt die Flüssigkeit und löst darin etwas Honig auf. Gibt man einen Eßlöffel Hafermehl, Kleie oder Weizenkeime dazu, so wird die Lotion dicker. Diese Lotion wird in den Kühlschrank gestellt und muß in einer Woche aufgebraucht werden.

Reinigungscreme aus Beinwell
1 Tasse Infus (stark) aus Beinwellblättern
1 Tasse Mandel- oder Olivenöl
2 EL geschmolzenes Bienenwachs
2 EL Kokosfett, 1 TL Borax
2 TL Honig
Öl, Bienenwachs und Kokosfett werden im oberen Einsatz eines Topfes mit Einsätzen geschmolzen. In einem anderen Topf erwärmt man das Infus und rührt Borax und Honig darunter, bis sie sich ganz aufgelöst haben. Nun nimmt man beide Töpfe vom Feuer und vermischt ihren Inhalt langsam. Dann rührt man mit einem Holzlöffel oder elektrischen Rührgerät so lange, bis die Mischung beim Erkalten mit der Zeit cremig wird. Die fertige Creme wird in ein Töpfchen gefüllt und mit einem Etikett versehen.
Die Creme ist besonders mild und wirkt entspannend und heilend; man kann sie gut als Babycreme verwenden.

Reinigungslotion aus Holunderblüten
75 ml destilliertes Holunderblütenwasser
1 TL Seifenspäne ohne Duftnote
175 ml Sesamöl
3 EL Kokosfett
1½ EL geschmolzenes Bienenwachs
Man läßt die Seife im oberen Einsatz eines Topfes weich werden, mischt Öl, Kokosfett und Bienenwachs darunter und läßt sie schmelzen. In einem zweiten Topf erwärmt man das Holunderblütenwasser und rührt es nach und nach in die Ölmischung. Dann gießt man das Ganze in eine Flasche, läßt es abkühlen, verschließt die Flasche gut und bezeichnet den Inhalt.

Kamillen- und Gurkenlotion
75 ml starkes Kamilleninfus
350 g Gurken
6 TL Glyzerin
Die Gurke wird fein gehackt und der Saft herausgepreßt. Das Infus wird leicht erwärmt. Dann gibt man das Glyzerin darunter. Wenn es sich ganz mit dem Infus vermischt hat, rührt man den Gurkensaft in die Mischung. Abkühlen lassen, in eine Flasche geben und in den Kühlschrank stellen! Diese Lotion hält die Haut glatt und weich.

Holunderblütencreme
2 gestrichene EL getrocknete Holunderblüten
150 ml Mandelöl (oder ein anderes Öl)
4 TL Lanolin, 1 TL Honig
Im oberen Einsatz eines Topfes erwärmt man das Öl und das Lanolin. Dann gibt man die Blüten dazu und läßt die Mischung 30 Minuten lang bei schwacher Hitze kochen. Anschließend gießt man sie ab und rührt den Honig darunter. Nach dem Abkühlen gibt man sie in einen Topf und beschriftet ihn. Die Creme macht die Haut glatt und weich.

Nährstoffreiche Ringelblumencreme
75 ml starkes Ringelblumeninfus
6 TL geschmolzenes Bienenwachs
6 TL Lanolin
6 TL Mandelöl (oder ein anderes Öl)
½ TL Borax
Wachs, Lanolin und Öl werden im oberen Einsatz eines Topfes erwärmt. In einem zweiten Topf läßt man das Infus warm werden und löst das Borax darin vollständig auf. Dann nimmt man beide Töpfe vom Feuer und mischt ihren Inhalt nach und nach miteinander. Man rührt, bis die Mischung kalt und dicklich ist.

Mischt man ein Infus aus Ringelblumen mit geschmolzenem Bienenwachs, Lanolin und Mandelöl, so erhält man eine gute Nährcreme für die Haut. Mit etwas Borax bringt man das Bienenwachs zum Emulgieren, auch macht es die Creme haltbarer. Wünscht man Vitamin E in der Creme, ersetzt man das Mandelöl durch Weizenkeimöl.

Haarpflege mit Kräutern

Herkömmliche Haarpflegemittel

Die Liste der tierischen, pflanzlichen und mineralhaltigen Zutaten für Haarpflegemittel ist sehr lang. Früher verwendete man zur Haarpflege aromatische Harze und Hölzer, die Asche von verbranntem Ziegendung und von Bienen oder alle möglichen Arten von Alkohol – alles Mittel mit denen man versuchte, das Haar zu parfümieren und zu kräftigen. Mit duftenden Ölen, Apfelpomade, mit Fett von jungen Hunden und Bären machte man das Haar glatt und glänzend. In alten Rezepten kann man nachlesen, wie man das Haar mit gebratenen Galläpfeln, gebranntem Kupfer und Nelken aus Marokko schwarz, mit Alaun, Honig und schwarzem Schwefel aus Venedig golden und mit reinem Vitriolöl leuchtend kastanienbraun färbte. Die chemischen Ingredienzien, die auf den Beschreibungen moderner Shampoos, Haarfestiger, Aufheller und Mittel zum Tönen zu lesen sind, sind fast genau so furchterregend. Sie wirken zwar meist sehr rasch, aber nicht nachhaltig und sind für feines, trockenes Haar oft zu kräftig. Haarmittel, die aus Kräutern, natürlicher Seife und Öl hergestellt werden, wirken langsam, aber gründlich, versehen jedes Haar mit Nährstoffen und sind gut bei Schorf und Schuppen. Sie greifen das Haar überhaupt nicht an.

Wirkung auf das Haar

Ackerschachtelhalm: die Stengel und Zweige kräftigen das Haar.
Brennessel: Blätter helfen bei Schuppen; wirken kräftigend und belebend.
Eberraute: die Blätter regen den Haarwuchs an und helfen gegen Schuppen.
Echte Katzenminze: die Blätter regen den Haarwuchs an.
Große Klette: Wurzeln sind gut gegen Schuppen.
Henna: gemahlene Blätter sind ein gutes, unschädliches rotes Haarfärbemittel und pflegen das Haar.
Kamille: Die Blüten hellen blondes Haar auf.
Kapuzinerkresse: Blätter regen den Haarwuchs an.
Kletten-Labkraut: das ganze Kraut hat eine kräftigende und reinigende Wirkung; hilft bei Schuppen.
Knoblauch und Zwiebeln: Knollen regen den Haarwuchs an und helfen gegen Schuppen; allerdings ist der Geruch nicht angenehm.
Lindenblüten: machen das Haar weich und reinigen es gleichzeitig.
Königskerze: Blüten wirken aufhellend.
Lindenblüten: reinigen das Haar und machen es weich.
Petersilie: Blätter und Stengel geben dem Haar eine leuchtende Farbe und verleihen ihm Glanz.
Rhabarber: aus den Wurzeln gewinnt man ein gelbes Haarfärbemittel.
Ringelblumen: mit den Blütenblättern kann man das Haar aufhellen.
Rosmarin: kräftigt und festigt jedes Haar; Blätter und Blütenspitzen verleihen ihm Glanz und Form; sie tönen das Haar leicht dunkel.
Salbei: die Blätter kräftigen, festigen und tönen das Haar dunkler.
Seifenkraut: Blätter und Wurzeln sind gut zum Waschen des Haars.
Zaubernuß: Blätter und Rinde sind adstringierend und reinigen das Haar gut.

Packungen und Shampoos aus Kräutern

Vor dem Einschäumen kann man eine Packung mit warmem Öl machen; besonders bei trockenem, sprödem und zu lockerem Haar. Aus Rosmarin, Kamille, Eberraute, geriebenen Klettenwurzeln oder anderen Kräutern, die sich zur Haarpflege eignen, und einem Pflanzenöl (z. B. Saflor-, Sonnenblumen-, Soyabohnen-, Erdnuß- oder Olivenöl) stellt man ein kräftiges Kräuteröl her. Verwendet man Olivenöl, so wird das Haar etwas dunkler. Das Öl läßt man warm werden und reibt es dann in die Kopfhaut und ins Haar ein. Dann setzt man sich eine Haube aus Plastik (Duschhaube) auf und wickelt ein dickes, in sehr heißem Wasser ausgewrungenes Handtuch fest um den Kopf. Wenn das Handtuch abgekühlt ist, wiederholt man dies und läßt die Packung mindestens weitere 15 Minuten lang einwirken. Als Alternative zu dem Kräuteröl kann man gewöhnliches Pflanzen- oder Nußöl verwenden. Diesem setzt man lediglich ein paar Tropfen einer Kräuteröl-Essenz, wie z. B. Rosmarin oder Kamille zu.

Zu lockeres Haar

Zu lockeres Haar wird nach dem Waschen mit einer Bürste aus echten Borsten gut durchgebürstet, auf die man ein paar Tropfen Rosmarinöl gegeben hat. Dies gibt einen guten Sitz und Glanz; außerdem regt es die Kopfhaut an.

Von einem Haarwaschmittel aus Kräutern darf man keine üppige Schaumbildung erwarten. Das bedeutet aber nicht, daß das Shampoo weniger Reinigungskraft hat als solche mit üppiger Schaumbildung. Seifenkraut wird im kühleren Klima vor allem zur Herstellung von Seife verwendet; es bildet etwas grünlichen Schaum, ist mild und gründlich.

Kräuteröl-Packung
3 EL Kräuteröl (wie S. 258)
1 EL Obstessig (oder frischer Zitronensaft)
1 Eigelb (bei fettigem Haar nimmt man ein ganzes Ei)
1 TL Honig
Alle Ingredienzien, außer dem Öl, werden langsam in einem Topf mit Einsätzen erwärmt. Man gibt sie in den oberen Einsatz und rührt mit dem Schneebesen dauernd um. Dann nimmt man den Topf vom Feuer, läßt die Mischung abkühlen und gibt nach und nach das Öl dazu. Die Packung hält sich nur ein paar Tage.
Bei empfindlichem, dünnem Haar kann man ein paar Tropfen Rosmarinöl in warmes Rizinusöl geben. Das dicke, hellgelbe Rizinusöl kräftigt das Haar ganz besonders. Eine gute Packung kann man auch aus einfacher Mayonnaise (Seite 166) herstellen, unter die man einen Löffel voll zerdrückter, frischer Kräuter mischt, die sich zur Haarpflege besonders eignen.
Ölhaltige Packungen müssen gut mit Shampoo ausgespült werden; spült man das Haar einfach mit Wasser, so löst sich das Öl nicht aus dem Haar.

Packung mit Rosmarinöl
2 Tropfen Rosmarinöl
1 EL Mandelöl
1 EL Glyzerin
1 EL Lanolin
1 Ei (bei trockenem Haar nimmt man nur das Eigelb)
Öle, Glyzerin und Lanolin werden im oberen Einsatz eines Topfes vorsichtig erwärmt. Dann nimmt man den Topf vom Feuer und rührt das Ei darunter. Diese Packung ist nicht so ölhaltig wie die oben beschriebene und kann auch nach dem Waschen mit einem Seifenmittel in die Kopfhaut gerieben werden. Man läßt sie mindestens 10 Minuten lang einwirken und spült das Haar dann gut.

Shampoo aus Seifenkraut
1 EL geriebene oder gemahlene Seifenkrautwurzeln
1 Handvoll frische oder 1 EL getrocknete Kamillen oder Blüten von anderen Kräutern
300 ml kochendes Wasser
Man gießt das kochende Wasser auf das Seifenkraut und die Kamillen, deckt sie zu und läßt sie ziehen, bis sie abgekühlt sind. Kamille verleiht dem Shampoo zusätzlich Kraft und Duft.

Shampoo aus Seifenrinde
1 EL Seifenspäne (Drogerie, Reformhaus)
300 ml Wasser
Man läßt die Späne mit Wasser 30 Minuten lang bei schwacher Hitze kochen und stellt so eine Abkochung her.

Mildes Shampoo
2 EL starkes Kräuterinfus
2 EL von einem milden Kinderhaarwaschmittel oder aufgelöste Seife ohne Geruch
Für dunkles Haar nimmt man ein Infus aus Salbei, für fettiges Haar aus Schafgarbe, für blondes Haar aus den Blütenblättern der Ringelblume. Und eine Mischung aus Brennesseln und Großer Klette bei schuppigem Haar. Wenn man dem Shampoo ein Ei und einen Eßlöffel pulverisierter Gelatine, die man in dem warmen Infus auflöst, zusetzt, so sitzt das Haar besser.

Trocken-Shampoo
1 TL gemahlene Florentiner Schwertlilie
1 TL gemahlener Pfeilwurz
Man teilt das Haar in verschiedene Strähnen und stäubt sie mit dem Puder ein. Er entnimmt dem Haar die Fettigkeit. Nach 10 Minuten bürstet man das Haar gründlich, bis das Pulver, der Schmutz und die im Haar enthaltenen, überflüssigen Öle herausgebürstet sind.

Ein Infus aus geriebenen Wurzeln des Seifenkrauts (im großen Glas) und getrockneten Kamilleblüten oder anderen Kräutern, dient der natürlichen Haar-Reinigung und -Pflege.

Kräuterspülungen

Spülen mit Essig

Essig, besonders Obstessig, ist eines der besten Spülmittel für jedes Haar. Man kann entweder einen fertigen Obstessig aus der Flasche verwenden oder man stellt ihn selber her. Die genaue Beschreibung findet man auf S. 165. Man gibt in ein Waschbecken mit warmem Wasser 75 ml Obst- oder Kräuteressig und spült das Haar damit gut aus. Damit führt man der Kopfhaut die nötige Säure zu, verhindert Kopfjucken und bekämpft Schorf und Schuppen. Haare und Kopfhaut werden gründlich gereinigt, die Seife vollständig herausgespült und es bleibt kein unangenehmer Geruch zurück. Anstelle von Essig kann man auch frischen Zitronensaft verwenden. Er eignet sich besonders gut für blondes Haar.

Kopfjucken

Gut duftendes Spülmittel fürs Haar

Man kann bei der letzten Spülung dem Wasser Rosmarin-, Rosen-, Holunderblüten- oder Orangenblütenwasser zusetzen. Ein kräftiges Infus aus Kräutern riecht gut und führt dem Haar Nährstoffe zu. Man kann es mit Essig oder Zitronensaft vermischen. Das Infus stellt man aus Kräutern her, die sich besonders gut zur Haarpflege eignen, oder man macht eine Mischung aus getrockneten Kräutern, die man im Badezimmerschrank in einem gut verschlossenen Gefäß aufbewahrt. Man gießt 600 ml kochendes Wasser über eine Handvoll der getrockneten Kräuter oder über 2 Handvoll frischer Kräuter und läßt sie in einem zugedeckten Topf oder in der Teekanne ziehen. Dann gießt man sie in das letzte Spülwasser ab und spült das Haar gründlich damit aus.

Haarausfall

Eberraute, Eibischwurzeln, Petersiliensamen, Rosmarin und Katzenminze kräftigen das Haar und helfen bei Haarausfall. Man kann sie in Essig, Wein oder Öl kochen lassen und reibt sie dann ins Haar ein. Die beiden zuletzt genannten Kräuter tönen das Haar etwas dunkler. Knoblauch und Chillies wirken zwar gut gegen Haarausfall, jedoch läßt sich der starke Geruch nur schwer aus dem Haar herausspülen.

Schuppen

Schuppen und Schorf treten sehr häufig auf. Durch Anwendung von starken, im Handel erhältlichen Mitteln gegen Schuppen, wird das Problem nur noch verschlimmert, wenn man sie mehrmals zum Waschen verwendet. In ganz schlimmen Fällen sollte man einen Arzt zu Rate ziehen. Sonst schaffen die unten beschriebenen Rezepte mit Brennesseln und Essig meist Abhilfe.

Duftende Spülung für blondes Haar

4 Teile getrocknete Kamillenblüten und Ringelblumen-Blütenblätter
3 Teile getrocknete Orangenblüten
2 Teile getrocknete Holunderblüten

Duftende Spülung für dunkles Haar

3 Teile getrocknete Salbeiblätter
3 Teile getrocknete Zaubernußblätter
3 Teile getrocknete Rosmarinblätter
2 Teile getrocknete Lindenblüten

Spülung für angegriffenes Haar

3 Teile getrocknete Thymianblätter
3 Teile getrocknete Brennesselblätter
2 Teile getrocknete, geriebene Klettenwurzeln
2 Teile getrocknete Kapuzinerkresseblätter
1 Teil getrocknete Eberrautenblätter
Jeweils ein starkes Infus bereiten und ins letzte Spülwasser geben.

Haartonikum aus Eberraute

Seit Jahrhunderten verwendet man Eberraute zur Anregung des Haar- und Bartwuchses.
75 ml starkes Infus aus Eberraute
75 ml Wodka (oder mildes Eau-de-Cologne)
Beide werden gut miteinander vermischt und in eine Flasche gefüllt. Vor dem Gebrauch schüttelt man die Flasche nochmals gut und gibt auf einen Eßlöffel warmes Wasser einen Eßlöffel von der Mischung; man verteilt die Flüssigkeit gleichmäßig auf das Haar und massiert sie gut ein. Das Tonikum darf nicht in die Augen kommen. Zweimal in der Woche anwenden!
Ebenso kann man eine Tinktur aus Eberraute anwenden, die man mit reinem Alkohol oder Wodka herstellt. Man muß sie wie das oben beschriebene Tonikum verdünnen.

Mittel gegen Schuppen

frische Brennesseln
Obstessig
Man legt die Brennesseln 1 oder 2 Wochen lang in Essig, gießt sie ab und füllt die Flüssigkeit in eine Flasche; oder man läßt die frischen Brennesseln etwa 30 Minuten lang bei schwacher Hitze in Essig kochen. Zweimal in der Woche reibt man 2 Eßlöffel davon in die Kopfhaut ein. Man kann auch auf die gleiche Weise wie beim Haartonikum aus Eberraute eine Tinktur oder ein Tonikum aus Brennesseln herstellen. Wenn man zu Schorfbildung neigt, sollte man das Haar regelmäßig gründlich mit einem Brennesselinfus oder mit Essig spülen. Auch gut gegen Schuppen sind: die Große Klette und Kletten-Labkraut, Eberraute, Zaubernuß und Ackerschachtelhalm. Daraus Infus herstellen.

Haarefärben und -tönen mit Kräutern

Haarefärben und -tönen mit Kräutern

Mit Ausnahme von Henna und Rhabarberwurzeln sind pflanzliche Mittel, die man zum Haarefärben verwendet, im allgemeinen mild; sie sind bei weitem nicht so scharf und schädlich für das Haar wie chemische Mittel.

Glänzendes Haar

Wenn man das Haar aufhellen oder dunkler haben möchte, die Farbe etwas kräftiger sein oder das Haar besonders glänzen soll, stellt man ein starkes Infus aus Kräutern her, mit dem man das Haar spült (siehe unten angegebene Rezepte). Mit diesem Infus, zu dem man dieselbe Menge Kräuter wie für Spülungen, jedoch lediglich 75 ml Flüssigkeit nimmt, kann man die Haarfarbe sehr intensivieren. Mit pulverisierter Porzellanerde vermischt man das Infus zu einem Brei. Dann teilt man das Haar in verschiedene Strähnen und verteilt den Brei gleichmäßig von der Kopfhaut ausgehend bis zu den Haarspitzen. Den Brei läßt man mindestens 30 Minuten lang einwirken und spült das Haar anschließend gut. Die Haarfarbe ändert sich nicht auffallend; erst nachdem man das Mittel ein paarmal angewendet hat, wird die Änderung der Farbe deutlich.

Kräftige Färbemittel

Zu den wirkungsvollsten, pflanzlichen Haarfärbemitteln gehört der Rhabarber. Seine gemahlenen Wurzeln ergeben eine kräftige, gelbe Farbe. Zu den kräftigen Färbemitteln gehört auch Henna, mit dem man viele Rottöne erzeugt und das zusammen mit anderen Kräutern zum Haarefärben verwendet werden kann. Hennablätter kann man getrocknet und als dunkelbraunes Pulver kaufen. Henna ist das älteste Mittel, das zum Färben von Haar und Körper benutzt wurde. Noch heute färbt man im Orient Hände und Füße damit oder verwendet es als Rouge. Der Prophet Mohammed färbte mit Henna seinen Bart rot. Auch moderne Friseursalons verwenden noch heute Henna zum Haarefärben. Beide, Rhabarber und Henna, färben die Hände rot; daher trägt man am besten Handschuhe.

Farbprobe

Vor dem Färben muß man das Färbemittel unbedingt an einer kleinen Haarsträhne prüfen. Dies gilt vor allem für Henna. Bei blondem oder grauem Haar erzielt man mit Henna gelegentlich eine leuchtende, messing-orange Färbung; am besten läßt es sich bei braunem Haar anwenden, welches meist ein warmes Kastanienbraun annimmt. Haare, die mit Henna gefärbt wurden, sind besonders gut gepflegt; denn das Henna umgibt jedes einzelne Haar schützend und verleiht ihm Glanz.

Färben mit Rhabarber

3 EL getrocknete und gemahlene oder frisch zerstoßene und zu Brei zerdrückte Rhabarberwurzeln
1 l Wasser
pulverisierte Porzellanerde (Kaolin)

Man stellt ein Dekokt her, welches man 30 Minuten lang ohne Deckel bis auf die Hälfte der Flüssigkeit einkochen läßt. Mit Porzellanerde vermischt man es zu einem dicken Brei. Dann wäscht man das Haar mit Shampoo und geht vor wie bei einem Färbemittel aus einem Kräuterinfus. Dabei bedeckt man das Haar sorgfältig. Nach 15 Minuten spült man ein wenig von dem Brei aus dem Haar. Diesen Vorgang wiederholt man alle 5 Minuten und überprüft so die Farbe. Nach etwa 1 Stunde gibt der Rhabarber meist keine Farbe mehr her. Der Brei wird gut aus dem Haar gespült. Anschließend reibt man etwas Öl in die Kopfhaut ein. Dadurch wird die adstringierende Wirkung des Rhabarbers gelindert.

Haarspülung für blondes Haar

2 EL frische oder 1 EL getrocknete Kamillenblüten
2 EL frische oder 1 EL getrocknete Ringelblumen oder Blüten von Königskerzen
2 EL frischer Zitronensaft

Man gießt 600 ml kochendes Wasser über die Blüten und läßt das Ganze mindestens 30 Minuten lang bedeckt stehen. Dann seiht man es ab, rührt Zitronensaft hinein und benutzt die Flüssigkeit als letzte Spülung.

Haarspülung für dunkles Haar

2 EL frische oder 1 EL getrocknete Salbeiblätter
2 EL frischer oder 1 EL getrockener Rosmarin
½ l starker schwarzer Tee

Man gießt den kochenden Tee über die Kräuter und läßt sie mindestens 30 Minuten ziehen. Dann gießt man sie ab und verwendet die Flüssigkeit als letzte Spülung nach dem Haarewaschen.

Färben mit Henna

4 EL Hennapulver (in der Drogerie oder im Reformhaus erhältlich).
heißes Wasser

Pulver und Wasser werden zu einem Brei vermischt, den man 30 Minuten lang stehen läßt. Dann testet man das Mittel zunächst nur an einer dünnen Haarsträhne. Die rote Farbe wird intensiver, wenn man mehr Hennapulver nimmt. Ist die Mischung zu stark, so setzt man etwas starkes Kamilleninfus zu. Will man das Haar tief schwarz färben, so kauft man schwarzes Hennapulver, welches mit Indigo gemischt ist. Handschuhe überziehen. Das Haar wird mit einer Duschhaube bedeckt, um die man ein dampfend heißes Handtuch wickelt. Nach einer Stunde spült man ein paar Haarsträhnen aus und prüft die Farbe. Zum Schluß spült man das Haar gut ab, wäscht es mit einem milden Shampoo und reibt etwas Öl in die Kopfhaut ein. Die Haarfarbe hält 5 bis 6 Monate.

Pflanzliche Heil- und Hausmittel

In Europa wurde seit dem frühen Mittelalter die Heilkunst vorwiegend von Mönchen und Nonnen ausgeübt, teils in den Klöstern, teils in von der Kirche geführten Hospitälern. Die Behandlungsmethoden orientierten sich weitgehend an der überlieferten Volksmedizin und ihren Bräuchen. Wie früher, wurden die verschiedensten Heilkräuter verwendet, nur daß man die heidnischen Zaubersprüche jetzt durch christliche Gebete und Anrufung der Heiligen ersetzte. Nach wie vor waren echte medizinische Erkenntnisse unentwirrbar mit altem Aberglauben verbunden und die Heilkunst sozusagen die Magd der Theologie. Krankheit hielt man wie den Tod »für den Sold der Sünde«, und die Heilung mußte wie die Vergebung durch die Hand der Kirche gespendet werden. In diesem Sinne wurden die Heilpflanzen als ein Geschenk Gottes angesehen, das wie das Sakrament nur von Priestern verabreicht wurde. Bei dieser idealen Auffassung kam natürlich die Untersuchung der Materie zu kurz, und alle Bestrebungen, die natürlichen Eigenschaften und die Wirkungsweise der Pflanzen zu untersuchen, wurden bis in die Renaissance hinein schon im Keim erstickt. Wer die Heilkunst als Beruf ausüben und davon leben wollte, mußte mit der starken Konkurrenz der Klöster und Hospitäler rechnen, wo die Kranken in der Regel kostenlos behandelt wurden; z. B. erließ im 13. Jahrhundert Papst Innozenz III. ein Edikt, das Priestern und Mönchen verbot, die Heilkunst gegen Bezahlung auszuüben, auch durften sie bei der Behandlung in keinem Falle Blut vergießen. Viele Mönche, die in Klostergärten zu Kräuterkundigen geworden waren, entsagten daraufhin ihrem Gelübde, legten eigene Kräutergärten an und betrieben eine Apotheke, oder sie verkauften ihre selbst hergestellten Arzneien als wandernde »Quacksalber«. Da das Edikt den Priestern durch das Verbot »Blut zu vergießen« jede chirurgische Tätigkeit verwehrte, blieben solche Eingriffe jetzt den Laien überlassen, oft dem Barbier (dem Bader). Damit wurde auch die Kluft zwischen Wissenschaft und Praxis immer größer, und schließlich gab es auf der einen Seite nur noch Bücherwissen, auf der anderen nur noch handwerksmäßige Praxis. Manche Heilkundigen lehnten sogar jeglichen Kontakt mit ihren Patienten ab; ihre Diagnose stellten sie aufgrund von Urinproben oder indem sie dem Patienten das Horoskop stellten. Der Wundarzt oder der Apotheker bekam dann von ihnen

Die Wurzeln der Heilkräuter lassen sich problemlos trocknen und aufbewahren. Oft sind in ihnen die wichtigsten Wirkstoffe einer Pflanze enthalten.

Anweisungen für die weitere Behandlung. Es gab zwar Heilkundige, die selbst Arzneien herstellten, aber im allgemeinen versah der Apotheker diesen Dienst.
In der Behandlung der Krankheiten griff man weitgehend auf die Schriften der beiden griechischen Ärzte Hippokrates und Galen zurück. Sie hatten die Theorie aufgestellt, daß die Gesundheit abhängig sei vom Gleichgewicht zwischen den vier Temperamenten. Diese Auffassung hielt sich bis ins 17. Jahrhundert hinein. Bemerkenswert sind die Parallelen, die sich aus dem Vergleich mit der chinesischen Heilkunst ergeben; dort geht man ebenfalls von einem harmonischen Gleichgewicht aus, dem zwischen den beiden geistigen Weisheiten – yin und yan – und dem der fünf Elemente. In Europa glaubte man, daß die vier Körpersäfte – Blut, Schleim, gelbe Galle und schwarze Galle – den vier Elementen Luft, Wasser, Feuer und Erde entsprächen. Viel Blut, das heiß und feucht wie die Luft ist, entspricht dem Temperament eines Sanguinikers; Schleim, der kalt und feucht wie das Wasser ist, dem Phlegmatiker, gelbe Galle, die feucht und trocken wie das Feuer ist, dem Choleriker und schwarze Galle, die kalt und trocken wie die Erde ist, dem Temperament eines Melancholikers. Kamen diese Temperamente oder Säfte aus dem Gleichgewicht, so war der Körper krank. Die Harmonie konnte wieder hergestellt werden, indem man das Zuviel eines dieser Säfte dem Körper entzog. Deshalb griff man zu stark wirkenden Brech- und Abführmitteln; man ließ den Patienten zur Ader und schröpfte ihn. Man verschrieb ihm Kräuter, die gegen ein überschüssiges Temperament ankämpfen sollten. Borretsch und Majoran z. B. sollte aufheitern, kräftigen und erwärmen und so die kalte, melancholische Stimmung beheben, deren Ursache zuviel schwarze Galle war.
Im 16. Jahrhundert lebte die Theorie der Signaturlehre wieder auf. Sie beruhte auf der Vorstellung, daß »Gleiches durch Gleiches kuriert« werden könne. Die Merkmale einer Pflanze zeigen an, welche Krankheiten sie heilen. Erst viel später kam der Glaube auf, daß man zunächst die Ursache für eine Krankheit finden muß, um sie mit Erfolg behandeln zu können. Dies ist die Grundlage für die moderne Homöopathie. Die Astrologie spielte in den meisten Rezepten eine große Rolle; die Kräuter durften nur zu einem ganz bestimmten Zeitpunkt, der von der Stellung des Mondes und der Planeten abhing, ausgewählt, gesammelt und

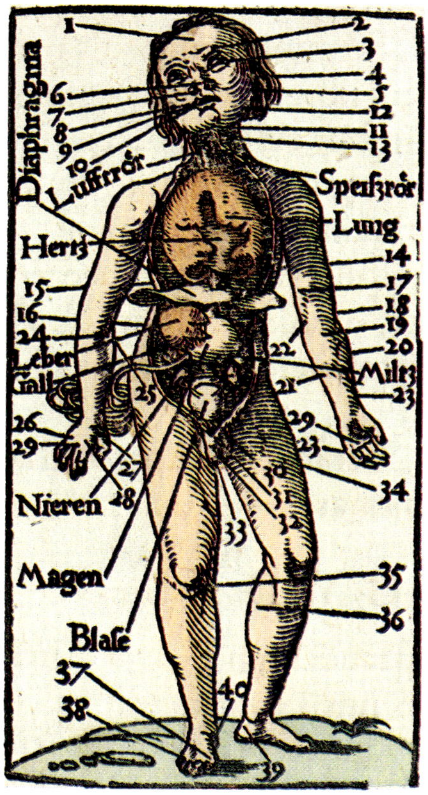

Die klassische Unterteilung der Materie in die vier Elemente – Feuer, Wasser, Luft, Erde – spielte bis weit ins 17. Jahrhundert hinein in der Medizin eine große Rolle. Den vier Elementen zugeordnet waren beim Menschen die vier Temperamente: cholerisch, phlegmatisch, sanguinisch und melancholisch. Und jedem Temperament entsprach wiederum ein bestimmter »Körpersaft«. Im Gleichgewicht der Kräfte und Säfte sah man die Grundlage von Gesundheit und Wohlbefinden.

eingenommen werden. Oft war deshalb die Herstellung einer Arznei mit ungeheuren Schwierigkeiten verbunden und sehr zeitraubend. Viele berühmte Allheilmittel oder Sirups enthielten 40 oder 50 Ingredienzien. Der populäre »Venezianische Sirup« der als »Gegengift« eingenommen wurde, bestand aus nicht weniger als 73 verschiedenen Inhaltsstoffen.

Die meisten Ingredienzien, die man zur Herstellung der Arzneien brauchte, waren Kräuter. Man mischte sie meist unter Wein, Zucker oder Honig. Daneben gab es tierische Ingredienzien, wie z. B. Taubenmist, Schafmist, pulverisierte Regenwürmer und Vipernfett, die alle relativ leicht zu bekommen waren; daneben verlangten manche Arzneien aber auch sehr teure Zutaten, wie Pulver von ägyptischen Mumien oder aus dem »Horn eines Einhorns«. Seit dem 16. Jahrhundert ging man immer mehr dazu über, Ingredienzien auf chemischem Wege herzustellen. Damals war in Europa die Syphilis weit verbreitet und man behandelte die Befallenen erfolgreich mit Quecksilber. Die Alchimisten suchten nach dem *Elixir vitae*, dem Lebenselixier und entdeckten dabei viele Geheimnisse der Chemie und Metallurgie. Auch dies trug zum Aufschwung der chemisch hergestellten Arzneimittel bei.

Noch heute werden manche Mittel aus dieser Zeit verwendet. Äußerlich und innerlich wendet man z. B. aromatische Mittel an. Dabei handelt es sich um ätherische Öle von aromatischen Kräutern, die eine erregende Wirkung auf den Körper ausüben. Auch der morgendliche Tau auf den Kräutern wurde und wird heute noch als Heilmittel betrachtet; der Engländer Hugh Plat empfahl im 16. Jahrhundert, ihn im Mai mit einem großen Schwamm aufzusaugen. Bestimmte Atemübungen und Krankengymnastik galten schon damals als gut für die Gesundheit. Auch die Musik betrachtete man als heilsam; Bass, Alt, Tenor und Sopran galten als Parallelen zu den vier Temperamenten. Man kannte auch bereits vorbeugende Maßnahmen und wußte, welch wichtige Rolle für die Gesundheit die Ernährung spielt.

Zwei der ältesten Methoden der Kräuterheilkunde sind heute in Vergessenheit geraten oder haben zumindest ihre Beliebtheit eingebüßt. Nach der einen Methode wurde der Patient mit dem Rauch von verbrennenden Kräutern behandelt. Dabei atmete er mit dem Rauch der Kräuter gleichzeitig die heilsamen Wirkstoffe der Pflanzen ein. Zu Lebzeiten von Plinius hatte man diese primitive Methode bereits so weit abgewandelt, daß man den Rauch durch ein hohles Rohr tief in die Lungen einatmete. Später verwendete man dazu Pfeifen und schließlich entstanden unsere heutigen Zigaretten. Noch heute gibt es z. B. Asthmazigaretten, die die »verkrampften« Bronchien entspannen sollen. Auch läßt sich die Luft in einem Krankenzimmer durch Verbrennen von aromatischen Kräutern angenehm verbessern. Getrocknet und fein gemahlen verleibte man sich Kräuter auch in Form von Schnupftabak ein. Besonders Schafgarbe, Sumpf-Schafgarbe, Heil-Betonie, Efeu-Gundermann, Thymian und Waldmeister galten als gute Heilkräuter, die für einen klaren Kopf sorgten und Kopfweh und Melancholie kurierten.

In der Renaissance geriet die Autorität der Kirche ins Wanken. Die Medizin wurde zur Wissenschaft. Die Ärzte trugen mit der Zeit auch mehr Verantwortung. Ihre Methoden erscheinen uns heute zwar oft recht drastisch – als Allheilmittel für die meisten Krankheiten betrachtete man noch immer Aderlaß und starke Abführmittel –, sie stellten aber die antiken Theorien der klassischen, griechischen Philosophen in Frage und lehnten Aberglauben und Riten ab, hinter denen der eigentliche Wert einer Droge verborgen blieb. Die Kräuterweiblein, die in den dörflichen Gemeinden bisher die Rolle von Arzt und Hebamme übernommen hatten und oft die alten Riten noch ausübten, wurden mit wachsendem Mißtrauen betrachtet, oder sogar als Hexen verschrien. Später gelang es, die wirksamen Inhaltstsoffe der Pflanzen zu isolieren, zu untersuchen und künstlich herzustellen. Mehr als 60 % der modernen Arzneien werden auf chemischem Wege hergestellt. Daneben gibt es aber immer noch viele Kräuterarzneien. Manche Ärzte bevorzugen trotz der Fortschritte der Chemie nach wie vor pflanzliche Heilmittel.

Hier ist die Alraune – wie häufig in alten Kräuterbüchern – in Menschengestalt dargestellt; daneben der Hund, der sie ausgraben soll. Die Pflanze enthält ein starkes Narkotikum. Um den oft skurril geformten Wurzelstock der Alraune rankt sich manch alter Aberglaube. So hatte ein Mensch, der eine Alraune ausgrub, ihre Rache zu fürchten; man glaubte, daß die Pflanze dabei so gräßlich schreie und stöhne, daß der Frevler den Verstand verlöre. Die Wurzel war früher heiß begehrt; sie galt als Zaubermittel, durch das man zu Macht und Reichtum gelangen oder mit dem man anderen Zauber, z. B. das Behexen des Viehs, abwehren kann. In dem Namen Alraune steckt das alte Wort »runa« (Geheimnis); ihr botanischer Name Mandragora stammt aus dem Iran und bedeutet »Zauber wirkend«.

Trotzdem ist hier Vorsicht geboten und die unsachgemäße oder leichtfertig dosierte Anwendung zu vermeiden. Auch in China besteht die Kräutermedizin neben der modernen Heilkunst weiter. Bei uns werden ebenfalls in der Homöopathie weiterhin Kräutertees und Arzneien auf Kräuterbasis verwendet. In Nordamerika dagegen wurden die homöopathischen Mittel völlig durch allopathische verdrängt; erst in jüngster Zeit besinnt man sich wieder auf pflanzliche Heilmittel. Heute gibt es viele enthusiastische Amateure, die versuchen, sich mit Kräuterbüchern ihre eigenen Rezepte zu basteln und fest daran glauben, daß ihre selbst angefertigten, natürlichen Heilmittel, den Rezepten eines qualifizierten Arztes überlegen sind. Solche Kräutermedizin ist oft gefährlich und sollte daher nicht angewendet werden.

Aus diesem Grund werden hier nur ganz einfache Hausmittel aufgezählt, so z. B. Heilmittel bei Heiserkeit, Grippe, Magenschmerzen, Verdauungsbeschwerden usw. Dabei wird die Wirkung der einzelnen Kräuter erklärt. Man kann die Mittel eher als gute Ratschläge, denn als eigentliche Rezepte betrachten, die man gegebenenfalls mit gesundem Menschenverstand anwenden soll. Viele Mittel sind Heiltees oder Kräuterinfuse, Dekokte, die – falls nicht anders angegeben – in einer *Standarddosis von dreimal täglich* ein Weinglas voll eingenommen werden. Ein Tee oder Infus wird mit 600 ml kochendem Wasser auf 15 g getrocknete oder 25 g frische Kräuter hergestellt; man läßt ihn mindestens 10 Minuten lang zugedeckt ziehen und gießt ihn dann ab. Das übliche Dekokt besteht aus Kräutern und derselben Menge Wasser, die man im zugedeckten Topf langsam miteinander zum Kochen bringt und dann 5 Minuten oder länger bei schwacher Hitze weiterkochen läßt. Zum Kochen des Dekokts darf man auf keinen Fall einen Aluminiumtopf verwenden.

Kräuter gegen Erkältung, Husten und Fieber

Husten und Heiserkeit

Cayenne-Tee oder ein Fußbad mit Senfkörnern z. B. wirken bei Unterkühlung rasch erwärmend und regen den Kreislauf an (Seite 40). Wenn die Erkältung ganz zum Durchbruch gekommen ist, so kann man versuchen, durch Inhalieren mit Kräuterdämpfen Nase und Stirnhöhle frei zu bekommen und den Hustenreiz zu dämpfen.

Fiebersenkende Kräuter

Borretsch gehört zu den bekanntesten Kräutern, die eine kühlende Wirkung haben. Die großen, pflanzenschleimhaltigen Blätter des Borretsch werden als Infus, Tee und für Umschläge verwendet. Lungenkraut, Alkannawurzel und der Blaue Natternkopf eignen sich bei Erkältungen, ebenso Tee, den man aus den Blättern des Sauerampfers und des Gemüse-Portulaks herstellt.

Erkältungen

Eine Halsentzündung kann man im allgemeinen mit einem Infus aus Holunderblüten heilen, am besten allerdings eignet sich ein Getränk aus Holunderbeeren. Es hilft übrigens auch gegen Husten. Dazu läßt man die rohen Beeren kochen, gießt sie ab, süßt das Getränk mit Honig und trinkt täglich dreimal ein Weinglas von dem heißen Getränk. Ingwer und Nelken, die man mit den Beeren oder dem Sirup kocht, verleihen dem Getränk noch eine zusätzliche, erwärmende und keimtötende Wirkung. Anstelle von Holunderbeeren kann man auch schwarze Johannisbeeren nehmen oder Johannis- und Holunderbeeren mischen.
Zwiebeln sind gut bei Erkältung, Husten und Halsschmerzen; der mild schmekkende Lauch eignet sich am besten. Man kocht zwei in Scheiben geschnittene Lauchstengel in sehr wenig Wasser und drückt dann ihren Saft durch ein feines Sieb. Das Püree schmeckt man mit Honig ab und nimmt bei Bedarf ein bis zwei Löffel davon ein.

Cayenne-Tee

½ TL Cayennepfeffer
150 ml kochendes Wasser
oder heiße Milch

Man rührt den Cayennepfeffer in die Flüssigkeit und trinkt sie ganz langsam. Dies erwärmt den ganzen Körper und ist ein altes Hausmittel gegen Krankheit und soll vor allem bei Unterkühlung helfen. Schmeckt das Getränk zu kräftig, so nimmt man Cayennepfeffer in Form von Tabletten oder gemahlenen Ingwer mit Honig.

Infus aus Pfefferminze, Schafgarbe und Holunderblüten gegen Erkältung

je 1 TL getrocknete Pfefferminze,
Schafgarbe und Holunderblüten
600 ml kochendes Wasser
1 Prise gemahlene, gemischte Kräuter
1 TL Zitronensaft, Honig

Man läßt die Kräuter 5 Minuten im Wasser ziehen. Dann seiht man sie mit Hilfe eines Siebes ab und gibt die restlichen Zutaten dazu. Nach Bedarf mit Honig süßen. Alle 2 Stunden trinkt man davon ein Weinglas voll.
Das Infus wirkt beruhigend, leicht schweißtreibend und bringt Fieber schnell zum Sinken.

Inhalat mit Eukalyptus

ätherisches Eukalyptusöl
eine Kanne kochendes Wasser

Das Inhalat gilt als eines der wichtigsten Hausmittel gegen Husten, Katarrh und als antiseptisches Mittel bei Halsentzündungen. Man gibt ein paar Tropfen Öl an das kochende Wasser, bedeckt den Kopf mit einem Handtuch und atmet den Dampf tief ein. Nach dem Inhalieren bleibt man im Raum.
Ähnlich wirkt es auch, wenn man eine Handvoll frischer oder getrockneter Blätter ein paar Minuten lang in einem Topf mit Wasser kochen läßt, dann in einen Krug gießt und inhaliert. Oft verschafft schon etwas ätherisches Öl, das man auf das Kissen oder Taschentuch gibt, Linderung.

Inhalat mit Pfefferminze

je 1 TL getrocknet: Pfefferminze,
Lindenblüten, Kamillenblüten,
Basilikum und Salbei
1 l kochendes Wasser

Man gibt die Kräuter in einen Krug und gießt das kochende Wasser darüber. Wie oben beschrieben inhalieren.
Auch Infuse aus zerstoßenen Wacholderbeeren oder Blättern der Königskerze sind ausgezeichnete Inhalate.

Heiltrank aus Basilikum gegen Fieber

1 TL getrocknetes Basilikum
Samen aus einer großen
Kardamomschote
½ TL gemahlener Zimt
600 ml kochendes Wasser
½ TL brauner Zucker oder Melasse

Basilikum und Gewürze 10 Minuten in Wassern ziehen lassen und abseihen. Man süßt mit Zucker und nimmt alle 2 Stunden ein Weinglas voll. Dies hilft bei Fieber und Gliederschmerzen.

Fiebermittel aus Blüten für Kinder

1 kleines Stück Süßholzwurzel
je ½ TL getrocknet: Lindenblüte
Kamillen- und Holunderblüten
600 ml kochendes Wasser, Honig

Das Süßholz wird geschält und zerstoßen; mit den Blüten läßt man es 10 Minuten im Wasser ziehen, dann abseihen, mit Honig süßen! Man nimmt alle drei Stunden ein Weinglas voll.
Es gibt viele andere Kräuter, die leicht schweißtreibend und fiebersenkend wirken, wie z. B. Alant (Wurzeln), Engelwurz, *Eupatorium perfoliatum*, Gartennelke (Blütenblätter), Mädesüß (Blüten), Nelkenwurz, Schafgarbe, Waldmeister und Zitronenmelisse.

Ysop-Latwerge gegen Husten
eine gute Handvoll zerriebener Ysop
450 g Honig
1 TL gemahlenes Süßholz oder
1 zerriebene Lakritzstange
1 TL zerstoßene Anissamen
½ TL gemahlener Ingwer oder
zerriebene Ingwerwurzeln
Man bringt den Honig langsam zum Kochen und hebt den sich bildenden Schaum von oben mit einem Löffel ab. Die restlichen Zutaten rührt man darunter und läßt das ganze 30 Minuten lang kochen, bis der Honig einen deutlichen Geschmack nach Ysop angenommen hat. Dann gießt man ihn durch ein Sieb und füllt ihn in Töpfe, läßt ihn abkühlen, deckt die Töpfe zu und bewahrt sie auf.
Bei Husten und Halsschmerzen nimmt man davon einen Löffel voll ein oder gibt ihn an einen heißen Heiltrank bzw. an Holunderbeerensirup.

Huflattich-Tee gegen Husten
1 TL getrocknete Huflattich-Blätter
1 TL getrocknete Blätter von
Efeu-Gundermann
1 EL getrocknete Eibisch-Wurzeln
600 ml Wasser
Man zerreibt die Eibischwurzeln und weicht sie mindestens 30 Minuten lang oder über Nacht in Wasser ein. Dann bringt man sie zum Kochen, gießt sie über die Kräuter, deckt den Topf zu und läßt sie mindestens 15 Minuten lang ziehen. Man gießt sie sorgfältig durch ein feines Sieb oder ein Musselintuch ab, damit die kleinen Härchen, mit denen die Blätter des Huflattichs besetzt sind, entfernt werden. Man nimmt davon die Standarddosis ein (Seite 265).
Huflattich ist eine der ältesten Hustenmedizinen.

Wasser zum Gurgeln mit Salbei
1 TL getrockneter Salbei
1 TL getrockneter Wegerich
1 Tl getrockneter Rosmarin
1 TL getrocknete Geißblattblüten
600 ml kochendes Wasser
Honig
Man stellt ein Infus her und süßt es nach Geschmack. Bei Halsschmerzen benutzt man das Salbeiwasser zum Gurgeln.

Im Mittelalter bekam man beim Apotheker nicht nur Arzneien, sondern auch Ratschläge für die Behandlung.

Einfache Hustenmedizin
ANIS: Man stellt aus 2 Teelöffeln zermahlenem Anissamen und 300 ml kochendem Wasser oder aus den Anisblättern ein Infus her. Beide Mittel helfen bei Husten und Katarrh, lösen und mildern.

BORRETSCH: Ein Infus aus Blättern lindert Halsschmerzen und hilft bei Katarrh.

EIBISCH: Man stellt aus den Blüten einen Tee zum Gurgeln her oder trinkt ein Dekokt aus Wurzeln und Milch. Auch aus den Blüten der Rosenmalve kann man Tee herstellen und ihn wie Eibischtee verwenden.

KÖNIGSKERZE: Aus den großen, behaarten Blättern oder den gelben Blüten stellt man einen lindernden, leicht beruhigenden Tee her, der gleichzeitig als mildes Expectorans wirkt. Bevor man den Tee trinkt, seiht man ihn wegen der feinen Härchen sorgfältig durch ein Tuch.

LIEBSTÖCKEL: Bei Halsschmerzen gurgelt man mit einem Infus aus Samen oder Blättern.

LORBEER: Mit einem Dekokt aus Rinde oder einem Infus aus Blättern kann man gurgeln.

ODERMENNIG: Bei Husten und Fieber trinkt man ein Infus, das aus den Blättern bereitet wurde, oder ein Dekokt aus Wurzeln und Blättern.

ROSE: Man verwendet ein Infus aus Blättern und Blütenblättern zum Gurgeln; das Getränk wirkt adstringierend, antiseptisch und heilt Halsschmerzen.

SALBEI: Man gurgelt mit einem Infus, dem man auch Thymian beigeben kann; es hilft bei Halsentzündungen und Husten. Am geeignetsten ist *Salvia officinalis* »Purpurascens«.

SALBEI-GAMANDER: Man stellt aus den Blättern ein Infus her; es kann als bitterer, adstringierender Heiltrank oder zum Gurgeln verwendet werden.

SONNENBLUME: Ein Dekokt aus Samen (25 g/auf 600 ml Wasser) mit Honig ist ein gutes Expectorans.

STRANDDISTEL: Kandierte Wurzeln sind ein gutes Mittel gegen Husten. An Sirup gibt man ein paar Tropfen Orangenblüten-Wasser. Es verbessert den Geschmack.

VEILCHEN: Man stellt aus den Blüten und braunem Zucker einen Brei her oder bereitet aus den Blättern einen Heiltrank.

VOGELMIERE: Ein Infus aus Vogelmiere wirkt kühlend und lindert Halsschmerzen. Es soll auch Stimmausfall kurieren.

Kräuter zur Entspannung

Kräuterbäder und Massagen

Kräuterbäder und Fußbäder lockern die Muskeln und wirken entspannend. Man kann dazu eine der Badesäckchen-Mischungen, die auf Seite 251 beschrieben werden, benutzen. Als Fußbad eignet sich eine Mischung aus zerstoßenen Wacholderbeeren, Lavendel und Rosmarin. Eine starke Abkochung aus Kalmuswurzeln, die man dem Badewasser zusetzt, hilft bei Schlaflosigkeit. Ebenso wirken ein paar Tropfen ätherisches Öl von Eukalyptus, Kamille, Basilikum oder Geranien. Man legt sich dabei ruhig in die Badewanne und atmet den Dampf ein.

Eine gute Massage entspannt und kräftigt den ganzen Körper. Man kann dem Massageöl ein paar Tropfen Majoran-, Lavendel oder Geranienöl beimischen. Ätherische Öle dürfen nie direkt auf die Haut gelangen, sie müssen stets verdünnt werden.

Kräuter mit beruhigender Wirkung

Schon früher stopfte man bei Schlaflosigkeit das Kissen mit getrocknetem Hopfen aus. Wenn man an die Hopfenzapfen ein paar Tropfen Alkohol, Wodka oder Weinbrand gibt, rascheln sie nicht mehr so stark. Ein paar Lavendelblüten oder Blüten des Zitronenkrauts verleihen dem Kissen einen angenehmen Duft, der zusätzlich eine beruhigende Wirkung hat.

Aus den Blütenblättern des Klatschmohns, *Papaver rhoeas,* stellt man in Frankreich noch immer einen Beruhigungssaft her. Sie gehören zu den Ingredienzien des *Tisane de Sept Fleurs,* einem Trank, der bei Schlaflosigkeit eingenommen wird. Außerdem enthält er noch die Blüten von Königskerze, Veilchen, Huflattich, Malve und Eibisch. Schon für die Griechen war Mohn ein Symbol für den Schlaf und sie kurierten mit ihm auch Kopfschmerzen. Im 14. Jahrhundert vertrieb man mit Mohn Migräneschmerzen.

Ein Fußbad aus Kräutern lockert die Muskeln und wirkt entspannend.

Beruhigungstrank
1 TL geriebene Baldrianwurzeln
1 TL getrocknete Minze
½ TL getrocknete Kamillenblüten
½ TL getrocknete Lavendelblüten
600 ml kochendes Wasser
Man läßt das Getränk 15 Minuten lang ziehen, seiht es ab und trinkt davon täglich ein Gläschen. Das Mittel darf nur ein paar Tage lang eingenommen werden, denn Baldrian wirkt leicht narkotisierend. Baldrian ist eines der wirksamsten Kräuter zur Beruhigung; er schmeckt jedoch nicht angenehm. Mit anderen, süßeren Kräutern kann man den Geschmack des Baldrians etwas verbessern.

Heiltrank bei Schlaflosigkeit
1 TL getrocknete Zitronenmelisse
1 TL getrockneter Majoran
1 TL getrocknete Hopfenzapfen (Fruchtzapfenstände) oder Hopfenblätter
1 TL zerstoßene Anissamen oder Anisblätter
600 ml kochendes Wasser
Man stellt ein Infus her und trinkt davon täglich vor dem Zubettgehen ein Glas.

Kräuterinfus mit Milch zur Entspannung
1 El getrocknete Pfefferminze
300 ml kochende Milch
Man gießt die Milch über die Pfefferminze, deckt den Krug zu und läßt das Ganze 10 Minuten an einem warmen Platz stehen. Dann gießt man die Milch ab, erhitzt sie nochmals und trinkt sie. Anstelle von Pfefferminze kann man auch Pferdeminze-Blätter oder -Blüten verwenden. Aus beiden Pflanzen läßt sich ein köstlich schmeckender und aromatischer Trank herstellen.

Kräuter mit beruhigender Wirkung
Aus allen hier genannten Kräutern kann man einen beruhigenden Schlaftrunk herstellen. Man kann sie allein oder gemischt verwenden.
Basilikum, Eisenkraut, Holunderblüten, Kamillenblüten, Klebkraut, Lindenblätter, Lindenblüten, Pferdeminze, Veilchen, Zitronenkraut und Zitronenmelisse haben eine beruhigende Wirkung. Auch die Samen von Anis, Fenchel und besonders von Dill sind geeignet. Man nehme 1 Teelöffel zerstoßener Samen auf je eine Tasse kochendes Wasser.

Kräuter gegen Kopfschmerzen
Am bekanntesten ist der Lavendel. Man stellt aus 1 Teelöffel getrockneter Blüten und 600 ml Wasser einen schwachen Heiltrank her, reibt die Schläfen und Stirn mit Lavendelessig ein oder spült mit Lavendelwasser.
Zu den anderen Kräutern, die bei Kopfschmerzen empfehlenswert sind, gehören die Heil-Betonie, die besonders angenehm schmeckt, Efeu-Gundermann, das Echte Labkraut, der Steinklee und Rosmarin, der ganz ähnlich wirkt wie Lavendel, sowie wilder Majoran, Salbei-Gamander und Waldmeister.
Auch Poleiminze galt früher als gutes Mittel gegen Kopfschmerzen.

Kräuter zur Stärkung

Für den Winter

Zu einer wohl ausgewogenen Diät gehören Minerale, Vitamine und Spurenelemente, die der Körper für seine Gesundheit benötigt. Im Winter führt der Mangel an frischem Gemüse und Salaten oft zu einer gewissen Anfälligkeit. Stärkende Kräuter, auch im Winter erhältlich, sind die Bibernelle, die Brunnenkresse und wilde Vogelmiere, die besonders reich an Kupfer und Eisen ist. Man findet sie gelegentlich sogar frisch und grün unter dem Schnee. Sehr wertvoll sind in dieser Jahreszeit getrocknete Kräuter mit kräftigender Wirkung, Kräutersäfte und Winterweine.
Ein Tonikum wirkt auf die körperliche Verfassung stärkend, kräftigend und anregend. In früherer Zeit halfen viele Kräuter bei Skorbut, denn sie lieferten die wichtigen Vitamine, die bei Krankheit oder falscher Ernährung den Körper wieder ins rechte Lot brachten.
Viele Elemente, die unser Körper dringend benötigt, besonders Eisen und Vitamin C, sind in einer Pflanze enthalten, die sehr verbreitet ist – in der Brennessel. Man verwendet die jungen Spitzen frisch oder trocknet sie im späten Frühjahr; später ist die Pflanze zu hartfaserig. Zweimal täglich trinkt man ein Weinglas voll von dem Heiltrank, den man aus Brennesseln herstellen kann; man kann sie auch in Form von Sirup, Wein oder Bier, püriert als Gemüse, in Suppen oder Puddings zu sich nehmen. Auch Hagebutten enthalten viel Vitamin C; man genießt sie als Heiltrank, Sirup oder Gelee. Zu nennen wären außerdem Brunnenkresse und Paprikaschote. In letzterer ist Vitamin C in hoher Dosis enthalten.

Stärkungsmittel für Rekonvaleszenten
25 g gehackte, zerriebene Engelwurz-Wurzeln oder 1 TL zerstoßene Samen
600 ml Wasser
1 EL Weinbrand
Saft von ¼ Zitrone
Man bringt das Wasser und die Wurzeln oder Samen langsam im zugedeckten Topf zum Erhitzen und kocht sie dann bei niedriger Hitze noch 15 Minuten schwach siedend weiter. Die Flüssigkeit läßt man zugedeckt abkühlen, gießt sie dann ab und gibt den Weinbrand und den Zitronensaft dazu. Vor den Mahlzeiten nimmt man 1 Eßlöffel davon ein.
Engelwurz wirkt anregend; man sollte daher das Mittel nicht vor dem Schlafengehen einnehmen.

Stärkende Kräuter
Die hier genannten Stärkungs-Kräuter sollten regelmäßig der Nahrung zugesetzt werden. Man kann sie z. B. in Omelettes und Salaten verwenden, über Gemüse streuen oder einen Heiltrank aus ihnen herstellen. Bibernelle, Brunnenkresse, Frauenmantel, Guter Heinrich, Kapern, Kerbel, Klebkraut, Kümmel, Minze, Petersilie, Sauerampfer, Schafgarbe, Sellerie, Süßdolde, Vogelmiere und Wegerich.

Tonikum für das Frühjahr
1 EL gehackte, frische Brennesselspitzen
1 EL frische, gehackte Löwenzahnblätter
1 TL gehackte, frische Brombeeren – oder schwarze Johannisbeeren-Blätter
1 TL gehackte, frische Borretsch-Blätter
600 ml kochendes Wasser
1 TL frischer Zitronensaft
Man gießt das kochende Wasser über die Kräuter und läßt sie im zugedeckten Krug ziehen. Mit Zitronensaft wird der Abguß aromatisiert. Man nimmt jeweils ein Weinglas voll ein.

Odermennig in Bier
1 EL getrockneter Odermennig
600 ml Bier
etwas Orangenschale
Man läßt Kräuter und Zitronenschale 12 Stunden im Bier ziehen. Abgießen und trinken!
Aus Odermennig kann man auch einen guten Heiltrank herstellen; er besitzt ein feines Aroma und wird beim Brauen von Kräuterbier verwendet.

Rosmarin in Wein
6 Zweige frischer Rosmarin
1 Flasche süßer Weißwein
Man läßt die Rosmarinzweige 4 Tage lang in den Wein getaucht und in einer verschlossenen Flasche stehen. Ein Glas davon wirkt stärkend.

Herzstärkendes Mittel aus Minze
25 g Minzeblätter
600 ml kochendes Wasser
200 g brauner Zucker, 2 EL Weinbrand
Man läßt die Minze 2 Stunden lang in einem zugedeckten Krug mit kochendem Wasser ziehen. Dann gießt man die Flüssigkeit in einen Kochtopf, löst den Zucker darin auf und kocht das Ganze 5 Minuten lang. Nachdem die Flüssigkeit abgekühlt ist, rührt man den Weinbrand darunter, füllt sie in eine Flasche und nimmt jeweils einen Eßlöffel als stärkendes Tonikum und verdauungsförderndes Mittel ein.

Ginseng-Tee
1 TL gemahlene Ginsengwurzeln
600 ml kochendes Wasser
Man läßt beides 15 Minuten lang kochen und nimmt das Mittel in der üblichen Dosis ein. In der Heilkunst des Ostens galt Ginseng schon vor mehr als tausend Jahren als Tonikum, das alle Körperteile kräftigt und das Leben verlängert. Ginsengwurzeln kann man im Reformhaus kaufen. Sie sind in Form von Pulver, Tabletten oder auch ganz erhältlich.

Kräuter für den Stoffwechsel

Kräuter-Tonika

Viele Kräuter, die schon früh im Jahr wachsen, gelten als Mittel, Blut und Körper zu reinigen und wurden besonders an Ostern oder am jüdischen Passahfest verzehrt. Oft schmecken sie bitter, fördern deshalb die Sekretion der Verdauungssäfte, regen einen schwachen Magen an und wirken appetitanregend. Besonders nach der salzigen und fetten winterlichen Kost waren diese Kräuter wichtig für die Gesundheit. Sehr bitter schmeckende Kräuter, wie Enzian und Bitterklee, wirken reinigend und keimtötend. Der Körper reagiert unterschiedlich auf bittere Kräuter, aber im allgemeinen wirkt ein solches Tonikum in kleinen Dosen appetitanregend – in großen Dosen kann es allerdings genau ins Gegenteil umschlagen.

Enzian und Pfefferminze

25 g gemahlene Enzianwurzeln
1 Tl getrocknete Pfefferminze
900 ml Wasser
Honig

Man bringt die Enzianwurzeln und das Wasser langsam zum Kochen und läßt sie dann bei schwacher Hitze 30 Minuten weiterkochen, bis die Flüssigkeit auf etwa 600 ml eingekocht ist. Nun gibt man Pfefferminze dazu, deckt den Topf zu, läßt das Ganze noch ein paar Minuten ziehen und schmeckt mit Honig ab. Pfefferminze und Honig nehmen der Flüssigkeit etwas von ihrer Bitterkeit. Man trinkt 1 bis 2 Löffel davon etwa ½ Stunde vor der Mahlzeit. Man kann auch die nahe Verwandte, Flockenblume *(Centaurea)*, so anwenden. Von der Flockenblume nimmt man aber die Blätter und stellt aus 25 g und 600 ml kochendem Wasser ein Infus her.

Flockenblume in Wein

50 g Flockenblumen (Blütenköpfe)
1 EL Wacholderbeeren
1 EL brauner Zucker
1 l Weißwein

Aus Kräutern, Zucker und Wein stellt man eine Mazeration her, die man 8 Tage lang auf die Fensterbank in die Sonne oder einen anderen warmen Ort stellt. Dann gießt man die Flüssigkeit durch ein Sieb in eine saubere Flasche ab, verschließt diese und bewahrt sie auf. Vor der Mahlzeit nimmt man davon einen Eßlöffel oder trinkt ein kleines Gläschen.

Efeu-Gundermann-Tee

1 EL getrockneter Efeu-Gundermann
600 ml kochendes Wasser
1 TL frischer Orangensaft oder
½ TL getrocknete Orangenschale (ungespritzt)

Man läßt die Kräuter 5 bis 10 Minuten lang in kochendem Wasser ziehen (läßt man sie länger ziehen, werden sie säuerlich). Dann gießt man die Flüssigkeit ab und würzt das bittere, aromatische Getränk mit Orangen.

Bittere, stärkende Kräuter, die den Appetit anregen

ANDORN: Man trinkt vor den Mahlzeiten ein Infus.

BEIFUSS: Man trinkt ein Infus aus den Blättern und/oder den Spitzen (1 Teelöffel auf 600 ml kochendes Wasser).

BITTERKLEE: Man nehme 2 Eßlöffel eines Infus aus den Blättern vor der Mahlzeit ein.

BOCKSHORNKLEE: Man stellt aus Samen (1 Teelöffel auf 600 ml kochendes Was-

Kräuter und Gewürze regen den Appetit an und sind gut für die Verdauung.

ser) ein Infus her. Man kann die Samen auch keimen lassen und als bittere Zutat an Salate geben; sie enhalten besonders viele Minerale.

GROSSE KLETTE: Man stellt ein Infus aus den Blättern oder ein Dekokt aus den Wurzeln her (25 g in Scheiben geschnittene, zerriebene Wurzeln auf 600 ml Wasser, 30 Minuten ziehen lassen). Auch aus den Samen kann man ein Dekokt herstellen.

SALBEI: Man stellt aus den Blättern und/oder den Blüten ein Infus her, das man mit Zitronenschale geschmacklich abrundet.

SALBEI-GAMANDER: Infus aus Blättern.

ZICHORIE: Man ißt die blanchierten Blätter oder stellt ein Infus aus Blättern oder Wurzeln her.

Manche bitteren Kräuter, die man früher als reinigende und stärkende Arzneien betrachtete, dürfen heute nur mehr unter ärztlicher Kontrolle eingenommen werden. Der starke aromatische Rainfarn gehört zu den ältesten Heilkräutern. Man vermischte seinen Saft mit dem Saft von Orangen und Honig oder gab ihn an österliche Kuchen und Süßspeisen. Die bitteren Knospen und Stengel des Ginsters betrachtete man früher als gute Medizin, sie enthalten jedoch, wie man heute weiß, ein gefährliches Gift.

Apéritifs und Digestifs

Die meisten Kräuter regen die Verdauung an, allein ihr bitterer oder stark aromatischer Duft wirkt auf die Speicheltätigkeit und die Sekretion der Magensäfte stimulierend. Ein bitterer Apéritif, der vor der Mahlzeit eingenommen wird, oder aromatische Samen und Blätter, die man mit der Nahrung verzehrt, haben auf den Verdauungsapparat eine anregende und beruhigende Wirkung; sie fördern die Verdauung von üppiger, fetter und schwerer Kost. So reicht man z. B. zu Fisch Fenchel, zu Käse Salbei, zu Rindfleisch Meerrettich und zu Bohnen Chillies.

Herkömmliche Digestiva

Bei einem römischen Festmahl reichte man zum Schluß gerne einen speziellen Kuchen, der Dill-, Echte Kümmel-, Kreuzkümmel- und Fenchelsamen enthielt. Im Mittelalter beendeten in Teig herausgebackene Salbeiblätter das Mahl. Alle diese Nachspeisen sind sehr gut für die Verdauung. Grüne Kräuter, Sonnenblumenkerne, grünes Gemüse, Weizenkeime und Bierhefe enthalten das für viele Stoffwechselprozesse wichtige Vitamin B; sie sollten deshalb auf irgendeine Weise der Kost zugesetzt werden. Auch die meisten Gewürze mit ihren starken, ätherischen Ölen wirken verdauungsfördernd, antiseptisch und »reinigen« die Gedärme. Am bekanntesten unter diesen Gewürzen ist der Pfeffer. Er spielt vor allem in heißen Ländern eine entscheidende Rolle.

Verdauungsstörungen

Für Verdauungsstörungen gibt es neben Anaemie oder Magengeschwüren viele Gründe. Häufige Ursachen sind hastiges Essen oder Ärger und Nervosität. Auch Mangel an Vitamin B oder Nahrungsmittel, die sich nicht miteinander vertragen, haben oft Verdauungsbeschwerden zur Folge. Unter all den genannten Umständen kommt es zu Störungen; die Bildung von Speichel und Magensäften funktioniert nicht mehr richtig, die Verdauung wird verlangsamt und das Essen beginnt im Körper zu gären. Es entstehen Gase und Blähungen.

Apéritifs

Trinkt man 30 Minuten vor der Mahlzeit einen Apéritif, so entspannt man sich, wird ruhiger und gleichzeitig regt dies den Appetit an. Auch nach der Mahlzeit kann das Getränk noch verdauungsfördernd wirken. Anstelle von alkoholhaltigen Apéritifs kann man die hier angeführten Rezepte – sie schmecken allerdings bitter – verwenden.

Die verdauungsfördernden Sirups müssen im Kühlschrank aufbewahrt und innerhalb einer Woche aufgebraucht werden.

Magenbitter (Bitter Brandy)

1 l Weinbrand
40 g Enzianwurzeln, in Scheiben geschnitten
25 g getrocknete Orangenschalen (ungespritzt)
2 TL Kardamomsamen
¼ TL gemahlener Zimt
¼ TL Nelken

Die Zutaten werden miteinander vermischt, in Flaschen gefüllt, die man fest verschließt und aufbewahrt. Vor der Mahlzeit 1 bis 2 Löffel voll einnehmen!

Muskat-Weinbrand

40 g geriebene Muskatnuß
(etwa 1½ ganze Muskatnüsse)
600 ml Weinbrand

Man läßt beides miteinander 3 Wochen lang ziehen und rührt oder schüttelt gelegentlich. Dann seiht man die Flüssigkeit durch ein feines Tuch und füllt sie in Flaschen. Vor dem Essen trinkt man einen Eßlöffel davon in einem Glas mit heißer Milch. Besonders vor dem Schlafengehen wirkt das Mittel beruhigend und verdauungsfördernd.

Herzmittel aus Samen

1 TL zerstoßene Kümmelsamen
1 TL zerstoßene Fenchelsamen
1 TL zerstoßener Anis
1 TL zerstoßener Liebstöckelsamen
50 g Zucker
600 ml Weinbrand

Man läßt die Zutaten einen Monat lang in dem Weinbrand ziehen und schüttelt oder rührt sie von Zeit zu Zeit um. Dann gießt man die Mischung ab und füllt sie in Flaschen. Vor der Mahlzeit nimmt man 1 bis 2 Eßlöffel davon ein.

Gartennelken-Weinbrand

100 g frische Gartennelken-Blütenblätter
etwas Orangenschale
600 ml Weinbrand

Man entfernt die weißen Enden von den Blütenblättern und läßt die Blütenblätter und die Orangenschale 2 Wochen in Weinbrand ziehen, gießt sie ab und füllt die Flüssigkeit in Flaschen. Vor den Mahlzeiten nimmt man davon 1 bis 2 Eßlöffel ein.

Herzmittel aus Zitronenmelisse

4 Zweige Zitronenmelisse
2 Zweige Ysop
2 Zweige Basilikum
2 Zweige Minze
2 Zweige Salbei
1 EL gehackte und zerstoßene Wurzeln von Engelwurz
50 g Zucker
600 ml Weinbrand

Die Kräuter läßt man mit dem Zucker und dem Weinbrand 2 Wochen lang ziehen und schüttelt das Ganze gelegentlich. Dann gießt man die Flüssigkeit ab. Wenn der Geschmack noch nicht zufriedenstellend ist, wiederholt man den Vorgang nochmals mit frischen Kräutern. Abgießen und in eine Flasche füllen! Vor den Mahlzeiten nimmt man davon 1 Eßlöffel ein.

Verdauungsförderndes Mittel mit Estragon

4 Zweige Estragon
¼ Vanilleschote
600 ml Weinbrand

Man mischt die Zutaten und läßt sie 2 Wochen lang stehen, gießt dann ab und füllt sie in eine Flasche. Das Mittel wirkt verdauungsfördernd, wenn man 1 Eßlöffel davon vor den Mahlzeiten einnimmt.

Wacholdersirup

100 g Wacholderbeeren
etwas Zitronenschale
1 l Wasser
2 EL Honig

Man kocht die Beeren und die Zitronenschale im Wasser weich, gießt die Füssigkeit durch ein Sieb und preßt das Fruchtfleisch gut durch. Dann rührt man den Honig hinein, bringt die Mischung wieder zum Kochen und läßt sie bei schwacher Hitze einkochen, bis sie dicklich wird. Man füllt in eine Flasche ab und stellt diese in den Kühlschrank. Ein Eßlöffel voll nach den Mahlzeiten beruhigt den Magen. In sterilisierten Gläsern hält sich auch eine größere Menge monatelang.

Kräutersirup

15 g gehackte, zu Brei zermahlene Löwenzahnwurzeln
15 g gehackte Odermenningwurzeln und -blätter
15 g Blätter oder Spitzen der Flockenblume
15 g Salbeiblätter
1 l Wasser
zerstoßene Kardamomsamen (von 2 Schoten)
2 EL Honig

Man gibt die Kräuter an das kalte Wasser und bringt die Mischung langsam zum Kochen, läßt sie 10 Minuten bei schwacher Hitze weiterkochen, gießt sie ab, gibt die Kardamomsamen und den Honig daran und kocht alles nochmals 10 Minuten lang, bis die Mischung etwas dicklich ist. Davon nimmt man vor oder nach den Mahlzeiten 1 Eßlöffel zur Verdauung ein.

Verdauungstee

1 TL zerstoßene Fenchelsamen
1 TL getrocknete oder 2 Zweige frische Pfefferminze
1 TL getrocknete oder 5 frische Kamillenblüten
1 TL getrocknete oder 2 Zweige frische Zitronenmelisse
600 ml kochendes Wasser

Man gießt das Wasser über die Samen und Kräuter, deckt sie zu und läßt sie 10 Minuten lang ziehen. Die übliche Dosis zum Einnehmen ist dreimal täglich ein Weinglas voll. Kinder bekommen 1 Eßlöffel von dem Infus, das man einer Tasse mit heißer Milch beigibt.

Gewürzter Rotulmensaft

1 TL gemahlene Rotulmenrinde
½ TL zerstoßene Pimentbeeren
600 ml kochendes Wasser
Zitronensaft

Man gießt das Wasser über die Pimentbeeren, deckt sie zu, läßt sie 10 Minuten ziehen und gießt sie dann ab. Mit etwas kaltem Wasser verrührt man die Rotulmenrinde zu einem Brei und mischt das Pimentinfus langsam darunter. Man rührt bis die Flüssigkeit glatt ist und schmeckt mit Zitronensaft ab. Davon nimmt man dreimal täglich ein Gläschen ein. Der Saft regt den Verdauungsapparat an, ist für Rekonvaleszenten zu empfehlen, er ist nährstoffhaltig und appetitanregend.

Eibischsirup

50 g Eibischwurzeln
2 l Wasser
175 g Zucker
Orangenblüten-Wasser

Man läßt die Wurzeln über Nacht im Wasser ziehen, gibt dann den Zucker dazu und rührt, bis er sich aufgelöst hat, bringt die Mischung zum Kochen und läßt sie 15 Minuten zu einem dicklichen Sirup einkochen. Man seiht die Flüssigkeit durch ein feines Sieb und schmeckt mit Orangenblüten-Wasser ab. Vorbeugend gegen Verstopfung davon 1 Eßlöffel vor den Mahlzeiten.

Einfache verdauungsfördernde Mittel

ALANT: Nach den Mahlzeiten kaut man etwas kandierte oder rohe Wurzel.

DILL: Man stellt ein Infus aus 1 Teelöffel zerstoßener Samen und 300 ml kochendem Wasser her und nimmt das Mittel eßlöffelweise ein. Ebenso kann man Anis-, Koriander-, Kreuzkümmel- und Kümmel-, Fenchel- und Liebstöckel-Samen verwenden. Man kann auch ein Infus aus den Samen und Milch herstellen. Aus den Blättern stellt man Heiltees her.

ENGELWURZ: Man kaut frische Stengel nach den Mahlzeiten. Dies hilft vorbeugend gegen Blähungen und Verstopfung. Vor oder nach den Mahlzeiten ißt man Stengel, die man 2 Wochen lang in Weinbrand ziehen läßt.

KALMUS: Nach den Mahlzeiten kaut man ein Stück Kalmuswurzel oder man vermischt 1 Teelöffel gemahlene Wurzeln mit 1 Teelöffel Kleie und etwas Milch zu einem Brei. Man nimmt davon 1 Eßlöffel nach den Mahlzeiten.

Weitere verdauungsfördernde Kräuter sind Andorn, Bärlauch, Goldrute, Ingwer, Johanniskraut, Kamille, Knoblauch, Schafgarbe, Thymian und Zitronenmelisse.

Kräuter gegen Verdauungsstörungen

Viele Kräuter wirken stark abführend und wurden schon immer in der Heilkunst verwendet. In der Vergangenheit verordnete man sie den Patienten oft sogar zu häufig. In den meisten Fällen sollte man sie mit Vorsicht einnehmen, denn die regelmäßige Einnahme kann dazu führen, daß der Verdauungsapparat nicht mehr selbsttätig funktioniert; so kann es zu chronischer Verstopfung kommen.
Die Eingeweide reagieren empfindlich auf seelische Aufregungen und Empfindungen und schon allein der Gedanke, daß der Verdauungsapparat nicht richtig funktionieren könnte, führt gelegentlich zu Verstopfung. Bei jedem Menschen arbeitet er verschieden. Manche entleeren ihren Darm nur alle 4 bis 5 Tage, ohne daß sie dabei Anzeichen einer Krankheit zeigen. Eine große Rolle spielt dabei die Ernährung. Regelmäßige Bewegung und eine gute, abwechslungsreiche Kost mit gesunden Nahrungsmitteln, wie z. B. Kleie, Schwarzbrot, Kartoffeln und Obst in der Schale gewährleisten im allgemeinen eine gesunde Verdauung. Die hier erwähnten Kräuter und Gewürze sind besonders verdauungsfördernd; man kann sie in Form von Heiltees einnehmen oder einfach der Kost zusetzen. Bei andauernder Verstopfung, Durchfall oder auffallenden Änderungen im Verdauungsablauf sollte man jedoch einen Arzt oder Heilpraktiker zu Rate ziehen; die Verdauungsstörung könnte ein Symptom für eine andere organische Störung sein.

Verstopfung

Eine heilsame Wirkung hat ein roher Apfel, den man gehackt oder gerieben vor dem Frühstück oder vor dem Schlafengehen ißt. Dies hilft bei Verstopfung und Durchfall.

Apfel- und Löwenzahnsalat

1 gehackter, ungeschälter Apfel
3 Löwenzahnblätter
1 gehackte, frische oder getrocknete Feige
1 Basilikumblatt in Stücken
2 TL Olivenöl
1 TL Zitronensaft
Pfeffer und Salz

Man vermischt die Zutaten miteinander und ißt das Ganze sofort.

Veilchen-Sirup

2 EL Veilchenblüten
300 ml kochendes Wasser
1 El brauner Zucker

Man gießt das Wasser über die Veilchen, deckt das Ganze zu und läßt es mehrere Stunden ziehen. Dann gießt man das Infus ab, preßt den Saft durch ein Sieb, löst den Zucker in der Flüssigkeit auf und kocht sie 5 Minuten. Vor dem Frühstück und zwischen den Mahlzeiten nimmt man 1 EL voll ein. Auch für Kinder geeignet.

Süßholz und Anissamen

25 g Süßholzwurzeln
4 getrocknete Pflaumen oder Feigen
½ TL Anissamen
1 TL Honig

Man weicht die Süßholzwurzeln und die getrockneten Früchte über Nacht ein. Dann läßt man sie mit dem Anis 10 Minuten kochen, nimmt das Süßholz heraus und süßt mit Honig. Die Früchte ißt man zum Frühstück oder kurz vor dem Schlafengehen.

Weitere abführende Kräuter

KASSIE *(Cassia marilandica):* Man stellt aus den Blättern und Ingwer ein Infus her. Er darf nicht regelmäßig eingenommen werden.

EIBISCH: Blüten, Blätter und Wurzeln enthalten Pflanzenschleim, der für die Eingeweide besonders gut ist. Man stellt ein Infus oder ein Dekokt her. Auch die Rosenmalve oder die einfache Malve können verwendet werden.

GLASKRAUT *(Parietaria officinalis):* Infus aus Blättern.

RHABARBER: Man kaut die Stengel.

ROTULME: Man vermischt 1 Eßlöffel gemahlene Rinde mit Wasser und Honig zu einem Brei und nimmt davon vor dem Frühstück und vor dem Schlafengehen 1 Eßlöffel ein.

Durchfall

Die meisten Kräuter, die bei Durchfall helfen, wirken adstringierend.

Heidelbeeren und Piment

1 El getrocknete Heidelbeeren
1 l Wasser
½ TL zerstoßene Pimentbeeren

Man weicht die Heidelbeeren mehrere Stunden lang oder über Nacht im Wasser ein, gibt dann die Pimentbeeren dazu und läßt das ganze 5 Minuten lang bei schwacher Hitze kochen. Wenn man die Mischung vom Feuer genommen hat, läßt man sie bedeckt noch weitere 5 Minuten ziehen, bevor man sie abgießt und den Zitronensaft darunterrührt. Alle paar Stunden kann man davon ein Gläschen heiß oder kalt trinken.

Brennessel- und Brombeerblättertee

2 frische Brennesselspitzen
1 EL frische, gehackte Brombeerblätter
1 Zweig frische Pfefferminze
1 Mädesüß-Blütenstand
600 ml kochendes Wasser

Man läßt diese Mischung 10 Minuten lang in einem bedeckten Topf ziehen, gießt sie ab und trinkt dreimal täglich davon ein Gläschen.

Weitere Mittel gegen Durchfall

MÄDESÜSS: Man stellt ein Infus aus Blättern und Blüten her.

NELKENWURZ: Man nimmt ein Infus aus Blättern oder ein Dekokt aus Wurzelstücken.

ODERMENNIG: Infus aus Blättern und Blütenspitzen.

WEGERICH: Man stellt aus den Blättern ein Infus her oder macht mit 1 TL zerstoßener Samen in einem Glas Wasser eine Mazeration, die man 1 Stunde lang stehen läßt und dann abgießt. Man nimmt jeweils ein Gläschen davon ein.

WIESENKNÖTERICH: Dekokt aus den Wurzeln.

Kräuter in der Schwangerschaft

Von vielen Kräutern, die die werdende Mutter während der Schwangerschaft einnehmen sollte, glaubte man, sie hätten übernatürliche Kräfte; sie galten deshalb als starkes Schutzmittel. Denn im Augenblick der Geburt war für Mutter und Kind die Gefahr einer Infektion groß. Die Heilkundigen vergangener Zeiten glaubten, daß dann der Teufel und böse Geister besonders mächtig seien.

Kräftigende und adstringierende Tees

Die hier empfohlenen Kräutertees haben eine stärkende und adstringierende Wirkung. In den alten Pflanzenbüchern stehen sie unter der Herrschaft der Venus oder unter dem Schutz der Heiligen Jungfrau. Der Gattungsname der Kamille *»Matricaria«* stammt vom Lateinischen *»matria«*, »Gebärmutter« und deutet auf die Verwendung der Kamille bei Frauenkrankheiten und Menstruationsbeschwerden hin. Vor allem waren der Rainfarn und die Mutterkraut-Wucherblume sehr beliebt; heute allerdings werden sie in der Gynäkologie nicht mehr verwendet. Man kann sie allerdings wie auch die Eberraute äußerlich als Badezusatz oder für ein Gesichtsdampfbad anwenden.

Kräuter die den Milchfluß anregen

In Nordafrika und im vorderen Orient gilt der Bockshornklee als gutes Mittel, das den Milchfluß anregt. Er soll auch die Rundung der Brüste unterstützen. In Indien und in anderen Ländern des Fernen Ostens verwendet man zum selben Zweck den Echten Schwarzkümmel, *Nigella sativa,* während in Europa die Mariendistel (*Silybum marianum*) mit ihren deutlichen, weißen Äderchen als besonders anregend auf die Milchdrüsen betrachtet und von stillenden Müttern verzehrt wurde. Der ausdauernde Geißklee war früher sehr beliebt und wird noch heute gelegentlich an Kühe verfüttert, um so ihre Milchproduktion zu steigern. Auch Borretsch, Brunnenkresse und Petersilie sollen auf die Milchdrüsen anregend wirken.

Kompressen und Salben

Wunde Brustwarzen machen das Stillen oft für die Mutter zur Qual. Eine Kompresse oder Salbe, besser noch der Arzt kann hier Abhilfe schaffen.

Schwangerschaftstee
1 TL getrockneter Frauenmantel
1 TL getrocknete Schafgarbenblätter
1 TL getrocknete Himbeerblätter
600 ml kochendes Wasser
Man läßt alle Kräuter mindestens 10 Minuten lang im Wasser ziehen und schmeckt das Infus mit Honig und Zitronensaft ab.
Schon immer betrachtete man Himbeeren als ein gutes Mittel, das die Fruchtbarkeit steigerte und in der Schwangerschaft empfehlenswert war.

Tee aus Echtem Herzgespann
1 TL getrocknetes Herzgespann
1 TL getrockneter Efeu-Gundermann
1 TL getrocknete Zitronenmelisse
600 ml kochendes Wasser
Das Echte Herzgespann, *Leonurus cardiaca,* ist ein stärkendes Kraut, das man früher einer Wöchnerin verabreichte, um die Geburt zu beschleunigen. Da es sehr bitter ist, gibt man Efeu-Gundermann und Zitronenmelisse dazu; sie verbessern den Geschmack. Man nimmt den Tee während der letzten Wochen der Schwangerschaft ein.

Stärkungstrank für stillende Mütter
je 1 TL zerstoßene Anis- und Dillsamen
½ TL Bockshornkleesamen
1 TL getrockneter Majoran
600 ml kochendes Wasser
Man stellt ein Infus her, das man 10 Minuten lang ziehen läßt, gießt die Flüssigkeit ab und nimmt die übliche Dosis ein. Mit Honig läßt sich der bittere Geschmack etwas mildern.

Ringelblumen-Salbe
2 EL zu Brei zermahlene Ringelblumen-Blütenblätter
2 El zu Brei zermahlene Veilchenblätter
3 EL Schweineschmalz
Bei kleiner Hitze läßt man das Schweineschmalz zergehen, gibt das pflanzliche Material dazu und bringt das Ganze langsam zum Kochen, kühlt es ab und stellt den Topf nochmals aufs Feuer, bis die Masse geschmolzen ist und seiht sie durch ein Sieb in einen Topf. Nach dem Abkühlen im Kühlschrank aufbewahren. Damit cremt man wunde Brustwarzen ein, die man vor dem Stillen abwäscht.

Weitere Kräuter, die man während einer Schwangerschaft einnehmen kann
Infuse aus Kamille, Marienkraut, Blütenblättern von Rosen und eine Abkochung von Bockshornklee sind gute Stärkungsmittel.
Kräuter mit leicht antiseptischen Eigenschaften können außerdem als Infus mit Wasser verwendet werden, wenn die Wehen beginnen. Man taucht einen Schwamm in das Infus und wäscht sich damit ab. Am besten geeignet sind Kamille, Kerbel, Lavendel, Marienkraut und Rosmarin.

Eibisch-Kompresse
30 g Eibischwurzeln
150 ml Wasser
15 g Kamillenblüten
Man läßt die Wurzeln ein paar Stunden im Wasser ziehen und kocht sie 10 Minuten bei schwacher Hitze. Die Blüten gibt man in einen Krug, leert die kochende Flüssigkeit mit den Wurzeln darüber und läßt alles zugedeckt lauwarm abkühlen. Man taucht ein Baumwolltuch in die Mischung und legt es auf die Brust.

Kräuter für Augen und Mund

Augen

Von manchen Kräutern mit reizerregenden und sogar ätzenden Eigenschaften glaubte man, daß sie gut gegen Augenleiden seien, sie würden die Augen wieder klar machen und Sand oder sonstige störende Dinge aus den Augen entfernen. Die bekanntesten, aber auch gefährlichsten dieser Mittel sind das Große Schöllkraut und die Raute. Man mischt sie zum Teil auch mit Muttermilch, angeblich sollte das die Anwendung erleichtern. Noch heute werden beide gelegentlich empfohlen, man darf sie aber keinesfalls bei so empfindlichen Organen wie den Augen verwenden. Fenchel, Augentrost und Muskateller-Salbei sind alte und ungefährliche Augenkräuter. Man kann sie in Form von lindernden Lotionen und Kompressen anwenden. Man taucht einen Schwamm in die Lotion und fährt damit leicht über die geschlossenen Augen. Für eine Kompresse benötigt man ein Baumwolltuch oder Watte, die man in Kräutersaft oder ein Infus legt und sich vollsaugen läßt. Man gibt die Kompresse mindestens 10 Minuten lang auf die Augen. Dabei legt man sich am besten hin und entspannt. Kleine Säckchen mit Augenkräutern läßt man wie Teebeutel ein paar Minuten lang im warmen Wasser ziehen und legt sie sich dann auf die Augen. Man kann die Säckchen wieder trocknen lassen und mehrmals verwenden. Alle die hier beschriebenen Rezepte wirken auf die Augen lindernd, kräftigend und reinigend oder lindern Entzündungen der Augenlider.

Zähne und Zahnfleisch

Ein bekanntes Hausmittel zum Zähneputzen ist Holzkohle oder die Asche verbrannter Käuter, unter die man Salz mischt. Die Asche wirkt desinfizierend und macht die Zähne weiß, das Salz kräftigt und regt das Zahnfleisch an. Man läßt einfach eine Scheibe Toast schwarz werden und zermahlt sie mit einer Prise Meersalz und 1 Eßlöffel getrockneter Pfefferminze, Salbei oder Rosmarinblätter oder mischt ein paar Tropfen ätherisches Öl aus diesen Kräutern dazu. Man reibt die Masse auf Zähne und Zahnfleisch und spült mit Wasser oder einem Mundwasser aus Kräutern nach.

Augenlotion aus Eibisch
1 TL getrocknete Eibischblätter
1 TL getrocknete Himbeerbätter
2 getrocknete Zaubernußblätter
300 ml kochendes Wasser
Man stellt aus Blättern und Wasser ein Infus her und läßt es zugedeckt abkühlen. Abgießen und in den Kühlschrank stellen! Besonders erfrischend.

Augenkompresse aus Vogelmiere
1 Handvoll frische Vogelmiere
1 Tasse Milch
Die Vogelmiere wäscht man und schüttelt sie trocken. Dann läßt man sie 10 Minuten lang zugedeckt bei schwacher Hitze mit der Milch ziehen. Die Kräuter nimmt man aus dem Topf und zermahlt sie zu einem Brei. Lauwarm gibt man ihn auf die Augen und entspannt 10 Minuten.

Kompresse mit Kapuzinerkresse
1 EL gestoßene Kapuzinerkresse-Samen
1 EL geriebene, rohe Kartoffeln
Man vermischt beide miteinander und verwendet die Mischung als Augenkompresse. Sie hilft besonders gut bei Gerstenkörnern: die Samen wirken antiseptisch und Kartoffeln lindern.

Kompresse aus Ringelblumen und Äpfeln
1 EL Ringelblumen-Blütenblätter
1 Tasse kochendes Wasser
1 geschälter, klein gehackter Apfel
Man stellt aus den Blütenblättern und dem Wasser ein Infus her, das man 10 Minuten lang ziehen läßt. Dann gießt man das gelbe Infus ab und gibt den Apfel dazu. Bei schwacher Hitze kocht man es weiter, bis ein weicher Brei entsteht. Nach dem Abkühlen kann man ihn als Kompresse für die Augen verwenden.

Weitere Kräuter, die gut für die Augen sind und als Kompressen oder Lotion verwendet werden können
ACKERSCHACHTELHALM: Bei angeschwollenen Augenliedern hilft ein Dekokt.
AUGENTROST: Aus der ganzen Pflanze stellt man ein Infus her.
FENCHEL: Aus Blättern oder Samen stellt man ein Infus her.
ROSE: Man stellt ein Infus aus den Hagebutten her oder weicht die Blütenblätter in kalter Milch ein.
ZITRONENKRAUT: Infus aus Blättern.
Gut für die Augen sind auch Huflattich, Kerbel, Borretsch und Kamille.

Mundwasser mit Eukalyptus
15 g Eukalyptusblätter
1 l Wasser
2 Tropfen Nelkenöl
2 Tropfen Myrrhentinktur
Die Blätter und das Wasser bringt man langsam zum Kochen, läßt sie 5 Minuten auf dem Feuer und kühlt sie anschließend fest zugedeckt ab. Man rührt das Öl und die Myrrhentinktur darunter und stellt die Mischung kalt. Myrrhe gilt als altes probates Mittel zur Stärkung und zur Vorbeugung gegen Rückbildung des Zahnfleischs.

Aus folgenden Kräutern kann man ein Infus herstellen, das man zum Mundspülen oder Gurgeln verwendet: Anissamen, Lavendel, Majoran, Pfefferminze, Ringelblume, Rosmarin, Salbei.

Heilkräuter in der Hausapotheke

Schnitte und Wunden

Manche alten Hausmittel, die man früher bei frischen Verbrennungen und Wunden anwendete, so z. B. dicke Öle und Salben, werden heute nicht mehr gebraucht. Unter den Salben können sich Bakterien einnisten und die weich gewordene Haut infizieren. Kleinere Schnitte und Schrammen heilen besser, wenn man sie mit einem Wasser aus antiseptischen Kräutern auswäscht. Aus zu Brei zermahlenen Blättern läßt sich ein Notverband herstellen. Verbandmull, den man mit einem Infus aus adstringierenden Kräutern oder mit verdünntem antiseptischen Kräuteröl bzw. Kräutersalbe durchtränkt, lindert Schmerzen und hilft Wunden heilen, die sich lange Zeit nicht schließen. Ein Umschlag mit Verbandmull muß häufig gewechselt werden; die Wunde sollte auch möglichst oft und sobald wie möglich der frischen Luft ausgesetzt werden. Wenn eine Wunde nur schwer verheilt oder eitert, hilft Auswaschen mit adstringierendem Kräuterwasser oder eine lockere Kompresse aus antiseptischen Kräutern.

Verbrennungen

Die ersten hier beschriebenen Rezepte sind erprobte Hausmittel mit starker Heilkraft. Es werden Kräuter aufgezählt, die besonders stark adstringierend wirken, das heißt die Fähigkeit haben, das organische Gewebe zusammenzuziehen.

Mit einem heißen Umschlag können die Schmerzen bei Verbrennungen gelindert werden. Dabei verwendet man antiseptische Kräuter, die die Ausbreitung einer Infektion verhindern sollen und gleichzeitig schmerzstillend wirken. Mit einer Verbrennung, die sich zum Abszess entwickelt, zum Arzt gehen.

Ein »Allheilmittel« wird zusammengestellt: komplizierte Vorschriften und unzählige Ingredienzien.

Zaubernuß-Wasser
3 El getrocknete Blätter oder eine Handvoll frische Blätter der Zaubernuß
½ l Wasser
Man läßt die Blätter und das Wasser 10 Minuten kochen, gießt die Flüssigkeit ab und verwendet sie zum Waschen oder als lockere Kompresse. Sie hat bei Schrammen und Verletzungen eine schmerzlindernde Wirkung und wirkt stark adstringierend.

Umschlag mit Hauswurz
Man wäscht die fleischigen Blätter der Hauswurz und zermahlt sie dann zu einem Brei. Auf Verbandmull wird der Brei auf infizierte Wunden aufgelegt.

Mundwasser aus Holunderblättern
2 Handvoll frische Holunderblätter
1 l Wasser
Beides läßt man in einem zugedeckten Topf etwa 15 Minuten lang miteinander bei schwacher Hitze kochen. Dann läßt man die Mischung zugedeckt abkühlen, gießt sie ab und wäscht damit infizierte Schnitte, Schrammen, Entzündungen oder Verbrennungen aus. Holunderblätter oder unreife Holunderbeeren, die man mit Schweineschmalz oder Leinsamenöl kochen läßt ergeben eine kräftige Heilsalbe.

Antiseptischer Umschlag mit Knoblauch
3 Knoblauchzehen
2 EL Wasser
Mit Stößel oder Mörser zerreibt man den Knoblauch zu Brei und verdünnt ihn mit Wasser. Der Brei wird auf sauberen Verbandmull gegeben und wirkt antiseptisch.
Knoblauchessig brennt zwar, hat aber auch eine stark reinigende Wirkung.

Weitere Wundkräuter
Ackerschachtelhalm, Arnika, Beinwell, Bohnenkraut, Efeu-Gundermann, Färberwaid, Frauenmantel, Goldrute, Große Klette, Heil-Betonie, Huflattich, Johanniskraut, Kamille, Kapuzinerkresse, Klebkraut, Lavendel, Majoran, Odermennig, Ringelblume, Rosmarin, Salbei, Salomonssiegel, Thymian, Vogelmiere, Wegerich, Wermut, Ysop.

Leinsamenumschlag für Verbrennungen
25 g gemahlene Leinsamen
1 EL Kamillenblüten
1 Tasse kochendes Wasser
Man stellt aus den Blüten ein Infus her und läßt es ein paar Minuten lang ziehen. Dann rührt man soviel Leinsamen hinein, daß ein Brei entsteht. Diesen gibt man auf ein Tuch oder ein Stück Verbandmull und macht einen Umschlag.

Weitere Kräuter, die Verbrennungen heilen
KAPUZINERKRESSE: Man zermahlt die Samen mit etwas Wasser zu einem Brei.
ROTULME: Man vermischt gemahlene Rinde mit warmem Wasser zu einem dicken Brei, dem man ein paar Tropfen Eukalyptusöl beimengt.
SAUERAMPFER: Die Blätter werden zu einem Brei verkocht.
VOGELMIERE: Eine Handvoll Kräuter werden mit ganz wenig Wasser zu einem Brei eingekocht.
ZWIEBELN: Man kocht sie zu einem dicken Brei.

Verstauchungen

Mit warmen Kompressen, durch leichtes Einreiben und durch Massage können Muskelschmerzen und Rheuma gelindert werden. Entzündete oder geschwollene Gelenke und Gewebe dürfen aber nie massiert werden.
Die hier aufgezählten Kräuter kann man alle eine Stunde lang in Öl oder Schweineschmalz bei schwacher Hitze kochen. Dann gießt man sie sorgfältig durch ein Sieb ab: frische, zermahlene Blätter von Lorbeer, Majoran, Rosmarin oder Salbei, Wacholderbeeren oder Lavendelblüten.
Schmerzende Gelenke kann man auch mit Olivenöl einreiben, unter welches man ein paar Tropfen Thymian- oder Zimtöl mischt. Bei Rheuma hilft das synthetische Öl der Scheinbeere (*Gaultheria procumbens*); das natürliche Öl ist zu kräftig. Aus warmen, zu Brei zerriebenen Blättern kann man einen lindernden Umschlag herstellen.
Kocht man die Blätter und Wurzeln von Geißfuß mit etwas Wasser zu einem dicken Brei, so kann man einen Umschlag machen, der als altes Hausmittel bei Gicht gilt. Man kann auch dem Badewasser ein Infus aus Geißfuß zusetzen oder einen Heiltrank daraus herstellen. Bei Rheumatismus hilft außerdem ein Aufguß aus Brennesseln, Löwenzahn, Wacholder und Wasserdost.
Mit kalten Kompressen und Bandagierungen kann man schmerzende Schwellungen lindern. Tritt eine Verstauchung während eines Spaziergangs im Gelände auf, so kann man mit den hier aufgezählten Kräutern einen Verband machen: Beinwell, Eibisch, Eisenkraut, Johanniskraut, Malve, Odermennig und Scheinbeere. Passiert der Unfall zuhause, so lohnt es sich, die Blätter kurz in einem Sieb über einen Topf mit kochendem Wasser zu hängen, bis der Dampf sie weich gemacht hat. Man zerstampft sie zu Brei und legt sie als Kompresse auf. Oder man weicht ein Baumwolltuch in dem roten Öl ein, das man aus den Blütenspitzen von Johanniskraut und Öl gewinnt und legt damit einen Verband auf das schmerzende Gelenk.

Insektenstiche

Bevor man die Kräuter anwendet, muß man unbedingt den Stachel der Wespe oder Biene entfernen. Die Schmerzen kann man lindern oder die Schwellung kommt nicht voll zur Entfaltung, wenn man frische Blätter von Basilikum, Beinwell, Borretsch, Eibisch, Heil-Betonie, Minze, Petersilie, Ringelblume, sumpfblättrigem Ampfer und Zitronenmelisse auflegt. Linderung verschafft auch ein Extrakt aus Zaubernuß- oder Thymianöl bzw. Eukalyptusöl, den man mit Watte auf die schmerzende Stelle legt. Man kann auch den Saft von frischen Zwiebeln oder Lauch verwenden. Jedes der genannten Kräuter kann ebenso als starkes Infus oder zum Abtupfen verwendet werden.

Warzen und Hühneraugen

Warzen sind für die Medizin noch immer ein Geheimnis. Manchmal bleiben sie jahrelang und verschwinden dann plötzlich und erscheinen später wieder. Manchmal schafft der ätzende Saft bestimmter Kräuter Abhilfe. Die Haut, die die Warze umgibt, deckt man mit einem Stück Karton ab, in dessen Mitte man ein Loch geschnitten oder ausgestochen hat, das genau so groß ist wie die Warze. Dann drückt man ein paar Tropfen von Schöllkraut oder den weißen Saft eines Löwenzahnstengels bzw. Saft aus frischen Ringelblumen-Blättern darauf. Dies wiederholt man zweimal täglich.
Oft entsteht die tote Hornhaut eines Hühnerauges durch den Druck, den ein schlecht sitzender Schuh ausübt. Man reibt das Hühnerauge mit zerriebenen Knoblauchzehen, einem frischen, zerriebenen Hauswurzblatt oder einer Scheibe Zitrone ab oder bindet sie auf das Hühnerauge.

Frostbeulen

Meist treten sie an den Fingern und an den Zehen, die bei großer Kälte weniger gut durchblutet sind, auf. Deshalb muß man Hände und Füße stets besonders gut vor Kälte schützen und für eine gute Durchblutung sorgen; das geschieht sowohl durch reichliche Bewegung wie durch eine gesunde Ernährung. Vorbeugend trinkt man täglich einen Heiltrank aus Hagebutten oder Ackerschachtelhalm. Juckende, geschwollene Frostbeulen reibt man mit Ringelblumenöl oder einer Salbe ein, welche man aus Ringelblumen herstellt, indem man die Blüten 30 Minuten lang in Schweineschmalz, Pflanzen- oder Nußmargarine verkocht. Man kann auch eine kleine Zwiebel 10 Minuten lang kochen lassen, sie dann halbieren und die eine Hälfte mit der Schnittfläche auf die Frostbeule binden.

Worterklärungen

Ableger: bewurzelte Jungpflanzen, die sich aus vorjährigen Trieben der Mutterpflanze bilden.
Absenker: Pflanzentriebe, die am Boden mit einer Drahtschlinge festgehalten werden und anwurzeln. Dann trennt man sie von der Mutterpflanze und setzt sie an die gewünschte Stelle.
Adstringierend: zusammenziehend. Adstringierende Mittel führen in den obersten Hautschichten zu einer Schrumpfung des Gewebes; die behandelte Stelle trocknet aus und bietet einen schlechten Nährboden für Bakterien (antiseptisch).
Ätherische Öle: flüchtige (leicht verfliegende), duftende Öle, die in fast allen Gewürzen und Kräutern enthalten sind, teils in Blüten, Blättern und Stengeln bzw. Rinde, teils in Wurzeln, Samen oder pflanzlichen Ausscheidungen (Harz). Ätherische Öle werden durch Destillation mit Wasserdampf gewonnen. Bei Luft- und Lichteinwirkungen verändern sie sich schnell; sie sind deshalb in dichtschließenden, dunkelgetönten Glasflaschen im Handel und müssen lichtgeschützt aufbewahrt werden.
Alkaloide: in Pflanzen vorkommende Stickstoffverbindungen von denen einige zu den stärksten Giften zählen, die aber sachgemäß angewendet in der Medizin eine große Rolle spielen (z. B. Morphium, Strychnin, Chinin).
Anämie: Blutarmut, vor allem aber Verringerung der roten Blutkörperchen und des Hämoglobins (Blutfarbstoff).
Anästhesierend: vermindert oder schaltet das Empfinden, zuletzt auch das Bewußtsein aus.
Anthere: Staubbeutel
Antidot: Gegengift, Mittel gegen Vergiftungen.
Antiseptisch: keimtötend
Aphrodisiakum: Mittel, das den Geschlechtstrieb anregt.
Art: Gruppe von Individuen (hier Pflanzen), die in allen wichtigen Merkmalen untereinander übereinstimmen. Z. B. von der gleichen Familie stammen.
Ausdauernd: Pflanzen, die mehrere bis viele Jahre hintereinander Blüten und Samen hervorbringen, nennt man ausdauernd. Hierzu gehören Stauden, Halbsträucher und Gehölze.
Ausläufer: teils ober-, teils unterirdische Seitenzweige, die in einiger Entfernung von der Pflanze Wurzeln schlagen.
Blattachsel: Oberer der beiden Winkel zwischen Blatt und Stengel, in dem die Seitenknospen stehen. Die aus ihnen hevorgehenden Triebe werden als Achselsprosse bezeichnet.
Blattstiel: Träger der Blattfläche.
Blütenstand: Eine oder mehrere Einzelblüten bilden einen Blütenstand, der als Traube, Ähre, Dolde etc. ausgebildet sein kann.
Brakteen: Hochblatt
Carminativum: Mittel, welches Gase adsorbiert, die bei der Verdauung entstehen und das deshalb gegen Blähungen hilft.
Chlorophyll: Blattgrün, wichtig für den Stoffwechsel der Pflanzen, antibakteriell und daher desodorierend.
Compositae: Korbblütler; größte Familie der Blütenpflanzen.
Cumarin – Kumarin
Dekokt: Abkochung; die zerkleinerte Pflanze wird ins kalte Wasser gegeben und 10–30 Minuten lang in einem geschlossenen Gefäß gekocht. Die Kochdauer ist um so länger, je hartfaseriger die Pflanze ist. So werden der Pflanze die Wirkstoffe entzogen.
Deodorants: beseitigt oder mildert unangenehme Gerüche.
Destillieren: Trennung flüssiger Stoffe durch Verdampfen und Wiederverflüssigung.
Diuretisch: harntreibend.
Dolde: schirmförmiger (selten kugeliger) Blütenstand; die Stiele der Einzelblüten gehen alle vom selben Punkt aus.
Doldengewächse: Umbelliferae; gewöhnlich Kräuter mit gefurchten, hohlen Stengeln und kleinen Blüten, die in Dolden stehen.
Doldenrispe: ein rispiger Blütenstand, der sich in einer Ebene doldenartig ausbreitet (z. B. Holunderblüte).
Droge: im engeren Sinne pflanzliche Stoffe, die medizinisch verwendet werden; meist nur getrocknete und mechanisch zerkleinerte Pflanzen oder Pflanzenteile.
Einjährig: Pflanzen, die innerhalb einer Wachstumsperiode ihren ganzen Zyklus von Samen zu Samen durchlaufen, nennt man einjährig. Sie wachsen, blühen, entwickeln Samen und sterben dann ab.
Einhäusig: die männlichen und weiblichen Keimzellen sind zwar voneinander getrennt ausgebildet, doch stets beide an einer Pflanze vorhanden (siehe auch zweihäusig); für die Befruchtung genügt daher ein Exemplar der Pflanze.
Emmolliens: Mittel, das Entzündungen von Geweben lindert.
Expectorans: schleimlösendes, auswurfförderndes Mittel.
Familie: Gruppe von Gattungen mit gemeinsamen Merkmalen. Der botanische Familienname ist in der Regel durch die Endung *-aceae* charakterisiert.
Ferment: organische, den Stoffwechsel fördernde Verbindungen. Fermente sind in jedem lebenden Organismus enthalten. Sie spielen beim Stoffwechsel eine entscheidende Rolle, hier meist unter dem Begriff Enzyme. Das Wort Ferment stammt aus dem Lateinischen und bedeutet »Gärung«. Fermente spielen z. B. eine Rolle bei der alkoholischen Gärung und der Käsezubereitung aus Milch.
Frucht: nach der Bestäubung entwickeln sich aus den Fruchtknoten die Früchte.
Fruchtknoten: unterer, meist kugelig gestalteter Teil des Stempels.
Gattung: Gruppen von Arten mit gemeinsamen Merkmalen.
Gebuchtet: Blätter, deren Rand tief und rund eingeschnitten ist.
Gefiedert: der Blattstiel trägt an zwei gegenüberliegenden Seiten kleine Blättchen (Fiederblättchen).
Gegenmittel – Antidot
Gerbstoffe: wasserlösliche Verbindungen organischer und anorganischer Herkunft. Die wichtigsten organischen Gerbstoffe pflanzlichen Ursprungs sind die Gerbsäuren, wie sie z. B. auch in schwarzem Tee enthalten sind und ihm bei langem Ziehen den herben, bitteren Geschmack verleihen. Gerbstoffe wirken als Adstringens, also austrocknend und bakterienabweisend.
Glykoside: organische Verbindungen aus Zucker mit anderen Stoffen, meist Alkohol. Viele Pflanzenfarbstoffe gehören zu den Glykosiden, wie auch einige wichtige Heilmittel, z. B. das aus Fingerhut gewonnene Digitalis und einige Antibiotika.
Griffel: Teil des Stempels.
Habitus: äußeres Erscheinungsbild; Wuchsform einer Pflanze.
Harze: Naturharze sind pflanzliche Sekrete, die im allgemeinen ein kompliziertes Gemisch aromatischer Verbindungen darstellen; bei vielen ist die chemische Zusammensetzung noch kaum bekannt. Harze sind meist durchscheinend hell bis dunkelbraun und zähflüssig bis fest. Früher häufig Bestandteil von Räucherwerk (z. B. Weihrauch und Myrrhe).
Heiltrank: Infus oder Tee aus einem oder mehreren Kräutern oder Gewürzen.
Hochblatt: Einfach gestaltete Blattorgane, die am oberen Teil des Sprosses, oberhalb der Laubblätter stehen, nennt man Hochblätter. Sie sind oft auffallend gefärbt und am Aufbau der Blütenhülle beteiligt. Im Bereich des Blütenstands werden sie als Tragblätter, Deckblätter oder Brakteen bezeichnet.
Humus: Durch Zersetzung von abgestorbenen Pflanzen und Pflanzenteilen entstandene, dunkle, organische Masse, die für die günstige Beschaffenheit eines Kulturbodens von großer Bedeutung ist.
Hybride: Pflanze, die durch Kreuzung zweier Gattungsarten entstanden ist. Doch zwischen fruchtbaren Hybriden sind weitere Kreuzungen möglich. Ein x bei lateinischen Pflanzennamen im Text bedeutet, daß es sich um eine Hybride handelt.
Infus: ein frisch bereiteter wässeriger Auszug aus zerkleinerten Pflanzenteilen, die mit siedendem Wasser übergossen (infundiert) werden; dann läßt man sie 5–15 Minuten ziehen, manchmal in einem heißen Wasserbad, und seiht nach dem Abkühlen den Infus durch.
Inhaltsstoff: wirksamer, chemischer Bestandteil der Pflanze.
Kelch: äußerer Teil der Blütenhülle mit meist grünen, freien oder verwachsenen Kelchblättern.
Knollen: verdickte Wurzeln oder Sprosse. Wie Zwiebeln oder Rhizome fungieren sie als Speicherorgane.
Knoten: An den Knoten (Nodien), die bei manchen Pflanzengruppen (z. B. Gräsern)

auffallend verdickt sind, stehen in bestimmter Anordnung die grünen Blätter. Die zwischen den Nodien liegenden Abschnitte des Sprosses werden als Internodien bezeichnet.
Kolben: Blütenstand, aufzufassen als Ähre mit fleischig verdickter Achse und kleinen, dicht stehenden Blüten. Kommt z. B. bei den Aronstabgewächsen vor, wo er von einem weißen oder anders gefärbten Hochblatt umgeben ist.
Krone: innerer Teil der Blütenhülle mit freien oder verwachsenen und verschiedenfarbigen Kronblättern.
Kumarin: der Begriff stammt von einem in Südamerika wachsenden Baum, *Dipterix odorata,* der von den Eingeborenen Coumarouna genannt wird. Das Kumarin ist in vielen Pflanzen, so z. B. in Waldmeister, enthalten; sein Geruch erinnert an frisches Heu.
Labiatae: Lippenblütler; zu dieser Familie gehören 55 Gattungen mit vielen wichtigen Gewürzpflanzen.
Lanzettlich: Blätter, die lang und speerförmig sind und zur Spitze hin schmäler werden, nennt man lanzettlich.
Laubwerfend: Pflanzen, die jährlich ihre Blätter verlieren, gehören zu den laubwerfenden Pflanzen.
Narbe: Teil des Stempels
Narkotika: Stoffe, die Teile des Zentralnervensystems vorübergehend lähmen und dadurch schmerzlindernd bis betäubend wirken. Manche Narkotika beeinflussen auch die Psyche, doch gibt es hier individuelle Unterschiede; bei einem Menschen behebt die Droge Unlustgefühle und erzeugt eine Euphorie, beim anderen bewirkt sie das Gegenteil und führt zu depressiven Wahnvorstellungen. Narkotika spielten früher als »Zaubermittel«, heute auf der Drogenszene eine Rolle. Überdosis führt zum Tode.
Pflanzenschleim: ein Schleim, der oft als eine Art Reservestoff in den Zellen mancher Pflanzen enthalten ist und aus Kohlenhydraten besteht. Oft bildet er sich, indem die Lamellen der Zellenwände (Membrane) verschleimen. Er ist quellfähig und legt sich wie ein schützender Film z. B. über entzündete Schleimhäute.
Pulpe: Fruchtfleisch; saftige und fleischige Teile einer Frucht.
Purgierend: reinigend, abführend.
Rhizom: unterirdischer Erdsproß, der wie Zwiebel oder Knolle als Speicherorgan dient.
Saponine: Pflanzenstoffe, die wie Seife im Wasser schäumen. In kleinen Dosen wirken sie harntreibend und leicht abführend.
Scheinähre: wie eine Ähre wirkender Blütenstand, aber nicht wie bei der Ähre mit sitzenden Blüten (z. B. Nachtkerze), sondern der Blütenstand setzt sich aus kleinen Ähren zusammen wie bei den Gräsern.
Sedativum: Beruhigungsmittel
Sirup: eine mit Zucker verkochte Flüssigkeit, meist Fruchtsaft. In der Heilkunde bezeichnet man damit jede dickflüssige zuckerhaltige Lösung zum Einnehmen, die Arzneizusätze oder Pflanzenauszüge (oft auch mit Alkohol) enthält.
Solitärpflanze: in der Sprache des Gärtners eine einzeln, nicht in Gruppen gesetzte Pflanze, die besonders gut zur Geltung kommt.
Sorte – Zuchtform
Sphagnum: Moose, die in Sumpfgebieten vorkommen und gut Wasser speichern können.
Staubbeutel: Anthere; der die Pollensäcke enthaltende Teil der Staubblätter.
Staubblatt: Männliches Organ einer Blüte, das aus dem Staubfaden und den beiden Staubbeutelhälften (Antheren) besteht.
Steckholz: bei Sträuchern z. B. schneidet man einen einjährigen Trieb in Stücke von etwa 20 cm Länge, die man bis auf 1 oder 2 Augen in den Boden steckt. Die Triebe bilden bis zum Herbst Wurzeln und entwickeln sich im folgenden Jahr zu pflanzfertigen Sträuchern.
Steckling: Teil einer Pflanze, der von einem Blatt, Sproß oder einer Wurzel gewonnen wird. Aus ihm entwickelt sich nach der Wurzelbildung schließlich eine neue Pflanze.
Stempel: Weibliches Organ einer Blüte, gegliedert in (von unten nach oben): Fruchtknoten mit Samenanlagen, Griffel, Narbe zum auffangen der Pollen.
Stengel: krautiger, saftiger, meist alljährlich absterbender Stamm einer Pflanze.
Stigma: Narbe der Blütenpflanzen.
Tonikum: Kräftigungsmittel
Trugdolde: ein zusammengesetzter Blütenstand, der scheinbar, d. h. auf den ersten Blick an eine Dolde erinnert, mit ihr im Aufbau aber nicht übereinstimmt (z. B. Pelargonium). Im Gegensatz zur echten Dolde öffnen sich bei der Scheindolde zuerst die Blüten an der Spitze und die unteren zuletzt.
Umbelliferae – Doldengewächse
Varietät: Pflanze, die zwar einer bestimmten Art angehört, in gewissen Merkmalen aber von ihr abweicht. Die Varietät ist also eine systematische Untereinheit der Art. Der Begriff (Abkürzung var.) wird oft zur Bezeichnung von Zuchtformen verwendet.
Winterhart: frostunempfindlich; Pflanzen, die ohne Schutz im Freien überwintern können.
Wurzelteilung: einfachste Art der vegetativen Vermehrung. Geeignete Pflanzen werden mit dem Spaten oder einem scharfen Messer senkrecht bis durch den Wurzelstock hindurch geteilt. Die einzelnen Teile wachsen in der Regel einfach weiter.
Zuchtform: Gezüchtete, von der reinen Art abweichende Form einer Pflanze, auch als Sorte bezeichnet. Der Sortenname steht immer in einfachen Anführungszeichen (z. B. *Thymus* x *citrodorus* ›Silver Queen‹).
Zweihäusig: die männlichen und weiblichen Keimzellen kommen nur getrennt auf zwei verschiedenen Pflanzen vor. Es gibt also männliche und weibliche Pflanzen; zur Befruchtung sind zwei Stammpflanzen erforderlich (siehe auch einhäusig).
Zweijährig: Pflanzen, die ihren Zyklus innerhalb von zwei Jahren durchlaufen, nennt man zweijährig. Sie wachsen im ersten Jahr aus Samen und bilden Blätter aus. Im zweiten Jahr blühen sie, entwickeln Samen und sterben ab.
Zwiebel: knospenähnlicher Sproß mit stark verkürzter Achse (Zwiebelscheibe), an der in rosettiger Anordnung zu dicken Speicherorganen umgewandelte Blätter sitzen.

Register

Verzeichnis der botanischen Pflanzennamen

Verzeichnis der deutschen Pflanzennamen

Sachregister

Verzeichnis der Bildquellen

Fotos

(l) links
(r) rechts
(o) oben
(u) unten
(m) Mitte

Ardea LONDON/Avon and Tilford: 131 (l), 134 (r)
K A and G Beckett: 135 (u)
Bodleian Library, MS Bodley 130, f26: 12 (o)
Michael Boys/Susan Griggs Agency: 138 (u), 144–5
Pat Brindley: 138 (o)
Reproduced by permission of the British Library: 12 (u), 15 (u), 124 (o), 264
Jane Burton/Bruce Coleman Ltd: 132 (m)
Eric Crichton: 130 (r), 131 (m), 132 (r)
E Duscher/Bruce Coleman ltd: 152
Fotomas Index: 10, 16 (o)
Rolph Gobits: 248–50, 252, 255, 257, 259
Christine Hanscomb: 161–2, 167, 172–3, 175, 178, 181, 183, 187, 191, 195, 198, 201, 205, 209, 211, 212–13, 215, 219
Robert Harding Associates: 18, 19 (u), 20 (o und m)
The Iris Hardwick Library of Photographs: 124 (u), 125 (u), 128 (o)
Alan Hutchinson Library: 21 (o)
Lucinda Lambton: 125 (o)
The Mansell Collection Ltd: 17 (u)
Tania Midgley: 122, 125 (o), 128 (u), 136
Bildarchiv der Österreichischen Nationalbibliothek: 11, 265, 267–8, 270, 276
A P Paterson: 140
Edward Piper: 135 (o), 137, 146, 151
S Prato/Bruce Coleman Ltd.: 132 (u)
Alan Randall: 223, 226–7, 231–2, 234–5, 238–9, 240
Hans Reinhard/Bruce Coleman Ltd: 147
Spectrum Colour Library: 19 (o), 20 (o and u), 21 (o), 134 (l)
Palma Toler: 9, 23, 121, 155, 159, 221, 242, 245, 263
Tessa Traeger: 125 (m), 133 (r), 156
Victoria and Albert Museum, photos Derrick Witty: 14, 15 (o), 16 (u), 17 (l)
Michael Warren AllP: 129, 130 (l), 131 (r), 132 (o), 133 (l), 139, 141
Jeremy Whitaker: 123
Zefa: 21 (ol)

Grafiken

Liz Butler: 24–5, 30–2, 34–5, 38–9, 42–3, 46–7, 50–1, 54–5, 58–9, 62–3, 66–7, 70–1, 74–5, 79, 82–3, 86–7, 90–1, 94–5, 98–9, 102–3, 106–7, 109–11, 116–19
Eugene Fleury: 13, 20–1
Deborah King: 26–9, 33, 36–7, 40–1, 44–5, 48–9, 52–3, 56–7, 60–1, 64–5, 68–9, 72–3, 76–7, 80–1, 84–5, 88–9, 92–3, 96–7, 100–1, 104–5, 112–15
Coral Mula: 161, 200, 204, 209, 211, 214, 218, 225, 229, 233, 236, 237, 247, 253
Anne Savage: 127, 143, 148–50

Weitere BLV-Bücher zum Thema

Eve Marie Helm

Feld-, Wald- und Wiesenkochbuch

Erkennen, Sammeln, Zubereiten und Einkochen von Wildgemüsen und Wildfrüchten

68 Wildgemüse und -früchte sind in farbigen Zeichnungen vorgestellt, ihr Vorkommen, Blüte- und Sammelzeit sowie die vielfältigen Verwendungsmöglichkeiten ausführlich beschrieben. 264 Rezepte regen zu leckeren Gerichten mit Wildgemüsen und Wildfrüchten an – von Suppen, Soßen und Salaten über Pfannengerichte und Aufläufe bis zu Gebäck, Süßspeisen und Säften. Das Buch ist ausgezeichnet mit der Silbermedaille der Gastronomischen Akademie Deutschlands.

5. Auflage, 200 Seiten,
68 farbige Zeichnungen

Francesco Bianchini
Francesco Corbetta
Marilena Pistoia

Der große BLV Heilpflanzenatlas

Alles Wissenswerte über die vielen Kräuter, Blumen und Sträucher, deren Inhaltsstoffe nachweislich heilende und lindernde Wirkung entfalten. Jede der über 200 Heilpflanzen ist auf großformatigen, naturgetreuen Farbzeichnungen abgebildet und ausführlich beschrieben. Um die Zuordnung der Pflanzen zu erleichtern, wurden sie nach Wirkungsorten im menschlichen Körper gruppiert: Verdauung, Herz/Kreislauf, Atmung, Nerven, Harn- und Geschlechtsorgane und inneres Drüsensystem. Im wissenschaftlichen Anhang findet man genaue botanische Beschreibungen aller Pflanzen, ihre Inhaltsstoffe und deren Wirkungsweise sowie Erläuterungen der botanischen und medizinisch-pharmakologischen Fachausdrücke.

Sonderausgabe, 243 Seiten,
250 farbige Zeichnungen

Marie-Luise Kreuter

Kräuter + Gewürze aus dem eigenen Garten

Anbau – Ernte – Verwendung

Eingeteilt in einjährige, zweijährige und ausdauernde Arten sind alle Kräuter und Gewürze vorgestellt, die sich für den Anbau im eigenen Garten eignen. Jede Pflanze ist auf Zeichnungen oder zusätzlich auf Fotos abgebildet und genau beschrieben. Hinweise für die Standortwahl, Bodenvorbereitung, Düngung, Säen, Pflanzen, Pflege, Ernte und Verwendungsmöglichkeiten sowie Vorschläge für die Gestaltung eines Kräutergartens – auch in Töpfen und Pflanzgefäßen auf Balkon und Terrasse – fehlen nicht. Und schließlich findet man noch praktische Ratschläge zur Konservierung von Kräutern, wie man Kräuter als Medizin verwenden kann und interessante »Kräuter-Kochrezepte«.

3. Auflage, 160 Seiten, 25 Farbfotos,
20 s/w-Fotos, 140 Zeichnungen

BLV Garten-und Blumenpraxis 320

Marie-Luise Kreuter

Der naturgemäße Kräutergarten

Wer seinen eigenen Kräutergarten anlegen will, findet hier die praktischen Anleitungen – von der Anlage und Aussaat bis zu Ernte und Verwendung. Eingeteilt in ein-, zwei- und mehrjährige Kräuter, erfährt man die gebräuchlichen Namen und das Wichtigste über Herkunft und botanische Merkmale. Ausführlich behandelt die Autorin die jeweiligen Standortansprüche und die notwendigen Pflegemaßnahmen für jede Pflanze sowie die Ernte und Konservierungsmethoden.

128 Seiten, 136 Farbfotos,
2 s/w-Fotos

BLV Verlagsgesellschaft
München

In unserem Verlagsprogramm finden Sie Bücher zu folgenden Sachgebieten:

Garten und Zimmerpflanzen · Natur · Haus- und Heimtiere · Angeln, Jagd, Waffen · Sport und Fitness · Wandern und Alpinismus · Auto und Motorrad · Essen und Trinken · Basteln, Handarbeiten, Werken.

Wünschen Sie Informationen, so schreiben Sie bitte an:
BLV Verlagsgesellschaft,
Postfach 40 03 20,
8000 München 40.